《宁可文集》编委会名单

主　编：郝春文　宁　欣

副主编：张天虹

编　委（以姓氏汉语拼音为序）：

　　　　郝春文　李华瑞　刘玉峰　刘　屹　鲁　静

　　　　宁　欣　任士英　魏明孔　杨仁毅　张天虹

宁可文集

（第一卷）

宁可 著

郝春文 宁欣 主编

人民出版社

20世纪30年代，与母亲武元章和弟弟黎先慧在菲律宾合影

1951年，与父亲黎先烈、未婚妻刘淮在西单银星照相馆合影

2008年7月15日，在首都师范大学历史学院讲授史学理论课

1989年，在大英图书馆查阅敦煌文书

2008年12月6日，在八十祝寿会上与教过的全体学生合影

2008年12月6日，在八十祝寿会上与长女宁欣（右一）及女婿杨仁毅（右三）、次女宁静（左一）、小女宁卿（右二）合影

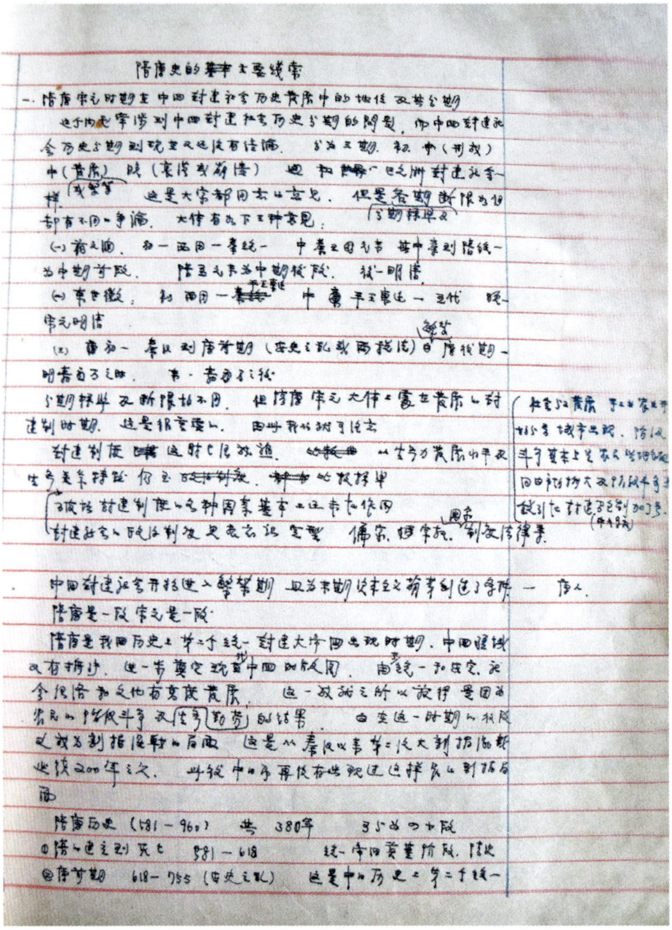

1953年使用的隋唐史
讲义（手迹）

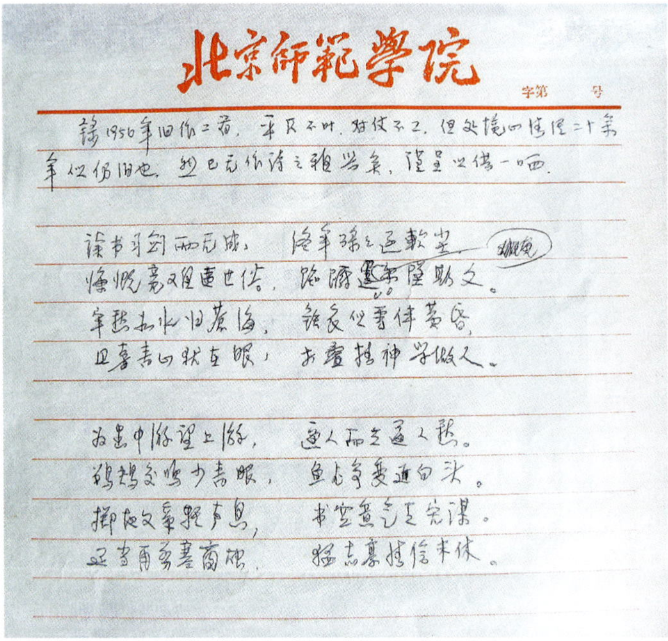

2008年1月27日录旧作
（手迹）

前　言

　　宁可先生，原名黎先智，湖南浏阳人，中国当代著名历史学家。

　　黎先智先生于 1928 年 12 月 5 日生于上海。1932 年至 1934 年，他随父亲至马来西亚的港口城市巴生侨居，其间入读巴生中华女校。1935 年回国后，先后在南京的三条巷小学（1935）、山西路小学（1935）和鼓楼小学（1935—1937）就读。抗战爆发后，他在颠沛流离中完成小学和中学的学业。先后就读于长沙楚怡小学（1937）、长沙黄花市小学（1937）、长沙沙坪县立第四高级小学（1938）、贵阳正谊小学（1939 春）、贵阳尚节堂小学（1939 年秋）、贵阳中央大学实验中学（1939—1941）、洛阳私立明德中学（1941）、省立洛阳中学（1942—1943）和重庆私立南开中学（1943—1946）。1946 年考入北大史学系的先修班，次年正式就读于该系。1948 年 11 月从北平进入解放区，接受中共华北局城市工作部城市干部培训班的培训，因革命工作需要，改名宁可。北平和平解放后，于 1949 年 2 月 5 日进城，任北平市人民政府第三区公所科长。1950 年改任北京市人民政府第三区文教科副科长。1952 年调任北京市教育局《教师月报》编辑和中学组组长。1953 年进入教师进修学院任教学研究员。1954 年 9 月受命参与筹建北京师范学院历史科，以后长期在北京师范学院（1992 年更名为首都师范大学）工作，历任讲师、副教授、教授、博士生导师，并曾兼任校图书馆副主任、历史系副系主任、系总支第一副书记、代理系主任、《北京师范学院学报》副总编辑等党政领导工作。主要学术兼职有北京市史学会副会长，中国史学会理事，中国敦煌吐鲁番学会副会长兼秘书长，北京大学、兰州大学等高校的兼职教授。2014年2月18日逝世于北京，享年86岁。

宁可先生天资聪颖，自幼酷爱读书。他兴趣广泛，博闻强记，有着渊博的知识积累。在大学期间，他开始接触马克思主义。进入史学研究领域以后，他研读过大量的马克思主义经典作家的著作。如马克思《资本论》第一卷，他就分别研读过侯外庐与王思华、王亚南与郭大力、郭沫若等三种不同的译本。长期的阅读和思考使他具有了深厚的理论素养。马克思主义的基本原理和方法，也成为他认识历史问题、解析历史现象的最重要的科学理论。他对马克思主义理论的运用，从来不是仅仅停留在征引经典作家论述的层面，而是主张融会贯通，即在真正透彻理解马克思主义唯物论和辩证法的前提下，运用马克思主义的历史观、认识论和方法论，对中国历史问题进行深入的具体分析与诠释，力图从理论的视角把握历史现象和本质，以宏观的视野分析历史事物的因果关系。这使得他的研究成果往往具有很强的理论性和思辨性，这一特色贯穿于他在史学理论、中国古代经济史和文化史、敦煌学和隋唐五代史等诸多领域长期的历史研究实践中。以下试从几个方面对宁可先生论著的理论性和思辨性略作说明。

第一，他多次直接参与了史学界很多重要热点理论问题的讨论，都提出了独到的看法，有些最后成为学界的共识。

早在20世纪五六十年代，他参与了中国史学界关于农民战争和历史主义与阶级观点等相关问题的讨论，发表了多篇重要论文。他先后就农民战争是否可能建立"农民政权"、农民战争是否带有"皇权主义"的性质、农民战争的自发性与觉悟性、农民战争的历史作用，以及该如何恰当地理解和评价地主阶级对农民的"让步政策"等存在不同认识的热点问题发表了自己的看法。他的意见，有理论依据，又有事实佐证，高屋建瓴，客观而允当，以极大的说服力平息了学术界有关以上问题的争论。六十年代，他参与了历史主义与阶级观点的讨论，针对当时史学界和理论界对马克思主义阶级观点的理解存在片面性和绝对性的情况，他指出历史主义与阶级观点这两个概念的侧重点是不同的。历史主义侧重的是从发展的角度看问题，阶级观点则侧重根据阶级划分和阶级斗争的规律对所研究的对象作出科学的解释。二者的统一是有条件的。历史主义和阶级观点是从不同角度认识统一的历史过程的两个原则或方法。他的这些看法作为当时有代表性的观点，得到史学界和理论界的高度关注和认可。改革开放以后，针对学术界对历史科学理论认识存在的分歧，他提出应把历史科学理论与历史理论区分开来。这一观点廓清了史学理论学科建设中的根本性概念问题，已成为史学界的共识。

宁可先生还在一些重要理论问题上发表了对以后研究具有指导性的论述。例如有关地理环境对人类社会发展的作用问题，不仅是人类社会历史发展究竟由哪些因素决定的理论问题，也对当代中国的经济、政治、军事乃至文化的发展和决策具有重要意义。宁可先生认为应该辩证地认识地理环境对人类社会发展的作用，指出地理环境是社会物质生活和社会发展的经常的必要的条件之一，但它不是起决定作用的条件，起决定作用的是生产方式。地理环境决定论和否定地理环境对社会发展的作用等认识都是片面的。他对这一理论问题的思考，始于将地理环境决定论作为资产阶级理论批判的二十世纪五十年代，前后历经三十年、五易其稿才拿出来发表。显示了他对一个学术问题严谨的思索和执着的追求。他还对二十世纪八九十年代以来社会上流行的"文化热"提出自己的看法，认为种种"文化决定论"、"文化至上论"等都是非科学的，都忽视了社会政治、经济因素与文化之间的相互作用，不值得提倡。在当时的社会环境下，提出这样的看法也是需要学术的勇气的。

第二，在具体研究工作中，宁可先生也注意利用唯物辩证法观察具体历史现象。注重史实之间的相互联系及深层关系，注重阐释历史发展的特点。如关于中国封建社会经济结构以及体制特征的问题，他认为人们常说中国封建经济是一种农业经济、自然经济，这话不错，但不完整。因为很早就有了社会分工，主要是农业和手工业的分工，这是封建经济的两大部门。这两大部门的产品要交换，这种交换终归会发展到以商品交换为其重要的形式，这就有了第三个部门——商业，而且越来越重要。所以，中国历史上的封建经济并非是一个绝对封闭静止的系统，而是具有相当的开放性和活动性，商品经济就是促成封建经济系统开放性和活动性的因素。又如关于中国封建经济结构的诸要素的运转，宁可先生做出了"小循环"和"大循环"的理论概括。从农村开始，农产品大部分自行消费，然后再进行再生产，这是一个小循环。其剩余产品和一部分必要产品循两条路线运行，一条是经过封建国家赋役而注入其他地区和部门，这是非商品性的活动，或基本上是非商品性的活动；另一条是经过市场，进入城市手工业领域，然后再回到市场，而又再进入农村，最终完成消费，这是一个大循环。小循环以中国的气候及农作物生长周期即一年为运转周期。小循环的损耗是小的，效率是高的，但经济效益却不算高。至于那个大循环，运转周期难以一年为率，循环过程很缓慢，损耗也不小，经济效益也不算高，但还是有的。再如对所谓"李约瑟难题"的解释，即中国封建社会原先比较先进，近代为什么会落后于西方？阻力是什么？学术界提出了诸多原因加以解释，或执其一端，或综合言之。宁可先生认为，从中国特殊的国情出发来探寻中国封建社会原先发展后来停滞的原因，固然应该考虑到各种因素的交互作用，但尤其应该注重内部因素的作用，特别是更具决定性意义的经济因素的作用，长时性而非一时性（如政策）因素的作用。以上几个问题的论述，都是综合考虑了与之相关的各种因素，从各种因素的相互联系、互动中，辩证地分析问题。对问题的分析，则是由此及彼，由表及里，层层深入，直至问题的核心。

第三，宁可先生的具体研究，从不满足于对历史事物表象的考察，往往具有贯通的特征，力图对中国历史的发展具有贯通性认识。如对中国古代"社邑"的研究，所涉及的材料上至先秦，下迄明清，不仅几乎穷尽了传世文献中的相关记载，而且还充分利用了石刻材料和敦煌资料，展示了中国古代民间团体发生、发展和演变的轨迹，为我们观察中国古代基层民众的活动和民间组织提供了重要窗口。又如他对中国古代人口的考察。考察的时段也是自战国至明清，并总结出古代人口的发展规律是台阶式的跃迁。战国中期的人口大约为二千五百万到三千万，这是第一级台阶；从汉到唐，人口似乎没有超过六七千万，这是第二级台阶；从北宋后期起，人口大约增长到一亿左右，这是第三级台阶；从清代乾隆初年开始，短短 100 年间人口从一亿多猛增到四亿，这是第四级台阶。这样的研究成果，不仅对认识整个中国古代历史具有重要价值，对当今社会制定人口发展政策也有借鉴意义。再如对中国王朝兴亡周期率的探讨，所涉及时段也是从秦到清十几个王朝。他总结出历史上新王朝取代旧王朝有三种途径：一是战争；二是用非暴力的手段，即所谓"禅让"；三是北方游牧民族借机起兵南下，征服半个乃至全部中国。总结两千年王朝兴亡，宁可先生总结了三点经验教训：一，中国是农业社会，农业是基础，农民占全国人口的绝大多数，一个统治者如何对待农民，成为一个王朝成败的关键。二，专制主义中央集权国家各级官僚机构和各级官吏的吏治问题非常重要，历来的统治者都非常重视。王朝兴起时往往重视整饬吏治，而一个王朝之所以衰亡，重要的原因是吏治的腐败。三，历代王朝兴亡，乍看起来似周而复始的循环，但并非单纯的回归，像螺旋形一样，在循环之中不断上升，不断发展。到宋以后，发展势头受到阻碍，以致 19 世纪中期以后，欧洲资本主义势力侵入，中国成为半封建半殖民地社会。以上所列举的问题，都是上下数千年，纵横越万里，从长时段的具体历史进程中，揭示其发展变化的特点和规律，发前人所未发。

宁可先生的论著思路缜密，论证周到，表述清晰，结论自然令人心悦诚服。由于具有深厚的理论素养和敏锐的学术眼光，他的学术研究往往具有前瞻性和引领性。如他对汉代农业生产数字的研究、对中国古代人口的研究，以及对汉唐社邑的研究，都是开风气之先，启发后继者继续从事相关课题的研究。他的研究成果同时受到国际学术界的重视，其学术观点经常被当作具有代表性的看法被介绍到国外。他是当之无愧的当代史学大家！

宁可先生热爱教学工作，常以"教书匠"自称。他自26岁开始给学生上课，陆续开设过《中国通史》（先秦到宋辽夏金元）、《隋唐五代史》、《中国历史要籍介绍及选读》、《隋唐五代社会经济史》、《资本论选读》、《中国古代社会经济史专题》、《历史科学概论》等课程。直到70多岁时，还坚持给研究生上课，每次上课前都要在头天下午或晚上把第二天要讲的内容再过一遍才放心。他从1981年开始招收硕士研究生，先后指导了40多名博士、硕士研究生和博士后研究人员，为史学界培养了一大批专门人才。他的学生分别在不同的学术领域作出了重要贡献，其中很多人成为各领域的学术中坚。他是一位杰出的教育工作者。

以上介绍表明，宁可先生的学术论著在当时曾是一个时代具有代表性的成果，现在已经成为当代史学遗产的重要组成部分。他的一系列精辟观点，至今仍闪耀着理论的光辉和智慧的火花，具有"卓然不可磨灭"的品质。为了进一步总结、研究、发扬宁可先生留给我们的珍贵史学遗产，人民出版社拟出版10卷本的《宁可文集》，即：一、《宁可史学论集》；二、《宁可史学论集续编》；三、《史学理论研讨讲义》；四、《中国封建社会的历史道路》；五、《敦煌社邑文书辑校》；六、《敦煌的历史和文化》；七、《流年碎忆》；八、《地理环境与历史发展》；九、《散文论》；十、《讲义》。本次出版按照第一卷、第二卷……的顺序依次排列，共计十卷，其中一至七卷为已刊论著，八至十卷为未刊稿。

《宁可文集》的编辑工作，总的原则是尽可能保持宁可先生著述的原貌，以求全面真实地反映宁可先生的学术成就。其中第一至七卷，以前均曾由国家级出版社正式出版过，内容多数经过宁可先生审定。所以，此次编辑以上七卷，原则上不做改动，仅纠正个别文字错误，并以"编者补注"形式，完善文稿中不规范、不完整的注释内容。第八至十卷为首次出版，编者根据需要做了必要的技术处理。

为保证出版质量，编委会组织人力对文集的全部引文都做了核对。其中马恩列斯等经典著作的引文，虽然近年已有新的译本，但考虑到作者的解释和论证都是以老版本为依据的，如果根据新的版本修改引文，会造成解释和论证与引文不协调。所以，此次核对马恩列斯等经典著作的引文，我们仍以宁可先生当时所用的老版本为依据。关于古籍引文的核对，尽量使用标点本和新的整理本，但不使用宁可先生去世以后的新版本。

《宁可文集》的编辑出版，自始至终得到了首都师范大学历史学院和人民出版社的支持。首都师范大学历史学院院长刘屹教授、人民出版社鲁静编审、刘松弢副编审都给予了大力支持，历史学院校友郭岭松编审则承担了繁杂的编辑工作。谨此一并致以诚挚的感谢！

《宁可文集》编辑委员会

郝春文执笔

2022 年 6 月 2 日

目　录

论历史主义和阶级观点

什么是历史主义，怎样在社会历史的研究中遵循历史主义原则，是一个经常碰到的问题。资产阶级学者们对这个问题作了五花八门的解释，进行了无尽无休的争论，有意无意地把它弄得混乱不堪。在马克思主义的历史学家中间，对这个问题的认识也并非总是一致的和明确的。近两三年来，不少同志对历史研究中的非历史主义倾向进行了批评。但是，对于什么是历史主义，什么是非历史主义，批评者与被批评者以及各个批评者之间常常有不同的理解。有时，甲说某种论述不符合历史主义原则，而乙却认为恰好是甲的批评违背了历史主义原则。甚至，同一作者的同一篇文章里也出现了前后矛盾的意见。同时，批评的文章又往往缺乏对历史主义原则的正面阐述，即或涉及，也是语焉不详。这样，尽管多数批评起了有益的作用，问题却没有真正解决。另一方面，由于某些同志对历史主义的理解并不完全正确与全面，却根据这种不完全正确与全面的理解来批评历史研究中的非历史主义倾向，对某些具体历史问题做出不甚恰当的论断，从而或多或少地给历史的研究带来一些混乱，留下一些需待澄清的问题。

最近，林甘泉同志写了《历史主义与阶级观点》一文①，对于历史主义和阶级观点的关系作了阐述，着重批评了有些同志在批评非历史主义倾向时"并没有能站在正确的立场上"，"把历史主义与阶级观点对立起来，在讲'历史主义'的时候，离开了阶级观点，从而模糊了马克思主义历史

---

① 见《新建设》1963 年第 5 期。

科学的党性原则"。林甘泉同志的文章里有许多正确的意见，但是，对于什么是历史主义和历史主义与阶级观点之间的关系的说明，却仍然很难说是清晰明确的。林甘泉同志一再强调："在马克思主义的理论中，阶级观点和历史主义是完全一致的，统一的。""马克思主义的阶级观点和历史主义虽然是两个不同的概念和术语，但这并不意味着它们是不同的或是互相排斥的两种观点。"（着重点是引者加的）看来，作者似乎主张历史主义和阶级观点只是表述形式或术语上的差别，究其内容则是"完全一致"，不是"不同的两种观点"。但是，"不同的概念"不等于就是"不同的术语"，"不同的观点"和"互相排斥的观点"的含意也颇有区别，"统一"的东西更不见得就是"完全一致"的东西，林甘泉同志的叙述本身就给问题带来了若干混乱。而在文章的其他部分，林甘泉同志所着意阐述的，不过是阶级观点与历史主义之间存在着内在的联系，二者互为条件，互相依存，互相渗透而已，并没有去充分论证二者的完全一致，是同一种观点。这就使人难以理解，林甘泉同志所谓的阶级观点和历史主义的完全一致，其确切的含义究竟是什么了。因此，尽管林甘泉同志尖锐地指摘有些同志"完全把马克思主义的历史主义和阶级观点的内在联系忘记了，完全把历史主义与客观主义混淆起来了"，"没有能站在正确的立场上"来进行对非历史主义倾向的批评。但是，究竟什么是"马克思主义的历史主义"，它和阶级观点究竟是什么关系，林甘泉同志的文章同样没有做出令人满意的回答。

众说纷纭，莫衷一是。林甘泉同志说："如何正确地理解和应用历史主义，是一个值得注意的问题。"事实确乎如此，争持和纷乱的焦点，正在于对历史主义原则的理解上。看来，这个问题还需要继续进行探讨。本文就是这种探讨的一个尝试。

一

辩证法，这是马克思主义的活的灵魂，是"关于包罗万象和充满矛盾的历史发展的学说"。① 辩证法要求把事物按照其本来面目加以看待。当我们这样做时，就会发现，"在我们面前首先呈现的是种种联系和交互作用的无限错综的图画，其中没有任何东西是不动的和不变的，万物皆动、皆变、皆生、皆灭。"② 因此，辩证法要求"把整个自然的、历史的和精神的世界都看作是一种过程—即永恒的运动、变化、转换和发展的过程"③。照辩证法看来，一切事物都有它发生、发展和消灭的历史。既然如此，要正确地认识和切实地解决任何问题，"最可靠、最必需、最重要的就是不要忘记基本的历史联系，要看某种现象在历史上怎样产生，在发展中经过了哪些主要阶段，并根据它的这种发展去考察它现在是怎样的"；"就必须从历史上把它的全部发展过程加以考察"④。对待事物的这种观点，也可以叫做历史主义或者历史观点。换言之，历史主义或者历史观点，就是以辩证观点来研究事物的基本原则之一，它把事物看成是有历史的，即看成是一个发生、发展、消灭的过程，而这一过程则是有规律的、必然的。在马克思主义经典著作中，正是经常在这样的意义上来运用历史主义或历史观点这个概念的。

事物的变化和发展是在它自己内部的各种矛盾的对立斗争中、是在与其他事物互相联系互相作用的过程中进行的，是由既定的历史形成的各种内部条件和外部条件所制约和决定的。"人们自己创造自己的历史，但是他们并不是随心所欲地创造，并不是在他们自己选定的条件下创造，而是在直接碰到的、既定的、从过去承继下来的条件下创造。"⑤"每一代一方面在完全改变了的条件下继续从事先辈的活动，另一方面又通过完全改变了的活动来改变旧的条件。"⑥ 无数世代互相联系彼此承续的活动，形成了

---

① 列宁：《论马克思主义历史发展中的几个特点》，《列宁全集》第 17 卷，人民出版社 1959 年版，第 22 页。

② 恩格斯：《社会主义从空想到科学的发展》，人民出版社 1961 年版，第 51 页。

③ 恩格斯：《社会主义从空想到科学的发展》，人民出版社 1961 年版，第 55 页。

④ 列宁：《论国家》，《列宁全集》第 29 卷，人民出版社 1956 年版，第 430—431 页。

⑤ 马克思：《路易·波拿巴的雾月十八日》，《马克思恩格斯全集》第 8 卷，人民出版社 1961 年版，第 121 页。

⑥ 马克思、恩格斯：《德意志意识形态》，《马克思恩格斯全集》第 3 卷，人民出版社 1960 年版，第 51 页。

人类的历史。脱离开具体的历史条件，就无法理解人们的活动，并给予应得的评价。在一定历史条件下是正确的东西，到了另一个环境里就成了可笑的谬误。极为相似的事情，在不同的历史环境中出现，会引起完全不同的结果。一切都依时间地点条件为转移，马克思主义的起码的也是绝对的要求，就是要把问题提到一定的历史范围之内，从这一事物所由产生并与之相联系的那些条件出发，"对每一特殊的历史情况进行具体的分析。"①历史主义与那些用抽象的范畴和永恒的概念去论述事物的态度是永远不相容的。

把问题提到一定的历史范围内，对每一特殊的历史情况进行具体分析，究竟包含着什么样的内容呢？

人们既然是在已经确定了的，不由他们自己决定的历史条件下从事创造历史的活动，那么，许多这样的活动（不是所有的活动），就是合乎那隐藏着的不以人们意志为转移的规律的。换言之，对于那个时代和那些条件来说，人们的这些活动是正当的，合理的。我们也只能根据那个时代和条件的具体情况来对待它们，评价它们，承认它们的正当性、合理性。中世纪的封建制度今天看来当然是荒谬的，但是，在生产力不发达的情况下，对于一定的历史时期却有正当性，不能简单地予以抹杀。18 世纪的绝大多数法国启蒙思想家和唯物主义者把中世纪看作千年来普遍野蛮状态所引起的历史进程的中断，看成是人类历史上偶然出现的错误，这种违反历史主义的观点今天看来当然又是荒谬的，但是，在 18 世纪的历史条件下出现却也是可以理解的。因为，当时人类的历史运动还没有可能创造出能提出更科学的历史理论的条件，受生产力发展水平制约的自然科学发展水平与新兴资产阶级的阶级局限性使得机械的、形而上学的观点成为当时思想的主流，因此尽管当时先进的思想家坚决地批判封建制度，但这种批判却不能站在坚实的科学基础上。可是，这些思想家的一个不可争辩的宝贵的功绩，就在于他们是从他们同时代的科学的观点上彻底地思想了的，这些思想包括其中的矛盾不窒息人类的思想，不阻滞它的发展，并且推动

---

① 列宁：《论尤尼乌斯的小册子》，《列宁全集》第 22 卷，人民出版社 1958 年版，第 310 页。

它向前进，而这就是我们能够和应该要求于思想家的一切。因此，正和封建制度在中世纪出现是正当合理的一样，否定封建制度在中世纪出现是正当合理的法国启蒙思想家和唯物主义者的思想在 18 世纪出现，也同样是正当合理的。

但是，每一代的人们不仅是在既定的条件下从事创造历史的活动，同时还通过自己的活动来改变既定的历史条件。随着各种矛盾的冲突和转化，随着内部和外部的历史条件的改变，随着事物内部的否定方面、新生方面的逐渐发展成长，原先那些正当的合理的事物，就逐渐走向自己的反面，失去自己存在的理由，成为不正当不合理的东西，而不得不让位给新生的、更高阶段的事物。这样，我们也就只能根据时代和条件的变化来对待它们，评价它们，否认它们的正当性和合理性。在今天看来，无论是中世纪封建制度也好，还是用形而上学的、唯心的观点来否认封建制度的正当性和合理性的 18 世纪法国启蒙思想家和唯物主义者也好，都早已随着历史条件的改变，成为不正当不合理的东西了。历史上的事物，就是这样不断地从量的变化进到质的变化，以一个否定另一个的方式彼此联系着，从而使得历史的发展呈现了阶段性和前进性。

一切事物一方面存在于一个确定了的世界里面，在一定历史条件下是合理的，有其存在的理由，应当根据确定了的历史条件来判断其属性，进行评价。另一方面，它们又存在于一个发展着的世界里面，随着历史条件的改变，它们逐渐成为不合理的，失去了存在的理由，而为新生事物所取代，应当根据变化了的历史条件来判断其属性，进行评价。这是历史主义的基本要求。但是，对事物的肯定的理解中已经包含着对事物的否定的理解，确定了的世界不过是发展着的世界的一个暂时阶段。在辩证哲学看来，"除了不断的发生和消灭的过程，除了无穷的由低级进到高级的上升过程以外，没有任何东西是永存的。"① 因此，同辩证法一样，马克思主义历史主义从本质上说也永远是批判的、革命的。它决不去盲目地为历史上反动的、落伍的事物辩护，而始终把目光注定在历史上新生的、前进的、

---

① 恩格斯：《费尔巴哈与德国古典哲学的终结》，人民出版社 1961 年版，第 6 页。

革命的事物上。

因此，历史主义既反对那种把事物当成绝对不变永世长存的绝对主义，也反对那种此亦一是非，彼亦一是非，不对在一定历史条件下的事物的属性予以确定并做出评价的相对主义。

马克思主义者是最彻底的历史主义者，他不以罗列形形色色、复杂纷纭的各种历史条件为满足，同时还进一步追问，在各种历史条件中，到底有没有一种因素对事物的性质、变化与发展起着决定的作用？如果有，这又是什么？

许多资产阶级学者絮絮不休地谈论着各种历史因素之间的相互作用，如法律影响宗教，宗教影响法律，而这两者又分别共同地影响哲学和艺术，哲学和艺术转过来又相互作用，还作用于法律、宗教等等。至于到底有没有决定的因素，这种因素又是什么，根本不在他们考虑之列。普列汉诺夫说，他们"恰巧在严格的科学思维开始充分取得自己权利的地方停止了思想"①。实在一点不错。有些资产阶级学者并不以此为满足，他们企图找出决定事物性质及其发展的根本性的因素，探求出事物发展的规律性。黑格尔就是其中最著名的一个。他指出："在应用相互作用关系时的不满足就在于：这种关系不但不等于概念，而且它本身还应当被理解。为了要理解相互作用的关系，我们不应当把这种关系的两个方面当作直接现存的东西；……应当承认它们是那有着更高的规定的第三者即概念的环节。"②但是，这个"更高的规定的第三者"究竟是什么，资产阶级学者从来没有做出正确的回答，18 世纪的法国启蒙思想家和唯物主义者把它归结为抽象的人性，黑格尔认为是那无所不在、无所不包的"绝对精神"在各个历史阶段里的体现——"民族精神"，而那些不如他们的学者们的答案就更为荒唐，总之，是作了各色各样的唯心主义的解释。只是到了马克思，才真正在彻底的唯物主义基础上解答了这个问题。马克思和恩格斯指出，人

---

① 普列汉诺夫：《黑格尔逝世六十周年》，《普列汉诺夫哲学著作选集》第 1 卷，生活·读书·新知三联书店 1959 年版，第 475 页。

② 转引自列宁：《黑格尔〈逻辑学〉一书摘要》，《列宁全集》第 38 卷，人民出版社 1959 年版，第 173 页。

们的社会生产及由此而结成的一定的生产关系，是一切历史事物产生、发展、变化和消灭的决定的因素，是历史的"现实基础"。"历史的每一阶段都遇到有一定的物质结果、一定数量的生产力总和，人和自然以及人与人之间在历史上形成的关系，都遇到有前一代传给后一代的大量生产力、资金和环境，尽管一方面这些生产力、资金和环境为新的一代所改变，但另一方面，它们也预先规定新的一代的生活条件，使它得到一定的发展和具有特殊的性质。"① 由于生产的发展和生产资料私有制的出现，从原始社会解体以来，人们分成了剥削者和被剥削者，结成了不同的阶级。人们在每一个历史发展阶段中的极为多样的，似乎不能加以任何系统化的社会性活动，实际上已被综合、被归结为阶级的活动。正是阶级的划分和阶级的斗争决定着社会的面貌及其发展。因此，在马克思主义者看来，在社会历史的研究中贯彻历史主义原则，"就必须牢牢把握住社会阶级划分的事实，阶级统治形式改变的事实，把它作为基本的指导线索，并用这个观点去分析一切社会问题"②。只有这样，才能真正把各种社会现象的进化看作是自然历史过程，才能把历史主义贯彻到底。

有些资产阶级的史学家和社会学家也谈论阶级的划分和阶级的斗争，但是他们和马克思主义者有根本的不同。在这个问题上，研究者的阶级立场起着决定的作用。资产阶级学者幻想资本主义制度的永世长存，不能也不敢预言曾经炻赫一时的资本主义制度，仅只不过是漫长历史过程中的一个暂时阶段，终将会要走向灭亡；他们所引为自豪的资产阶级，其存在也只不过和生产发展的一定阶段相联系，它在历史上的领导地位终归要让给被他们如此轻视和仇恨的无产阶级。因此，谈论阶级和阶级斗争的资产阶级学者往往是反历史主义的。即使有些人标榜"历史主义"，也常常不过是认定事物的变化只是循着点滴的平静的进化途径，忽视或否定历史发展的不同的阶段具有本质的差别，从而鼓吹阶级的合作与社会改良。就连被

---

① 马克思、恩格斯：《德意志意识形态》，《马克思恩格斯全集》第 3 卷，人民出版社 1960 年版，第 43 页。

② 列宁：《论国家》，《列宁全集》第 29 卷，人民出版社 1956 年版，第 434 页。

恩格斯称为具有"巨大的历史感"的黑格尔，尽管他的"历史感"常常帮助他"从朦胧不清的唯心主义的峰顶降落到经济关系的具体的地基上来"①，使他能够对某些具体的历史问题做出正确的甚至是精辟的说明。但是，他的保守的政治立场和唯心主义哲学体系却使他不能把历史主义原则坚持到底，不能不使历史的过程有一个终点，即达到对所谓"绝对观念"的认识。在社会历史的发展中，这一最终的绝对观念不过是在普鲁士的国家制度里实现出来。换句话说，在黑格尔那里，革命的辩证法是被他的保守的唯心主义哲学体系闷死了。这样，资产阶级学者谈论阶级和阶级斗争，总是自觉或不自觉地堕落到为现存的社会秩序作辩护的立场，而不能站在新生的、前进的、革命的事物和阶级的方面。至多也只是当资产阶级还处在上升时期时，暂时地站在这个方面，像法国复辟时期的历史学家基佐、米涅、梯叶里等人那样，尽管他们肯定与歌颂新兴资产阶级反对封建制度的阶级斗争，但一旦他们发现新登上历史舞台的无产阶级的斗争威胁着资产阶级的统治，历史的结论将对他们所从属的阶级不利时，他们就理所当然地忘掉了自己的历史，放弃了自己如此坚信的阶级斗争学说与分析问题的历史主义态度，迫不及待地疾呼"后果良善"的资产阶级反对封建制度的斗争与"完全破坏了社会安全"的无产阶级反对资产阶级的斗争之间毫无共同之点，宣传起社会和平来了。

作为历史上新生的、进步的、革命的阶级——无产阶级思想上的代表，马克思主义者与任何资产阶级学者不同，他永远是直率而公开地宣称自己站在无产阶级立场上，并且从无产阶级立场上肯定、同情和歌颂历史上一切新生的、进步的、革命的事物和阶级，一切推动历史发展的力量，否定与憎恶历史上一切落后的、腐朽的、反动的事物和阶级，一切阻碍历史发展的力量。马克思主义者所坚持的，正是革命的辩证法。因此，只有马克思主义者才能真正把历史主义原则坚持到底，才能真正运用历史主义原则来研究与说明一切社会历史现象，揭露历史的真相，阐明历史发展的

① 普列汉诺夫：《黑格尔逝世六十周年》，《普列汉诺夫哲学著作选集》第一卷，生活·读书·新知三联书店 1959 年版，第 488 页。

规律。而马克思主义者之所以能够做到这点，正是由于他"不仅指出过程的必然性，并且阐明正是什么样的社会经济形态提供这一过程的内容，正是什么样的阶级决定这种必然性。"①

因此，彻底的历史主义必然是和阶级观点统一的。对马克思主义的历史研究者来说，在分析事物的发展过程与各种复杂的历史条件时，应当始终以阶级观点和阶级分析方法作为基本的指导线索；而运用阶级观点与阶级分析方法时，又始终应当以对事物的历史发展及其各种条件的具体分析为基础。对马克思主义的历史研究者来说，科学的客观的研究态度和研究方法与鲜明的阶级立场和革命精神是统一的。研究问题的历史主义原则与阶级观点应当是内在地、有机地联系着，统一着的。

阶级观点是唯物主义历史观的核心，历史主义是辩证法对历史过程的理解。历史主义和阶级观点的统一，也就是辩证法和唯物主义历史观的统一的内容之一。把历史主义和阶级观点割裂开来，对立起来，或者看成是两个不相关的东西，这里加一点，那里减一点，在二者之间求得平衡，当然是不正确的。但是，像林甘泉同志那样，把阶级观点同历史主义的统一看作是内容的完全一致，是同一个观点；把它们之间的联系看作是必然的，只要有了阶级观点，自然就有了历史主义，也不免是一种机械的、简单化的理解，不可能把历史主义和阶级观点的统一的内容解说清楚。

历史主义和阶级观点是统一的，但是对于每个研究者来说，做到这点并不容易。唯物主义者并不一定都具有辩证法，具有辩证思想的人也可能是唯心主义者。理解了生产力和生产关系是历史的现实基础，认识到应当用阶级观点来看待历史事物，并不意味着就有了辩证的思想方法，就有了历史主义。反过来说，也是一样。由于研究者的马克思主义修养不同和历史事物的复杂多变，在具体的研究中仅仅注意了一个方面而忽视了另一个方面的情况是可能出现的。在一定的时期，根据已经出现的偏向，从历史主义和阶级观点统一的角度着重指出应当重视被忽视了的那个方面也是需要的。近两三年来有些同志对历史研究中的非历史主义倾向提出批评，正

---

① 列宁：《民粹主义的经济内容》，《列宁全集》第 1 卷，人民出版社 1955 年版，第 379 页。

是因为前一段时期在历史研究与教学中曾经出现一些不以历史主义态度对待阶级观点与阶级分析方法，把它简单化、庸俗化的倾向。例如：过分地夸大了历史上劳动人民及其领袖的觉悟和作用，把他们描写得跟今天的无产阶级及其领袖差不多；另一方面，则抹杀剥削阶级、封建王朝和帝王将相在一定条件下对历史发展的积极作用，甚至否认他们的存在，就是这类倾向的一种表现。不少同志对这种倾向提出批评，强调应当坚持正确的历史主义态度，是完全必要的，而且也起了有益的作用。但是，非历史主义倾向之所以产生，并不是由于阶级观点与阶级分析方法本身有什么问题，反而正是由于没有很好地理解阶级观点与正确地运用阶级分析方法，没有把阶级观点与阶级分析方法建立在具体分析事物的发展过程与历史条件的基础上，没有正确地在研究与教学中把历史主义与阶级观点统一起来的结果。因此，反对不以历史主义的态度对待阶级观点与阶级分析方法，反对把阶级观点与阶级分析方法简单化、庸俗化，强调对事物的历史主义态度，不等于说就可以不必强调站稳阶级立场，不必进行阶级教育，不必坚持阶级观点，不必重视阶级分析方法了。有的同志在批评非历史主义倾向时只是片面地强调历史主义，多少有些脱离了历史主义与阶级观点统一的原则。有的同志没有把对阶级观点与阶级分析方法的简单化、庸俗化的理解和运用与对它们的正确理解和运用这二者之间的界限区别清楚，以致让人感到他们在反对非历史主义倾向的同时模糊了阶级观点，混淆了阶级界限，甚至为历史上落后的、反动的事物辩护。这些问题，当然需要在进一步讨论中予以澄清，以免给历史的研究与教学带来混乱和困难。此外，某些具体历史问题的研究——如历史人物的评价，剥削制度和剥削阶级在历史上的作用，农民战争的性质和作用等等——如何贯彻历史主义与阶级观点统一的原则，由于问题的复杂性，更是难于立即取得一致的意见，而需要长期耐心的钻研与讨论。有意见当然应当提出，旗帜也不妨鲜明，但是，如果过多地指摘别人的论断"不能说是马克思主义者应有的立场"，"远离了马克思主义理论"，而缺乏一种说理的、研讨的态度，对促进讨论的深入展开恐怕不见得是有益的。

二

评价历史的事物，究竟应当依据什么标准？

标准只有一个。即：看它对当时的历史发展起了推动作用还是阻碍作用。或者换句话说，看它是属于历史上新生的、进步的、革命的力量或阶级，还是属于历史上落后的、腐朽的、反动的力量或阶级。如前节所述，这既是阶级的标准，也是历史的标准。

但是，历史的事物并不那么简单，在具体运用这一标准时，常常会遇到许多困难。剥削阶级和劳动人民的关系及剥削阶级在历史上的作用，就是这类困难问题之一。

剥削阶级的出现，在一定历史条件下是合理的现象，但是剥削阶级又给人民带来苦难，促使劳动人民进行斗争。如果肯定劳动人民的斗争是必要的，劳动人民的痛苦是应当同情的，那么，岂不是要否定剥削阶级在历史上曾经起过的进步作用？如果肯定剥削阶级在上升时期起过进步的作用，那岂不又会无视劳动人民在剥削制度下的苦难，认定劳动人民的斗争是不必要的甚至是反动的？

对于这个问题，有些同志采取了一种简单化的做法。他们或者仅仅根据剥削给人民带来痛苦这一点，不再作任何具体分析，就贬低奴隶主阶级、地主阶级、资产阶级以及出身于这些阶级的帝王将相、英雄志士、文人学者在历史上曾经做出的贡献，甚至把他们一概否定，或者肯定之后，又继之以否定，以为这样就算是坚持了阶级观点。但是，我们坚持的应当是无产阶级的阶级观点，亦即是按照历史唯物主义的原理来看问题，却不是要求研究者站到历史上被剥削阶级的立场上去，或者以历史上被剥削阶级的眼光来评断当时的事物。简单的同情不足以说明问题，一般的义愤也不能够推进科学。抽象地谈论剥削的罪恶与人民的痛苦而不计其他，并不是真正坚持了阶级观点而恰好是缺少无产阶级的阶级观点。另一方面，有的同志又仅仅根据剥削阶级在历史上起过某些进步作用这一点，夸大剥削阶级及其代表人物在历史上的贡献，对他们一律加以肯定而不作任何批判，以为这样就算坚持了历史主义原则。但是，我们坚持的历史主义原则并不是要求研究者去盲目地肯定古代的任何事物，却正是要具体分析这种剥削阶级的进步作用的阶级实质。要看到它是建立在对劳动人民剥削的基础上，要分析它与劳动人民的生产活动和阶级斗争的关系，要指出这种进步作用的历史意义和局限性，要划清剥削阶级的进步作用与劳动群众对历史的推动作用之间的界限。抽象地、孤立地、片面地强调剥削阶级在历史上的进步作用而不计其他，并不是彻底地坚持了历史主义原则而恰好是缺乏马克思主义的历史主义态度。

还有一些同志，他们似乎认为只要同时对剥削阶级的进步作用与劳动人民的反抗斗争都加以肯定，就算解决了问题，而不去努力分析为什么对之加以肯定与二者的关系。但是，不能在严格的科学思维开始充分取得自己权利的地方停止思想，关键的问题正在于需要用马克思主义原理对历史事物进行具体分析。离开了具体分析，既谈不上历史主义，也谈不上阶级观点，更谈不上二者的统一。结果倒是可能导致"彼亦一是非，此亦一是非"的折衷主义。

剥削制度和剥削阶级的出现在历史上曾经是正常的、合理的现象，是生产力与社会分工发展到一定阶段的不可避免的结果。恩格斯说："当社会劳动的生产总量用来供应社会全体所最必需的生活资料以外难得有所剩余的时候，当劳动差不多占据着社会极大多数人的全部或差不多全部时间的时候，这时候，这个社会必然分成各个阶级。在这个完全从事于强制劳动的极大多数人之旁，形成着一个脱离直接生产劳动的阶级，它从事于社会的这样一些共同事务：劳动的管理、国家事务、司法、科学、艺术等等。因之，作为阶级划分的基础的是分工的规律。"[1] 这样，在一定历史条件下，剥削阶级的进步作用就在对生产、社会生活与国家事务的组织和管理，以及文化、科学、艺术的继承、创造与传播等等方面表现出来。而且，这些活动主要地也只能由剥削阶级来进行。至于剥削，则是剥削阶级在一定历史条件下产生进步作用的基础和必要条件。正是在这样的意义上

---

[1]　恩格斯：《社会主义从空想到科学的发展》，人民出版社 1961 年版，第 78 页。

恩格斯说:"马克思体会得了历史底不可避免性,他理解到古代底奴隶所有者,中世纪底封建君主,作为人类进步底原动力,对历史底某个有限的时期,具有正当性。所以也承认剥削即取得别人劳动底收益在某个时期内历史的正当性。"①这样,随剥削而来的一切社会现象,诸如暴行、战争、欺诈、苦难等等,其中有些也就成为历史上的不可避免的现象了。农奴主对生产的组织与管理是运用"棍棒的纪律",但是,在没有纪律就不能进行生产而除掉棍棒的纪律之外又不可能出现其他更好的纪律形式的情况下,棍棒的纪律就成为不可避免的了。只有私利才能推动剥削阶级去进行活动,因此人的恶劣的情欲——贪欲和权势欲也成了历史发展的杠杆,而为自己的狭隘利益孳孳营计的剥削阶级却成了历史的不自觉的工具,完成着他们从来未曾想过的推动历史的伟大任务。隋炀帝开通运河的直接目的,不过是向往江都的风光想去巡游,加强对不久前征服的东南地区的控制和转输该地富庶的物资以增强中央政权的力量。但是,江都的繁华不过是三国两晋南朝以来江南经济长期发展的结果,而创业于北方的隋王朝对东南地区的控制与榨取则正好反映了在统一条件下南北经济文化的交流有了需要和可能。社会经济发展的要求在统治者的意识中以如此歪曲的面貌并且带着如此浓厚的个人特点呈现出来,以致使得隋炀帝本人永远也没有想到开通运河这一举措是对此后中国经济文化的发展做出了重要的贡献。而后代的历史家也长久不肯把开通运河算做隋炀帝的功绩。

因此,尽管剥削的历史正当性今天早已消失,而且剥削不论具有任何形态,已经不仅不再能促使社会的进步,反而只能阻止社会的进步,把它卷入日益激烈的,不从根本上废除剥削就不能解决的矛盾中去。剥削已经不再与任何进步的事物和思想相联系,而只引起强烈的憎恨。但是,我们却仍旧不能以对今天的剥削制度的认识和感情作为根据,去否定剥削和剥削阶级在历史上曾经起过的进步作用,去骂倒历史上的一切剥削制度和剥削阶级。在这个问题上,我们必须深深体会恩格斯的话:

　　　　只有奴隶制才使农业和工业之间更大规模的分工,成为可能,并

---

① 恩格斯:《法律家社会主义》,译文载《新建设》1949 年第 1 卷第 7 期,第 17 页。

因此而为古代文化的昌盛——为希腊文化创造了条件。没有奴隶制，就没有希腊的国家、希腊的艺术和科学；没有奴隶制，也就没有罗马国家，而没有希腊和罗马所奠定的基础，也就没有近代的欧洲。我们永远不应该忘记，全部我们的经济政治和智慧的发展，是以这样的状态为前提的，在这状态中，奴隶制既为人所公认，又以同样程度为人所必需。在这个意义上我们有权说，没有古代的奴隶制，也就没有近代的社会主义。①

正因为剥削是剥削阶级产生进步作用的基础和必要条件，在肯定剥削阶级活动的进步作用时，就必须注意下列三个方面的问题。

首先，剥削阶级的进步作用是以劳动群众的生产活动为前提的。"人们为了能够'创造历史'，必须能够生活。但是为了生活，首先就需要衣、食、住以及其他东西。因此第一个历史活动就是生产满足这些需要的资料，即生产物质生活本身。"②只有劳动群众为剥削阶级生产出足够的生活资料及创造出某些物质条件时，剥削阶级才有可能在这个基础上进行创造活动。因此，"不管不事生产的上层社会发生什么变动，没有一个生产者阶级，社会就无法生存。所以，这个阶级在任何情况下都是必要的"③。而且，剥削阶级的许多创造活动（例如自然科学的研究）是被生产发展的需要所推动的，劳动人民在文化科学艺术方面的创造活动又是一切剥削阶级文化科学艺术活动的取之不尽、用之不竭的源泉。因此，剥削阶级在历史上的进步作用是为当时劳动群众的生产活动所决定和制约的。

其次，剥削阶级的进步活动由于是建立在剥削劳动群众的基础上，就具有很大的局限性，这种局限性表现在两个方面。一方面，这种进步活动只是由少数人所垄断，占人口绝大多数的劳动群众却被排斥在外，这不仅剥夺与限制了劳动群众无穷无尽的创造能力的发挥，而且也使得剥削阶级的进步活动的发展带有很大的狭隘性，受到严重的限制。为了从剥削阶级

---

① 恩格斯：《反杜林论》，人民出版社 1961 年版，第 186 页。

② 马克思、恩格斯：《德意志意识形态》，《马克思恩格斯全集》第 3 卷，人民出版社 1960 年版，第 31 页。

③ 恩格斯：《〈劳工旗帜〉论文集》，人民出版社 1958 年版，第 35 页。

之中培养一个画家，就必须牺牲掉不知多少被剥削阶级中的艺术天才。像王冕、齐白石这样出身劳动人民的画家，仅是历史上稀见的例外。不仅如此，在把艺术当成消遣或商品的剥削制度下，为了满足剥削阶级庸俗浅薄的好尚，为了生计，不知有多少有才能的画家虚耗了自己宝贵的精力，多少有才能的画家在剥削阶级教养、习尚的熏染下脱离现实生活，脱离人民群众，从而使得自己的创作黯然无光，又不知有多少画家在剥削阶级错误的艺术思想和创作方法影响下误入歧途，只是给人类文化的园圃添加了虚幻的花朵或者毒草。对于剥削阶级的这种局限性，马克思和恩格斯极为透辟地指出：

> 作为过去取得的一切自由的基础的是有限的生产力；受这种生产力所制约的、不能满足整个社会的生产，使得人们的发展只能具有这样的形式：一些人靠另一些人来满足自己的需要，因而一些人（少数）得到了发展的垄断权；而另一些人（多数）经常地为满足最迫切的需要而进行斗争，因而暂时（即在新的革命的生产力产生以前）失去了任何发展的可能性。由此可见，到现在为止，社会一直是在对立的范围内发展的，……这一方面可以解释被统治阶级用以满足自己需要的那种不正常的"非人的"方式，另一方面可以解释交往的发展范围的狭小以及因之造成的整个统治阶级的发展范围的狭小；由此可见，这种发展的局限性不仅在于一个阶级被排斥于发展之外，而且还在于把这个阶级排斥于发展之外的另一阶级在智力方面也有局限性；所以"非人的东西"也同样是统治阶级命中所注定的。①

这种局限性的另一个更为重要的方面是，剥削在历史上虽然产生进步，但同时也产生落后和倒退。剥削阶级的进步活动正是以绝大多数劳动群众的贫困、落后和苦难为代价的。恩格斯说："文明底基础既是一个阶级剥削另一个阶级，那末它的全部发展便是在经常的矛盾中进行的。生产领域里每前进一步，同时也就意味着被压迫阶级即大多数人的生活状况后

---

① 马克思、恩格斯：《德意志意识形态》，《马克思恩格斯全集》第3卷，人民出版社1960年版，第507页。

退一步。对一个阶级的利益，必然是对别一个阶级的灾难，一个阶级底任何新的解放，必然是对别一个阶级的新的压迫。"①

而且，阶级的本性使得剥削阶级对于财富和权力具有无止境的欲望，决不满足于把自己的剥削和压迫保持在为推动历史发展所必须的限度之内，他们"永不会错过机会，为着本身的利益而把愈益增加的劳动重负加到劳动群众的肩上"②，从而使劳动群众为有限的进步付出了过分沉重的代价。彼得大帝的改革，靠"剥掉农奴的三层皮"来实现。秦始皇的统一和集权，"其所杀伤，三分居二，犹以余力行参夷之刑，收太半之赋"，"发闾左之戍"，弄得"男子疾耕不足于粮饷，女子纺绩不足于帷幕"，"赭衣塞路，囹圄成市"，"道死者相望"，结果是海内愁怨，天下大叛。因此，剥削阶级活动的进步作用总是伴随着巨大的消极作用。人类的进步就像可怕的异教神象那样，只有用人头做酒杯才能喝下甜美的酒浆。随着生产力的发展，到一定时期，现有的剥削阶级推动历史前进的作用开始消失，其活动中的消极因素日益增长，逐渐成为主要的方面。于是这个剥削阶级就从促进历史进步的力量变成了阻碍历史进步的力量，不得不被新的阶级所取代。就是当一个剥削阶级还处在上升阶段时，其活动中的消极因素一般虽然不是主要方面，但绝不容忽视，因为正是它们阻碍了生产力的提高，阻滞了社会的顺利发展，形成了社会的矛盾。而且到了一定时期，剥削阶级活动的消极方面还往往集中显现出来，引起社会生产力的严重破坏，造成社会的震荡和危机。像中国历史上许多封建王朝末年所出现的民穷国困，土地集中，统治阶级荒淫腐朽，社会矛盾极度尖锐的局面，以及资本主义社会上升时期的周期性的经济危机等，都是例子。只是由于这个剥削制度和剥削阶级的历史潜力还没有发挥完尽，能够代替它的新的阶级还没有出现，或者虽然出现，还很弱小，因此，危机还可以在这个剥削制度范围之内得到调整，这个剥削制度和剥削阶级在危机过去后还可以继续向前发展。历史常常循着最窄狭、最崎岖、最曲折的道路艰难地前进，甚至还

---

① 恩格斯：《家庭、私有制和国家的起源》，人民出版社 1961 年版，第 170 页。

② 恩格斯：《反杜林论》，人民出版社 1956 年版，第 187 页。

会发生局部的、暂时的倒退。而剥削阶级在历史上所起的这种消极作用，则往往是历史的发展出现曲折、顿挫乃至倒退的主要原因。

还应当看到，作为历史的不自觉的工具的剥削阶级，在他们进行自己的活动时却不是没有自觉的目的。由于他们在社会生产与政治生活中的领导与统治地位，他们预期的目的往往能够在当时立即实现，他们活动的直接后果也往往立即对当时的历史发生影响，而不是他们所期待的比较符合历史发展要求的后果却常常要经过一段时间才能暴露出来。由于剥削阶级活动的自觉目的通常总是为了卑劣的私利，这就不免常常要和历史发展的要求背道而驰，从而使得他们活动中的消极因素在当时大大超过了积极的因素，他们的进步作用总是伴随着广大人民的惨重的灾难。不仅如此，某些统治者个人的性格和品德，还常常加深了这种悲惨色彩。暴虐荒淫的隋炀帝，为了开通运河，在很短的时间里前后调发了二百多万人应役，开永济渠时，丁男不供，竟以妇人从役。这样大规模的和极度残酷的徭役，严重地破坏了当时的农业生产，使得人民死亡相继，痛苦万分，就连一些"正常"的封建统治者，也觉得他的作为未免逾分。运河开通之后，首先又是供隋炀帝荒淫奢靡的巡游。第一次游江都，用船数千艘以上，舳舻相接二百余里，挽船士达八万余人，物资的靡费更是不可胜计，沿途的人民受到严重的骚扰。此后两次巡游，情况也与第一次相似。运河对中国经济文化发展的积极作用还看不出来，人民却已遭到了就是在封建社会条件下也不应有的苦难。结果，运河开凿的直接后果不是经济的发展而是经济的破坏，不是人民生活的改善而是农民起义的爆发，不是为隋炀帝立了记功的丰碑，而是促成了他的覆亡。应当肯定的活动在当时却为历史的发展所否定。秦始皇以及其他某些封建统治者的活动，也有与此相类的情况。

因此，在谈到剥削阶级在历史上所起的进步作用时，绝不能忽视这种作用的巨大局限性。即使是在剥削阶级处于上升阶段时，它的合理性中就已经包含了不合理性。固然不要因为这种不合理性而否定历史上剥削阶级所起过的进步作用，但也不要因为在一定时期里进步作用是剥削阶级活动的主要方面而无视同时存在的那些反动的东西，甚至为它们的存在辩护。尤其不应当因为某些个别统治者充当了历史的不自觉的工具，就把他们那些带有个人色彩的，仅属于偶然的反历史的活动，也当成历史的必要，使他们逃脱历史的公正审判。

第三，正因为剥削阶级的进步作用是建立在剥削劳动人民的基础上，这种进步作用就是在阶级斗争的基础上产生并且为阶级斗争所制约的。马克思说过：

> 封建的生产也有两个对抗的因素，人们称为封建主义的好的方面和坏的方面，可是，却没想到结果总是坏的方面占优势。正是坏的方面引起斗争，产生形成历史的运动。假如在封建主义统治时代，经济学家看到骑士的德行、权利和义务之间美妙的协调、城市中的宗法式的生活、乡村中家庭手工业的繁荣、各同业公会、商会和行会中所组织的工业的发展，总而言之，看到封建主义的这一切好的方面而深受感动，抱定目的要消除这幅图画上的一切阴暗面（农奴状况、特权、无政府状态），那末结果会怎样呢？引起斗争的一切因素就会灭绝，资产阶级的发展在萌芽时就会被切断。经济学家就会给自己提出把历史一笔勾销的荒唐任务。……这样，为了正确地判断封建的生产，必须把它当作以对抗为基础的生产方式来考察。必须指出，财富怎样在这种对抗中间形成，生产力怎样和阶级对抗同时发展，这些阶级中一个代表着社会上坏的、否定的方面的阶级怎样不断地成长，直到它求得解放的物质条件最后成熟。……由于最重要的是不使文明的果实（已经获得的生产力）被剥夺，所以必须粉碎生产力在其中产生的那些传统形式。从此以后，从前的革命阶级将成为保守阶级。①

无数的历史事实说明了，当剥削制度和剥削阶级处在上升与繁荣阶段时，生产关系和生产力，上层建筑和经济基础之间，仍然存在着矛盾，需要进行调整。这两对社会的基本矛盾，集中表现为阶级的对抗。处于对抗的一极的剥削阶级，尽管有其适合生产力性质的进步的一面，但又有随剥削而来的落后、黑暗、腐朽、反动的一面。后者正好是社会基本矛盾两个

---

① 马克思：《哲学的贫困》，《马克思恩格斯全集》第4卷，人民出版社1958年版，第154—155页。

对立方面中的一面的集中表现。由于这个方面是剥削阶级本性的产物，它就很难由剥削阶级本身来自动地克服调整。即使剥削阶级中某些优秀人物看出问题的所在，努力进行一些改良，顶多也只能在短时期里取得很不彻底的成就，而不能根本改变整个阶级的动向，扭转历史发展的趋势。王安石的变法及其终于失败，就是大家熟知的一例。只有经过集中体现了社会基本矛盾的另一个对立方面的人民群众自下而上的阶级斗争，剥削阶级活动中的落后、黑暗、腐朽、反动的方面才可能受到打击和限制，生产关系和生产力，上层建筑和经济基础的矛盾才可能在这个剥削制度的范围内得到调整，较有远见的剥削阶级的代表人物才可能较少阻碍地实现某些改革，社会才可能向前发展，剥削制度内部也才可能发生部分变化，进入新的阶段。中国封建社会里的多数大规模的农民战争，就是在封建制度处于上升和繁荣阶段时，人民群众的阶级斗争推动历史前进的最鲜明的例证。由于被剥削阶级的逐步壮大，并且对统治着的剥削阶级进行不断的斗争，推动了社会的逐步向前发展，原来的剥削制度就逐渐从生产力发展的形式变成了束缚生产力发展的桎梏，原先在历史上起进步作用的剥削阶级就逐步向反面转化，成为阻碍社会发展的反动力量了。尽管如此，衰朽的剥削阶级是不肯自动退出历史舞台的，只是在人民群众革命浪潮的反复不断的冲击下，它才可能最后被推翻，适合生产力性质的新社会制度才得以建立，新的阶级才可能凭借人民群众的力量掌握政权，取得统治地位。人民群众的阶级斗争不仅当某一剥削阶级处在上升阶段时促使它的进步作用得到发挥，而且在某一剥削阶级处于没落阶段时把它当作历史的垃圾加以清除。"没有对抗就没有进步。这是文明直到今天所遵循的规律。"[①] 在人民群众与剥削阶级活动的关系上，充分地显示了劳动人民是历史的主人这个历史唯物主义的基本原理。

因此，人民群众的生产斗争与阶级斗争始终是历史发展的真正动力。剥削阶级的进步作用，正是在人民群众的生产斗争与阶级斗争的基础上产

---

① 马克思：《哲学的贫困》，《马克思恩格斯全集》第 4 卷，人民出版社 1958 年版，第 104 页。

生，并且受着这些斗争的制约的。在谈论剥削阶级的进步作用时，绝不能忘记劳动人民是历史的主人的原则，绝不能忘掉这种进步的阶级性与局限性，绝不能忘掉它与劳动人民的进步作用的本质区别。不然，就会既脱离了历史主义，也模糊了阶级观点。

有一种意见认为，不能见封建就反，见地主就骂。任何剥削制度和剥削阶级都曾经在它的上升阶段起过进步作用，如果当这个制度、这个阶级一出现于历史就反对它们，岂不是反对历史的发展。同样的剥削制度，封建制比奴隶制总要好些，地主阶级的统治比奴隶主的统治总要好些，只有站在奴隶主的立场，才能反对新出现的封建制。

这种意见虽然批驳了那种把剥削制度和剥削阶级一概骂倒的非历史主义的绝对做法，但是又不免有把剥削制度和剥削阶级在上升时期的作用全盘肯定的绝对化的倾向。这种意见没有注意到，在阶级社会里，剥削制度和剥削阶级的进步作用是相对的，有条件的，而剥削则是绝对的，无条件的，随剥削而来的反动性总是存在的。只是在剥削制度上升时期时不占主要地位而已，但这不等于就可以对它忽视或加以肯定。封建制当然比奴隶制好些，但是，封建制又是和奴隶制同样的剥削制度，它也仍然有着"好的方面和坏的方面"，正是"坏的方面"引起斗争，形成历史的运动。坏的方面不能消除，但却应当批判，即使当封建制度处在自己的上升阶段时，也是如此。

事实上，在剥削制度和剥削阶级处于上升阶段时，固然有没落的被推翻的阶级从右的方面反对与咒骂这个新出现的制度和阶级①，但是同时更不乏来自左的方面的批判。一方面，一些先进的思想家用笔和口对现存社会制度和剥削阶级进行批判。资本主义上升时期的西欧空想社会主义者就

---

① 没落的剥削阶级并不是在任何场合下都反对新出现的剥削制度和剥削阶级的。他们之间固然有矛盾，但在剥削劳动者这一点上却有共同的利益与共同的语言。因此他们又有联合起来的可能。新兴的封建制度保留奴隶制的若干因素，吸收奴隶主的代表参加政权，联合起来剥削与镇压劳动者；资本主义制度保留封建制甚至奴隶制的若干因素，吸收封建地主甚至奴隶主参加政权，联合起来剥削与镇压劳动人民，在中外历史上都不是罕见的。

是一例。马克思、恩格斯和列宁虽然指出他们的学说的空想性质，指出这种适应着资本主义生产不成熟的状况和不成熟的阶级关系的社会主义理论在经济学的形式上是错误的，但同时却强调指出它们在世界历史上是正确的。

"因为它是由资本主义产生的那个阶级（即无产阶级——引者）的象征、表现和先声。"① 马克思指出，19 世纪初的空想社会主义本身就包含了唯物主义的批判的社会主义的萌芽。恩格斯极度称赞他们对资本主义制度的罪恶与矛盾的揭露和批判，认为圣西门关于法国革命是阶级斗争，并且不仅是贵族和资产阶级之间，而且是贵族、资产阶级和贫穷民众之间的阶级斗争的意见，在 1802 年是极为天才的发现；认为傅立叶对资本主义社会的批评是"深刻动人"，说在傅立叶的著作中，"几乎每页都放射出讽刺与批判的光芒来揭露那种如此被人讴歌的文明的丑恶"②。另一方面，也是更重要的一方面，劳动人民拿起武器向现存的剥削制度和剥削阶级进行了最尖锐的批判，打击与限制了这个制度和这个阶级的消极、反动方面，把它们推向前进。罗马共和国时期的两次西西里奴隶起义，斯巴达卡斯起义；中国封建社会中大部分农民起义和农民战争；1831 年和 1834 年的法国里昂工人起义，1844 年的德国西里西亚织工起义，1848 年欧洲资产阶级民主革命高潮中有些国家里无产阶级反对资产阶级的斗争，就是各个时期劳动人民对处于上升阶段的剥削制度和剥削阶级进行"武器的批判"的著名例证。剥削制度和剥削阶级在一定的历史时期里固然是正当的、合理的，从左的方面对处在上升时期的这个制度、这个阶级进行的批判，也同样是正当的、合理的。因此，说只有站在奴隶主的立场才反对新出现的封建制度，说如果当新的剥削制度和剥削阶级一出现于历史就反对它们，就是反对历史的发展，是不够确切和全面的。

持这种意见的同志常以恩格斯《反杜林论》里的一段话作为立论的根据。我们现在把它比较完整地引在下面：

---

① 列宁：《两种乌托邦》，《列宁全集》第 18 卷，人民出版社 1959 年版，第 352 页。

② 恩格斯：《反杜林论》，人民出版社 1956 年版，第 277 页。

社会内每一时期分配和物质生存条件的联系，如此深刻地存在于事物本性之中，以致经常在人民的本能上反映出来。当一定的生产方式处在自身发展的上升阶段之时，甚至在和这种生产方式相适应的分配方式里面受到损失的那些人，也会赞美这种生产方式。大工业兴发时代的英国工人，就是如此。进而言之，当这种生产方式对于社会还是正常的那个时候，对于分配来说，满意的情绪也会占支配的地位；那时即使发出了抗议，也只是从统治阶级自身的人们中发出来的（圣西门、傅立叶、欧文），而在被剥削的群众中则恰恰得不到任何响应。只有当这种生产方式已经走过自身没落阶段的颇大一段行程之时，当它一般已经腐朽，当它的存在条件大部分已经消失而它的后继者已在敲门的时候——只有在这时候，分配上的愈益增长的不平等，才被认为是非正义的，只有在这时候，人们才开始从以往过时了的那些事实出发去申诉于所谓永恒的正义。①

这段话见于《反杜林论》政治经济学篇第一章《对象与方法》中。恩格斯在这一章里，说明了每个社会的分配方式取决于该社会的物质生产方式和交换方式，因此应当从生产与分配的辩证关系的角度来历史主义地看待它，而不能像杜林那样，断言分配方式只是一部分人对另一部分人进行压迫和使用暴力的结果，对它的评断只能诉诸永恒的正义。为了驳斥杜林的谬论，恩格斯写了上面那一段话。对于这段话，我以为应当这样理解：社会存在决定社会意识。人们对生产方式与分配方式的认识随生产方式与分配方式本身的发展而变化。当一定的剥削制度处在自己的上升阶段时，它是正当的、合理的。它的内部矛盾还没有充分暴露，这就使得当时的多数人们（包括那些在这个剥削制度下受到损失的劳动群众）看不出这个制度本身有什么不正当、不合理之处，甚至对它持肯定的、赞许的态度。而当这个制度已经走向没落，矛盾日益暴露时，人们才开始认识到这个制度的不合理性。因此，在谈论生产方式、分配方式或者剥削制度时，必须遵循现实的客观规律，而不能以杜林之流在书房里想出来的先验的正义或者

———————

① 恩格斯：《反杜林论》，人民出版社1956年版，第152—153页。

非正义的观念作为根据。

基于同样的社会存在决定社会意识的原理，处在上升阶段的剥削制度中的那些不正当、不合理的因素，也必然要在人们的意识中，特别是在那些在这个剥削制度下受到损失的劳动群众的意识中或多或少地得到反映，并表现为不满和反抗。但是，由于当时这个制度内部的矛盾还没有充分发展与暴露，它的腐朽的消极的方面还不易为包括劳动群众在内的人们所认识，劳动群众还不可能自觉地认识到他们所受的损害、他们的苦难的根源是在于这个剥削制度本身，也不可能意识到他们的不满和反抗应当指向这个制度本身而不仅是个别的现象和事物。

因此，从恩格斯的这段话里，并不能得出处在上升阶段的剥削制度和剥削阶级只有进步性而无消极性，被剥削阶级没有或者不许对它们的消极方面表示不满或进行反抗的结论。把恩格斯的话作这样的解释，恐怕不见得符合恩格斯本来的意思。

如果坚持前述的那种意见，那就势必要对剥削制度上升阶段的劳动人民的反抗斗争得出不正确的评价。或者是认为，劳动人民的斗争既然反抗一个上升的进步的制度和阶级，那就必然是反动的运动。或者是认为，这种自发的反抗运动既然没有认识到反抗的是统治者的剥削制度和剥削阶级，也没有提出反对这个制度这个阶级的纲领口号，因此就不具有反对这个剥削制度和剥削阶级的性质。但是，马克思说过："我们判断一个人不能以他对自己的看法为根据，同样，我们判断这样一个变革时代也不能以它的意识为根据"。[①] 同样，判断被剥削阶级的反抗斗争的性质也不能以被剥削阶级对自己斗争的性质的认识程度为依据。革命斗争的性质，是由社会性质所决定的客观存在，而不由人们的主观认识水平来决定。毛主席指出："认清中国社会的性质，就是说，认清中国的国情，乃是认清一切革命问题的基本的根据。"[②] 毛主席又说："决定革命性质的力量，是主要

[①] 马克思：《政治经济学批判·序言》，《马克思恩格斯全集》第 13 卷，人民出版社 1962 年版，第 9 页。

[②] 《中国革命和中国共产党》，《毛泽东选集》第 2 卷，人民出版社 1952 年版，第 627 页。

的敌人和主要的革命者两方面。"① 既然各个剥削制度的基本矛盾：奴隶主和奴隶的矛盾、地主和农民的矛盾、资产阶级和无产阶级的矛盾，从奴隶制度、封建制度和资本主义制度形成之始就已存在，并且一直贯串着奴隶社会、封建社会、资本主义社会存在的整个历史时期，作为矛盾一方的奴隶主、地主、资产阶级，自始至终与矛盾的另一方的奴隶、农民和无产阶级尖锐地对立着，那么，奴隶、农民和无产阶级的反抗斗争的性质，自始至终就不能不是反对那个统治着的剥削制度和剥削阶级。被剥削阶级对自己斗争的性质认识与否，认识到什么程度，可以对这种斗争的进程、特点和结局等等起着重要的作用，但却无法改变由社会性质与社会主要矛盾所决定的阶级斗争的客观性质。在这场斗争中，被剥削阶级同样也是充当了历史的不自觉的工具。如果根据被剥削阶级的认识水平而否定他们斗争的反抗剥削制度与剥削阶级的性质，实际上是以被剥削群众斗争的自发性为理由，抽去了他们斗争的阶级性质。这是既无理论根据而又不符合历史实际的。

因此，前述的那种意见尽管看来似乎是重视了历史主义原则，但是，由于它有把剥削制度和剥削阶级在其上升阶段的进步作用抽象化、片面化和绝对化的倾向，忽视了具体分析它们的阶级性和随之而来的消极性、反动性，也没有把它们放到具体的历史范围内，与当时的阶级关系和劳动群众的活动联系起来考察，总之，是缺乏具体的阶级分析，这就不免使得这种意见同样地也脱离了历史主义原则。

三

在评价历史事物时贯彻历史主义原则所碰到的另一个问题，是如何看待当时和后世，过去和现在的关系。

---

① 《关于民族资产阶级和开明绅士问题》，《毛泽东选集》第 4 卷，人民出版社 1960 年版，第 1286 页。

历史的发展是一个连续不断的过程，对于历史的事物，应当从发展的全局来加以理解。我们不能割断历史。既不能只看当时不问后世，也不能只看后世而不问当时。

人们是在既定的历史条件下进行创造历史的活动的。人们的任何活动，无不深深地打上时代的烙印。阿拉伯的谚语早就说过："人们克省他们的时代，更甚于克省其生身父母。"从来没有一种历史现象可以不管它的时代而能得到正确完全的解释。另一方面，人们又通过他们创造历史的活动，改变既定的历史条件，使得任何时代无不打上当代人们重大活动的烙印，而与以前的和以后的时代的面貌各个不同。当时当地的既定的历史条件及其变化，是了解与评价历史事物的基础和出发点，离开了当时当地的历史条件，也就是离开了具体分析事物的历史主义原则。

关于这方面的道理和事实的谈论已有很多，但是，评价历史事物的依据还不止此。

人们通过自己的创造历史的活动引起既定历史条件的改变，这种改变对于整个历史进程的影响，有些是在当时当地就能看得出来的。有些改变只对当时当地发生影响。甚至一些规模浩大的事件，也不过像骤发的山洪一样，很快就消失得无影无踪，只在溪谷的两岸留下依稀可见的痕迹。北周为了对抗高齐而实行的改制，唐代宫闱深处各派宦官争夺政权的秘密斗争，明代所谓移宫、梃击、红丸三大案所带来的统治阶级内部的喧闹，诸如此类轰动一时的大事，没有多久就成为历史的陈迹，除了引起某些历史学家的兴趣以外，已经不再对后世的生活发生重大的影响了。但是，情况并非总是如此。人们的历史活动的某些后果，常常要经过一段时期，才在后世异地显现出来。

一种情况是，重大历史事件的进程常常不可能在短时期里结束，而需要一段时期甚至需要延续整整一个历史时代。短期的成败得失，不足以论定是非。中国近代的革命，此伏彼起，进行了一百多年，才在 1949 年取得最终的胜利，然而，事情并不因此结束，中国革命的胜利又成了世界革命新风暴的源泉，其深远的影响目前还只刚刚显现。有些历史人物在很短的一段时期里似乎是叱咤风云，左右着历史的发展，然而随着时间的逝去，终于又不免显露出他的小丑的原形。还有一些历史活动，当时和后世的作用简直截然相反。起初，人们为自己的活动达到预期的结果而欢欣鼓舞，可是却终于不得不吞下自己酿出的苦酒。北宋时为了扩大土地产量，增加财政收入，曾经提倡垦辟围田。很短时间，成效斐然，主持此事有功的官员且受到了奖励。不料政府的提倡引起了官僚、贵族、武将、地主的乱肆围裹，两浙地区尤其严重。到了南宋，围内少数田地固然不怕旱涝，常年丰收，但是由于围田侵占了原来的湖荡河道，壅塞了水势，破坏了两浙地区原有的水道与灌溉系统，结果围外广大农田旱时乏水灌溉，涝时无法排水，几乎年年被灾，粮食产量大减，酿成严重的社会问题，政府收入也因此受到影响。到了这时，尽管南宋政府一再禁止私行围裹，平毁不少围埂，但是恶果已经不可挽回了。

另一种情况是，人们的历史活动的后果常是多方面的，除掉预期的结果之外，还常常产生一些附加的东西。当他们活动的直接后果的巨大阴影还没有消逝时，那些附加的东西很难显现出来。

但是，等到事过境迁，活动的直接后果只成了历史的回忆，那些作用一直没有消失的附加的东西就有可能蔚为大观，在新的历史条件下呈现出它们巨大的作用，一变而为这些历史活动的主要后果了。像隋炀帝开通运河对于中国经济文化发展的作用，就是大家所熟知的例子。

再一种情况是，人们某些在原来条件下作用并不显著甚至在当时看来是微不足道的历史活动，一旦由于各种因素的交错作用而出现在另一种历史条件下，就可能对整个历史进程产生意想不到的巨大作用。傻小子碰巧把猫带到一个无猫多鼠的国度里去，使得自己和猫都成了童话中的英雄，在真实的历史里却算不得罕见的奇闻。当阿拉伯人学会蒸馏火酒的时候，谁也不会想到他们创造了使当时还没有发现的美洲土人渐次灭种的主要工具。在宫廷里欣赏焰火的宋代皇帝或者在襄阳城头用"铁火炮"抗击蒙古骑兵的南宋兵士，也决不会想到这个丝毫未曾动摇中国封建社会基础的新发明——火药，在传入欧洲以后，竟帮助新兴的市民攻破了以前无法攻克的贵族城堡的石墙，打破了武士的盔甲，使得贵族的统治与穿着护身甲的骑士队一起同归于尽，从而促成了西欧封建制度的走向崩溃。

　　还有一种更重要的情况，历史的事物本身是一个由低级到高级的发展过程，在事物的低级阶段仅仅以征兆或萌芽形式存在的东西，到了高级阶段就发展成熟，具有了充分的意义。不仅那些使事物具有合理的、肯定的性质的东西是如此，事物中的那些促使事物向自己的对立方面转化，使它从合理的变为不合理的否定的因素，更是只有到事物的高级阶段才能充分显现出来。等到当原先肯定的和否定的因素各向自己对立方面转化的过程完结之后，事物的本质及其在历史上的作用就看得更为清楚了。马克思说："资产阶级社会是历史上最发达的和最复杂的生产组织。因此，那些表现它的各种关系的范畴以及对于它的结构的理解，同时也能使我们透视一切已经复灭的社会形式的结构和生产关系。……人体解剖对于猴体解剖是一把钥匙。低等动物身上表露的高等动物的征兆，反而只有在高等动物本身已被认识之后才能理解。因此，资产阶级经济为古代经济等等提供了钥匙。"[1]研究了资本主义条件下的发达的商品生产，才能了解前资本主义条件下的简单商品生产。认识了资本主义地租，也就能理解封建社会条件下的代役租、什一税。太平天国是中国旧式农民战争发展的高峰和总结，最鲜明和最充分地反映了旧式农民战争的革命作用及其局限。对太平天国革命进行充分的研究，也就易于了解中国封建时期的各次农民战争。只要不抹杀不同时期事物的历史差别，认识事物的低级阶段有助于认识事物的高级阶段，而认识事物的高级阶段也同样有助于认识事物的低级阶段。从后代理解前代，从结果探寻原因，从发展追溯渊源，从来就是认识与评价历史事物的一个重要手段。

　　因此，要正确地认识任何事物，"就必须从历史上把它的全部发展过程加以考察"，"要看某种现象在历史上怎样产生，在发展中经过了哪些主要阶段，并根据它的这种发展去考察它现在是怎样的。"[2]对现实的事物如此，对历史的事物也要贯彻这种精神。

---

① 　马克思：《导言（摘自 1857—1858 年经济学手稿)》，《马克思恩格斯全集》第 12 卷，人民出版社 1962 年版，第 755—756 页。

② 　列宁：《论国家》，《列宁全集》第 29 卷，人民出版社 1956 年版，第 430—431 页。

正由于历史发展的本身是一个不断深入，不断展开，不断暴露的过程，因此，追踪着与反映着现实关系发展的历史认识本身也是一个不断深入，不断提高的过程。后代人对历史事物的认识，一般地总是胜过前代。

后代人对历史事物的认识之所以胜过前代，除去历史事物本身的发展外，还有其他的原因。新史料的发现，常常使人们的历史认识发生飞跃。古代埃及和西亚的历史，全赖考古调查与发掘方能彰明，新中国考古工作的巨大成绩使得中国原始社会历史研究的面貌在解放后几乎完全改观。西陲汉简、敦煌文物及内地大批墓葬和遗址的发现，为中国封建社会历史的研究增添了大批新的材料。近现代各国秘密外交档案的公布，常常迫使人们对某些政治事件重新做出估价。人类认识领域的扩大，与历史研究有关的各门科学的发展，以及历史研究理论与方法的进步，也使得人们对过去历史的认识能够不断深入。地质学、地理学、人类学、民俗学、年代学、文字学、心理学等等学科的发展对历史认识发展的影响，是十分明显的。中世纪末期的地理发现，大大扩展了历史知识的领域。甲骨文字的解读，使若显若昧的殷代事迹成为信史。统计方法的运用，也使社会经济史的研究面貌一新。更重要的是，生产斗争与阶级斗争实践，引起人们对现实问题的观点的重大改变，这种改变又必然引起人们对历史事物的观点的改变，并且从过去的历史中发现新的、前所未知的意义。特别是当社会处在变革的阶段，当旧的看来是合理的事物正在崩溃，新的原先看来是不合理的事物正在取得自己应有的历史地位的时候，天翻地覆的变化迫使人们或者痛苦地或者欣慰地去对原来的历史认识进行重新估价。代表着新生产力，代表着新生的、进步的、革命的力量或阶级，就往往能把历史的认识大大推进一步。多少年来被认为是神圣不可侵犯的封建等级制与贵族的特权，在 18 世纪法国启蒙学者那里受到大胆的怀疑。多少年来被当成"大成至圣先师"的孔老夫子，也只是到了五四运动才声誉扫地。尽管对历史的认识也和历史本身的发展一样，不可避免地走着迂回曲折，有时甚至发生暂时的倒退的道路，但是总的趋势仍旧是后代超过前代。

不管过去人们的历史认识怎样的进步，他们对于自己活动所产生的那些长远的、结局离奇的、复杂多变的后果，通常还是不能立即认识，因为当时人们还只是历史的必然规律手中的盲目工具，而阶级的利益与眼前的政治斗争乃至传统的偏见又常常蒙蔽了他们的眼睛。即使是代表新生产力的革命阶级对过去时代的评价，也只是相对地进步，而不能真正揭露事物的本质，符合历史的真相。欧洲革命的资产阶级对封建制度的批判，不过是一个剥削阶级对另一个剥削阶级的批判，他们以为是永恒真理的正义、平等、自由、理性之类的概念，其实不过是资本主义生产关系在意识形态上经过粉饰的反映。这就使得他们的批判不过像马克思所说的那样，"是与基督教对异教的批判或者新教对旧教的批判相似。"①事实上，资产阶级也同样不能预见自己活动的结局。中国资产阶级革命派自以为只要推翻清政权就算完成了革命任务，却没有料到他们还要在封建势力与帝国主义的夹缝下挣扎几十年，而且不接受无产阶级的领导就永远找不到出路。总之，人们对事变后果的清晰的认识总是来得太迟。既然象征智慧的密纳伐女神的猫头鹰要等黄昏到来才开始起飞，人们也就只好常常以充当事后的诸葛亮为满足了。

马克思主义的创立从根本上改变了人类历史认识的不自觉状态。马克思指出："资产阶级经济只有在资产阶级社会的自我批判已经开始时，才能理解封建社会、古代社会和东方社会。"②这一批判，不是一个剥削阶级对另外的剥削阶级的批判，而是一个要求从历史上废除一切剥削制度的阶级对过去全部历史的批判。这样，马克思主义由于充分阐明了历史发展的规律而成为认识与评价过去历史事物的惟一真理，也成为能够科学地预见人类创造历史活动的深远后果的惟一学说。自然，即使掌握了马克思主义，人们的历史认识也还有它的局限。它仍然受着人们所能掌握的历史资料、生产斗争和阶级斗争实践以及当代科学发展水平等等因素的制约。它不可能对于尚未发生而又无法从已知条件中断言其必然发生的东西做出判断；也不可能对一切偶然的细节问题都了若指掌。因此，判断失误，评价

---

① 马克思：《导言（摘自 1857—1858 年经济学手稿）》，《马克思恩格斯全集》第 12 卷，人民出版社 1962 年版，第 757 页。

② 马克思：《导言（摘自 1857—1858 年经济学手稿）》，《马克思恩格斯全集》第 12 卷，人民出版社 1962 年版，第 756—757 页。

不当的现象仍然可能存在，人们的历史认识仍然可能要走弯路。但是，正确的方向已经找到，科学的研究方法也已发现。马克思主义历史研究者的任务，就是要以唯物史观和辩证方法为指导对过去的全部历史重新加以研究，揭露事物的本质和规律，阐明历史的真相。因此，必须要站在今天的认识的高峰，运用当代最科学的观点和方法，从历史的全局出发来评价历史事物。既要分析形成历史事物的当时当地条件，也要看到历史事物在整个历史进程中所产生的长远后果。"会当凌绝顶，一览众山小"。这才是马克思主义者的境界。

有一种意见认为，评价历史事物应当根据"当时当地标准"，而不能根据"今时今地标准"。这是一种相当含混的提法。持这种意见的同志强调评价历史事物要根据当时当地标准的本意，似乎是想说明评价历史事物不要脱离这些事物所处的当时当地历史条件。问题在于，这种意见把评价历史事物应当根据它所处的历史条件与评价历史事物应当根据什么标准这两件事混淆起来了。从而把"当时当地"与"今时今地"也不必要地对立起来。历史条件，这是客观地存在于一定时期和一定地区的各种事物，是评价历史事物的根据和出发点；评价标准，这是人们衡量客观事物的尺度，反映了不同时期不同地区不同阶级的人们对历史事物的认识或观点。条件，只能是与被评价的历史事物及其作用有关的那些东西，不然，就会使我们对历史事物的评价违反历史的真实，失掉客观性。标准，却不能根据当时当地人们的认识，而要根据今天的、最高的马克思主义的观点。不然就会削弱科学性，甚至模糊阶级界限，同样也会违反历史的真实，失掉客观性。至于当时当地条件，只能是评断历史事物的重要依据而不能是全部依据，这在前面已经有所说明了。

持这种意见的同志，有时又把这种"当时当地标准"看成是"当时当地大多数人的意见"。认为这要比后代异地人的意见来得正确可信。

各个不同的历史时期，对历史人物及事件的评价往往不同，在褒贬毁誉之间有时甚至截然相反。对于这些过去的评价，当然应当重视，应当作为我们今天评价历史事件和人物的参考，也可以作为我们今天研究过去人们的认识水平、思想潮流和风尚道德的资料。但是无论是当时当地人的意见或者后代异地人的意见，都不能代替我们今天在马克思主义原理指导下所做出的评价。

要了解过去人们的意见，当然只有研究遗留的史料。而反映在史料中的所谓多数人的意见常常不过是当时统治阶级的意见，甚至史料中反映的还未见得就是当时大多数统治阶级的意见。唐代后期党争剧烈，流传至今的记载多属所谓"牛党"的东西，对所谓"李党"的记载常有不实不尽之处。《通鉴》号称客观，但载晚唐史事多据这些材料，再加上北宋党争的影响，就很难称为客观，即是一例。

那么，在古代人对历史事物的评价中，当时当地大多数人的意见是不是就一定比后世人的评价更可相信，更接近于历史的真实呢？这也未必尽然。对于武则天，唐朝地主阶级代表人物的评价比宋以后要平允一点。但是，也有更多的相反的例子。秦始皇，汉朝就没有多少人肯定他的历史功绩，隋炀帝在唐朝也很少有人说他的好话，在他们的暴政记忆犹新，他们给社会造成的灾祸还历历在目，他们的覆亡还使人惊心动魄的时候，人们除去诅咒之外，只是把他们当成反面教员，谆谆相戒不要再蹈他们的覆辙。就连使唐朝统治者享受了很大的好处的开通运河这件事，在当时也多半还是当成暴政，被引为亡国的鉴戒（如白居易的《隋堤柳》），一直到唐末也只是把运河的作用带上一句（如皮日休的《汴河铭》）。范缜《神灭论》出，众口交谇，最后遭到一场由梁武帝出面主持的文化"围剿"。王安石在北宋时就是所谓"旧党"攻击的鹄的，到了南宋，更是一片詈骂之声，少数替他辩护的如陆九渊等人，又多半是从封建伦理道德的角度立论，肯定王安石是正人君子，只是被"小人"蒙蔽利用，这种辩护还是从根本上否定了王安石的变法。至于王船山，由于他在世时居处远僻，著述又未广为流传，他的学说只是到晚清才为人所重视，而同时代的人却谈不上对他有多少意见。如果要根据这些所谓"当时当地多数人的意见"来评价历史事物，那我们就根本无法得出哪怕是近似正确的结论。

问题不在于断言后世异地的评价还是当时当地人的评价谁更接近历史的真实，而是要进一步分析，同是地主阶级，对同一历史事物产生不同评价的根源在哪里？

　　古代人评价历史事件和人物是从他所处的那个时代的观点出发，首先是从那个时代的阶级关系和阶级斗争（包括统治阶级内部斗争）的情况和需要出发的。在同一个时期里，不同的阶级、阶层、集团和政治派别对同一历史事物的评价往往不同；不同的历史时期，随着阶级关系与政治斗争形势的变化，对同一历史事物的评价又会发生变化，甚至变得截然相反。北宋新旧党争从熙宁起一直延续到北宋的灭亡，新旧两党此伏彼起，对王安石及其新法的评价在熙宁、元祐、绍圣各朝也就经过几次反复。宋室南渡后，地主阶级知识分子痛心于大片国土的丧失与小朝廷的偏安屈辱地位，追原究始，不免归罪到北宋末年打着"变法"、"新党"招牌祸国殃民的蔡京等人身上。再追溯上去，变更祖宗成法，排斥"正人君子"，引用"奸邪小人"的王安石就成了祸首，这是南宋对王安石詈骂之声不绝的主要原因。

　　武则天却刚刚相反，在后世受到更多的咒骂而在唐朝却受到较多的赞扬。唐宋道德风尚不同当然是形成这种情况的一个因素，但是唐朝人也有用女人不该当政这点来骂她的，骆宾王的《代徐敬业讨武曌檄》就是一例。然而并没有成为当时统治阶级的公论。这里更重要的还是政治原因。武则天的得位承之于唐高宗，失位是由于宫廷政变，但也还是采取了传位于皇太子的合法形式，政治体制与各级官员均未作很大变动，继位的中宗在即位不久的一道敕令中就肯定了武则天在唐朝历史中的正统地位，禁止人们称他的即位为中兴，此后唐朝历代统治者也仍视她为本朝继统缵绪的"则天顺圣皇后"。在这种情况下，唐朝人对她的评论，自然不能不从她是当朝的最高统治者一员的角度出发，不能无所避忌，恣意讥弹，又必须顾全地主阶级的大体，不能去攻击她的私人生活，否则就可能犯大逆不敬之罪。至于另一个模仿武则天临朝称制的韦后，在唐朝人笔下就跟对武则天的评价完全不同。固然，韦后在政治上的建树远不能跟武则天相比，但她很快在宫廷政变中被杀，并被后来的唐朝统治者视为叛逆，废为庶人，也使得唐朝人无论如何也不能把她跟武则天相提并论。到了异代，这种政治上的成王败寇的区别与顾忌没有了，评价也就可以大胆起来，加上道学空气弥漫，武则天就从女人柄政及其私人生活这两个方面被骂得一塌糊涂，而且和韦后并称为"武韦之祸"了。

因此，尽管历史的认识一般说来是后代胜过前代，但是阶级的利害与局限却使人们的历史认识成为一个十分曲折复杂的过程。不能无视所谓大多数人的意见的阶级性。而在研究当时统治阶级之间意见的差异时，也仍需从阶级关系与阶级斗争的形势出发，不然就无法真正理解这些分歧错杂意见的形成与变化的根源。持这种意见的同志也可能说他所谓的当时当地大多数人的意见并非当时统治阶级的意见，而是当时人民的意见或者是当时人民的利益。这与上述的那种提法当然有所不同，但是问题的性质却没有发生根本改变。撇开从剥削阶级传留下来的史料中了解人民意见的困难不说，即使我们真是照着当时人民的意见或者利益来评价历史事物，那也不过是把今天的我们降低到历史上的奴隶、自由民、农奴或者市民的认识水平，或者只是强调当时人民的局部的、暂时的利益而忽视了这种利益与人民长远利益之间的区别和可能出现的矛盾。封建社会的农民起来革命不过是希望换一个能代表他们利益的好皇帝，而他们天真地相信他们的愿望在新王朝建立之后已经实现，难道我们今天也认为农民战争之后出现的新王朝真的就代表了农民的利益么？

恩格斯曾经谈到某些思想家"习于轻信，他们总是把某一个时代对本时代的一切幻想信以为真，或者把某一个时代的思想家们对那个时代的一切幻想信以为真"[1]。但愿我们不要像这些思想家们那样地习于轻信。

在批评历史研究中的非历史主义倾向时，有些同志常常提出反对把历史现代化的问题。但是，究竟什么是把历史现代化呢？历史家总是属于他自己所在的那个时代的，人们正是为了认识当前的现实生活和为了当前阶级斗争的需要，才从历史中去汲取知识和力量。因此，历史的研究总是建立在现代的基地上。人们对历史的研究总是用当代的理论观点作为指导，研究的对象和范围，也总是当代最重要和最有兴趣的事物，研究的方法和技术装备，总是要采用当代科学的最新成就，论述与分析古代历史，也常

---

[1]　恩格斯：《德国农民战争》，《马克思恩格斯全集》第 7 卷，人民出版社 1959 年版，第 399 页。

常需要甚至不得不运用当代所能提供的最科学、最确切的名词概念（如唯物主义和唯心主义、阶级斗争等等）。但是，这一切都不过是为了正确地理解过去的历史的本质，阐明逝去的事物真相，以便使过去的遗产经过今天意识的加工，转化为对当前人们生活和斗争有用的材料。而不能抹杀现代和历史的差别，把我们熟悉的东西加到古人身上去，照我们自己的模样去改铸古人，用我们对当代事物的要求去要求古代的事物，从古人的思想行动中推论出古人从来想不到也做不出的东西，或者为了当前斗争的暂时性的、策略性的需要，对历史上的事物作随意的解释和评价。这种种做法，就是通常所说的把历史现代化。

把历史现代化的一种表现，是把历史上的事物提高到跟只有今天才能出现的事物同样的水平，赋予它们以根本不可能有的性质，因而对之肯定过多。这种情况是比较容易发现的。把历史现代化的另一种表现，是以我们对今天事物的要求去要求历史上的事物，因为它们达不到，就不免对之否定过多，有的同志，往往以为这就是坚持历史主义原则的表现。这种做法看来似乎是注意了古今条件的不同，其实，它和把历史现代化的前一种表现同样是抹杀了历史和现代之间的本质差别，同样是用现代的模型去改铸古人，不过一个是企图把古代事物改铸得和现代一样，而另一个则是发现古代事物和现代的模型对不上，就比照着这个模型来从古代事物身上挑剔还不可能出现的疵谬，脱离开具体的历史条件来进行指斥和嘲骂，如是而已。

但是，反对把历史现代化又决不能理解为反对以现代的观点去研究历史的事物。有人认为只要单纯地追求所谓历史的真实，客观主义地把古人的思想原封不动地介绍出来，把历史的事物连同其一切细节描绘得和它们在历史上出现时一点不差，就算完成了历史研究任务，遵循了历史主义原则。他们既不带着比古人更高的思想和旨趣去考虑这种叙述与描绘是否能够现出历史事物的本质，反映历史发展的规律，也不带着一种对于变革现实的革命责任和热情去问这种叙述和描绘对今天的生活和斗争到底有什么意义。这种研究实际上是把自己套进古人铸就的模型里去，以古人的思想来改铸自己，不知不觉地企图把自己推向已经不再回复的古代。结果，历史主义的革命性质受到了阉割，所谓的"历史主义"就变成了复古主义。

以前的人们创造历史，常常不得不直接求助于过去的亡灵。他们或者让自己穿上古人的服装，说着古人的语言，来演出世界历史的新场面，实行"托古改制"。或者一味号召大家复古，回到连他们自己也十分朦胧的所谓"三代之世"去。把古人现代化或者把现在古代化的做法，常常成了以前人们进行政治斗争和社会改革的重要手段。但这不过是表现了他们对古代历史的无知和对解决现实矛盾的无能。掌握了社会发展规律和自己历史前途的无产阶级完全不需要用歪曲历史真相或者违反历史方向的方法去进行自己的斗争。马克思主义的历史主义者一方面不菲薄古代的事物和历史经验，而是经过批判，从中汲取对当前生活与斗争有用的东西，作为创造新经验与新智慧的原料和出发点；另一方面，又永远不是把历史上的事物和经验简单地、现成地搬用于现代，抹杀过去和当代的本质的区别。真正的历史主义永远是从马克思主义的科学高峰俯视过去，并且永远记得毛主席的名言：

　　"俱往矣，数风流人物，还看今朝。"

（刊载于《历史研究》1963 年第 4 期）

论马克思主义的历史主义

一、分歧何在

历史主义和阶级观点的讨论正在展开。从概念的剖析到具体的运用，众说纷陈，新义迭出，反映了学术界对历史理论的重视和兴趣，也使得讨论的参加者得到一次很好的学习机会。马克思说过："真理是由争论确立的，历史的事实是由矛盾的陈述中清理出来的"[1]。经过争论，原先论述不足的地方可能得到补充和展开，某些不正确或不确切的论断可以受到纠正，而新的、更好的意见也可以陆续提出。经过争论，我们对历史主义和阶级观点的认识可能深入一层，我们的马克思列宁主义理论水平和具体历史问题的研究水平也可能提高一步。

要从争论中确立真理，误解歪曲或任意引申他人的论点，断章取义，在枝节问题上大做文章，从没有分歧的地方去寻找分歧等等做法是无济于事的[2]，只有全面、客观地分析争论究竟因何而起，当前争论的焦点究竟

---

① 马克思、恩格斯：《致恩格斯》（1853 年 9 月 2 日），《马克思恩格斯通信集》第 1 卷，李季译，生活·读书·新知三联书店 1957 年版，第 567 页。

② 林甘泉同志在《再论历史主义与阶级观点》一文（载《新建设》1963 年 10 月号）里对我的《论历史主义和阶级观点》一文（载《历史研究》1963 年第 4 期）的批评就不免有误解之处。例如，他认为我把马克思主义的历史主义仅仅归结为"辩证法对历史过程的理解"是不确切的，因为我没有指出这个辩证法是唯物辩证法，因此是把唯物主义的内容从马克思主义的历史主义中抽掉了，这就难免使马克思主义的历史主义

何在，进行严肃的、实事求是的讨论，才能有助于问题的真正解决。

和唯心主义的历史主义混淆不清。但是，在经典著作里或者在我们通常的用法里，辩证法和唯物辩证法两个词经常通用，还没有谁仅仅因为用了辩证法而没有用唯物辩证法这个词就被人指摘为不确切。就连林甘泉同志自己，在同一篇文章里也是说："马克思主义历史主义所要求的，是要按照历史的辩证法的发展来说明历史的本来面目。"并没有用"唯物辩证法"这样的词，不知为什么却对我提出了批评。

林甘泉同志已经预见到我会提出这样的问题。因此又提出一个他在那篇文章前头已经提到过的论据，即我曾经说过"唯物主义者并不一定都具有辩证法，具有辩证思想的人也可能是唯心主义者"；"认识到应当用阶级观点来看待历史事物，并不意味着就有了辩证的思想方法，就有了历史主义，反过来说，也是一样"。认为我这种提法，没有把马克思主义的辩证法和黑格尔的辩证法，马克思主义的历史主义和黑格尔的历史主义严格区别开来。既然在我那里，辩证法和唯物主义并没有"必然的联系"，那这样的辩证法就只能是思辨哲学的辩证法了。可是，只要把我那段话的上下文联系起来一看就知道，我在那里讲的是对于每个研究者来说，要做到唯物主义和辩证法的统一，阶级观点和历史主义的统一并不容易。并没有涉及马克思的辩证法和黑格尔的辩证法、马克思主义的历史主义和黑格尔的历史主义的关系，也没有去论断辩证法和唯物主义是否有必然的联系。难道能够否认，在我们的历史研究者中间，没有具有某些辩证思想的唯心主义者和缺乏辩证观点的机械唯物主义者么？难道能够否认，在我们的历史研究中，没有出现过简单化地理解阶级观点而忽视了历史主义，和片面地强调历史主义而模糊了阶级观点的情况么？而且，我在那段话的下面和文章的其他地方，又对这个意见作了比较具体的说明，似乎不应当引起误解。林甘泉同志自己也说过："认识历史主义和阶级观点是统一的，这是一回事情，能否在研究工作中具体贯彻这种统一，又是另一回事情。"这个意见跟我那里讲的意思好像并无原则的不同。可是，林甘泉同志不知为什么却对我的那一段话提出了批评。

其实，我在那篇文章的前面，曾经着重谈到马克思主义的历史主义同黑格尔的历史主义的本质区别，在于马克思主义的历史主义是最彻底的，而其所以彻底，正是由于马克思主义在唯物主义的基础上解决了社会发展的决定因素问题，指出从原始社会解体以来，正是阶级的划分和阶级的斗争决定着社会的面貌及其发展。我的这种分析可能有不全面不确切之处，但却说明了我并没有忽视马克思主义历史主义同黑格尔历史主义的本质区别，也没有忽视马克思主义历史主义的唯物主义内容。林甘泉同志不从这里入手进行批评，反而根据两段同这个问题没有关系，并且和林甘泉同志提法相似的话，得出我把唯物主义的内容从马克思主义的历史主义中抽掉，把马克思主义历史主义和唯心主义历史主义混淆起来的结论。这就难以释除我的困惑，提高我的认识了。

林甘泉同志在他的第一篇文章《历史主义与阶级观点》①里，批评了过去某些同志在反对历史研究中的非历史主义倾向时，有把历史主义和阶级观点割裂并且对立起来的做法。林甘泉同志的文章尽管有的地方不免有断章取义之嫌，可是，他强调二者的关系应当是统一的，这是有积极意义的。

但是，统一不等于没有差别，统一并不排除差别，毋宁说，差别是统一的必要前提；而且，统一也不能没有条件，毛主席说过："缺乏一定的必要的条件，就没有任何的同一性。"②只有分析了历史主义和阶级观点二者的差别，了解了它们是在什么条件之下统一起来的，才能真正理解历史主义和阶级观点的统一，才有可能在实际的研究中真正做到二者的统一。因此，关键的问题不仅在于宣称历史主义和阶级观点是统一的，更重要的是要阐明它们是怎样统一起来的，是一种什么样的统一，以及为什么在具体历史问题的研究中常常不容易做到二者的统一。如果对于这一切问题仅仅都用"统一"两个字来回答，这样的说明并不能使我们前进多少，也不足以纠正那种把历史主义和阶级观点割裂并且对立起来的做法。因为，即使是林甘泉同志所批评的那种把二者割裂和对立起来的同志，也是承认并且强调应当把历史主义和阶级观点结合起来的。

然而，林甘泉同志在《历史主义与阶级观点》一文里只是反复地强调历史主义和阶级观点是统一的。不仅如此，林甘泉同志在那篇文章里还把历史主义和阶级观点的统一理解为"完全一致"③，是同一个观点。因此不免走向了另一个极端，把历史主义和阶级观点等同起来，从而在实际上否

---

① 《新建设》1963 年 5 月号。

② 《矛盾论》，《毛泽东选集》第 1 卷，人民出版社 1952 年版，第 319 页。

③ 林甘泉同志在《再论历史主义与阶级观点》一文里，认为我不应当反对他用"一致"这个词。据说"一致"并不就是"等同"，并举经典作家常把"统一"、"同一"、"一致"几个词当同义词使用为证。但是，林甘泉同志在《论历史主义与阶级观点》那篇文章里用的并不是"一致"，而是"完全一致"，同时又强调历史主义和阶级观点不是不同的两种观点，这就很难让人同意他当时说的"完全一致"并不是把二者看成毫无区别了。很明显，"完全一致"同"完全适合"这类提法一样，是排斥了事物的差别和矛盾。把"完全一致"解释成"统一"的同义词，恐怕是不易讲通的。

定了二者的差别，否定了二者的统一应当是有条件的。这就不仅仅是对历史主义和阶级观点的关系正面阐述不够的问题了。

分歧正是从这里产生的。

林甘泉同志在他的第二篇文章《再论历史主义与阶级观点》里，承认了历史主义和阶级观点是两个反映了事物不同的质的规定性的、有区别的概念，认为在分别使用这两个概念时，我们强调和要求的方面是有所不同的，并且也对它们的区别作了一些说明，说："马克思主义历史主义所要求的，是要按照历史的辩证法的发展来说明历史的本来面目；阶级观点所要求的，则是要按照阶级关系和阶级斗争的历史辩证法，来掌握社会发展的基本线索。"可是，实际上林甘泉同志仍然基本上坚持了在第一篇文章里提出的意见。

首先，林甘泉同志还是坚持历史主义和阶级观点的统一是绝对的、无条件的。他说：历史主义和阶级观点"这两个方面，又是互为条件、互相依存和互相渗透的。它们这种统一的联系，并不纯粹是逻辑的推理，而是由现实的历史过程所决定的。因为阶级斗争的历史本身是一个辩证过程，而历史辩证法的基本内容离不开阶级斗争，它们既是同一历史过程在观念形态上的反映，按其实质说来就不能不是统一的"。同时，林甘泉同志还是和第一篇文章一样，反复强调历史主义和阶级观点的联系是必然的，只要有了历史主义，就必然会有阶级观点，反过来说，也是一样。①

其次，林甘泉同志尽管也谈到了阶级观点和历史主义的区别，但是，他所加的一个界说却立刻又使这种区别化为乌有。他说："严格说来，当

---

① 林甘泉同志所坚持的这种意见目前是相当流行的。另外一些同志也反复强调这个观点。例如："马克思主义的阶级斗争学说贯彻着或者说包含着历史主义；马克思主义的历史主义是以阶级斗争学说为基础的。""阶级观点是包含着历史主义的，在这里阶级观点和历史主义是融合在一起的，历史是阶级斗争的历史，阶级斗争是历史的阶级斗争。""历史运动过程和阶级、阶级斗争不可分，正如一般地说，物质运动过程和这个过程的实在内容—矛盾斗争不可分一样。"只要有了马克思主义的历史主义，就必然有阶级观点，反之亦然，等等。总之，这些意见都强调历史主义和阶级观点的联系是必然的、绝对的、无条件的，把二者看作是一而二，二而一的东西。

我们谈到马克思主义的历史主义时，我们所指的实际上就是以历史唯物主义原理为指导的科学的历史观，而阶级观点，正是它的基本核心。"但是，照一般的理解，科学的历史观亦即马克思主义的历史观就是历史唯物主义。所以林甘泉同志在这里等于说，马克思主义的历史主义就是以历史唯物主义原理为指导的历史唯物主义。这是一种同语反复。换成比较清晰的话，林甘泉同志的意见实际上就是说，历史主义等于历史观，等于历史唯物主义①，再加上林甘泉同志并没有论证作为历史唯物主义的核心的阶级观点跟历史唯物主义到底是不是不完全相等的概念，因此，这种提法，实际上还是把历史主义和阶级观点看成是没有差别的同一个观点。

历史主义的内容究竟是什么？历史主义是不是等于阶级观点或者历史唯物主义？历史主义和阶级观点的统一究竟有没有条件，这种条件是什么？不能正确地在历史研究中做到历史主义和阶级观点的统一的原因是什么？什么是历史的局限性？具体历史研究中的非历史主义倾向产生的根源何在？这就是当前历史主义和阶级观点讨论中的一些问题。

我的《论历史主义和阶级观点》那篇文章，确实像林甘泉同志所批评的那样，也只是对历史主义和阶级观点统一的问题谈了一些意见，对于二者的区别和统一的条件，谈得十分省略，不够清晰，有的论断也不确切②。受到参加讨论的同志们的启发，我愿意在这篇文章里再对有关历史主义以及历史主义和阶级观点的问题作一些说明。

二、什么是马克思主义的历史主义

什么是马克思主义的历史主义或者历史观点呢？参加讨论的许多同志

---

① 这也是一种目前相当流行的意见，在另外的同志那里，这种意见表述得更为明确，他们干脆说："从某种意义上说（什么意义，并未说明——引者），马克思主义的历史主义就等于历史唯物主义。"

② 像"历史主义和阶级观点的统一，是辩证法和历史唯物主义统一的内容之一"这种提法，就是不确切的。

都认为这就是发展的观点。而发展的观点，则是辩证法的一个基本内容。

马克思主义经典作家正是经常在这样的意义上来理解和运用"历史主义"、"历史观点"或者"历史的"这个概念的。恩格斯在《费尔巴哈与德国古典哲学的终结》一书里批评 18 世纪法国唯物主义的局限性时说：

> 这种唯物主义的第二个特有的局限性就在于，它不能把世界理解为一种过程，理解为一种处在不断的历史发展中的物质。这是跟当时的自然科学状况以及和此相联系的形而上学的、即反辩证法的哲学思维方法相适应的。当时人们也知道自然界是处在永恒的运动中的。但根据当时的想法，这种运动就是永远绕着一个圈子旋转，因而，事实上也就始终是停留在同一地点上，总是产生同一的后果。这种想法在当时是不可避免的。康德的太阳系发生说刚刚出现，看来还只是一种奇谈。地球发展史，即地质学，还完全没有人知道。认为现今的生物是经过由简单到复杂的长期发展过程而产生的思想，一般地说，还不能科学地加以确定。因而，对于自然界的非历史的观点是不可避免的。……

> 在历史领域内也缺乏对事物的历史观点。在这里，反对中世纪残余的斗争吸引住了人们的视线。人们把中世纪不过看做是由千年来普遍野蛮状态所引起的历史进程的中断。对于中世纪的一些巨大成就，如欧洲文化领域的扩大，在相邻地域上形成起来的富有生命力的大民族，以及十四世纪和十五世纪巨大的技术进步等，都没有任何人加以注意。因此，就不可能有对于伟大历史联系的正确看法，而历史至多也不过是一部供哲学家们使用的例证和插图的汇集罢了。①

列宁也说：

> 旧唯物主义是非历史的、非辩证的（而是形而上学的，即反辩证法的），它没有彻底而全面地遵循发展观。②

---

① 恩格斯：《费巴尔哈与德国古典哲学的终结》，人民出版社 1961 年版，第 18—19 页。着重号是引者加的。

② 列宁：《卡尔·马克思》，《列宁全集》第 21 卷，人民出版社 1959 年版，第 34 页。

毛主席则说：

> 我们是马克思主义的历史主义者，我们不应当割断历史。①

> 我们必须尊重自己的历史，决不能割断历史。但是这种尊重，是给历史以一定的科学的地位，是尊重历史的辩证法的发展，而不是颂古非今，不是赞扬任何封建的毒素。②

此外，在经典著作里，还有一些地方是把历史观点看成是辩证法的一个内容或者原则的。③

毋庸赘言，马克思主义所说的辩证法，自然是唯物辩证法而不是唯心辩证法；马克思主义的历史主义，自然是唯物的历史主义而不是唯心的历史主义。这是不应当引起任何误解的。唯物辩证法把世界理解为一种处在不断的历史发展中的物质，理解为自然历史过程，要求从事物的关系和它的发展中去理解事物本身，而不是以某种处在历史发展之外的东西来解释事物及其发展。因此，唯物辩证法的一个根本要求就是对具体事物的具体分析，亦即是从事物的内部条件和外部条件及各种条件的联系和发展来进行分析，而这也正是马克思主义历史主义的基本要求。

因此，马克思主义的历史主义本身就是唯物的④，但这并不妨碍它首

---

① 《中国共产党在民族战争中的地位》，《毛泽东选集》第 2 卷，人民出版社 1952 年版，第 522 页。

② 《新民主主义论》，《毛泽东选集》第 2 卷，人民出版社 1952 年版，第 701 页。

③ 例如，列宁在《论尤尼乌斯的小册子》中说："马克思辩证法要求对每一特殊的历史情况进行具体的分析。"（《列宁全集》第 22 卷，人民出版社 1958 年版，第 310 页）斯大林在《辩证唯物主义和历史唯物主义》一书中，也把历史观点看做是辩证法的一个原则，等等。

　　如果进一步分析，辩证法的内容应当比历史主义更广泛、更丰富。历史主义只能是辩证法的一个部分或者是辩证法的一个原则。例如，列宁在《再论工会、目前局势及托洛茨基和布哈林的错误》中，即把发展的观点当成辩证逻辑的四个要求之一（参看《列宁全集》第 32 卷，人民出版社 1958 年版，第 83—84 页）。对于历史主义和辩证法的区别的详细分析，此处从略。

④ 正因为这样，列宁曾经在两个地方提到历史观点也就是辩证唯物主义观点。列宁在《游击战争》中说："马克思主义要求我们一定要用历史的态度来考察斗争形式问题。脱离历史的具体环境来提这个问题，就等于不懂得辩证唯物主义的起码要求。"（《列宁

先而且侧重在从辩证的亦即发展的角度上来观察问题。

具体地说，历史主义究竟包含了哪些内容呢？

首先，历史主义认为一切事物都是有历史的，都处在永恒的发展的长河之中。世界的一切皆动、皆变、皆生、皆灭，构成了一幅无边无际、丰富多彩的活动图画。除了不断的发生消灭的过程，除了无穷的由低级进到高级的上升过程，除了运动的抽象亦即历史的抽象这个"不死的死"之外，没有任何东西是永存的、绝对的。①

发展的承续形成了历史的联系。前一阶段的发展是后一阶段发展的出发点和必要条件，后一阶段的发展或者通过数量的增补或者通过性质的变革改变前一个阶段遗留下来的条件，同时又成为更下一个发展阶段的出发点和必要条件。以往的一切，就是这样或者以肯定的形式或者以否定的形式，保存在往后的发展里。没有一切较早的先行阶段，就没有一个阶段可以得到真实的存在。今天是昨天的否定，又是昨天的继续，一切事物的发展都是这样地绵延更新，永无绝期。

在谈到人类社会的历史时，马克思说过："人们自己创造自己的历史，但是他们并不是随心所欲地创造，并不是在他们自己选定的条件下创造，而是在直接碰到的、既定的、从过去承继下来的条件下创造。"②在这些既

全集》第 11 卷，人民出版社 1959 年版，第 197 页）在《社会主义与战争》中说："我们马克思主义者……认为必须历史地（根据马克思的辩证唯物主义观点）研究各个战争。"（《列宁全集》第 21 卷，人民出版社 1959 年版，第 279 页）只要意识到马克思主义的辩证法本来就是唯物的辩证法，马克思主义的历史主义本来就是唯物的历史主义。那么列宁的这种提法是不难理解的，而且也是跟历史主义是辩证的发展观的这种提法没有什么矛盾的。

① 马克思和恩格斯都认为，自然、人类社会和思维是物质世界的统一历史发展过程。正是在这个意义上他们说："我们仅仅知道一门惟一的科学，即历史科学。"（《德意志意识形态》，《马克思恩格斯全集》第 3 卷，人民出版社 1960 年版，第 20 页）因此历史主义原则除去适用于人类社会以外，也适用于对自然界和思维过程的研究。前引的恩格斯在《费尔巴哈与德国古典哲学的终结》里的一段话即指出自然现象的研究应当具备历史的观点。本文则只涉及在人类社会历史的研究中理解和运用历史主义原则的问题。

② 马克思：《路易·波拿巴的雾月十八日》，《马克思恩格斯全集》第 8 卷，人民出版社 1961 年版，第 121 页。

定的条件中，首要的而且决定的条件是社会生产力以及为一定的社会生产力所决定的社会生产关系。马克思和恩格斯说：

> 人们不能自由选择自己的生产力——这是他们的全部历史的基础，因为任何生产力都是一种既得的力量，以往的活动的产物。所以生产力是人们的实践能力的结果，但是这种能力本身决定于人们所处的条件，决定于先前已经获得的生产力，决定于在他们以前已经存在、不是由他们创立而是由先前各代人创造出来的社会形式。单是由于后来的每一代人所得到的生产力都是前一代人已经取得而被他们当作原料来为新生产服务这一事实，就形成人们的历史中的联系，就形成人类的历史，这个历史随着人们的生产力以及人们的社会关系的愈益发展而愈益成为人类的历史。①

> 历史不外是各个世代的依次交替。每一代都利用以前各代遗留下来的材料、资金和生产力；由于这个缘故，每一代一方面在完全改变了的条件下继续从事先辈的活动，另一方面又通过完全改变了的活动来改变旧的条件。②

在既定的生产力和生产关系的基础上产生了阶级和阶级斗争，以及由此而形成的特定的政治制度、意识形态、传统习俗、心理状态、时代风尚等等。人们的活动，总是受着历史遗产的影响，无一不打上特定的历史时代的烙印。人们创造历史的活动，或者是追随先辈们的足迹，发展他们的思想，采用他们的手法，和他们"竞争"，对他们留下的遗产进行增补；或者是起来反对先辈们的旧的思想和手法，和他们发生矛盾，对他们留下的遗产实行性质上的变革，演出和过去完全不同的新的戏剧。但是，这种变革也还是要以前代遗留的材料作起点。而且，尽管内容发生根本的变革，原先遗留下来的传统、形式却常常被后代承袭下来，深深地影响着新的创造历史的活动的展开。天主教会使西欧封建制度蒙上了神赐的圣光，

---

① 马克思：《致巴·瓦·安年科夫》（1846 年 12 月 28 日），《马克思恩格斯书信选集》，人民出版社 1962 年版，第 18 页。

② 马克思、恩格斯：《德意志意识形态》，《马克思恩格斯全集》第 3 卷，人民出版社 1960 年版，第 51 页。

而教会自己又是最大的封建领主，宗教同封建制度的关系是如此地密不可分，如此深入地根植于人们的生活与思想之中，以致西欧任何反对封建制度的斗争，在当时都必然要披上宗教的外衣。经过长久的阵痛刚刚从资本主义社会里产生出来的社会主义社会，也不可避免地在它的各方面、在经济、道德和精神方面都还带着它脱胎出来的那个旧社会的痕迹。在意识形态领域里，思想的斗争和革新也常常要借助于传统形成的特定的命题、范畴和概念。魏晋时期的唯物主义和唯心主义的斗争，环绕着"有"、"无"、"本"、"末"、"名教"、"自然"、"言"、"意"这样一些概念来进行，而这些概念又来自传统的儒家和道家思想。南北朝时期，在流行的佛教哲学的影响下，唯物主义和唯心主义的斗争转到了"形"、"神"、"神灭"、"神不灭"这样一些观念上去。两宋时期，唯物主义和唯心主义的斗争又长期在"理"、"气"、"心"、"物"这样的概念上进行，论争的双方，都以孔孟的代言人自居，都自认为在传述圣人的微言大义。有时，思想家们热衷于做出与他们前辈相反的东西，殊不知摆绳之所以能够荡到另一个极端，只是由于它的摆动是从这一个极端开始的。思想无论怎样地标新立异，也始终只能是旧的思想的对立物，而不能凭空产生出来。17世纪英国复辟时期的贵族思想家热衷于唯物主义，正因为他们所反对的资产阶级革命派都是极端的宗教幻想家；18世纪的法国却正相反，旧制度的拥护者站在拥护宗教的立场上，而极端的革命者便走向唯物主义。不仅如此，新的学说尽管是旧学说的对立物，但常常又必须从旧学说里汲取营养，进行推陈出新的革命改造。马克思学说是所有资产阶级学说的直接否定，但同时又是19世纪人类三个先进国家中三种主要思潮——德国古典哲学、英国古典政治经济学和法国空想社会主义——的直接继承者和天才的完成者，就是最鲜明的例子。

因此，过去的历史传统，就像一个巨大的、无所不在的幽灵，以各种各样的方式影响着后代。它们或者成为巨大的保守力量，束缚了人们创造历史的手脚，阻碍了新生事物的诞生和发展；或者成为人们创造历史的动力和源泉。帝王将相、才子佳人、礼教宗法、尊孔读经、八股四六、菩萨天师这类东西，曾经成为苦难的中国人民的历史重负；而过去中国人民的光荣革命传统和优秀历史遗产，又为今天中国和世界人民的革命和建设提供了丰富的经验，鼓舞着革命人们的斗志，增强他们的信心。毛主席指出："今天的中国是历史的中国的一个发展；我们是马克思主义的历史主义者，我们不应当割断历史。"①

要了解任何事物，要解决任何问题，"就必须从历史上把它的全部发展过程加以考察"②；"最可靠、最必需、最重要的就是不要忘记基本的历史联系，要看某种现象在历史上怎样产生，在发展中经过了哪些主要阶段，并根据它的这种发展去考察它现在是怎样的。"③"不要割断历史"，"不要忘记基本的历史联系"，这就是马克思主义的历史主义的第一个要求。而对于阶级社会的历史来说，最基本的内容就是阶级的划分和阶级的斗争。对于阶级社会的历史研究，如果忽视了阶级的划分和阶级斗争，当然也就不可能贯彻历史主义原则。

第二，事物之所以有发展变化，之所以有历史，是由于事物内部的矛盾性以及该事物和他事物的相互联系和相互影响。事物内部以及外部矛盾的发展、斗争及其转化，引起了事物面貌的不断更新，引起了事物对自身的否定，引起了一事物向他事物的转化，从而使得任何事物都呈现出暂时性、阶段性和前进性。

事物内部以及外部矛盾的发展、斗争和转化使得事物的各个不同发展阶段呈现出质的区别。马克思说过："一切发展，不管其内容如何，都可以看做一系列不同的发展阶段，它们以一个否定另一个的方式彼此联系着。……任何领域的发展不可能不否定自己从前的存在形式。"④对于发展的全部过程来说，事物的发展是不断的，事物的性质是不断变化的，但是事物自身在某一特定的历史发展阶段里，在处于量变阶段而尚未达到质变

---

① 《中国共产党在民族战争中的地位》，《毛泽东选集》第 2 卷，人民出版社 1952 年版，第 522 页。

② 列宁：《论国家》，《列宁全集》第 29 卷，人民出版社 1956 年版，第 431 页。

③ 列宁：《论国家》，《列宁全集》第 29 卷，人民出版社 1956 年版，第 430 页。

④ 马克思：《道德化的批评和批评化的道德》，《马克思恩格斯全集》第 4 卷，人民出版社 1958 年版，第 329 页。

阶段的时候，其主要性质又是相对确定的。每一事物既是存在于历史上发展着的世界里面，又是同时存在于历史上规定了的世界里面。①

既然内部以及外部的条件使得事物在延续的发展过程中的各个阶段呈现出不同的面貌，呈现出质的区别，那么，评断这些事物就不能从一个固定的、先验的观念出发，而只能从产生并规定这些事物的性质和特点的那些内部以及外部的条件出发。黑格尔说得不错："每个时代都有它特殊的环境，都具有一种个别的情况，使它的举动行事，不得不全由自己来考虑、自己来决定。"② 每一事物都只从属于产生它的那个时代和那些条件，不能把它跟不同时代不同条件下产生的其他事物混淆，或者不问时代条件，进行简单机械的类比。我们谈论事物的合理不合理，进步或者反动，积极或者消极，从来不能脱离它所处的那个时代和那些条件。极为相似的事情在不同的历史环境里出现，可能引起完全不同的结果。耕种小块土地的古代罗马的自由农民，在罗马历史发展过程中被剥夺了，使他们同他们的生产资料分离的运动，不仅蕴含着大地产形成的过程，而且还蕴含着大货币资本形成的过程。这一过程的结果最后出现了一方面是除自己的劳动力外，一切都被剥夺的自由人，另一方面则为了剥削这种劳动，又出现了占有所创造出来的全部财富的人。这种情况和资本主义的形成过程是何等相似！但是，在罗马，随这个过程发展起来的生产方式不是资本主义，而是奴隶制，罗马的无产阶级并没有变成雇佣工人，却成了一群无所事事的游民。而罗马的阶级斗争和现代资本主义社会阶级斗争的相似程度，也决不会比使用刀矛弓箭的古代作战形式和使用机枪大炮的近代作战形式之间的相似程度更大。现代的某些梦游人尽管也模仿资产阶级兴起时期的革命家，高喊自由平等博爱和人道主义之类的口号，但是，不同的时代，不同的革命任务早已使得这些一度起过革命作用的口号变成了同原先完全相反的东西。小丑终究不是英雄，模仿英雄只能使小丑更其出乖露丑，自称为

---

① 参看恩格斯：《费尔巴哈与德国古典哲学的终结》，人民出版社 1961 年版，第 26 页。恩格斯批评费尔巴哈把人看成"不是生活在现实的、历史上发展了的及历史上规定了的世界里面"。

② [德] 黑格尔：《历史哲学》，王造时译，生活·读书·新知三联书店 1956 年版，第 44 页。

无产阶级革命家的叛徒越是高喊这类资产阶级革命时期的口号，也就越发显露出他们的叛徒的原形。因此，我们决不应当不顾历史条件和历史发展阶段，混淆不同性质的事物之间的区别，混淆前代同后代的区别；也必须依据历史条件和历史发展阶段，来比较有关的历史事物，探索那些共同的性质和共同的规律如何通过事物的特性和特殊的规律表现出来。我们既要看到历史的继承性，不能割断历史，又要看到历史的阶段性，不能混淆各个阶段的质的区别。对后代事物的看法不能代替对前代事物的具体分析，对前代事物的评价也不能贸然施之于后代。列宁说："在分析任何一个社会问题时，马克思主义理论的绝对要求，就是要把问题提到一定的历史范围之内。"[1]"脱离历史的具体环境来提这个问题，就等于不懂得辩证唯物主义的起码要求。"[2]斯大林说："一切都依条件、地方和时间为转移。"[3]注意不同时代的历史事物的限制性，把问题提到一定的历史范围之内，具体问题具体分析，这就是马克思主义历史主义的第二个要求。

那么，在复杂的事物发展过程中，怎样来区别事物的不同发展阶段和不同性质呢？最主要的，是要分析那决定事物的基本性质和发展方向的根本矛盾的发展和变化。根本矛盾，这就是最重要的历史条件。对于阶级社会来说，最根本的矛盾就是阶级矛盾。

列宁说：

> 马克思的方法首先是考虑具体时间、具体环境里的历史过程的客观内容，以便首先了解，在这个具体环境里，哪一个阶级的运动是可能推动社会进步的主要动力。[4]

列宁又说：

> 无可争辩，我们是生活在两个时代的交界点，而且只有首先分析了从一个时代转变到另一个时代的客观条件，才能够了解我们面前发生的极其重大的历史事件。这里谈的是历史上的大时代，无论过去或

---

① 列宁：《论民族自决权》，《列宁全集》第 20 卷，人民出版社 1958 年版，第 401 页。

② 列宁：《游击战争》，《列宁全集》第 11 卷，人民出版社 1959 年版，第 197 页。

③ 斯大林：《辩证唯物主义和历史唯物主义》，人民出版社 1949 年版，第 6 页。

④ 列宁：《打着别人的旗帜》，《列宁全集》第 21 卷，人民出版社 1959 年版，第 121 页。

将来，每个时代都有个别的、局部的、时而前进时而后退的运动，都有脱离一般运动和运动的一般速度的各种倾向。我们无法知道，这个时代的某些历史运动的发展会有多么快，有多么顺利。但是我们能够知道，而且确实知道，哪一个阶级是这个或那个时代的中心，决定着时代的主要内容、时代发展的主要方向、时代的历史背景的主要特点等等。只有在这种基础上，即首先估计到区别不同"时代"的基本特征（而不是个别国家历史上的个别情节），我们才能够正确地制定自己的策略；只有认清了这个时代的基本特征，我们才能以此为根据来估计这国或那国的更详细的特点。①

因此，一个大的时代，只要根本矛盾、主要的阶级及其对抗关系没有发生根本的变化，那么，许多与之有关的事物的基本性质，我们对这些事物的基本评价，就是相对地稳定的。奴隶社会的许多社会现象，都决定于奴隶和奴隶主的尖锐对抗，并且只能从这个角度来进行评价。封建社会的许多社会现象，归根到底也只能从农民和地主的尖锐对抗得到解释，并从这个角度来加以评价。在帝国主义制度还没有从世界上消失以前，帝国主义的本性不可能改变，由帝国主义的存在而引起的一系列的矛盾，如帝国主义阵营同社会主义阵营的矛盾、资本主义国家内资产阶级同无产阶级的矛盾、帝国主义同被压迫民族的矛盾、帝国主义国家同帝国主义国家之间、垄断资本集团同垄断资本集团之间的矛盾等等，都是不会消灭的，都是在一个长久的时期内发生作用的既定的历史条件。无产阶级和世界人民革命斗争的路线、方针、策略，以及由此而产生的一系列问题，诸如战争与和平问题，民族解放和民族独立问题、不同社会制度国家之间的和平共处问题、裁军和禁止核武器问题等等，都必须从这些既定的基本的历史条件出发来考虑和解决。如果抹煞当代的基本矛盾，或者宣称这些矛盾已经改变，并且根据这样的认识来解释有关的历史事物，那就必然要犯严重的政治错误，甚至走上背叛革命的道路。

---

① 列宁：《打着别人的旗帜》，《列宁全集》第 21 卷，人民出版社 1959 年版，第 123—124 页。

在事物发展的一个大阶段里面，在根本矛盾没有发生本质的变化的情况下，由于根本矛盾在长过程的各个发展阶段上采取了逐渐激化的形式，也由于被根本矛盾所规定或影响的许多次要的矛盾、次要的历史条件的变化，事物又不断地发生部分的质变，从而使得大阶段中又可以划分出若干小阶段，需要分别对之进行具体的分析，做出不同的评价。同是农民战争，陈胜吴广起义和明末农民起义有很大的差别，这个差别也就是秦末和明末封建社会发展程度的差别的一种反映。秦始皇的焚书坑儒，汉武帝的尊崇儒术罢黜百家，初唐诸帝的实行科举和尊崇道教，宋初诸帝的发展科举取士制度，诏修《册府元龟》、《文苑英华》、《太平御览》等书，明代的以八股取士，清代康雍乾的兴文字狱，修四库全书，尊崇程朱道学等等，都是一个新王朝创建以后从文化思想上巩固自己统治的措施，然而由于时代的不同，环境的不同，统治者的历史经验不同，却又呈现了各各不同的特色，并且在不同的历史条件下产生了不同的，或大或小或显或隐的后果。对于这一切的解释和评价，归根到底也还是不能脱离社会的根本矛盾——阶级矛盾的发展和变化。对此，列宁强调指出：

> 必须牢牢把握住社会阶级划分的事实，阶级统治形式改变的事实，把它作为基本的指导线索，并用这个观点去分析一切社会问题，即经济、政治、精神和宗教等等问题。①

因此，在分析阶级社会的任何社会现象时如果不是以阶级观点和阶级分析方法作为基本的指导线索，我们实际上就不免脱离了最主要的历史条件，就不免违反历史主义原则，就不免要犯这样或那样的错误。

第三，如前所述，事物的发展既然是以一个否定另一个的方式彼此联系着，既然在现存事物中已经包含着它的否定的因素，包含着必然消灭的因素，现在的事物是前代事物的否定，而将要出现的事物又是现存事物的否定，那么，事物的历史就必然呈现为一种上升的、前进的运动。一切过去遗留的材料都应当在现实生活的洪炉中重新镕铸，而随着历史的前进，已受镕铸者自身，又将不断地转化为创造新的历史的材料。历史并不像一

---

① 列宁：《论国家》，《列宁全集》第29卷，人民出版社1956年版，第434页。

个年迈的管家婆，只知道忠实地保存着她所接受过来的一切，并且原封不动地传给后代。历史毋宁说像一条生命洋溢的大河，离开源头越远，它所接受的水流就越多，它也就越发波澜壮阔，气象万千。

马克思主义的历史主义的第三个要求，就是要从这种上升的、前进的运动的角度来看待和评价一切历史事物。并且肯定和支持一切推动历史上升和前进的力量。

什么是人类社会历史上升前进的真正推动者呢？"人民，只有人民，才是创造世界历史的动力。"①在阶级社会里，广大的劳动人民以自己的劳动哺育着整个社会，以自己的血汗培植出文明的果实，以自己的斗争涤荡积垢，扫除历史前进道路上的障碍。他们是历史的真正主人，是新生的、革命的力量的真正代表。至于历史上的剥削阶级，在自己的上升时期，对历史的发展也曾经起过一定的推动作用，也曾经代表了新生的、革命的力量。但是，剥削阶级的这种进步作用，是在人民群众的生产斗争和阶级斗争的基础上产生，并且受着这些斗争的制约的，而且，还带着很大的阶级局限性，带着随剥削而来的反动性。因此，在分析阶级社会历史上升和前进的力量时，必须运用阶级分析的方法，从劳动人民是历史的主人这一历史唯物主义的基本原理出发，看看是哪些阶级和哪些力量在推动历史前进，哪些阶级或哪些力量在阻碍历史的前进。忽视了这一点，就不仅违背了阶级观点，同时也违反了历史主义。

黑格尔有过一句名言："凡是现实的都是合理的；凡是合理的都是现实的。"一般庸人把它理解为凡是存在的都是合理的。殊不知黑格尔所谓的现实性根本不是指某种社会制度或政治制度在一切环境和一切时代所固有的属性，在黑格尔看来，并非现存的一切无条件地都是现实的，黑格尔所谓现实的东西不过是指那些同时也是必然的东西，亦即是那些正在发展的或者新生的东西，是那些符合历史前进方向，促进事物发展的东西；而不是那些已经丧失了自己存在的必然性的过时的、陈腐的、反动的东西，不是那些与历史前进方向背道而驰，阻碍事物发展的东西。在反对封建制度

---

① 《论联合政府》，《毛泽东选集》第 3 卷，人民出版社 1953 年版，第 1031 页。

的斗争中，衣衫褴褛，武器窳劣的资产阶级革命者是现实的、合理的事物；在东风压倒西风的现代，生产高度发展、拥有核武器的帝国主义者却是不合理、不现实的，而用弓箭和他们对抗的非洲黑人倒是现实的、合理的了。恩格斯说过："在发展的进程中，凡从前是现实的一切，都会成为不现实的，都会失掉自己的必然性，失掉自己存在的权利，失掉自己的合理性。于是一种新的、富有生命力的现实就会代替衰亡着的现实，——如果旧的东西充分理智，不加抵抗即行死亡，那便和平地代替；如果旧的东西抵抗这种必然性，那便用暴力代替。"① 历史，总是要新陈代谢的，创造历史的人们的任务，总是应当去推陈出新，而不能守旧复古。马克思主义决不迷恋过去的事物，决不替那些已经失去合理性的事物辩护。他们总是把眼光朝向前面，注定在那些新生的、合理的事物上面。他们预见到新生的事物必将在现实生活中占据统治地位，并且用高度的热情来促进这一过程的实现。因此，真正的、马克思主义的历史主义既是极其严格的客观的、科学的，又是高度批判的、革命的。马克思主义的历史主义显现了科学性和革命性的高度统一。有些资产阶级学者标榜客观主义，标榜对事物的公正不倚，只讲所谓客观的必然趋势，而不去分析其中什么东西是合理的、进步的、革命的，什么东西是不合理的、落后的、腐朽的。他们对前者既不去肯定、歌颂和支持，对后者也不去否定、批判和反对，这样，他们就只能堕落到为现存的一切不合理不现实的事物进行辩护的立场上去。

因此，马克思主义的历史主义是一个具有高度党性的原则。只有站在无产阶级立场，才能有真正的彻底的历史主义，才能把历史主义原则贯彻到底。

过去的历史特别是文化史，不同的时代和不同的部门都曾经出现过一些发展的高峰。那些当时人们的创造活动至今仍然能够给我们良好的教益或者艺术的享受。其中有一些（例如古希腊的史诗和雕塑、唐代的诗歌等等）就某些方面来说甚至还是一种规范和不可企及的范本。它们所达到的成就是后来的人们永远不可能以古典的形式来达到的。但是，不论这些成

---

① 恩格斯：《费尔巴哈与德国古典哲学的终结》，人民出版社 1961 年版，第 5 页。

就多么伟大灿烂，它们终究只是那个已经逝去的时代和条件的产物。它们之所以不能为后来的人所达到，也无非是因为创造它们的那个时代已经永不再现，创造它们的那个阶级已经消灭或者已经失掉了自己的青春。产生它们的现实生活的土壤早已改变。后来的人们、新的阶级可以将它们作为有用的材料，在全新的历史条件下从事全新的创造，形成新的更高的高峰，却无法也无须完全重复他们的道路，在原来的高峰上挥锸添土。马克思曾经指出希腊艺术正是作为人类童年时代发展得最完美的典范而显示出不朽的魅力，但是，这个阶段终究已经永不复返了。已经成年的人们的任务也已经不是使自己再度变成儿童，而是要努力在一个更高的阶梯上把自己的真实再现出来。殷周的青铜器凝结了当时艺术家和工匠的全部心力和智慧，反映了当时科学技术的最高成就，同时也最有力地表现了奴隶制社会的现实生活和时代精神。然而，青铜时代早已逝去，时代的智慧，艺术家的天才早已转到了别的、与现实生活关系更为密切的方面，于是殷周的青铜器就成了后世人们无法超越的典范。今天我们尽管也对博物馆里古彩斑斓的铜器赞叹不绝，却绝不至于在自己的茶杯上镂上瞋目的饕餮，或者在饮酒时端起笨重的铜爵。同样，表现社会主义社会蓬勃生活的绘画决不会再用伦勃朗描绘资本主义社会底层人民苦难时所用的阴郁色调，反映社会主义建设的小说中的英雄如果是贾宝玉式的人物，那也会立刻受到读者和批评家的一致抵制。总之，无产阶级革命者决不会在过去历史上形成的高峰面前停下脚步，也不会在历史的废墟上徘徊感伤。他们清楚地意识到，在历史形成的高峰前面，将会形成更高的新的高峰，在历史的废墟上面，将会盖起更为华丽的大厦。他们的任务决不止于赞赏和感叹过去已经有过的美好事物，而是在马克思主义理论指导下，根据当前现实斗争的需要，对历史遗产批判地加以继承，把一切有用的东西拿来，当成材料，创造出过去从未有过的色彩绚烂的画页和诗篇。这也就是马克思主义的历史主义的最根本的要求。

一切事物都有历史，因此不要忘记基本的历史联系；一切事物的历史都因其内部以及外部矛盾的发展变化而区别为各个不同质的发展阶段，因此要把问题提到一定历史范围之内；一切事物历史发展的各个阶段总是呈现为上升的前进的运动，因此应当永远站在新生事物方面，革命的阶级方面，无限热情地讴歌新事物战胜旧事物的斗争，用不断革命的观点去考察历史，并在实践中努力从事创造新的历史的活动，作革命派、促进派。这就是马克思主义历史主义的三个互相联系的基本内容。

从上面的叙述可以看到，马克思主义的历史主义和阶级观点之间有着内在的、有机的联系。首先，只有永远代表新生的、革命的力量的无产阶级，才能够永远从发展的、前进的角度看待一切问题，才能够坚持历史主义的革命性和批判性。因此，只有站在无产阶级立场，具备无产阶级的观点，才能真正在历史研究中把历史主义原则贯彻到底。忽视了马克思主义历史主义的党性，就会堕入资产阶级客观主义的泥坑。其次，阶级社会的历史归根到底是阶级斗争的历史，在阶级社会里，最根本的历史条件是阶级矛盾的发展及其变化，而历史上升前进运动的真正动力则是阶级斗争，对阶级社会的历史研究而论，马克思主义的历史主义的基本要求无不贯串了阶级的内容，历史主义原则的贯彻必须以阶级斗争学说、以阶级分析方法作为基本的指导线索。忽视了这一点，我们也就从根本上违反了马克思主义的历史主义。因此，从这两个意义上我们说，马克思主义的历史主义同阶级观点应当是统一的，而是否具有阶级观点则是马克思主义历史主义同资产阶级历史主义的一个根本区别。

三、历史主义、阶级观点和历史唯物主义

历史主义和阶级观点是统一的。但是，这是一种什么样的统一？统一的条件是什么？历史主义、阶级观点、马克思主义历史观或者历史唯物主义是什么关系？

能不能像林甘泉同志所断言的那样，马克思主义的历史主义就是"以历史唯物主义原理为指导的科学的历史观"，或者说，就是历史唯物主义呢？不能这样说。

对于这个问题，可以从逻辑和历史两方面来考察。从逻辑上看，马克

思主义的历史观就是历史唯物主义，这是社会科学惟一正确的理论。历史唯物主义是辩证唯物主义原理推广到对人类社会的认识，它本身就贯串了历史主义精神。但是不能说，马克思主义的历史主义等于马克思主义的历史观或者历史唯物主义。

马克思主义的历史主义主要是指从发展的观点来看问题，即主要是从辩证法的角度来看问题。如前所述，这种发展的观点只能是唯物的观点，但是它所着重阐明的乃是如何从发展中来把握现实世界的万事万物，至于现实世界的存在和意识、物质和精神孰为第一的问题，却不是这个观点本身所能直接解决的。至于马克思主义的历史观，涉及的问题要比这广泛，它运用辩证唯物主义解决了社会历史的基本问题，其中恰恰首先是要阐明社会存在和社会意识的关系问题。马克思主义经典作家对历史唯物主义的说明就经常是首先从社会存在和社会意识的关系出发的。马克思和恩格斯在《德意志意识形态》中指出：人类的第一个历史活动就是生产满足衣、食、住以及其他需要的资料，即生产物质生活本身。"因此任何历史观的第一件事情就是必须注意上述基本事实的全部意义和全部范围，并给予应有的重视。"①马克思恩格斯指出他们的历史观和唯心主义历史观不同之处，就在于"不是从观念出发来解释实践，而是从物质实践出发来解释观念的东西"②。列宁也指出，更确切地说，发现唯物主义历史观就是彻底发挥唯物主义，把唯物主义运用于社会现象。③因此，历史唯物主义也就是把辩证唯物主义原理贯彻到底，把它推广去研究社会生活。历史唯物主义从社会存在决定社会意识这一唯物主义基础出发，研究了人类社会发展的基本过程和一般规律，阐明了生产力和生产关系、基础和上层建筑的辩证关系，阐明了阶级社会中阶级斗争是历史发展的真正动力，并从而阐明了国家、民族、政治、法律、战争、意识形态、社会心理等等一系列的科学

---

① 马克思、恩格斯：《马克思恩格斯全集》第 3 卷，人民出版社 1960 年版，第 32 页。着重号是引者加的。

② 马克思、恩格斯：《德意志意识形态》，《马克思恩格斯全集》3 卷，人民出版社 1960 年版，第 43 页。

③ 参看列宁：《卡尔·马克思》，《列宁全集》第 21 卷，人民出版社 1959 年版，第 38 页。

理论。历史唯物主义的这些丰富而复杂的内容，显然不是我们所理解的历史主义概念所能全部包含的。

自然，对历史作唯物主义的解释，必须要求解释者具有辩证的思维方法，能够认识事物的客观辩证法。恩格斯指出："唯物主义历史观及其在现代的无产阶级和资产阶级之间的阶级斗争上的特别应用，只有借助于辩证法才有可能。不言而喻，把唯物主义历史观应用来研究历史，也只有借助于辩证法才有可能。"[①]因为，人类社会和自然界一样，是一个不断变化发展的历史过程。不仅如此，人类社会不同于自然界之处还在于，在这里，历史的规律是通过有意识有目的的人的活动来实现的，是通过那些互相冲突互相矛盾的许许多多个别意向和个别行动表现出来的。如果像旧唯物主义者那样，抽象地而不是历史地理解"人的本质"，不把它看做具体历史条件下的一定的社会关系的总和，不是从现实社会中人与人之间的具体的社会关系，即经济、政治等等关系去理解人的本质，不是从人类的社会实践，从人们的历史行动上去研究这些人；或者只是把一些人所共知的历史唯物主义原理硬套到任何一件历史事物的头上，而不去认真分析历史的规律如何通过那些互相冲突互相矛盾的许许多多个别意向和个别行动表现出来；总而言之，如果不是以辩证的、历史的态度和方法来进行研究，那就必然要对社会历史作机械的、形而上学的理解，从而堕入历史唯心主义的泥坑。因此，对于历史唯物主义来说，辩证的思维、历史主义的原则始终是同唯物主义观点紧密结合，不可分割的。但是，历史唯物主义贯串了辩证法精神，包含了历史主义原则，却不能说，辩证法就等于历史唯物主义，或者说，历史主义就等于历史唯物主义。它们之间还是有区别的。正是这种区别，才使我们有时需要对它们进行分别的研究和分别的叙述。前引的恩格斯的话："唯物主义历史观及其在现代的无产阶级和资产阶级之间的阶级斗争上的特别应用，只有借助于辩证法才有可能。"就把唯物主义历史观和辩证法作了一定的区分。列宁的《卡尔·马克思》一文，也

---

① 恩格斯：《"社会主义从空想到科学的发展"德文本初版序言》，《马克思恩格斯全集》第 19 卷，人民出版社 1963 年版，第 346—347 页。

是把辩证法和历史唯物主义分别叙述的。在《什么是人民之友以及他们如何攻击社会民主主义者》中批判米海洛夫斯基时，列宁又指出米海洛夫斯基"想要打破的学说第一是依据唯物主义历史观的，第二是依据辩证方法的"①。并且从这两个方面分别批判了米海洛夫斯基的错误。恩格斯和列宁的这些论断，完全没有什么割裂历史唯物主义和辩证法之嫌，相反地倒是恰好表现了逻辑上的明晰性。既然如此，作为辩证法的一个原则的历史主义，在某些场合同历史唯物主义分别叙述，似乎也无需乎批评为把二者割裂的。

因此，历史主义是马克思主义历史观亦即历史唯物主义的一个重要内容，但它不能包含历史唯物主义的全部内容，不能说它就等于马克思主义历史观或者历史唯物主义。

把历史主义等同于历史唯物主义，实际上是把历史主义这一概念的内涵过分地扩大了，实际上是把一些不属于这个概念的属性也归到了它的名下。这样的理解，结果要就是过分抬高了历史主义原则的地位，用它取代了历史唯物主义，或者缩小了历史唯物主义这个社会科学最根本的理论的作用；要就是以历史唯物主义的一般原则代替了对历史主义这个具体原则的理解，忽视了历史主义原则的主要的要求和侧重的方面，从而在实际上取消了历史主义或者历史观点这个概念。这样的理解，于科学上未必确切，对于具体历史问题的研究也不见得是有利的。

历史主义和历史唯物主义的关系和区别还可以从唯物主义历史观形成的历史过程来看。马克思以前，唯心主义历史观占着统治地位。某些唯物主义思想家曾经企图对社会历史做出唯物主义的解释，但是，由于阶级和时代的限制，由于形而上学的思想方法，他们的尝试都不能不最终陷于失败。18世纪后半期到19世纪前半期的德国古典哲学对发展和运用辩证法这一最高思维形式做出了巨大的贡献，它的最后和最重要的代表黑格尔，是第一个根据辩证法的原则，想证明历史中有一种发展，有一种内在联系的人。他的体系"以历史的观点作为基本前提，即把人类的历史看做一个

① 列宁：《列宁全集》第1卷，人民出版社1955年版，第161页。

发展过程"①。正因为作为黑格尔的思维方式的基础的是"巨大的历史感"，正因为黑格尔的历史观中贯串着辩证法和历史主义精神，恩格斯才把黑格尔的历史观称做是马克思的"新的唯物主义观点的直接的理论前提。"②

但是，黑格尔的辩证法和历史主义是不彻底的。他的唯心主义哲学体系不能不使他所理解的历史过程有一个终点，即"绝对精神"的最终认识和实现。而这个终点却可笑地在经济制度上表现为德国的不发达的资本主义，在政治上表现为"开明专制"的保守的普鲁士王国，在意识形态上表现为他自己的那个无所不包然而又不免成为最后一个"巨大的小产"的哲学体系。他的历史主义存在着不可克服的矛盾，他的辩证法的革命性被他的保守的哲学体系闷死了。结果，作为一个不彻底的历史主义者，作为一个不能把历史主义原则最终运用于自己的哲学体系的思想家，黑格尔就不能不走上自己所力图坚持的原则的反面，变成了反历史主义者。这是黑格尔的不可克服的矛盾。

要克服黑格尔的矛盾，只有回复到唯物主义立场上来。但是，这决不意味着全盘否定黑格尔而回到 18 世纪的形而上学的、机械的唯物主义那里去，却是要批判地继承黑格尔的辩证法。费尔巴哈正好不了解这一点。他批判了黑格尔的唯心主义哲学，恢复了唯物主义的王位，但他却未能战胜黑格尔的哲学，因为他只是干脆地抛弃了它，而没有能用批判的方式消灭它的唯心主义的桎梏，救出它的辩证法。黑格尔哲学的合理内核——辩证法就像同洗澡水一起泼出去的小孩一样，被费尔巴哈连同黑格尔的唯心主义哲学体系一起抛掉了。结果，费尔巴哈和马克思主义以前的一切唯物主义者一样，在社会历史领域里只能是一个唯心主义者。或者像恩格斯所说的那样，在下半截是唯物主义者，在上半截是唯心主义者。

马克思和恩格斯从黑格尔那里挽救了自觉的辩证法，对它作了唯物主义的改造，把它倒转过来，使它从用头着地变为两脚着地。"和那种以天

① 恩格斯：《社会主义从空想到科学的发展》，《马克思恩格斯全集》第 19 卷，人民出版社 1963 年版，第 224 页。

② 马克思：《卡尔·马克思"政治经济学批判"》，《马克思恩格斯全集》第 13 卷，人民出版社 1962 年版，第 531 页。

真的革命精神笼统地抛弃以往的全部历史的做法相反，现代唯物主义把历史看做人类的发展过程，而它的任务就在于发现这个过程的运动规律。"①在唯物辩证法指导之下，马克思恩格斯创立了历史唯物主义，"认为一切重要历史事件的终极原因和决定动力是社会的经济发展、生产方式和交换方式的改变，以及由此而产生的社会之划分为阶级和这些阶级之间的斗争"②，从而完成了人类对社会历史的认识的彻底革命。

从以上的简短叙述可以看出，唯物主义历史观的形成，一方面是在唯物主义的基础上改造了黑格尔的唯心辩证法，一方面在辩证法的指导下改造了以费尔巴哈为代表的形而上学唯物主义。辩证法和唯物主义在马克思那里结成了一个统一的整体，获得了与黑格尔辩证法和费尔巴哈唯物主义完全不同的崭新的性质，它们二者都是唯物主义历史观的不可分割的组成部分。但是，又必须看到，它们各有不同的思想渊源，二者的统一也经历了一个长期的过程，直到马克思才最后完成。恩格斯对此说得很清楚：

> 黑格尔把历史观从形而上学中解放了出来，使它成为辩证的，可是他的历史观本质上是唯心主义的。现在，唯心主义从它的最后的避难所中，从历史观中被驱逐出来了，唯物主义历史观被提出来了，用人们的存在说明他们的意识而不是像以往那样用人们的意识说明他们的存在这样一条道路已经找到了。③

可见，从唯物主义历史观的形成来看，作为辩证发展观的具体内容之一的历史主义，是唯物主义历史观的一个原则，它肇源于黑格尔的历史主义。不能说它就等于马克思主义的历史观或者历史唯物主义。如果把马克思主义历史主义完全等同于历史观或者历史唯物主义，那就势必要推演出这样的结论：马克思的历史唯物主义观点只是承受自黑格尔了。然而，人所共知，黑格尔那里尽管已经有像列宁所指出的某些接近历史唯物主义的

---

① 恩格斯：《社会主义从空想到科学的发展》，《马克思恩格斯全集》第19卷，人民出版社1963年版，第224页。

② 恩格斯：《〈社会主义从空想到科学的发展〉英文本序》，人民出版社1956年版，第17页。

③ 恩格斯：《社会主义从空想到科学的发展》，《马克思恩格斯全集》第19卷，人民出版社1963年版，第226页。

思想，但是一般说来，他只有历史唯心主义而没有历史唯物主义。因此，那种把各种概念混为一谈的提法，确实会给问题的理解带来困难。

把历史主义同历史唯物主义等同起来是不妥当的，把历史主义同作为历史唯物主义核心的阶级观点等同起来也同样地不妥当。

阶级观点和历史主义作为历史唯物主义的不可分割的组成部分，彼此有着内在的、有机的联系。马克思主义的阶级观点必然贯串着历史主义精神；马克思主义的历史主义又是建立在阶级斗争学说的基础上，同阶级观点内在地有机地结合起来，在阶级社会历史的研究中贯彻历史主义原则，"必须牢牢把握住社会阶级划分的事实，阶级统治形式改变的事实，把它作为基本的指导线索，并用这个观点去分析一切社会问题"[1]。在阶级社会历史的研究中如果忽视了二者的联系、忽视了二者的统一，就会犯这样或者那样的错误。

但是，不能把历史主义和阶级观点的统一理解为二者毫无区别。

这两个概念侧重的方面是有所不同的。历史主义原则侧重而且首先是从发展的角度看问题。阶级观点则着重根据阶级划分和阶级斗争的规律对所研究的对象做出科学的解释。由于侧重的方面不同，这两个概念又是互相补充的。马克思主义的阶级斗争学说也和马克思主义的其他原理一样，不过是"从对人类历史发展的观察中抽象出来的最一般的结果的综合。这些抽象本身离开了现实的历史就没有任何价值。……它们绝不提供适用于各个历史时代的药方或公式"[2]。因此，绝不能对它作抽象的理解。为了防止对阶级观点和阶级分析方法作简单的抽象的理解，强调它的历史性，强调对它的理解应当具有历史主义精神，是完全必要的。同样，对阶级社会历史的研究来说，马克思主义的历史主义的基本要求在在贯串了阶级的内容，绝不能对它作非阶级的理解。为了防止对历史主义作非阶级的理解，强调它的阶级性质，强调历史主义原则的贯彻必须以阶级斗争学说、以阶

---

① 列宁：《论国家》，《列宁全集》第 29 卷，人民出版社 1956 年版，第 434 页。

② 马克思、恩格斯：《德意志意识形态》，《马克思恩格斯全集》第 3 卷，人民出版社 1960 年版，第 31 页。

级分析方法作为基本的指导线索，也是完全必要的。可见，需要强调的是必须把二者紧紧地结合起来，而不是把它们说成一而二、二而一的概念，如果那样做，就会使人以为有了这个就自然会有那个，从而在实际研究中就会引导到不是把两个方面联系、结合起来，而是抓住一个方面而放掉另一个方面。① 恩格斯在谈到电学中的化学作用和电之间的特殊相互作用时，讲过如下的一段话：

> 如果电池中的过程先在我们面前表现为化学——电的过程，那末我们现在看到它们也在同样的程度上是电——化学的过程。从产生恒值电流的观点来看，化学作用是首要的因素，从激发电流的观点来看，它又是次要的、附带的因素。相互作用消除了一切绝对的首要性与次要性；可是，同时它是这样一个两面的过程，它按其本性来说就可以从两种不同的观点来看；为了把它作为一个整体来了解，在做出总合的结果之前甚至首先必须分别地从一个观点、然后再从另一个观点来加以研究。如果我们片面地抓住一个观点，把它当作绝对的，和另一个观点对立的，或者，如果我们只是由于当时发议论的需要而任意地从一个观点跳到另一个观点，那我们就会变成形而上学思维的片面性的俘虏；整体的联系避开了我们，我们陷入一个跟着一个的矛盾之中。②

恩格斯这里讲的，是研究某些自然现象的原则和方法。但是，这个指示有它的更普遍的意义。细心体味恩格斯这里所提出的原则和方法，对于正确

---

① 有的同志为了说明历史主义和阶级观点的等同，引用了马克思的一句话："阶级间的关系的变化就是历史的变化。"（《道德化的批评和批评化的道德》，《马克思恩格斯全集》第 4 卷，人民出版社 1958 年版，第 352 页。着重号是引者加的。）似乎马克思在这里把阶级关系的变化同历史的变化完全等同起来了。这句话的中译文是有缺点的。马克思的原话是说："die Veränderung in der Beziehung von Klassen ist eine Geschichtliche Veränderung"（德文版全集第 4 卷，第 357 页），既是 "eine geschichtliche Veränderung" 而不是 "Veränderung der Geschichte"，则更确切的译法应该是："阶级关系中的变化是一种历史性质的变化"。可见，马克思的原意在于指明阶级关系的历史性质，而不是将阶级关系的变化同历史的变化完全等同起来。

② 《自然辩证法》，人民出版社 1955 年版，第 134 页。

理解历史主义和阶级观点的关系，防止片面性和绝对化，无疑是会有很大神益的。

当然，不把历史主义和阶级观点当成同一个观点，当成一而二、二而一的东西，并不能因此而忽视它们的内在的、有机的联系，把它们理解为割裂的、对立的东西。有一种意见认为，如果只有阶级观点而忘记了历史主义，就容易片面地否定一切；只有历史主义而忘记了阶级观点，就容易片面地肯定一切。这种意见也是不妥当的。有的同志批评它没有正确地理解历史主义和阶级观点的涵义及二者的关系，从而有把二者割裂和对立起来的倾向。这种批评是正确的。

这种意见之不妥当，还在于它把我们对历史事物的片面评价分别归因于只有阶级观点或者只有历史主义，似乎讲历史主义是为了肯定历史事物，讲阶级观点则是为了否定历史事物，因此，必须既有历史主义也有阶级观点，使二者平衡，我们对历史事物的评价才能恰当。这是一种机械的理解。

对历史事物的评价应当根据历史唯物主义原则，应当把历史主义和阶级观点有机地统一起来，内在地联系起来，而不是把它们当成互相存在于对方外部的东西，在它们之间去求平衡。无论是对阶级社会历史事物正确的肯定还是正确的否定，都是由于把历史主义和阶级观点统一起来认识的结果，而无论是对阶级社会的历史事物做出片面的肯定或者片面的否定的偏颇评价，又都是没有正确地认识历史主义和阶级观点的内在的、有机的联系，没有把二者正确地统一起来的结果。只注意了阶级观点而忘了历史主义，这种阶级观点也就只能是抽象的非马克思主义的阶级观点。只注意了历史主义而忘了阶级观点，这种历史主义也就只能是不彻底的非马克思主义的历史主义。用非历史的阶级观点去评价历史事物，并非总是对一切都加以否定；而用非阶级的历史观点去评价历史事物，也并非总是对一切都加以肯定。事实上，运用这两种不正确的观点中的任何一种去评价历史事物，都会有所肯定也有所否定。只是它们往往是肯定了那不该肯定的东西，又否定了不该否定的东西。而这两种不正确的观点所肯定的和所否定的方面各各有所不同，甚至刚刚相反。例如，用非历史的阶级观点去评价历史事物，往往会片面强调历史上的剥削制度和剥削阶级落后、黑暗、腐朽、反动的一面，而没有看到剥削制度和剥削阶级在一定历史条件下的不可避免性和进步性，从而对之作了不符实际的过多的否定；另一方面，又往往脱离具体历史条件，把无产阶级以前的被剥削阶级加以美化，甚至把他们看得跟无产阶级差不多，忽视了他们的时代和阶级的局限性，对之作了不符实际的过多的肯定。用非阶级的历史主义去评价历史事物，则往往会片面夸大了历史上被剥削阶级落后、局限的一面，把他们看得跟当时的剥削阶级差不多，忽视了他们的劳动者、革命者这个更为本质的方面，从而对之作了不符实际的过多的否定；另一方面，又往往会片面强调剥削制度和剥削阶级在历史上的进步作用，美化他们，忽视了他们落后、黑暗、腐朽、反动的阶级本质，从而对之作了不符实际的过多的肯定。因此，那种认为只有阶级观点而忘记了历史主义就容易片面地否定一切，只有历史主义而忘记了阶级观点就容易片面地肯定一切的提法，就其对历史事物片面评价产生原因的分析而论，也是具有很大的片面性的。而片面性的由来，则是由于对历史主义和阶级观点的涵义和二者的关系作了不确切的理解的结果。

历史主义和阶级观点是从不同的角度认识统一的历史过程的两个原则或者方法。正确认识二者的关系，认识到它们的统一，是重要的。但是，更重要的是对它们的正确运用，是在具体历史研究过程中把它们统一起来。由于历史过程的复杂性，由于我们的认识常因主观或客观的原因而容易陷于片面或绝对，对于每个研究者来说，历史主义和阶级观点的统一并不可能先验地、自发地达到。并不是从理论上认识了它们应当统一，就能保证在自己的研究中把它们真正统一起来，而必须经过具体研究的反复实践，甚至要经过弯路和踬跌，才可能做到这一点。而且，在这个问题上做到了，在别的问题上却不能保证也一定做到。既然历史主义和阶级观点这两个概念侧重的方面和观察问题的角度有所不同，那么，检验我们的历史研究是否真正做到了两者的统一，分别从阶级观点和历史主义两个方面来进行是需要的。经验告诉我们，在具体的研究中我们常常有可能对阶级观点作抽象的、简单化的理解，而忽视了它的历史性。这时，如果我们注意检查我们的研究是否符合历史主义原则，绝不会削弱或取消阶级观点的作用，而恰好是有助于阶级观点的正确理解和运用。同样，在纷繁的历史现象面前我们又常常有可能忽视或者削弱了阶级观点这条基本的指导线索，这时，如果我们注意我们的研究是否离开了阶级观点，也绝不会违反历史主义，而正好是把历史主义贯彻到底。另一方面，对于阶级社会历史的研究，违反阶级观点也就必然要违反历史主义，违反历史主义也就会离开阶级观点，在这里，正如列宁所说，是"一爪落网，全身被缚"。但是，判断一下，到底是从何处失足——是从忽视了阶级观点呢，还是从忽视了历史主义，对于分析错误的原因，寻找克服错误的途径，还是有必要的。这样的做法，并不是要把历史主义和阶级观点对立和割裂，也不是要在二者之间求得平衡，这里添一点，那里减一点，而正好是为了使二者能够真正在实践中统一起来。相反，如果认为对于任何一个研究者来说，有了阶级观点也就有了历史主义，或者有了历史主义也就有了阶级观点，那么，我们实际上还是认为二者的统一可以无须经过实践而先验地、自发地达到，而在实践中则还是从一个方面、一个角度来观察问题。这种做法，就可能使实际的研究或者忽视了历史主义，或者忽视了阶级观点，达不到二者的真正统一，甚至导致了二者的割裂，从而可能使得实际的研究既没有贯彻阶级观点，又不符合历史主义。

因此，作为历史唯物主义组成部分的历史主义和历史唯物主义的核心的阶级观点这两个概念的统一是有条件的。即：（1）这两个概念之间存在着区别，只有正确地认识了它们之间的区别，才能达到它们的统一；（2）至于在具体的研究中实现二者的统一，那还需要更多的条件，它首先取决于研究者的马克思主义思想和理论修养水平，其次还同他的历史的修养以及研究实践经验的积累等等极为复杂的因素有关。既然如此，把它们之间的统一看成是绝对的、无条件的，把它们之间的联系当成是必然的，就未免是一种简单的、机械的理解了。

像历史主义和阶级观点这样的概念，是统一而完整的事物或过程的质的规定，它们之间当然有密切的内在的联系，但是不同的概念反映的是统一而完整的事物或过程的不同方面、不同范围或者不同性质，因之它们之间又有区别。对于事物或者过程当然必须从它们的联系和整体方面来认识。但是，仅仅做到这点是不够的。正如恩格斯所说："这种观点虽然正确地把握了现象的总画面的一般性质，却不足以说明构成这幅总画面的各个细节；而我们要是不知道这些细节，就看不清总的画面。"① 因此，对任何事物和过程的认识必须从分析入手，然后再做综合的工作。而弄清概念的联系特别是区别，则是分析和综合工作的必要手段。黑格尔说："这个辩证法永远在分离和区别同一的东西和不同的东西、主观的东西和客观的东西、有限的东西和无限的东西、灵魂和肉体，只是因为如此，观念才是永恒的创造、永恒的生命和永恒的精神。"② 因此，不能因为历史主义、阶级观点、历史唯物主义这样一些概念都是统一的历史过程的反映，都是最终统一于像一块钢铁一样的马克思主义理论之中，不能因为它们有内在的、有机的联系，就不去研究它们的特性和不同的涵义，不去研究它们统一的条件，并且不加区别地运用它们。庄子《应帝王》篇里曾经讲到一则倏和忽希望浑沌能和常人一样视听食息，替他凿窍以致浑沌因此丧命的寓言。庄子的寓言有片面的道理，但其基本思想却是主张绝圣弃智，认为人有了知识就会违反自然的本性。凿窍不当，确实会宣泄灵气，使活人变成僵尸。在区别不同的概念时，也确实有可能割裂概念的内在联系，导致对事物和过程本身的机械的，形而上学的理解。但是，不能因噎废食，停止对事物和概念的分析。如果只是谈论联系和统一，却在具体的论述中"把各种概念混淆起来使一切差别化为乌有"，又把一切分析的尝试都不分青红皂白地当成是割裂，那我们所有的就可能不是科学，而是浑沌。

四、论历史局限性

人们创造历史的活动，必须在既定的历史条件下进行；人们对历史的

---

① 恩格斯：《社会主义从空想到科学的发展》，《马克思恩格斯全集》第19卷，人民出版社1963年版，第220页。

② 转引自列宁：《哲学笔记》，《列宁全集》第38卷，人民出版社1959年版，第213—214页。着重号是引者加的。

认识，也必须以过去遗留的材料和当代的历史活动为基础。黑格尔讲过一句俏皮话："没有人能够真正地超出他的时代，正如没有人能够超出他的皮肤。"①事实确实如此。人们的历史活动和历史认识不能超越他们的时代，不能超越他们所处的历史条件，他们的活动和认识必然带着他们所在的那个时代的特征，受着那些历史条件的限制。这就是我们通常所说的历史局限性。

人们的历史活动和历史认识的局限性，首先表现为这些活动和认识不能超越他们所在的那个时代的生产发展水平、阶级斗争发展水平、科学实验发展水平以及在这个基础上产生的文化科学知识发展水平的界限，换言之，一定时代的人们的社会实践活动水平也就是他们一切历史活动和历史认识所能达到的共同的极限。人们所要解决的任务的提出，只有当解决这个任务的历史条件已经出现时，才有可能。中国封建社会农民革命的历史任务不可能是推翻封建制度，因为推翻这个制度的物质前提还没有在封建社会内部出现，也不可能要求当时的农民革命领袖对封建制度和自己的斗争任务有明确清晰的认识。当19世纪的无产阶级开始为共产主义理想而斗争的时候，他们也决不可能认识到一个世纪以后社会主义社会生活的一切细节，因为社会主义社会当时只是理想而尚没有成为现实。

其次，在这个为一定时代生产发展水平、阶级斗争发展水平、科学实验发展水平所决定的共同界限之内，人们的历史活动和历史认识又受着阶级的限制。在同一个历史时代里面，不同阶级的历史活动和历史认识各各不同，而有其不能逾越的界限。这个界限就是这个阶级的利益和它的历史地位。剥削阶级和被剥削阶级的活动和认识常常不同甚至截然相反。被剥削阶级反对的东西常常就是剥削阶级维护的东西，同一个事物，被剥削阶级给予否定的评价，而剥削阶级却给予肯定的评价。一般说来，在这样互相矛盾的活动和认识中，被剥削阶级所反对的往往是那些腐朽的、落后的事物，他们的活动，起着推动历史前进的作用，他们

---

① 黑格尔：《哲学史讲演录》第1卷，生活·读书·新知三联书店1956年版，第57页。

常常是站在时代的前面。自然，无产阶级以前的被剥削阶级也还是带有
阶级的局限性，例如，农民就受到他们的小生产者和小私有者的阶级地
位的限制。但是，一般说来，他们在一定时代下的活动和认识所表现出
来的阶级的限制是比较剥削阶级为小的。至于剥削阶级，当他们处在
自己的上升阶段时，当他们代表着进步的生产力和生产关系，向旧的
制度进行冲击时，他们生气勃勃，基本上适应社会发展的趋向，他们
的阶级局限性就比较小一些，又由于他们基本上掌握和垄断了当时的文
化科学知识，他们的活动和认识在某些方面就有可能接近那个时代人们
认识和活动的共同极限。相反，等到这个阶级已经处在没落阶段时，阶
级的局限就使得他们的活动和认识处处跟社会发展的方向悖谬，他们的
活动和认识距离那个时代的人们活动和认识的共同界限就越来越远了。
许多在这个剥削阶级上升时期能被他们认识的事物或者曾为他们进行过
的活动，到这个阶级没落的时候反而做不到、认识不到，或者不去做、
不去认识了。资产阶级革命时期的英雄们可以为了自己的理想去牺牲、
战斗，而帝国主义时代的资产阶级的代表人物就只能是守护着自己的钱
袋，过着荒淫无耻生活的交易所经纪人或者食股息的寄生虫。资产阶级
古典政治经济学家的代表人物，在阶级斗争还未发展时期，曾经有意识
地把阶级利害关系的对立，工资和利润的对立，利润和地租的对立，当作
研究的出发点，把这种对立当作社会的自然规律来理解。但是，资产阶级
的经济学由此也就达到了它的不能跨过的界限。随着资产阶级的夺得政
权，正如马克思所说："无论从实际方面说，还是从理论方面说，阶级斗
争都愈益采取公开的和威胁的形式。资产阶级经济科学的丧钟敲起来了。
现在，问题已经不是这个理论还是那个理论合于真理，而是它于资本有益
还是有害，便利还是不便利，违背警章还是不违背警章。不为私利的研
究没有了，作为代替的是领取津贴的论难攻击；公正无私的科学研究没有
了，作为代替的是辩护论者的歪心恶意。"[1] 同样，18 世纪法国革命的资产
阶级曾经通过他们的思想家大胆和坚决地反对宗教和宣传无神论，这些思

---

[1] 马克思：《资本论》第 1 卷，第 2 版的跋，人民出版社 1963 年版，第 XVII 页。

想家的最后一批代表者之一的拉普拉斯，当拿破仑问他何以他的著作里没有提到上帝的存在时，曾经正视着拿破仑说，他不需要上帝这个假设。可是曾几何时，巩固了自己统治地位的资产阶级，为了安慰自己和欺骗、麻醉人民，为了替自己的统治寻求精神的支柱，又开始狂热地宣传和信仰起宗教来了。

再次，人们的历史活动和历史认识不仅受着时代的和阶级的限制，还受着个人认识能力和活动能力的限制。个人的有限的认识能力和活动能力无论如何也不能穷尽这个时代和这个阶级可能认识和可能做到的一切，这只有依靠集体的认识和集体的活动才有可能。恩格斯在谈到黑格尔在面对探索人类发展过程的规律性的任务时所受的限制时，除去指出他是个唯心主义者和受到他那个时代的在广度和深度方面都同样有限的知识和见解的限制这两点之外，还指出他受到自己必然有限的知识的限制。① 人的内部无限的认识能力和这类认识能力仅仅在那些外部被局限的而且在认识上也被局限的个别人身上的实际实现二者之间的矛盾，只有在人类世代无穷的历史发展过程中才能得到解决，在一定时代一定阶级的一定个人身上，这个矛盾是无法解决的。

个人认识能力和活动能力的限制一方面来自生理的条件，另一方面来自他在社会中所处的地位。这种地位的不同首先是由于阶级的区别，剥削阶级几乎占尽了一切有利的条件，而被剥削阶级的活动能力和认识能力的发展则受到极大的限制。统治阶级的各种迫害和旧的习惯势力的阻碍又常使优秀的进步的人物无法充分施展自己的才能。由于受到为统治者支持的官方科学保卫者的迫害，费尔巴哈不得不永远离开大学的讲台，在穷乡僻壤中过着隐居生活，这就使他的认识不能不落后于当代科学发展的水平，使他不能不在完全孤寂的生活中而不是在跟他才智相当的人们的友好或敌对的接触中阐发自己的思想，因此无法使他的哲学达到那个时代所应有的高度。费尔巴哈自己对这点也很清楚，他说："人们说我没有写出很多应

---

① 参看恩格斯：《社会主义从空想到科学的发展》，《马克思恩格斯全集》第 19 卷，人民出版社 1963 年版，第 223 页。

该写的东西，这是无可怀疑的。但是为了写出那些应该写出的东西，就得有很多应该有的东西。我却没有这个。"此外，地位的不同还来自社会的分工。在阶级社会里，多数人成为分工的奴隶，只能得到片面的发展。即使是文艺复兴时期那些较少受到资产阶级局限，多才多艺学识广博，在许多部门都放出了光芒的文化巨人，如达·芬奇、杜勒、马基雅弗利等等，也远远没有能够穷尽当时一切知识领域，参加当时所有的实际斗争。就是到了共产主义社会，人们已经完全打破阶级划分所带来的分工的限制，成为全面发展的新人，但是每个人的活动和知识也总还会有所侧重，决不会无所不知无所不能。

因此，就一个时代来说，任何阶级的人们的历史活动和历史认识都不能超越这个时代生产发展水平、阶级斗争发展水平、科学实验发展水平以及在这个基础上产生的文化科学知识发展水平的界限。

就一个阶级来说，除去时代的限制之外，这个阶级的历史活动和历史认识还不能超越这个阶级的利益和它的历史地位所规定的界限。

就每个个人来说，除去时代和阶级的限制之外，他的活动和认识又不能超出他个人有限的活动能力和认识能力的界限。

以上这三个方面，可以统称之为历史的局限性。原始社会，阶级还没有出现，自然还没有阶级的局限性。但是人们的历史活动和历史认识的时代局限性和个人活动能力及认识能力的局限性还是存在的。在阶级社会里，历史局限性的这三个方面都同时存在，但是，也有一个阶级即无产阶级，由于他的根本利益和社会发展规律完全一致，由于他永远代表一切新生的事物，永远站在社会发展潮流的顶端，在这个阶级掌握了马克思主义这一放之四海而皆准的真理，在这个阶级从自在的阶级变成自为的阶级之后，它的认识和活动就永远能够和社会实践水平所能使人达到的限度一致。因此，无产阶级没有阶级局限性。但是，无产阶级所在的一定时代的人类社会实践活动水平所能达到的限度仍是它所不能超越的，它的历史认识和历史活动只能随着生产斗争、阶级斗争、科学实验的发展不断前进。而每个无产阶级成员的活动能力和认识能力也依旧受着个人有限的活动能力和认识能力的限制。将来，到了共产主义社会，阶级消灭了，阶级的局限性尽管没有了，但是，时代的局限性和个人认识及活动能力的局限性将会依然存在。

但是，我们常常说，有些先进的人物，超出了他的时代，预见了未来的事物。他们的认识似乎超越了当代的经验关系，突破了历史的局限，以致到了后代还可以适用。这个事实应当如何理解？它是不是和我们前面所谈的有矛盾呢？

不，这里没有矛盾，但需要进一步分析。历史上确实有这样的先进人物，他们预见了未来，并且为这种未来的事物进行了英勇的、有时不免是孤立的斗争。但是，他们的这种认识和活动，也仍然是在那个时代社会实践活动水平所能达到的最大限度之内进行的。

在一定的历史时期里，总是同时存在着腐朽的过去时代的东西的残余，还没有失掉现实性和正当性的东西，和新生的东西的萌芽。一般人的活动和认识，一般是那大量存在的、普遍的东西的反映，对于那腐朽的已经变得不合理的东西，由于传统这个巨大保守力量的作用，一般人在长时期里认识并不很清楚，特别是在没有经过革命的激变以前更是如此；对于现实的还是正当的东西的必然走向消灭，他们也还不很了解，至于新生事物的萌芽，就更不容易认识到了。这也就是这个时代大多数人的活动和认识的水平。

先进人物的认识的先进之处就在于，他们不仅看到了过去的腐朽的东西的落后性、反动性，而且从现存的、普遍的、还是正常的事物中看出了它们的不正常性，看出了它们灭亡的必然性。更可贵的，他们还敏锐地觉察到了那些新生的，萌芽的东西，从当代还未充分展开和暴露的矛盾中发现历史发展的趋向，预感到那些新生的萌芽的事物必将占据统治的地位，并且以自己的活动来促进旧事物的灭亡和新事物的诞生，从而推动了历史的前进。因此，他们总是超出了他们那个时代的一般认识水平，站到了时代的最前列。这样，他们又是冰雪还未消融时的第一批北归的候鸟，是下一个新的时代的先驱。他们不仅属于他们生活的那个时代，在一定程度上，他们也是下一个新的时代的人物。正是从这个意义上我们说，这些先进的人物超出了他们生活的那个时代。这也就说明了："为什么在某些带有较大的概括性的问题上，意识有时似乎超过了当代的经验关系，因此人们在后来某个时代的斗争中可以指靠先前时代理论家的威望。"①

但是，这些先进人物之所以有可能在某种意义上超出他们生活的那个时代，归根到底也还是由于在他们生活的那个时代里，既存的、普遍的事物已经开始呈现出它们的不合理性，而在这些大量的普遍的事物内部或者旁边，新生的事物已在悄悄地萌芽、成长。因此，他们的活动和认识，终归是在他们那个时代社会实践所能达到的限度之内进行的。斯大林曾经说过："无论哪个阶级的理论家都不能创造出一种在实际生活中没有具备相当要素的理想，他只能看出未来事物的要素，并据此在理论上创造出本阶级在实践中要达到的理想。差别就在于理论家超过本阶级而先看出未来事物的萌芽。"②

正因为如此，过去时代的先进人物对未来的预见就具有下列的两个特征。

第一，他们对新生的事物，对未来的世界虽然已经觉察，但是对它们的解释还是不能摆脱传统的、习惯的势力，还是只能限制在已有的知识和经验的范围之内。文艺复兴时期的思想家们已经在设计带人上天的飞行器。这种天才的设想远远地超出了那个时代。但是，内燃机和氢气制造还不可能在他们那个时代出现，他们也就无从想出现在的飞机和气球的样子，而只能借助于他们当时所熟悉的帆船和飞鸟来设计他们的飞行器的形状和运用的动力。同样，在社会思想领域里，人们对未来的设计也不能超出已有的知识和经验范围。17世纪空想社会主义者设想的新社会多半取材于他们习见的社会结构，在在都显出了时代的烙印。《太阳城》的作者康帕内拉在自己的理想国里把整个权力机构都保留在僧侣阶级手里，而莫尔的乌托邦则不过是当时城市手工业制度的理想化。就是例子。第二，对于这些萌芽的新生事物，过去的先进思想家往往只能看到一些朦胧的景

---

① 马克思、恩格斯：《德意志意识形态》，《马克思恩格斯全集》第3卷，人民出版社1960年版，第81页。

② 斯大林：《略论党内意见分歧》，《斯大林全集》第1卷，人民出版社1953年版，第104—105页，着重号是原文加的。

象，往往只是具有某些感性的认识，在他们那里，天才的猜测常是远远超过了科学的论述。因此，他们对于新生的事物，对于未来远景的论述往往具有歪曲的、模糊的和幻想的形式。甚至跟宗教的幻想，例如基督教的"千年王国"之类的幻想，交织在一起。

总之，这些先进人物对于未来的预见是不成熟的，不科学的，而它们的不成熟性正是来自当时新的事物和社会关系的不成熟性，以及当时科学知识的不成熟性。

还必须指出，过去历史上这种对未来事物的预见，只有在进步的阶级或者被剥削的阶级当中才会产生，因为他们代表了历史发展的方向，适应了社会发展的规律。至于腐朽的没落的阶级当中，也有一些人物会起来对那些腐朽黑暗的事物进行揭露和批判，但是，这种批判不过是由于对自己所属的那个阶级过去的伟大和光荣的留恋，是把过去的光荣和今天的没落相对比的结果，而不是把新生的事物和腐朽的、即将逝去的事物相对比的结果。他们的目光投向过去而不是指向未来。他们的批判和诅咒是腐朽事物的挽歌，却不是新的时代的颂曲。因此，不能认为他们是站在了时代的前列，也不能把他们的批判和那些历史上的真正先进人物的批判相提并论。

和过去一切时代的先进人物不同，以马克思列宁主义和一切人类最先进的文化科学知识武装起来的无产阶级不仅能永远预见到历史发展的前景，永远发现和肯定新生的、萌芽的事物，永远站在历史的前列。并且永远能对之做出科学的解释而不是天才的猜测。但是尽管如此，马克思主义者也仍旧不能超越时代的限制。他们能够从尚未展开和暴露的矛盾当中预见发展的趋向，他们能够从事物的萌芽中窥测未来。但是，他们不能对现实生活中丝毫没有踪影、征兆的事物做出判断，也不能预测那即将来到的时代或者事物的一切细节和到来的准确时间。这一切都有待于在不断的革命实践和科学实践中逐步解决。而无产阶级的历史使命也正是在于努力用自己的革命实践来推动历史，使那即将来临的时代和事物迅速地和更完善地到来。

在谈到评价历史人物的标准时，有的同志认为，不能以现代的东西来要求、苛求于古人，而只能根据当时的历史条件，看他们比他们的前辈多提供了什么新的东西。认为这是评价历史人物的一个根本原则，必须以此为准则。为了论证这个论点，这些同志还经常征引列宁的一段话："判断历史的功绩，不是根据历史活动家没有提供现代所要求的东西，而是根据他们比他们的前辈提供了新的东西。"①

列宁的话自然不错，但是，列宁在这里指的只是"判断历史的功绩"的标准，而不是指的评价历史人物的全部标准。人所共知，评价历史人物除去看他的功绩，也还要看他的缺点、错误和局限性。如果把列宁这段话引申开去，作为评价历史人物的惟一原则，那就会使人误认为在评价历史人物时只应当肯定历史人物的功绩，而无需乎分析他们的缺点、错误和局限性了。

关于这方面的问题，有的同志的文章已经作了分析。但是，前述的论断还存在另一方面的问题。即：如果把列宁的这段话引申开去，作为评价历史人物的惟一原则，认为评价历史人物只应当肯定他们的功绩，而肯定他们的功绩时又只需要跟他们的前辈相比，那我们实际上就是在评价历史人物的时候采取了割断历史的办法。

只有把历史人物的活动放到全部历史发展的进程里来考察，不仅跟前代的活动同时也跟后代的活动相比较，才能对之做出比较全面的评价。功绩和局限性常就是同一历史活动从不同时代的角度进行评价的结果。判断历史的功绩，一般是指历史人物提供了他们的前辈所没有的东西；分析历史的局限，一般是指历史人物没有做到他们的后辈所能够做到的事情。历史发展的总趋势是不断前进的。人们活动和认识的局限性本身就是历史的。"它们是历史发展造成的，同样它们必然要在历史发展的进程中消失"②。突破了前辈活动的历史局限性的历史活动，与前辈那些水平较低的活动比起来，就是功绩，但比起后辈在更新更宽广的界限内所进行的水平

---

① 列宁：《评经济浪漫主义》，《列宁全集》第 2 卷，人民出版社 1959 年版，第 150 页。
② 马克思：《战争问题。——英国的人口和商业报告书。——议会动态》，《马克思恩格斯全集》第 9 卷，人民出版社 1961 年版，第 280 页。

更高的活动来，它们又不免显示了局限。指出某些历史人物的活动比他们的前辈提供了新的东西，实际上已经是站在较高的境界来评价那些前辈的活动的不足之处和局限性了。那么，评价这些历史人物的活动的局限和不足之外，又必须和他们的后辈所提供的新的东西来作比较，也就是自然的事了。

不仅如此，历史发展的总趋势虽然是前进的，但常常不免出现顿挫和曲折，而过去的历史人物所从属的阶级，也常常不能永居时代的前列。伟大的祖先产生不肖的子孙并不奇怪，后辈的某些活动不如先辈也是常情。上升时期剥削阶级优秀代表人物看到的问题和做到的事情，这个阶级没落时期的代表人物却往往认识不到也做不到。因此，评论历史的功绩，主要是跟前辈比较，但也需要跟后代比较；分析历史的局限，主要是跟后代比较，但也不妨跟先辈比较。

马克思主义经典作家就是这样看待问题的。恩格斯在评价黑格尔时说："他是第一个想证明历史中有一种发展、有一种内在联系的人，尽管他的历史哲学中的许多东西现在在我们看来十分古怪，如果把他的前辈，甚至把那些在他以后敢于对历史作总的思考的人同他相比，他的基本观点的宏伟，就是在今天也还值得钦佩。"① 前引那段常常被人征引的列宁判断历史的功绩的标准的话，是列宁在《评经济浪漫主义》一文中评价小资产阶级政治经济学家西斯蒙第时说的。就在那篇文章里，列宁一方面指出西斯蒙第在哪些方面超出了前人的水平，同时也根据马克思主义政治经济学的原理，亦即当代最科学最完备的经济学说，来评论西斯蒙第经济学说中的错误和不足之处。同时又着重批判了那些在完全变化了的历史条件下，在马克思主义已经出现之后，还抄袭和宣传西斯蒙第的学说并且用它来和马克思主义政治经济学对抗的俄国民粹派经济学家的落后性和反动性。列宁说："如果说西斯蒙第指出机器的资本主义使用的矛盾性，在 19 世纪 20 年代是一个巨大的进步，那末，现在还只限

---

① 恩格斯：《卡尔·马克思"政治经济学批判"》，《马克思恩格斯全集》第 13 卷，人民出版社 1962 年版，第 531 页。

于这类粗浅的批评而不了解它的小资产阶级的局限性，就完全不能令人容忍了。"①列宁在这里，既指出了西斯蒙第的历史功绩，又指出了他的不足和局限，同时还指出了他比他的后辈俄国民粹派高明的地方和民粹派不如他的地方。因此，评价任何历史人物，都应当像这样地放在历史发展的全部过程中来考察，根据马克思列宁主义的基本原理来判断他的历史功绩和局限。那种只强调判断历史人物的功绩而不及其他，在判断历史功绩时又只强调跟前辈相比而不及其他的做法，显然是对列宁那段话的片面理解。这种意见虽然看起来是在坚持历史主义原则，但它既然用割断历史的办法来考察历史人物的活动，那就恰好不免是离开了历史主义原则。

判断历史人物的功绩和局限，除去跟他们的前辈和后辈相比之外，还需要跟他们同时代的人相比。在相同的历史条件下，不同阶级的活动和认识有很大的不同，同一时代的同一阶级的活动家，活动和认识也不全一样。对此，应当进行具体的分析。

在阶级社会里，剥削阶级和被剥削阶级始终处于对抗的地位。他们对问题的看法和做法，常是大相径庭。在某些时候，他们在某一个特殊问题上的利益可能有一定程度的一致，从而对这个特定问题表现了相似的看法和做法。例如中国历史上民族矛盾上升为社会主要矛盾时，在民族斗争这个问题上某些地主阶级和农民的看法和做法就是如此。但是，即使在这种情况下，不同阶级的认识和行动也仍然显示了阶级的差别，绝对不能混为一谈。北宋末年南宋初年，女真族进入中原，一部分地主阶级的抗战派如李纲、宗泽、岳飞等人，曾经联合人民、倚靠人民的力量进行抗金斗争。同时也跟朝廷里占统治地位的投降派进行了斗争。可是，他们的抗金斗争仍然表现了地主阶级的特色。他们斗争的指导思想是地主阶级的忠君爱国思想，斗争的目的是维护宋朝的汉族地主政权。因此，他们和投降派的斗争是不彻底的，他们对于宋徽宗、宋钦宗、宋高宗、黄潜善、汪伯彦、秦桧等人的投降路线，尽管反对，却无法根本违抗。他们之中抗金意志最坚的岳飞，甚至在北伐中原，连获胜利，军事形势十分有利的情况下，面对

---

① 列宁：《评经济浪漫主义》，《列宁全集》第 2 卷，人民出版社 1959 年版，第 149 页。

着南宋政府的严厉的退兵命令和破坏活动，也只能满腔悲愤，眼看十年之功，废于一旦，却不敢也不能和这个腐朽的南宋王朝彻底决裂，倚靠人民把抗金斗争坚持到底。阶级的本性使他们始终离不开自己阶级的轨道，因而在最关键的时刻脱离了人民，而自己也终于摆不脱腐朽的统治者给他们安排的悲剧命运。不仅如此，地主阶级的本性还使得他们对那些既坚持抗金又表示反宋的农民起义（例如湖湘地区的钟相杨么起义）抱着仇恨的态度，积极地秉承朝廷的旨意进行镇压。他们和抗金人民的区别和矛盾，以及同投降派的自觉或不自觉的联系，正是他们的阶级局限性的具体表现。在评价岳飞等人的抗金活动时，如果不跟地主投降派相比较，就无从显示他们的历史功绩，如果不跟当时的人民抗金斗争相比较，就无从显示他们的阶级局限。因此，要了解历史人物的功绩和局限，还需要跟他们的同时代的同阶级和不同阶级的人们相比较，这也正是把历史人物放到历史发展的全部过程中间考察这个历史主义原则的具体内容之一。

正确地分析历史人物的时代的、阶级的和个人认识和活动的局限性，这是历史主义原则在评价历史人物时的具体运用。但是，马克思主义的历史主义并非要求把历史人物的一切活动和认识都归之于历史的局限性。评价历史人物，除去看他们是在什么样的客观条件下活动之外，还应当看他们的主观能动性发挥的如何。历史是人创造的。当然，人们不是随心所欲地来创造历史，他们只能在既定的条件下来进行创造历史的活动。但是，既定的历史条件，时代、阶级和他们个人的有限认识能力和活动能力，只是给他们规定了一条客观的界限，他们还需要在这条"一定的物质的、不受他们任意支配的界限、前提和条件下能动地表现自己"[1]。毛主席对主观能动性在战争中的作用，曾经讲过一段十分精辟的话："战争的胜负，主要地决定于作战双方的军事、政治、经济、自然诸条件，这是没有问题的。然而不仅仅如此，还决定于作战双方主观指导的能力。军事家不能超过物质条件许可的范围外企图战争的胜利，然而军事家可以而且必须在物

---

[1] 马克思、恩格斯：《德意志意识形态》，《马克思恩格斯全集》第3卷，人民出版社1960年版，第29页。

质条件许可的范围内争取战争的胜利。军事家活动的舞台建筑在客观物质条件的上面，然而军事家凭着这个舞台，却可以导演出许多有声有色威武雄壮的活剧来。"①这段话，同样也适用于一切人们的一切历史认识和历史活动。

在同一个时代里，不同的历史人物达到的成就各有不同，阶级的地位和个人的遭际等等自然是重要的因素，但是主观的作用却也应当给予足够的估计。18 世纪法国资产阶级革命为平民出身的军事家的发展铺平了道路，当时法国革命军队中的军事人才真是灿若繁星，但是拿破仑却超出他们之上，达到了当时军事艺术的巅峰。19 世纪 40 年代，科学社会主义产生的物质前提已经成熟，英、法、德这几个先进的资本主义国家的许多先进分子纷纷探索社会革命的新道路，然而，只是其中的两个人——马克思和恩格斯创立了科学共产主义理论。为什么在相似的历史条件下，只是某些人而不是另外的人获得了最光辉的成就呢？显然，主观的努力，主观的能动性在这里起了作用。

也还有一些历史人物，他们由于各种条件的凑合，处在了决定历史命运的关键位置上。然而，他们没有充分运用历史提供的可能性，没有充分发挥自己的主观能动性，或者没有使自己主观努力的方向同历史发展的方向一致起来。结果，他们往往像一个庸俗的演员，把惊心动魄的场面演得平淡无味，又像一个不中用的裁缝，给他的是华贵的衣料，做出来的却是不合身的衣裳；或者像一个粗暴的指挥，在他指挥下的乐队里出现了大量不谐和的噪音。同是少数民族，成吉思汗和他的后人好像始终是"只识弯弓射大雕"，对中国这片广袤土地的统治就远不及清初诸帝来得有法度。同是私盐贩出身的农民革命领袖，王仙芝在大好的革命形势下一再表现动摇，结果把他领导下的一支农民起义军带到了覆灭的境地，而黄巢却能够一直坚持斗争，最后率领起义军打进唐朝的首都长安，促使这个腐朽的王朝趋于瓦解。秦始皇的许多措施，反映了社会发展的需要，这些措施在当时历史条件下只能由剥削阶级在剥削和压迫人民的基础上来进行。但是，

---

① 《中国革命战争的战略问题》，《毛泽东选集》第 1 卷，人民出版社 1952 年版，第 175 页。

在实施这些带有进步意义的措施的时候，秦始皇却把地主阶级腐朽、反动的本性发挥到了极致，使得人民遭受了空前残酷的剥削和压迫，而且，在秦始皇的活动中，也还有不少类似营建阿房宫、修筑骊山陵这样仅为满足个人私欲而无益社会进步的活动。因此，他的活动和社会发展的需要并不完全一致。偏差的产生，来自阶级的限制，但也显示了这个特定的封建皇帝的个人的主观能动作用。因此，对于那些没有充分利用历史提供的可能性，没有充分发挥自己的主观能动作用，或者是使自己主观努力的方向偏离了社会发展的轨道的历史人物，是不能仅仅用一个"历史的局限性"来解释和原谅他们的一切失策和错误的。

历史上还有一些人物，他们的主观能动性确实发挥到了淋漓尽致的地步，然而，他们并不是运用自己的主观努力来推动历史前进，相反，却是用它来阻遏历史的前进。他们反映了自己所属的那个腐朽、反动、没落的阶级的利益，而且是这个阶级利益的最集中的表现，他们本人常常就是这个阶级的化身。中国近代史上的曾国藩、李鸿章、西太后、袁世凯、蒋介石，就是这样充分地发挥了反动的主观能动性的人物。评价这些人物，除去揭露他们的阶级实质以外，绝不能放过他们个人应负的罪责。

还应当看到，经过个人的主观活动，个人的阶级属性也不是不能改变的。在复杂而激烈的阶级斗争中，总有一小部分人从反动阶级中分化出来，改变自己的立场，投入革命阵营之中，同时又总有一小部分革命者经不住各色各样的诱惑和考验，堕落蜕化，投入反动的阵营。这是历史的规律。但是，同样出身于反动阶级，为什么有的坚持反动立场到底，有的就能背叛自己原先所属的阶级；同样是革命者，为什么有的能够永远保持坚定的立场和革命的意志，有的却不免蜕化叛变呢？在这里，历史的规律只是规定了总的方向和客观条件，决定个人活动的具体方向的，主要是个人的主观能动性！

可见，如果只强调局限性而不看到主观能动性，历史主义就会变成客观主义。就有可能不自觉地走上为任何现存的事物辩护的立场上去，就有可能不自觉地忘掉促进一切新生事物的出现和发展是马克思主义历史主义的主要任务，就有可能忽视马克思主义历史主义的革命性和批判性，而革命性和批判性，却正好是马克思主义历史主义的灵魂。

五、非历史主义产生的根源

在历史研究中贯彻历史主义原则，应当牢牢把握基本的历史联系，把问题提到一定的历史范围之内，对事物进行阶级分析，自觉地站在新生的进步的事物方面；这就要求研究者的主观认识和客观历史实际相一致，概念的辩证法和客观的辩证法相一致。

要做到这点并不容易。在历史研究中，背离历史主义原则的思想或者倾向是经常出现的。

一种常见的情况是：用后来人们已经做到的事情和已经达到的认识水平去否定过去。认为过去的历史一无是处，完全无用。他们只看到现在同过去的本质区别，而没有看到今天的世界是过去历史的一个发展，是过去的继承。由于完全否定了历史，他们对现在的理解就不可能科学或者完全科学，他们处理当代最迫切的问题就不可能正确或者完全正确。像法国资产阶级革命时期全盘否定封建社会历史的许多思想家，第二次国内革命战争时期无视中国的现状和历史，不把马克思主义普遍原理和中国革命具体实践结合起来的"左"倾教条主义者，苏联建国初期那些企图排斥过去一切文化知识来凭空创造无产阶级文化的所谓"无产阶级文化派"，尽管所处的时代、代表的阶级、对历史所起的作用各有不同，但是，在对待历史的态度上，却都有其共同之处，都是这类反历史主义倾向的代表。

另一种常见的情况是把今天人们已经做到的事情和已经达到的认识硬加到古人头上，美化过去，改铸古人。不论这样做的动机是出自对古代历史的尊重还是对古代历史的盲目崇拜，或者是为了借古说今，让古代历史为当前政治斗争服务。这种非历史主义的做法终究不能增加我们对历史的了解，也未见得能真正有助于当前的政治斗争。

再一种情况是站在反动的、落后的立场上，迷恋过去，认为今天的一切古已有之，或者古代的一切，都适用于现代，看不到历史的进步，把过去和现在等同起来。极力为没落、腐朽、反动的事物的存在搜寻历史的证据，仇恨一切历史上不曾有过的新生事物，"以昨天的卑鄙行为来为今天的卑鄙行为进行辩护，把农奴反抗鞭子——只要它是陈旧的、祖传的、历史性的鞭子——的每个呼声宣布为叛乱"①。这类思想倾向的代表者，往往标榜尊重历史，打着历史主义的旗帜，实际上却是最顽固的反历史主义者、复古主义者。

还有一种情况，即某些资产阶级思想家公开反对事物有历史，有发展，反对历史发展的规律性，否认可以有历史的预见。这是反历史主义思想最露骨的表现。而这些资产阶级思想家也公开标榜他们的反历史主义立场。

为什么人们的历史认识会发生违反历史主义原则的思想或者倾向呢？

首先，应当从阶级根源方面去探寻。人们研究过去，总是为了当前的需要。阶级斗争的需要，归根到底是人们研究历史的主要动力。在这种情况下，历史的认识，历史主义原则的贯彻总是同阶级的利害，同阶级斗争的形势联系在一起的。

历史上的任何一个剥削阶级，从他们狭隘的阶级利益出发，总把他们的制度、他们的阶级想象为可以万世永存，把他们那个社会的特殊的历史性的规律看成是普遍的永恒的规律，把他们一个阶级的思想设想为具有普遍性的形式。他们不愿也不能想象他们的制度、他们的阶级还有灭亡的一天，他们的历史地位将要为新的阶级、新的制度所取代。他们可以承认过去的历史有发展，但这个发展到了他们就到了顶点。因此，从根本上说，历史上一切剥削阶级对历史的认识不能不是违反历史主义原则的。即使他们在一定条件下承认历史主义原则，只要问题牵涉到本阶级的命运、存亡的时候，阶级利害的考虑就取代了科学的探索，历史主义原则也就不免被弃同敝屣了。

但是，历史上的剥削阶级在处于不同时期、不同地位的时候，对待历

---

① 马克思：《黑格尔法哲学批判导言》，《马克思恩格斯全集》第 1 卷，人民出版社 1956 年版，第 454 页。

史的态度，对待历史主义原则的态度又有所不同。

当这些阶级还是新生产力、新生产关系的代表者的时候，当他们还在同旧制度、旧阶级作斗争的时候，他们也同时反对跟这些旧制度、旧阶级相联系的旧传统和这些旧制度、旧阶级的历史。在社会处在质变的时代，处在像圣西门所说的"批判的时代"的时候，对过去视为神圣的事物的凌辱，对于陈旧、衰亡，但为习惯所崇奉的秩序的叛乱，是新生的、进步的事物诞生的必要条件，因此，符合历史发展方向的新兴阶级对过去历史的批判，从总的趋向来说，也含有某种历史主义的因素。他们之中的有些人，也确实在自己的批判里贯注了一定程度的历史主义精神。封建制度兴起时期的韩非曾经尖锐地批评了当时的复古思想，认为社会历史是进化的。法国启蒙学者卢梭已经看到不平等现象的产生是一种进步。这些思想在当时是可贵的，然而距离真正的科学还很遥远。对于更多的人来说，实践上符合历史方向并不总是能在认识上给他们带来历史主义精神。激烈的当代阶级斗争常常蒙蔽了革命者的视线，唯心主义的历史观点和形而上学的思想方法使他们不能真正找到社会发展的基本规律，认识不清历史发展的内在联系。于是，他们对那些属于敌对阶级的旧事物的批判常常不免是全盘否定，而不知应当批判地继承。另一方面，由于他们并不能自觉地分辨新旧事物的本质区别，也由于阶级斗争往往集中在几个部门而其他的方面相形之下不那么活跃，这又使得他们对那与当前阶级斗争关系不很密切的旧事物采取无批判的包容态度，和这些旧思想、旧事物和平共居。再一方面，阶级斗争的需要使他们否定历史，但又使他们不能不求助于历史。为了否定那形将毁灭的旧制度，他们常常借用逝去已久的亡灵的语言和服装来演出世界历史的新场面，从过去的历史特别是从被这个旧制度否定的更古老的制度的历史里寻求支持。文艺复兴时期的资产阶级代表从希腊罗马的文化里汲取资料和灵感来同封建文化对抗。18 世纪法国资产阶级革命一定要穿上不合身的古罗马服装。宣传封建思想的孟子言必称尧舜。资产阶级改良主义者康有为依托两千多年前的孔子来宣传自己的主张，并向外国资产阶级的历史求助。总之，适合历史发展方向的剥削阶级的许多主张尽管在历史上是正确的，在实践上是进步的，但在认识上却常常是不科学的、反历史主义的。这是一个矛盾，是时代和阶级的局限所产生的一个矛盾。

当新兴的剥削阶级掌握了统治权力以后，他们的政治任务已由反抗旧制度、旧阶级一变而为巩固自己的统治，消化胜利的果实，剥削劳动人民。为此，他们甚至可以同被推翻的旧剥削阶级结成联盟。这时，他们要求于过去历史的，是从中汲取对他们统治、压迫、欺骗人民有用的经验，是寻取对他们统治的稳固性和永恒性的证明。在这种情况下，他们之中有些人努力总结本阶级反对旧制度、旧阶级的经验，力求从中得出科学的结论。法国复辟时期的历史学家梯叶里、基佐、米涅、梯也尔等人就是如此。但是，也有些人一反过去所为，重新肯定那被推翻了的阶级和制度的历史，以过去一切传统的继承者自居，成为热心的复古主义者。他们的做法，实质上正是用美化过去的办法来美化新的剥削制度，用昨天的卑鄙行为来为今天的卑鄙行为辩护。当剥削阶级已经走向没落的时候，历史转过来反对他们了。为了维护自己摇摇欲坠的统治，剥削阶级及其思想上的代表就不惜起来反对历史。他们希望用本阶级的历史来证明自己的伟大光荣和永世长存，证明反抗他们的新兴阶级的不合理性。或者，旧制度的否定方面既已不能掩饰，他们就千方百计地证明这些正是人类存在的本性，是不可避免的悲剧，与它斗争只能带来痛苦和失败，只有默然忍受。为此，他们不惜对历史进行最粗鄙的捏造。他们实际上已经丧失了任何历史感，丧失了任何历史主义精神。当代资产阶级的哲学家和历史学家中的某些人，还打出反历史主义的旗帜，煞有介事地谈论什么历史主义的危机。他们直接或者间接、有意或者无意地把历史主义思想和马克思主义联系起来，在反对历史主义的口号下疯狂地反对历史的客观性，反对历史的可认识性，反对历史具有规律，反对历史的前途可以预见。从而成了腐朽的资本主义制度的积极辩护士和反对马克思主义的急先锋。像新实证主义者伯倍尔和新托马斯主义的哲学家们，就是这号角色的代表人物。

至于历史上的被剥削阶级，由于时代和阶级的局限，他们对于历史也不可能具有真正符合历史主义精神的认识。只有无产阶级和历史上一切其他阶级不同，它进行的斗争不是为了用新的阶级压迫来代替旧的阶级压迫，而是为了永远消灭一切阶级；它的斗争不是为了重新给人们戴上新的枷锁，而是要永远粉碎一切枷锁。这样，无产阶级就永远站在时代的前列，他们的革命实践永远使他们的历史认识符合历史主义精神，从而消灭了任何反历史主义思想或倾向的阶级的根源。

但是，违反历史主义的思想或者倾向的产生，除去阶级的原因外，还有认识的根源。

客观历史实际始终处在不断的变化发展中，追踪着这个变化发展的历史认识并不是客观历史实际的简单模写，而是一个复杂的从感性认识到理性认识的推移的运动，并且有它特殊的规律。既然历史现实和历史认识都在发展，它们之间的一致或者统一，就只有在这个发展过程中解决。换言之，它们之间的统一或一致，也是一个过程。列宁指出，"思想和客体的一致是一个过程"①。"不能离开理解（认识、具体研究等等）的过程去理解"②。对于这个理解过程的特点，列宁指出："认识是思维对客体的永远的、没有止境的接近。自然界在人的思想中的反映，应当了解为不是'僵死的'，不是'抽象的'，不是没有运动的，不是没有矛盾的，而是处在运动的永恒过程中，处在矛盾的产生和解决的永恒过程中的。"③列宁这里谈到的原理，不仅适用于人对自然界的认识，也适用于人对一切客观的历史的事物的认识。可见，在历史研究中贯彻历史主义原则是一个复杂的过程，在这个过程中，主观认识和客观历史实际的不一致，各种非历史主义的思想和倾向，总是会不断地出现，旧的问题解决了，新的问题又会在新的条件下产生。具有历史唯心主义观点的人，自然不可能在自己的研究中做到历史认识和历史现实的真正一致，不可能真正彻底地贯彻历史主义原则。就是马克思主义历史学家，也不能宣称只要他已经认识到了历史认识

① 列宁：《黑格尔〈逻辑学〉一书摘要》，《列宁全集》第 38 卷，人民出版社 1959 年版，第 208 页。

② 列宁：《黑格尔〈逻辑学〉一书摘要》，《列宁全集》第 38 卷，人民出版社 1959 年版，第 220 页。

③ 列宁：《黑格尔〈逻辑学〉一书摘要》，《列宁全集》第 38 卷，人民出版社 1959 年版，第 208 页。着重号是原有的。

和历史实际应当一致，认识到了在历史研究中应当贯彻历史主义原则，就可以保证自己和其他人的具体研究永远不出现各种非历史主义的问题或者倾向，永远不犯任何错误，永远不会在历史认识的问题上失足。

为什么在马克思主义的历史学家中间也可能出现这样或者那样的非历史主义倾向呢？首先，从认识的主观方面看，每个研究者的思想方法、逻辑思维能力的训练修养各各不同，唯心主义和形而上学还有认识的根源。正确的认识只要再多走上一小步，把它绝对化、片面化或者扩大化，就会导致到它的反面。历史性的、发展着的事物在一定条件下存在"于历史上规定了的世界里面"，具有相对的稳定性，因此历史的研究常常需要像恩格斯所说的那样，"在着手研究某种过程以前，应当先研究事物。应当首先知道这一事物是什么，然后才可以研究其中所发生的变化"①。另一方面，处在与其他事物相互联系中的历史事物本身又具有自己的特点和相对的独立性，因此历史的研究又常常需要像恩格斯所说的那样：为了认识构成现象的总画面的各个细节，"我们不得不把它们从自然的或历史的联系中抽出来，从它们的特性、它们的特殊的原因和结果等等方面来逐个地加以研究"②。但是，如果把这种稳定性或者独立性绝对化，忽视了事物的发展性和联系性，就会出现非历史主义的错误。反过来说，如果只是看到发展性和联系性，而忽视了事物在一定条件下的稳定性和独立性，我们又将会无法掌握事物在一定条件下的性质和特点，无法做出确当的评价，就不免犯相对主义的错误，这也是违反历史主义的一种表现。

其次，从认识的客观方面看，人们的认识能力是有限的，观察问题的角度和地位又常常受到限制，常常不能窥及事物的所有历史联系和全部发展过程。这样，进行评价和做出结论也就不能保证必无谬误，丝毫不差，非历史主义的倾向就有可能出现。

除去上述这些一般的认识事物的困难之外，历史的研究还有自己的特

---

① 恩格斯：《费尔巴哈与德国古典哲学的终结》，人民出版社 1961 年版，第 34—35 页。

② 恩格斯：《社会主义从空想到科学的发展》，《马克思恩格斯全集》第 19 卷，人民出版社 1963 年版，第 220 页。

殊的认识上的困难。首先，历史的认识不是来自直接经验而是来自间接经验，即主要是通过史料来认识历史。然而，史料往往并不完整全面，并不能反映历史事件的全貌。古人有声有色、轰轰烈烈的活动，至今往往只留下残碑断碣，片纸零简，失去了时代的气息和它的全部丰富性生动性。而有些极重要的史实，仅仅由于史料的散失就湮没不闻，甚或永远成为历史认识的空白。不仅如此，史料中最重要的文献史料，又几乎都经过了撰述者意识的加工，带着他们留下的一切歪曲、偏见、谬误和局限。有人说，历史学家是通过别人的眼光来看过去的世界。而历史认识的一个任务就是要努力矫正文献史料中由于撰述者历史的阶级的以及个人认识的限制所带来的一切歪曲。但是，这种矫正，又不免或多或少地掺杂了历史研究者本人的主观思想、感情和好恶，至少也受到他的思想方法修养的影响。因此，矫正之中，就可能以讹传讹，或者以不误为误。史料的鉴别考订，需要专门的训练，而史料的解释研究，更需要有高度的马克思列宁主义修养，在这个问题上能够做到材料和观点的统一，阐明历史的真相，永远不出现非历史主义的倾向，是很不容易的事。

历史认识的第二个特殊的困难，就是历史的研究总是从后代追溯前代，根据后代已经暴露了的矛盾、已经展开了的过程来认识前代的事物。这是一个有利的因素。"人体解剖对于猴体解剖是一把钥匙。低等动物身上表露的高等动物的征兆，反而只有在高等动物本身已被认识之后才能理解。"[①]历史的研究也是如此，认识更高的发展阶段上的后来的事物有助于认识较低发展阶段上的过去的事物。认识了资本主义地租，就能理解封建代役租、什一税等等，了解中国近代半殖民地半封建社会，有助于了解中国古代封建社会，了解中国共产党领导下的伟大人民革命战争，也就能更好地了解中国封建社会的农民战争。但是，这种了解必须以充分认识前代事物和后代事物的差别为前提，否则，就容易混淆前代和后代事物的质的区别，或者把过去的事物看成同现代一样，把历史现代化；或者把现代的

---

① 马克思：《导言（摘自 1857—1858 年经济学手稿）》，《马克思恩格斯全集》第 12 卷，人民出版社 1962 年版，第 756 页。

事物看得同过去的事物一样，导致复古主义。由于古今的隔阂，二者的差别不好划清，科学的对照殊非易事，这就有出现非历史主义倾向的可能。

另一方面，后来的历史中又常常遗留早期的历史事物的残片、遗迹。对它们的研究可以作为研究这些事物早期形态的借鉴。美洲印第安人所实行的亲族制度，同在那里通行的婚姻制度所实际产生的亲属等级直接矛盾，这是一种原始的群婚制度的遗迹。摩尔根正是通过它的研究，找到了探索那已不存在的更原始社会的婚姻制度的途径。这些残片和遗迹的存在，是认识已经消逝不再复返的古代的一个有利的因素。但是，今天的社会和过去终究有性质的不同，过去事物的遗迹常常以否定的、十分萎缩的或者漫画式的形态出现。它们可以作为研究历史上同类事物的借鉴，然而又必须注意它们同过去同类事物的区别。例如，今天的中国地主阶级早已不是社会的统治阶级，他们的地位已经发生了改变，了解今天地主阶级分子的丑恶面目及其对人民的公开的和隐蔽的进攻，是了解旧中国的地主阶级罪恶的一个重要手段。但是，由于今天的地主阶级已经从统治者变成无产阶级专政的对象，因此他们的活动、思想、斗争策略和旧中国时期又有很大的不同。如果不重视这种差别，把今天存在的过去事物的残余和过去的事物等同起来，混淆起来，就完全可能出现非历史主义的倾向。

还应当看到，在我们的历史研究中所以出现非历史主义倾向，还跟不能正确地看待历史研究的任务有关。

各个阶级研究历史，归根到底都是要为当前的政治斗争服务的。无产阶级研究历史，也正是为了古为今用。已经逝去的客观历史本身是不可改变的，但是，人们对历史事实的选择和解释却可不同。过去的各个阶级常常用歪曲、篡改、捏造历史的办法来达到为当前政治斗争服务的目的。因此，这些阶级的历史研究的党性和科学性经常是割裂的、对立的。无产阶级同历史上的一切阶级都有根本的区别，它本身永远是社会发展规律的体现，它的活动永远同历史的发展一致。因此，它不应当也不需要对客观历史进行歪曲和改造，而只需客观地、科学地阐明历史的真相，探寻历史的规律。对无产阶级来说，历史研究的党性和科学性是一致的。自然，由于革命的利益，由于当前阶级斗争的需要，也由于当前政治斗争发展的启发，我们对历史的研究和叙述会有时侧重这个方面，有时侧重那个方面，有时突出这个问题，有时突出那个问题。这是允许的，也是必要的。这种研究和叙述应当在全面正确地理解了全部历史过程的基础上进行，应当在充分理解与适当阐明各个现象、各个问题之间的联系的基础上来进行。那种为了适应眼前的政治斗争的需要而有意无意地削弱历史的研究和叙述的科学性，甚至夸大、歪曲某些历史事件的真相，或者以义愤代替科学的做法，并不是正确的方法，也不是正确对待历史研究的任务的态度。这种做法，既损害了历史研究的科学性，产生非历史主义倾向，也无助于当前的革命斗争。

如上所述，在我们的历史研究队伍中间之所以产生非历史主义思想或者倾向，原因十分复杂。资产阶级历史唯心主义的观点和方法，总在那里顽强地无孔不入地扩展影响，企图使历史研究者成为它们的俘虏；而历史认识过程本身的复杂性和困难性，又常常容易使我们在这个或者那个问题上蹶跌。马克思主义给我们的研究指出了正确的方向，提供了科学的方法，这是我们避免或者克服非历史主义思想倾向的惟一强大的武器。努力理解和自觉运用马克思主义历史主义原则，可以使我们的研究不犯或者少犯非历史主义的错误，即使出现这样的错误，也可以迅速得到纠正，不致成为主流。但是，历史认识和历史实际的一致是一个无限的过程，马克思主义历史主义原则的贯彻、非历史主义思想倾向的克服也是一个长期的过程。马克思主义的原理和方法决不能代替历史认识的具体实践，不能保证我们在历史研究的崎岖道路上永不失足。因此，从理论上对马克思主义历史主义的概念做出科学的说明，仅仅是解决问题的开始，更重要的问题是它在历史研究中的正确运用。而马克思主义历史主义的丰富复杂的内容，也只有在复杂困难的历史研究具体实践中，才能逐步地全面地展现在我们面前。

非历史主义思想或者倾向产生的原因既然如此复杂，既有阶级的、政治的原因，又有认识方面的原因；既来自历史唯心主义观点，又来自认识上的实际困难。因此，在我们评论的时候就应当十分慎重，进行具体的、实事求是的分析。"理未易明、善未易察"，"彼亦一是非，此亦一是非"的模棱态度是不足取的。但是，明确不等于武断，鲜明并不是粗暴，太简单的论断也远非在任何时候都是优点。如果我们在批评非历史主义倾向时，不是客观地分析这种倾向产生的历史背景和具体条件，不注意划清上述几个方面的界限，而是感情用事，或者用随意引申、断章取义等等办法，把不属于世界观性质的问题也提到世界观的高度，或者在问题还没有讨论清楚之前就先替人做出历史唯心主义观点之类的结论，这种对待非历史主义思想或倾向的态度本身就未见得是历史主义的。这种做法，也未见得就能真正提高人们的认识，帮助人们找到避免和克服历史研究中的非历史主义思想或倾向的有效办法。

（刊载于《历史研究》1964 年第 3 期）

关于历史发展的动力

历史发展动力的理论是历史唯物主义基本原理的一部分，它要回答的是：哪些力量推动着历史的发展，这些力量在历史的运动中各占什么样的地位，起着什么样的作用，怎样地起作用，它们之间的关系又是怎样的。历史发展动力的理论说明了历史发展客观规律如何具体地运动和朝着什么方向运动，它指导人们正确认识历史，也指导着人们正确地创造现在和预见未来。①

千百年来，人们对历史动力问题并没有做出正确的回答，他们不是把历史的动力归之于天意或超乎于历史之外的"绝对精神"之类，就是归之于卓越人物的活动、个人的意志乃至偶然因素。马克思恩格斯第一次指出，在人们纷繁错杂、意愿各别、交互作用乃至互相冲突的无数历史活动中，"一切重要历史事件的终极原因和伟大动力是社会的经济发展、生产方式和交换方式的改变、由此产生的社会之划分为不同的阶级，以及这些阶级彼此之间的斗争"②，从而科学地回答了这个问题。

中国民主革命的胜利又一次证实了马克思主义关于历史发展动力理论的正确，也促使史学家们运用它来研究与说明中国历史包括阶级斗争的历史，并且取得了成绩。然而，新中国成立以后阶级斗争的"左"的理论特别是"以阶级斗争为纲"的提出，导致了现实生活中阶级斗争的扩大化，

---

① 庞卓恒主编：《历史科学概论》，高等教育出版社 1955 年版。

② 恩格斯：《社会主义从空想到科学的发展·英文版导言》，《马克思恩格斯选集》第 3 卷，人民出版社 1972 年版，第 389 页。

也使得史学领域内的一些同志在其影响下，对历史发展的动力的认识偏离了马克思主义，脱离了历史的实际。这种倾向到"文化大革命"中，在"四人帮"的极左路线的影响下发展到了顶点。像在对中国古代历史的认识上，片面地强调农民战争是历史发展的惟一动力，不去注意各种历史因素的交互作用，或者仅仅简单地为它们贴上阶级的标签而不作具体分析，就是这样。

在"文革"后的拨乱反正过程中，人们重新认识这个问题。1979年开始的历史发展动力问题的讨论，批评了在"阶级斗争为纲"思想影响下的对历史动力问题的错误认识，强调了从经济方面来了解历史发展的根本动力，也注意到了历史发展的多样性与复杂性，以及各种因素的交互作用。各种意见纷陈并出，认识并不完全一致，这对于促进研究的深入是有积极意义的。而近几年来淡化乃至否定历史上的阶级斗争的作用以及经济的最终的决定作用的倾向也出现了，地理环境决定论，需要、利益或欲望决定论，文化决定论等等错误认识也开始流行起来。因此，继续讨论历史发展的动力问题是需要的。

——

没有动力，就没有历史的发展。"发展是对立面的'斗争'"[1]，"事物发展的根本原因，不是在事物的外部而是在事物的内部，在于事物内部的矛盾性"[2]，社会发展是"在矛盾中实现和通过矛盾而实现的"[3]，历史发展的动力，来自历史事物内部的矛盾性。

历史事物的矛盾性是多样的、多方面的、多层次的。历史发展的动力也是多样的、多方面的、多层次的。物质资料的生产是人们全部历史活动

---

[1] 列宁：《谈谈辩证法问题》，《列宁选集》第2卷，人民出版社1972年版，第711页。

[2] 《毛泽东选集》第1卷，人民出版社1952年版，第289—290页。

[3] 列宁：《欧洲工人运动中的分歧》，《列宁选集》第2卷，人民出版社1972年版，第393页。

的基础，"物质生活的生产方式制约着整个社会生活、政治生活和精神生活的过程"①。因此，在所有的矛盾中，物质生活中的生产关系与生产力之间的矛盾，全部社会生活中上层建筑与经济基础之间的矛盾，是社会的基本矛盾。生产关系要适合生产力的性质，上层建筑要适合经济基础的性质，就是社会基本矛盾的运动规律。在这两对矛盾中，制约着整个社会生活过程的生产关系与生产力的矛盾是更基本的。生产关系与生产力之间的矛盾是历史发展的根本动力。

在生产关系与生产力这对矛盾中，二者的地位和作用是不一样的。

生产力所反映的人和自然的矛盾是永恒的，连续的，不能中断的，先后相承的。人们不能自由选择生产力，任何生产力都是一种既得的力量，以往活动的产物，后一代人所得到的生产力都是前一代人已经取得并且被他们当作原料来为新的生产服务。不仅如此，人们为满足需要而进行的生产，这种已经得到满足的需要本身，满足需要的活动和已经获得的为满足需要用的工具、技术和知识，以及人口的繁衍等等，又引起新的需要。这就使得已经达到的生产力水平不仅要继续，而且要发展。不仅要维持简单再生产，还要进行扩大再生产，不仅需要量的增长，而且要有质的提高，不仅需要已有的生产的积累，而且要开拓新的生产领域。在生产中获得的经验、工具、科学、技术、方法、组织管理形式以及生产者素质等总是要不断地叠加到原来的基础上去，使得生产具有越来越大的规模和内涵，越来越高的水平和质量。生产力的发展是不间断的、日积月累的，往往是通过日常的、细小的、局部的、无数次的生产活动表现出来。在古代历史上尤其如此。

人们在生产中不仅同自然界发生关系，形成生产力，还必须以一定方式结合起来共同活动和互相交换其活动，否则便不能进行生产。只有在这些社会联系和社会关系的范围内，才会有人们对自然界的关系，才会有生产。这些社会联系与社会关系中最基本的是生产关系，这种在生

---

① 马克思：《〈政治经济学批判〉序言》，《马克思恩格斯选集》第2卷，人民出版社1972年版，第82页。

产力发展的一定水平上形成的作为生产力发展形式的生产关系，具有相对稳定的性质。当它形成之初，它是适合或基本适合生产力的性质的，因而能够促进生产力的发展。当社会和生产力继续向前发展时，生产关系的某些环节或形式与生产力的发展不相适应了，往往需要进行若干改变或调整，使之适合发展了的生产力的性质，社会也因此在总的量变过程中发生局部的质变。生产力也就有可能在改变调整了的生产关系下继续发展。然而，生产力发展终于会达到这样一个时刻，在原有的生产关系下所作的任何局部的调整都不能适应生产力继续发展的要求，已有的生产关系从生产力发展的形式变成了生产力发展的桎梏，社会革命的时刻就来到了。旧的生产关系被推翻了，代之而起的或是从旧社会母胎中形成的新生产关系，或是崭新的、从未有过的新生产关系，社会历史进入了一个新的阶段。生产关系从适合生产力的性质到不适合生产力的性质，从生产力发展的形式到生产力发展的桎梏，然后经过生产关系的变革再次使之适合生产力的性质，这就是生产关系要适合生产力性质的规律的运动过程。在生产关系与生产力这对矛盾中，生产力是最活跃、最革命的决定因素。

因此，认为生产关系与生产力之间的矛盾是社会历史发展的根本动力，或者认为生产力是社会历史发展的根本动力，或者认为生产方式是社会历史发展的根本动力，都是正确的。应当说，这是在不同层次上对历史发展的根本动力的理解。

在关于历史发展动力的讨论中有一些意见，如认为历史发展的根本动力是经济、生产、生产斗争等等，应当说不是错误的，但恐怕不能算是准确的。

有些同志认为还应当从生产力本身的矛盾即人与自然的矛盾的两个方面去探求历史发展的根本动力，他们或者认为自然条件或地理环境是生产力发展从而也是社会发展的最终的决定因素，或者认为人的物质利益、需要或欲望是社会发展的决定因素或根本动力。

这类意见并不可取。因为探讨的是社会的历史的发展的根本动力，离开社会的范围，探讨就失去了意义。"生产在任何时候和任何条件下都是社会的生产"①。不能离开社会、社会关系、生产关系去孤立地考察人与自然的关系；也不能离开社会、离开生产像对待动物的本能那样去考察人的需要、欲望和物质利益。这里有一个范围和度的问题。脱离开社会，孤立地去分析历史动力问题是不适当的。

生产力的基本要素是劳动者、劳动资料和劳动对象，后二者若不是自然形态上的自然物，就是经过劳动加工的自然物。因此自然条件中的一部分是包括在生产力范畴之内的。自然条件中的另一部分则是作为生产的必要的外部条件（如气候）或生产力发展的潜在因素（如未开垦的荒地）而对生产力及其发展起着作用。但是，不能认为自然条件起着决定性的作用，它只有同劳动者的劳动结合起来才能形成生产力。自然条件对生产以外的社会生活也有一些直接的或间接的作用。但是离开人的活动，不与人的活动结合，自然条件并不参与历史的进程。在人与自然的关系上，起主导、决定的作用是人而不是自然。当然，地理环境对历史发展是有影响乃至巨大影响的，不承认这一点是不对的。不同的自然条件对社会的发展有着加速或延缓的作用，也使得不同地区的社会历史发展具有各自不同的特色，但它对历史发展的作用不是决定性的。

如果把地理环境的影响夸大为决定性的，还容易导致更为谬误的结论，一些资产阶级学者早就提出过地理环境决定人的生活方式，进而决定人的"文化性格"、国家形态、政治制度以及整个民族的历史命运的理论，在这种情况下带有机械唯物论色彩的地理环境决定论就直接同唯心史观结合在一起了。

那么，作为生产的主体或者历史的主体的人的物质利益、需要或欲望是否是历史发展的根本动力呢？

唯物史观重视从阶级之间的物质利益的冲突来考察历史发展的动因，但那是把阶级之间的物质利益冲突看作生产力与生产关系的矛盾运动的表现来对待的，而前几年历史动力问题讨论中的一些文章提到的"利益"，

---

① 斯大林：《辩证唯物主义和历史唯物主义》，载《列宁主义问题》，人民出版社1964年版，第646页。

却不是从生产力与生产关系的矛盾运动角度立论的，而主要是指人们在物质利益方面的欲望和需要。问题的发生往往就是从这样的偏离开始的。

人们为满足自己的物质利益的需要和欲望而生产。问题是，这种物质利益的需要和欲望又是从何而来。应当说，它们只能是通过生产而产生又通过生产而满足的。生产是物质利益的需要和欲望产生的前提。一定的生产发展水平产生一定的需要。原始人最初是在生产生活实践中无意识地尝到了烧烤过的动植物的美味，才产生了有意识地烤煮熟食的需要；只有当生产力发展到更高水平时，人们才产生讲究烹调艺术的需要，人们可能产生超越生产力水平的需要或欲望，但只有当那种需要或欲望确是在已有的生产力水平基础上产生的，因而有一定的实现可能时，才能成为促进生产力发展的因素，否则，就只能像上古时代人们关于上天入海之类的幻想一样，至多起到激发人们产生龙宫、月宫之类的想象力的作用，不可能成为促进生产力发展的动力。只有到近代人们在已有的生产力和科学技术水平的基础上产生的探海航天的需要和愿望，才成为促进生产力发展的因素。但这后一种需要和欲望本身已经是生产力发展的结果。而其实现仍然有待生产力的进一步发展。生产产生需要，需要促进生产，但对人类社会而言归根到底是生产的发展决定需要的产生和满足。

不仅如此，在生产中处于不同地位从而社会地位不同的阶级、阶层、集团乃至个人的物质利益、需要和欲望又是各自不同的，而且往往是互相冲突的。这种不同和冲突归根结底又反映了生产关系与生产力之间的矛盾。恩格斯说："自从阶级对立产生以来，正是人的恶劣的情欲——贪欲和权势欲成了历史发展的杠杆。"[1]杠杆的力点，正是生产关系与生产力的矛盾。正如马克思指出，利益和需要是由一定的物质生产方式所产生的。[2]

离开生产力的发展及其与生产关系的矛盾运动去强调物质利益的需要

---

[1] 《路德维希·费尔巴哈和德国古典哲学的终结》，《马克思恩格斯选集》第4卷，人民出版社1972年版，第233页。

[2] 《对民主主义者莱茵区域委员会的审判》，《马克思恩格斯全集》第6卷，人民出版社1961年版，第292页。

和欲望对历史发展的作用，最终会陷入唯心史观。因为第一，那样就看不到物质利益的需要和欲望产生的真正根源，而势必要把它们的产生根源归之于"人性"或"人类本性"，这就陷入了历史唯心论者主张的"人性决定论"；第二，在那样的情况下，需要和欲望就成了不受生产力的发展及其与生产关系的矛盾运动制约的纯粹主观精神因素了，把这些主观精神因素说成是历史发展的根本动力，就陷入了唯心史观主张的"精神决定论"。

二

在阶级社会里，阶级斗争是历史发展的直接动力。

历史是人的活动。生产关系和生产力的矛盾不是抽象地、自动地发生作用，而是通过人的活动来体现的，即由在生产中处于不同地位的人们的相互关系、矛盾和斗争来体现的。

阶级是生产发展到一定的历史阶段的产物。"所谓阶级，就是这样一些大的集团，这些集团在历史上一定社会生产体系中所处的地位不同，对生产资料的关系（这种关系大部分是在法律上明文规定了的）不同，在社会劳动组织中所起的作用不同，因而领得自己所支配的那份社会财富的方式和多寡也不同。所谓阶级，就是这样一些集团，由于它们在一定社会经济结构中所处的地位不同，其中一个集团能够占有另一个集团的劳动。"①也就是说，阶级的划分，首先和根本的是经济的划分，阶级关系首先和根本的是经济关系，正是经济上的不同地位和不同的乃至互相冲突的经济利益，形成了阶级之间的矛盾和斗争。

在阶级社会里，每个人都隶属于一定的阶级。在阶级社会里，人们的多方面的活动和关系，诸如政治的、经济的、文化的活动和关系，虽然不能说全都具有阶级的性质，但其本质的活动和关系，或者明显、或者隐晦、或者直接、或者间接、或者通过多种中介，归根到底是要归结为阶级

---

① 列宁：《伟大的创举》，《列宁选集》第 4 卷，人民出版社 1972 年版，第 10 页。

的活动和阶级的关系的。生产关系同生产力之间的矛盾对历史发展的根本的动力作用，在阶级社会里，就是通过阶级之间的关系、矛盾和斗争直接体现的。

阶级矛盾和阶级斗争的表现方面和形式是复杂的，多方面的，有经济、政治、思想意识等诸多方面，也有和平的和激烈的形式，而最后的与最激烈的形式则是以推翻国家政权为目标的暴力革命和武装斗争。列宁称之为"充分发展的、'全民族的'阶级斗争"①，或"真正的、彻底的、发展的阶级斗争"②。但这绝不意味着暴力和武装是阶级斗争的惟一形式。有些细小的，甚至不引人注目的形式如经济斗争也是阶级斗争，日积月累，它们也对历史起着不可忽视的重要作用。尽管列宁称这类斗争是"萌芽阶段的阶级斗争"③，它不可能起到最后推翻统治阶级的政权的作用，但却也不能忽视和低估。

阶级斗争对历史的推动作用是随其具体的历史条件、规模大小、深刻程度而不一样的。当旧的生产关系已经完全不适合生产力性质，完全成为生产力发展的桎梏时，旧生产关系的代表——腐朽没落的剥削阶级出于自身利益，并不愿意自动退出历史舞台，而他们手中的强大的国家机器就成了维护其反动统治的强大工具，只有依仗代表新生产力和新生产关系的先进的革命的阶级起而斗争，而且往往要采取暴力革命和武装斗争的形式，才能推翻旧政权，建立新政权，给适合生产力性质的新生产关系以应有的统治地位，解放生产力，使之进一步发展。封建制度取代奴隶制度，资本主义制度取代封建制度，社会主义制度取代资本主义制度，就是这样的社会进程。暴力是新社会的产婆，革命是历史的火车头，阶级斗争对历史发展的直接的推动作用，在新旧社会交替之际是十分明显的。

然而，并不是每一次这样的阶级斗争的结果都是先进的、革命的阶级取得胜利。各种各样的因素往往使革命不能一蹴而就，需要经历多次失

① 列宁：《论自由主义和马克思主义的阶级斗争概念》，《列宁选集》第 2 卷，人民出版社 1972 年版，第 454 页。

② 列宁：《列宁选集》第 2 卷，人民出版社 1972 年版，第 454 页。

③ 列宁：《列宁选集》第 2 卷，人民出版社 1972 年版，第 453 页。

败、反复。在许多情况下，革命阶级即使胜利，胜利也并不巩固，旧的被推翻的阶级还可能采取暴力的或和平的方式复辟，资本主义制度取代封建制度如此，社会主义制度取代资本主义制度也是如此，往往需要经过很长的时间，新的社会制度，新的阶级才能取得最后的胜利。但是从历史发展总进程看，符合历史发展方向的革命、进步的力量终归是要胜利的。

当某一社会制度还没有走完它的历史路程，也就是说，当生产关系还适合或还没有完全不适合生产力的性质，生产力还能在现有的生产关系的框架内得到发展的时候，阶级斗争也还是存在的。这是因为，阶级社会的基础是一个阶级对另一个阶级的剥削，所以它的整个存在过程都是充满着矛盾的。在生产财富的那些关系中也产生贫困，在发展生产力的那些关系中也产生压迫的力量，没有对抗就没有进步，在阶级社会，生产力就是由于这种阶级对抗的规律而发展起来的。生产力的不断发展的要求总是要促使相对稳定的生产关系作一些调整，只要这种调整是不改变生产关系的基本性质，不改变剥削阶级的统治地位，剥削阶级是可以容忍的，甚至剥削阶级出于本身利益，还可以主动地作一些调整。这种对生产关系的局部、量的乃至部分的质的调整，往往需要经过生产力的代表者——被剥削与被压迫的阶级的斗争才有可能实现。

然而，剥削阶级对生产关系的调整终归是以不致损害其根本利益为前提的，一旦他们感到自己的根本利益受到威胁，就要对被剥削阶级的反抗斗争进行坚决的镇压，这样就使阶级斗争往往发展到再也不可调和的程度，这时，就出现了被剥削阶级的大规模的武装起义。但是，只要还没有新的生产力、生产关系，没有先进的阶级和政党的领导，这些起义总是失败，即使推翻了旧政权，也不可能推翻旧制度建立新社会。中国历史上的农民起义，就是这种情况。但我们不能因为它限于主客观条件未能成功而否认它也是一种革命运动，更不能诬之为暴乱。因为农民起义究竟是封建地主阶级残酷的剥削与黑暗的统治所引发的，尽管农民自己并不能清楚地意识到自己的历史使命和斗争目标，但起义的矛头客观上却是针对着封建制度和地主阶级及其政权的。大规模的农民起义的失败并不等于它对历史的发展不起任何积极作用。虽然在不同时期，不同的历史条件下它们的历史作用并不一样，这些都需要根据具体的历史条件作具体的分析，而不能用一个简单的模式去硬套。战争必然有破坏，农民战争确实给社会带来破坏甚至很大的破坏，但不论这种破坏有多大，它也只是地主阶级残酷的剥削和压迫的报应，制造报应的工具的，不是农民而是地主阶级本身。而且地主阶级对农民战争的镇压带来的破坏常较农民更甚。所谓"贼来如梳，兵来如篦，官来如剃"，就是这种情况的写照。农民战争对社会生产的破坏，只是一段时期的事，但只有经过这样的战争，在农民付出极大的代价后，原来生产无法继续，社会濒于崩溃的危机才得以消减；阻碍生产发展的腐朽黑暗的地主势力受到打击，社会生产才得以重新进行、恢复和发展，生产关系的若干调整才得以实现或维持下来。从一段长时期看，农民起义对社会生产的继续和发展是有利的，起义中的破坏则是不得已而付出的代价。否定阶级斗争的作用，把暴力和革命在一定时期给生产带来的破坏归之于被压迫阶级的反抗斗争，无视这种斗争是统治阶级剥削、压迫被统治阶级的必然结果，是统治阶级所代表的生产关系阻碍生产力发展的必然结果，看不到被统治阶级的反抗斗争正是生产关系一定要适合生产力性质的规律的一种表现，缓解或消除了生产关系对生产力的束缚，为生产力的继续发展开辟了道路，是不符合历史事实的，是错误的。

把阶级斗争与生产关系和生产力之间的矛盾割裂开来，片面地绝对地强调阶级斗争是历史发展的惟一动力，是错误的。同样，把阶级斗争与生产关系和生产力之间的矛盾割裂开来，忽视、淡化乃至否定阶级社会中阶级斗争对历史发展的直接的动力作用，也是错误的。

三

社会矛盾是多方面的，历史的动力也是多种多样的，社会矛盾是通过人的活动来显现的，而人的活动又都具有各自的不同的意愿和目的。"历史是这样创造的：最终的结果总是从许多单个的意志的相互冲突中产生出来的，而其中每一个意志，又是由于许多特殊的生活条件，才成为它所成为的那样，这样就有无数互相交错的力量，有无数个力的平行四边形，而因此就产生出一个总的结果，即历史事变，这个结果又可以看做一个作为整体的、不自觉地和不自主地起着作用的力量的产物。因为任何一个人的愿望都会受到任何另一个人的妨碍，而最后出现的结果就是谁都没有希望过的事物。所以以往的历史总是像一种自然过程一样地进行，而且实质上也是服从于同一运动规律的。但是，各个人的意志——其中的每一个都希望得到他的体质和外部的，终归是经济的情况（或是他个人的，或是一般社会性的）使他向往的东西——虽然都达不到自己的愿望，而是融合为一个总的平均数，一个总的合力，然而从这一事实中决不应做出结论说，这些意志等于零。相反地，每个意志都对合力有所贡献，因而是包括在这个合力里面的。"①

不同的个人的意志及其所形成的活动尽管都包括在历史的合力里面，但作用是很不一样的，有大有小，有的起作用有的几乎等于零，有的顺历史发展方向起作用，有的则逆历史潮流而动，有的又偏离或脱离历史发展的方向。而那最伟大的力量，则是千百万人民群众的力量。"如果要去探究那些隐蔽在——自觉地或不自觉地，而且往往是不自觉地——历史人物的动机背后并且构成历史的真正的最后动力的动力，那末应当注意的，与其说是个别人物、即使是非常杰出的人物的动机，不如说是使广大群众、使整个整个的民族、以及在每一民族中间又使整个整个阶级行动起来的动机；而且也不是短暂的爆发和转瞬即逝的火光，而是持久的、引起伟大历史变迁的行动。"②"具有优秀精神品质的是少数人，而决定历史结局的却是广大群众"③。广大群众、整个阶级的持久的、引起伟大历史变迁的行动方向，也就是终归是经济的情况即生产关系与生产力之间的矛盾的发

① 恩格斯：《恩格斯致约·布洛赫（1890年9月21—22日）》，《马克思恩格斯选集》第4卷，人民出版社1972年版，第478—479页。

② 恩格斯：《路德维希·费尔巴哈和德国古典哲学的终结》，《马克思恩格斯选集》第4卷，人民出版社1972年版，第245页。

③ 列宁：《俄共（布）中央委员会的政治报告》，《列宁选集》第4卷，人民出版社1972年版，第635页。

展方向。在推动历史发展的总的合力中，最终决定着历史发展方向的是经济的力量，而直接表现出来的，则是先进的阶级和人民群众的整体意愿与力量。

人的活动不仅在经济、还有政治、法律、宗教、军事、文化、思想等等。一定的社会上层建筑在一定的社会经济基础上产生，它一旦产生，就具有相对的独立性，并反作用于经济。这种反作用有时很大，甚至在某些情况下可以是决定性的。

比起经济来，这些上层建筑对历史的作用究竟是第二位的。以政治权力与经济的关系来说，"这是两种不相等的力量的交互作用，一方面是经济运动，另一方面是追求尽可能多的独立性并一经产生也就有了自己的运动的新的政治权力。总的说来，经济运动会替自己开辟道路，但是它也必定要经受它自己所造成的并且具有相对独立性的政治运动的反作用。……国家权力对于经济发展的反作用可能有三种：它可能沿着同一方向起作用，在这种情况下就会发展得比较快；它可以沿着相反方向起作用，在这种情况下它在每个大民族中经过一定的时期就都要遭到崩溃；或者它可以沿着另一种方向走，这第三种情况归根到底还是归结为前两种情况中的一种。但是很明显，在第二和第三种情况下，政治权力能给经济发展造成巨大的损害，并引起大量的人力和物力的浪费。"①

上层建筑在一定条件下也可以对历史发展起决定性作用。当不推翻反动政权就无法解放生产力时，以革命推翻反动旧政权就成了决定性的，当革命群众没有理论指导就无法正确行动时，"没有革命的理论，就不会有革命的运动"。然而，这种决定作用不过是经济的最终的决定作用在一定历史条件下的直接表现。旧政权之所以需要由革命来推翻，是因为已经成为生产力发展严重桎梏的生产关系靠着它来维持，不推翻它就无法解放生产力。所以恩格斯说："如果政治权力在经济上是无能为力的，那末我们又为什么要为无产阶级的政治专政而斗争呢？暴力（即国家权力）也是一

---

① 恩格斯：《恩格斯致康·施米特（1890年10月27日）》，《马克思恩格斯选集》第4卷，人民出版社1972年版，第482—483页。

种经济力量！"①理论只有与群众结合，才能形成物质的力量，而革命的理论，只有是物质力量的反映，才能与群众结合。哪些因素或人们的活动成为当时历史前进过程中的决定性因素或主要的推动力量，是由生产关系与生产力之间的矛盾的发展在当时产生了什么样的社会需要，从而向当时的人们提出了哪种历史任务所确定的。上层建筑在一定历史条件下的决定作用，正是经济的最终决定作用在一定历史条件下的具体的直接的表现。

因此，人们的动机、意愿、活动目的对历史发展的作用，历史按照各种动力所形成的合力的方向发展，以及一定历史条件下某些因素或人们的活动对历史的发展可以起决定性的作用，同生产关系与生产力之间的矛盾是历史发展的根本动力、阶级斗争是阶级社会历史发展的直接动力没有矛盾，前者包孕了后者，并且是后者的表现形式，后者则是前者的核心，并且是前者最终最后的原动力。

这里涉及到历史发展的必然性与偶然性，规律性与非规律性问题。表面看去，历史充斥着偶然性与非规律性，无数的个人意志与动机，诸多方面因素所形成的各色各样的历史活动，互相交错、融合、纠结、冲突、抵消，使得历史的运动光怪陆离，曲折多变，似乎由偶然性和非规律性支配着。它们可以使历史偏离发展方向，加速或延缓历史进程，可以使历史带上特殊色彩，甚至可以使发展在一定时期内逆转。但是，无数的偶然性与非规律性的东西通过无穷无尽的交错中介体现着历史的必然性和规律性，它们是必然性与规律性的补充与表现形式，表面上是偶然性与非规律性在起作用的地方，这种偶然性始终是受内部的隐蔽的规律性支配的。历史的必然性与规律性正是透过各种偶然性和非规律性来为自己开辟道路。经济、阶级社会里的阶级斗争、人民群众在长时期和宽阔领域里通过各种各样的偶然的与非规律的表现体现着它们的历史作用，使历史成为一个"复杂并充满矛盾但毕竟是有规律的统一过程"②。

---

① 恩格斯：《恩格斯致康·施米特（1890 年 10 月 27 日）》，《马克思恩格斯选集》第 4 卷，人民出版社 1972 年版，第 486 页。

② 列宁：《卡尔·马克思》，《列宁全集》第 21 卷，人民出版社 1959 年版，第 39 页。

　　正因为这样，历史事物的发展变化并非只有一条途径，人们在多种途径面前往往需要做出选择，这种出自个人意志的选择，往往会有很大的不同，而导致的结局也大相径庭。然而这种选择却也并非绝对地随意和毫无条件与限制。首先，人们所面临的形势与不同的途径，并不是个人所能决定的，他们只能在社会所提供的选择下做出选择。其次，人们的选择又离不开自己的认识。这种认识，有主观方面的因素，如出身、经历、经验、认识能力、利害关系、性格、气质、品德、价值观念等等，也有客观的条件，如事物的矛盾并未充分展开，或者虽展开却由于当事者的地位处境的限制而不可能认识或充分认识，也有些是在当时条件下根本不可能认识的。因此，这种选择有的正确，有的错误，有的正确又不充分，或者错误尚可挽救，有的则是知其不可而为之。认识了历史发展方向、规律与必然，人们的选择就更其自觉，更其正确有效，然而也不能认为就一定不会犯错误，这只有在实践中才能逐步地解决。

　　历史的选择，有阶级的、集体的，也有个人的。阶级的，集体的共同选择对历史的影响自然更大，领袖人物的个人作用也不可低估，即使是平时微不足道的个别人，在关键时刻关键地点的个人选择与作用，往往有可能扭转历史的方向。然而，从总体、全局、长时段来看，一如偶然性一样，历史发展并不决定于个别人物，而人民群众的、阶级的抉择与趋向常在很大程度上反映了历史的规律与必然。

　　因此，需要注意和重视历史发展的多样性、复杂性，重视影响历史发展的各种因素、各种力量及其相互作用，注意人的作用及其意志与抉择，注意偶然性的作用，而不能把经济与阶级斗争的动力作用简单化、单一化、绝对化。另一方面，片面地、绝对地强调历史发展的多样性、多因素性、偶然性，夸大个人的自由意志的作用，或者仅仅强调各种因素相互作用的笼统的"合力论"或"系统论"，忽视或否定历史发展有终极的、决定的因素，也是不正确的。

（刊载于《首都师范大学学报》1994 年校庆增刊）

地理环境在社会发展中的作用

一

　　人类社会发展与地理环境的关系，是一个古老而又常新的课题，因为它不仅具有人类社会发展究竟由哪些因素决定的理论意义，而且还具有涉及经济、政治、军事乃至文化的发展和决策的现实意义。

　　古往今来，众多的思想家、史学家、社会学家、政治学家、经济学家、地理学家等对之作了各式各样的说明。马克思、恩格斯多次论到这个问题，普列汉诺夫更是反复进行了阐述。可是在我国，新中国成立以后的 30 年间，这个问题却完全被冷落了。只是到了近几年，才展开研究和讨论。①

　　什么是地理环境，它对于社会生活和历史发展起着什么作用呢？

　　地理环境，或者说，社会发展的自然环境、自然条件、自然基础，是社会物质生活和社会发展的经常的必要条件之一。它包括在历史上形成的与人类社会生活相互起作用或可能相互起作用的自然条件，如地理位置、地形、气候、土壤、水文、矿藏、植物、动物，等等。地理环境是上述诸方面及其交互作用下形成的复杂系统。不仅如此，不能只从自然物质及其

---

① 　如杨琪、王兆林：《关于"地理环境决定论"的几个问题》，《社会科学战线》1985 年第 3 期；严钟奎：《论地理环境对历史发展的影响》，《暨南学报（哲学社会科学版）》1985 年第 3 期；章清：《自然环境：历史制约与制约历史》，《晋阳学刊》1985 年第 2 期；徐咏祥：《论导致普列汉诺夫地理环境决定论倾向的理论根源》，《中国社会科学》1986 年第 1 期，以及下面引到的一些文章。

运动规律来看待地理环境，还应当从人与自然的交互作用来看待。这样，地理环境不仅和各个地区、各个国家的人类活动构成了一个复杂的大系统，而且在今天，整个人类社会和整个地球已经形成了一个十分复杂的更大系统。

人类创造历史的活动是在一定的空间内进行的。从这个意义上说，地理环境似乎就是人类活动的背景，起着类似舞台、布景乃至道具的作用。但是，人类历史创造活动的一个重要方面是通过和自然界之间的物质变换，或者说，通过对自然物质的调整、控制和改造，以谋求自身的生存和发展。因此，地理环境不单是人类历史活动的沉默背景和消极的旁观者，它本身就是人类历史创造活动的参与者，是这种活动的对象和材料。地理环境不仅为社会的发展提供有利的或不利的条件，它自身也在与人类活动的交互作用中不断改变面貌。自有人类以来，地理环境因自然本身的发展而引起的变化一般来说是缓慢的，而在人与自然的交互作用下引起的变化，却随社会的发展，人类征服自然能力的加强而不断扩大、加剧和加深①。因此，作为人与自然相互关系的一个方面的地理环境主要是一个历史的范畴。

地理环境是一个历史的范畴，更具体些说，第一，自然界本身由于自己内部原因而在发生变化，尽管这种变化一般来说是缓慢的，但其中有一些变化终究对人类社会的发展有着相当的影响。一两千万年至几百万年前的亚非大陆热带、亚热带和温带某些地区地理环境的变化，给古猿向人的演化带来了有利的自然条件。我国五千年气候的变化对农业生产的影响②，已经为人所习知。而气候变化所引起的一系列社会后果，也开始有人探索③。至于局部地区，短暂时间内的地理环境由于自身原因而引起

---

① 参看恩格斯：《自然辩证法》，《马克思恩格斯全集》第 20 卷，人民出版社 1971 年版，第 573—574 页。

② 竺可桢：《中国近五千年来气候变化的初步研究》，《竺可桢文集》，科学出版社 1979 年版，第 475—498 页。

③ 谭其骧、邹逸麟、葛剑雄：《在马克思主义指导下开创我国历史地理研究的新阶段》，《沿着马克思的理论道路前进》，上海人民出版社 1983 年版。程洪：《新史学：来自自

的剧烈变化，如地震、火山喷发、山崩、海啸、洪水、大旱等等，往往对该地区的人类活动产生重大的有时竟是决定性的影响。至于局部地区地理环境由于自身原因引起的缓慢变化，虽然不那么惊心触目，但也对历史的发展起过或大或小的影响。像唐后期非常繁荣，被称为"扬一益二"的扬州，在这以后由于长江航道的淤塞和海岸线的延伸，失去了海港河港的优势而趋衰落，在历史上并非少见的现象。

第二，在人类发展的初始阶段，由于生产力水平低下，人与自然的关系是简单和狭隘的。最早，人们所利用的更多的是获得生活资料的自然富源，如土壤的肥力，渔产丰富的水等。随着人类进入较高的发展阶段，劳动资料的自然富源，如瀑布、河流、森林、金属、煤炭等等，获得了更重要的意义。如今，人类活动的地理环境的范围已从陆地表面伸展到了外层空间、洋底和地层深处。而人类所能利用的自然物质、自然力和自然条件也日益增多、扩大和深化。原先不知其性质与用途，或限于技术水平而无法利用的自然物质、自然力和自然条件，像低品位矿石，工业废料，稀有金属，潮汐力，缺乏引力接近于真空的外层空间等被利用起来，参加到人与地理环境交互作用的大系统中来。

第三，自从人类摆脱动物状态，从动物界分化出来以后，人类就通过劳动从单纯依赖于自然界，利用现成的自然条件逐渐走上了改造与支配自然的道路。随着人类社会的发展，这种改造的规模日益扩大，程度日益加深，以致今天的地球上遍布着整治过的土地，人工驯化的动物，经过育种的栽培植物，巨大的堤坝，无数的城市村镇，四通八达的道路和运河等，和远古的面貌已经大不相同。后人就在先辈改造过的地理环境中活动，并继续先辈从事地理环境的改造。而这种经过人类改变过了的地理环境，又会给活动在其间的人类带来新的巨大的影响和前所未有的问题。人和自然的关系就是这样不断地扩展、深化和交融。人类控制和改造自然的能力越发展，就越能认识和利用自然规律，克服地理环境对自己的限制。但这并不意味着人类社会的发展和地理环境的作用是反比关系，仿佛人类社会越

然科学的挑战》，《晋阳学刊》1982 年第 6 期。

发展，地理环境对社会的作用就愈小。事实上，随着人类社会的发展，人和自然的关系逐步进入更宽、更深和更高的层次。许多新的自然条件和人们尚未认识或尚未充分认识的自然规律，随着人和自然关系的扩展和深化而加入到这种关系中来，使人类征服自然的活动出现了新的局面、新的动力，也带来了始料所未及的后果。例如农业的发展带来森林和草原的破坏，引起水土流失和气候变化，工业的发展带来环境污染乃至大气层二氧化碳增加这类全球性的长远问题等。人类对自然的斗争永无止息，人类对自然的改造始终在进行，人类和自然的关系是一个历久而又常新的过程。

第四，即使是同样不变的自然条件，在人类发展的不同阶段，在不同的历史条件下往往起着不同甚至相反的作用。在很长一段时间里，大洋曾经妨碍了人们的交往，但当帆船、轮船相继出现以后，它就成了人类最重要的交往途径之一。多少年来，外层空间与人类社会的生产和生活几乎毫不相关，今天由于火箭及人造卫星的发明，它已经深深进入人类社会生活与政治生活领域。

总之，地理环境的范围、深度、对人类社会的影响，在社会发展的各个阶段各不相同，它是随人类发展而变化的，是人与自然的复杂关系的产物。之所以如此，不仅是自然界本身的发展，更重要的是取决于人类社会的物质生产水平和社会制度，以及由此而形成的人类改造、利用、控制地理环境的能力。因此，我们说地理环境是一个历史的范畴。正因为这样，在研究人类社会历史发展时绝不能忽视地理环境及其作用。马克思、恩格斯说："任何历史记载都应当从这些自然基础以及它们在历史进程中由于人们的活动而发生的变更出发。"[1] 恩格斯写爱尔兰史，第一部分就是爱尔兰的自然条件[2]。毛泽东的《中国革命和中国共产党》，第一章也是从中国的地理环境开始的。

---

[1] 马克思、恩格斯：《德意志意识形态》，《马克思恩格斯全集》第 3 卷，人民出版社 1960 年版，第 23—24 页。

[2] 恩格斯：《爱尔兰史》，《马克思恩格斯全集》第 16 卷，人民出版社 1964 年版，第 525—549 页。

二

地理环境对社会的作用首先而且主要表现在人类一切活动中最基本的和最具决定性的方面——生产上。生产或劳动"首先是人和自然之间的过程，是人以自身的活动来引起、调整和控制人和自然之间的物质变换的过程"①，"是为了人类的需要而占有自然物，是人和自然之间的物质变换的一般条件，是人类生活的永恒的自然条件"②。人类创造的物质财富是自然物质和劳动的结合，"没有自然界，没有感性的外部世界，工人就什么也不能创造。它是工人用来实现自己的劳动、在其中展开劳动活动，由其中生产出和借以生产出自己产品的材料"③。因此，自然条件即地理环境是作为生产的一个不可缺少的方面在生产过程中起作用的。它是生产力的基本内容。

生产力诸要素中，最基本的或实体性的要素是劳动者、劳动资料和劳动对象（后二者又合称生产资料）。其中，劳动者本身也是一种自然物或自然力（包括体质特征、体力、劳动力的维持与再生产等）。但在生产过程中，人是"作为一种自然力与自然物质相对立"④的，除去下面将要论及的维持和再生产劳动力所绝对必须满足的自然需要（衣、食、住以及抚育子女等），一般可将之排除在生产所必需的自然条件之外。至于劳动对象，则有两类：一类是天然存在的劳动对象，即未经人的劳动作用就作为劳动的一般对象而存在，如水中的鱼，原始森林中的木材，地下的矿藏，

---

① 马克思：《资本论》第 1 卷，《马克思恩格斯全集》第 23 卷，人民出版社 1972 年版，第 201—202 页。

② 马克思：《资本论》第 1 卷，《马克思恩格斯全集》第 23 卷，人民出版社 1972 年版，第 208 页。

③ 马克思：《1844 年经济学哲学手稿》，《马克思恩格斯全集》第 42 卷，人民出版社 1979 年版，第 92 页。着重号是引者加的。

④ 马克思：《资本论》第 1 卷，《马克思恩格斯全集》第 23 卷，人民出版社 1972 年版，第 202 页。

为自己从事的劳动之外为扩大再生产和提供的一般剩余劳动就愈多，这自然也是加速生产发展和社会进步的重要条件。而自然条件的这个作用，也是在人类文化发展初期最为显著。像我国境内一些少数民族在建国之初尚停留在原始社会或奴隶制社会，地理环境对生产力发展的影响不能不说是起了相当的作用。由于北极圈的极度严酷的自然条件，使得那里的居民像爱斯基摩人等的生产和社会发展长期停滞，可算是地理环境的作用的一个极端的例子。

另外，地理环境对促进生产力发展的重要形式的协作，特别是简单协作，也起着一定的作用。如季节的需要促使农业或畜牧业在一个较短的时间内集中较多的劳动力从事抢种、抢收、剪羊毛等。河流用于灌溉时也产生了筑坝开渠等协作的需要，抗御突发性的灾变（如洪水），往往也是人们组织协作的重要动力。

但是，良好的自然条件只是提供了生产发展和一般剩余劳动的可能性，并不提供现实性。生产的发展要以人对自然的支配为前提。过于丰饶的自然会使人过分依赖自然，无助于发展人对自然的支配能力。某些热带地区过于丰饶的自然条件反而使那里古代的生产发展速度减慢，也是一个地理环境作用的极端的例子。劳动和生活的不同的自然条件固然使同一劳动量在不同的地区和国家可以满足不同的需要量，因而在其他条件相似的情况下，使必要劳动时间各不相同。但是这些自然条件只作为自然界限对剩余劳动发生影响，就是说，它们只确定开始为别人或社会劳动的起点。生产越进步，这一界限在整个劳动量中就越退缩，起的作用就越小化。①我们决不能把地理环境对生产的影响过分夸大或绝对化。

其次，地理环境对生产的作用除表现为数量的关系外，更重要的是表现为它对生产力的性质和特点的影响上，即除了自然条件的优越与否外，更重要的是它的差异性与它的自然产品的多样性的作用。因为后者"形成社会分工的自然基础，并且通过人所处的自然环境的变化，促使他们自

---

① 马克思：《资本论》第 1 卷，《马克思恩格斯全集》第 23 卷，人民出版社 1972 年版，第 562 页。

己的需要、能力、劳动资料和劳动方式趋于多样化"①。人类的历史发展证明，对社会发展最有利的是富有差异性和自然产品多样性的温带和亚热带地区。世界古文化多数发生在温带和亚热带，资本主义也是在这里成长起来的。

自然条件的差异性和自然产品的多样性使得不同的人们与自然之间的物质变换运动各具特色，从而使生产力及其结构也各具特色。在生产力诸因素中，劳动对象具有什么特点，劳动工具和劳动条件以及劳动者的生产技术就具有相应的特色。另外，劳动工具的材料对于形成生产力特色也有重要关系，没有金属的地方，土著居民就无法用自己的力量进入金属时代。这种自然条件的差异性和多样性表现为：第一，促成了古代氏族内部成员按性别和年龄及随季节而改变的劳动的自然条件的分工，如男子从事渔猎、畜牧，妇女从事采集、种植、纺织、制陶。种植季节多数成员从事农业，农闲时从事编织、狩猎等。第二，形成了各个氏族、部落、地区、民族、国家之间的各具特点的经济生活。"不同的公社在各自的自然环境中，找到不同的生产资料和不同的生活资料。因此，他们的生产方式、生活方式和产品，也就各不相同。"②原始部落从渔猎转化为畜牧或农业，要有相当的地理环境特性，如不同的植物动物区系，以及气候、土壤、水文条件等。人们习知的古代新大陆和旧大陆居民经济生活的差别，就是由此而来的。随着社会生产力的进一步发展，经济生活的日益繁复，自然条件和自然资源对不同地区和国家的生产力性质和特色，诸如各生产部门的形成，生产部门内部和各部门间的结构与比例关系、生产力的布局，经济效益和发展方向等影响就日益显露出来。第三，由于不同氏族、部落、地区、民族、国家经济生活的不同和各具特色，引起了彼此之间的产品和商品交换。交换打破了原来的氏族、部落、地区、民族和国家的生产力发展的地理界限，发展了彼此间的相互关系，加速了生产力发展和经济生活丰

① 马克思：《资本论》第 1 卷，《马克思恩格斯全集》第 23 卷，人民出版社 1972 年版，第 561 页。

② 马克思：《资本论》第 1 卷，《马克思恩格斯全集》第 23 卷，人民出版社 1972 年版，第 390 页。

富多样的行程，促进了社会的进步和变化。以致到今天形成了全球性的世界市场和世界范围内的交往。而这种由于交换形成的相互关系的产生和难易，则是依地理环境的特性为转移的。中南太平洋诸岛上的土著居民过去由于各岛人口少，自然富源大体相同而单一，各岛之间经济生活差异不大，交往又不方便，尽管作为生活资料的自然富源并不贫乏，但社会发展长期停滞，可以说是地理环境对发展分工和经济生活的差异性与多样性以及对人们交往的影响的一个极端的例子。至于那些处在同一社会发展阶段的地区、民族和国家，也因地理环境的特性而呈现了不同的发展水平、类型的特色。"相同的经济基础——按主要条件说来相同——可以由于无数不同的经验的事实，自然条件，种族关系，各种从外部发生作用的历史影响等等，而在现象上显示出无穷无尽的变异和程度差别。"①同是奴隶制社会，古代希腊、罗马较中国商业发达，除了各自的社会特点外，希腊、罗马濒临地中海，内海周边与岛屿之间距离不大，气候又宜于航海，也是一个重要的因素。

三

地理环境的特点影响着生产力发展的速度和特点，而生产力发展的速度和特点则决定着生产关系以及随着生产关系之后的其他一切社会关系和上层建筑等的性质和特点。换言之，作为人与自然关系一个方面的地理环境，对于人与人之间的社会关系、社会制度和思想意识，主要是通过它对生产力的影响而间接起作用的。

地理环境的特点影响着生产力发展的水平和速度，从而使不同地区、不同民族、不同国家的社会发展产生不平衡性，处于不同的社会发展阶段。例如，在我国，新石器时代的遗址遍布全国各地。但是，原始农业比

---

① 马克思：《资本论》第 3 卷，《马克思恩格斯全集》第 25 卷，人民出版社 1974 年版，第 892 页。着重号是引者加的。

较发达的主要是黄河中下游和长江中下游地区。历史发展的不平衡性，使得黄河中下游地区的发展超过了长江中下游，最早进入了阶级社会。这可能是由于当时黄河流域气候较今温暖湿润，低温和干旱威胁较轻，黄土高原和黄土冲积平原土质疏松，旱作农业技术又较简单，花费劳动少，开垦较易，使以木、石、蚌、骨为材料制成的工具及原始农业技术较易生产出剩余产品来，从而使奴隶劳动成为可能并得到发展。黄河中下游古文化主要兴盛于黄河支流及支流的两旁或支流流入干河的河湾处（即所谓"汭"），如洮、渭、泾、洛（陕西）、汾、伊、洛（河南）、卫、漳等河及其支流。水与水之间多系平缓的黄土原峁或丘陵，人们可以沿河谷交往及经河的汇流处通向另外的河流，越过这些河流的分水岭也不困难。相形之下，长江流域当时过于炎热潮湿，不如黄河流域宜于居人，不少地区覆盖着大片的原始丛林，平原地区则湖泊沼泽四布，榛莽丛生，加上土质紧密，种植的农作物又主要是水稻，平整土地和引水灌溉劳动量大，技术要求高，在原始的生产工具和技术条件下，大量开垦困难，即使有一些比较发达的地点，由于大面积的河湖沼泽丛林榛莽的阻隔，也不易扩大交往，连成大片，形成强大的力量，人口发展也因此受到限制。因此，黄河中下游地区首先成为中国古代经济文化的中心地区。

从三国两晋南北朝开始，长江流域及其以南特别是长江下游的经济发展速度超过了黄河中下游。这除了人为的因素（如战乱及人口迁移等）以外，地理环境的缓慢变化也是因素之一。近两千年来，我国气候的总趋势是逐渐变冷[①]，长江流域及其以南的气候从过去的过分炎热潮湿变得更适于人类居住和农业的开发。随着人口的增长和农业技术的进步，垦田面积明显增加，这带地区在降水量、温度、总热量等方面的优势充分显示出来。主要种植的高产粮食作物——水稻特别是双季稻的普及，更使它在全国经济中占了优势。反之，黄河流域气候渐趋寒冷，水体大为减少，气候干燥，加之黄土高原经过长期开发，天然植被严重破坏，水土流失加剧，

---

① 竺可桢：《中国近五千年来气候变化的初步研究》，《竺可桢文集》，科学出版社 1979 年版，第 475—498 页。

土壤肥力下降，水利灌溉日益困难，由此引起了水旱灾害。再加上北方地区是全国政治军事重心，阶级斗争与统治阶级内部的斗争比较激烈，战乱比南方多，而周边地区经济文化比较落后的民族往往南下，常在一段时期里造成破坏，影响了经济的发展。上述各种因素使得黄河流域经济的发展从唐宋以后陷于停滞、缓慢的状态，而长江流域及其以南则取代了黄河中下游成为全国的经济重心，并随后又成了全国的文化重心。在这样一个人与自然及人与人的复杂的交互作用的历史过程中，我们可以充分认识地理环境对社会发展速度的作用。①

地理环境还使不同地区、不同国家、不同民族的生产力发展具有不同的特色。这种特色又影响了它们的生产关系、社会组织和上层建筑。

横亘欧亚大陆的大草原带的地理环境的特色，形成了这带地区的大规模游动的畜牧业。逐水草而居的游牧民族，主要的直接财富是畜群而非经常迁移的牧场。因此在古代，游牧民族的土地私有观念一般比定居的从固定的土地取得收获的农业民族为淡薄，而其社会组织也长久地保持着宗法家长制和部落的形式，而不像农业民族那样按地域来划分。

同是农业民族，当进入封建制后，西欧长期处在封建领主制阶段，而中国则早在战国时就形成了地主经济。除去其他因素外，地理环境的不同也是一个原因。西欧地势平坦，处于盛行的西风带，大西洋的潮湿气流可以均匀地吹向内陆，雨量较多，分布相对平均，气候稳定性强，不大发生大的旱涝灾害。土壤物理性能也较好，对发展农业有利。也正是这种有利的自然条件，使农业生产基本上不存在抵御自然灾害的压力。因而技术进步缓慢，形成大面积粗放的耕作方式。随人口增长而来的农业发展主要是靠扩大耕地面积来解决。中国则不同。黄河中下游在年度和季节上雨量分布都不均匀，春夏之间盛行干热风，易于出现旱涝灾害。广布的黄土、褐色土物理性能较差，对旱涝天气亦较缺乏适应能力。长江流域气候较稳

---

① 谭其骧、邹逸麟、葛剑雄：《在马克思主义指导下开创我国历史地理研究的新阶段》。又，宁可：《中国古代历史发展的地理环境》，《平准学刊》第 3 辑上册，中国商业出版社 1986 年版。

定，雨量丰富，但种植适应于这种气候的水稻却需要对水量加以控制，而广布南方的红壤物理性能也不佳。这就刺激了中国农业发展了在北方以防旱保墒为核心，在南方以灌溉为核心的精耕细作的集约化耕作制度，如深耕细耨，施肥选种，平整土地，水利灌溉等等，土地也因此分成小块，分散经营，从而形成了与西欧不同的农业生产力的特点。

正是由于不同的生产力特点，中国与西欧在封建生产关系上也具有不同的特点。大面积的粗放耕作方式对生产技术要求较低，生产环节较少，农具也多是大型和通用的，这就使生产带有一定的集体性，对劳动者个人的积极性与技术要求较低。在这样的情况下，封建主需要也可能对农业生产进行直接的管理和监督，加强对农业劳动者的超经济强制。这就是西欧封建剥削方式的主体——以徭役劳动为特色的庄园农奴制的由来。中国的精耕细作制度由于生产环节多，情况复杂，技术要求高，土地又分割为小块，农具多种多样，小型的专门化的居多，对劳动者个人的积极性和技术的要求较高。在这种情况下，封建生产的个体的、细小的、分散的特色十分突出，封建主无法也无需对农业生产实行直接管理和监督。出现的剥削形式只能是把土地分租给农民自己经营，以实物地租为主的租佃制的地主经济。①

不同特色的经济关系形成了不同特色的政治制度。在西欧，在对农奴的强烈的人身控制下的庄园农奴制基础上形成了封建领主制。领主既是封建领地的占有者，也是领地上集行政、财政、司法、军事权力于一身的最高统治者。而在其上的高级领主和国君则没有很强大的权力，从而形成了封建分裂割据的局面。在中国，封建生产的细小、分散、个体的性质明显突出，使得地主经济的独立性、分散性和随土地买卖而来的不稳定性以及超经济强制色彩不那么浓厚，使得地主阶级需要把经济剥削权力与政治统治权力相对地分割开来，建立一个集中的、权威的政权机构来集中地代表他们行使政治统治权力。这就是以皇权和官僚制度为特征的专制主义中央

---

① 参看席海鹰：《论精耕细作和封建地主经济》，《中国农史》1984 年第 1 期。本文的论述与该文有一些不同。

集权制度。由于政令是从皇帝所在的都城经过各级政府所在的城市下达到广大农村，因此城市的作用也与西欧不同。在西欧，城市是作为农村中封建领主城堡的补充和对立物，作为工商业经济据点而存在，农村统治城市。在中国，城市则是以封建政治统治网络中的节点的面貌出现，城市统治着农村。而中国封建社会中占上风的统一的趋势，则与专制主义中央集权制度交互为用，维系和加强了这一制度。

在具有不同特点的农业生产力和领主或地主经济基础上形成的中国与西欧封建社会的许多不同的特点，像西欧等级制色彩比较强烈，贵族和平民界限分明，基督教作用很大，几乎代替了统一的政权，农村公社的传统长久保持；而中国等级制色彩不那么强烈，法律标榜"王子犯法与庶民同罪"，布衣卿相相当普遍，佛教和道教并没有起到基督教那样的作用，农村公社较早瓦解，其残留蜕变为具有宗教会社或私人团体性质的社邑，等等，则不可能在这里多所论列了。

四

地理环境不仅通过生产力间接作用于生产关系乃至上层建筑等方面，也直接影响到社会生活的许多方面，虽然这些影响各不相同而且多半与其他的社会因素的影响交织在一起。

中国封建社会统一是历史发展的主流。这首先是经济发展的要求与结果，但地理环境也产生有利的影响。我国所在的"东亚大陆"，地形由西向东倾斜，面向广袤辽阔的太平洋，与位于西方及西南方的其他古代文化中心位置正好相背，而且距离遥远，路途艰险，交往不易。因此我国古代历史的发展具有很大的独立性。相反，"东亚大陆"内部的地形使得大陆内部各地区间的交往多半较这些地区与大陆以外的地区交往为易。不仅黄河中下游各地之间，而且黄河中下游与淮河、长江中下游之间，长江中下游与东南沿海诸河及珠江流域之间，都没有巨大的自然障碍。黄河流域及长江流域与蒙古高原、东北地区、新疆地区、西南地区的山地、森林、草原、戈壁、沙漠的自然条件虽然不同，但景观呈层次分布，且有一些中间过渡地带，并非突然变化，地形一般不甚险阻，不至于对各地区的交往形成极大的障碍，使得彼此处于完全隔绝状态。因此中国古代文化的发展可以由点到线、由线到面，面与面之间互相联结，形成更大的面，内部有广阔的发展余地。各地区多样化的经济文化，并没有成为彼此严重隔绝分离的因素，反而具有不同的社会分工的意义，促进了各地区间的经济文化交流。而黄河中下游以及随后的长江中下游发达的汉族经济文化，则使得"东亚大陆"有了一个核心，吸引了周边地区，使其发展具有向心性，从而使整个东亚大陆的文化越来越具有共同性和统一性。在这样的地理环境影响下所形成经济、文化乃至民族心理（如居天下之中的"中国"的意识，各民族源于共同祖先的意识等），对于统一的趋势无疑起着重大的作用。当然，随之而来的闭塞内向，妄自尊大等等消极的影响，也不容忽视。①

这个具有共同性和统一性的"东亚大陆"特别是它的核心地区，长久处于统一的专制主义中央集权的政权统治之下，固然最根本的因素是分散的、细小的个体小农业和地主经济，但是比较平缓而开阔的地形，便利的水陆交通，确也是统一集权的政府行使权力的有利条件。秦始皇开始在全国修驰道，大大便利了中央和各地的联系及军队的调动。秦汉特别是隋唐以后的驿传制度，更是对统一集权的中央政府统治全国起了重要作用。西汉赵充国在金城（今甘肃永靖一带）向长安的中央政府请示，函件往返二千多里，七天就得到回报。如果没有严密的高效率的驿传制度，是难于做到的。秦汉以后的水运，特别是隋唐以后的沟通南北的大运河，便利了南北联系特别是南方粮食物资的北运，从而把位于北方的全国政治军事重心与南方的经济重心连结起来，使统一集权的中央政府有一个比较稳定的物质基础。

中国封建社会农民起义和农民战争规模之大，次数之多和有些起义坚持时间之长，都是世界历史上所仅见的。形成这种特点的根本原因当然要

---

① 宁可：《中国古代历史发展的地理环境》，《平准学刊》第 3 辑上册，中国商业出版社1986 年版。

从中国封建生产关系，要从地主阶级及其政权对农民的剥削压迫的特点及其残酷性中去找。但形成中国农民斗争的这些特点，不能不说同中国是个大国，各地区之间经济联系密切，交通便利而发展又具有不平衡性有关。正因为中国经常处于统一状态下，由一个中央集权政府所统治，所以阶级矛盾的激化常带有全国性、普遍性。或者是全国普遍爆发起义，或者是一地区的起义迅速触发其他地区的起义，汇集为全国范围的大规模农民战争。也因为中国是个大国，各地政治经济发展不平衡，封建统治力量不平衡，因此农民起义可以是此伏彼起，绵延不断，或者是采取长期游动作战的形式，避实就虚，积蓄力量，等到时机成熟时，发动更大规模的战争直到向封建中央政权发动全面的进攻，取得推翻旧王朝的胜利。另外，也由于中国是个大国，政治经济发展不平衡，封建统治力量不平衡，各地区具有相对的独立性，地形也复杂多变，因此，往往可以形成一个地区的农民起义所建立的政权与封建政权对峙的局面，有时延续相当长的时间。东汉末年汉中的张鲁政权坚持了近 30 年，太平天国定都南京后，与北京的清政权对峙了 11 年。

民族关系和民族斗争是我国历史发展的一个重要方面。古代中国由于地理环境不同，长城一线大体上成为农区与牧区的分界线。在此以北的广大草原地区宜于大规模的游牧，从而适应于大规模的民族活动与迁徙。农区与牧区之间没有巨大的自然障碍，而且还有像河套这样的宜农宜牧的中间地带，既有利于北方游牧民族与南方汉族的交往，也便于当北方游牧民族占据这块地方时，吸收汉族先进经济文化，迅速壮大力量继续南下。如果汉族占领这块地方，也可以此作为基地继续北进。在古代中国民族关系史上，北方游牧民族与汉族的关系占有最重要的地位，地理环境不能不说有相当的影响。有的同志更进一步提出，中国近五千年的气候史上，出现过四个寒冷时期，其最低温度大体在公元前一千年、公元四百年、一千二百年和一千七百年。这时年平均温度要降低一到二摄氏度，即等温线要向南推移二百到三百公里，即从长城一线推到黄河以北。这一趋势是从东向西发展。另外，4 至 6 世纪和 11 至 13 世纪也正是亚洲的干燥期。这些自然条件的变化正好同中国古代历史上几次北方民族的南下与西迁——即公元前一千年左右的西周后期与春秋，公元四百年的"五胡乱华"，公元一千二百年左右的契丹、女真和蒙古，公元一千七百年左右的清入关——相吻合。这一现象似乎不能当成纯属巧合。① 看来是一个值得继续探究的问题。

又像语言的分界线，常常沿着大的自然障碍，如高山、沙漠、森林、沼泽和大河延伸。恩格斯说过："要从经济上说明每一个德意志小邦的过去和现在的存在，或者要从经济上说明那种把苏台德山脉至陶努斯山脉所形成的地理划分扩大成为贯穿全德意志的真正裂痕的高地德意志语的音变的起源，那末，要不闹笑话，是很不容易的。"② 我国福建多独流入海的河流。古代福建是以这些河流及其两岸的河谷平地作为交通孔道的，各条河流的流域也往往形成一个个经济区。而现代福建汉语方言的次方言区大致与这些河流形成的区域相重合，像闽东方言区对应于交溪和闽江中下游，闽南方言对应于晋江、九龙江流域等等。③

至于更上一层的意识形态领域内，也能看到地理环境的某些直接影响。诸如：

神话是人类童年的产物。在人类控制自然的能力还十分有限的时候，人们用神话解释超乎人类有限能力的自然界的神秘和万物的由来，不同民族的神话必然深深打上其活动地区的自然环境的烙印。在明媚温暖、物产丰富的爱琴海地区的山林、小溪、草地、小岛上形成的希腊诸神，性格乐观、开朗、活泼、轻快，他们的世界虽然也有代表邪恶的巨人、怪物，但他们是斗争的胜利者，他们扮演着喜剧的角色。而在严寒、霜雪、冰山、风暴、雾海、极光的严酷自然环境下形成的北欧诸神，性格则是严肃、粗犷、阴沉，他们的死敌是冰雪风涛化身的巨人、海蛇、恶狼，他们在斗争中常常失败，最后不免与这些邪恶力量同归于尽，他们扮演着悲剧的角色。

————————

① 程洪：《新史学：来自自然科学的"挑战"》，《晋阳学刊》1982 年第 6 期。

② 恩格斯：《致约·布洛赫（1890 年 4 月 21—22 日）》，《马克思恩格斯选集》第 4 卷，人民出版社 1972 年版，第 478 页。

③ 游杰、周振鹤：《方言与中国文化》，《复旦学报》1985 年第 3 期。

建筑是实用的，也是艺术的。建筑的艺术风格的形成，除去社会因素外，主要反映着材料结构的特点，从而也直接间接地反映了自然条件的特点。古代希腊地区属地中海型气候，无严寒也无酷暑，雨季在冬天，其他季节晴朗温暖，宜于户外活动。境内多山岩，少树木，物体线条清晰，光与影的效果细致分明。又盛产可以精细加工的优质大理石，因此建筑材料从早期易朽的木材转为石料。作为希腊建筑代表的神殿，结构为适应石料力学性质的小跨度的梁柱式。为了防备骤雨和炽热的阳光，通风而又蔽光并能满足户内外生活的过渡的柱廊成为建筑的主要特征。希腊建筑的简单、和谐、精美及直线化的艺术风格，像柱上的凹槽既增柱体垂直之感，也可因其产生的阴影而使光滑的白色柱体表面不致在阳光下过于炫目；使柱与楣接合处柔和自然，并可减少负重感觉的柱头曲线；改变绝对的几何直线和比例，即所谓"视觉矫正"，借助人眼的错觉以获得美满和谐的效果的建筑线条与布局的处理；以及细腻的线条和精美的雕刻等等，都是在古代希腊的自然条件、建筑材料与结构的基础上形成的。在中国的黄河中下游，冬季寒冷，雨量集中在夏季，并时有暴雨，建筑遮风避雨防寒的功能比古希腊重要。石料虽有，但黄土地带的土（随后还有以土为原料的砖瓦）更易获致，因此建筑材料沿袭了早期的半地穴式房屋而主要为土（砖瓦）与木材。由于土的承重能力差，建筑结构主要采取了梁柱式的木构形式，土墙只起屏障和隔断作用。这类土木结构的建筑如何防雨防潮防朽是突出问题，这就使得中国的古建筑具有高台基，大的坡形屋顶，宽深的出檐，以及为节约木材，更好地利用木材的力学性能以加宽柱列间跨度及出檐深度的斗拱等一系列独具的特色，并在此基础上形成了中国古代建筑艺术的特殊风格。像无需考虑墙壁承重的室内空间的灵活布局，以及室内外少阻隔或无阻隔的亭、台、廊、榭；利用木材弹性及屋瓦重量和斗拱支撑所形成的屋顶的优美弧线和檐角的出跳；斗拱的装饰作用；室内的平棋和藻井；为防朽而施于梁柱斗拱的油饰和彩绘等等。

又如绘画。文艺复兴时期的意大利半岛干燥、晴朗、多山，一切景物都轮廓鲜明，线条清晰，色调差不多是固定的，转换的界限分明；尼德兰平原潮湿多雾，景物的轮廓由于水气的晕染而显得模糊，引人注意的不是物体的线条和鲜明单一的色调，而是物体的体积和从明到暗的不同光线强度和从淡到浓的色调的逐步变化，这就形成了文艺复兴时期意大利和尼德兰绘画的不同的艺术风格。[①] 作为中国画突出成就的山水画，"外师造化，中得心源"，早期的金碧山水、青绿山水固然是对画家熟悉的自然景物的真实描写，就是后来的文人的水墨山水，不管画家如何重视气韵，甚至以书法入画，强调笔墨趣味，不再追求自然景物的忠实再现，然而其线、墨、点皴，都是中国自然景物特征的抽象与作者自我表现的交融，那种独一无二的中国作风中国气派，仍是借着中国的自然景观的特殊风貌而表现出来的。

文学也是如此。黑格尔说过，爱奥尼亚明媚的天空大大有助于荷马的诗的优美。同样，九嶷云雨，洞庭木叶，芳州杜若，猿啾狖鸣，赋予情景交融的楚辞以特殊的无可替代的艺术魅力。诗经中的许多篇章，乐府中塞北的敕勒歌，江南的采莲曲，唐人的边塞诗，山水诗，都以对特定的自然环境的深入体察和艺术描写而成为令人难忘的作品。

以上所谈的只是举例性质。像哲学思想、宗教观念以及民族心理、民族性格等等与地理环境的关系，还有待深入论列，这里无法多谈了。

五

地理环境是社会物质生活和社会发展的经常的必要的条件之一，但它不是起决定作用的条件。起决定作用的是生产方式。

地理环境虽然是作为生产方式最活跃最革命的部分——生产力的必要因素，但是，在人与自然的关系中，人是起主导作用的。在生产力诸因素中，起决定作用的不是参与劳动过程或成为劳动过程必要条件的那些自然条件，而是制造和使用工具改变自然条件使之适合人们需要的劳动者。

---

① ［法］丹纳：《艺术哲学》，傅雷译，人民文学出版社 1963 年版，第 237—244 页。

"生产力是人们的实践能力的结果"①，"劳动首先是人和自然的过程，是人以自身的活动来引起、调整和控制人和自然之间的物质变换的过程。"②生产从目的上看，是改造自然以适合人的需要；从途径和手段上看，要经过人的劳动，劳动工具要经过劳动加工自不待言，劳动条件一般也需要经过劳动加工，才能成为劳动条件，例如场地的平整、道路的修建、航道的整治，乃至经过人工设计安排的采光、通风等等。在劳动对象中，经劳动加工过的劳动对象不必说了，天然存在的劳动对象，只要参加生产过程，实际上也打上了劳动的印记。天然存在的自然物要作为劳动对象，首先要被人们发现，其次需要认识其用途，然后还需要有这样的经验，即人们的劳动技术能够改变其物质形态。其中天然的非生物性物质，要经过劳动者的考察勘探，而生物则需经过调查、采集、驯化、育种，才能成为社会的劳动对象。因此，作为生产力要素的自然物质，几乎无一不是经过各种途径，用各种方式或多或少地经过劳动，才能成为生产力要素。最后，生产力诸因素只有结合起来才形成生产力，而这种结合只有经过人的劳动，或在劳动过程中才能达到。因此，生产力的决定因素不是自然条件。

但是这个问题不能绝对化。在局部地区和一段时间里，自然条件有时可以起决定性的作用。这是因为，自然条件的作用是在各种因素的复杂关系中显现出来的。一旦有关的因素及其关系发生变化，原先起决定作用的因素可能变为不起决定作用，而原先非决定性的因素可能成为决定性的。自然的灾难如此，自然的恩赐也是如此。庞贝城的毁灭，是永恒的；唐山市的毁灭，却是暂时的。居住在富饶的磷矿之上的南太平洋瑙鲁岛的居民，以往生活经年累月没有多少变化，但是到了现代，由于磷矿的开发竟使它成了世界上人均收入最高的国家之一。然而，磷矿即将开采完毕，这个岛国的前途还待居民自己努力奋斗。中东那些盛产石油的国家的命运也是这样。

① 马克思：《马克思致巴·瓦·安年柯夫（1846 年 12 月 18 日）》，《马克思恩格斯全集》第 27 卷，人民出版社 1972 年版，第 477 页。
② 马克思：《资本论》第 1 卷，《马克思恩格斯全集》第 23 卷，人民出版社 1972 年版，第 201—202 页。着重号是引者加的。

至于地理环境对生产以外的社会生活各方面的影响，同样也不是决定性的，起决定作用的是社会因素。地形平缓，交通便利固然是中国统一集权封建国家形成的一个有利条件，但类似的地形却并没有使中世纪的西欧成为统一国家。地形和气候固然有助于蒙古高原民族和南方汉族的交往和斗争，但主要的推动力量还是来自经济的以及民族的、政治的乃至社会心理的因素。地理环境促成了语言的区划，但并不能解释语言之何以形成。希腊的自然条件固然通过材料和结构影响了建筑的艺术风格，但它们只有依附于并融合于像神殿这样的宗教的社会的功能中才能得到表现。同样，地理环境也无法解释中国山水画何以到唐宋以后才兴起，又何以从早期的模写真实自然转变为元以后讲求神韵的文人画。

历史上不少学者在探讨社会发展的原因时，把注意力集中到地理环境上，从古希腊的希波革拉第、柏拉图、亚里斯多德，中国的司马迁，到资产阶级启蒙学者孟德斯鸠、德国古典哲学家黑格尔、英国社会学家巴克尔、俄国地理学家梅尼奇科夫以及中国的梁启超等，都在不同程度上提出历史发展的进程可以用整个地理环境或其中的某些因素（气候、地理位置等）的作用来说明。他们的论述不乏精辟的观点，并具有一定的唯物主义因素和历史的进步作用，但从根本上来说是错误的。

在马克思主义者关于地理环境作用问题的论述中，特别需要提出的是普列汉诺夫和斯大林的观点。

普列汉诺夫反复地阐明，过去人们往往错误地局限在探究人们周围的自然界在心理或生理方面对人的影响，而完全忽视了自然界对生产力状况，并通过生产力状况而对人类全部社会关系以及人类整个思想上层建筑的影响。他正确地说明了地理环境主要是从生产资料方面影响了生产力的，并且在一定程度上说明了人和自然交互作用的辩证关系。普列汉诺夫把地理环境的作用问题放置在历史唯物主义的基础上，这是他的重要贡献。

但是，普列汉诺夫有一个根本性的错误，这就是他把地理环境当成了生产力发展的决定因素，以致形成了一个公式：地理环境决定生产力——生产力决定生产关系——生产关系决定其他社会关系、社会结构和上层建筑。普列汉诺夫之所以出现这个错误，是由于他认为在生产力诸因素中，生产资料是决定性的，而忽视了人和劳动的作用。他说："人是从周围的自然环境中取得材料，来制造用来与自然斗争的人工器官。周围自然环境的性质，决定着人的生产活动、生产资料的性质。生产资料则决定着人们在生产过程中的相互关系，……正如一个军队的武装决定它的整个编制和它的组成员的相互关系一样。人与人之间的相互关系，则在社会生产过程中决定着整个社会结构。自然环境对社会结构的影响是无可争辩的。自然环境的性质决定社会环境的性质。"①

　　普列汉诺夫虽然反复宣传地理环境最终对社会发展起决定作用的观点，但他似乎也感到未免绝对，因此有时对之加上一点限制。如"社会生产力的发展在很大程度上决定于地理环境的特点"②，"生产关系是在特定的生产力的基础上产生的，而生产力又在相当程度上依赖于地理环境"③。更重要的是他又提出了一个补充意见，即："包围着人的自然本身给了人以发展他的生产力的第一个可能"，"第一个推动力"或"原始推动力"。在此之后，即社会关系产生后，社会关系（生产关系）"是结果，生产力是原因，但是结果本身又变成原因；生产关系又变成生产力发展的一个新来源。""生产关系和生产力的相互影响，造成了一个社会运动，这个社会运动有它自己的逻辑和它自己独立于自然环境的规律。""自然环境在这种情形之下所能为力的事，只是由助成生产力的发展来促进这个运动。""人为的环境是非常有力地改变着自然对社会的人的影响的。""人对地理环境的依赖从直接的变成间接的了。地理环境经过社会环境影响于人。"④

---

① 普列汉诺夫：《唯物主义史论丛》，《普列汉诺夫哲学著作选集》第 2 卷，生活·读书·新知三联书店 1961 年版，第 168 页。着重号是原文有的。

② 普列汉诺夫：《谈谈历史》，《普列汉诺夫哲学著作选集》第 2 卷，生活·读书·新知三联书店 1961 年版，第 250 页。着重号是引者加的。

③ 普列汉诺夫：《尼·加·车尔尼雪夫斯基》，《普列汉诺夫哲学著作选集》第 4 卷，生活·读书·新知三联书店 1974 年版，第 333 页。着重号是引者加的。

④ 上列引文按引用先后次序出自：《论一元论历史观之发展》，《普列汉诺夫哲学著作选集》（以下简称《选集》），第 1 卷，生活·读书·新知三联书店 1959 年版，第 767 页；《替经济唯物主义说几句话》，《选集》第 2 卷，生活·读书·新知三联书店 1961 年版，

但是，人类之成为人类，就是因为他是通过劳动及使用和制造工具来支配自然界，从而同仅仅利用外部自然界的动物有着本质的区别。人类作为动物固然也是自然界的一部分，但从一开始人的自身就是"作为以一种自然力与自然物质相对立"①，而且从一开始就是结成一定的社会关系来从事劳动和生产的（普列汉诺夫对此有许多正确的论述）。古猿怎样演化成为人的问题，今天还不能说是完全解决了，还需人类学家、古生物学家、考古学家、地质学家等继续探索。但是，不论变化着的自然条件在人类的形成上起了多大作用，不论人类形成的时期对自然界的依赖是何等大，对自然界的支配能力是何等的薄弱，生产关系和社会组织是何等的原始，也不论人类的形成要经过多少漫长的岁月和中间过渡阶段，但终究不能认为存在着完全受自然界支配的人类，存在着没有生产关系或社会组织的"原始生产力"。如前所述，自然环境既然始终作为生产资料的物质材料而对生产力起作用，通过生产力对生产关系及上层建筑间接地起作用，而且始终也对生产力以外的其他社会生活方面起作用，那么，那种把人类早期地理环境通过生产力起直接的决定作用，后来通过生产力对社会环境的影响而间接地起作用的说法不免是不正确和混乱的了。因此，普列汉诺夫关于地理环境对社会发展的决定作用的这个补充是错误的，而且同他许多正确的论述是相矛盾的。

普列汉诺夫还有一个提法："只因为地理环境的某些特殊属性的荫赐，我们的人类的祖先才能提高到转化为 tool making animals（制造工具的动物）所必要的智慧发展的高度。和这完全同样地，也只有地理环境能够给这个新的'制造工具'的能力以使用和改造的余裕。在生产力发展的历史过程中，人的'制造工具'的能力，首先应该看做是不变量，而使用这个

第227页；《谈谈历史》，《选集》第2卷，第250页；《唯物主义史论丛》，《选集》第2卷，第169页；《论唯物主义的历史观》，《选集》第2卷，第273页；《论一元论历史观之发展》，《选集》第1卷，第766页。着重号都是原文有的。

① 马克思：《资本论》第1卷，《马克思恩格斯全集》第23卷，人民出版社1972年版，第202页。

能力的周围的外间条件，看做是经常变动的量。"①普列汉诺夫认为，一定历史发展阶段人们改造自然或制造工具的能力是一个确定的量，这个能力能实现到什么程度则决定于周围的自然条件。这里，还是夸大了自然条件的作用，而把人的改造自然的能力置于一种完全受动的地位。实际上，人与自然的交互作用是一种复杂的关系，不能说一方不变一方可变。而这种关系的变化是有规律可循的，即总的趋势是人类对自然支配的能力越来越大，自然条件则随人的支配自然能力的扩大而越来越得到充分的利用。而人的改造自然或制造工具的能力则在人与自然的交互关系中或生产过程中居于主导的地位。因此，在地理环境对社会发展的作用问题上，普列汉诺夫尽管发表了不少正确的意见，但也有错误和自相矛盾之处，并没有摆脱"地理环境决定论"的束缚。

斯大林的《论辩证唯物主义和历史唯物主义》阐明了生产方式是决定社会性质和社会发展的主要力量，否定了地理环境决定社会性质和社会发展的错误观点，这是正确的。但是对地理环境何以对社会发展不起决定作用的分析，却不能认为是正确的。第一，他谈到社会生产力时只提到两个要素，即生产工具和人，而把劳动对象排除在生产力要素之外，这就不免贬低了地理环境对生产力性质和发展的重要意义。第二，由于把地理环境基本上排除在生产力要素之外，地理环境对社会的影响就只能基本上是外部的而非内部的了。而地理环境也就只能从量和时间方面加速或延缓社会发展进程，至于地理环境从质的方面，即对生产力性质、社会特点等方面的影响则完全不在考虑之列。第三，断言社会的变化和发展比地理环境的变化和发展快得不可比拟，因此地理环境不能是社会发展的决定的原因。这里，斯大林在人和自然的关系上，把地理环境当成了几乎是绝对静止的因素（这和普列汉诺夫的论点正好相反），完全忽视了地理环境自身的某些变化对社会发展仍然可能起着或大或小的作用。更重要的是完全忽视了地理环境在人的作用下会发生很大的变化，而这种变化反过来又会对社会

---

① 普列汉诺夫：《论一元论历史观之发展》，《普列汉诺夫哲学著作选集》第 1 卷，生活·读书·新知三联书店 1959 年版，第 681—682 页。着重号是原文有的。

发展带来巨大的影响。也就是说，斯大林完全忽视了人与自然的复杂的交互作用及其自然的和社会的影响，而是用一种机械论的观点来对待地理环境问题，贬低乃至实际上否定了地理环境对社会发展的重要作用。

自从《苏联共产党（布）历史简明教程》出版以来，斯大林的观点在我国长期占据了统治的地位。这不仅限制了从理论上对这个问题的探讨，而且也助长了在经济建设的实践中那种过分强调人的主观能动性，不顾客观自然条件的蛮干做法。因此，今天来深入探讨这个问题，无论是从理论上还是实际上都是必要的而且是有意义的。

（刊载于《历史研究》1986 年第 6 期）

什么是历史科学理论

——历史科学理论学科建设探讨之一

　　近几年来，历史科学理论受到了前所未有的重视，正在开始形成为历史学中的一个分支学科。但是，这门学科建设中的一些带根本性的问题，却不能说是已经弄清楚了。像历史科学理论究竟是什么，应当包括哪些内容，它与历史唯物主义、历史学及其各分支学科的关系是什么，它能不能形成一个严整的科学的体系，如何建设具有中国特色的历史科学理论体系，等等，都有待探讨，更需要通过实践来逐步明确和解决。这里，仅先就什么是历史科学理论以及它同历史学和历史唯物主义的关系问题，谈一点不成熟不系统的意见，以供讨论。

广泛意义上的历史科学理论和严格意义上的历史科学理论

　　各种社会现象都有专门研究它的学科。这些学科探寻某一特定社会现象的特殊规律及其应用问题。它们都有自己的专门理论和方法，如经济学理论、法学理论、文学理论、教育学理论等等。历史学需要有自己的专门理论和方法应当是不言而喻的事。但是，在历史科学理论学科的建设上却遇到了其他社会科学学科理论所不曾遇到的困难。其他社会科学学科大都是研究某一特定的社会现象，对象比较单一，范围比较明确，所涉及的理论和方法问题也比较明确。历史学研究的则是人类社会结构，各种关系的发展过程及其规律，具有广泛性和综合性的特点，其所涉及到的理论和方法问题方面很广，关系复杂，层次也多，这就不大容易为专门的历史科学理论划定一个明确的范围和界限。

就目前发表的有关文章和"历史科学概论"教材的编写和课程的讲授来看，对历史科学理论的内容和范围的理解几乎囊括了史学领域中的所有理论问题。这是对历史科学理论的一种相当广泛的理解。它至少包括了以下六个方面的内容。

第一个方面，历史唯物主义一般原理或规律的探讨。如历史发展的动力、五种社会经济形态是不是人类社会发展的共同规律、评价历史人物的标准，等等。

第二个方面，客观历史发展的辩证法。如历史发展的统一性与多样性、连续性与阶段性、前进性与曲折性、必然性与偶然性、一般性与个别性、历史过程中的诸种矛盾及其相互作用，等等。

第三个方面，历史唯物主义的一般原理或规律在特定的时代、地区、民族和社会现象领域的发展过程中的具体化，或特定的时代、地区、民族和社会现象领域历史发展的特殊性和特殊规律。其中属于某一特定时代、地区、民族的如中国古史分期、中国封建社会长期延续等方面研究中的理论问题。属于某一特定社会现象领域的如阶级、阶层、等级、宗族、家族、家庭、婚姻、民族、农民战争、专制主义中央集权制度、封建经济结构、封建土地所有制形式、资本主义萌芽等方面研究中的理论问题。

第四个方面，历史学本身的理论和方法问题，或者换句话说，以历史学本身而不是以客观历史为对象的一些理论和方法问题。如历史学的对象、任务、特点、历史与现实的关系、历史认识的特点、历史学的层次与结构、历史学的方法，等等。

第五个方面，史学史和当代各种史学思潮、流派、观点的研究和评论。

第六个方面，对当前历史研究和历史教育的任务、问题与倾向的研究和评论，如历史研究与历史教育在社会主义精神文明建设中的作用、史学领域中"左"的和右的倾向的表现与批判，等等。

如果进一步分析一下，上述六个方面可以归结为两大类。第一、二、三这三个方面是以客观历史为对象的研究中的理论问题。第四、五、六这三个方面，则是以历史学本身为对象的研究中的理论问题。

历史学①与经济学、法学等不同，它是一门综合的学科，它的研究对象是人类社会发展过程而不仅是某一特定的社会现象。在这一点上，它同历史唯物主义相类。既然历史唯物主义的基本原理和方法是历史研究的指导，这就发生了历史学的理论和方法同历史唯物主义相重复的问题。上述的从广泛意义上理解的历史科学理论的第一、第二方面，即是如此。

由于历史学是一门综合的学科，它要研究各种社会现象的发展过程、它们在发展过程中的相互关系，以及由这些社会现象组成的整个社会结构或社会形态的发展过程。这又发生了历史学同那些研究某一特定社会现象的学科的交叉问题。因此其他学科的理论和方法也应当运用于历史研究之中，成为历史研究的理论和方法的一部分。像上述第三个方面中涉及的一些理论问题，如封建土地所有制、资本主义萌芽、民族等，实际上是应当用经济学、民族学等的理论和方法作为指导的。

至于探讨历史唯物主义一般原理或规律在特定的时代、地区、民族及社会现象领域的历史发展过程中的具体表现，或特定时代、地区、民族及社会现象领域的历史发展的特殊性和特殊规律，这个任务是由整个历史学，或者说是由它的各个分支学科如通史、国别史、地区史、断代史、专史等等来承担的。指导整个历史学和它的各分支学科研究的理论和方法就是历史唯物主义（也涉及到其他社会科学学科的理论和方法），而这些分支学科则把自己理论化的研究成果作为丰富和发展历史唯物主义（也包括其他社会科学学科的理论和方法）的材料。像中国农民战争和中国封建社会长期延续问题的研究，正是历史唯物主义关于封建社会发展的普遍规律和阶级斗争学说与中国封建社会历史实际相结合的课题。这些研究的理论

---

① 历史科学有广义、狭义之分。我们这里讨论的是以人类社会历史发展过程为对象的狭义的历史学。狭义历史学中的一些分支，即各种专门史，如经济史、法制史等，是跨学科的，既属于经济学、法学等，也属于历史学；我们在这里是把它们放在历史学的范围里来讨论的。

化的成果既是中国史这一历史学分支学科的不可分割的组成部分，也是中国史这一历史学分支学科乃至整个历史学与历史唯物主义之间的中介环节。

因此，从广泛的意义上说，我们固然可以把上述这些以客观历史为对象的研究中的理论问题都看成是历史科学理论的组成部分。但是，从严格的意义上说，作为历史学的一个分支的历史科学理论学科，不应当是历史唯物主义的一般原理和方法的重复，不应当是各门社会科学的理论和方法的重复，不应当是历史学各门分支学科研究的理论化成果的重复，也不应当是上述诸方面凑在一起的拼盘。

从严格的意义上说，作为历史学的一个分支的历史科学理论学科，应当有属于自己的专门的概念、范畴、原理和规律，并构成一个严整的科学体系。但是，如果把上述那些以客观历史为对象的研究中的理论问题都纳入严格意义上的历史科学理论学科范围之内，那我们所探讨的不过是许许多多与历史唯物主义、其他社会科学学科以及历史学各分支学科相重复的概念、范畴、原理和规律。由于这些方面的理论问题又几乎是无穷无尽的，而且多半具有不同的层次，于是我们面临的任务便成了建立一个庞大的、无所不包的历史科学理论学科体系，这样做不仅不可能，也不必要，于是实际的结果则是根本形成不了一个学科体系。

从广泛意义上理解的历史科学理论与其他学科的重复交叉及建立学科体系的困难，如果说在单独讨论某一历史理论问题时还表露得不大明显的话，在"历史科学概论"的教材编写和教学中就几乎是无法克服的了。目前，一些历史科学概论教材的编写和讲授往往侧重阐发历史唯物主义基本原理和方法及其在历史研究中的具体运用，但在阐述基本原理和方法时无法避免与哲学课的重复，而在阐述这些基本原理的具体化或阐述历史的特殊规律时又无法悉数列举，已经举出的也因篇幅或时间所限而语焉不详。为了避免重复，讲课时有时只好以对当前讨论中的各种观点、倾向的介绍评论代替原理、规律的阐述。这样，重复是避免了，但却更其失掉了这门课程的系统性。

因此我们认为，尽管上述六个方面的史学理论问题都需要广泛深入地探讨，但从严格的意义上说，历史科学理论学科的对象应当是历史学自身的理论和方法问题，即上述六个方面的第四个方面。对于"历史科学概论"课程的建设来说，尤其需要如此。事实上，历史学自身的理论和方法问题，也需要建设一个严整的、科学的、体系化的分支学科来专门探讨。

历史学和历史科学理论

作为历史学的一个分支学科，以历史学自身的理论和方法为研究对象的严格意义上的历史科学理论，在整个历史学中占据着什么地位呢？它与历史学的其他分支学科是什么关系呢？

历史学是一门以客观历史为研究对象的学科，它的任务是认识客观历史，这种认识可以称之为历史认识。它的内容就是对人类社会历史发展的具体过程的研究，这是由许多分支学科，也就是习惯说的通史、地区史、民族史、国别史、断代史、事件史、人物史、专史等等来共同承担的。它要回答的问题是客观历史是什么样子，它的关键性问题、重要的环节、发展的阶段、发展的规律是什么，等等。

但是，历史认识是主体和客体相互作用的产物，它的核心问题是如何使主观的历史认识同客观历史过程一致起来，如何正确地科学地反映客观历史。因此，历史学还包括了另一个方面，这个方面研究的不是历史认识的内容，而是历史认识的一般形式。即客观历史的一般特点、为什么要研究它、研究它的什么，历史认识的特点、范畴、原理和规律，以及获得历史认识的能力和方法，如何检验历史认识的正确性，等等。它要回答的问题不是客观历史是什么，而是怎样才能正确地阐明客观历史，如何发现它的关键性问题、重要的环节、发展的阶段和规律。简而言之，它不是直接研究历史的规律，而且研究如何探寻历史的规律，也就是研究历史认识的规律和方法。在具体的研究中，对历史认识内容的探求与一定的认识形式是结合在一起的，但是，上述的那些探索客观历史过程的分支学科对于历史认识的一般形式不可能过多地和系统地研究。历史唯物主义当然是对历史认识的一般形式的研究的指导，但是，在这个领域，历史唯物主义的基本原理和方法同样需要具体化，也还有一些与历史唯物主义基本原理和方法论体系没有直接联系的问题，上述这两方面的问题往往是历史唯物主义不可能多所涉及或无需多所涉及的。因此，在历史唯物主义和研究客观历史过程的历史学各分支学科之间，除去历史唯物主义基本原理的具体化或各分支学科研究成果的理论化这一环节或层次外，还需要有一个研究历史认识一般形式的层次或环节，还需要建立一门分支学科。这就是我们所说的严格意义上的历史科学理论，或者可以迳称之为"史学学"。它以历史唯物主义为指导，从具体历史研究的经验中总结概括出来，形成理论和方法，对具体历史研究的任务、方向、重点、广度、深度、高度、方法、科学水平、现实作用等等起着指导作用；而它本身又不断从具体研究的经验中得到丰富、充实、提高和发展。

由此可见，严格意义上的历史科学理论与其他社会科学学科的理论有所不同。其他社会科学学科理论探寻各个特定社会现象的特殊规律及认识这些规律的方法，即既探寻认识的内容也探寻认识的一般形式，而历史科学理论则仅仅探寻历史认识的一般形式，而把历史认识的内容的探寻留给历史唯物主义和历史学的其他分支学科。历史科学理论学科的这一特点，是由历史学的广泛性和综合性的特点所决定的。

研究历史认识即历史学本身的学科还有史学史。历史科学理论当然要研究历史认识的发展过程，即历史认识的历史。但它与一般所说的史学史不同。第一，史学史研究的对象包括历史认识的内容与历史认识的一般形式的发展，而历史科学理论则研究历史认识的一般形式的发展过程。第二，史学史按年代顺序阐述史学发展的过程，包括史学思想、观点、流派、体裁、重点史学著作和重要史学家的介绍评论等等，采用的是历史的形式，运用的主要是历史的方法。历史科学理论在探讨历史认识的一般形式的发展时，更多地是突出它的发展的规律，突出历史认识史与历史认识在思维中的发展的逻辑的一致性，它采用的是理论的形式，更多运用的是逻辑的方法。第三，历史科学理论学科体系的建设当然需要批判地继承史学遗产，但它的任务并不是批判地继承史学遗产，而是以史学遗产即史学史的研究成果作为材料，建立崭新的马克思主义的历史科学理论学科体系。这样，历史科学理论就与史学史区别开来了。

至于对当代各种史学观点、思潮、流派的研究和评论，及对当前历史研究和历史教育中的问题与倾向的研究和评论，它们同历史科学理论的关系与区别和史学史差不多，这里就无需多说了。

历史唯物主义和历史科学理论

严格意义上的历史科学理论学科既然是以历史学本身为研究对象，这就需要从历史学与历史唯物主义的区别入手，来看历史科学理论与历史唯物主义的区别何在。

（一）历史唯物主义同历史学研究的对象同是人类社会。不过历史唯物主义的对象范围更宽，它研究人类社会的过去、现在和未来，而历史学只研究人类社会的过去。因此需要深入探究客观历史的一般特点及由此而来的历史认识的特点和遇到的特殊问题。

历史是人创造的，但创造者认识先辈的创造活动却不容易。人类社会的过去是一个客观的实在，然而这个客观实在已经永远逝去不复再现。要认识它，只能凭借留存的史料（文献、遗迹、文物、口碑等），通过研究者意识的活动尽可能近似地把它摹写出来。但是这些史料只反映了历史的片断，而且若非生动的客观历史过程的僵死的物化遗骸，就是前人的记述，亦即前人的意识活动选择、加工过甚至歪曲了的客观历史，总之都不能完整准确地反映客观历史本身。研究现状的科学在处理材料时也会遇到同样的问题，但可通过搜集更多的材料和通过实践（如典型调查、统计分析、试点、推广运用等）来比较、鉴别、深化、扩展乃至改造、推翻已有的知识和结论。历史研究一般则没有这样的条件，它只能通过那些并不完整准确的史料去摹写永不再现的历史。这就是历史认识所遇到的一个特殊问题。

然而比之现实问题的研究，历史研究也有一个有利的条件。现实事物的发展过程往往并未终结，各种矛盾运动往往尚未充分展开，活动的长远后果往往尚未显露，这都给研究者带来困难。历史研究却多少可以摆脱这些局限，特定的历史事物发展的全过程、各阶段都展现在人们面前，可以对之进行比较全面完整的考察，可以从后果追溯渊源，从后来的已经充分发展了的形式探索以往尚未充分发展的形式，从矛盾的充分显露了解原是隐藏着的矛盾的萌芽。即可以站在某段历史过程之上或过程之外，或者换句话说，站在现实的高度来研究它，不致有"不识庐山真面目，只缘身在此山中"的困难和遗憾。此外，历史的东西还有不少保留在现实之中，了解它们也有助于对历史的了解。但是，站在特定的历史过程之上或过程之外并不等于脱离历史；现实中的历史的东西往往以萎缩、歪曲或发展了的形式存在着，它们与历史上存在的东西已经不同，与其他事物的关系也大有差别，起的作用自然也很不一样；忽视了历史同现实的联系及其差别，忽视了历史上存在的东西与现实中存在的历史的东西的联系及其差别，就会导致对历史的错误理解。这是历史认识遇到的另一个特殊问题。

凭借史料摹写历史要靠研究者的意识活动，而这种意识主要是在现实生活中形成的，它要借助于现代人的感受、知识和经验，要运用现代的概念、范畴、理论和方法，这是今人的历史认识一般地优于古人的地方，但也常会带来对历史的隔膜乃至歪曲。好些历史的东西久已在现实生活中消逝，以致今人对古人熟悉的事物、风尚、心理、思潮等以及一些历史的细节茫然无知或难于理解。这就需要研究者深入到历史中去探索、感受、体验。但这种深入又必须立足于现实的基地、现实的高度，否则最好的情况也不过是在古人的认识水平上摹写当时的历史，而且由于时代不同，这种摹写将更其苍白失真。但是，如果把现代人的观点、感受、思想强加到古人头上，无疑也会给历史带来歪曲。总之，如何使研究者的意识活动正确地科学地摹写客观历史，这是历史认识所遇到的又一个特殊问题。

现实的需要，人们对现实的看法以及现实生活中的其他种种因素总在影响着史学研究的方向、选题、重点、倾向，这种影响有些有助于对历史的正确理解，有些也会加深对历史的隔膜。研究者个人的阶级立场、世界观，以及理论、方法、学力、识见、才能乃至文化科学知识和道德品质素养，对研究者的认识历史也会起着良好的或消极的作用。这些，自然也是需要研究的问题。

上述这些历史认识的特点和特殊问题，以及影响历史认识的种种因素，是历史唯物主义的一般原理和方法不可能多所涉及或不需要多所涉及的，它们正需要由历史科学理论来专门加以研究。

（二）历史唯物主义同历史研究的基本任务同样是阐明人类社会的结构、关系的发展过程及其规律，但实现这个任务的途径有所不同。社会科学认识的普遍规律是从具体的感性知识上升到个别的抽象，再从个别的抽象经过思维而达到具体东西的充实深刻的再现。历史唯物主义体现这一规律的途径，是对客观历史过程按其本身内在的规律经过思维加以修正，摆脱了历史的形式及偶然性的干扰，对客观历史过程的每一个要素在它完全成熟而且具有典范形式的发展点上加以考察，把材料的生命观念地反映出来，形成一个科学的理论结构。历史研究的途径与此不同，它的任务是如实描写历史发展的真实的具体的过程，使它的生命和运动得以再现。它不排斥历史的细节、偶然性、多样性、特殊性、曲折和偏差等等。历史的规律正是通过这样的描写表现出来而不是抽象出来，是融合在具体历史过程的叙述之中而不是升华于具体历史过程描述之外。这样，历史的细节、偶然性、多样性、特殊性、曲折和偏差等等也就成为可以理解的，它们在历史发展中的作用也就能够得到说明。在历史认识从具体上升到抽象的过程中，历史研究提供了具体，在历史认识从抽象经过思维再现为具体的过程中，历史研究又为具体的丰富深刻的再现提供材料。具体的历史研究与历史唯物主义理论的建设相辅相成，互相促进。

不仅如此，历史唯物主义形成了科学的理论体系之后，还需要在实践中不断加以检验、具体化和进一步发展。它作为一种基本的理论和方法，指导历史研究向未知的或新的领域进军；使已知领域的历史认识进一步深化。历史唯物主义所总结的人类社会发展的普遍规律还需要通过对各国、各民族、各地区、各时代、各种社会现象历史发展的特点及特殊规律的研究来体现、丰富和充实。而历史研究的这些成果又成了历史唯物主义进一步发展的材料。没有历史研究作为基础，历史唯物主义不过是空洞抽象的教条；没有历史唯物主义作指导，历史研究不过是盲目的经验主义的现象罗列。因此，应当深入探索历史研究与历史唯物主义不同的认识人类社会发展过程的途径，以及二者之间的关系。这个任务应当由历史科学理论来承担。

（三）由于历史唯物主义同历史学实现其基本任务的途径不同，二者的基本研究方法也就有所差别。一切社会现象都是在个别中表现了一般，在偶然中表现了必然，在其发展进程中表现了规律，也就是在历史的东西中表现了逻辑的东西。因此，社会科学的方法是逻辑方法与历史方法的统一。历史唯物主义不是讲某一个民族、某一个社会的具体历史进程，而是讲一般的历史发展进程。它在贯彻逻辑方法与历史方法统一的原则时，侧重逻辑方法。从个别中抽出一般，从偶然性的东西中抽出必然性的东西，排除非典型的、不成熟的形式；从客观历史的具体运动中抽象出普遍的一般规律。它摆脱历史的形式，不是按历史的具体面貌叙述历史，而是把历史按"抽象的理论前后一贯的形式"，"观念地反映出来"。

历史学则不同。它按照时间的顺序，如实地摹写某一个民族，某一个社会发展的具体过程。在贯彻逻辑方法与历史方法统一的原则时，侧重历史方法。从个别中见一般，从偶然中见必然，从大量非典型、不成熟的形式中突出典型成熟的形式，从具体历史过程的描述中显示规律。这种方法不摆脱历史的形式，而是最充分地运用了历史的形式。它不是把材料的生命观念地反映出来，而是要把材料的生命具体地活生生地再现出来。这种研究历史的方法，需要历史科学理论来深入探究。

一般的科学方法运用于历史研究，总会具有其特点或适用的范围，史学领域中也还有其自己的特殊的方法，这些，也是需要深入系统探究的问题。

因此，在历史唯物主义一般原理和方法指导下建设起来的历史科学理论，是应该也可以同历史唯物主义适当地区别开来的。

　　综上所述，我们认为，历史科学理论有广泛意义上的和严格意义上的两种理解。作为一门历史学分支学科的建设，特别是作为"历史科学概论"课程的建设，应当以严格意义上的历史科学理论作为自己的范围。

1983 年 3 月初稿

1984 年 3 月修改

（刊载于《历史研究》1984 年第 3 期）

从事实出发是历史认识的规律

一

　　社会历史的研究真正成为一门严格意义上的科学，是随着马克思主义的诞生开始的。

　　历史学所研究的人类社会的发展过程是有规律可循的。鲜明地揭示这一点，把它置于彻底的唯物主义基础之上，并进而科学地阐明人类社会发展的普遍规律，是马克思、恩格斯的伟大贡献。这也正是马克思主义的历史科学不同于以往的历史学以及后来的各种非马克思主义的史学流派的根本特点。

　　恩格斯在《反杜林论》里说过："现代唯物主义把历史看作人类的发展过程，而它的任务就在于发现这些规律。"列宁在《卡尔·马克思》一文里也说："发现唯物主义历史观，或更确切地说，彻底发挥唯物主义，即把唯物主义运用于社会现象，就消除了以往的历史理论的两个主要缺点。第一，以往的历史理论，至多是考察了人们历史活动的思想动机，而没有考究产生这些动机的原因，没有摸到社会关系体系发展的客观规律性；没有看出物质生产发展程度是这种关系的根源；第二，过去的历史理论恰恰没有说明人民群众的活动，只有历史唯物主义才第一次使我们能以自然史的精确性去考察群众生活的社会条件以及这些条件的变更。马克思以前的'社会学'和历史学，至多是积累了片断收集来的未加分析的事实，描述了历史过程的个别方面。马克思主义则指出了对各种社会经济形态的产生、发展和衰落过程进行全面而周密的研究的途径，因为它考察了一切矛盾趋向的总和，并把这些趋向归结为可以确切判明的社会各阶级的生活和生产条件，排除了人们选择某一'主导'思想或解释这个思想时所抱的主观主义和武断态度，揭示了物质生产力的状况是所有一切思想和各种趋向的根源。人们自己创造自己的历史，但人们即人民群众的动机由什么决定，各种矛盾思想或意向间的冲突由什么引起，一切人类社会中所有这些冲突的总和究竟怎样，造成人们全部历史活动基础的客观物质生活生产条件究竟怎样，这些条件的发展规律又是怎样，——马克思对这一切都注意到了，并指出以科学态度研究历史的途径，即把历史当作一个十分复杂并充满矛盾但毕竟是有规律的统一过程来研究的途径。"

马克思主义的创建，使历史研究真正成为严格意义上的科学，这不是偶然的。这是人类历史认识发展的合乎规律的必然结果，也是历史学本身发展的合乎规律的必然结果。历史认识的发展和历史学的发展二者是一致的，也就是逻辑的东西与历史的东西的统一。

二

我们是怎样认识历史的呢？

对历史的认识总是先从了解和积累具体的个别的历史事实开始的。人类要维持生存和得到发展，就需要把已经获得的知识、技能、经验等等保存下来，传给后代，作为进一步创造新历史的出发点。整个人类社会如此，个别的人也是如此。从事实出发，这是历史认识的基础和出发点。

然而，历史认识没有也不可能仅仅停留在掌握个别的、具体的历史事实上。在按照时间顺序和彼此关系来整理、研究、叙述、运用这些历史事实的过程中，人们逐渐认识到某些事实之间存在着一定的依存和制约的关系，存在着一定的因果关系，存在着若干共同的特性；并且开始企图把这些关系和特性加以概括和总结，以供人们在生产斗争、阶级斗争、文化科学艺术活动及社会生活的其他领域中应用。开头，人们只是注意到那些最直接、最简单、最明显的关系、原因和结果，比较事物之间外部的形似，运用的也多半是形式逻辑的方法特别是类比的方法，这样，人们就开始从过去发生的大量历史事实中总结正反两面的历史经验，用以指导自己现实的活动，即所谓"前事不忘，后事之师"。

然而，在历史认识的这个阶段上，人们还不能认识到比较复杂的、深远的、隐蔽的关系、原因和结果，也还不能发掘出事物最本质的东西及最深刻的相互关系。因此这种历史经验的总结就不免是具体的、局部的、狭隘的、片面的和表面的。汉唐之初的君臣总是念念不忘秦隋灭亡的经验教训，用它来警惕自己，并且据此制定政策，采取行动，终于取得了历史上有名的"文景之治"和"贞观之治"的良好成就。然而，他们借以成功的经验终究是一种狭隘的经验。他们认识到秦隋灭亡是由于剥削压迫太甚，奢侈暴虐过度，终于在农民起义的浪潮中倾覆。秦隋的灭亡，使他们在一定程度上认识到人民力量的伟大。特别是唐太宗讲到君民关系是一种舟和水的关系，"水能载舟，亦能覆舟"，要时刻警惕，约束自己的贪欲，这种比喻最早见于《荀子》和《吕氏春秋》，并不新鲜，然而出自亲身经历了隋末农民大起义的唐太宗之口，就具有了深刻的现实意义。唐太宗的这种认识，在封建社会中可以算得上是很深刻的思想。但实际上仍是一种带有浓厚的阶级局限与时代局限的狭隘经验。把君臣关系看成是舟与水的关系，实际上是站在地主阶级立场上总结如何对农民进行统治的经验，只是考虑如何能有行舟之利而无覆舟之害，其着眼点是在舟而不在水，在君而不在民。因此，它并没有真正反映出地主阶级与农民阶级关系的本质，没有看到这对矛盾的不可调和性，没有看到地主阶级出于其剥削阶级的本性，可以在特定时期抑制一下自己的贪欲，缓和一下与农民的矛盾，但却不可能长久限制自己的贪欲，不可能不加强对农民的剥削和压迫，也就终究不可能解决与农民的尖锐的阶级矛盾，因此，像这一类的经验，有些能起作用，有些却不能起作用，有时能起作用，有时又不能起作用。到一个王朝的末朝，尽管阶级矛盾十分尖锐，地主阶级中某些人物也反复地大声疾呼要以前代王朝覆灭的教训为戒，采取缓和阶级矛盾的措施，但整个地主阶级却置若罔闻，照旧让社会危机发展下去，终于重陷前代王朝的覆辙，就是这个原故。

在过去人们总结的历史经验中，还有不少是片面的，以偏概全的。李商隐的咏史诗："历览前贤国与家，成由勤俭破由奢。"有一定道理，但却缺乏普遍性。无论是国与家，勤俭而成的固然不乏其例，但不成的可能更多；而国破家亡，奢侈固然是一种因素，但往往不少是勤俭而仍不免衰亡的，农民胝手胼足，终日劳苦，生活低下，不可谓不勤俭，但仍然不免破产。这种片面的经验，在某些条件下不但不能对人们起正面的教育作用，反而成了错误乃至反动的东西的辩护词。土改和"三反五反"时，不是有一些地主和资本家鼓吹自己是勤俭起家，以此来掩盖自己的剥削行为，并诬蔑工人农民是由于好吃懒做才陷入贫困的么。

过去总结的历史经验中，也还有不少只仅仅反映了事物的表面现象。例如，《三国演义》开头的"话说天下大势，分久必合，合久必分"，应当说是带有相当的普遍性，而且看出历史是在变化着，含有一定的朴素辩证法的因素。然而，它抓住的终究是表面现象，并没有回答何以分，何以合这样一个更深一层的本质的问题。如果一定要回答，那《三国演义》的作者不是把它归之于天命，就是把它归之于英雄。这样，就不免陷进历史唯心主义的泥坑里去了。

随着历史事实和经验的积累，随着这些历史知识和经验在人们实践过程中经受长期的、反复的检验，其中错误的得以清除，片面的得到补充，贫乏的予以充实，表面的令其深入，零散的加以综合，混沌的予以明晰，特殊的确定其适用范围，一般的确定其普遍意义，人们开始逐步接触到历史事物中比较复杂的、深远的、隐蔽的关系、原因和结果，开始认识到事物之间本质的东西，然后从中总结出原则、规律和理论来。历史的认识，就是这样从掌握个别的、具体的历史事实开始，经过对历史经验的概括，最后上升为规律和理论的。事实——经验——规律，这是历史认识的三个互相承续的阶段，也就是毛泽东同志所说的"实事求是"的过程。

事实——经验——规律，这又是历史认识的三个必经的阶段。历史事实是历史研究的出发点，但历史的认识无论如何也不能仅仅停留在历史事实的搜集与叙述的阶段上。历史的认识，本来出于社会实践的需要。人们的社会实践必然要否定那些错误的历史认识，显示那些表面的、片面的认识的局限；而实践的需要又推动着人们去进一步探明历史的真相，认识历史事物的本质和规律；同时，社会实践又为历史认识的深入提供了可能。因此，从具体的历史事实上升为历史经验再到规律和理论，是历史认识的必经过程，也是历史认识的规律。

以中国近代的进步分子对外国资本—帝国主义的认识为例。鸦片战争时期，进步的地主阶级知识分子如龚自珍、魏源、林则徐等人首先只看到资本主义国家"船坚炮利"、"国富民强"这样一些表面现象，因而主张建立新式军需工厂，学习制造"西洋奇器"来同外国侵略者对抗。19世纪60年代以后，一些具有资产阶级改良主义思想的知识分子，开始企图透过"船坚炮利"之类的表面现象，进一步探索西方资本主义国家强大的原因。早期的改良主义者薛福成等人，还只是认为西方富强的原因在于"振兴商务"即有强大的资本主义工商业，因此主张中国也发展民族工商业，学习西方资本主义国家"藏富于民"的经济制度，后来的陈炽、郑观应乃至康有为、梁启超等人，就进一步认识到资本主义富强的原因还在于它们有保障工商业发展的政治制度——资产阶级议会制度，从而主张中国学习这种制度，实行君主立宪。戊戌变法的失败证明改良主义的道路行不通。20世纪初，中国出现的资产阶级革命派就唾弃了君主立宪的思想，而醉心于美法等国的资产阶级民主共和国制度，企图以此来挽救中国的危亡。另一方面，他们也初步看到资本主义制度的若干矛盾，幻想中国在民主革命成功后能避免走资本主义道路。同时，他们又对帝国主义的侵略本性认识不清，幻想在帝国主义的许可甚至支持之下进行革命。只是到十月革命和五四运动以后，中国的先进分子找到了马克思主义，才真正认识了帝国主义的本质和它必然灭亡的规律，找到了中国人民解放的正确道路。中国先进的知识分子对帝国主义的认识，就是这样随着外国侵略者对中国侵略的逐步加深和中国人民反帝斗争的逐渐发展不断提高和深入。从感性的具体知识中逐渐概括出若干历史经验，最后上升为规律和理论的。

自然，在历史认识过程中，事实、经验、规律三者并非互相排斥，或截然分开。从事实上升为经验，从经验上升为规律，不仅是人们的认识逐步深入的过程，同时也是人们的认识的逐步拓展丰富的过程。历史认识的后一阶段，已经包含了前一阶段的主要内容。规律的发现，有待于事实和经验的大量积累，而规律的发现，不仅能够对事实和经验的认识更其深刻，而且又为事实和经验的进一步积累指明了方向，开拓了新的途径。规律固然更为深刻精炼，但却无法代替具体、丰富、形象的事实和经验的巨大作用，如果不是以事实和经验作为自己的血肉，规律不过是没有生命的骨骼。事实、经验和规律，一方面是历史认识的三个阶段，同时，在历史认识过程中，它们又互为条件，互相补充。

历史认识的规律也体现在历史教学的过程中。对儿童和少年来说，历史教学的任务，首先是用生动有趣的方式讲述最重要的历史事件和历史人物，使他们得到具体鲜明的感性知识，然后在这样的基础上随着学生年龄的增长，抽象思维能力的加强和文化科学知识的丰富，而逐渐增加对历史事物的分析和概括，阐明历史发展的基本规律，使学生逐渐获得对于历史的较为深刻的认识。

三

历史学本身的发展也是同历史认识的规律基本吻合的。"在科学上是最初的东西，也一定是历史上最初的东西"。[①] 历史学的发展，正是在大体上经历了从叙述事实到总结经验再到探寻规律这样的三个阶段。

历史的叙述和编纂起源于对过去知识积累的需要与审美和教育的要求。古代的传说中即保留了许多历史事实。中国《诗经》里的《商颂》、《周颂》、《鲁颂》，尝用颂歌的形式，传述了古代的史事，表彰了先人的功业。《楚辞·天问》也在神话传说中夹杂了古史。希腊荷马的史诗，犹太人的《旧约》，维金人的史诗《伊达》，日耳曼人的《尼伯龙根之歌》等，都反

---

① 列宁：《黑格尔〈逻辑学〉一书摘要》，《列宁全集》第 38 卷，人民出版社 1959 年版，第 107 页。

映了本民族远古的历史。传说史诗之外，吸取过去生活、斗争知识，夸示功业，表扬神迹，及祭祀、人事的需要，也需记载前代史实。中国古代尝置史官，职责主要是记言和记事，记言和记事的内容，已包含过去的历史。商代卜辞中，即曾列举先王世次。河北易县出土的三枚商代句兵，铭祖名八、父名六、兄名六，记述商时北方某侯国的先君世系，已是历史记载的滥觞。秦汉以前的《世本》，则录黄帝以来至春秋时帝王公侯卿大夫祖世所出，这种世系的记载后来遂发展成为谱牒及编年史。在西方，则有古代埃及的"帝王表"，记述第五王朝事迹的"巴勒摩刻石"，刊于卡纳克阿蒙庙周围廊庑墙上的帝国时代托兹米司第三的纪年史；巴比伦的"君主名代表"；亚述的"职官年名表"；波斯的"贝斯敦石刻"中所记的大流士王世系；古代希腊的"奥林匹亚运动会优胜者题名录"，"雅典行政官名表"；古罗马的"大纪年史"、"节期表"、"历象志"、"世俗行政官年表"等等。在历史学发展的这个阶段，人们对历史学的观念也必然停留在记述事实这一点上。中国商代甲骨文里，"史"、"事"二字不分，周初金文中才微有区别。《说文》云："史，记事者也。"犹存古义。在古希腊，"历史"一字，即指"关于已知之事及经过研究之事的叙述"。被欧洲人称为"历史之父"的希罗多德，在他的《历史（希腊波斯战争史）》一书的一开头就宣称他著述的目的是："保存人类的功业，使之不致由于年深日久而被人们遗忘，为了使希腊人和异邦人的那些值得赞叹的丰功伟绩不致失去它们的光彩、特别是为了把他们发生纷争的原因给记载下来。"[1]在书中，他又提出他写历史的原则是："我的职责是把我所听到的一切记录下来，虽然我并没有任何义务来相信每一件事情。"[2]

随着社会生活的复杂化和历史知识的积累，单纯记事之外，人们开始比较过去的各种历史事实，比较历史与当代生活，企图从中总结出某些具有共同性的东西，作为对自己那个时代有用的经验教训，或者在道德上起着劝善戒恶的作用。西周初年的文献中即常强调以殷为鉴，《尚书·无逸》

---

[1] ［古希腊］希罗多德：《历史》，主以铸译，商务印书馆1959年版，第167页。
[2] ［古希腊］希罗多德：《历史》，主以铸译，商务印书馆1959年版，第525页。

篇记周公陈无逸之义，更是反复用殷周史事来加以说明。到孔子删定《春秋》，"寓褒贬，别善恶"，企图"以道义拨乱世反之正"。从此，鉴往知来，垂戒立训就成了中国史学的一个重要传统。司马迁作《史记》，自称是"罔罗天下放失旧闻，王迹所兴，原始察终，见盛观衰"，"究天人之际，通古今之变，成一家之言"。刘知几认为著史的用处在于"见贤而思齐，见不贤而内自省，若乃《春秋》成而逆子惧，南史至而贼臣书，其记事载言也则如彼，其劝善惩恶也又如此。由斯而言，则史之为用，其利甚博，乃生人之急务，为国家之要道，有国有家者，其可缺之哉"①！宋朝的皇帝把司马光的编年史定名为《资治通鉴》，明示其目的在于为封建统治者提供进行统治的历史经验。司马光在《进通鉴表》中说此书"专取关国家盛衰，系生民休戚，善可为法，恶可为戒者，为编年一书"，以供统治者"鉴前世之盛衰，考当今之得失，嘉善矜恶，取是舍非，足以懋稽古之盛衰，跻无前之至治，律四海群生，咸蒙其福"。在西方，稍后于希罗多德的古希腊史学家修昔底德已经提出他的写作目的是："如果那些想要清楚地了解过去所发生的事件和将来也会发生的类似事件(因为人性总是人性)的人，认为我的著作还有一点益处的话，那么，我就心满意足了。"②另一个著名的古希腊史学家波里比阿提出，史学的价值即在其为"以实事为训的哲学"。罗马作家西赛罗说："历史是生活的教师。"塔西陀说："历史最高的任务在于尽记有价值之事，不使有所遗漏，而以后世之唾骂为戒，使读者不敢有恶言恶行。"这种以历史为鉴戒的观点在欧洲中世纪神学史学中发展到了最高峰。最有名的神学家奥古斯丁说："历史是一部上天下地，赏善罚恶的说明书。"过去的历史完全被当成了上帝意旨的证明和教训世人的材料。

　　社会的进一步发展和历史认识的进一步发展向史学提出了探寻历史规律的任务。在中国封建社会中，探求历史规律的企图早已存在，司马迁的"究天人之际，通古今之变"，已经是一种探寻规律的朦胧企图，刘知幾、

---

① （唐）刘知几：《史通》卷 11《史官建置》。

② ［古希腊］修昔底德：《伯罗奔尼撒战争史》，谢德风译，商务印书馆 1960 年版，第 18 页。

杜佑、马端临、王夫之、章学诚等人，也都曾在自己的著作中用不同的方式寻求过历史演化的动力。但是，封建时代与地主阶级的局限性使他们不可能明确地提出这个任务，更谈不上科学地发现历史规律。在欧洲，资产阶级的思想家开始提出探求规律的任务，从文艺复兴时期的维科起，经过启蒙思想家到 18 世纪的法国唯物主义者，到德国的古典唯心主义哲学家，再到 19 世纪的法国空想社会主义者和复辟时期的历史学家，好几代的思想家对此进行了不懈的努力。但是，社会发展和历史知识水平，以及阶级立场和世界观的限制，使他们都不能真正解决这个任务。他们的探求，或者是像黑格尔那样建立在唯心主义体系基础上，或者像 18 世纪法国唯物主义思想家那样，虽然主观上想坚持唯物主义方向，但在探讨社会历史时却又不免陷入历史唯心主义的泥坑；或者像复辟时期的法国历史学家那样，虽然从对 18 世纪法国革命的研究中得出阶级斗争是社会发展动力的科学结论，但资产阶级政治立场却使他们不能把这个科学结论坚持到底，终于成了反对无产阶级革命的辩护士。只是到 19 世纪中叶，在总结一切人类先进科学知识的基础上，在总结无产阶级和劳动人民丰富的斗争经验的基础上，无产阶级革命导师马克思和恩格斯才第一次发现与阐述了社会发展的基本规律，完成了历史科学中的伟大变革，从而把社会历史的研究真正放置在科学的基础上。

因此，历史认识的历史即历史学的发展，基本上也同历史认识的过程一样，是循着事实——经验——规律的途径发展的。

可见，马克思主义理论的创立，是历史认识和历史学发展的必然结果，而马克思主义的历史科学，也就是历史认识和历史发展的最高阶段和必然归宿。

四

马克思主义的创立使历史研究真正成为一门严格意义上的科学，使历史认识的发展实现了根本的变革，进入了新的阶段。但它决不是"万物皆

史上的重要人物，同是封建帝王，秦始皇、汉武帝、曹操、唐太宗、武则天、宋太祖、明太祖、康熙，各有各的鲜明的特性，在特定的历史条件下对历史的发展起着不同的作用。同是德国古典唯心主义哲学家，康德、费希特、谢林、黑格尔的学说又各各不同。同是封建时代的文学家，屈原、陶渊明、李白、杜甫、白居易的思想面貌、艺术风格也各各相异，对其中任何一个人的特点的了解都不能代替对其他人的研究。了解了其中任何一个人的特点都不能说已经掌握了其他人共同的特点。只有对这些纷纭复杂的事物逐个进行研究，才能真正掌握历史事物与过程的丰富生动的内容，同时了解那些必然的规律性的东西（例如阶级的特点）在这些十分不同的事物中的具体表现。在这里，公式主义的一般表述是丝毫也不能解决问题的。

已有的原则、规律和理论不仅要用事实来充实丰富，而且要靠更多、更新的事实来不断加以检验。原则、规律和理论虽然是事物本质的反映，但却只是"现象的平静的反映"。"同规律相比，现象是整体，因为它包含着规律，并且还包含着更多的东西，即自己运动着的形式的环节"。① 现实世界是如此地变动不居，以致我们永远不可能完全掌握它。它在永远给我们的思维提供新鲜生动的材料。而这些却不是任何熟知的规律或理论所能全部概括或加以替代的。列宁曾经指出："马克思认为理论的符合于现实是理论的惟一标准。"② 实际上确乎如此，不应当让理论来证明事实的正确，而应当相反，由事实来证明理论的正确。另一方面，我们在革命实践或学习和研究中，又常常发现有些确凿的事实是我们已知的原理、规律所不能解释，甚至是同已知的原理相悖谬的。在这种场合下，就绝不应当用原理来否定或抹杀这些事实，而应当从这些确凿的事实出发，进行深入的研究。这样做的结果，往往能够证明我们对已知的原理的理解不够正确、不够全面，或者证明已知的原理本身有待充实，只能适用于一定范围，或

---

① 列宁：《黑格尔〈逻辑学〉一书摘要》，《列宁全集》第38卷，人民出版社1959年版，第159、160页。

② 列宁：《什么是"人民之友"》，《列宁全集》第1卷，人民出版社1955年版，第143页。

需用其他原理来加以补充，甚至可能证明已知原理不正确或已失去时效，例如恩格斯晚年指出，当他和马克思共同创立马克思主义学说时，"最初是把重点放在从经济事实中探索出政治观念、法权观念和其他思想观念以及这些观念所制约的行动，而当时是应当这样做的"。① 特别是在反驳论敌时，"常常不得不强调被他们否认的主要原则，并且不是始终都有时间、地点和机会来给其他参予交互作用的因素以应有的重视。"② 但是，当问题一关系到描述某个历史时期，关系到实际的应用时，马克思和恩格斯从来都是全面而正确地对影响历史发展的各种因素及其交互作用进行深刻的分析和阐述的。马克思的《路易·波拿巴政变记》就是一个光辉的范例。如果，我们在学习马克思主义时也像恩格斯所批评的那些德国青年作家一样，过分地看重了经济方面，而忽视了经济因素与其他因素的交互作用，那就必然有许多历史现象无法解释，而这只能是我们对历史唯物主义基本原理的不准确不全面理解的结果。再者，很多原理都有其适用的历史范围和限度，在他时他处是正确的东西，运用到此时此地却未必正确。无产阶级革命以城市为中心，首先在城市举行武装起义，夺取全国政权，在1917 年的俄国当然是正确的革命道路，但是在中国的条件下的正确的革命道路只能是首先在农村建立革命根据地，包围城市，然后夺取城市。此外，某些已经过时的原理必须随着新的历史条件的出现而进行修改，像列宁根据帝国主义各国经济政治发展不平衡的规律修改马克思和恩格斯的社会主义革命必须在几个主要的资本主义国家中同时胜利的原理，提出社会主义必须而且可能首先在一个国家内获得胜利的原理就是一例。而在新的更丰富的事实面前，原来根据不充分的事实做出的结论也需要修改。郭沫若同志在本世纪 20 年代末 30 年代初写《中国古代社会研究》时，曾根据当时所见的古代文献、考古和古文字材料，论证商代是金石并用时期，是原始社会末期，但是在研究了更多的事实材料后，就修改了自己的说法，

---

① 列宁：《恩格斯致弗·梅林（1893 年 7 月 14 日）》，《马克思恩格斯书信选集》，人民出版社 1962 年版，第 508—509 页。

② 列宁：《恩格斯致康·施米特（1890 年 10 月 27 日）》，《马克思恩格斯书信选集》，人民出版社 1962 年版，第 468 页。

断定商代是奴隶制社会。因此，用更多、更新的事实来检验理论，不仅可以证明理论的正确，加深我们对已知的原则、规律和理论的认识，更重要的是可以充实、丰富、补充、修正乃至推翻原有的理论，从而为历史认识的发展开辟新的途径。而那些仅仅依据少量或个别事实虚构而成的所谓理论，或者那些当作"套语"的先验公式，在大量的、确凿的事实面前，就必然要像肥皂泡一样地迅速破灭，至多不过成为某个时代的社会思想和社会关系的征象，为人们提供思想史研究的资料而已。

还应当看到，人类社会生活是方面繁多，极其复杂的。马克思、恩格斯、列宁、毛泽东等经典作家只是对人类社会和革命的一些最基本的问题作了理论上的概括和总结，却没有也不可能对社会生活的一切领域都进行同样彻底和详尽的研究，恩格斯指出："全部历史都应该重新加以研究。首先必须详细研究各种社会形态存在的条件，然后设法从这些条件中找出相应的政治、司法、美学、哲学、宗教等等的观点。在这方面，到现在为止只做出了很少的一点成绩，因为只有很少的人认真地这样做过。"①以中国而论，对从孔夫子到孙中山的几千年历史进行总结，就是一个艰巨的任务，至今才刚刚开始。同时，人类历史又在不断地向前发展，生产斗争与阶级斗争等社会实践每时每刻都向我们提出大量新的问题，提供大量新的事实。这些都亟须我们来研究总结。马克思列宁主义是放之四海而皆准的真理，这是指马克思主义基本原理和基本方法而言，却不能理解为马克思列宁主义对于任何问题都已有了现成的答案。对尚未研究过或尚未深入研究过的领域和一切新出现的事物进行探索，在马克思主义一般原理和方法指导下，阐明一般规律在具体的历史事物中的特殊表现形式和特殊的、具体的规律，始终是历史研究的重要任务。要做到这点，就只能独立地艰苦地具体分析具体的事物，而不能套用现成的原则和结论来塞责。

因此，即使在已经掌握了原理、规律和理论的情况下，对一切具体的和新出现的事物的研究仍然要从它们的实际情况出发，从事实出发，"在

---

① 恩格斯：《恩格斯致康·施米特（1890 年 8 月 15 日）》，《马克思恩格斯书信选集》，人民出版社 1962 年版，第 464—465 页。

每一步分析中，都用事实即用实践来进行检验"①，反对一切教条主义和公式主义。只有这样，才能把历史科学推向前进。

马克思主义使历史研究成为科学，历史科学在马克思主义指导下不断发展，从而又丰富发展了马克思主义，而这又促进了历史科学的进一步发展。这就是我们的结论。

1962 年

---

① 列宁：《黑格尔辩证法（逻辑学）的纲要》，《列宁全集》第 38 卷，人民出版社 1959 年版，第 357 页。

关于历史事实

——《中华五千年纪事本末》序

　　"史，记事者也。"《说文解字》对史的解释，说出了史学的基本对象与某些基本功能。

　　"事"，不仅包括历史上的事件，也应当包括历史上人们的活动及其心态、思想，还应当包括历史现象、关系、制度、结构、运动、过程等等。也就是说，人们历史活动的全部。

　　但是，对"事"一般都作狭义的理解，即专指历史事件，也就是历史上发生的明显可见的大事。相对于那些深层的、长时期的、细微的、缓慢进行着的、分散的、不断重复的、几乎是默默无闻的历史活动，例如人们的生产，历史事件呈现出表层的、短期的、巨大的、激烈的、集中的、一发不再现的、鲜明的特色。因此，人们的诸多历史活动中，历史事件最为瞩目。

　　历史活动是在时间的长流中进行的，而历史时间进程的节奏似乎并非匀速。历史事件，尤其是那些重大的历史事件，往往使那些在长时期里仿佛停滞甚至静止的历史进程突然加速或者倒退，或者发生重大的曲折，也使那看似平淡不显眼的历史进程陡然发生急剧的变化，发出耀眼的闪光。它们往往是历史诸多方面运动的综合集中的反映，是历史深层变化的界标与契机。不仅如此，历史事件又是历史偶然性和个别人物发挥作用的最佳场所，常常充分显示了历史的复杂、丰富、多变，甚至难于测度。

　　历史事件有不同的类型，有的是那种激起全体人民、整个民族、各个阶级的重大活动，有的则仅限于统治阶级或其上层。这些事件的作用范围与深度各不相同，影响的时段也各不一样，有的只对它所在的那个时代，有全局或局部的影响，有的则影响长远，对历史进程的某些方面乃至全局打上印记，甚至今天还能觉到。

这些明显的、短期的、凸现的历史事件，多属政治(包括军事)方面。这也正是过去的历史著述为何以事件记述，特别是以政治军事事件的记述为其主要内容的原因。

因此，人们对历史的认识首先就瞩目于历史事件及在其中活动的历史人物，这是很自然的，也正因为如此，传统的史学也往往以表述历史事件及在其中活动的人物为主。像中国各种史书体裁中主要的纪传体和编年体，就是如此，至于"纪事本末"这一体裁，就更是专以事件为主体的了。

中国传统史学认为史学的功能在于通过历史事件的记述以"垂戒立训"，即一方面提供历史活动成败得失的经验教训，作为后来者从事现实活动时的参考、借鉴，乃至指导。即所谓"以史为鉴"。另一方面，则是在于通过大量历史事例提供人们的行为准则，实现历史的教育作用，即所谓"寓褒贬，别善恶"。历史事件往往首尾毕具，情节分明，人物言行凸现，是提供经验和进行教育的最好材料。这也是中国传统史学重视事件的一个原因。诚然，中国传统史学所企图提供的经验教训，主要是统治者统治的经验教训，其所提供的行为准则，也主要是统治者所需要的特别是儒家所宣扬的道德伦理。这是它的时代与阶级的局限。但史学功能确乎具有总结历史经验教训与进行教育的内容，并不因过去的统治阶级利用它来为自己的利益服务而有所削弱或淡化。而最好的材料也仍然是历史事件和事件中活动着的历史人物。

今天我们对历史的认识已不仅限于历史事件，而是扩展到了人类历史活动的各个方面、各个层次、各个时段，我们对史学功能的认识也不仅仅简单地限于"垂戒立训"，而主要是经过对历史的认识，了解历史的趋势、历史的规律，以便更自觉地、更科学地来认识世界、改造世界。这并不意味着对历史事件的认识在全部历史认识中的地位有所降低，相反，由于我们对历史认识的扩展与深化，而会更加体味到历史事件在人们全部历史活动中所起的作用，也使我们对历史事件的所由形成、演变和结局有了更深入的认识。

正因为这样，今天人们对认识历史事件的需要与兴味，迄未少减。目前历史著述的体裁常是整合论述历史活动诸多方面的章节式，或分别论述历史事件各个方面的分类式，或者是二者的结合，但专述某类历史事件或撰写人物的著述也不在少。

有鉴于此，我们采取传统的纪事本末体形式，编纂了这部带有工具书性质的《中华五千年纪事本末》，选择从远古到 1949 年中华人民共和国建立期间的历史事件 1216 件，分别做出比较详细的记述。所选择的，不是也不可能是所有的历史事件，更不可能是五千年中国历史的全貌，而主要是我们所认为的在中国历史上是重大的而且对当时与后世有影响的那些事件。根据历史事件本身所具有的特点，一如传统的纪事本末体，所选择的事件更多的是在政治与军事方面。人物的活动则结合在事件记述之中。至于属于制度、现象、关系、结构等方面，由于不是事件或难于成为事件，则不列入。这样，从反映五千年历史的全貌来看，它自然有很大限制，但也许正因为如此，就它所涉及的范围而言，也许更能给人一个清晰的印象。

就每一历史事件而言，主要记述事件本身，做到首尾毕具，过程清晰完整，尽量详明。对事不加论议，当然也会从叙事中见到作者的观点。叙事力求具有科学性、准确性和稳定性，以期提供可靠的、详细的知识和材料，使读者对这些历史事件有一个准确的了解。即使对研究者来说，也希望它可以作为了解这些事件的基本材料。

编撰者都是对所撰写的那个时期的历史学有专攻。有些条目就是自己的研究成果，其他条目也大都吸取了已有的研究成果。我们希望这部带有工具书性质的书，不仅具有知识性、科学性，而且具有学术性。

自然，一部涉及五千年中国历史的书，无论在体例上、取材上、叙事的详细上、叙述内容的完整准确上，乃至作者的观点上，不可能没有问题或缺失，我们期待专家和读者的批评。

"论"与"史"

马克思主义理论和历史研究的关系，是建国以来史学理论方面争论的主要问题之一。

马克思主义是从人类的历史的和现实的实践中总结出来的科学理论。可以说，没有对历史的研究，也就没有马克思主义。另一方面，马克思主义的基本理论和方法形成之后，它反过来又成为科学的历史研究的指导，而对历史的新的科学研究成果又进一步丰富和发展了马克思主义。

如果这样地来理解马克思主义理论和历史研究的关系，那么，建国以来在这个问题的讨论中出现的几种提法，无论是"以论带史"、"论从史出"，还是"史论结合"，现在看来都有不够确切的地方。

首先，这些提法都有个概念不清的问题。"论"和"史"究竟指的是什么？简单地提一个"论"字，可以理解为马克思主义的基本理论，也可以理解为马克思主义对具体问题的论断乃至片言只语，也可以理解为个人的历史研究中的具体结论。简单地提一个"史"字，可以指史料，可以指史实，也可以理解为史学或对历史的研究。

其次，是关系不明。"论"和"史"究竟是什么关系？"以论带史"，如何"带"法？是指以马克思主义的基本理论和方法为指导去研究历史呢，还是指以马克思主义原理或具体论断乃至片言只语作为样板去剪裁历史？"论从史出"，"出"的是什么，怎么个"出"法？是指对某个具体历史问题的结论的得出必须以详细占有材料，充分研究事实为基础，还是指任何历史问题的研究只要有了材料，无需马克思主义作指导，就可以自然地得出科学的结论。"史论结合"，又是如何结合法？是找些材料和事实来和已有的马克思主义的论断互相印证呢，还是以马克思主义为指导对历史作创造性的研究？总之都不很清楚。

时间已经过去了二十多年，这场争论中的经验教训也已积累了不少。今天，我们是不是可以不再停留在这类过于简单的提法上，多用几个字把马克思主义理论和历史研究的关系说明得更清楚确切一些。其实，马克思主义经典作家对此早有论述。例如毛泽东同志就说过："凭客观存在的事实，详细地占有材料，在马克思列宁主义一般原理的指导下，从这些材料中引出正确的结论。"① 我们应当在这些意见的指引下，深刻地、准确地、全面地来阐明马克思主义与历史研究的关系。

这个工作，我认为很有现实意义。这几年来，在清除"左"倾思潮影响，树立正确学风方面做了不少工作，取得了相当的成绩，这方面的工作还应当继续做下去。但同时也要注意另一方面的问题，那就是有的同志对于马克思主义对历史研究的指导作用重视不够，强调不够，有些青年同学甚至认为研究历史不需要学习马克思主义，只要搞史料、做考证，或做些具体问题的研究就行了。

我认为，历史研究大致上可以分成这样几个层次：史料的搜集、整理和考证；专题研究；专史、断代史；通史，最后是历史理论和方法。每个史学工作者可以根据自己的条件侧重其中任何一个方面乃至投入毕生精力。史料工作是一切历史研究的基础，是历史科学不可缺少的组成部分，但却不能认为它就囊括了全部历史科学，是惟一有意义的工作，也不能认为史料工作可以不需要马克思主义。诚然，有些史学工作者特别是老一辈的史学工作者没有学习马克思主义也在史料工作和其他方面取得了相当高的成就，但毋庸讳言，正是缺少马克思主义使他们的成就受到了限制。因为，即使是初步的史料搜集和整理也需要理论的思维。缺少或轻视理论不仅使研究受到局限，还很容易使人们走上不正确地思维的道路，出现各种各样的谬误。恩格斯说过："不管自然科学家采取什么样的态度，他们还是得受哲学的支配。问题只在于：他们是愿意受某种坏的时髦哲学的支

---

① 《改造我们的学习》，《毛泽东选集》第 3 卷，人民出版社 1953 年版，第 801 页。

配，还是愿意受一种建立在通晓思维的历史和成就的基础上的理论思维的支配。"① 这段话，对我们史学工作者当然同样适用。

这几年开始重视国外一些史学观点和方法的介绍与运用，这是好事。马克思主义本来就是人类丰富的文化遗产的科学总结，它从不排斥吸收人类文化中各种新的成就来丰富和发展自己，即使是错误和反动的东西我们也需要了解和研究，借鉴其失误的教训和进行批判，以加强马克思主义的生命力和战斗性。但是不应当不分精华糟粕，不加分析地兼容并蓄，更不能用某些国外的史学观点和方法来替代马克思主义，或者把某些早就受到马克思主义批判的旧货当作最新成就加以吹捧，尤其不应当为某些引申出来的明显反动的政治观点曲作解释。这种情况，当然是极个别的，但也应当注意。

为了维护和发展粉碎"四人帮"以来史学领域内出现的大好形势，为了历史科学的进一步发展，今天，强调马克思主义的学习和它对历史研究的指导作用，并且贯彻到我们的实际工作中去，是一项很重要的任务。

（刊载于《学习与研究》试刊第 1 期，1981 年 5 月）

---

① 恩格斯：《自然辩证法》，《马克思恩格斯全集》第 20 卷，人民出版社 1971 年版，第 552 页。

充分发挥史学的社会功能

一门学科只有为社会所需要，而它也适应社会的需要，即发挥其社会功能时，才有生命力，才能存在并且发展。否则，就会停滞、萎缩、衰落乃至湮灭。

史学的社会功能在于传授知识，增长智慧和才能，提高文化素养，培养道德情操，总结历史经验，阐发历史规律。它是增强人们认识和改造世界的能力的重要手段。因此，史学虽是一门最古老的学科，但它总是为各个时代所需要。

史学是一门科学，实现它的社会功能的前提是它的科学性，或者说，是它的学术价值。只有具有学术价值的史学研究，才有利于增强人们认识和改造世界的能力，有助于社会的前进。

另一方面，充分发挥史学的社会功能也正是提高其学术价值的重要条件。现实的需要，是史学发展的强大动力。

历史女神是在现实的大地上飞翔的。人们总是站在现代的高度来认识与再认识历史，从而使自己的历史认识超过前人的水平。

今天的中国和世界是历史的中国和世界的发展。这个发展着的社会所展现的新旧过程的交替，过去活动的后果，旧事物的残留及其社会影响，新旧事物的斗争，特别是随发展而来的新事物、新关系、新结构、新矛盾、新问题，在在开阔人们的眼界，丰富人们的知识，活跃人们的思想，使人们的认识提到新的高度。而了解和变革现实的需要也必然促使人们站在这样新的认识高度去思考今天社会的由来及其与过去的联系。这样，人们也就必然不再满足于过去史学研究的成果，而去对已认识过的历史进行再认识，对已评价过的历史事物进行再评价，去开拓新的研究领域，提出新的研究课题，并在研究中运用现代的概念、范畴、理论、思维方式、研究方法和研究手段。这样，人们也就能够不断克服过去的历史认识中的狭隘、偏颇、表面和谬误的部分，使历史认识不断扩展、全面、深化和更新。

就史学的全局或整体来说，历史研究的社会功能与它的学术价值应当是一致的。充分发挥史学的社会功能，不仅是现实的需要，也是作为一门科学的史学本身的建设与发展的需要。只要不是混淆历史和现实的界限，把历史现代化，只要史学的社会功能的发挥是建立在科学的基础之上，那么，历史研究的社会功能愈是发挥的充分，它为社会主义、为人民服务的任务实现的愈好，它的学术价值也就愈高，它也就愈能得到发展。

史学研究的学术价值与社会功能的一致，是就史学的全局或整体而言。史学有其自身的结构和层次，有其自身的发展规律。具体到史学的结构与层次的某一部分，具体到史学研究者个人的工作，就不可能也不应该要求它的社会功能与它的学术价值完全一致或者同步、等值。例如，史料的搜集、校订，史实的考证等具体问题的研究，是整个史学的基础，是科学地认识历史的保证。为史学的发展所必须，本身即具有学术价值，需要许多人多年的努力，进行大量的工作，但其中的许多成果却未见得具有重要的现实意义或直接的社会功能。又如，有些对提高人们的历史认识有重要意义的课题，自然具有很高的学术价值，但其现实意义与社会功能却未见得比一些次要的课题更为昭著。还有一些课题，研究时往往无从知道它具有何种或多大的社会功能，它的社会功能可能要过一段时期才会显现，甚至显现无期。但是，只要是对提高人们的历史认识有用，有利于史学本身的建设和发展，也还是应当有人去研究。对于发挥史学的社会功能，是不能采取实用主义、急功近利的态度的。

但是，我们仍然应当较多地集中注意和着力于那些具有较大的现实意义和社会功能的方面与课题。使它具有优先和重点的地位，有关史料的搜集，史实的考证，具体问题的研究等工作，也应当更多地集中到这些方面与课题上来。如前所述，这样做不仅不会削弱整个史学研究的学术价值，而是增强它的学术价值。

史学工作有提高的方面也有普及的方面，如果仅仅涉及到社会功能，普及读物特别是供几亿青少年学习的中小学历史教科书应当是最能显示史学的社会作用。我们需要大力从事这方面的工作，但也必须看到，普及是在提高指导下的普及，正是那些专门的，甚至少为人知的研究成果为史学的普及建立了科学的基础，它们的学术价值正是通过普及性读物和中小学教材为中介而转化成为巨大的社会功能。

普及性的读物，其社会功能也有大小高下优劣之分，像眼下有些着意渲染历史奇闻、宫廷秘事、名人私生活之类的文章书籍，趣味未免低级，对于提高人们的历史认识水平，提高文化素养，培养道德情操未见得有益。有些历史知识测验，所要求的知识也未免过于繁琐、零碎、偏僻，对于传播知识，培养人们的智慧和能力很难说能起多大的作用，甚至还可能会起不好的作用。可见，普及性的知识性的读物，也仍要重视它们的社会功能。鉴于其社会影响之大，甚至尤其要重视它们的社会功能。

时代需要史学，史学也应当适应时代。为了增强史学的学术价值和发挥史学的社会功能，为了更好地为社会主义服务、为人民服务，史学应当随时代的发展而发展，随现实的变革而变革。

人们已经注意到了当前史学变革的趋势，诸如开拓新领域，运用新方法，注意综合的研究，注意纵向与横向的研究，注意史学与其他学科的交叉、结合和渗透，开辟与历史学相关的边缘学科，乃至史学著述的表述形式的改进等等。然而最核心的问题，应当是加强理论建设，加强马克思主义的基本理论和基本方法对史学研究的指导作用。

今天历史研究中提出的许多重大问题，传统的经验主义史学是无法说明的，甚至是在其视野之外。当前国外的许多理论和方法，可以开阔我们的视野，活跃我们的思想，其中有些对于提高历史认识是很有用的。但是，它们不能代替作为最根本的世界观和方法论的马克思主义的指导作用。

马克思主义不是封闭的体系，它是人类社会实践的科学总结，是人类进步文化的结晶，它应当在人们认识和改造社会，也包括认识历史的过程中不断完善、丰富和发展，这里自然也包括吸收当前国外的各种理论和方法的科学因素。只有这样，它才能对史学研究起着指导作用。对于史学来说，马克思主义的理论和方法不仅是人类社会实践的科学总结，也是史学研究本身成果的科学的概括和总结。只是在这样的前提和基础上，马克思主义才能成为史学研究的指导，而它又必须在史学的发展中不断汲取新的血液，不断完善、丰富和发展，才能不断地起着指导作用。封闭停滞不是马克思主义的本色，教条主义是对马克思主义的曲解，而歪曲历史的实用主义态度更是对马克思主义的亵渎。

因此，为了发展史学，提高历史研究的科学水平，充分发挥史学的社会功能，就需要把历史、现实和理论有机地结合起来。建设具有中国特色的马克思主义史学，这就是发展和变革我国史学的根本任务。

（刊载于《光明日报》1985 年 12 月 5 日）

学习翦老治学态度和方法的两点感受

我只在几次会议上见过翦老的面，没有讲过几句话，更没有亲炙受教的机会。我对翦老的了解，只限于他的著作。但在我的心目中，他一直是一位可尊敬的、严格而又亲切的老师。

我是抗战胜利以后上大学的，在此之前，我的历史知识，主要来自旧中国的那几本中学历史教科书。进大学之后，我也同那时许多向往革命的青年学生一样，如饥似渴地学习了当时能够找到的前辈马克思主义史学家的著作。翦老的两本《中国史纲》、两本《中国史论集》和一本《历史哲学教程》，就是我爱不释手的学习历史的主要读物中的几本。它们不仅帮助我初窥史学殿堂的宏伟深邃，更重要的是在潜移默化之中，使我产生了一种愿望，那就是应当以翦老和其他的马克思主义史学前辈为榜样，学习马克思主义，并用它来分析历史的事物，为现实的斗争服务。可以毫不夸大地说，翦老的书既是学术著作，更是教育青年的革命的、马克思主义的启蒙读物。

1953 年，我回到原来的专业，成了历史教师，翦老的著作更是我的必读材料。教学中遇到的一些不明白的理论问题，对当时史学领域中一些认识不到或不很清楚的倾向，往往在学习了翦老的新作之后，迎刃而解，霍然贯通。我相信，许多同志也会有同样的感受。

翦老对历史科学的贡献是多方面的。他是中国马克思主义史学的先驱之一。他的许多论断，在今天仍然具有重大的现实意义，是我们建设具有中国特色的马克思主义史学的宝贵财富。我相信，史学界的前辈和对翦老研究有素的同志，会对他在历史科学方面的贡献做出深刻的、全面的评价。在这里，我只谈谈学习翦老著作的两点个人感受，主要是在治学态度和治学方法方面，亦即学风方面的感受。

学习翦老著作的一个最鲜明强烈的感受就是，他的著作充满了强烈的革命精神和现实感。翦老的文章从不是无所为而作的。他总是把他的学术活动与中国人民的革命事业紧密地联系在一起，为中国人民的革命事业服务。他的著作或是通过对中国历史的研究以探讨中国的国情，探讨中国社会发展的规律性，总结历史的经验教训；或是通过历史的研究宣传马克思主义；或是批评资产阶级的或反动的历史观；或是针对当时史学界一些带倾向性的问题进行马克思主义的分析与批评。他在文网严密、特务横行的国民党反动派统治时期，用以古喻今的方法，为揭露国民党反动派，与国民党反动派作斗争而写的一些文章，尽管限于当时的历史条件与认识水平，有若干不足之处，但这些文章的学术价值是不容抹杀的，而政治意义则是巨大的。

研究过去的历史对认识现实与变革现实有重要的作用。现实由历史发展而来，历史的东西往往还存在于现实之中。历史和现实当然有所不同，在很多方面有本质的不同。但历史和现实之间存在有内在的联系，却也是无可讳言的事实。真正脱离现实的历史研究，从根本上来说，是没有的，想脱离开也是办不到的。问题是如何正确地认识历史、正确地认识现实、正确地认识二者之间的内在联系，自觉地使历史的研究为人民的现实斗争服务。中国史学历来有鉴古知今的传统，翦老的著作从一定意义上说，是这种传统的继承。但与这种传统的根本不同之处就在于他是站在无产阶级的立场上，运用马克思主义的基本理论和方法来研究历史，为人民服务，为革命事业服务。也就是把马克思主义的普遍真理与中国的历史实际、革命的实际结合起来，从而取得了前人未有的新成就。

要做到这一点，需要有深厚的马克思主义素养。翦老的马克思主义素养是大家公认的。他不是对马克思主义作教条式或简单化的理解，总是采取分析的说理的态度，力图通过自己的研究来阐明马克思主义的基本原理；更重要的是，他总是努力使自己的论断具有充分的历史事实依据，以历史事实作为基础和出发点，以马克思主义的基本原理和方法为指导，进行具体的科学的分析，以期得出新的结论，回答人们面临的新问题。这样的文章具有高度的科学性，也具有鲜明的革命性。自然，他的某些论断，例如西周封建论，是在讨论中的学术上有分歧的问题，人们尽管可以不同意他的观点，但却不会感到他的论证不严肃、武断或不充实。在这个方面，翦老对自己的要求是很严格的。解放前，翦老写的一些以古喻今，揭露国民党反动派的文章，由于条件所限，有些不免有强加于历史的见解和不恰当的比附。当解放之初，有些同志的文章也犯了这种毛病时，他在《关于历史人物评价的若干问题》一文中，就对之进行了严肃的批评，并且以自己解放前某些文章的缺点为例，说明这种做法的不当。此后，翦老的著作十分重视这一点，并且反复宣传要使历史科学具有科学性和战斗性，首先的条件，就是要严格从历史实际情况出发，来分析和研究历史，切忌违反历史的实际情况来论证一个什么思想结论。这就使他的著作达到了一个新的高度，并且对人们有很大的教育作用。经过"四人帮"对史学的破坏，我们更认识到这种态度和方法的可贵。翦老的这种时刻不忘历史研究的根本任务，和在历史研究中把科学性与革命性结合起来的治学态度与方法，值得我们很好地学习，而在今天尤有强调与发扬的必要。

学习翦老著作的另一个鲜明强烈的感受，就是翦老研究范围的广博，几乎在历史科学的各个方面都有自己的贡献。

历史作为一门科学，可不可以说具有它自己的层次或结构？例如史料的收集整理，历史事实的考证，具体问题的研究，断代史、专史、国别史、地区史的研究，通史的研究，史学理论的研究等等。对于历史科学的建设来说，这些方面的研究缺一不可。翦老的史学研究，有对现存史料的搜集整理，如主编近代史资料丛刊《戊戌变法》、《义和团》以及《历代各族传记汇编》；有历史事实的考证，如《跋〈宋司马光通鉴稿〉》、《为〈通鉴〉编写分工问题释疑》；有具体问题的研究；有《中国史纲要》、《中国史纲》等通史、断代史的著作；也有史学理论问题的著作，其中影响最大的，是《对处理若干历史问题的初步意见》。如果说历史科学的结构像一座宝塔，那翦老就是自如地驰骋上下于这座宝塔的各个层次，从最基层的史料工作一直到历史理论。而且把这几方面有机地很好地结合起来。即把理论的研究同具体的研究结合起来，把综合的研究同局部的研究结合起来。翦老曾经宣传过这种做法。他勉励北大历史系学生说：你们学习历史，既要学会使用显微镜，又要学会使用望远镜。前者把握过细功夫，使你们认识历史事实，洞察幽微；后者训练远大眼光，使你们纵览全局，把握要害。所以两者必须结合使用，缺一不可。他还说：用显微镜观察，是研究历史的出发点；用望远镜观察，是研究历史的依归。我想翦老的这个思想，应当值得我们很好地体会、贯彻。当然，由于我们这些后学的学力、才能的不逮，也由于历史学领域的宏大广博，要想独立地、全面地探索历史科学的各个层次，并且做出重大成绩是很不容易的，我们可以采取分工合作的方法，各自有所侧重。但不管是探究哪一个层次，都应当在胸中有一个全局的观念，知道自己所从事的工作对于建设历史科学全局的意义，以及与其他各个层次的关系。或者说，侧重搞史料、考证或具体研究工作的同志，应当考虑到自己的工作在整个历史科学的建设中的意义、作用，以免流于烦琐、狭隘，甚至无用；而进行综合研究或史学理论研究的同志，也一定要把自己的研究置放在自己或他人的坚实的史料、考证、具体研究工作的成果的基础之上，以免流于空疏，甚至错误。而不管从事哪个层次研究的同志，又都必须以马克思主义的基本原理和方法为指导。我们应当看到，在史料、考证及具体问题研究工作中，运用传统的形式逻辑的、经验主义的方法，可以做出一定的成绩，过去的及当代的一些史学家，运用这种方法做出了不少贡献，甚至是相当大的贡献，但也要看到他们的局限。我们应当学习他们的成果，又应当自觉地突破这种局限，使史料、考证和具体问题的研究达到一个新的水平。这没有马克思主义的指导是做不到的。而进行综合的理论的研究的同志，也应当认真地学习马克思主义，以此作为自己研究的指导，否则我们的成果有时尽管看来很新颖，但往往难于经受时间的考验，而且不重视马克思主义的学习与运用，往往还有可能自觉或不自觉地成为西方资产阶级的史学观点、体系和方法的俘虏。西方的东西不是不可以学、用，但是必须批判地学、用。应当以它们为原料，经过改造，来丰富、发展马克思主义史学，却不能用它们来代替马克思主义史学。其实，有些西方的历史观点、体系和方法，并不是什么新东西，马克思主义早就同它们较量过，不过我们有的同志不大清楚，把它当成新东西罢了。

今天，我们面临着建设具有中国特色的马克思主义史学，开创史学工作的新局面这一重要而艰巨的任务。重新学习翦老的著作，学习他的治学态度和治学方法，学习他的学风，学习他把革命性和科学性相结合，把马克思主义普遍真理与中国历史实际、革命实际相结合；学习他把理论的研究与具体的研究相结合，把综合的研究与局部的研究相结合，对于实现上述任务，应当说是很有现实意义和很有需要的。

（刊载于北京大学历史系编：《翦伯赞学术纪念文集》，
北京大学出版社 1986 年版）

我所认识的何兹全先生的治学道路

岁月悠忽，何兹全先生已是 85 岁高龄了。作为后学，认识何先生也有 40 年了。读何先生的论述则还早一些，40 年代末，在上大学时就读过他在抗日战争前发表的关于魏晋南北朝的庄园经济和寺院经济的文章，50年代初，又读过他 40 年代写的关于魏晋兵制的文章。以后何先生的论著，多数读过，有些至少也接触到。我的认识是，何先生是一位眼界开阔而又不失深邃的学者；是一位具有通贯的识见和学力，能够把历史的诸多方面融入历史的整体，而又能从整体上把握诸多方面的相互关系与相互作用并且阐发清楚的学者；是一位具有实事求是、严谨踏实的学风的学者。

历史研究是多方面的，有的着重于史料的搜集整理，有的着眼于具体历史问题的研究，这些都很重要。然而，这一切应当都服务于历史认识的最终目标，那就是阐明历史发展的全过程。这种对历史发展的全过程的认识必须建基于对各种具体问题、各个具体方面的研究，也还需要在对历史发展的全过程的科学认识前提下，对历史的诸多问题诸多方面作更深入的阐发，而又由此而对历史的全过程有着更新的、更深入的认识。这是一个复杂而艰巨的过程，不能一蹴而就，也不是个人之力所能完成的。然而也确实需要有人在这方面进行努力。我感到何先生就是循着这样的道路一步一步前进的。

何兹全先生给人以深刻印象的最先是他所持的"魏晋封建说"。

50 年代中期，中国古代社会发展阶段成了中国历史研究的一个热点。其中，"魏晋封建说"引起人们很大的关注。但不久受到不公正的压制，有的学者不再提及，或者不再深入进行下去了。何先生则是始终坚持并且孜孜不倦的探寻者之一。他的研究不是从一个什么框架或模式出发，也不是像苏联学者那样用所谓的"综合年代法"，即类比的方法认定中国与欧洲同时进入封建社会，而是从中国历史的实际出发，从具体问题的探讨出发。早在 30 年代，他已经在魏晋南北朝的某些问题的研究中对中国封建社会始于何时有了粗略的看法，并在随后的研究的拓展和深入中概括和上升为"魏晋封建说"，并且继续深入探讨下去。何先生不是简单地从生产关系即所有制的方面论定社会的性质，而是从社会整体上以及确定这个整体的几条主线，即：由城市交换经济到农村自然经济，由自由民奴隶到部曲、客，由土地兼并到人口争夺，由民流到地著来论定社会性质的变化，从而使得他的研究具有全面、深入、丰富的特点。可以说，何先生是"魏晋封建说"的一位主要代表。

对历史的探索是艰巨的，是多方面、多角度的。"魏晋封建说"是中国古代社会发展阶段的诸多观点中的一种，何兹全先生的研究自然也属一家之言。检验科学理论的正确与错误的方法中，有一种是"证伪"。要对何先生的观点"证伪"，我想不是那么容易的。即使是不同意何先生观点而另持他说的学者，也不能不认真慎重地考虑何先生的意见，而促使自己的研究再深入下去。"真理是由争论确立的，历史的事实是由矛盾的陈述中清理出来的。"我想，这也是何先生的一个贡献。

"对人类生活形式的思索，从而对它的科学分析，总是采取同实际发展相反的道路，这种思考是从事后开始的，就是说，是从发展过程的完成的结果开始的。"（《资本论》）何先生的研究，并没有到"魏晋封建说"为止。要弄清中国封建社会始于魏晋，不仅就魏晋谈魏晋，还必须看到秦汉社会是如何演化到魏晋的，还需要看到，中国的社会又是如何演变到秦汉魏晋的，这里涉及魏晋以前历史的全过程。这样，何先生的研究就从"发展过程的完成的结果"开始，一直上溯到中国文明的源头，再顺流而下，对这一阶段社会历史整体和其中重要的方面及其发展演化作全面系统的探索，从而对之有了一个清晰深入的通贯的看法。何先生在开始论述"魏晋封建说"的 50 年代，已经对中国古代社会的演变提出了自己的看法，而其结集，则是他在 1991 年出版的《中国古代社会》。

从氏族社会向阶级社会过渡，是一个长期而缓慢的过程。在这期间，新旧交杂，新旧并存，新形式下是旧内容，旧形式下却具有了新内容。中国古史分期所以出现多种意见，其中的一个原因可能是有些论者对这种社会变化的特点估计不足，只抓住某些现象或方面就得出结论，然后再用这种结论去解释其他现象，甚至忽略了某些现象与结论的扞格之处，而没有充分注意到历史的复杂性、多样性和继承性。我认为何先生是充分注意到中国历史上这个时期的特点，在自己的研究中从这样的历史实际出发，尽量把握历史的各个方面及其关系、变化，从整体上加以说明。这样，何先生就对中国古代社会提出了他的新见解。例如：商、周是不平等的部落联盟，氏族部落组织并未被打破，这时的国家是在部落的不平等结合的基础上建立起来的，从阶级分化、土地制度、劳动者身份、国家形式来看，这种国家具有强烈鲜明的氏族部落特色，它可以称之为"部落国家"，是萌芽时期的国家，何先生也称之为"早期国家"。

战国秦汉，何先生不再用"奴隶社会"这个概念，而称之为"古代社会"。这个时期，虽然奴隶广泛分布于各个生产部门，但人数比编户齐民少得多，而且主要在交换经济中起作用。这个时期突出的现象是氏族解体后小农经济的繁荣，来自公社成员具有自由民身份的小农占编户齐民的绝大多数。他们可以自由出卖土地和劳动力，可以受爵而上升为贵族，他们是国家的支柱，承担着赋役。

促成这一时期的变化的是交换经济。交换经济的发展促进了氏族制度的分化瓦解，促进了城市经济的繁荣，促进了帝国的统一。然而交换经济的进一步发展繁荣又危及小农经济的稳定，使小农破产、流亡、转化为奴隶。奴隶经济的发展又促进了交换经济的发展，农民的土地被大量兼并，小农的破产逃亡、奴隶的解放，使得人身依附关系发展起来。交换经济也因此而衰落，形成了战国秦汉的古代社会向从魏晋开始的中世纪封建社会的演变。

全面综合的研究与各方面的具体的研究相结合，从发展上来看问题，这是何先生治史的特点，可以称之为通贯的识见和方法。这种通贯的识见，需要有雄厚的学力支撑，老一辈学者中很多都兼具这种识见和能力，

万平方公里①（另有 37 万平方公里的领海和内水，主权海域约有 300 万平方公里），以大陆和岛屿计，次于俄罗斯（1700 万平方公里）、加拿大（997万平方公里），超过美国（940 万平方公里）、巴西（850 万平方公里）、澳大利亚（770 万平方公里），是印度（300 万平方公里）的三倍，同具有四十几个国家的欧洲（1016 万平方公里）相差无几。

上述那些当今世界上国土最大的国家，都是近代形成的②。中国则不同，从悠远的古代开始，中国在历史上始终是个大国，而且在很长的一段时间里，还是世界上最大的大国。其他一些历史上出现过的大国，几乎都是经过一段或长或短的时间就消逝了，只有中国一直延续下来。

关于中国历史上的疆域，我们以统一的中原王朝的版图作为依据③。当然，同世界历史上的许多国家一样，国界线不是很明确的，只能是一个政治权力管辖地区的大致的界限，而疆域内也还有些地区没有归附或没有完全归属于中央，另外，疆域也在不时变化。如果以各个王朝最大疆域与其他历史上的大国的最大疆域作比较，则如下表（疆域面积数为约计数）：

面积单位: 万平方公里

年代	中国		世界		
	王朝	面积	国家	面积	控制地区
前 15 世纪	商	80	埃及	100 多	埃及、东地中海边缘
前 10 世纪	西周	150			
前 7 世纪			亚述	200	两河流域、小亚细亚一部，埃及

---

① 为保留原貌，本书仍然采用公里。

② 也许印度例外，但印度在古代多数时期没有形成过统一的国家。只有 16 世纪兴起的莫卧儿王朝几乎控制了整个印巴次大陆。但二百年后完全沦为英国的殖民地。到 1946 年才获得独立。

③ 这里没有涉及分裂时期的版图。其实，在分裂时期，如战国、三国东晋南北朝、五代、宋辽夏金，在世界历史上也还是把它们当成一个中国，两个或多个政权。即使分立时期人们的心态也区分正统和"异闰"、"僭伪"，从来没有把对立的王朝排除在中国之外。而且这终究是中国历史上的一个比较短的时期，而且总是复归于统一。

续表

年代	中国		世界		
	王朝	面积	国家	面积	控制地区
前6世纪			波斯（阿基梅尼德帝国）	600	伊朗、小亚细亚、印度河、两河流域、中亚一部
前4世纪			亚历山大帝国	700	巴尔干、埃及、两河流域、伊朗、印度半岛西北
前3世纪	战国	180			
公元前后	西汉	1100			
2世纪			罗马	590	意大利半岛、北非、英格兰、法国、巴尔干、两河流域
4世纪			波斯（萨珊王朝）	500	伊朗、阿富汗、两河流域、阿拉伯半岛一部、中亚一部、印度河流域
7世纪			拜占庭	250	巴尔干、小亚细亚
			大食	1000	两河流域、北非、小亚细亚、伊朗、中亚一部
8世纪	唐	1300			
13世纪	元	2000（四大汗国不计）			
15世纪	明	900（如加上鞑靼、亦力巴里的600万平方公里，则为1400万平方公里以上）	帖木儿帝国	500	伊朗、中亚、印度半岛西北
16世纪			奥斯曼帝国	600	小亚细亚、巴尔干、埃及、两河流域
			印度莫卧儿王朝	400	印巴次大陆、阿富汗
18世纪	清	1300			
20世纪初			英帝国（1909）	2914	

年代	中国		世界		
	王朝	面积	国家	面积	控制地区
			沙皇俄罗斯（20世纪初）	2300	
			法国（1914）	1050	
			美国（20世纪初）	940	
20世纪中	中华人民共和国	960（大陆及岛屿）			

可见，在历史上的任何一个时期，中国都是世界上有数的大国。而且在一段长时间内，即从公元前后到18世纪，也就是中国的封建时期，中国是当时世界上最大的大国。而在两头，即公元前和18世纪近代资本主义兴起之后，中国是大国，但还不算是疆域最大的大国。

这些近代以前的大国，都位于旧大陆中段的一条广阔的地带上。西起地中海周边，延伸到中东，再到印度和东亚，长约10000公里，其宽度大致在地中海为北纬45度到30度，中东为北纬40度到20度，印度为北纬30度到10度，东亚为北纬40度到20度，略呈一条中间向南弯曲的带弧。这条地带气候多属暖温带与亚热带，也有少部地区属冷温带和热带。其北面是西起阿尔卑斯山和喀尔巴阡山经黑海北岸、高加索、中亚以迄蒙古高原的草原、干旱草原和沙漠戈壁，其西北则是气候湿润、植被发达、宜于农业的西欧、中欧、东欧。这里后来是产业发达的欧洲主要地区，但在古代，这里并不发达。这条地带以南，是西起撒哈拉、中经阿拉伯半岛、再到印巴次大陆西部的沙漠和印度中部高原，然后再向东南延展到印度半岛的热带草原和东南亚的热带季风带。这条地带面积宽阔，从古代历史条件看，比南北两方的自然条件好，人口稠密，农工商业和交通发达，民族的交往和迁徙也最多。其中尼罗河，两河流域，意大利半岛，巴尔干半岛南端及岛屿，小亚细亚和外高加索，伊朗高原，印度河恒河流域，黄河长江流域，都是古代文明的发源地。近代以前的大国，就都出现在这个地段上。

在这个地段中部，即地中海东部、中东乃至印度半岛西北部，是所谓的欧亚大陆桥，交往便利，惟独中国处于远东，与其他地域隔着广袤高寒的青藏高原和中亚沙漠，南边又有阻隔东西的横断山脉与热带丛林，与西边各地域的交往不那么便利，再加上中国的地势西高东低，面向太平洋，与其他各文明地区正好以背相向，造成了中国在这个古文明带中的特殊势态。也许这是中国文明的发展较之其他文明地区较少受到外来影响，更具独特性的一个原因。

如果分析一下中国以外的近代以前的世界大国，有四个具有共同性的情况值得注意。

第一，从自然条件看，这个地带可以分成相当多的地区，其中重要的是意大利半岛、埃及、巴尔干半岛、小亚细亚、两河流域、伊朗高原、印度河恒河流域等，每个地区都可以发展农业，繁育较多的人口，都可以形成一股强大的政治力量和军事力量。由于各地区之间地形阻隔不大，交往与民族迁徙不难，商业来往亦颇频繁，因此，某一地区的力量强大起来以后，可以向其他地区扩展，乃至延伸到西北面的西欧，中部的黑海以北乃至中亚南部，一个地区兴盛起来的力量一般扩展到两个地区以上，即可以形成历史上的大国（见前表）。但是，这个地带中的任何一个地区对其他地区并不占有面积、人口、经济、政治、文化等方面的较大优势，因而缺乏一种能长久维系不同地区的力量。

第二，这个地带民族众多、种属不一、变化多端、迁徙不已。这些不同的民族，有些是在这个地带各地区之间，如巴尔干、小亚细亚、两河流域、伊朗高原之间迁徙，进入新的地段。更多的是自北方的森林草原地带、干旱草原地带南下，经过法国、阿尔卑斯山、喀尔巴阡山、高加索、中亚南部进入这个古文明带；此外，这个地段以南的阿拉伯半岛上的游牧民族势力也常北上西进。以致使这个地带充满了民族和文化的置换，呈现了多元化的混杂态势，就像一锅香味四溢的时刻沸腾着的什锦汤。而历史上出现过的众多民族，往往在这种复杂纷繁的交往中消失，而让位给新来的民族。这种情况，尤以地中海东岸、两河流域乃至波斯这一带为最。有的西方史学家认为16世纪以前世界历史的中心或枢纽在中东，这不是没有道理的。

第三，这个地带的各地文化各别，而且一般说来文化都相当发达，彼此间的交流影响可以，一方完全被消灭也可以，但完全融合则很困难。最极端的如犹太民族和犹太文化，在中东地区历史久远，尽管一度被驱逐消灭，却扩展至全世界，最后终于又回到中东，顽强地生存下来。因此，好些地区虽在一段时期内同属一个大国，但其文化性格却是各别的，具有独立性，一旦大国统治削弱或者崩溃，这些不同文化地区就出现了分离的局面。

第四，这个地带各个地区经济上的差别也很大，而且具有独立性，把它们联系起来的是商业，商业交往的需要成了大国征服其他地区的一种因素，然而商业的交往并非必须有统一的大国，或者换句话说，统一的大国并非必须靠商业的联系，像古代希腊地瘠人少，它的繁荣、强大和文明的先进，相当大的程度上得益于希腊的葡萄酒和橄榄油与东地中海沿岸各地区的粮食的交易。但是希腊并没有去建立大的统一国家，至多是在东地中海和黑海建立一些殖民点。就连希腊半岛也是城邦林立，最大最强的也不过三四十万人。直到马其顿崛起时这种局面才一度改变。这个地带跨地区的大国的建立和维持，更多地是靠军事的征服与政治力量的统治，这类大国要维系一个很长时间是困难的。

因此，这个地带近代以前虽然出现过很多大国，但并不具有统一的趋势。相反，是分离的趋势占了上风。那些历史上出现过的跨地区大国，延续时间最长的是拜占庭，约一千年。然而作为一个大国，它经历的时间并不长，其后国土日蹙，国势日衰，等到15世纪灭亡前夕，已经沦为一个无足轻重的小国，仅保有不断遭到围困的君士坦丁堡和希腊半岛东南一小块土地了。此外，波斯帝国、罗马帝国、奥斯曼帝国、莫卧儿王朝，延续的时间各有二三百年、四五百年不等，但真正形成跨地区的大国的时间却没有那么长，像罗马帝国，在公元后2世纪达到了它的疆域最大期，但公元3世纪中叶就趋于衰微，东西边远行省分别遭到日耳曼蛮族和波斯帝国的侵犯，到公元 3 世纪末 4 世纪初，戴克里先和君士坦丁重振了罗马，但国土被一划为二，分区治理，帝国的重心逐渐移到巴尔干和小亚细亚交接处的君士坦丁堡，原来的核心区意大利即西罗马和都城罗马失去了往日的光辉，终于在不可克服的内部矛盾和日耳曼蛮族的长期侵扰下灭亡了。至于马其顿帝国、大食、帖木儿帝国等，则纯粹是靠军事力量的征服在极短时间建立起来的，完全没有稳固的基础，一旦首脑死亡或某些因素作用，就立刻分崩离析了。其兴也暂，其亡也速。

现在，这个地带的不具备统一趋势就更清楚了。除去印度，这个地带很难说有什么大国。反之，这里成了世界上大国争夺的地方，由于地区内的矛盾和大国的插手而纠纷不断，战火不息，成为世界上最不稳定的地带。

至于 16 世纪以后形成的大国，如西班牙、葡萄牙、英、法、俄等，那是近代资本—帝国主义掠夺与分割殖民地的产物。这是一些靠分布在世界范围内的广大殖民地而形成的大国。从 18 世纪后半叶的北美开始，特别是在 19 世纪，南北美洲殖民地上的欧洲移民纷纷起事，争取脱离母国而独立，第二次世界大战以后，亚非的殖民地的民族解放运动风起云涌，出现了许许多多的新国家。失去殖民地的欧洲国家虽然仍有雄厚的实力，但已不再具有大国的规模。当今世界上几个疆域辽阔的大国，像美国、加拿大、巴西、澳大利亚，都是这种从殖民地转化过来的以欧洲移民及其后裔为主体的国家，与近代以前的大国，以及近代的那些殖民大国都不一样了。

作为历史上的和当今的世界大国，中国与上述古代的大国和近代的大国都不一样。恐怕是惟一的古代而兼现代的历史大国。

第一，与上述那些古代大国不同，中国在历史上一直只有一个而不是几个核心地区。而且这个核心地区面积广大并不断扩展。最早是在黄河中下游，夏、商、西周就是凭借这个地区成为奴隶制时期的大国的。春秋战国时期这个核心区域开始扩展到长江流域，加上周边地区，形成了版图大大超过先秦的西汉王朝，此后又扩大到了东南沿海和珠江流域。这个核心区域是世界上有数的大农业区，在古代，则是世界上最大的农业区，人口

续表

年代	中国		世界	
	王朝	人口数	国家、地区	人口数
7 世纪			大食	3000
8 世纪	唐	7000		
13 世纪	宋	10000 以上		
14 世纪			欧洲	6000（黑死病流行后减为 4500）
			奥斯曼帝国	600
17 世纪			印度莫卧儿帝国	145000
17 世纪末			奥斯曼帝国	2800（北非 830，中近东 1200，巴尔干 750）
19 世纪	清	40000 以上		
20 世纪初			英帝国（1909）	32340（其中本土 1900 年 4200）
			法国（1914）	本土 4500，连属地晋 10000
			俄罗斯（1914）	13500
20 世纪末	中华人民共和国	12200		

（本表世界其他国家地区历史人口数据科林·麦克伊佛迪、理查德·琼斯《世界人口地图集》中译本，东方出版社 1985 年版。）

从人口的分布来看，古代中国人口最密集的部分是长城以南，贺兰山、陇西川西山地、横断山脉以东的地区，即过去的明朝南北十三布政使司和两京师，清朝的本部十八省地区，即黄、淮、海、长江、东南沿海、珠江流域和云贵高原，这片地区面积大约是 412 万平方公里，占今天中国总面积 43%，不到一半，人口 102000 万（1995 年），占今天中国总人口的 88%。东北、内蒙古、新疆、青藏今天面积为 548.8 万平方公里，占今天中国总面积 57%，即一半还多，人口为 14256 万，占全国总人口的 12%。历史上东北不属核心地区，近代以来，人口增加很快，与历史上大不一样。在历史上，东北、内蒙古、新疆、青藏等边缘地区在全国总人口中比例更小，见下表（人口为约计数）：

人口单位：万人

地区 人口 地区	东北、蒙古	新疆、西藏、青海	蒙古
公元元年	200	100	
10 世纪	400	200	80
19 世纪		300	
现在	12076	2180	200

（参考《世界人口地图集》）

这就是说，在 10 世纪左右，表中地区人口总数约为 700 万，在全国人口数中不到 10%。

上述中国人口最集中的地区，今天人口密度平均为每平方公里 248 人，为全国平均人口密度 121 人的两倍多点。这样大的地区有这样密集的人口，只有印度可以与之相比（平均每平方公里 267 人）。有些国家人口密度比中国、印度还大，但面积却不能与之相比（如孟加拉国 143998 平方公里，10700 万人，平均每平方公里 740 人，日本 377748 平方公里，12278 万人，平均每平方公里 325 人）。

不仅今天中国能在这样大的地域里容纳如此多的人口，而且在古代也是如此，因为这里是一个当时世界上独一无二的大农业区。在历史上，农业远比其他经济形式（畜牧、渔猎）能容纳更多的人口，几亩地十几亩耕地可以养活一个人，而 40 亩草地才能养活一头羊。农业能容纳大量人口，也需要大量人口。但中国还不仅止此。中国古代的农业即传统农业有很突出的特点，可称之为大陆集约型农业，即在广大面积的土地上，把土地分成小块，以一家一户作为生产单位，进行精耕细作，投入高，产出也高。投入高，当时主要是投入更多的劳动，产出高，能养活更多的人口。这种类型的农业需要大量的劳动力，也可以容纳大量的人口，因此对人口的增长是一种刺激的因素，以致在古代，中国的人口一直超出其他的大国很多。今天就更为突出了。

人口多好不好，这要具体分析对我国的发展有利也有弊。

人口多，劳动力也多，生产力要集中，人占重要的乃至决定性的地位。生产力的发展需要增加人口，人口多，反映了生产力发展的程度，这在古代手工操作、简单劳动为主的农业社会尤其如此。甚至在工业社会初期也是如此，欧洲从中世纪到近代，各地区人口增长速度呈波浪状，增长最快的地区从意大利逐步推向西欧、英国，即是工业生产力在不同地区先后速度不同的发展的结果。当然，到了现代，由于科学技术的高度发展，生产力中的人的因素中，人的素质的重要性大大超过了人的数量的重要性，这种人口增长与生产力发展有一种同步的趋向的情况才发生了变化。

然而，即使在古代国家，人口数量也不能无限制地增长，在一定的历史时期，一定的国土面积、资源、生产力发展的水平等所能供养的人口是有一个限度的。在这个限度以内，人口的增长有利于生产力的发展，超出这个限度，即使在古代，也会出现人口过剩。这种人口过剩又会阻碍生产力发展。中国古代国土面积广阔，但各地发展不平衡，发展次序有先后。因此在某些时候某些地区还会发生局部性的人口过剩。但是中国国土广袤，交通便利，核心地区的自然条件各处相差不多，某一地区人口过剩的压力，可使多余的人口转移到土广人稀，开发不足的地方去。封建时期的农业的特点是农业劳动力与生产资料（土地）的紧密结合，而以一家一户为经济单位、从事农业生产全过程的家庭农业能使农民在最恶劣的条件下继续从事生产，以维持粗劣低下水平的生活。因此，一般来说，只要还能勉强生活下去，农民是不会迁徙流动的，即所谓"安土重迁"。然而一旦外来力量冲击过大，如天灾、战乱、苛政等，农民只好被迫与土地分离，或转死于沟壑，或流散于他乡，从而对一些地区的人口过剩的压力起了疏散缓解的作用。中国文明最早在黄河中下游产生，中国的传统农业也最早在这里形成，这里也就成为中国古代早期经济最发达，人口最繁密的地区。从汉代起，这里就开始出现了地少人多，人口过剩的情况，有所谓"十亩共桑之迫"的说法。在灾荒、战乱、苛政的驱迫下，黄河中下游的人口一次又一次地如同浪潮般的向四外流散，主要的去向则是南方。先是到长江流域，然后是东南沿海、珠江流域、云贵高原。这种人口的迁徙，不仅缓解了黄河中下游的人口压力，也使迁徙过去的地区得到开发，从而使人口的分布趋于适当，也在更广袤的地域里发展了生产力。所以，这种局部地区的人口压力如果从根本的、历史的全过程的角度来看，也并非全然是起消极作用。

人口多，古代有些需要大量人力的事就好办些。中国历史上以兴建巨大工程、设施而著称，长城、运河、道路、水利工程，乃至宫室、陵寝，动辄征调数万、十数万、几十万甚至成百万人来兴建，而多在较短时间里完成，没有巨量人力，这些事是办不成的。战争，在古代双方技术、装备、战法差不多的情况下，往往也是人力数量的拼搏。战国时期，一场战争动员几万人，十几万人甚至几十万人是常事，秦赵长平之战，秦一次即坑杀赵卒40万人。王翦攻赵，一个秦国就发兵60万。汉武帝马邑之谋，在代北一地即出动兵员40万包围匈奴骑兵。淝水之战，前秦兵力号称87万。隋炀帝第一次攻高丽，发兵113万人，支援的民夫达数百万。这样的例子不胜枚举，只有在中国才有可能。

人口多也有难处。人口多，消耗也多，需要的物资多，生产的很大一部分物资供人们生存的需要，用于再生产和扩大再生产，用于发展的就少了。在劳动生产率不高，产品不丰富的古代，能用于发展的物资就更少了。而人口多，劳动力多的古代，劳动生产率的提高相对来说就更困难一些。像中国古代的精耕细作的传统农业，单产是较高的，据我估算，汉唐亩产在140斤原粮左右，宋代200斤，明清250斤，近代近300斤，比起欧洲中世纪的粗放农业，汉唐亩产要超过一倍。但精耕细作的农业每个劳动力平均垦种土地面积较少，人口多了，每个劳动力平均垦种土地面积就更少了，单产高的优势被人均耕地面积少的情况所冲销，以单产×每个农业劳动力平均占有土地面积为标志的农业（粮食）劳动生产率就不算高了，只同欧洲中世纪时亩产低、但人均占有耕地面积较多的粗放农业的劳动生产率相当甚至有时还要低一些。从汉至近代，粮食亩产从140斤增到近300斤，提高到2.2倍，耕地面积从汉代的4.8亿市亩增加到解放前的14亿余市亩，即增加到3倍，二者相乘，总增约6.7倍，而人口则由汉代时6千万人增到解放前的5亿多，约达10倍。这样，尽管单产有提高，从汉到近代每个农业劳动力每年生产的粮食仍在2000斤上下徘徊，这种情况，甚至一直延续到改革开放以前。在古代前期，因为中国是大国，人口多，地方也大，可耕地还多，资源、自然条件也还适应，人口增长与生产力发展水平还能适应。宋代以后，可供开发的地区少了，人口压力开始在全国范围内出现。到了近代与现代，这个问题就更加突出了。人口多了，剩余产品增加的少了，能用于发展的比例不大，社会进步受到影响，人口素质的提高也慢，而这又翻过来影响了社会的进步。当前在生产发展中，科学技术的进步越来越重要，生产发展不再单纯靠劳动者的数量，而更多地是看其质量素质，人口多而素质不高的问题愈来愈突出了。

三、中国是一个多民族的大国

中国地大、人多，众多的人口，是由许多民族构成的。

今天中国有 56 个民族，历史上就更多了，这在世界上是少有的，当然也并不是惟一的。苏联有 130 多个民族和部族，现在的俄罗斯也少不了多少。印度也不少，有十几个大民族和几十个小民族，美国也有一百多个民族（几乎全是移民及其后代）。中国是个多民族国家，这一点，对中国历史来说很重要。中国的历史是中国各个民族共同创造的。

中国这个多民族国家，与其他的多民族国家比较起来，有以下一些特点。

第一，汉族占全国人口 91.02%，109932 万人，少数民族占 8.98%，10846 万人（前几年的统计）。汉族集中居住的地区约占全国面积的一半，少数民族聚居地区约占全国面积 50%—60%。苏联是多民族大国，但俄罗斯人只占一半，即 52.4%，其他 130 多个民族部落，有的在边沿，有的在内地。苏联解体了，俄罗斯境内的俄罗斯人占总人口的 81% 强，但境内各处仍有大量其他民族，有 16 个民族自治共和国，5 个自治州，10 个自治区。印度的大小几十个民族，区别颇大，印度斯坦人为主，占 46.3%，不到一半。美国也是多民族国家，居民绝大多数是外来移民及其后裔。从 16 世纪开始，欧洲人开始陆续移入，最早的来自英国、荷兰、法国、德国、爱尔兰，然后是非洲黑人、南欧、中欧、东欧、北欧人，还有日本人、华人等。以欧洲移民后裔为主体的白种人占全国总人口的 73.1%，黑人占 12%，拉美裔人占 10.02%，亚裔人占 3.3%，这些民族散居各地，没有形成集中的民族聚居区。至于原来的土著印第安人，不到 100 万，只占总人口的 0.004%。这些多民族的大国的情况与中国都不一样。

第二，汉族不仅占了全国人口的绝大多数，而且集中居住在全国的核心地区——东部地区，包括松辽平原、海河、黄河、淮河、长江、珠江流域、东南沿海地区和云贵高原（东北历史上不在核心区内）。这块地区约占全国总面积的一半，人口密度大，经济文化发达。少数民族在这里也有相当数目，但多采大杂居、小聚居的形式。边沿地区则为少数民族聚居区，如内蒙古、新疆、宁夏、青海、西藏、广西、云南。这里约占全国总面积一半，人口则只占全国人口的九分之一。其中汉族占了相当的比重，有些地方超过了少数民族的数量。

全国有一个比较先进的主要的大的民族，又主要居住在一个较大的核心地区，这对多民族统一国家的形成与维系有重要的作用。这一点与苏联和印度都不同，原来的印度后来分成了印度、巴基斯坦、孟加拉三国。由 15 个加盟共和国组成的苏联解体了。像南斯拉夫这样的多民族国家，在第一次世界大战后经历了 70 年，结果很短期间就分解成了五个国家。

俄、美那样的多民族大国，主要是在近代形成的。而且是殖民主义或移民的产物。至于历史上的一些多民族大国，像埃及、罗马、波斯，直到奥斯曼帝国、莫卧儿王朝，都已在历史上消逝，这些国家中有些今天还存在，但已经不再具备大国的规模，其中有些国家如埃及，主体民族也与历史上的完全不同了。

中国古代民族发展大势大概是这样的，汉族最早起源于黄河流域，逐渐四向拓展，其形式就像滚雪球，越滚越大，主要方向是朝南，先到长江流域，东南沿海，然后再向珠江流域、云贵高原，在这种滚雪球式的发展中，由于汉族经济文化发展程度高，融汇了当地许多少数民族，使汉族不仅活动地域越来越大，人口也越来越多。另一方面，北方游牧民族和东北方向的民族则波浪式地一波一波地向南推进，与汉族接触，其中相当大的一批，或定居塞下，即蒙古高原与华北的结合部，或再进入中原，建立政权。这批边沿民族终于或先或后地融汇于经济文化水平较高的汉族。这也使得汉族分布的地区越来越大，人数越来越多，以致形成了今天汉族占全国人口的绝大多数而地居重要的核心地区的局面。

这种民族的滚雪球式和波浪式的运动，再加上核心地区的经济的和政治的因素起作用的带周期性的内乱和农民大起义的结合交替，形成了中国历史上时间与空间结合的脉动现象。其直接的表征即为重要王朝的更迭。一个强大的中原王朝，四向扩展，顶住了北面（包括西北和东北）方向少数民族的南下浪潮，彼此进行交往、战争和融合，而把自己的版图扩展到边缘地区。中原王朝衰落时，内部矛盾严重，往往爆发农民大起义和统治阶级之间的内战。这时，北方民族往往乘机越过长城进入中原，形成少数民族统治黄河流域乃至中国全境的态势，使得少数民族与汉族的交往加强，融合加快。在这种情况下，边沿地区当然也属于这些少数民族政权的版图，这对边沿地区少数民族与汉族的交往与融合也有积极作用，在这样的政权更迭与动乱中，汉族则大规模地南徙，也形成一种波浪式的南下，而又与南方的少数民族融合，也使得中国版图向南和西南方扩展。这样就形成了中国历史上一种时间和空间结合的脉动现象——扩展、收缩、再扩展，但不论是收缩还是扩展，边缘地区与核心地区的联系都在加强，边沿地区也正是在这种脉动中逐渐进入中国的版图，而且边沿与核心地区的关系也越来越巩固。今天中国的疆域，是在 18 世纪的清代确定的，但在此之前的几千年中，这个版图已经在逐渐形成、逐渐巩固之中，并非简单地仅靠一时的战争或征服而来，实际上是各个民族多年交往、融汇的结果。这同那些古代多民族大国多靠军事征服不一样，同近代多民族大国的形成是靠对殖民地的征服、掠夺或移民的情况也不一样。中国悠久的历史是中国各民族共同创造的。中国这个多民族大国是各民族在长时间内共同缔造的。

四、中国是一个自然条件相对不算丰厚的大国

人们常说，中国是地大物博人众，这不全对。中国地则大矣，人则众

矣，但物博却不见得。

中国山地多而平原少，山地约占国土的 33%，高原占 26%，丘陵占 10%，而平原只占 12%。耕地 20 亿亩，只占国土总面积的 14%，而沙漠、戈壁及沙漠化土地达 149.6 万平方公里，占国土总面积的 15.5%。

至于气候条件，处于东亚季风区的地方气候较好，但降水量分布不匀，只有长江流域及其以南水量较充裕，而且比较稳定，黄河流域年降水量少，偏旱。西北地区则是干旱区。黄淮海河流域及东北、西北地区占全国耕地面积 63.7%，人口占 46%，年径流量仅占 17%。东南、西南、华南耕地占全国的 36.3%，人口占 54%，年径流量则占 73%，很不平衡。而且，水资源与农业供需时间相差很大。黄河海河每年各期水量大小之比常差 14—16 倍，而最小水量时又是农作物需水期。春季农作物出苗初长的时候，水量小，加上这时华北气候易旱，干热风又使土壤中的水分迅速蒸发，因此易形成春旱。华北的雨量集中在七、八、九三个月，正是作物孕籽成熟期，这本对作物生长有利，但降水量各年不平衡，易于形成水、旱灾。东北地区雨季正值作物收割期，很影响产量。总之，中国东部虽有广大的连片的农业区，但发展农业的条件并不算特别好，尤其是天灾对农业的影响至大。

中国森林的覆被率为 13.92%（1995 年），为世界平均覆被率的 22%。

草原面积广大，四大草原中，内蒙古草原草质最好，北疆次之，青藏高原高寒区草质很差，总的载畜率都不高。

森林覆被率不高，草原草质差，加上滥垦滥伐，大大影响水土保持，影响了农业。

矿产品多种多样，有的蕴藏量居世界前列。煤藏丰富，但集中在内蒙古、陕西、山西，距缺煤而又需煤的南方较远，运输是一大问题。铁矿多数品位低，以致需从国外输入大量优质矿石。石油在建国以后有重大发现，但目前已探明储量尚不足以适应国民经济发展需要，已有产量也嫌不足，需要进口，新发现的新疆油田，开发后也有个运输问题。水力蕴藏量最大的地区是西南，而需电地区在东、北部，也有个电力输送问题。

总之，中国的自然条件、自然资源尚称丰厚，但并非特别优越。

更大的问题在于众多的人口，再丰富的自然资源，分之于众多的人口，也就失去了优势。以综合国力而论，据说我国居世界第八（一说第六或第七），但人均收入却落到了世界 100 位以下，132 个国家和地区中我国属倒数第 28 名（1992 年），人均 470 美元。20 亿亩耕地占世界耕地总数不到 10%，却要养活占世界 22% 的人口。印度国土为中国的三分之一，人口 8 亿（80 年代），人口密度比中国大，但耕地面积为 26 亿亩。人均耕地 3.27 亩（中国现为 1.68 亩），都比中国多。其他自然资源如以人均计，就不算多了，而且分布不均匀，好些是在交通不便、开发困难的地方。如水资源 2.8 万亿立方米，居世界第六，人均 2700 立方米，排在世界第 109 位（一说 84 位），为世界人均占有量的四分之一，美国的五分之一。

自然条件自然资源对社会的作用，古代与今天是不一样的。第一，在古代，农业是主要的生产部门，工业的作用不像今天。第二，人口总量和密度比今天小，人均国土面积，人均耕地面积比今天大。然而，在核心地区一些人口众多密度较大的地方，人口的压力已经显现出来，先是黄河中下游，然后是长江中下游，到明清时期，人口的压力已遍及核心区各地。人口与耕地的比例在古代世界各国中仍是较突出的。第三是生态平衡问题比现在好一些，森林覆被率比现在高，水土流失情况比现在好，但黄河流域植被被破坏，水土流失至少从汉朝开始就是一个问题了，水旱灾之频仍，其严重程度在古代世界也是少见的。至于土壤、气候等，与今天基本上差不多，耕地相对不甚充裕，这使我国古代农业基本上面临着与今天同样的问题。

作为工业重要原料的矿藏，在古代需要量远比现在为少，基本上够用。也许金银的产量有不足之处，这也许是中国古代不像其他地方一样，以贵金属金银作为铸币使用，而长期以铜钱作为主币的原因之一。

自然条件和自然资源的这种状况，对中国的历史究竟有什么样的影响，是一个值得探究的问题。应该说，有不利的一面，但同样的自然条件也可以成为对历史发展的有利的一面。

作为一个大国，自然条件在各地不一样，影响到历史，就会出现各地发展的不平衡性，有的地方自然条件较好，有利于发展，有的地方自然条件较差，发展便受到影响。在古代，社会的发展常以农业的发展程度为依归。气候、地形、土壤、水文等往往会影响到农业的发展。山地、高原、沙漠、戈壁地带的发展当然不如平原，水量少的地带不如水量多的地带，交通不方便的地带也不如交通方便的地方，这就给中国各地的历史发展带来不平衡，发展有先后。一直到今天，东部、中部、西部，南方、北方的发展不平衡，仍旧可以看到。

各地自然条件、自然资源不一所带来的差别使各地发展进度不一，既有它影响整个社会发展速度的一面，但它也带来经济上的分工(如农、林、牧、渔、工、矿等)，有利于各地的交流和整个社会的发展。古代中国是一个大国，各地自然条件、自然资源不同，产业有别，彼此交流，起着互补的作用，无需过多地依赖境外，也不好依赖境外，因为中国地理位置居于东亚，地形又与西方相背，与境外的经济交流，路途远、交通不便。而境内广大地区却有充分发展的余地，而又具备一个大的经济发达的核心区，并且充分地吸引着周边地区，形成古代一个具有极大的独立性、自给性而多少有些封闭性的经济大国。直到鸦片战争前，欧洲已经开始产业革命时，中国的国民生产总值仍居世界第一，在对外贸易上也一直居于出超地位。中国人之所以长期形成了"中土"、"中国"、"中朝"、"天朝"这类观念，似乎中国是世界上独一无二、处于中心、发展最高的国家，其中的一个原因，恐怕就是因为中国是一个独立发展而又略带封闭性的经济大国。乾隆要来华要求通使通商的英国使臣马戛尔尼交给英王的敕谕充分说明了这种观念："天朝物产丰盈，无所不有，原不假外夷货物，以通有无。特因天朝所产茶叶磁器丝斤为西洋各国及尔国必需之物，是以加恩体恤，在澳门开设洋行，俾得日用有资，并霑余润。"

自然条件不利与自然资源不够丰厚对社会发展起不利作用只是相对而言。自然条件极差如北极，确实不利发展；自然条件有利，自然资源丰富，但如果缺乏多样性，或交往不便，如热带的某些地区或某些中南太平洋诸岛，也会由于人们过分倚赖丰饶的自然界或缺少分工与交往而影响发展。相反，像中国这样处于温带的大国，多样化的自然条件与自然资源往往有利于促进分工和交往。自然条件中的不利因素和自然资源的不甚丰厚与分布不平均又往往能促使人们努力进取，刺激人们以自己辛勤劳动和发挥自己的智慧，克服不利条件，征服自然，以创造较好的生存与发展条件。中国人民勤劳、勇敢、智慧的传统的形成，恐怕与这种不利的自然因素与克服这些不利因素的努力有相当关系。"艰难困苦，玉汝于成。"不利的自然条件与不甚丰厚的自然资源反而在这种情况下成了中国历史发展的一种起促进作用的因素。因水量不足与旱涝时生而大力发展水利、灌溉等等工程，大规模地有组织地进行防灾救灾，就是一例。早在先秦，人们对于水利及水灾就有一套办法"以潴畜水，以防止水，以沟荡水，以遂均水，以列舍水，以浍写水……"① 以后各代更有越来越完善、越来越细致的做法。传统农业则是另外一例，人多地少是中国古代核心地区的某些地带以及以后整个核心地区的现实。中国的传统农业的基本目标是在较少的土地上投入较多的劳力以提高单产的办法来保持与提高劳动生产率。或者说，用高投入高产出的办法来容纳更多的人口并维持其供应。而具体做法则是精耕细作，或者说是走集约型农业的道路。在黄河流域的旱作农业技术是以抗旱保墒为主，并力争有条件的地方实施灌溉。长江流域的水稻区则以灌溉排水为主。各种技术包括深耕多耕，起垄培畦，密植、移苗栽秧、中耕耨苗、除草，施有机肥、治虫病、灌溉、排水，细收细打，家庭圈养牲畜利用厩肥等，田地不但不休耕，反而用轮作、连作、间作等方法提高复种指数。在汉代，有的地方已是"四年而五获"，即复种指数达125%。今天，全国范围内的复种指数在160%以上，即一亩地能当1.6亩地用。适应这种耕作方式的农具多是小型而专门化，分工很细。而适应这种耕作方式的经济单位则是以一家一户为单位，独立从事农业生产全过程的个体小生产农业。这种精耕细作为特征的个体小生产农业在中国延续了几千年，它以高的单产，较少的土地养活了大量人口，支持了中国历史的发展。这是中国人民利用自然、征服自然所取得的伟大成就。直到今天，我国仍以占世界不到10%的耕地养活了占世界22%的人口，这是多少年积累下来的传统农业所带来的成就。当然，这种农业承受的压力是很大

---

① 《周礼·地官·稻人》。

的，本身有其脆弱性，尤其经不起灾变。中国历史上的变乱往往与天灾相连，造成极大的破坏与苦难，与这种传统农业的脆弱性有关。中国历来重农、重民食，"民以食为天"，"洪范八政，一曰食，二曰货"，士农工商，农居第二，不是没有原因的。当然，传统农业的发展有其限度，一定技术水平下的农业所能供养的人口，也有其限度。今天的农业，必须改造，那也是毋庸置疑的。

五、中国是一个历史悠长的大国

中国是世界上历史上最悠长的大国。

中国是古人类发源地之一。目前可以追溯到约 200 万年前，这就是 1985—1986 年发现的巫山猿人（四川巫山县士庙区龙骨坡）化石。与东非发现的猿人化石年代相差不多。而且从同时发现的同一地质年代层的巨猿化石来看，正是处于猿人分化时期，可以说是人类起源地之一。以后各个时期的古人类化石和遗迹在各处都有发现（如河北原阳小长梁、云南元谋、陕西蓝田、北京周口店等），旧石器及新石器时期遗址几乎遍布全国。似乎可以说，古代人类遗址从起源的西南地区逐渐辐射到全国各地。

中国古代国家的形成约在 4000 年前（夏），虽比埃及近东、印度的古代国家形成时间晚一些（埃及、两河流域的苏美尔人、印度的达毗罗人的国家形成于 5500 年前），但那些古代国家并没有延续下来，而后来形成的一些大国，像亚述、波斯、罗马、拜占庭、奥斯曼等，历史都中断了，或者分崩离析，即使今天还存在，有的已经换了民族，文化也改变了（如埃及），也不再具备大国的规模（如伊朗、土耳其）。至于印度，印度河流域的早期文明在 4000 年前已达到鼎盛期，3600 年前被来自伊朗的游牧民族即所谓的雅利安人毁灭，这种早期文明在印度河流域消失了（还保存在南部地区），此后又迭经变乱，公元前 3 世纪的孔雀王朝和 3 世纪的笈多王朝在印度北部（印度河和恒河流域）建立统一国家，但为期短暂，此后又分裂。到 16 世纪莫卧儿王朝再度把印巴次大陆纳入自己统治之下，但莫卧儿王朝势力来自西境以外，建立的则是伊斯兰帝国。随后印度成了英国的殖民地，最后又分成了印度、巴基斯坦、孟加拉等几个国家。总之，印度并非长期处于统一状态，民族文化等变化极大，同中国历史的情况大不一样。至于今天世界上的一些大国，历史都不算长，大多是近代形成的，美国建国 220 多年，俄罗斯较长，从基辅罗斯（9 世纪）是 1000 年多点，从伊凡雷帝摆脱鞑靼人压迫后建立统一的俄罗斯集权国家算起（15 世纪末）是 500 年多点，加拿大、巴西、澳大利亚就更不用说了，可以说，世界上古老而又一直延续下来的大国，只有中国了。

为什么中国是惟一的一个古老而又能延续下来的大国，值得探讨，下面所说的三点可能是应当考虑的。其中有些情况，在前面已经提到过了。

第一，中国有一个历史悠久、文化发达、人数众多的主要民族——汉族，和一个与汉族主要聚居区重合的大的核心地区。这个汉族聚居区与核心地区在不断扩大，后来大致即清朝本部十八省的地方，占全部国土面积 43%，人口的 88%，经济力量的绝大部分。并且长期处在经济政治文化诸方面比周边地区更为先进发达的地位，而且在古代亚洲乃至世界都处在先进地位。在古代很长的时间内，那些世界历史上的大国，经济文化很难说都超过了中国，国力一般也没有超过中国的，内部凝聚力也没有超过中国的。

可以比较几个历史上大国的情况：

	面积（万平方公里）		人口（万）		
	核心地区	全国	核心地区		全国
	数字	百分比	数字	数字	百分比	数字
中国今天	412	43	960	10200	88	12000
元朝（13 世纪）	412	20+	2000			
清朝（前期）（17 世纪）	412	30+	1300	38600	96	40000
波斯 阿基梅尼德帝国（前 6 世纪）	伊朗 160	27-	600			
萨珊王朝（4 世纪）	伊朗 160	33+	500			

续表

	面积（万平方公里）			人口（万）		
	核心地区		全国	核心地区		全国
	数字	百分比	数字	数字	百分比	数字
罗马帝国（2世纪）	意大利半岛 30	6	500	意大利半岛 700	15	4600
拜占庭帝国（7世纪）	小亚细亚、巴尔干半岛 80	32	250	小亚细亚巴尔干半岛 1000		
奥斯曼帝国（17世纪）	小亚细亚西部、巴尔干半岛东部 80	13	600	小亚细亚西部、巴尔干半岛东部 800	28	2800

从表即可看出古代中国核心地区的面积与人口在全国的比重与世界其他古代大国相比所处的地位了。至于有些古代大国，如马其顿、大食、帖木儿帝国，其核心地区及人口的比重都很小。如马其顿帝国，核心地区是希腊，面积10—15万平方公里，人口300万，只当马其顿帝国面积700万平方公里，人口2000万的2%和5%。亚历山大死后，这个短促的帝国立即一分为四，分别控制了埃及、希腊、中东和波斯，恢复了亚历山大以前的政治态势。至于帖木儿帝国，很难说有什么核心地区，也是随帖木儿之死而消灭。这种大国纯属短期军事征服的产物，是一种极不稳定的军事政治集合，因而也就倏起倏灭，无法长久存在下去。

古代中国具有这样一个经济力量雄厚、政治文化先进而又人口众多的广大核心地区，对周边地区有很大的吸引力、向心力和凝聚力，而不是起发散、排拒的作用。这是古代中国周边的地区和民族能够逐渐地长期地参加到中国这个多民族国家里来，而且联系越来越紧密的原因。当然这中间也有军事的征服与民族的压迫的因素，但不仅仅是而且主要不是军事的征服和民族的压迫。仅靠征服和压迫是不能长久维系多民族统一国家的。

在古代，中国以外的大国带，其民族的和政治军事力量的迁徙、扩展和转移既有南北方向，也有东西方向，使得这个地区的民族关系、政治变化出现了错综复杂、形势多变的格局。

古代中国则有所不同，民族关系主要呈南北方向，东西方向的民族迁徙、交往乃至战争不是没有，但更多的是经济、文化的关系，而非军事的、政治的征服、统治。中国处于古代大国带或文明带的最东端，与西方的文明世界与历史大国间阻隔了难于通行的青藏高原和辽阔的中亚沙漠、草原。直接处于中国西方的民族比较分散，而且不大可能形成一股强大的军事政治经济力量。东亚大陆北面由蒙古高原北部经阿尔泰山、萨彦岭以北的草原带及由准噶尔盆地向西是一条游牧民族大规模迁徙的通道，但它离欧亚非大国带或文明带距离颇远，且历史上游牧民族大规模迁徙的走向多是自东而西，如匈奴、突厥、契丹、蒙古等，而绝少自西而东。对古代中国发生重大影响的天山以南的通道较近大国带，但只宜商队和少量人员往来。因此大国带的国家东向不易，至多至中亚而止。在历史上，中国与古代西方大国直接交战只有一次，那就是751年唐与大食及中亚联军的战争——怛罗斯之战。此战唐军失败，唐的势力退出中亚。这并不是一次涉及国家存亡的大战，而只是争夺中亚的局部战争，双方军队并没有出动主力，大食更是大量利用了中亚一些小国和民族的武装力量，这次战争对以后唐和大食的关系也没有起决定性的作用。另外还有一次没有打成，即1405年（明成祖永乐五年），兴起于中亚、征服了波斯、伊拉克及部分俄罗斯与印度的帖木儿，起兵20万拟从中亚进攻中国，途中病死未果，没有改变东西方这种政治大势的格局。

至于南北方向的民族关系与民族交往与斗争、融汇，如前所述，影响中国历史至钜，与东西方向的民族关系不能相比。但这是一种周边地区与核心地区之间的关系，或者说，它是这个历史上逐渐形成的统一的多民族国家内部的事情，这和东西方向的那条大国带上民族关系是不一样的。如前所述，古代中国的核心地区与周边地区正因为民族的关系、交往乃至斗争而加强了联系，而这种联系越来越密切。

近代欧洲殖民者的世界征服，造成了一些殖民大国，也消灭了和瓦解了好些地区的国家，包括一些历史上的大国，如印度、奥斯曼帝国。近代以前建立的大国，惟一没有被征服或瓦解的就是中国了。这原因，一是中国距欧洲较远，西方殖民者从欧洲由海路向东，先向非洲、中东、印度、东南亚，然后才到中国，所达也是中国沿海边境，如澳门、台湾，从边疆进向内地，已是 19 世纪下半叶的事了。另一个殖民者沙皇俄国从陆路来，其路线是越乌拉尔山脉到西伯利亚贝加尔湖以北再东向达鄂霍次克海，即在中国北部边境以外，然后再南下进入贝加尔湖以南及黑龙江，与中国接触，历时二三百年，向中国东北及外蒙古进入也是 19 世纪后半期的事了。二是中国很大，一时灭亡不了，瓜分又因互相牵制，也不大容易。三是中国的抵抗虽然屡屡失败，但很强烈，而且越来越强烈，任何一个殖民国家，都难于一下子征服中国，这与印度的情况有些不同。19 世纪末以后，日本成为对中国的最大侵略者，20 世纪 30 年代，向中国发动了最大的也是最后的一次侵略战争，不仅占领沿海，而且侵入腹地。中国人口最多、经济最发达的核心地区大部分沦陷了，中国损失之惨重是空前的，死伤 3500 万人，约占全国人口 7% 上下，财产损失 5000 亿美元。即使如此，中国还是与世界反法西斯力量一起取得了反侵略战争的胜利。这和中国是一个具有汉族为主体的广大的核心地区而又与周边地区关系紧密，结为一体的世界大国的格局不是没有关系的。

第二，中国不仅有一个面积很大、人口众多、力量雄厚的核心地区，而且这个核心地区一直呈现一种凝聚与扩大发散的趋势。凝聚与扩大发散看来似乎有矛盾，但在历史上这二者却很好地结合起来了。这种凝聚与扩大发散的趋势的结合，其具体表现，一是核心地区的逐渐扩大，二是与周边地区的关系日趋紧密，三是在古代中国统一的趋势长期占着上风。

地中海、中东的那些历史上的大国，核心地区面积相对地不大，要成为大国，需要保持两个以上的地区。各个地区经济、文化相当发达，但各区之间民族、政治、经济、社会的差异也比较大，不易融合，并不具备长久统一的趋势，而且北方一线长大宽广，草原游牧民族从各处均可南下，进入那条大国带，一旦进入某一地区，那里立刻会有很大改变。因此，从一个核心地区扩展到其他地区是形成一个大国的必要条件，但扩展开去，所控制的区域越大，原核心地区的影响及控制力就相对地减弱。在民族林立，政治经济文化各异的各地区间，原核心地区并不占优势，矛盾越来越多，从北方草原来的威胁也越大。在这带地区，各地凝聚力并不强，分散的趋势却很明显，统一往往只是军事征服的结果而不是经济文化交往的必然趋势。一旦形势有变，这些历史上统一的大国就会突然消失或者逐渐分崩离析，核心地区扩展的权力只能回到原来的地区，广大的统治地区也不再回归。换句话说，这些历史上的大国的统一，主要靠的是军事的、政治的力量，带有强加的性质，然后才是经济上的、文化上的联系，自然，有些时候，一个地区的文化借助军事政治的力量扩散到其他地方去，使那些地方深深打上它的烙印，像马其顿帝国带来了一个希腊化时期。希腊文化影响遍及东地中海、中近东，一直到印度河流域。此后，阿拉伯人的扩展也使伊斯兰文化遍及北非、东非、西非、西班牙，一直到中亚、印度、东南亚。但这种文化的传布只是开始时借助大国的征服，大国消失衰落，文化反而更快速地深入地扩展，它借大国的兴起而扩展，但它的扩展并不只是倚赖大国。而且，这种文化的影响不管如何巨大深远，它也没能根本改变这些地区的政治、经济社会乃至文化的基本格局，也没有促成过这些地区的再度统一。

历史上的这些大国，存在的时间有长有短，长的达几百年甚至上千年（如拜占庭），但始终都不能在其控制地区内建立一种稳定的社会秩序，也始终未能做到大规模的民族融合。换句话说，即没有一种强有力的可靠纽带把各地区结合起来，即使像罗马帝国那样一种世界性的帝国，其与边沿地区的联系很重要的一个内容是奴隶的掠夺，罗马帝国正是靠它而繁荣与运转的，这种掠夺奴隶的行为与争战对各个地区的经济造成很大的破坏，并不是维系各地区的好手段，反而不时激起反抗，一旦奴隶来源趋于枯竭，各地分裂趋势加强，而意大利本土也出现危机，罗马帝国就衰落了。至于那些不稳定的军事征服形成的大国，寿命就更其短促了。直到今天，东地中海、巴尔干、中近东分散的民族与国家间的纠纷还是不少，延续时间也最长，还是世界上纠纷的热点。这个地带的历史大势不是凝聚而是分散，不是统一而是分立。那些历史上的大国形成的或长或短的统一，并不反映这个地带历史发展的基本趋势。

中国的历史与此不同，具备着统一的趋势，这是凝聚和扩大发散两种作用结合的结果。这种统一的趋势，首先表现在经济和文化以及民族关系上，然后才形成在政治与军事上。

先看汉族聚居的核心地区，两千多年来，形成于黄河中下游的汉族不断扩展，从黄河而长江，而东南沿海与珠江，再加上西北、西南和东北，不断地与当地民族融汇，在地区与人口上不断扩大，即属于滚雪球式的运动，而北方民族与东北民族不断南下，形成波浪式的运动，与中原汉族融汇，又促使汉族南下，二者结合，即出现中国历史上的脉动现象。发散的另一面是凝聚，汉族越来越大，本身的凝聚力也越来越大，对周边各族的吸引力也越来越大，扩大发散与凝聚的结果，就出现了以核心地区为中心的统一趋势。这种趋势不仅表现在汉族，也表现于周边各族特别是入主中原乃至全国的那些民族，他们不认为自己是异国异类，认为自己也是炎黄子孙，是中国人的一部分，他们的统治者也以"正统"自居，同样认为统治中国是"天命所归"。

这个地区也有分裂的时候，先秦不说，秦汉以来的 2200 年，统一的时间约占一千四百多年，即三分之二。政治上分立的时期约占三分之一，不到八百年（三国两晋南北朝、五代、宋辽夏金）。这种分立有核心地区内部的原因，也有民族斗争的原因，往往二者交织，但这种分裂只是政治上的分立，经济的联系始终不断，而文化上的割裂则从未有过。即使在这样的分立时期，人们的心态可能有正统和僭伪之别，但从来没有认为分裂是正常的，也从来没有自认为处于中国之外。人们总之力求统一，最后也终归于统一。这种统一的趋势，越到后来越强烈，最后 600 年的元、明、清三朝，尽管改朝换代，但中国再也没有出现过分立的局面了。

统一对中国历史的发展究竟有利还是不利，是一种起积极作用的因素还是一种起消极作用的因素，是一个可以讨论的问题。有一种看法，认为欧洲不统一，分成几十个国家，调动了各地的积极性，有利于社会经济文化的发展；中国春秋战国，出现了各国争雄、竞相发展、社会变革、百家争鸣的局面。但不管怎样，统一是中国历史发展的主流，是客观存在的事实。我们今天这个 960 万平方公里的大国就是继承自历史上的统一的中国的遗产，特别是元、明、清的遗产。虽然由于近代资本—帝国主义的侵略，现在已经比 18 世纪乾隆时奠定的版图少了 300 多万平方公里了。

这种统一的趋势，可以在经济、文化和政治上反映出来。

先看经济。以海河、黄河、长江、珠江流域与东南沿海地区为主体的东亚大陆东部地区的经济有共同性，这里主要是平原、丘陵和部分山地，是个大农业区，地形不算险阻，交往方便，各地又有若干分工，逐渐形成一个大经济区，有时政治上南北分立，但经济上差别不大，往来也未断绝。这个经济区有巨大的实力，而在很长一段时间里，经济比较繁荣、先进。这个地区的发展不仅相对地比较稳定，而且有发展余地，不仅支撑了国家政权，也有条件向外扩展，并且也吸引了周边地区和民族。

再看文化。人口众多的汉族有共同的文化，源远流长，根基深厚。举几个例子：

祖先崇拜家族制度与浓厚的家土乡国观念，使汉族在时间上与地域上维系起来。

汉字不同于西方拼音文字，单音独体，形音义有机结合，起源很早，一直延续使用下来，"书同文"对维系汉族的联系有巨大作用。西方拼音文字，看看就能拼读，这是它的优点，但也有问题，欧洲罗马以后的共同文字是拉丁文，与各地语言有别，各地语言用拉丁字母拼写出来，就成了各地各族的不同文字。结果跟中国差不多大小的欧洲有几十种文字，甚至一国之内，也使用几种文字，有的民族语言其实是方言，一拼音写出就成了一种文字。像早期的斯拉夫文是一种，把各地方言分别拼出来，就成了十种文字，再加上或用拉丁字母，或用西里尔字母，或用希腊字母，就更其复杂了。中国各地方言有时差别也不小，别处人听起来困难或者简直不懂，但写下来却全是一样的。成千成万的人语音虽然不一，但文字却完全能沟通，这对各地的联系与统一的趋势无疑起了积极的作用。

中国的意识形态中，儒家思想居于主流的地位，尤其是它的伦理道德观念和政治思想，形成了汉族主要的行为、关系的规范。儒家思想里当然也有排斥、独占的成分，但更多的是一种统一、宽容、和谐、启迪、协调的思想，而且用和平的、教化的手段来宣扬；儒家思想中也有消极、落后、反动的成分，历史上人们也往往是各取所需。统治者尤其如此。对儒家思想及其历史作用还须多作研究和深入分析，但是就其总的方面而言，这种思想是统一趋势的反映，也促进了统一趋势的发展。

政治上，中国长期实行的专制主义中央集权制度，这种制度在历史上究竟起什么作用可以讨论。但它是统一趋势下的产物，又有利于统一的形成与维系，应当是没有疑问的。

第三，有丰富深厚的历史传统、积淀，但又具有并非停滞的发展趋势。这个问题在这里只能简单地提一下。

长期的没有中断的历史，使中国的历史积淀非常沉厚。中国古代历史在这样沉厚的历史积淀中运转，量的累积较易实现，质的飞跃却比较困难。这使得中国历史发展呈现缓慢、甚至出现重复、循环等等表征。历史中的各种因素，经济的、阶级关系的、民族的以及其他一些矛盾着的因素，都有一种循环式的表现，而且往往在交互作用下同步或近乎同步，结果就形成了前述的那种中国历史上的周期性的脉动现象，其集中而突出的表现，就是一些重要王朝如秦汉、隋唐、明清的兴替。

这种看似重复与循环的历史运动绝非是单纯的重复与循环，而是一种螺旋式的上升。表面上似乎回到原来的局面，实际上已经发展、前进了。这里可从前面说过的情况中举几个例子。

人口：从汉朝的 6 千万经过多次反复，上升到清朝的 4 亿。

疆域：从汉朝的 1100 万平方公里经过多次反复，到清朝的 1300 万平方公里。

核心地区：从黄河而长江而珠江，东南沿海以及西北、东北、西南。

粮食亩产：从汉朝的 140 斤左右上升到清朝的 250 斤左右。

商品经济：汉朝除了奢侈品外，只有少数日用品（如盐、铁）在大的地区范围内流通。政府对手工业和商业的控制极强。唐宋时，日用品大的地方市场已经形成，政府对手工业和商业的控制已经松弛。明清时，农产品商品化程度加深，全国性市场开始萌芽，政府对手工业商业的管制基本上取消，江南一些经济发达地区已经出现了资本主义生产关系的萌芽。

民族：汉代主要是在边疆地区与匈奴的关系。两晋南北朝时北方、东北和西部少数民族进入黄河流域，先后建立了许多政权，但大多短暂而不稳定。宋时，北方建立了相对稳定而为时较长的三个少数民族政权（辽、夏、金），随后的少数民族建立的元、清，更统一了全国。

从总的趋势看，中国的历史是发展的，不间断的。这与其他一些历史上的大国不一样，它们有的已经消逝，有的全变了样，如古埃及之于今埃及、古希腊之于今希腊，古罗马之于今意大利，古两河流域之于今阿拉伯国家，古拜占庭、奥斯曼之于今巴尔干、土耳其，等等。

这种历史的悠久传统、深厚积淀对中国历史的发展是好还是不好呢？好的是根基深厚，源远流长，发展有所依傍，能承受重大的打击。不好的可能是陈陈相因，垃圾太多，积重难返，变革不易。恩格斯说过，传统是一种巨大的保守力量。不是没有道理的。像美国，建国才二百二十多年，与中国相比，几乎没有历史，外来移民带来的是欧洲文化，凭借北美丰厚的自然条件，迅速发展，成了今天世界上的惟一的超级大国，历史的包袱小，也许是一个因素。

因此，我们应当为我国悠长的历史、古远的文化而骄傲，充分吸收其中优秀的精华，作为我们现代化的基础、出发点和材料，但又绝不应该把它当成包袱背上，影响我们前进的步伐。

这里只说了对中国古代历史的一些感性的、常识性的认识，这种认识如果大体上能成立的话，我们还可以问：

这些现象是怎样形成的？为什么会形成？

这些现象之间有什么关系？如果有关系，这些关系的主从、层次、形式、交互作用又是怎样的？

这些现象及关系之下，还有没有更深层的东西，或者说，有没有规律性的东西？这里所说的现象和关系，是不是中国历史发展规律或历史普遍规律在中国的具体的或特殊的一种表现？

这些，都是需要也值得进一步深入探究的。

附记：这是一份讲稿，讲于 1987 年至 1996 年间。

中国古代历史发展的地理环境

地理环境及其对历史发展的作用

地理环境，或者说，自然环境、自然条件、自然基础，是社会物质生活和社会发展的经常的必要的条件之一。它包括在历史上形成的与人类社会活动相互起作用的那些自然条件，如地理位置、地形、气候、土壤、水文、矿藏、植物、动物等等，而为上述诸方面及其交互作用下形成的复杂的综合体。自有人类以来，地理环境因自然本身的发展而引起的变化一般来说是缓慢的、不大的。而人类活动所引起的地理环境的变化却随社会的发展而不断扩大与加深 ①。地理环境既是人类历史创造活动的舞台，又是人类历史创造活动的重要对象。因此马克思恩格斯说："任何历史记载都应当从这些自然基础以及它们在历史进程中由于人们的活动而发生的变更出发。" ② 恩格斯写爱尔兰史，第一部分就是爱尔兰的自然条件 ③；毛泽东同志的《中国革命和中国共产党》，第一章也是从中国的地理环境开始的。

社会发展的决定因素是生产、生产方式，而作为生产方式的物质内容

---

① 参看恩格斯：《自然辩证法》，《马克思恩格斯全集》第 20 卷，人民出版社 1971 年版，第 573—574 页。

② 马克思、恩格斯：《德意志意识形态》，《马克思恩格斯全集》第 3 卷，人民出版社 1960 年版，第 23—24 页。

③ 恩格斯：《爱尔兰史》，《马克思恩格斯全集》第 16 卷，人民出版社 1964 年版，第 525—549 页。

提出了历史发展的整个进程可以用整个地理环境或其中的某些因素(气候、地理位置等）的决定性作用来加以说明。他们的论述中不乏精辟的观点，而且具有一定的唯物主义的色彩和历史进步作用，但从根本上来说是错误的。普列汉诺夫虽然反复论证了决定社会性质和发展的是生产、生产力，却又在不少著作中认为决定生产力的是自然环境，① 仍然陷入了地理环境决定论的泥潭。一直到现代，美国马翰的"海权论"，欧洲地缘政治学派的"生存空间论"和"大陆中心说"乃至美国史学家中的"新边疆学派"等，仍在借着夸大地理环境的作用，为帝国主义的侵略和霸权主义乃至法西斯主义制造理论根据。

然而，否定或忽视地理环境对社会发展的作用也同样是不对的。斯大林在《辩证唯物主义与历史唯物主义》一书中尽管对于地理环境对社会发展的作用作了正确的阐述，但他讲生产力时却又把劳动对象排除在生产力诸要素之外，实际上还是忽视了地理环境或自然条件对社会发展特别是对生产发展的重要作用。

地理环境对社会发展的作用究竟表现在哪些方面呢？

第一，它能加速或延缓社会的发展，促使（但不是决定）各个地区、各个民族、各个国家的社会发展产生不平衡性。越是人类发展的早期，人们支配自然的力量越弱，人类社会发展对自然界的依赖就越大。但这不等于说，自然条件最有利的地区，即人们花费最少劳动就能取得丰富生活资料的地区社会发展速度最快，因为这样优越的自然条件往往使人们过分依赖自然界，不易促使他们去发展生产工具和技术，也不易促使他们去发展社会分工。"不是土壤的绝对肥力，而是它的差异性和它的自然产品的多样性，形成社会分工的自然基础，并且通过人所处的自然环境的变化，促使他们自己的需要、能力、劳动资料和劳动方式趋于多样化。"② 人类的历史发展证明，对古代社会发展最有利的是富有差异性和自然产品多样性的

---

① 为人熟知的是《论一元历史观之发展》和《马克思主义的基本问题》。

② 马克思：《资本论》第 1 卷，《马克思恩格斯全集》第 23 卷，人民出版社 1972 年版，第 561 页。

地理环境，这样的地区，多在温带，中国也包括在内。

第二，促使（但不是决定）主要条件相同的经济基础呈现出差异性。"相同的经济基础——按主要条件说来相同——可以由于无数不同的经验的事实，自然条件，种族关系，各种从外部发生作用的历史影响等等，而在现象上显示出无穷无尽的变异和程度差别。"① 不同的地理环境使得处在同一发展阶段的各个地区、各个民族、各个国家的社会呈现出不同的发展水平、类型和特点。同是奴隶制社会，古代希腊、罗马的商业较中国发达，除了各自的社会特点外，希腊、罗马濒临地中海，也是一个重要的因素。

因此，在研究中国古代历史的发展时，应当注意中国历史发展的地理环境及其对中国社会发展的作用，特别是要注意人们的生产活动给地理环境带来的变化及其所造成的经济的、社会的后果。

因此，在研究中国古代历史时，要重视地理环境给中国古代社会发展带来的特点以及与其他国家社会发展的差异性，也要重视古代中国内部各个地区之间由于地理环境不同而产生的差异性和不平衡性。

"东亚大陆"及其内部的历史地理区域

我国各族人民的祖先劳动、生息、繁育的亚洲东部广袤土地，在历史上自成一个单位，可以称之为"东亚大陆"。

"东亚大陆"大致呈一个自西向东倾斜的大三角形。它以帕米尔高原为顶点，以向东北和东南延伸的两组山脉带为两边。向东北伸展的一组包括天山、阿尔泰山、萨彦岭，外兴安岭山脉一直到鄂霍次克海；向东南伸展的一组包括喀喇昆仑山、喜马拉雅山、横断山脉一直到南海岸。这个大三角形的底边则是太平洋岸。

"东亚大陆"外侧东北与北面是西伯利亚山地与平原，西侧是哈萨克

---

① 马克思：《资本论》第 3 卷，《马克思恩格斯全集》第 25 卷，人民出版社 1974 年版，第 892 页。

台地与土兰低地，西侧偏南是伊朗高原，南侧是印度半岛和印度支那半岛，东面是一系列向太平洋凸出的岛弧，如千岛群岛、日本列岛、琉球群岛、菲律宾群岛等，它们围绕"东亚大陆"海岸，形成许多边缘海，如鄂霍次克海、日本海、黄海、东海、南海等。

这个地区和外界的交通，陆路通道主要有三条，即帕米尔一带的山口、天山与阿尔泰山之间的山口和阿尔泰山以北的通道，由此可以通向印度、中亚、中近东和欧洲。帕米尔和天山、阿尔泰山之间的山口是古代中国通向西方及印度的商路（即所谓"丝绸之路"）的孔道，而天山、阿尔泰山之间及阿尔泰山以北的通道则是本地区民族向西迁徙的主要道路。17世纪以后，沙俄侵略者也正是循着这几条通道向我国进行侵略的。

海路主要有两条，一是经大陆东部港口到朝鲜半岛和日本。19世纪下半叶以后，它是日本帝国主义侵略我国的重要路线。一是经南海到南洋群岛、印度、阿拉伯、非洲和欧洲。宋以后，经过南海的海路的重要性逐渐超过了西北方向的陆路，它成了荷、葡、英、法等国的殖民主义者向我国侵略的主要路线。

这片大陆的内部，地形复杂，景观多样。平原、山地、高原、峡谷、丘陵、盆地、沙漠、湖泊、沼泽，应有尽有。海岸线长而曲折，岛屿罗布。河流多而且长，大部分东向流入太平洋，少数流入印度洋和北冰洋，西部和北部还有广大的内陆河流域。气候南北之间和东西之间差异很大，在南北方向上，从黑龙江流域的寒温带气候，经过冷温带、暖温带、亚热带、热带一直到南沙群岛的赤道带气候，呈层次排列；东西方向上，东部属东亚季风区，温暖湿润，西部属大陆性气候，干旱寒冷。复杂多样的地形、气候、土壤与水文使得植物和动物种类繁多，分布也带有很大的差异性。此外，地下资源也极丰富多样。"东亚大陆"地理环境的复杂性、多样性与差异性，使得农业、牧业、渔业、狩猎、林业、工矿业等都能因地制宜地得到发展，纷然并存，竞相争胜。这就给我国各族人民祖先的经济发展与经济交流带来了有利的条件，也带来了各地区各民族经济生活与社会发展的差异性与不平衡性。

"东亚大陆"内部，从历史上看，大致可以分为六个地理区域，它们既是历史上的地理区域和经济区域，也是历史上的民族区域和政治区域。

（一）东部地区

这个地区北到长城燕山和辽河中下游，东、南濒海，包括沿海岛屿，西到贺兰山，经四川盆地西侧的山脉到云贵高原东部，西北部凸出，即河西走廊。在本区中，秦岭和淮河是划分南北的天然界线，南船北马，南米北麦，反映了界线两边地理环境不同带来的经济生活的差异性，秦岭淮河以北，太行山和嵩山、伏牛山，是西部的黄土高原与东部的海河、黄河、淮河冲积平原的界线，在古代历史上通称为关东、关西。秦岭淮河以南，南岭则是一条次要的分界线，群山环绕的四川盆地也带有某些独特的地理格局。

这个地区历史上活动的主要民族是汉族。

这个地区除河西走廊处于冷温带、南沙群岛处于赤道带外，均处于暖温带、亚热带和热带，在东亚季风区内，气候温和，雨量适中，土地肥沃，物产丰富，交通便利，很早就有了农业，是"东亚大陆"主要的农业区。因此，是"东亚大陆"人口最密集、进入文明时期最早、经济文化发展最迅速与最发达的地区。秦岭淮河以北地区，降雨集中在夏季，每年雨量也不稳定，时有干旱威胁；海河、黄河、淮河冲积平原地势低平，黄河从黄土高原突然降到平原地区，挟带的大量泥沙迅速沉积，水道宣泄不畅，遇有大雨易于发生洪水或内涝，黄河古代分支入海，有所谓九河之称，现在的河北、鲁西北平原，正好处于九河之间，当时是巨大的沼泽地带，今天的白洋淀、黑龙港地区，还保留着这个巨大沼泽地带的遗迹。秦岭淮河以南，主要种植需要人工灌溉的水稻，而且水稻的栽培逐渐向丘陵地带发展，形成有名的梯田，过去认为梯田始于北宋，现在看来可能早到东汉。因此，在东部地区，无论是秦岭淮河以北还是以南，防洪、排水、灌溉等水利事业成了农业发展的重要条件。过去不少论者认为水利灌溉事业是中国古代社会属于所谓"亚细亚生产方式"的主要原因，但是这种论断并不确切，因为在中国最早进入阶级社会的黄河中下游，农业最早兴起于河谷两侧的台地，多为旱作，大多无需也不可能灌溉，至多只需防洪，不能说水利特别是灌溉在当时是农业的命脉；这个地区的大规模灌溉事业的发展是在战国之后，而那时中国进入阶级社会已经一千多年了。

东部地区中新石器时代的原始农业发展较早的还有长江中下游地带，浙江余姚河姆渡遗址的发掘，说明了长江下游进入农业社会可能比黄河流域的仰韶文化还要早些而且更发达些。但是历史发展的不平衡性，使得黄河中下游地区的发展超过了长江中下游，最早进入了阶级社会。这可能是当时黄河流域气候较今温暖湿润，低温和干旱的威胁较轻，黄土高原与黄土冲积平原土质疏松，透水性好，旱作农业技术又较简单，花费劳动较少，开垦较易，使以木、石、蚌、骨为材料制成的工具及原始农业技术较易生产出剩余产品来，也使人口能较快增长，从而使奴隶劳动成为可能并得到发展。相形之下，长江流域过于炎热潮湿，不如黄河流域宜于居人，不少地区覆盖着大片的热带原始森林，平原地区则湖泊沼泽四布，榛莽丛生，加上土质紧密，种的又主要是水稻，平整土地和引水灌溉技术要求高，劳动量大，在原始的生产工具与技术条件下，大量开垦困难，即使有一些比较发达的地方，由于河湖沼泽丛林榛莽的阻隔，也不易扩大交往，连成大片，形成强大的力量，人口发展也因此受到限制。因此，黄河中下游地区首先进入阶级社会，成为中国古代经济文化的中心地区应当说不是偶然的。①

中国的三个奴隶制王朝——夏、商、西周，即分别在黄河中下游的不同地段建国。夏的主要活动地区在山西南部和河南西、中、北部，商是在山东以泰山为中心的地区加上河南东、中、北部，西周则是关中的渭水流域。至于河北，除在燕山、太行山麓的一条狭长地带外，由于黄河下游河道纵横、沼泽四布的地貌，直到北朝隋唐时才比较迅速地发展起来。春秋战国时，黄河中下游在夏、商、西周主要活动地域的基础上，逐渐形成了三个经济区，即关中地区、三河地区（河东、河南、河内，即河南西、北

---

① 此段以及下面论述长江流域发展超过黄河流域的部分，沿用了谭其骧、邹逸麟、葛剑雄：《在马克思主义指导下开创我国历史地理研究的新阶段》一文中的论证，载《沿着马克思的理论道路前进》，上海人民出版社 1983 年版。

部、山西南部，也就是战国时的三晋地区）、山东地区（齐、鲁，包括河北南部）。春秋战国时最早兴盛的是齐鲁，继之而起的是三晋，最后以关中为基地的秦统一了六国，以关中为中心，黄河中下游为主要基地，建立了第一个统一集权的封建帝国——秦汉帝国。关中地区当时虽然很富，但比较狭小，需靠关东广大地区的发达的经济的支持，漕运山东之粟以济关中成了西汉政权的一大问题。东汉建都洛阳，离山东（包括淮北）较近，水运较通畅，不需经过险隘的三门峡，也是原因之一。隋唐以前，以函谷关为界的关东、关西地区的经济、政治与社会发展往往呈现了一些差别。隋唐以来，两地的差别大体泯没了。

春秋战国时期，由于楚、吴、越、巴、蜀的努力，长江流域逐渐开发，形成了三个经济区，即四川盆地、荆楚地区、下游三角洲(包括淮南)与钱塘江流域。四川盆地自成格局，战国秦汉时，它与关中的联系反而比荆楚及长江下游要密切一些，成了秦汉时关中的后院。岭南地区的开发在秦汉时也已开始。经过王莽末年的战乱，长江流域及其以南在全国的经济地位进一步上升。荆、扬、交、益四州，西汉末年户口占全国户口总数不到五分之一，东汉时，已经上升到三分之一以上。这就是三国的吴蜀和东晋南朝立国的经济基础。东晋南朝时，长江流域的发展大大加速，并被认为"是衣冠礼乐尽在其间"，和中原在文化上的差别泯没了。而黄河流域则因战乱，农业生产及人口大大下降，北朝后期至隋唐虽然得到恢复并有所发展，但发展速度不及南方，唐中叶以后，长江流域及其以南特别是长江下游的发展水平超过了黄河中下游，其范围也逐渐向南扩展，与较早开发的岭南连成一片。

长江流域及其以南经济发展超过黄河流域也不是偶然的。近二千年以来，我国气候的总趋势是逐渐变冷，长江流域及其以南的气候条件变得更适宜于人类的居住和农业的开发。随着人口的增长和农业技术的进步，原来开发长江流域及其以南的困难逐渐得到克服，垦田面积增加了，一旦得到开发，这带地区在降水量、温度、总热量等方面的优势就充分显示出来了。这个地区主要种植高产粮食作物——水稻，特别是双季稻的普及，更使它在全国经济中占了优势。反之，黄河流域气候渐趋寒冷后，水体大为减少，气候干燥。黄土高原经过长期开发，天然植被严重破坏，水土流失加剧，土壤肥力下降，水利灌溉日益困难。人口的压力又加剧了滥垦乱伐，由此又引起了水旱灾害的增加。过度开发带来了严重的后果。再加上北方地区是全国政治军事重心，阶级斗争与统治阶级内部的斗争比较激烈，战乱比南方多，而周边地区经济文化比较落后的民族如契丹、党项、女真、蒙古等南下，常在一段时期里给社会带来破坏，影响了经济的发展。上述种种因素使得黄河流域经济的发展从唐宋以后陷于停滞、缓慢的状态，而长江流域及其以南则取代了黄河流域成为全国的经济重心，并随之而成为全国的文化重心。

但是，由于历史传统和民族关系方面的原因，全国的政治军事重心仍在黄河流域。五代北宋以后，中原王朝的主要威胁为契丹、女真、蒙古等，一般来自北方偏东，因此政治军事中心也就从黄土高原上的关中地区或其东方门户洛阳东移，与江淮交通方便，又以黄河为屏障面对深入燕山以南的契丹的开封就成了五代北宋时合适的建都地点了。金、元、清三朝都是少数民族入主中原，他们坐北朝南，背靠自己兴业之地，南向统治汉族地区，北京成了理想的建都地点，明朝面对蒙古，也把都城从南京北迁。这样，北京代替了长安、洛阳、开封等城市，成为 12 世纪以后中国的国都，历八百多年而未替。由于政治军事重心与经济重心的分离，联系南方主要经济区与北方政治军事中心的大运河，自隋唐以后具有了很大的历史重要性。元代以后，除运河外，南北方向的沿海航运也具有一定的重要性。

由于经济类型相同（主要经济部门都是农业），交通便利，经济联系密切，"东亚大陆"的东部地区从秦汉以来的两千年间经常处于统一状态中，就是在南北分别处于统一状态或有一方处于统一状态的时期内（这样的情况共出现过两次，即三国两晋南北朝、五代宋辽夏金，共约八百年），本区内部各地的经济文化联系也始终没有中断过，而经济文化联系与交流的力量也总是促进着统一因素的增长，推动着统一局面的再度形成。

在"东亚大陆"的各个地区中，本地区的经济文化最发达，政治军事力量一般也最雄厚。在这个地区活动的主要民族——汉族的核心，春秋战国以前就在黄河下游形成，并且随着其经济文化的南向发展，迅速与淮河与长江流域许多古代部落民族融合，到春秋战国时期形成了汉族。此后，随着经济文化的进一步发展与民族融合的不断进行，汉族日益扩大和发展，成为"东亚大陆"最大与最重要的民族。汉族经济文化对"东亚大陆"其他地区产生了巨大深厚的影响，是"东亚大陆"各地区与各族人民在历史上形成一个统一体的主要力量。因此，东部地区是"东亚大陆"的核心地区，也是中国古代历史发展的中心地区。

（二）北部地区

这个地区北到萨彦岭、贝加尔湖，东到大兴安岭，南到长城燕山，西到阿尔泰山。

历史上在这个地区活动的民族主要有匈奴、东胡、鲜卑、柔然、突厥、回纥、契丹、女真、蒙古等。

这个地区是起伏不大的高原，中部的大戈壁自然地把这个地区分成漠南与漠北两部分。戈壁的西部与北部是从萨彦岭和阿尔泰山逶迤而下的森林草原地带，东北、东面和南面则是高原草原地带。全区气候干燥寒冷，牧草丰盛，宜于大规模的游牧的经济生活，也宜于大规模的集中的民族迁徙与军事行动。戈壁多为石床或石砾，其中不乏有水草之处，不致成为交通与部落迁徙的重大障碍。因此，漠南漠北交往并不困难，也便于漠南漠北统一于一个政权之下。这个地区历史上的各民族，除匈奴在有历史记载时已经遍布大漠南北外，或兴起于西部与北部的森林草原地带，如丁零、突厥、回纥等，或兴起于东北方面的大兴安岭、呼伦贝尔及其以南的草原，如东胡、鲜卑、柔然、敕勒、契丹、蒙古等，然后南下到阴山之北的草原地带。从阴山山脉中的大青山、乌拉山、狼山以及贺兰山之间的各个山口，可以很方便地进入丰饶的河套地区。这个地区就成了向南发展的北方民族与向北发展的汉族活动的中间地带。南下的北方民族到达阴山一带并与汉族争夺河套地区之后，由于活动地区的扩大与接触了汉族比较先进的经济文化，经济力量与军事力量往往陡然增长，社会制度发展的速度也加快了，往往从原始社会末期迅速进入阶级社会，随着经济、军事力量的迅速加强与社会制度的急剧变化，这些民族的上层的野心也陡然增长，掠夺性增强。如果这时南面的汉族政权正处于内部矛盾尖锐或分裂时期，河套地区就常被北方民族完全控制，汉族力量则退守鄂尔多斯以南的陕北、晋北、燕山的防线。北方民族的势力再南向发展，控制了这一地带，通向黄土高原和华北平原的门户就打开了，这就往往出现了胡骑入主中原，与汉族政权形成对峙的南北朝局面，或者像元朝那样，终于统一了全中国。而汉族力量如果强大，也是先守住燕山、晋北、陕北一线，然后挺进到河套地区，以阴山为防线，守住阴山的各个山口，再向北推进，控制漠南，进而进军漠北。汉武帝与匈奴作战，"匈奴失阴山之后，过之未尝不哭"，说明了河套阴山地区丧失，给北方民族带来的烦恼。在这种形势下，处于下风的原北方民族除去一部分入款塞下，逐步与汉族融合外，往往沿阴山、贺兰山、祁连山北面的一线向西发展，活动于西北地区的准噶尔盆地，或者越过河西走廊南去青海一带。汉族势力如果强大，控制了河西走廊及准噶尔盆地，这些民族就再向西方移动，经由阿尔泰山以北及天山与阿尔泰山之间的通道进入中亚草原，甚至再西向前出西亚欧洲。在北方民族南下与汉族的接触过程中，既有民族之间的战争，但更多的是经济文化的交流与民族的融合。而当北方民族南下时，漠北与东北方面往往仍保留了原来的经济文化发展水平与社会形态。这样，当南下的北方民族或与汉族融合，或者逐步向西迁徙之际，在漠北与东北方面往往又兴起了新的民族，继续着原有的路线南下，起了填补空隙的作用。而这种形势往往也是促使原北方民族加速与汉族融合或西迁的一个原因。历史上的匈奴、突厥、回纥、契丹等民族的西迁就是这样形成的。这就使得这个地区的发展与民族关系呈现了与东部地区不同的特点。如果说，东部地区的发展是以汉族为中心，以滚雪球的方式向四外发展，不断融合其他少数民族，不断扩大汉族的数量、活动地区及其经济文化影响的话，那么，北部地区的发展与民族关系则呈现为波浪式的运动，一个民族发展的浪潮自北而南，在与汉族融合或西向移动之时，又一个新的浪潮从北方兴起，正因为如此，在中国古代历史上的民族关系中，汉族与北方民族的关系，汉族与北方民族的斗争与融合最为突出也最为重要，而河套地区的得失则往往成为双方势力消长的标志。

（三）东北地区

这个地区北到外兴安岭，东到日本海，西到大兴安岭，南到辽河中下游与长城燕山。

这个地区历史上活动的主要民族有肃慎、东胡、秽貊、乌桓、鲜卑、靺鞨（女真）等。

这个地区西、北、东部及西南部都是山地丘陵，多半覆盖着茂密的大森林，中部则是平坦的松花江与嫩江平原，这个平原与辽河中下游平原之间为一道低矮的丘陵所切断，在古代，也为森林所覆盖。松花江、嫩江平原地处冷温带，气候寒冷湿润。河流纵横，沼泽四布，在古代并不宜于农业，东南侧则是长白山区。因此这个地区的经济生活主要是狩猎、捕鱼与小规模的畜牧。

这个地区与北部地区及东部地区之间地形变化平缓，没有很明显的分界线。它与北部地区的中间地带是大兴安岭西侧的草原，与东部地区的中间地带是辽河中下游平原，东北地区民族的发展大体是从山区移向草原或平原，或是从大兴安岭移向岭西的草原，或是从长白山区移向辽河中下游平原。这些移向草原或平原的部落，起先多半受北方地区的强大民族或汉族的压迫奴役，但往往由于活动区域的扩大及在与北方民族或汉族的交往中吸取了先进的经济文化而强大起来，经济生活发生急剧变化，从渔猎与小规模的畜牧迅速转向大规模的畜牧或农耕，并且经历了社会性质的飞速变化，然后进而向北部地区与东部地区发展。大兴安岭以西草原的得失往往关系到北方民族与东北地区民族势力的对比，控制了这带草原的东北地区的民族，往往不久就成了北部地区的主人。女真就是这样。而辽河中下游平原的得失，则常常成为汉族与东北地区民族势力消长的标志，控制了辽河中下游的东北民族，离开驰骋热河山地，进窥燕山诸山口特别是山海关就只差一步了，这在明清的关系与斗争中看得最清楚。唐末以后，这个地区的民族与汉族的关系更多，斗争也较激烈，如金、清等，都是先后兴起于东北地区的民族。蒙古也是进入呼伦贝尔草原后强大起来的北方民族。这也正是全国的军事重心由关中地区逐渐向东北方面的北京转移的一个重要原因。

（四）西北地区

这个地区北到阿尔泰山，南到昆仑山，东到河西走廊，西到天山和帕米尔高原。这个地区以天山为界，自然地分为两区，即天山北路和天山南路，北路包括准噶尔盆地、阿尔泰山和巴尔喀什湖以东以南地区，南路则是塔里木盆地和帕米尔高原。

在这个地区活动的古代民族有塞种、月氏、匈奴、乌孙、柔然、诸胡、突厥、回纥（维吾尔）、契丹等。

这个地区是山地、沙漠、草原。降水稀少，气候干燥，冬季严寒，夏季酷热。山地盛长林木，山坡是优良牧场，山地边缘是砾石的戈壁滩带。山区来的河流在戈壁滩因渗漏而消失，又从戈壁滩的边缘冒出来，形成水草丰盛、宜于农业的绿洲；而盆地的中心则为沙漠。天山北路西面山地不高，缺口又多，从北冰洋吹来的较湿润的风经过这些山口带来了水气，因此降雨量比天山南路略多，这就使得天山北路盆地中的草原发达，与山前的绿洲往往连成一片。盆地中的沙漠多为有植物固定的沙丘或半沙丘，不致成为交通的大障碍。因此天山北路与北部地区相似，宜于大规模的畜牧经济和大规模的民族活动，在历史上常成为北部地区民族活动的西翼及向西迁徙的通道。塔里木盆地气候由于天山的阻隔，较天山北路更干燥，绿洲以外，就是几乎无法通行的茫茫大沙漠。绿洲也是分散的，形成彼此隔绝的小块富饶的农业区。历史上所谓狭义的"西域"即指天山南路，汉代初时分成三十六国，以后又稍分为五十余国，一个小国实际上往往就是一块绿洲，主要从事农业，即所谓"居国"，人口不多，几万人就很了不起了。由于这样的条件，天山南路民族的经济活动很分散，难于集结成一股集中而又强大的政治军事力量。

这个地区经河西走廊与东部地区相联系。从河西走廊西向，东部天山两侧的哈密和吐鲁番盆地是本地区与东部地区的中间地带，而天山北路的准噶尔盆地则是本区与北部地区的中间地带，由于昆仑山山高难通，本区与西部地区的联系要经过昆仑山东西两侧的祁连山与帕米尔诸山口。这个地区民族众多，又是北部、中部和西部地区各民族发展、交往与斗争的交点。北部地区各族大体先控制天山北部，由北而南，夺取河西走廊和哈密、吐鲁番一线，然后南下天山南路或青海地区。汉族则自东而西，先掌握河西走廊，再延伸到哈密、吐鲁番，切断天山北路与南路的联系，经略南路，再与北方各族争夺天山北路，形成对北方各族的侧翼包围（如西汉时所谓的"断匈奴右臂"），或迫使他们再向西迁移。西部地区的民族强大时，则控制帕米尔与河西走廊，由东西两侧向天山南路发展。因此，河西走廊的得失常常标志着汉族与北部或西部地区各民族势力的消长。

这个地区又是中国与印度、中亚、西亚各国、各族的交通线，是中国文化西传与印度、中亚、西亚文化东来的孔道。因此，这个地区是各种文化汇合交融的地方，呈现出绚烂多彩的面貌，而外来文化在这个地区停留时，往往与本地区文化融合，带上了本地区文化的特色，以改变了的面貌再向东传入内地，像印度、中亚、西亚的宗教、绘画、雕塑、音乐、舞蹈等等的东传，都具有这样的特点。

（五）西部地区

这个地区北到昆仑山、祁连山，东到四川盆地西侧及其以南的横断山脉，西到帕米尔，南到喜马拉雅山。

在这个地区活动的古代民族主要有羌族（可能就是后来的藏族）、吐谷浑、藏族、蒙古族等。

这里是世界最高的高原——青藏高原，素有"世界屋脊"之称，平均海拔四千公尺。一系列高山奇峰大致成东西向耸立，到本地区的东缘折而南向。山脉之间，辽阔的草原是天然的牧场，较低的河谷地带仍可发展农业。由于地势太高，气候干燥苦寒，空气稀薄，生活条件比较艰苦，因而人口稀少，农牧业也呈现了高寒地带的特点（如种植青稞，畜养牦牛）。本地区交通不便，生活条件严酷，在其他地区活动的民族较难大量进入，在这个地区活动的民族也不易向外发展，但多年来本区与其他地区的经济文化的交往仍是频繁的，相互之间的影响也不可低估，这个地区与东部地区大体上以青海东部和甘肃西部的湟河、洮河流域为中间地带，汉族的影响多半通过这里向青藏高原内部传输。青藏高原的古代民族也往往由此向东部地区的边沿发展。这个地区与北部地区和西北地区则以河西走廊为中间地带。北方民族如吐谷浑、蒙古族即曾从祁连山诸山口进入青海特别是柴达木盆地一带，而青藏高原的古代民族也经这些山口北出河西走廊，进而西向西北地区，东向陕西、关中。东汉的羌族的活动即是如此。而唐后期吐蕃最强盛时，就曾控制了天山南路，河西走廊、湟河、洮河流域和陇西，吐蕃骑兵曾多次威胁关中地区，并曾一度攻入长安，说明这个地区的民族力量的强大。此外，由于邻接，印度文化对这个地区也有一定的影响。

（六）西南地区

这个地区北到金沙江，西面是横断山脉，南面大体上相当于今天的国境线，东到云贵高原的东部。

在这个地区活动的历史上的民族有乌蛮、白蛮、苗、瑶、僮、彝等等。

这个地区地形复杂，高山深谷把本区切割成许多零星的小块，在横断山脉地区，自然景观往往随高度的降低而垂直更替，从山顶积雪的高寒地带经山腰的温带气候直到河谷地带的亚热带和热带景观。而云贵高原的中部地形相对平缓，那里分布着许多小盆地，盆地里面有小块的冲积平原，称为坝子，是发展农业的好地方。由于地形分割零散，山高河急，交通不便，自然环境复杂，变化急剧，经济生活分散，复杂多样，民族众多，而每个民族的人数却不多，各民族的经济生活与社会发展也很不平衡，因此较难形成一个强大而集中的政治军事力量，历史上只有南诏较大较强，但也难于同其他地区的民族所建立的政权相比。本地区与四川盆地及湖南广东一带交通并不十分困难，与汉族交往较多，汉族力量逐步向西扩展，与这个地区的少数民族接触后，这些民族或与汉族融合，或者向山地或西南方向迁徙，逐渐形成了现在的许多民族杂居的状态。此外，西部地区的藏族，通过横断山脉间的河谷南下，对这个地区特别是西北部的经济文化的发展也有一定的影响。唐朝中期，吐蕃甚至一度控制了南诏。

本地区邻接印度支那半岛，云贵高原西部和横断山脉的高山所挟的河谷又多是南北走向，因此这个地区与印度支那半岛各民族间经济文化也有交流，印度文化向中国传播的孔道之一也经过这带地区。

地理环境对中国古代历史发展总进程的一些影响

地理环境对中国古代历史发展的影响是多方面的，主要是作为劳动对象对生产力的发展起作用，并通过生产力对社会生活的其他方面间接起作用，但也直接作用于社会生活的其他方面。这种作用在历史发展的各个时期和社会生活的各个领域各有不同，我们不可能在这篇文章里一一论述。这里，只是概括地说明一下地理环境对中国古代历史发展总进程的一些影响，远不深入，也非全部。

（一）使我国古代历史发展具有早熟性而又有延续性

"东亚大陆"的适宜的地理环境使它成为古人类的故乡之一。大陆中部与南部的暖温带和亚热带、热带气候与丛林草地交错的自然环境，有利于古猿生息繁育①及其向猿人的发展。猿人的遗骸或遗物全国各地发现不少，像重庆巫山、河北阳原小长梁、云南元谋、陕西蓝田、北京周口店、山西芮城、贵州黔西观音洞、河南三门峡和湖北大冶等地均有发现，其中最早的旧石器时代遗物发现于243—255万年前的小长梁遗址，人类化石最早的是200万年前的巫山猿人和170万年前的元谋猿人。此后的旧石器时代与新石器时代的遗址则遍布我国各个地区。到了母系氏族公社时期，黄河中下族农业发展迅速并推动了经济文化的加速发展，从而使得黄河中下游成为我国最早进入阶级社会的地区，与埃及、两河流域和印度并称为古代四大文明发源地（如果加上爱琴海地区和中美洲，则是六大文明发源地）。

---

① 现已发现的古猿化石有开远古猿和禄丰古猿。此外，湖北、广西等处还发现了古猿旁支——巨猿的化石。

世界古文化常依傍大河而发展，在这一点上，黄河中下游古代文化的发展与埃及、两河流域及印度有相似之处，但却也有不同。埃及、两河流域乃至印度的古代人类的活动往往集中在一两条河流的河谷与冲积平原上，河谷与冲积平原之外就是山地或沙漠，文化区域的扩展受到限制，例如埃及，古代文化的发展局限在被北非巨大沙漠地带所包围的尼罗河两侧的狭长地带上，两河流域与印度古代文化区域略为扩展些，但也受地形的限制，而我国东部地区古代文化主要兴盛于黄河支流及支流的支流的两旁或支流入干流的河湾处（即所谓"汭"），如洮、渭、泾、洛（陕西）、汾、伊、洛（河南）、卫、漳等河及其支流。点多，分布区域宽，水与水之间又多系平缓的黄土原峁或丘陵，人们不仅可以沿河谷交往及经河的汇流处通向另外的河流，而且越过这些河的分水岭也不困难。不仅如此，黄河中下游与淮河、长江中下游之间，长江中下游与东南沿海诸河流及珠江流域之间，也没有巨大的自然障碍，黄河流域与北部和东北部的山地、森林、草原、沙漠、戈壁地带的自然条件虽然不同，但景观呈层次分布，有中间过渡地带，并非突然变化，地形也不甚险阻，各地区之间的交往所受的限制不大，因此，古代中国的文化发展可以由点到线，由线到面，面与面之间互相联结，形成更大的面，有广阔的发展余地。

中国古代文化区域的广大与不断扩展，是几个古代文明发源地所仅见的，这就为古代中国文化的长期延续发展提供了有利的条件。另一方面，我国各地区的地形、气候、土壤等变化多端，植物、动物、矿藏等又丰富而多样，为此后我国历史发展的各个时期一直到现代提供了丰富的物质基础。

中国文化起源早，绵延长，不断积累、发展，较少停滞，力量雄厚，传统深远，并未由于外来因素而中断或根本改变面貌，有利的地理环境是因素之一①。外国有些学者鼓吹的所谓中国文化外来说和中国文化停滞论，

---

① 埃及、两河流域、印度、美洲等地都曾因外来民族或文化的进入，原来的民族、经济、语言、宗教、社会结构、文化传统等发生了根本性的变化。而且这种情况有时出现不止一次。

不仅于史无据，而且常是别有用心的。我国近代的历史发展，由于封建社会的长期延续和外国资本—帝国主义的侵略，一度受到阻滞，但从中国历史发展的全过程看，这不过是一个短暂的时期。而且，外国资本—帝国主义的侵略不仅促使中国人民更大的觉醒，激起中国人民更强烈的反抗，并且促使中国产生了无产阶级及其政党——中国共产党，从而又大大加速了中国历史发展的进程，促使了社会主义革命在半封建半殖民地的中国国土上的胜利。尽管我们的社会主义事业在近些年来受到挫折，但今天局面已经扭转，正在向四个现代化的宏伟目标前进。在我们前进的各种有利条件中，无疑也包括了优越的地理环境。

（二）使我国古代历史的发展带有很大的独立性而又没有孤立性

"东亚大陆"的地形由西向东倾斜，面对大海。与位于西面及西南面的其他古代文化中心距离较远，位置正好相背。与这些文化中心的海上交通要绕远道，而且相当艰险。因此，在古代，海洋在本区及其他文化中心的交往中障碍的作用大于联系的作用，这与古代地中海周围的情况正好相反。本区与其他古代文化中心的交往主要经过大陆，但陆路比较险隘，尤其是离西亚和印度较近的西部和西南部，高山、高原和沙漠地带可以通行商队，却不利于民族的大规模活动与迁徙。天山以北的绵亘草原地带是游牧民族活动的天然舞台，但距西亚和印度远，文化的传播交流，只是靠草原上的游牧民族间接进行。

与此相反，"东亚大陆"内部的地形使得大陆内部各地区间的交往多半较这些地区与大陆以外的地区交往为易，而且"东亚大陆"自身就有广阔的活动余地。这样，从进入阶级社会起，黄河中下游就成为本区经济文化的中心，并随历史的发展逐渐扩展到包括长江中下游，使得本大陆各个地区的经济文化交往具有向心性，逐渐形成了以汉族为中心的独立文化区。这一点与古代埃及有些相似，而不同于两河流域，后者由于北部的山地与南部沙漠的民族的更替进入而文化不断发生变化。但又与埃及不同，那就是"东亚大陆"的中心文化区远较埃及广阔并有充分的发展余地。

但是另一方面，本区与其他文化中心不是像非洲中南部和美洲那样几乎与世隔绝。本区与其他文化中心区的交往虽有若干困难，但交往仍是持久而又频繁的。我国北方的游牧民族与中亚草原直到黑海、巴尔干半岛的古代游牧民族经过这带地区绵亘的辽阔的草原的联系是密切的，中国文化对这些草原民族有相当深的影响，并经过这些草原民族传导到西亚、欧洲，而这些草原民族的传统文化如塞西安式铜器等等也成为中国北方游牧民族与西方游牧民族文化的共同特征，并且这些游牧民族的共同生活习惯如胡服、胡床等也逐渐影响了汉族的习俗。至于阿尔泰山天山以南的商路，更是中国和其他地区文化交流的孔道。印度、西亚乃至欧洲的文化如佛教、伊斯兰教、绘画、雕塑、音乐、舞蹈、植棉、饮食等由此传入"东亚大陆"的西缘，经过当地民族的吸收、融合之后，再以原型或改变了的形态传入中国内地，深刻地影响了汉族文化，并融合于汉族文化之中。像佛教经过汉族浸润，甚至得到更大的崭新的发展。汉族文化也是先被及周边地区的民族，然后再西向远远传播，如蚕桑、瓷器、造纸、火药等等。唐宋以后，随着航海技术的发展，海路交通的重要性逐渐超过了陆路，形成中外交往的重要通道。

因此，中国古代文化的发展具有其独立性，但却没有孤立性，它向世界其他地区扩散其影响，对世界文化的发展具有重大的作用。同时外来文化在历史发展的长期过程中不断传入中国，并不断融合在中国固有文化之中，但它并没有也不可能改变中国文化的基本特征，而是使它更为绚烂辉煌、丰富多彩。

（三）使我国各族文化具有多样性而又带有共同性

"东亚大陆"内部地域辽阔，自然条件复杂多样，经济生活也因此各有不同，大体上可分为农区、牧区、林区、濒海渔区等，这就使得中国古代各个地区的各个民族乃至一个民族的各个地区（如汉族、女真族等）的经济文化的发展及社会生活呈现了不同的面貌、特色和速度，因而呈现了各地区各民族及一个民族内部经济文化发展的多样性。其中最突出地成为对照的是北部地区的古代民族的游牧经济与东部地区汉族的农耕经济。

但是如前所述，"东亚大陆"地区辽阔，经济文化的发展在历史上具有相当的独立性，内部各地区之间一般说来交通往来阻碍较少，民族之间的接触迁徙频繁，因此，各地区的多样性的经济文化并没有成为促成彼此阻绝与分离的因素，反而正好形成不同的社会分工，促进了各地区经济文化交流。特别是北部的牧区与东部的农业区之间，接触频繁，交往密切，而东部地区的先进发达的汉族经济文化，则使得"东亚大陆"的文化有一个中心，使边缘各区的发展具有向心性。随着这个中心地区在历史上的逐步扩大与力量的逐渐加强，周边地带各民族的文化逐步加入到这个中心区来，并且融合在原来的汉族文化中，使它越来越丰富，越来越带有新的特色，所谓"胡服"、"胡床"、"胡坐"、"胡食"、"胡乐"、"胡舞"等等都已经融化为今天汉族的风习。而这些倾注了新鲜血液的汉族文化又继续广被于更边远的地区和民族，对它们的影响也越来越大，终于使得整个"东亚大陆"的文化越来越具有共同性和统一性。

这种趋势，从原始社会后期已经开始。例如，东部地区的新石器文化经过多年发展，西面的仰韶文化与东面的龙山文化，在黄河中下游一带汇合，龙山文化与东及东南面的吴越文化在苏皖地区汇合，仰韶、龙山、吴越三种文化又在江汉地区汇合，最后至春秋战国时终于形成了黄河中下游与长江中下游的统一的汉族文化。

秦汉以后，汉族文化继续向外扩展，南面逐渐到珠江流域，北方逐渐到蒙古高原以及东北地区、西北地区、西南地区的边缘。特别是周秦时，北部地区与东部地区的游牧民族与农业民族之间所进行的交往，这时更加扩大和深入了。这种交往给双方社会的发展和民族的融合带来了很大的好处，给中国文化的发展带来了有益的影响，但其间也羼杂了民族之间的战争、征服、奴役，带来了生产的破坏和人民的苦难，这是阶级社会不可避免的现象。这就出现了诸如长城、界壕一类防御工事。但是，这种长城、界壕并不具备边界的意义。汉族的行政统辖权不止一次远出长城以西以北的广阔沙漠草原地带，直达巴尔喀什湖、萨彦岭、贝加尔湖和外兴安岭地区，西北方各民族也不止一次远远南下，一直到统治整个中国。不仅如此，长城一带往往就是汉族与北方各族经济文化与民族融合的边缘地带。西方的所谓新边疆学派、日本军国主义史学家和苏联霸权主义学者不顾历史事实，宣称长城是中国的北部边界，长城以北不是中国的领土，是对历史的别有用心的歪曲。

三国两晋南北朝以后，特别是隋唐以后，西部地区、云贵高原的西部和台湾与东部地区的交往也趋频繁密切，六世纪的隋代，中央政府正式在台湾行使统辖权，13 世纪的元朝，中央政府也正式对西藏和云南行使了统辖权。

这样，中国各个地区的经济文化在几千年的漫长时间里不断交往融合，终于形成了以东部地区为中心，以汉族为主干，具有强大向心力的统一性与共同性的多民族的统一国家。

同时也要看到，由于地理环境的差别及其他因素，中国各个地区各个民族在历史上的发展是不平衡的。旧石器时代和新石器时代几乎遍布中国全境的人类文化，在进入阶级社会后的差异性越来越有所发展，不仅各具特点，发展速度也不一样。各个民族在同一历史时期内往往分别处于不同的社会发展阶段，人口数量与密度、经济文化生活也各各不同，从而使中国历史发展与历史上各民族的关系呈现了复杂的面貌。这种情况，一直延续到解放前夕。但是各民族发展的共同性与统一性趋势仍是中国历史发展的主流。到了近代，中国各民族又共同面对着外国资本—帝国主义的侵略，因而更加强了在斗争中的团结。解放以后各民族的友好团结，又建立在建设社会主义、反对国内剥削阶级、反对侵略与霸权主义的斗争的新的共同的基础之上。各民族之间的政治、经济、文化关系是平等互助的关系，随着四个现代化事业的发展，各民族之间的经济、政治、文化发展的不平衡正在逐步减少，终将最后消失。

中国古代历史发展的地理环境及地理环境对中国古代历史发展的影响是一个重大的问题，需要进行多方面的和长时期的探索，尤其需要把它与中国古代历史研究中的一些重大问题，如中国古代历史发展的特点和道路问题、社会结构问题、古史分期问题、中央集权专制主义制度问题、阶级斗争问题、民族问题、资本主义萌芽问题、中国封建社会长期延续问题、文化特点问题等等联系起来探讨；也需要与中国古代各个地区、各个民族和社会生活的各个部门的研究结合起来探讨；还需要与世界其他地区、国家、民族历史的发展及其与中国交往的研究结合起来探讨。另外，我们祖先对地理环境的改造及其所带来的经济的社会的后果也是一个重大的问题，对我国当前的社会主义建设具有实际意义，也需要进行研究。本文只是对中国古代历史发展的地理环境问题作了一些极粗略和极不全面的说明，只供讨论。谬误之处，亦当在所不免。进一步的探讨，则待诸以后。

1956 年初稿

1984 年 5 月五稿

（刊载于平准学刊编辑委员会编：《平准学刊》第 3 辑上册，中国商业出版社 1986 年版）

试论中国封建社会的人口问题

封建社会的人口自然增长率是很低的。拿我国来说，从第一次有正式全国人口记录的西汉平帝元始二年（公元 2 年）开始，到鸦片战争爆发的 1840 年，1839 年间，全国人口从五千九百五十九万增到四亿一千二百八十余万，净增三亿五千三百二十余万，每年仅递增 0.1%。鸦片战争后，人口增长也很缓慢，从 1840 年到 1949 年的 110 年间，全国人口从四亿一千二百余万增到五亿四千余万，净增约一亿三千万，年平均增长率约为 0.26%①。这就是一般说的具有高出生率、高死亡率、低自然增长率特点的高—高—低类型的人口再生产。

然而，我国封建社会人口自然增长率低只是总括而言。如果画一条封建社会人口变化的曲线，就立刻可以看出它并不是平滑地缓慢上升，而是具有在一段时期内大起大落和在整个封建时期内作台阶式"跃迁"这样两个特点。大体上说，一个历时较久而又比较强大的封建王朝(如两汉、唐、两宋、明、清等）的初期，人口增长十分迅速，大约到中期达到高峰，而后停滞，到新旧王朝交替时期则急剧下降，人口的变化呈现大起大落的现象。另一方面，整个封建时期人口的增长则呈现为台阶式的跃迁。战国中期的人口可能大约为二千五百万到三千万，这是第一级台阶；从汉到唐，人口似乎没有超过六千万，这是第二级台阶；从北宋后期起，人口大约增长到一亿左右，这是第三级台阶；从清代乾隆初年开始，短短 100 年的时

---

① 这里和后文列举的旧中国各个时期的人口数字，都不精确，也不全可比。但借它们来说明各个历史时期人口变化的大致趋势还是可以的。

间里人口即从一亿多猛增到四亿，随后又陷于发展迟缓的状态，这是第四级台阶。如果把解放后 30 年间全国人口从五亿四千余万激增到九亿七千多万，也就是几乎增长一倍的情况也算进去，可以说我国人口已经跃迁到第五级台阶了。

在分析中国历史上人口消长的原因时，人们常常指出生产的发展与破坏、灾荒、战乱、医药卫生条件差、传统的多子孙思想与早婚等等，这都不错，然而似乎都还没有接触到问题的根本。人类自身的增殖或再生产虽是自然现象，但主要是社会问题。一方面，劳动人口是社会生产力的组成部分，劳动者和生产资料的比例及结合形式，决定了生产力发展的水平、特点和趋向，而劳动者的消费水平也由生产力发展水平及所处的社会制度所决定；另一方面，剥削阶级和他们用以行使统治权力的官吏、军队等人口，以及为剥削阶级服务的人口及寄生人口等的数量及消费水平，也是由生产力发展水平和社会制度所决定的。这样，人口的发展或再生产一方面是社会生产方式的内容，一方面又主要由社会生产方式所决定和制约。因此，讨论人口问题，不能不从现象进一步探究它的终极的、经济的原因。"每一种特殊的、历史的生产方式都有其特殊的、历史地起作用的人口规律"①，它大致包括四个方面：（一）人口再生产的规律；（二）有劳动能力的人口被利用的问题；（三）有劳动能力的人口在各地区与各部门的分布（生产部门与非生产部门，农业部门与非农业部门等）；（四）不同阶级的特殊人口问题及其相互作用。而这些方面归根到底主要是由既定的社会生产方式的基本矛盾或社会的基本经济规律所决定和制约的。

人口问题的另一个方面，是它不仅受社会生产方式的决定和制约，而且也对社会的发展，首先是生产的发展起着加速或延缓的作用。

那么，中国封建社会的人口规律是什么？它怎样受封建生产方式的决定和制约，怎样随封建生产方式的发展而变化？它对封建社会的发展起着什么作用，这种作用在封建社会发展的各个阶段又有什么不同呢？

---

① 马克思：《资本论》第 1 卷，《马克思恩格斯全集》第 23 卷，人民出版社 1972 年版，第 692 页。

汉代是我国封建社会的第一个鼎盛时期。这时，我国的封建社会业已经历了一段时期，它的发展道路与基本特点，已经开始比较清楚地显现出来，人口问题也是这样。我们的探讨，就从汉代开始。

西汉前期人口的迅速增长

战国中期的人口大约在二千五百万到三千万左右，由于多年战乱和秦代苛重的赋役与严酷的刑法，又经过秦末农民起义和楚汉战争，汉初人口据推测可能只剩下六百万左右或稍多一些[①]。然而，西汉前期人口增长十分迅速，尽管经过汉武帝中后期的顿挫，昭、宣、元时又有所增长，到了距汉初 200 年后的平帝元始二年（公元 2 年），全国人口达到 5959 万，平均年递增率约为 1％左右。

为什么西汉特别是它的前期会出现这样高的人口增长率呢？

一定领土能够养活的最大限度的人口，是与每一种生产方式及其不同发展阶段相适应的。西汉前期，人少地多的情况很突出。"夫度田非益寡，而计民未加益，以口量地，其于古犹有余"[②]；"地有遗利，民有余力，生谷之土未尽垦，山泽之利未尽出也，游食之民未尽归农也"[③]，生产和人口都大有增长的余地，这就为人口的迅速增长提供了可能性。使这种可能性变为现实性的，有利于提高人口出生率和降低死亡率的和平安定的社会环境是一个重要因素；战乱之后，生产和人口的发展带有恢复性质，增长较快，也是一个重要因素；但最根本的因素，还是要到封建生产方式的基本矛盾，即生产的个体性质与封建所有制的矛盾在当时的具体表现中去探求。

作为封建社会主要生产部门的农业，其特点是自然经济条件下以一家

---

① 梁启超：《中国历史上人口之统计》，《饮冰室合集》（十），中华书局 1936 年版。

② 《汉书》卷 4 《文帝纪》。

③ 《汉书》卷 24 上《食货志上》。

一户为单位的个体小生产。与欧洲封建社会相比，汉代农村公社的残余基本消失，个体小生产的特点更为突出。

个体小生产农业的劳动力的耗费是巨大的，要维持劳动力的巨大耗费并抵消由于生活水平低所带来的高死亡率，就只能用早婚和多生育的办法来缩短人口再生产的周期，从而维持并增加劳动人手。汉代妇女出嫁年龄一般只有十四五岁，就是由于上述的经济方面的原因而形成的社会风习。维持与增加劳动人手的另一个办法，是尽量减少家庭成员作为纯消费人口的时间，力求尽早投入生产。封建社会的个体小生产农业一般技术简单，所需学习时间短，又有大量辅助性的劳动，这就使少年儿童从事劳动不仅必要而且也有可能。汉代规定七岁到十五岁为"使男"、"使女"①，可见少年儿童至少七岁就开始参加劳动了。少年儿童作为纯消费人口的时间很短，对人口的增殖也是一种刺激因素。

个体小生产农业的劳动生产率是不高的。汉代小自耕农平均一家五口，两个劳动力，一般种地不到三十市亩，平均年产粮四千市斤左右，其中用于全家口粮约在二千四五百市斤左右②，再除去种子、少量饲料、赋税、祭祀等固定支出，能用于衣服、生活用品、农业生产资料等开支的剩余产品不过七八百市斤原粮，折钱少时不过二三百文，多时也不过二三千文③。这是一个很低的数字，往往还需用压缩口粮的办法才能勉强维持简单再生产，很难进行扩大再生产（例如当时大铁耜一具约值百文以上④，牛一头在一千文以上到三千多文⑤），一遇疾病、丧葬、灾荒或其他意外，就有破产的危险。

在技术发展缓慢，劳动生产率低，剩余产品有限，生活条件艰苦，扩

---

① 见居延汉简中的有关记载。

② 参看作者《汉代农业生产漫谈》一文。

③ 汉代各地不同时期粮价相差很大，一般情况下低的约为每石粟十文到二十文（《九章算术》卷4），高时五十到一百文左右（如居延汉简中所载）。

④ 中国农业科学院南方农学院中国农业遗产研究室编著：《中国农学史》（初稿）上册，科学出版社 1959 年版，第 118 页。

⑤ 《九章算术》卷 7、卷 8。

大再生产不易的情况下，要通过使用先进的工具和技术以提高农业劳动生产率来发展生产是很困难的，时间也需要很长。发展生产的主要途径是投入更多的劳动力，或增垦耕地，或精耕细作提高亩产，即在劳动生产率与每个劳动力提供的剩余产品量不变的情况下，增加社会的产品总量和剩余产品总量。换言之，无论是生产的量的增加（增垦耕地）还是质的提高（通过精耕细作提高单位面积产量），都是靠投入更多的劳动而非以减少劳动来取得的。

可见，通过人口的增殖以获得大量的劳动力是个体小生产农业内在的经济的要求，是个体小生产农业存在和发展的必要条件。也正因为是这样，个体小生产农业可以容纳比较稠密的人口①，而人口的增长往往就标志着封建社会生产力的增长，人口的减少，则标志着生产力的衰退。

对于个体小生产农业来说，"土地所有权是这种生产方式充分发展的必要条件"，而自耕农的自由所有权，"显然是土地所有权的最正常形式"。在封建社会里，自耕农的土地所有权仍要受到封建生产关系的不同程度的束缚，但比起其他各类农民与土地的关系来，它是比较接近于自由的土地所有权的。因此，在封建社会里，凡是自耕农的比重大，或有助于从农奴、依附农、佃农等对土地的实际所有向自耕农的对土地的自由所有权前进的每一步变化（如地租形态和赋役制度的变化，封建人身依附关系的削弱、封建剥削和压迫的减轻等）都有助于个体小生产农业的进一步发展②，从而也有利于人口的增长。

由于战国以来所形成的历史条件，也由于秦末农民战争沉重打击了封建政权和地主阶级，一部分农民获得了土地。西汉前期，小自耕农占有相当大的比重。史称当时"未有兼并之害"③，土地兼并方兴未艾，还没有形成严重的社会问题，小自耕农经济还可保持甚至得到一定程度的发展。小

---

① 恩格斯：《恩格斯致弗·阿·左尔格（1894 年 11 月 10 日）》，《马克思恩格斯选集》第 4 卷，人民出版社 1972 年版，第 511 页。

② 参见马克思：《资本主义地租的产生》，《资本论》第 3 卷，人民出版社 1975 年版，第 881 页。

③ 马瑞临《文献通考》卷 1《田赋考一》。

自耕农的生产条件与生活条件比依附农民或租佃农民一般要好一些，除去封建国家的赋役及高利贷和商人的盘剥外，一般不再受地主的封建地租剥削。因此，小自耕农经济所能容纳的人口往往可能接近个体小生产农业生产水平所能达到的人口的最大限度，其存在和发展是促进人口增长的重大因素。

至于同样具备个体小生产农业特点的"或耕豪民之田，见税什五"的封建依附农民或租佃农民，由于剩余产品甚至一部分必要劳动产品被地主阶级所攫取，其境遇一般比小自耕农更差。他们更多地是用降低生活水平的办法来维持简单再生产的。在这种情况下，增殖人口就成了维持生存的重要手段，往往越是贫困越要增加家庭人口。尽管高出生率被生活条件恶劣所带来的高死亡率所抵消，但在农民战争沉重打击了地主阶级后的西汉前期，他们的境况比后来略好一些，人口的自然增长率也是会有所提高的。

我们再看封建生产方式基本矛盾的另一个方面——封建所有制对当时人口发展的作用。

地主阶级是一个不事组织生产的阶级（少数经营地主例外），只是坐食地租。他们所关心的，与其说是生产的提高，不如说是争取控制更多可供剥削的劳动人手。这样，地主阶级为了自身的剥削利益，一般说是要求人口增殖的。自然，这种增殖不能使地租剥削率和剥削量降低。越过这个限度，地主阶级就宁愿采取让农民饿死的办法来减少人口了。

地主阶级扩大所供剥削的人口数量的要求，在西汉前期十分强烈。这时承战乱之后，生产凋敝，社会财富很少，"民无盖藏"，可供剥削的东西不多。在这样的历史条件下，地主阶级为了加强自己的经济力量与政治力量，以"清静无为"的黄老之学作为指导思想，以"休养生息"作为最高国策。具体到人口问题上，首先是使流散人口"各归其县，复故爵田宅"[①]，使劳动力与土地重新结合，并且重农抑商，抑制兼并，防止劳动力与土地再度分离。其次是采取轻徭薄赋，奖励所谓"孝悌力田之家"等办

---

① 见《汉书》卷 1 下《高帝纪下》。

法，从恢复与发展农业生产方面来促使人口的增加。再次是直接鼓励人口的增殖，像高祖七年令，"民产子，复勿事二岁"①，就是鼓励人口增殖的积极措施，而惠帝六年令，"女子年十五以上至三十不嫁，五算"②，则是用对晚嫁加税的办法从消极方面来促使人口增殖。这些措施，带来了"蓄积岁增、户口浸息"③的积极后果。

这样，尽管地主阶级与农民阶级在人口问题上的阶级利益不同，但在西汉前期的具体历史条件下，都是要求人口增加的。二者形成的合力，就造成了人口增长的趋势。由于当时生产和人口都有很大的发展余地，在和平安定的社会环境和生产与人口发展带有恢复性质的条件下，随着生产的恢复和发展，人口就迅速增长起来。总之，当时封建生产关系基本上是适合生产力性质的，封建生产方式的基本矛盾的运动在当时是促进人口迅速增长的力量。封建生产关系对生产力的阻碍作用以及对人口发展的阻碍作用还没有明显地表现出来。在人口的迅速增长中，起主要作用的是较少受到限制的个体小生产农业特别是其中的小自耕农的人口规律。

西汉中后期人口发展的停滞

封建社会中地主阶级是统治阶级。地主阶级对人口发展的作用，除去上述的为扩大剥削量而要求增殖人口外，还有其他的方面。如果说，西汉前期地主阶级的作用主要表现为有利于人口的增长，那么，从西汉中期也就是汉武帝时开始，地主阶级的以下两种作用就越来越占有重要地位，从而给人口的发展带来复杂的情况。总起来说，是使得人口发展趋向于停滞，并在一段时期中趋向于减少。

地主阶级对人口发展的第二个作用是从它对农民的剥削与压迫的残酷

---

① 《汉书》卷 1 下《高帝纪下》。

② 《汉书》卷 2《惠帝纪》。

③ 《汉书》卷 23《刑法志》。

性而来的，这主要表现在三个方面。

第一方面，地主的地租剥削率一般在 50% 左右，在当时的生产水平下，这不仅要夺走农民的全部剩余产品，而且侵夺了相当一部分必要劳动产品。这就使得农民"常衣牛马之衣，食犬彘之食"，只能在甚为贫困的生活中勉强维持简单再生产，并且往往陷入连简单再生产也维持不下去的境地。地主阶级的残酷剥削，一方面促使依附农民或租佃农民用多生子女的办法来增加劳动力，以维持生产与生活，另一方面则因贫困与繁重的劳动而加大了死亡率，二者互相抵消，到了农民极度贫困的时候，就造成了人口的下降。

第二方面，地主阶级除了极力增大对每户依附农民或租佃农民的剥削外，更多地是用兼并土地的办法来扩大其地租剥削总量。土地兼并，汉初已经存在，但土地兼并成为严重问题，则是在武帝之后，这时，"罔疏而民富，役财骄溢，或至并兼豪党之徒以武断于乡曲"[1]。当时封建政府采取过一些措施，但土地兼并仍越来越严重。这就使得越来越多的小自耕农失掉土地，变成地主的依附农民和租佃农民或者流民，从而使小自耕农的人口增殖受到严重挫折。

第三方面，是封建国家的赋役剥削。在汉代，我国进入封建社会时间还不长，赋役制度中，更明显地反映封建前期特点的以人口计征的人头税和徭役比重较大，当时以实物缴纳的田租最初为十五税一，景帝以后定为三十税一，每户每年缴粮从十石左右减为五石左右，加上藁税，只占赋役负担总额中的少数。负担更重的是人头税和徭役，人头税中的口赋，七岁到十四岁每人每年二十钱，算赋，十五岁到五十六岁每人每年一百二十钱，二者合计每户每年纳钱三百文左右。徭役中的过更是固定的代役钱，每丁每年出钱三百，[2] 一家如有一到二人服役，仅口赋算赋和过更三项，每户一年的负担即为六百文到近一千文。折粟最少六石，多到五十石以

---

① 《汉书》卷 24 上《食货志上》。

② 关于汉代徭役兵役及代役钱的负担，其说不一，此处从贺昌群先生的解释。见《汉唐间封建土地所有制形式的研究》，上海人民出版社 1964 年版，第 23—25 页。

上。如果粮价低落，农民就需拿出更多的粮食交税。再加上每丁每年要服一个月力役，一生要服两年兵役、力役以及其他赋税，负担就更重了。这种以人口计征为主的赋役制度，特别是其中的人头税，不仅征及男丁，而且兼及妇女与少年儿童，使得一家人口越多，非劳动力与半劳动力越多，负担越重。因此对人口的发展是起阻碍作用的。它造成人口的隐匿与流亡，更限制了人口的增长。汉初采取与民休息政策，赋役负担尚不太重，并且时有减免，但从武帝起，战争频繁，兵役大兴，开支浩大，赋役剥削大大加重，"以訾征赋，常取给贱民"，"田家又被其劳"，"率一人之作，中分其功"①，赋役负担竟占到农民收入的一半，使得农民大量流亡，仅元封四年（公元前107年），关东流民即达二百万，其他年份，也不在少数。口赋从七岁改为三岁起算，又每口加三钱，以致人民"生子辄杀"②，赋役的加重，大量士兵死亡或长年征戍不归，大量农民的流亡，以及与之相伴随的土地兼并加剧与农民的愈益贫困，造成了"天下虚耗，百姓流离，物故者半"③的局面。这个估计大约过高，但人口的损耗肯定是严重的。

地主阶级对人口发展的第三个作用就更复杂一些，它是从地主阶级基本上是一个消费的阶级而来的。地主阶级剥削的地租，基本上不用于扩大再生产，而是供自己的消费。如果地主阶级只是满足于一般性的生活消费，其对社会财富的耗费还是有限的。但是剥削阶级的本性使得地主阶级的贪欲没有止境。随着生产的发展，自己力量的壮大和地租剥削量的增加，他们的贪欲越来越膨胀，他们对农民的剥削也就越来越残酷，他们也就更多地追求奢侈性的消费，浪费大量的社会财富。由于优越的生活和传统的多妻制（地主阶级多妻制的另一个消极作用是阻碍了农民的人口再生产），地主阶级人口的自然增长率远较农民为高，这就大量增加了社会上的寄生性的消费人口，从而造成了社会财富的更大浪费。

地主阶级腐朽性的增长，奢侈性消费的扩大以及这个阶级人口的迅速

① 《盐铁论》卷3《未通》。
② 《汉书》卷72《贡禹传》。
③ 《汉书》卷75《夏侯胜传》。

增加，对人口的发展带来了两方面的影响。

第一方面，必然大大增加对农民的剥削量。汉代地主阶级的奢侈性消费，主要是手工业品和手工劳动，这方面耗费的人力与社会财富是极其巨大的。所谓"一杯棬用百人之力，一屏风就万人之功"，[①]汉代日用手工业产品与农产品相较，价格本来就相当昂贵，而奢侈性的手工业品，价格更高。像《西京杂记》中所说的散花绫，匹值万钱，约值粟一百到五百石以上，相当一个到三四个农民一年的产量，至于远地或国外贩运来的珍异价格之昂，就更不必说了。地主阶级为了满足自己的奢侈性的浪费，必须增加对农民的剥削，使农民陷于"褐夫匹妇，劳罢力屈，而衣食不足"[②]的悲惨境地，这就必然导致人口发展趋于停滞乃至减少。

第二方面，为了满足地主贵族奢侈性消费的需要，生产奢侈品的手工业及经营这类产品的商业特别是长途贩运商业畸形发展起来，这类工商业所需劳力和人手远较一般工商业为大，齐三服官作工各数千人就是一例。这就导致了从事官私工商业的人口大量增加。另外，随着地主贵族的日益奢侈腐化，为他们服役的奴婢仆隶的人数也大大膨胀。据估计，当时官私奴婢合计人数恐不会少于二百三十万人，[③]这些奴婢大都不事生产，用于农业生产的尤其少。工商业的畸形发展和奴婢仆隶的膨胀，造成了城市人口的增长。西汉城市规模超过了战国，如临淄就从战国时的七万户增到十万户。[④]工商业、奴婢仆隶和城市增加的人口大部分来自农村，造成农业人口的相对减少。

农民所供养的脱离农业生产单纯消耗社会财富的人愈多，农业就愈加萎缩。农业再生产和人口再生产的条件也就从而趋于恶化，因此归根结底最终导致了人口增长的停滞乃至倒退。

汉代中期以后，与上述人口增长停滞乃至倒退的趋势并行的，是一些地区，特别是黄河中下游地区，出现了人口的相对过剩。

---

① 《盐铁论》卷 6 《散不足》。

② 《盐铁论》卷 1 《通有》。

③ 胡寄窗：《中国经济思想史》中册，上海人民出版社 1963 年版，第 150 页。

④ 《汉书》卷 38 《齐悼惠王刘肥传附齐历王传》。

　　这个地区耕地有限，从战国以来就人口稠密。《商君书·徕民篇》讲到秦从三晋地区招徕农民到关中生产，就说明了这点。西汉时这个地区包括关中约占全国土地12%，而人口则占68%以上，[①] 已经接近甚至达到当时封建生产方式发展水平所能容纳的人口限度。在地主贵族商人的剥削及土地兼并盛行的情况下，农民生活十分贫困，劳动力与土地分离的现象相当严重，尤以天灾时为甚，这就使得一部分农业人口游离出来成为过剩人口，除去大量死亡外，这些过剩人口一部分流入城市，转为工商业劳动者或沦为奴婢仆隶，另一部分则成为流民，这是当时人口问题的一个重要方面，也成了一个严重的社会问题。

　　可见，地主阶级对人口发展的作用是复杂的，有促进人口增长的一面，西汉前期就是这样，但也有延缓乃至阻碍人口增长的一面，西汉中后期基本如此。这是封建生产方式的基本矛盾——生产的个体性质与封建所有制的矛盾在人口问题上的具体表现。毛泽东同志指出："地主阶级这样残酷的剥削和压迫所造成的农民的极端的穷苦和落后，就是中国社会几千年在经济上和社会生活上停滞不前的基本原因。"[②] 这个论断，基本上也适用于我国封建社会的人口问题。

汉代阶级斗争与人口问题

　　从汉武帝中后期开始，地主阶级的腐朽性、反动性日益增长，封建社会的基本矛盾——生产关系与生产力，上层建筑与经济基础的矛盾尖锐起来，它在当时的具体表现是：贵族、官僚、豪强地主土地兼并的加剧；封建国家兵役、赋役的加重；富商大贾对农民盘剥的酷烈；剥削阶级的奢侈淫逸与农民生活的日益贫困。结果是大量农民失去土地，沦为依附农民或租佃农民、奴婢或流民，阶级矛盾尖锐起来，农民采取各种形式进行反

---

① 　万国鼎：《中国田制史》，南京书店1933年版，第138页。
② 　《毛泽东选集》第2卷，人民出版社1952年版，第619页。

抗，直到发动起义，社会处于动荡之中。

以汉武帝为代表的封建国家，出于其与豪强地主及富商大贾的矛盾和巩固封建统治，保卫国家与增加财政收入的需要，采取了限制土地兼并及算缗、告缗、盐铁官营等抑制豪强地主与富商大贾的政策，并且由于保证赋役与加强国防，采取了赐给贫民少量公田及移民就宽乡与实边等措施。这些政策措施收到了一些效果，但并没有解决当时最严重的兵役与赋役苛重的问题，因此并没有扭转人口发展停滞乃至下降的趋势。直到武帝晚年，各地农民起义给了统治者不少震动，才使他们把眼光转到农民问题上来，从而迫使武帝于征和四年（公元前 89 年）下罪己之诏，罢轮台之戍，把苛重的兵役赋役减免下来，并下诏宣布："方今之务，在于力农"①，采取推广"代田法"等发展农业的措施，农民这才缓过一口气来，有了休养生息的机会。昭、宣之世继续了这种政策，人口的发展又从停滞倒退走向增长，终于达到西汉末年的一千二百万户，五千九百五十九万余口之多。

但这时封建国家所做的不过是减轻当时最为农民之害的兵役赋役，取得暂时小康的局面，至于反映地主阶级腐朽反动趋势的土地兼并、奢侈浪费等问题，一直没有也不可能得到解决。土地问题、工商问题、奴婢问题成了西汉后期的三大社会问题。西汉统治者虽然发了不少议论，也想了一些办法，但不起多大作用，终于在王莽末年爆发了农民大起义。农民所进行的十几年的英勇斗争，把社会从崩溃中挽救出来，使生产得以继续下去，人民得以生存下去。然而，这场斗争付出的代价是十分沉重的，其中之一就是大量人口的死亡。刘秀初建东汉，"海内人民可得而数者十裁二三"，② 大约不过一千余万，到 33 年后即他统治的最后一年（中元二年即公元 57 年），也不过四百二十七万余户，二千一百多万口，只各相当西汉末的 35%。全国又重新面临着与西汉初期相似的局面，而人口也在与西汉初期相似的条件下迅速增长起来，到了 50 年后的和帝元兴元年（公元 105 年），全国人口增加到了九百二十三万多户，五千三百二十五万多

---

① 《汉书》卷 24 上《食货志上》。

② 应劭：《汉官仪》。

口，已经接近西汉末年的人口数字了。

促使东汉人口迅速恢复的因素，主要是农民在起义中沉重打击了地主阶级，夺得了一些土地，使劳动力与土地重新结合起来，并且部分劳动力摆脱了依附农民或租佃农民或奴婢的身份，使小自耕农的比重又一次增加。另一方面，东汉政权慑于农民战争的威力及为了巩固统治的需要，采取了一些有利于生产从而也有利于人口增长的政策，例如实行度田，"检核垦田顷亩及户口年纪"；① 分给贫民一些公田；对少有田业而无力耕种者，贷以种子、农具、耕牛；解放奴婢；减免赋役；赈济孤贫；劝课农桑等等。此外，还奖励人口的增殖，如章帝元和二年（公元85年）诏："令云：'人有产子者复，勿算三岁'。今诸怀妊者，赐胎养谷人三斛，复其夫，勿算一岁，著以为令。"② 元和三年（公元86年）诏："其婴儿无父母亲属，及有子不能养食者，禀给如律。"③ 这些措施，对生产和人口的发展都起了积极作用。从一个较长的时期来看，应当说是农民的阶级斗争对人口的增长起了促进作用。

与西汉相较，东汉在人口问题上也出现了一些新的情况。

第一，东汉人口的布局比之西汉有了变化。由于农民起义主要爆发在长江以北，这些地方在战争中人口减少甚多。而南方地区较少受到战乱之苦，再加上南下的移民，因而人口有较大的增长，在全国人口中的比重大大上升。荆（除南阳郡）、扬、交、益四州，西汉末有2259709户，11017474口，④ 分别占全国的18.5%。东汉永和五年（公元140年）这四州（益州加上划归凉州的武都郡）共有3708067户，16602072口，⑤ 分别比西汉增64%和50%，在全国户口中分别占39.7%和34.6%，比西汉增加一倍左右。这就为以后的吴蜀及东晋南朝的建立和发展奠定了基础。此外，由于战乱及政治中心由长安移向洛阳，司隶校尉部所属的关中地区

---

① 《后汉书》卷1下《光武帝纪下》。

② 《后汉书》卷3《章帝纪》。

③ 《后汉书》卷3《章帝纪》。

④ 《汉书》卷28《地理志》。

⑤ 《后汉书》卷112《郡国志回》，卷113《郡国志五》。

的京兆、右扶风、左冯翊以及凉州地区人口比西汉大为减少，① 从西汉的 978440 户，3718373 口降为东汉时的 187009 户，842762 口，只各当西汉的 19.1%和 22.7%，在全国户数与口数中的比重也从西汉的 8％和 6.2%，降为 2％和 1.76%。② 这样，农民战争也使得人口的布局发生了变化。至于黄河中下游，则仍是全国人口最稠密的地区。这里"有十亩共桑之迫"，③"人稠土狭，不足相供"，④ 同样，也仍是土地兼并最烈，农民负担最重，人口相对过剩及随之而来的流民问题最严重的地区。

第二，东汉的农业生产力水平与西汉相较未见有明显的发展，而这样的生产力水平是有一个容纳人口的最大界限的。从生产关系方面看，在西汉后期存在的三个严重的社会问题中，奴婢问题经过农民战争及东汉初解放奴婢的措施，大体上缓和了。工商业由于农民战争的打击及随豪族地主经济发展而来的自然经济色彩的加重而趋于萎缩。奴婢问题和工商问题已不像西汉后期对人口问题有那么大的影响了。至于最根本的土地问题，虽在东汉初年有一定程度的缓和，但随着地主阶级力量的恢复和发展，很快又尖锐起来。特别是这时地方豪强势力膨胀，向门阀化的方向发展，从而农民对地主的人身依附关系加强了。如前所述，这个变化是不利于人口的增长的。

由于农业生产力发展的限度和地主经济的特点，东汉人口发展的节奏与西汉有所不同。如果说西汉的人口发展经过汉武帝时的顿挫之后，到后期虽然呈现发展停滞的趋势，但仍有所增加的话，那末，东汉在最初 80 年人口迅速增长之后，人口的发展就一直处于停滞的状态，大约维持在九百多万户，五千万口左右⑤。比西汉末的人口还要少一些（当时由于豪

---

① 京兆尹所辖地区较之西汉小有出入，计算时略去；凉州东汉时划入的武都、北地二郡计算时除去。

② 《汉书》卷 28《地理志》及《后汉书·郡国志》。

③ 仲长统：《昌言》。

④ 崔寔：《政论》。

⑤ 《后汉书·郡国志五》引《帝王世纪》云：冲帝永嘉元年口六千一百余万，与其他记载不合，可能偏高了。编者补注：核中华书局本《后汉书》，未能找到这个数字。《后汉书》卷 113《郡国志五》引《帝王世纪》作"口四千九百五十二万四千一百八十三。"

族地主的发展，隐匿依附农民的现象比西汉严重，因此上述数字比实际人口数要少些，但相差不致太大）。可以说是大约接近了封建生产方式发展到当时阶段所能允许的人口的限度。

东汉后期，统治者的腐朽奢侈比西汉有过之而无不及，对农民的剥削压迫也日益加剧，黄河中下游地区的相对人口过剩也突出起来。于是又出现了与西汉晚期相似的农业生产衰落，土地兼并加剧，农民生活困苦的局面，终于爆发了黄巾农民大起义，并造成了人口的再一次猛烈下降。

由此可见，一个封建王朝统治期间出现这种初期人口迅速增长——中后期发展迟缓、停滞——灭亡时猛降的现象，是由封建生产方式所决定和制约的。换言之，封建生产方式的基本矛盾——生产的个体性质与封建所有制的矛盾，在人口问题上就表现为个体小生产者的人口发展规律与地主阶级在人口问题上的作用的矛盾。这一矛盾的发展，同封建生产方式的矛盾的发展一样，集中地表现为农民与地主的阶级对抗，而且最终要通过大规模的激烈的农民战争，并且付出人口大量损耗的沉重代价，才能获得缓和与部分的解决。

大规模农民战争之后，生产力多少有些进步，封建社会还是在迂回曲折的道路上有所前进。因此，这种循环不是封闭的、圆圈式的，而是螺旋式的，即在循环中上升、发展、前进。我国封建社会发展的这个特征表现在人口问题上，就出现了各个主要王朝的人口发展尽管都经历了迅速增长—增长迟缓或停滞—迅速下降这样的类似的循环的途径，但就整个封建时期而论，人口的发展却出现了几个台阶式的跃迁，显现了在循环中的前进。

中国封建社会人口的台阶式的跃迁

经过黄巾起义和汉末军阀混战，人口大减。"出门无所见，白骨蔽平原"①，

---

① 王粲：《七哀诗》。

曹魏人口，"不如往昔一州之民"①，户口的凋残，可以想见。直到西晋统一全国的太康元年（公元 280 年），人口也才只有二百四十五万九千余户，一千六百十六万余口。② 分别只相当西汉末的 20.1% 和 27.1%。由于门阀地主大量隐庇人口，这个数字肯定要比实际人口数少许多，但人口损耗是肯定的。随后而来的是五胡十六国的大动乱，北方人口在战乱中大量损耗。然而到南北朝末期，全国人口又达到了六七百万户，③ 隋代进一步增长到近九百万户，四千六百多万口，接近东汉时的水平。隋炀帝的暴政及随之而来的隋末农民大起义，使初唐人口又降到不满三百万户。经过唐前期 140 年的发展，到玄宗天宝年间，人口再一次增长到九百零六万多户，五千二百多万口，与西汉末年相去不远，形成中国人口发展史上的又一个高峰。从汉到唐，我国人口的发展经过几次大起大落，但总的情况是维持在最高一千万户，六七千万口左右。这样，就形成了继战国之后中国人口发展的第二级台阶。

魏晋南北朝隋唐与两汉虽然同属中国人口发展的第二级台阶，但其内涵却有所不同。如果说，两汉的人口接近当时封建生产方式发展所能容许的界限，那么，魏晋南北朝隋唐则是孕育着跃迁到下一个人口发展的台阶的条件。

之所以这样说，是基于下述三种情况：

第一，是农业生产发展的水平。魏晋南北朝隋唐时期，农业单产与两汉相较，没有显著的提高。魏晋时期甚至比两汉还要低些。这是因为战乱频仍，人口减少，工具畜力不足，技术没有很多改进，以致耕作趋于粗放；但另一方面，地多人少的情况突出，每个农业劳动力平均垦田面积比两汉要多，这也加强了耕作的粗放性，二者相衡，单产虽然较低，但每人占有的耕地较多，因此农业劳动生产率大体还维持在两汉的水平上。到了唐代，单产同两汉水平差不多，而每人平均占有的耕地面积略微超过两

---

① 《三国志》卷 16《魏书·杜畿传附杜恕传》。

② 《通典·食货典》。又《三国志》卷 22《魏书·陈群传》裴注引《晋太康三年地纪》，作三百七十七万户。

③ 汪篯：《隋代户数的增长》，《光明日报》1962 年 6 月 6 日。

汉，这就使农业劳动生产率比两汉时要高一些。这也是唐代能成为我国封建社会历史上第二个鼎盛时期的经济基础。

每个农业劳动力占有的耕地面积比两汉多，而供养的人口却与两汉基本相同，这个事实可以从当时农业区域与人口布局的变化得到说明。从三国开始，黄河中下游的农业衰落，人口减少，这个地区的人口大量迁向边缘地区，主要是江南、荆襄和巴蜀，此外还有辽东。五胡十六国的混战，又造成一次大的人口流动，江南荆襄巴蜀地区进一步得到开发，其次是辽东、雁北、河西（这个地区东汉时人口大大减少，这时又恢复到西汉的情况，甚至还有过之）。唐朝长江以南的农业区域继续扩展，经济日趋繁荣，江淮地区的粮食成了唐朝政府、军队供应的主要来源。我国历史上南粮北运的局面就是在这时形成的。江淮地区终于代替黄河中下游成了我国的经济重心，人口的布局也随之发生了相应的变化。黄河中下游的农业和人口没有很大发展，五胡十六国时期战乱的破坏，及少数民族落后的游牧经济的影响，使得这个地区的农业发展停滞并在一段时期内发生了倒退，而江南等新开发地区，则由于耕作粗放，一时也还不能容纳更多的人口，这就形成了农业区域尽管扩大，农业劳动生产率在唐代还有所提高，但容纳更多的人口在一个时期内还只是一种可能性。这就是唐代人口与两汉基本相同的一个重要原因。

第二，这个时期复杂的民族关系与民族斗争对人口问题起了相当大的作用。一方面，五胡十六国以及南北朝时期激烈的民族斗争使生产遭到严重破坏，人口大量死亡流徙；入主中原的少数民族的落后的生产形式也使得先进的农业发展受到阻碍。像五胡十六国及北朝初年，黄河中下游的许多原来的农业地区变成了牧场就是一例。少数民族的落后的生产关系也阻碍了农业的发展。这是当时农业粗放的一个重要原因。这种对生产的破坏从而对人口增长的阻碍作用，在一段时期内是相当严重的。但是另一方面，从历史发展的总进程来看，少数民族大量进入中原地区并且把自己的生产形式由游牧变为农耕，促使了本族人口的迅速增长并与汉族迅速融合，这对中原地区总人口的增长又是有利的。少数民族进入中原建立政权，又使得中原地区与少数民族原来居住地区纳入同一政权统治版图之内，加强了中原地区对少数民族原居地区的经济文化的影响，再加上接纳了汉族移民，少数民族原居地区的经济特别是农业也有所发展，从而促使了这些地区人口的增加。像鲜卑慕容氏统治的辽东地区；鲜卑拓跋氏统治的河套、雁北地区；氐族、羌族统治的河西地区等都是如此。再一方面，中原地区的民族斗争的后果——大量人口南徙及汉族政权在南方的重建，促进了南方的开发，使这个地区有可能容纳更多的人口。以上这些，又是民族斗争从一个长时期来看对人口发展所带来的积极后果。

第三，地主阶级和封建国家对人口发展的作用这时也出现了一些新的情况。门阀地主经济的发展及农民对地主的封建人身依附关系的加强是阻碍人口发展的一个因素。但这时封建国家的赋役剥削中，徭役及代役钱的比重下降了，实物租的比重上升。魏晋南北朝的农民赋役负担以田租和户调为主，到隋唐时，原来的徭役也基本上采取纳庸代役的办法，变成了实物代役租。至于汉代成为农民沉重负担的口赋算赋等人头税已经取消，赋役的承担者已不包括少年儿童，并从以人丁计征为主向按土地计征为主的方向发展，这对农民人口的增殖是起了有利的影响的。

由以上这些变化来看，尽管魏晋南北朝隋唐时期人口与两汉同属第二级台阶，但封建社会的生产方式的发展却为中国人口跃迁到第三个台阶准备着条件。

宋代社会除去两宋之际相对来说比较安定，农业生产有新的发展，这主要表现在两个方面。

一个方面是粮食单产提高了。亩产平均在两石左右，合今一市亩产二百市斤多点，比汉唐的一市亩一百四十斤左右提高了约三分之一。之所以提高，是农业精耕细作的集约化程度加强了，特别是江南地区耕作方法有很大进步，那种火耕水耨的粗放耕作方法已基本绝迹。另外，由于江南地区的开发，适于这个地区种植的高产作物——水稻，在粮食作物中的比重增加了。当时两浙地区稻谷亩产高达三石，合今一市亩产三百二十市斤以上，太湖流域亩产高的有达六七石的，合一市亩六七百斤。另外，复种指数也提高了，吴中地区的稻麦两熟制和双季稻的种植已是相当普遍的现象①。

另一个方面是农业区域进一步扩大了。虽然北方地区人口、粮食生产没有大的发展，但长江下游和四川已充分开发，闽、广、两湖地区也成为重要的粮食生产基地。

在这样的农业生产水平的基础上，尽管每人所占耕地面积比魏晋南北朝隋唐时少，但由于粮食单产及总产都有所增加，能够供养更大数量的人口。因此，两宋人口比过去有较大的增长。两宋户口统计不甚可靠，最多时的北宋末年达两千万户，但却只有四千三百多万口，平均每户只2.1口，户数与口数之比是很不合理的。其所以如此，大约是为了逃避差役而析户或少报了口数。据估计到北宋末年时加上辽夏，当时人口应接近一亿，此后南宋加上金夏，人口大约也是此数。这比汉唐要多出将近一倍，形成了中国人口发展史上的第三个高峰，第三级台阶。

宋代人口较前代增长，还同唐后期以来随农业的发展而来的工商业的发展有关。两宋商品经济，特别是长江中下游农业区域的商品经济比前代有进一步的发展。农产品的商品化程度加深了，为农业服务的矿冶业和日用品的生产贩运相当发达，反映商品经济发展的铸钱业也很发达。像江西信州的铅山场，广东韶州的永通监，据说都有坑丁十余万②。湖北蕲春的铸造铁钱的工场，可容300人。这样的例子举不胜举。商业除了城市，也延伸到了市镇和农村。城市特别是工商业城镇的数量及人口都有很大增加。唐代在8世纪中叶，全国十万人以上的城市有13处，北宋中叶增长到46处。同期全国各州商税年额在五万贯以上的有57处，可见城市工商业的发达。其中如北宋的开封，南宋的杭州，在当时世界上是首屈一指的大城市。工商业与城市的发展，容纳了大量的人口，成为宋代人口增长的一个重要因素。

封建生产关系的变化，也是宋代人口增长的一个原因。从唐以来，门阀地主的势力日渐衰微，农民的人身依附关系逐渐有所削弱，租佃关系越

---

① 朱长文：《吴郡图经续记》卷上《物产》。

② 《宋会要辑稿·食货》之34；《金石续编》卷14《韶州新置永通监记》。

来越发达。到了宋代，部分地区出现了定额租，乃至少量的货币地租，这是适合当时生产力发展的要求的，也意味着农业劳动力与土地的结合又紧密了一步，农民向个体小生产所有制的正常形式——自耕农的自由土地所有制——又前进了一步。而如前所述，自耕农的自由的土地所有制是个体小生产经济条件下所能容纳人口的最大限度，这是两宋人口增加的又一个原因。

适应农业中生产关系的变化及商品经济的发展，从唐代后期的两税法开始，封建国家的赋役制度也相应地发生了变化。一是征取对象从身丁为主改变为户等资产（主要是土地）为主。二是以实物为主改变为钱物均收，而丁役也较多地采取出钱雇役的办法。三是唐代客户（包括佃户在内）还要承担政府的赋役，而宋代客户（即佃户）就不再承担赋役了。这些适应唐宋间社会经济变化的赋役制度的变化，也是有利于人口增长的一个因素。

明清时期，农业的精耕细作又有发展，平均亩产提高到二百五十斤左右。比之宋代又提高了约四分之一。清代最后奠定了我国多民族国家的疆域，加强了各族之间的经济联系与交流，也使得农业地区扩展到了云南、内蒙古、西北，到清代后期，东北地区也得到了迅速的开发。垦田面积从清前中期的七亿多亩①增到解放前的十四亿多亩。长江中下游的农业得到进一步发展，两湖地区成了可与江浙地区比美的大粮仓。宋代"苏湖熟、天下足"的谚语至此演变为"湖广熟、天下足"。高产作物除水稻外，又从国外引进了玉米、白薯、土豆等，对粮食亩产和总产的增长起了明显的作用。租佃关系进一步发展，农民人身依附关系也有所削弱。还有工商业和城市的发展，包括资本主义萌芽的出现。凡此种种，都使人口有可能进一步增长。但是，对人口增长影响最大的，则是封建政府的赋役制度的变革。从明代的"一条鞭法"把赋税徭役统一征收，并从征取实物改为全部征银起，到清代康熙规定"从此滋生人丁永不加赋"，再进而至"地丁合一"、"摊丁入亩"；赋税的征收全以土地为单位，封建徭役及从徭役转化

———————————
① 这个数字不精确。

来的代役税及人口税，从此基本上从赋税制度中消失了。而在赋役制度中，徭役、代役税和人口税对人口增长的束缚作用是最严重的，不堪忍受徭役、人口税等负担而生子即杀、自杀的记载史不绝书，宋代不仅因无法应付差役而被迫析户的现象普遍存在，而且还由于逃避差役和身丁钱，出现"村童半壮丁"①，即虽成丁犹作儿童装束的怪事。到了清代，赋税的征收既与人口数量不再相关，不再对人口的增长起直接的束缚作用，这就不仅使得隐匿人口大量登入户籍，而且也大大刺激了人口的增殖，再加上比较安定的社会环境，中国的人口就从清代初年的一亿多经过一百多年猛增到四亿以上，从而形成了中国人口发展史上的第四个高峰，也使中国人口迅速跃迁到第四级台阶。

由上可知，中国人口发展之所以呈现台阶式的跃迁，主要是由于四个因素：

（一）农业生产力的发展，这集中地表现为耕地面积的扩大和单产的增加，尤其是单产的增加，使得在农业劳动生产率基本未变的情况下有可能容纳越来越多的人口。

（二）封建生产关系的局部变化，即地租形式的变化、租佃关系的发展、农民封建人身依附关系的削弱等等，使得个体小生产农业日益向其正常形式——自耕农的自由土地所有制发展，而与这些变化相适应的封建国家赋役制度的变化，也对人口的增长起了促进作用。

（三）人口布局的变化，一是非农业人口，特别是工商业与城市人口的增长，一是农业区域的扩大，这主要是多民族国家疆域的奠定与汉族向边缘地区特别是向南方的发展的结果。

（四）民族交往与民族融合的扩大，而这往往又是民族矛盾与民族斗争的后果。

这些因素交互起作用，而又往往是与封建社会的部分质变联系在一起的。因此，我们应当从封建社会发展阶段的递变来探求人口发展的台阶式的跃迁的原因。也不妨说，人口发展的台阶式的跃迁往往是封建社会进入

---

① 沈说：《庸斋小集·仁福道中》。

新的发展阶段的一个标志。虽然二者在时间先后上并不一定紧密吻合，但其联系则是可以肯定的。

然而，中国人口跃迁到四亿以后，到了近代，又呈现了发展迟缓乃至停滞的状态，形成了中国人口发展的第四级台阶。从鸦片战争到中华人民共和国成立，110年间人口共增33%，平均每年递增0.26%。在这段时期前后，欧洲资本主义国家的人口在100年间大约增长了一倍，比较起来，我国人口的自然增长率是低的。

为什么如此，有两方面的原因。一方面，外国资本—帝国主义的侵略，改变了中国的经济结构，使中国从封建社会变为半封建半殖民地社会，从而使中国的人口发展出现了新的情况。这个方面我们不去多谈了，这里只谈另一个方面，即封建社会初期形成的个体小生产经济，经过两千多年，到了近代，已经接近了它发展的尽头。

一定领土能够养活一定限度的最大人口量，是与每一种生产方式及其不同的发展阶段相适应的。我国封建社会的不同历史阶段所能容纳的人口也是有一个界限的，它大体上是由当时农业技术条件下可垦耕地面积与农作物的单位面积产量及生产关系的状况所决定。在这个界限之内，人口的增长是适应并促进生产力的发展的，越过这个界限，人口的增长就要延缓或阻碍生产力的发展了。我国人口发展史上的几个台阶就是这样形成的。

汉唐时期，黄河中下游的人口在正常情况下，在当时条件下往往已经接近或达到饱和，从而出现了相对过剩人口，其中一个重要的解决办法是人口向周边地区移动。由于当时未开发地区特别是南方地区面积辽阔，并且具备发展农业生产的有利条件，因此黄河中下游的人口相对过剩问题相对来说可以得到缓和。总起来看，这个时期人口的增长与耕地面积的扩大和粮食产量的增长大体上是适应的，对封建社会生产力的发展起了促进的作用。

到宋以后，情况逐渐发生了变化，在当时农业生产技术允许的条件下，可供开发的新地区越来越少，人口增长的速度超过了耕地面积和粮食单产增长的速度，这样，人多地少逐渐成为全国性的普遍现象，粮食单产虽有提高，但由于人口增长快，耕地扩大慢，农业劳动生产率的增长开始停滞甚至倒退。两千年来，我国的耕地面积从汉代的四亿八千万市亩左右增到解放前的十四亿余市亩，即增长到三倍，粮食单产从一市亩一百四十市斤左右增长到不到三百市斤，约增到2.2倍，二者相乘，粮食总产约增六倍多，而人口则从汉代的五六千万增到解放前的五亿多，接近十倍，每人占有耕地面积则从汉代的4.8市亩（或9.7市亩）降到2.8市亩，人口的增长逐渐从促进生产力发展的因素转为延缓乃至阻碍生产力发展的因素，人口问题严重起来。到了近代，这个趋势就更为明显了。

到了近代，我国农业生产已经处于停滞状态。耕地面积的扩大已经停止。国内虽还有大量宜农荒地，但多处边疆，开垦条件艰苦，已非个体小生产的传统农业的经营方法和生产技术所能大量开垦。从1873年到1933年的60年间，全国耕地面积仅增加百分之一（系22省的统计，东北、新疆、西藏等未计在内），单产则基本未增。农业生产已经无法再进一步提高。另一方面，封建生产关系已经成为生产力发展的沉重桎梏，它与外国资本—帝国主义的侵略势力结合起来，使得个体小生产经济向自耕农的自由的土地所有制的发展遇到了无法逾越的障碍，也使得中国的民族资本主义发展不起来，工业无产阶级增长不快。这一切不仅带来了生产的凋敝和人民的极度贫困，也使得大量农民死亡或破产成为游民。这是近代中国人口发展停滞并出现大量过剩人口的根源，使得人口问题成为一个严重的社会问题。这个问题已经不可能在封建制度或半封建半殖民地制度下得到解决，也不是发展资本主义制度所能解决的。惟一的解决办法只能是无产阶级领导下的人民民主革命，也就是推翻帝国主义、封建主义、官僚资本主义，解放生产力，用革命加生产的办法解决五亿人民的吃饭问题，从而也解决人口问题。这个任务，经过中国共产党领导下的人民的几十年的斗争，终于完成了，这就为近代中国严重的人口问题开辟了解决的道路。

解放以后，封建土地所有制废除了，地主阶级消灭了，农民获得了七亿亩土地，每年少缴纳几百亿斤粮食的地租，这对农业生产力是一个解放。农业生产迅速地恢复和发展起来。个体小生产农业的正常形式——自耕农的自由土地所有制在解除封建束缚之后实现了，农民的生产条件、生活条件、医药卫生条件有很大的改善，死亡率迅速降低，农业人口迅速增长，再加上工商业、交通运输业等的恢复和发展，非农业人口也迅速增长起来。这就使得我国的人口的再生产从封建社会的高—高—低类型一变而为高—低—高的类型，即高出生率，较低的死亡率，高自然增长率，人口以每年平均 2 % 以上的速度增长，而 50 年代甚至还要高些。在解放初的一段时期里，促使农村人口迅速增长的，基本上是个体小生产的人口规律。

尽管土改后不久就实现了农业合作化，农村中社会主义生产关系占了统治地位。但是，由于农业现代化的进展缓慢，农业生产基本上还是在小生产的技术和经营方式的基础上进行的，仍然带有若干小而全的自给自足的自然经济的特色，农业生产的增长仍然是以劳动力的巨大耗费为条件。再加上传统的封建社会的人多好办事、多子多福、养儿防老等思想，这就使得占全国人口 80% 的农村人口的发展仍然是个体小生产的人口规律起着决定作用。由于摆脱了封建生产关系的束缚，而社会主义改造又堵塞了资本主义的道路，个体小生产的人口规律的作用就得到了最充分的发挥。建国 30 年来人口迅速增长的原因不止一端，但不能不说上述原因特别在农村是主要的。

个体小生产的人口规律发生作用所带来的后果是，随着人口无计划地盲目增长，全国每人所占的耕地逐年减少，从解放前的 2.8 亩降到 1978 年的 1.6 亩，粮食总产的增长虽然不算很低，但被迅速增长的人口所抵消，以致农业劳动生产率始终在每个农业劳动力年产粮二千斤上下徘徊，甚至还有降低的趋势，全国每人占有的粮食数增长有限，始终停留在六百多斤的水平线上，从而使农业为整个社会提供的剩余产品无法迅速增长，大大影响了工业和整个国民经济的发展，也引起了一系列的社会问题。

可见，个体小生产的人口规律与由社会主义基本经济规律所决定的社会主义人口规律是大相径庭而且是互相矛盾的。

可是，在相当长的一段时间里，我们对于什么是社会主义的人口规律并无认识，至少也是缺乏足够的认识。个体小生产的人口思想在相当大的程度上支配了我们，甚至把它当成了社会主义的人口思想，错误地批判马尔萨斯人口论，片面地强调人多好办事等就是例子。结果是让个体小生产的人口规律在相当大的程度继续发挥作用。而我们有些政策措施不仅不是限制反而是助长了这种个体小生产的人口规律的作用，像农村中不计大小平均分配口粮就是一例。这就造成了 30 年来人口增长将近一倍，给我国经济建设和人民生活带来了不利后果。

目前，我国的人口已经跃迁到了第五级台阶。研究什么是社会主义人口规律，而据以采取各种有效的措施，把人口的自然增长率坚决降下来，使这个台阶较长期地延续下去，使人口的发展与生产的发展相适应，不再对社会的发展起延缓或阻碍作用，而是起促进的作用，使之有利于生产的发展和人民生活的改善及文化水平的提高，已经是刻不容缓的事了。

1979 年 9 月

（刊载于《中国史研究》1980 年第 1 期）

中国封建社会的人口问题

只要粗略地检阅一下中国封建社会的人口记载①，就会发现三个明显的现象：

第一，人口自然增长率很低。从第一次有正式全国人口记录的西汉平帝元始二年（公元 2 年）开始，到鸦片战争爆发的 1840 年，1839 年间，全国人口从五千九百五十九万增到四亿一千二百八十余万，净增三亿五千三百二十余万，平均每年仅递增 0.1%。这就是一般说的具有高出生率、高死亡率、低自然增长率特点的高一高一低类型的人口再生产。

第二，人口的变化不是平稳的，而是具有周期性大起大落的特点。大体上说，一个历时较久而又比较强大的王朝（如两汉、唐、两宋、明、清等）的初期，人口增长迅速，大约到中期达到高峰，而后停滞，到新旧王朝交替时期则急剧下降。

第三，就整个封建时期看，人口的增长往往经过一段较长的停滞时期后在短期内迅速增长，而后又停滞下来，即呈现为台阶式的"跃迁"。战国中期的人口大约为二千五百万到三千万，这是第一级台阶；从汉到唐，人口似乎没有超过六七千万，这是第二级台阶；从北宋后期起，人口大约增长到一亿左右，这是第三级台阶；从清代乾隆初年开始，短短 100 年间人口即从一亿多猛增到四亿，随后又陷于发展迟缓的状态，这是第四级台阶。

---

① 这些记载是历代封建政府的统计数字，很不精确；各朝疆域不同，各时期的人口数字也不全可比。但借它们来说明各个历史时期人口变化的大致趋势还是可以的。

上述三个现象中，第一个是世界各国封建社会所共有的，第二和第三个则是中国封建社会所独有的。

"每一种特殊的、历史的生产方式都有其特殊的、历史地起作用的人口规律。"[1] 上述现象的出现并非偶然，正是封建生产方式的人口规律的作用在中国的具体表现。而封建社会的人口规律归根到底主要是由封建生产方式的基本矛盾或基本经济规律所决定和制约的。

那么，中国封建社会的人口规律是什么？它怎样受封建生产方式的决定和制约，怎样随封建生产方式的发展而变化？它对封建社会的发展起着什么作用，这种作用在封建社会发展的各个阶段又有什么不同呢？

封建生产方式的基本矛盾和人口再生产

封建生产方式的基本矛盾是生产的个体性质和封建所有制的矛盾。在封建社会中，由于农业占支配地位，这个基本矛盾也可以表述为个体小生产农业和封建土地所有制的矛盾。

我们先看看这个基本矛盾的一个侧面——个体小生产农业对人口发展的作用。

个体小生产农业以一家一户为单位，分工和协作不发达，劳动效率低，生产工具和技术的改进推广不易，因此，劳动力的耗费是巨大的。

农业生产的特点是必须服从一定的有机界的规律，不是连续的和均衡的，因此投入的劳动也不具有连续性与均衡性。冬季农闲时劳动的需要很小，而农产品生长的各个阶段所需的劳动也多少不等，但劳动力却需按农忙时的最大需要配置。尽管自然力对农业生产的参与可以减少投入的劳动，使农业生产率高于手工业，但却无法节约劳动人口。

封建社会的个体小生产农业是一种典型的劳动密集型生产。在技术水

---

[1]　马克思：《资本论》第 1 卷，《马克思恩格斯全集》第 23 卷，人民出版社 1972 年版，第 692 页。

平低而发展缓慢，劳动生产率低，剩余产品有限，生产条件艰苦的情况下，维持简单再生产固然需要耗费大量劳动，而扩大再生产，无论是外延性的（增垦耕地）还是内涵性的（精耕细作提高单位面积产量），更是需要投入比生产增长比例更大的劳动才能进行。

个体小生产农业生产水平的低下，带来了农民生活水平的低下。要维持劳动力的巨大耗费并抵消由于生活水平低所形成的高死亡率，就只有用早婚和多生育的办法来缩短人口再生产的周期，从而维持并增加劳动人手。维持和增加劳动人手的另一个办法是尽量减少少年儿童作为纯消费人口的时间，力求尽早投入生产。封建社会的个体小生产农业一般技术简单，学习时间短，这就使得少年儿童从事劳动不仅必要而且也有可能。少年儿童作为纯消费人口的时间短，对人口的增殖也是一种刺激因素。可见，通过人口增殖以获得大量劳动力，是个体小生产农业存在和发展的必要条件，是它内在的经济要求。

自然，个体小生产农业的人口增长也受到其内在经济条件的限制。生产水平低下带来的高死亡率在相当大的程度上抵消了高出生率。积累少和自然灾害所带来的经常的生产倒退，使扩大再生产不易，也限制了人口的增长。此外，剩余产品少及农业与家庭手工业相结合的自然经济交换不发达，也限制了农业以外的手工业和商业、交通运输业及城镇人口的发展。尽管有这些限制，个体小生产农业的人口发展的总趋势是增长的。

对于个体小生产农业来说，"土地的所有权是这种生产方式充分发展的必要条件"，而自耕农的自由所有权，"显然是土地所有权的最正常的形式"①。

在封建社会里，自耕农的土地所有权仍要受到封建生产关系的不同程度的束缚，但比起其他各类农民与土地的关系，它是比较接近于自由的土地所有权的。自耕农的生产和生活条件一般比租佃农民、依附农民和雇农为好，除去国家赋役和高利贷及商人的盘剥外，一般不再受地主的封建地

---

① 马克思：《资本论》第3卷，《马克思恩格斯全集》第25卷，人民出版社1974年版，第909页。

租剥削。因此，小自耕农经济所能容纳的人口往往可能接近个体小生产农业生产水平所能达到的人口的最大限度，其存在和发展是促进人口增长的重大因素。在封建社会里，凡是自耕农的比重大，或有助于从农奴、依附农、佃农等对土地的实际所有向自耕农的对土地的自由所有权前进的每一步变化（如封建人身依附关系的削弱，封建剥削和压迫的减轻等），都是有利于个体小生产农业的进一步发展，从而也是有利于人口的增长的。

我们再来看看封建生产方式的基本矛盾的另一个侧面——封建土地所有制对人口发展的作用。

地主阶级对人口发展的第一个作用，来自它是一个不事组织和管理生产的阶级（少数经营地主在外）。他们只是坐食地租，关心的与其说是生产的提高，不如说是争取控制更多可供剥削的劳动人手。这样，地主阶级为了自己的利益一般是要求人口增长的。自然，这种增长不能使地租剥削率和剥削量降低，越过这个限度，地主阶级就宁愿采用让农民饿死的办法来减少人口了。

地主阶级对人口发展的第二个作用，是苛重的地租和赋役往往不仅夺走农民的全部剩余劳动，而且还夺走了相当一部分必要劳动。残酷的剥削及它带来的贫困生活固然迫使农民多生子女，但死亡率也相应增大了。二者互相抵消，使得人口发展停滞。到了农民极度贫困的时候，就造成了人口的下降。另一方面，地主阶级除去极力增大对每户依附农民或租佃农民的剥削外，更多地是用兼并土地的办法使小自耕农失去土地，沦为依附农或佃农乃至流民，从而使小自耕农的人口增殖受到严重挫折。

地主阶级对人口发展的第三个作用，来自它基本上是一个消费的寄生的阶级。由于优裕的生活和传统的多妻制（地主阶级多妻制的另一个消极作用是阻碍了农民的人口再生产），地主阶级人口的自然增长率远较农民为高。地主阶级消费特别是奢侈性消费的扩大和人口的迅速增长，给全社会人口的发展带来了两方面的影响。一方面，必然大大增加对农民的剥削量，从而使人口的发展趋于停滞乃至减少。另一方面，生产高级消费品和奢侈品的手工业及经营这类产品的商业特别是长途贩运商业畸形发展起来。这类工商业所需的劳力和人手远较一般工商业为多，这就导致了从事工商业的人口大量增加。此外，地主、官僚、贵族人口的迅速增加，使得为他们服役的不事生产的奴婢仆隶的人数也随之大大膨胀。工商业的畸形发展和奴婢仆隶人数的膨胀，造成了城市人口的增长。农民供养的这类脱离农业生产单纯消耗社会财富的人口愈多，农业就愈加萎缩，农民人口再生产的条件也就愈加趋于恶化。因此，地主阶级人口和为其服务的人口的迅速增长归根结底导致了全社会人口增长的停滞乃至下降。

个体小生产农业和封建土地所有制对人口大量增长的要求受到个体小生产农业特别是封建土地所有制本身的抑制所形成的人口极缓慢的增长，这就是封建生产方式的基本人口规律。

封建生产方式的周期性危机和人口的周期性大波动

中国封建社会人口的缓慢增长只是总括而言，它并不是平稳地上升，而是在周期性的人口大波动中实现的。这种中国封建社会所特有的现象来自封建生产方式基本矛盾的运动所引起的周期性经济危机，后者是一些主要王朝兴衰的经济原因，也是中国封建社会所独有的特点。[1]

与资本主义经济危机表现为生产过剩相反，封建社会的经济危机表现为生产的萎缩。造成这一情况的主要原因，是土地兼并加剧和地租及封建国家赋役的加重，使自耕农失去土地，沦为佃农或依附农，农民的必要劳动更多地为地主阶级所攫取，生活水平大大下降，不仅扩大再生产不可能，连简单再生产也无法维持。再生产的实现受到阻碍，封建社会的经济危机出现了。由于封建经济具有生产规模小而分散，生产水平低，生产资料在生产中比重不大，再生产周期长，自然经济占统治地位，商品货币关系不发达，积累少而慢等特点，封建社会的经济危机不像资本主义经济危机那样骤然爆发并且周期较短，而往往是从一个主要王朝的中后期开始，

---

[1]　关于中国封建社会的周期性经济危机，可参看胡如雷：《中国封建社会形态研究》，生活·读书·新知三联书店 1979 年版。

口的迅速增长，就是很好的证明。

第三，人口布局发生了变化。一是主要农业区从黄河中下游逐渐向周边地区特别是南方扩大，这主要是具有较先进的农业生产水平的汉族向四周特别是南方发展的结果。而在同样面积的土地上，先进农业远比落后的农业和游牧及渔猎经济所能容纳的人口数量为多。二是随农业发展而来的商品经济的发展，也使工商业和城市人口相应地增长了。

第四，民族交往与民族融合的扩大。剧烈的民族斗争固然造成人口的大量损耗，入主中原的少数民族带来的落后经济也阻碍了农业和人口的发展。但是，从历史发展的总进程看，少数民族进入中原地区并使自己的生产形式从游牧改为农耕，促使了本民族人口的迅速增长及与汉族的融合，这对中原地区总人口的增长又是有利的。少数民族进入中原，又使得中原地区与少数民族原居地区纳入同一政权统治版图之内，加强了中原地区对少数民族原居地区的经济文化影响，再加上接纳了汉族移民，少数民族原居地区的经济特别是农业也有所发展，从而促进了这些地区人口的增加。再一方面，中原地区民族斗争的后果——大量人口南徙及汉族政权在南方的重建，促进了南方的开发与人口的迅速上升。以上这些，又是民族交往和斗争从一个长时期来看对人口发展带来的积极后果。

上述因素交互作用，而又往往是与封建社会发展的部分质变联系在一起的。因此，我们应当从封建社会发展阶段的递变来探求人口发展台阶式跃迁的原因。也不妨说，人口发展的台阶式跃迁往往是封建社会进入新的发展阶段的一个标志。虽然二者在时间先后上并不完全吻合，但那是封建社会的发展还有许多其他因素在起作用的缘故。

人口增长对封建社会发展的作用

人口的增长对封建社会发展的不同阶段起着不同的作用。

一定领土能够养活一定限度的最大人口量，是与每一种生产方式及其不同的发展阶段相适应的。我国封建社会的不同历史阶段所能容纳的人口也是有一个界限的。它大体上由当时农业技术条件下可垦耕地面积与农作物单产量及生产关系的状况所决定。在这个界限之内，人口的增长是适应并促进生产力的发展的，越过这个界限，人口的增长就要延缓乃至阻碍生产力的发展了。我国人口发展史上几个台阶的形成，大体上就是与这个界限有关。

汉唐时期，黄河中下游的人口在正常情况时，在当时条件下往往已经接近或达到饱和，从而出现了相对过剩人口。其一个重要的去向是向周边地区移动。由于当时未开发地区特别是南方面积辽阔，并具备发展农业生产的有利条件，因此黄河中下游的相对人口过剩问题相对来说可以得到缓和。总起来看，这时人口增长和耕地面积及粮食总产的增长大体上是适应的，对封建社会生产力的发展起了促进作用。

宋以后，情况逐渐发生了变化。在当时农业生产技术允许的条件下，可供开发的新地区越来越少，人口增长的速度超过了耕地和粮食增长的速度，人多地少逐渐成为全国性的普遍现象，粮食单产虽有提高，但由于人口增长快，耕地扩大慢，农业劳动生产率的增长开始停滞甚至倒退。两千年来，我国耕地面积从汉代的四亿八千万市亩左右增到解放前的十四亿余万亩，即增长到 3 倍。粮食单产从汉代一市亩一百四十市斤左右增长到解放前的不到三百市斤，约增到 2.2 倍。而人口则从汉代的五六千万增到解放前的五亿多，接近 10 倍。每人占有耕地面积从汉代的 4.8 市亩降到 2.8 市亩。人口的增长逐渐从促进生产力发展的因素转为延缓乃至阻碍生产力发展的因素。人口问题严重起来。到了近代，这个趋势就更为明显了。

到了近代，我国农业生产已经处于停滞状态。除东北外，耕地面积的扩大已经停止，单产则基本未增，农业生产已无法进一步提高。另一方面，封建生产关系已经成为生产力发展的沉重桎梏，它与外国资本—帝国主义侵略势力结合起来，使得个体小生产农民向自耕农的自由的土地所有权的发展遇到了无法逾越的障碍，也使得中国民族资本主义发展不起来，工业无产阶级也增长不快。这一切不仅带来了生产的凋敝和人民的极度贫困，也使得大量农民和个体小工商业者死亡或破产成为游民。这是近代中国人口发展停滞并出现大量过剩人口的根源。这个问题不可能在半封建半殖民地制度下解决，也不是靠发展资本主义制度所能解决的。惟一的出路是无产阶级领导下的人民民主革命，推翻旧制度，解放生产力，用革命加生产的办法解决五亿人的吃饭问题，从而也解决人口问题。这个任务经过中国共产党领导下的人民的几十年斗争，终于完成了，这就为近代中国严重的人口问题开辟了解决的道路。

中华人民共和国成立以后，个体小生产农业的正常形式——自耕农的自由的土地所有权在废除封建土地所有制、消灭地主阶级之后实现了，随后又实现了农业的社会主义改造，农业生产发展起来。但由于农业现代化进展缓慢，农业生产基本上还是在小生产的技术和经营方式上进行，仍然带有若干小而全的自给自足的自然经济特色，农业生产的增长仍然是以劳动力的巨大耗费为条件，再加上传统的人多好办事，多子多福、养儿防老等思想，以及我们的人口思想和人口政策方面的一些问题，这就使得占全国人口 80% 的农村人口的发展仍然是个体小生产的人口规律起着决定作用。由于摆脱了封建生产关系的束缚，而社会主义改造又堵塞了资本主义的道路，再加上生产、生活和医药卫生条件的改善，个体小生产的人口规律的作用就得到了最充分的发挥。这就是我国人口的再生产从封建社会的"高—高—低"类型变为"高—低—高"类型，即高出生率，较低的死亡率，高自然增长率，30 年间猛增近一倍的主要原因。这个与社会主义基本经济规律相违背的人口发展及其所带来的全部不利后果，今天已经明显地展现在我们面前了。

目前，我国人口已经跃迁到了历史上的第五级台阶。如何把人口的增长率特别是农村人口的增长率降下来，使这个台阶长期延续下去，有许多工作要做。其中很重要的一个方面，就是加强对中国式的农业现代化道路及其与农村人口关系的研究，使之既能适合当前农村人多地少，劳动密集的现状，又能逐步限制乃至消除个体小生产农业的遗留及其人口规律的作用。还必须研究已经存在并将随农业现代化而发展的农村潜在的人口过剩问题及其解决办法，使农业和农村人口不再成为我国经济和人口发展的限制因素。这就是我们当前面临的一项重大课题。

（刊载于《光明日报》1982 年 6 月 21 日）

中国历史上的皇权和忠君观念

中国封建社会束缚人民的四大绳索——政权、族权、神权、夫权中，最主要的是政权。秦汉以后，封建政权的形式是中央集权专制主义制度。这个制度的核心是封建皇权。"天地君亲师"那个"奉天承运"，代表天来统治人间的"天子"，就是现实生活中惟一的最高的绝对权威。"忠孝仁爱信义和平"，作为绝对皇权的思想支柱的忠君观念，也就在封建伦理道德观念中占据了首要的地位。

一、忠君观念的形成

忠君观念有一个形成和确立的过程。

甲骨文和金文不见"忠"字，商和西周的典籍如《易》、《诗》、《书》等也没有"忠"字。奴隶制的宗法贵族制度在血缘与等级的制度中把人们彼此的关系凝结起来，并不怎么需要个人对上级的忠诚，因此也不怎么需要所谓的"忠"，更不需要忠君观念。春秋战国时期，奴隶制正在崩溃，社会关系急剧变化，新的伦理道德规范应时而生，"忠"就是其中之一。

起初，忠不过是指人与人之间相处要忠诚，其中虽然也包括君臣关系，但并非专指臣下对君主单方面的态度。"外内倡和为忠"，是指君倡臣和的融洽的相互关系。"所谓道，忠于民而信于神也，上思利民，忠也"，指的是上对下的态度。"公家之利，知无不为，忠也"，则是指下对上的态度。这里，"公家"虽也包括君主，但主要指的国家，即"临患不忘国，忠也"①。即使是忠君，在权力层层分割，等级鲜明的宗法贵族制度下，臣下效忠的对象首先不是那个名义上的共主周王，而是上级贵族。效忠的程度，也因宗法制度而有亲疏的差等。"三世事家君之，再世以下主之。事君以死，事主以勤君之明令也"②。这同后世的绝对忠于皇帝的忠君观念，是大有区别的。

第一个把忠提到重要地位的是孔子。他不仅阐发了"忠"的各种涵义，而且把忠列为教育弟子的四科（文、行、忠、信）之一。也是孔子，第一次把忠从君臣相互关系的准则改变为臣下单方面对君主的态度。"君使臣以礼，臣事君以忠"，强调了忠的"忠君"内容。但是，孔子并没有把忠当成臣对君的关系中的最高准则。"仁"才是孔子政治理想和伦理道德的最高规范，"忠"要服从于"仁"。因此，孔子的忠君是有条件的。臣是否"事君以忠"，要看君是否"使臣以礼"。"以道事君，不可则止"③，君臣之间的关系应当建立在"道"的原则基础上，否则臣下就可以放松、冻结乃至中断这种关系。孟子把孔子这种对君主的态度归结为"可以仕则仕，可以止则止，可以久则久，可以速则速"④。事实确是如此。为了行道，孔子在鲁国去官后周行列国求官，"如有用我者，吾其为东周乎"⑤，他是不拘泥于专事一君，做系而不食的匏瓜，而是时刻准备着待价而沽，为各色各样的君主服务的。

孔子这种对待君臣关系的态度和做法，正是当时社会风尚的反映。《逸周书·官人解》："君臣之间，观其忠惠"，《墨子·兼爱下》："惠君忠臣"，同样讲到君臣之间有一种"忠"、"惠"的相互关系，忠君并非无条件，只是与孔子讲的不尽相同。崔杼杀齐庄公后，晏婴不逃不死，而是说："君民者岂以陵民，社稷是主。臣君者岂为其口实，社稷是养。故君为社稷死，则死之；为社稷亡，则亡之；若为己死而为己亡，非其私昵，谁敢任

---

① 见《左传》昭十三年、桓六年、僖九年、昭元年。

② 《国语·晋语八》。

③ 见《论语·八佾》、《先进》。

④ 《孟子·公孙丑上》。

⑤ 《论语·阳货》。

之?"① 无条件的忠君，是君主的"私昵"即嬖人之流所为，"为社稷"的贵族重臣是不干的。

这种对待君臣关系的态度和做法的出现不是偶然的。当时，社会变动剧烈，周王室日渐衰微，成了告朔之饩羊，诸侯、大夫、陪臣的升沉成了常道，丧国、弑君、逐君的事件层出不穷。"社稷无常奉，君臣无常位"②。旧有的奴隶制宗法贵族制度下的统治与服从的关系开始松弛、崩解了，"忠君"就作为维系变化无常的君臣关系的新的道德规范提出来了。但是，当时既没有强大的、统一的、稳定的君权，也不可能有惟一的、绝对的、无条件的忠君思想。一种情况是，旧有的贵族还保留着采邑、臣属和传统的特权，他们的权势地位并不完全倚仗君主。他们在纷乱中无论是想扩展或保全自己的权势地位，都需要同君主保持一定的距离。"国有道，即顺命；无道，即衡命"。③"为社稷"之类的原则，就成为他们的忠君不超过一定限度的很好借口。所以，崔杼弑君后，晏婴只表演了一套枕君尸而哭，三踊而出，和拒绝参与效忠崔杼的盟誓的话剧，既维护了一定的君臣关系，又表现了他的"忠君"的限度，而且也不妨碍他在崔杼所立的齐景公朝中继续为官。另一种情况是，在权力与财产再分配急剧进行的过程中，处于统治阶级下层的士也失去了原有的稳定性。为了免于没落并力争在纷乱中向上升迁，他们只有到处求官干禄，否则就会失去自己的政治、社会地位乃至生活来源，又哪能宣扬绝对地忠君，无条件地专事一主，从而自我阻塞向上升迁的道路呢？高尚原则的提出，其实浸透着世俗的动机。这也就是为什么尽管孔子反对陪臣执国命和以下犯上，但却也愿意应季孙氏陪臣阳货和作乱的公山不狃及佛肸的邀请去那里做官，以致连忠实弟子子路都不免怀疑他言行不一致了。孔子这种做法，也为稍后的儒家所继承。曾子处费，受季孙氏的养，并不在乎季孙氏的擅权。子夏居魏，为魏文侯师，也没有把文侯陵晋当回事。孟子不见用于齐王而离去，却又故

---

① 《左传》襄二十五年。

② 《左传》昭三十二年。

③ 《史记》卷62《管晏列传》。

迟其行，盼望齐王改变主意再请他回去。只要了解了儒家高谈仁义其实不过是为了待价而沽，他们在君臣关系上言行之间的矛盾就完全可以理解。

战国时代是一个人欲横流，以气力相争相胜的时代。旧的奴隶制的秩序与传统已经不再起维系社会关系的作用了，新的封建制正在逐步建立。为此，它从不吝惜使用暴力和欺诈。攻战、灭国、弑君、凌上、背信弃义、纵横捭阖不仅是常事，而且被视为常理。新的封建制蔑视旧礼教、旧道德。作为初生之犊，它还没有学会为自己的贪欲和残暴设计一身温情脉脉的纱衣，还没有完整地系统地建立自己的伦理道德规范的体系。再加上当时商品货币经济的发展，使得许多事物都不免蒙上一层商品的色彩。君臣关系也就必然要带上这样的时代特征。于是，君臣这种本是统治与服从的关系，这时就被人们看成是一种对等的乃至互相利用的关系了。

这种对等的乃至互相利用的关系，发展成为两个极端。

一个极端是孟子。尽管孔子认为君臣关系应有条件，但还是把君权摆在很高的地位，主张尊王，强调君臣之间有上下尊卑的等级区别。孟子就不然了。他把孔子的"君使臣以礼，臣事君以忠"的主张发挥到了极致，从而也就多少解决了上述的儒家在君臣关系上言行不一致的矛盾。与孔子的"尊王"不同，孟子主张"民为贵，社稷次之，君为轻"[1]，把君权摆在了次要的地位。至于君臣关系，孟子主张"故将大有为之君，必有所不召之臣，欲有谋焉，则就之"[2]，甚至进一步提出："君之视臣如手足，则臣视君如腹心；君之视臣如犬马，则臣视君如国人；君之视臣如土芥，则臣视君如寇仇。"[3] 把君臣关系完全视为对等的关系。基于这种原则，"君有大过则谏，反复而不听之，则易位"[4]。彻底贯彻这种原则，那就是"贼仁者谓之贼，贼义者谓之残。残贼之人，谓之一夫。闻诛一夫纣矣，未闻弑君者也"。[5] 在"仁义"这个绝对原则之下，君臣关系是完全对等的。不仁

---

① 《孟子·尽心下》。

② 《孟子·公孙丑下》。

③ 《孟子·离娄下》。

④ 《孟子·万章下》。

⑤ 《孟子·梁惠王下》。

不义的君主成为人人得而诛之的独夫民贼，打着仁义旗号犯上作乱的臣下，也就成了躬行天讨的像周武王那样的仁君英主。孟子正是这样周行列国，兜售他的主张的。只要照他所说的行仁义，施王政，就可以"定于一"，而反对者则是可以放心诛杀的桀纣了。然而，孟子的主张，也不免暴露了他内心的隐秘，不管什么君主，即使是"望之不似人君"的梁襄王，只要视臣下如手足，那么臣下就可以匡弼，把"仁义"的桂冠加在他的头上，去躬行天讨，"定于一"。反之，君视臣如土芥，臣就可以理直气壮地视君如寇仇，给他戴上独夫民贼的帽子，心安理得地犯上作乱，或率先去迎仁义之师了。对等的君臣关系，看来是以仁义为最高原则，实际上却还是一种君臣相互为用的关系，只不过涂上一层伦理道德的油彩而已。

在战国养士之风大盛的情况下，像孟子这样提倡君臣对等关系的只是少数，并且被讥为迂阔而远于事情。因为固然可以打上仁义的旗号去以气力相争，下级和对手也同样可以打出仁义的旗号进行对抗。何况在那个纷扰动乱的时代，仁义这类旗号并没有多少号召力或欺骗性。因此，在君臣对等或互相利用的关系上，占上风的是另一种极端的主张，那就是把这种关系赤裸裸地宣扬出来，完全不要标榜什么崇高原则，仅仅把它当成是政治交易，即所谓"君市"。臣之奉君不过是爵禄是务，君之用臣，不过是豢养为用。正是崇奉这种主张的人成了当时政治舞台上的风云人物。上焉者就是公孙衍、张仪这类朝秦暮楚，纵横捭阖的游士说客，下焉者则是孟尝君门下的鸡鸣狗盗之徒。他们的言行，明白揭示了所谓君臣遇合，其实不过是互相利用。

有意思的是，这些不论是非，不讲原则，相争以利的游士说客们却也偏偏大谈其忠君之道，频频地自诩为忠臣。这并不难理解，只要明白他们所谓的忠君和忠臣的含义和后世大不相同就行了。"明主爱其国，忠臣爱其名"①，"先王之教，莫荣于孝，莫显于忠；忠、孝，人君人亲之所甚欲也；显、荣，人子人臣之所甚愿也"②。原来，忠臣的"忠"不需忠君而

---

① 《战国策·秦策》。

② 《吕氏春秋·劝学》。

是爱己之名，以求荣显；宣传忠君，自称忠臣，是为了投人君之所好，以便出名，求得荣显。陈轸、姚贾说秦王时都讲过这样的话："子胥忠于君，天下愿以为臣"①，用后世忠臣不事二君的标准来衡量，这话实在难于理解。但陈轸、姚贾不过是以此自诩他们可以当秦之忠臣，如秦见弃，他们有忠臣之名，照样可以受到别国的重用。所谓的忠君、忠臣，不过是和君王进行交易的筹码，实际忠的是自己。当然，为了爱其忠臣之名，有时不免要蒙受极大的损失甚至丢掉性命。豫让不惜生命为重用他的失败的主子报仇，临死时说："忠臣有死名之义"。②乐毅在燕受谤出亡，则说"忠臣去国，不絜其名"③。宁愿蒙受冤枉也不愿把过错委诸君主，从而失去忠臣的美名。为了保住忠臣之名而不惜身败名裂，肝脑涂地。尽管如此，还是不免属于晏婴讥嘲的"私昵"一类。但在那个君臣相市的时代，已是难能可贵的忠臣的典范了。

如上所述，忠君的观念是在春秋战国时封建制取代奴隶制的社会大变革的条件下，作为维系当时松弛多变的君臣关系的一种道德规范提出来的。时代的要求和传统的影响使它具备了如下的特点。第一，它是分解的。当时尚未统一，政权转换迅速，所谓忠君，就全国范围而论，不可能集中到一个君主身上，而是忠于特定的君主。第二，它是有条件的。儒家的条件是仁义，法家或游士说客干脆提出名或利。第三，忠君是不稳定的，臣下与君主的关系不需要"从一而终"，如果无利，或是不合"原则"，都可以心安理得地另换主人，而并不失其"忠臣"的美名。

可见，春秋战国时期的君臣观念，和后来的忠君观念的内容很不相同，它是那个特定的过渡时期的历史产物，既不免残留着宗法贵族制度的烙印，又具备着封建制度初起时的特色。各种人对它有各种解释。它还没有明确、系统和凝固，也还没有成为支配人们言行的强大力量。

---

① 《战国策·秦策》。

② 《史记》卷 86《刺客列传》。

③ 《史记》卷 80《乐毅列传》。

二、适应专制主义中央集权制度君权的忠君观念的产生

封建生产方式的基本特征具有细小、分散及个体的性质。中国封建生产方式与西欧不同之处在于农村公社并没有保留下来，而是随奴隶制的崩溃瓦解了。因此，封建生产方式的这个基本特征比西欧表现得更为突出，再加上比较发达的商品货币经济的催化作用，在中国出现的不是西欧那样的领主经济而是地主经济，地主经济的政治上层建筑形式则是专制主义中央集权制度。

为什么在地主经济的基础上产生的是专制主义中央集权制度呢？

第一，地主对土地的所有是独立的、分散的，不像西欧的各级领主那样，在土地的所有、占有的权益上有那么多层次和联系。中国的地主在土地所有上的独立性和分散性使他们不像西欧领主那样，形成一个严整的统治与臣服的等级制的阶梯，他们之间一般没有统属的关系，在封建法律面前原则上是平等的。然而，他们又需要互相调节彼此间的具体利益的矛盾与冲突，也需要使个人或集团、阶层的具体的、局部的、当前的利益与整个地主阶级整体的、共同的、长远的利益协调起来。他们既然分散、独立、互不统属，那就需要在他们之上有一套权威的机构与一批权威的人物来集中地处理这些问题。换句话说，他们必须把自己的权力尤其是政治权力交出一部分，集中地给予既定的权威机构和人物，以代表他们的整体的、共同的、长远的利益，并处理地主个人、集团、阶层之间的矛盾与冲突。

第二，由于地主经济本身的特点及在比较发达的商品货币经济影响下出现的土地买卖，土地所有权的转移是比较频繁、经常的。各个地主的经济地位也随土地所有权的转换而升降浮沉，不很稳定也不易维持长久，从而他们个人的政治地位也就不能保持稳定并维持长久。但是，维持一个稳定的并具有连续性的政治统治却是地主阶级所必需的。因此，他们也就需要把经济剥削与政治统治的权力相对地分割开来，由一个制度化的政权机构，即由世袭的皇权及其属下的各级官僚机构来稳定长久地行使政治统治

第三，所忠之君只能是一个。"无有二心"①，是这种忠君观念的原则。燕军入齐，求贤者王蠋为将，王蠋拒绝说："忠臣不事二君，贞女不更二夫"②，自杀而死。就是这种忠君观念的实践。

很清楚，上述的这种忠君观念，忠臣的标准和行为，已经同前节所述的大不相同了。这不再是宗法贵族、学士说客的忠君观，而是专制主义中央集权制度所需要的君臣关系的准则了。

但是，这时全国还没有统一，仍是七国并峙的局面，专制主义中央集权制度刚刚萌发，还没有形成完整严格的体制，适应专制主义中央集权制度的君臣关系还没有凝固，没有占据统治地位，也还没有来得及将它进行理论的升华。就连为封建专制主义中央集权制度制造理论的大师荀子和韩非，也不免在传统观念与现实政治的影响下，仍然宣扬君臣对等和相互为用的关系。荀子从传统的儒家观念出发，主张"从道不从君"③，还是把君臣关系置于"礼"这一最高原则之下。君民关系则被荀子比喻为船与水的关系，"君者舟也，庶人者水也。水则载舟，水则覆舟"④，又一次发挥了孟子提出过的民贵君轻思想。荀子甚至还重复孟子在君臣关系上的那种极端主张，"上好礼义，尚贤使能，无贪利之心，则下亦将綦辞让，致忠信，而谨于臣子矣"⑤。反之，"臣或弑其君，下或杀其上，粥其城，倍其节，而不死其事者，无它故焉，人主自取之也。"⑥韩非则把战国游士说客君臣相市的观点赤裸裸地宣扬开来，"臣尽死力以与君市，君垂爵禄以与臣市。君臣之际，非父子之亲也，计数之所出也"⑦。既然相市，就不免要计较利害，乃至尔虞我诈，"君以计畜臣，臣以计事君。君臣之交，计也。害身而利国，臣弗为也，害国而利臣，君不行也。臣之情害身无利，君之

---

①　《韩非子·有度》。

②　《史记》卷82《田单列传》。

③　《荀子·臣道》。

④　见《荀子·王制》《荀子·哀公》。

⑤　见《荀子·君道》。

⑥　见《荀子·富国》。

⑦　见《韩非子·难一》。

情害国无亲。君臣也者，以计合者也"①。君臣关系完全成了一种利害的结合。荀子与韩非在君臣关系上这种互相矛盾的言论，正是那个时代的传统与现实，以及现实中矛盾的具体表现。

三、皇权与忠君观念的确立

"六王毕，四海一"，建立统一的专制主义中央集权封建国家的任务，由秦始皇实现了。自然，作为这个制度的核心的皇权，也达到了空前的高度。

秦始皇兼采传说中三皇五帝的称号，自称皇帝，把原来视为最尊的"王"的称号降到了第二等的地位，并且制定了一套尊君抑臣的朝仪和文书制度，再加上废分封，行郡县和建成一套官僚制的行政机构，废除和削弱了过去的贵族等级制，突出了皇帝的地位，皇权确实成为至高无上的绝对权威。

不仅如此，秦始皇还极力使皇权蒙上一层神秘的色彩。诸如按五德始终说确定秦是水德，表示应天承运，并据此以定历法，易服色，立制度，还确定了与皇帝地位相适应的复杂的祭祀与封禅大典，等等。在咸阳附近仿照六国宫殿式样建筑了许多宫殿，并修建了最宏伟的阿房宫，不仅以此作为统一的象征，而且"端门四达，以制紫宫"，模仿"天庭"的布局。这些措施固然是为了满足秦始皇穷奢极欲的愿望，却也同采取"皇帝"的称号一样，是要表示他这个人间帝王与天上的上帝相坪，从而给皇权戴上神秘的光圈，加强绝对皇权的威慑和欺骗作用。

秦始皇把皇权提升到绝对的、神秘的高度。但是，他没有也来不及为它做出理论道德方面的新解释，没有也来不及协调皇权与其他封建伦理道德规范之间的关系，构成一个完整严密的体系。此外，秦朝任法，法家既保留着君臣以利相结的主张，又崇奉以力相争及服从强者，因此也就不去

---

① 《韩非子·饰邪》。

费心用道德伦理的教条束缚自己。先秦法家思想其实是阳重法而阴尊君。法家思想愈益发展，尊君的内涵愈明。《管子》尚重君主立法自守，君权虽尊，犹多限制。韩非已不再持"令尊于君"之说，但仍试图对君主的权力加上一点限制。李斯则主张君主"独制于天下而无所制"①，把皇权的绝对性、尊崇性发挥到了极致。这种理论实际上已经不能适应日益复杂起来的各种封建社会关系与矛盾，地主阶级还要寻找一种更为精致的学说与理论。秦朝很快灭亡，说明地主阶级仅靠这种理论还不足以巩固统治。西汉初年，又经历了尖锐的反割据势力的斗争。到汉武帝时，一个强大的统一的封建帝国终于建成，专制主义中央集权制度得到了进一步的加强，为皇权制造精致的君权理论的条件成熟了。经过改造以适应统一集权封建国家需要的儒家成为文化思想领域的主流和官方学说。其代表人物是董仲舒。

董仲舒对儒家学说的改造，主要是给它加上天人感应的神学目的论而使之趋于宗教化。由于把天道和人事生硬地结合，其道德说教也就更加迂阔僵固。在这个理论体系中，封建皇权居于最重要的地位。而它所应具备的最高、绝对、惟一这三个特色，则被神学和道德装点得更加神秘化、理论化和道德化。

"天"，这是董仲舒尊奉的至高无上，主宰人间的、有人格、有道德意志的神。君主则是"受命于天"，"承天意以从事"②，从而成为"天"在人间的最高代表。为使天与君主的关系更密切，董仲舒又为它涂上一层宗法血缘关系的色彩。"受命之君，天意之所予也，故号为天子者，宜事天如父，事天以孝道也"③。而人之所以为人，"本于天，天亦人之曾祖父也"④。于是，臣民自然应视作为天子的君为祖为父，君则应视臣民如子如孙了。这样，君臣关系借助于神权而又加上一道族权的箍子。

对于君臣之间统治与服从的关系，董仲舒也加上"阳尊阴卑"的神学解释。"君为阳，臣为阴；父为阳，子为阴；夫为阳，妻为阴。阴道无所独

---

① 《史记》卷 87《李斯列传》。

② 《汉书》卷 56《董仲舒传》。

③ 《春秋繁露》卷 10《深察名号》。

④ 《春秋繁露》卷 11《为人者天》。

行，其始也不得专起，其终也不得分功，有所兼之义"。"天为君而覆露之，地为臣而持载之；阳为夫而生之，阴为妇而助之；春为父而生之，夏为子而养之。秋为死而棺之，冬为痛而丧之。王道之三纲，可求于天。"① 封建社会上下尊卑之分，被董仲舒借助神学理论凝固为万世不变绝对合理的教条了。

先秦儒家在君民关系上的"民贵君轻"、"载舟覆舟"的进步思想，也被董仲舒的所谓"性三品"说摒弃了。董仲舒认为，"圣人（即君主）之性，不教而能善"；贫贱人民的"斗筲之性"，有恶而无善，只能是刑戮的对象；在这二者之间的"中民之性为任"，"有善质而未能善"，需要"立王以善之，此天意也"。"王承天意，以成民之性"，进行教化②。"故屈民而伸君，屈君而伸天，《春秋》之大义也"③。这样，君民关系也就在天意和人性论的规范下，成为教化刑戮与受教化被刑戮的绝对的统治与服从的关系。

对于这种借助天以尊君的理论，董仲舒还给它添上道德的黏合剂。儒家道德最高规范是仁。"仁之美者在于天"，"人之受命于天也，取仁于天而仁也"④。而天道在人间的最高代表就是君主，"为人主者法天之行，……所以为仁也"⑤。天、道、圣人（即君主）三位一体。皇帝就是封建伦理道德的体现者和总代表。忠君即是尊道，二者又归之于至高无上的"天"。这样，先秦儒家思想中尊道与忠君的矛盾，就被硬生生地拔除了。

至于皇权是惟一的思想，则包含在董仲舒那颇为奥妙的"春秋大一统"的思想中。

在董仲舒的理论体系下，忠臣的标准首要的条件是要无条件地事上，即要严格实践"君尊臣卑"、"以下顺上"的原则，绝对不能与君争权势、善恶、富贵。功出于臣，名归于君，甚至"《春秋》君不名恶，臣不名善，

---

① 《春秋繁露》卷 12《基义》。

② 《春秋繁露》卷 10《深察名号》。

③ 《春秋繁露》卷 1《玉杯》。

④ 《春秋繁露》卷 11《王道通三》。

⑤ 《春秋繁露》卷 6《离合根》。

善皆归于君，恶皆归于臣”①。违反这些原则的就是乱臣贼子，人人得而诛之。董仲舒对乱臣的态度是十分严厉的，而他对什么是乱臣的理解也是十分广泛的。他认为春秋时周王室衰落，诸侯交相为乱，对此类乱国之臣，都应杀掉，“人臣之行，贬主之位，乱国之臣，虽不篡杀，其罪皆宜死”②。

这样，封建社会的神权、政权、族权和夫权就统一起来，而适应封建国家政治需要的忠君观念，也就在董仲舒那里获得了系统的理论的形式。

但是，董仲舒的理论还有两个漏洞。一是他的神学目的论中运用了五德始终说和三统说，并以此解释历史上的禅让易代出于天意的必然性。二是他的君臣、父子、夫妇的关系中还多少保留了一些先秦儒家的对等关系。五德三统之说本来是要说明汉代政权的合理性，但在西汉后期社会危机严重的历史条件下，却与谶纬之说结合起来，成为西汉政权的不合理性的根据了。王莽借五德三统谶纬之说宣传己将代汉，上表劝进的官僚士人竟达四十八万多人。刘秀复汉也借谶纬，强调汉之天命未绝，而自己为代表。在实际措施上，则重处不守臣节者，而对不与王莽合作者给以高官殊荣，优礼不仕的隐逸之士，同时还大肆表彰历史上的忠臣。明确宣布“能尽忠于国，事君无二，则爵赏光乎当世，功名列于不朽”③。只有忠臣才是功臣，而其核心则是不事二姓。从此，不事二姓就成了是否忠臣的重要标准，而表彰隐逸和以功名利禄诱使臣下尽忠的办法也就为后世帝王所继承，成为提倡忠君的基本措施。

随后，东汉统治者编制的《白虎通》，则企图修补董仲舒神学理论的漏洞，把居五行之中的土列为五行之首，金、木、水、火四行之所依傍，借此影射皇权的绝对地位，并修改了董仲舒学说中的“择贤让位”和“易姓而王”的部分，把三纲学说以“君为臣纲、父为子纲、夫为妻纲”的形式最明确地表达出来，从而企图把东汉王朝的永恒性和君臣关系的绝对性

---

① 《春秋繁露》卷 6《王道通三》。

② 《春秋繁露》卷 1《楚庄王》。

③ 《后汉书》卷 26《冯勤传》。

永远固定下来。

适应专制主义中央集权封建国家政治需要的皇权与忠君观念的理论形式，就这样在董仲舒和《白虎通》的作者们手里确定下来了。皇权成为至高无上的权力，忠君成了封建政治行为的最高准则，也成了封建道德规范的首要标准。此后的论者，总的来说，没有越出董仲舒和《白虎通》的范围，但随封建社会的发展与专制主义中央集权制度的强化，也增添了一些新的内容，特别是在宋代以后。一是更加突出了皇权的无上意义与臣属的绝对服从。托名东汉马融实为宋人所作的《忠经》，一开始就是"天之所覆，地之所载，人之所履，莫大乎忠"。文武百官必须"奉君忘身，徇国忘家"，尤其强调"临难死节"。这大约是鉴于改姓易代频繁而特别强调"不事二主"。二是强调了不忠于君不仅违反了最高封建道德标准，而且也是最大的罪恶。封建法律把反对皇帝权威的"大逆"、冒犯皇帝权威的"大不敬"罪列为十恶之首，处以最重的刑罚。《忠经》说："善莫大于作忠，恶莫大于不忠，忠则福禄至焉，不忠则刑罚加焉。"以善恶的道德原则加上个人利害关系对此加以阐发。三是随着经济的发展变化，租佃关系发展，普通地主增多，农民对国家及地主的依附关系削弱，商品经济发展，人们经济上的自由度比过去大了，而专制主义中央集权制度则有所强化，忠君的范围也就扩大到了生产经济方面。韩愈在《原道》中说："民不出粟米、麻丝、作器皿、通货财以事其上，则诛！"四是把君主专制视为"理"、"道"的表现，从哲学本体论上而非从神学目的论上解释皇权与忠君的意义。程颐、程颢提出"天理"说，认为"天理"等于《尚书·洪范》所说的"皇建有其极"，即"君权神授"的"皇权"（后又称"太极"）。对"天理"的膜拜，实际上就是对"皇权"的膜拜。朱熹则说："君臣父子，定位不易，事之常也；君令臣行，父传子继，道之经也"。[①]

为了维护绝对皇权，一些论者不惜对圣贤书中对此不利的法加以反驳。如司马光就反对孟子的君如不善，可以起兵造反的说法，"为卿者无论贵戚异姓，皆人臣也，人臣之义，谏于君而不听，去之可也，死之可

---

① 《晦庵先生朱文公文集》卷14《甲寅行宫便殿奏札一》。

也"①，但决不能反叛。朱元璋当皇帝，下令删除《孟子》中不利于皇权与忠君的部分，才颁行学校，并明确规定删除部分不得作为科举考试的命题。

四、皇权和忠君观念与封建社会的历史现实

皇权和忠君观念在汉代取得了理论上的完整形式，然而这种理论上的完整只是相对而言，封建社会的现实不断地向它提出挑战，一再地嘲弄、威胁和破坏着它的理论上的尊严与完整。挑战一方面来自现实生活，另一方面则来自中国的专制主义中央集权制度本身。只是由于封建制度还没有走到尽头，作为封建国家政权形式的专制主义中央集权制度核心的皇权仍旧君临一切，居封建伦理道德首位仍是忠君观念。皇权与忠君观念在挑战中赢得了不甚稳定的胜利，并随时世推移走向严密、强化乃至僵化。随着封建制度走向没落，它的矛盾性、欺骗性和反动性也就愈其暴露。

挑战首先来自地主阶级的对立面——农民。

农民是被剥削者与被压迫者，他们一次又一次地反抗专制主义制度，斗争的矛头也迟早会指向封建统治的总代表——皇帝。但农民又是分散的小生产者和小私有者，不是新的生产方式的代表，他们的经济地位使他们习惯于服从他人的主宰，听命于高高在上的权威。不仅占统治地位的统治思想皇权观念统治着他们的思想，他们本身的经济地位也使得他们崇敬皇权。当农民尚未被迫起事时，皇帝往往以超乎各阶级利益之上的全社会最高的统治者的面目出现。农民把减轻或解除苦难的希望寄托在皇帝身上。"天高皇帝远"，就是他们失望的哀叹。一旦农民被迫揭竿而起，斗争的目标往往也不是指向皇帝，而只限于地主、官僚、贵族，即所谓的"清君侧"。《明史·仇钺传》载明代刘六刘七起义领袖之一赵鐩答皇帝招降书云："乞陛下睿谋独断，枭群奸之首以谢天下；即枭臣之首，以谢群奸。"他们

---

① 《温国文正公文集》卷73《疑孟》。

仍以臣下自居，承认封建皇帝的最高地位。有不少农民起义的目标直接指向封建皇帝和中央政权，但与之对抗的则是农民自己的王、帝。有些起义还打出过去的王朝或前代皇帝的招牌。最后，农民的斗争被地主贵族利用，作为他们改朝换代的工具，或是农民领袖建立了新的封建王朝。农民往往也就暂时承认与接受了这个变化，"真命天子"已经出世，"太平盛世"将会到来。

然而，农民的皇权思想和地主的皇权思想是有区别的。地主企图用皇权来维护和加强自己的统治和剥削，农民拥护皇权却是为了保障自己的生活，减轻乃至免除所受的压迫和剥削。农民心目中的皇帝实际上不是封建皇帝，而是农民的皇帝。对农民来说，皇权不过是形式，这后面隐藏着农民反对封建制度和对温饱、稳定的生活的愿望与要求。可是，阶级的与时代的局限性使农民意识不到农民的皇帝与封建的皇帝的本质区别。在现实生活中，他们只能看到"好皇帝"与"坏皇帝"的区别。他们拥护能给他们带来比较安定的生活的"好皇帝"，反对与打倒那些加重剥削与压迫的"坏皇帝"。他们以为"好皇帝"就是全民的皇帝或农民的皇帝。拥护农民皇帝，反对封建皇帝的要求，在现实生活与斗争中以拥护"好皇帝"，反对"坏皇帝"的形式表现了出来。农民从幻想封建的"好皇帝"解除苦难，到拥护农民的"好皇帝"打倒封建的"坏皇帝"，再到幻想新的封建的"好皇帝"解除苦难，然后又是幻想的破灭。这就是农民的皇权主义思想，随社会矛盾与阶级斗争的发展变化而呈现出来的复杂内容。

农民反抗封建制度包括皇权，但又摆脱不了它的束缚，农民的挑战没有也不能成功，这是历史的必然，也是封建时期农民的悲剧。但是，从陈胜、吴广的"伐无道、诛暴秦"，到洪秀全的以"天王"对抗清朝皇帝，封建皇权的尊崇性、绝对性和惟一性受到了挑战，也受到了损害。

政权、神权、族权、夫权，在束缚人民这个根本任务上它们是相通的。然而，它们究竟代表了封建统治的几个方面，并非契合无间，全然没有矛盾。

"王道之三纲，可求之于天"。董仲舒和《白虎通》的作者使儒家宗教化以说明和维护绝对皇权的努力，势必要使神权置于皇权之上，从而使皇权多少失去了尊崇性与绝对性。然而，这是与儒家人文主义传统和专制主义中央集权制度的现实需要相扞格的。人性十足的孔子不可能成为圣父、圣子、圣灵，也不可能成为先知，充满现世意味的儒家也不可能改造为儒教。中国不可能出现欧洲中世纪基督教社会那种教权凌驾于政权之上的状况，也不可能形成中世纪伊斯兰教国家的政教合一的制度。在古代中国，人间超过天上，政权控制神权。天人交感、五德三统之说难于说明和解决现世政治问题。而符瑞妖异、谶纬图书则把它装点得荒诞可笑。这不仅不能使人笃信皇权头上灵光的神圣，反而为觊觎皇位者们所利用。汉以后的历代王朝，"以某德王"、"符命禅瑞"，不过是历史积习留下的套语、点缀，或是临时应变的欺己骗人手段，并遭到有识之士的蹙额讥弹。另一方面，"真命天子出世"之类的说法，成了迫切解脱困厄处境的农民造反的思想武器，其实并无严格的神学意义。汉代盛行一时的图谶，由于起义农民的一再运用而被目为妖邪之说，终于到隋代遭到严厉的禁断。

　　使儒家宗教化的企图的失败，并不意味着中国封建社会缺乏滋生宗教的土壤。魏晋南北朝以降，外来的佛教和土生的道教得到了发展。地主阶级需要它们作为精神麻醉剂，它们也需要封建政权的支持。然而作为宗教，它们的教义又多少与儒家的政治思想和伦理道德观念有些矛盾。教团的利益与专制主义中央集权的政权的利益也未尽吻合。道教的神鬼世界的结构，从玉皇大帝羽士仙人到城隍土地，正好脱胎于封建人间现世的等级结构。它所拾取的一度归属儒家的阴阳图谶、风角方术，也还对地主阶级统治人民有所帮助，虽然其中有些教派和手段由于一再被起义农民利用，被目为妖邪遭到禁断，但正统的道教一直受到封建政权和儒家的容许与支持。佛教这个外来宗教与专制主义中央集权政权的矛盾更多一些，佛教主张慈悲平等，认为世人皆有佛性，又重修来世，宣扬今世最好超世绝欲，不大承认现世的权威，并把佛置于包括皇权在内的世俗权威之上，也不尊重维护世俗等级和权威的诸如忠、孝之类的伦常道德观念，再加上佛教教团不时侵及中央集权国家控制土地与劳动人手的权力，与正统的儒家及封建国家的矛盾与冲突有时就尖锐起来。南北朝时期，僧徒与儒道屡相辩难，"沙门不敬王者"、"蔑弃忠孝"、"乖君臣之义"、"自称三宝、假托四依、坐傲王者"，常是后者攻讦佛教的证据。这些矛盾随佛教的中国化过程而逐步得到解决。在义理方面，佛教以帝王为佛的化身或护法的办法，承认了皇权的地位。从三论宗的承认俗谛的合理性到禅宗的《百丈清规》，把名教纲常纳入佛门教理仪轨之内。而儒家与政权则一方面相对地承认僧徒以方外地位，可以略微越出名教的范围；另一方面则大力吸收佛门义理及已属于道家的阴阳理论，形成了宋明理学。三教同源、三教归一之说取代了过去尖锐的辩难。在实际生活中，封建政权从一开始就把宗教特别是佛教置于自己控制之下，神权只是皇权的支持与补充，而不是皇权的对立物。神权与皇权的矛盾，就是在皇权控制神权的基础上互相妥协而得到了解决。

皇权与族权或父权虽经董仲舒等撮合，但那只是理论上的形式，而且是经过"天"即神权。封建社会的现实还是使二者有若干扞格。

宗法制本是奴隶制社会的产物，但为封建制所继承。所以如此，是由于家长是小农家庭维持生计的主要承担者，父子、夫妻、兄弟成为家庭及社会组织中的重要成分，家长制是个体小生产农业以及在此基础上形成的地主经济的必然产物。家长权力扩大即为族权。个体小生产者由于经济基础极其脆弱，往往需要求助于父子、亲属及宗族，这就使他们与宗族有着紧密的联系；而封建地主则利用宗法族权作为扩大剥削与维护封建秩序的重要手段，并且利用它来掩盖其剥削与压迫农民的阶级实质，使之蒙上一层血缘关系的面纱，把劳苦族人置于其控制之下。这种情况，反映在伦理道德规范上，就是十分重视"孝"。封建统治者更把这种宗法关系引申到君臣关系上，皇帝为"天子"，居于宗法关系的顶端，臣下百姓均为其子民。因此，宣传孝道，也就是以父母视君。孔子早就说过，"其为人也孝弟，而好犯上者，鲜矣。不好犯上，而好作乱者，未之有也"[1]。这还只是从消极方面立论；积极的说法是"先王之教，莫荣于孝，莫显于忠。忠孝，人君人亲之所甚欲也；显荣，人子人臣之所甚愿也"[2]。因此，封建社会流

[1] 《论语·述而》。
[2] 《吕氏春秋·劝学》。

行着"求忠臣必于孝子之门"的说法。把孝道推广开去，就是忠君，而"忠孝两全"，显荣并得，则成了封建伦理道德的最高境界。

然而，并不是任何时候都可以做到"忠孝两全"的。孝道直接面对的是尊亲，族权或父权终究是凭借血缘关系直接施之于一家一姓，而忠君在某种意义上却是由孝引申开去的一种抽象的统治与服从的关系，尊亲与事君如果遇到利害不同而不能兼顾时，如何抉择，便成了一个问题。汉代，专制主义中央集权制度刚刚确立，绝对皇权刚刚树立，忠君观念刚刚形成，还没有在人们思想中牢固地扎下根来，沿用宗法制的宗族观念的孝道与忠结合，成了忠的有力支柱，以致东汉统治者标榜"以孝治天下"，以孝衡量人成为社会风气，"孝廉"成为入仕的最好途径，以致出现一大批矫情入仕的伪孝子。另一方面，东汉以后门阀士族势力的形成，与长官任用掾属及门生故吏之风的兴盛，使得众多仕者有他们需要效忠的直接的主子。他们同皇帝的关系不免隔了一层。汉末三国动乱时代，皇权削弱，忠孝孰先的议论也就多了起来，并视各人具体情况与意图而有所抉择。司马氏代魏，属于臣下篡位，是为臣不忠的表现，也就不好向臣下宣传需对自己尽忠，只好标榜孝道。而门阀大族力量的强大，皇权的削弱及分裂割据的形势和政权转换迅速，也使人们注视自身乃至家族利益而不再强调对皇帝的忠诚。孝道遂在一段时期里成为超过忠君或与之并列的最高封建道德。隋唐时期，全国复归统一，门阀士族走向衰落，忠君才又被强调。唐太宗提出，孝的本旨在于"善事父母，自家刑国，忠于其君，战阵勇，朋友信，扬名显亲，此之谓孝，具在经典"①。特别提出忠君之义，以扬名显亲为孝，虽然与《孝经》宗旨相合，但与晋以来的传统意见则有出入。唐代宗永泰元年，吏部尚书韦陟死，议谥"忠孝"。刑部尚书颜真卿认为许国养亲不两全，不当合二者为谥，上表说："出处事殊，忠孝不并，已为孝子，不得为忠臣，为忠臣不得为孝子。故求忠于孝，岂先亲而后君，移孝于忠，则出身而事主。所以叱驭而进，不惮危险，故王尊为忠臣。思全

---

① 《旧唐书》卷 24《礼仪志四》。

而归，恐有毁伤，故王阳为孝子。"①对求忠于孝，不以为然；移孝作忠，则加称许。虽然所议未被采纳，然而忠应置于孝之上已是当时的一般看法。宋以后，专制主义中央集权制度与皇权进一步强化，忠字当先，忠孝不能兼顾时移孝作忠，已成不刊之论。

忠君与爱国也有矛盾。孟子的"民为贵，社稷次之，君为轻"的思想早被封建统治者摒弃。专制主义中央集权制度下，皇帝就是国家的代表、民族的象征。忠君即是爱国，一般情况下本无矛盾。但当民族矛盾尖锐，外敌入侵，国家濒于灭亡时就不然了。民族危机往往由统治者腐朽黑暗而造成，外侮常由内患招来。面临国家危亡之际，皇帝及其所代表的当权腐朽集团却往往不相信人民的力量，不相信爱国的官员将帅，甚至对之防范、打击乃至杀戮，惟恐这些力量壮大对自己不利。因此，他们往往采用妥协退让、屈辱求和甚至勾结外敌镇压人民以求苟安。在这种情况下，忠君与爱国发生了尖锐的矛盾，这就使一些具有强烈爱国思想的人特别是文武官员面临严重危机乃至生死的抉择：是站在人民一边，违反君主意愿坚决抗击外敌，还是在忠君观念的支配下投降退让，这在他们的心理、言论和行动中引起了巨大矛盾。长久形成的强烈的忠君观念使他们最后不能不服从皇帝的旨意，不仅抗敌失败，甚至还送掉性命。岳飞、林则徐的遭遇，不仅使他们自己悲愤莫名，也使后人感叹扼腕。

对皇权与忠君观念的挑战还来自专制主义中央集权制度本身。这是由这个制度内在的不可克服的矛盾所造成的。

矛盾出在皇权的惟一性上。为了保证皇权的惟一性，皇位是世袭的，而且以嫡长子继承制为特征。尽管宫廷中争夺皇位的斗争连绵不断，但大体上还是维持着这种格局。由于仅凭血统继位，立子不立贤，再加上皇子们多生于深宫之中，过的又是脱离社会的骄奢生活，不谙治道。当上皇帝以后，虽然有些是所谓的贤君明君，更多的是昏君、暴君乃至幼儿、白痴。不管是什么样的人，只要登上皇帝的宝座，也就成了皇权的代表，由这样的人来行使皇权，不免损害乃至亵渎了皇权的尊崇性。

———————————

① 《封氏闻见记》卷4《定谥》。

失掉尊崇性的皇帝代表着尊崇的皇权，向尊崇的皇权效忠的臣下实际上效忠的是失掉尊崇性的皇帝。皇帝虽然拥有至高无上的权力，但要一人治理国家是根本做不到的。这样，一批宠臣、权臣、佞臣、奸臣、宦官外戚的专擅也就成了必然和经常的现象，特别是一些封建王朝的中后期更是如此。他们凭借皇权左右政局，为所欲为，"挟天子以令诸侯"，历来是权势斗争中最厉害的一着，忠君观念便是他们所作所为的有力盾牌，他们以忠自诩（史著称之为"奸忠"），凭借皇权恣意打击，诛杀不直其所为而又为忠君思想所束缚的政敌，其中不少是正直有为之士。在忠君思想支配之下，人们常常无法可想，"文死谏"成了他们最后的结局。中国封建社会中数不清的政潮风云，大都是环绕着这样的格局而形成的。

正因为如此，中国封建社会的改革往往蒙上悲剧的色彩。历史上不乏具有远见卓识和头脑清醒的政治家、思想家，他们的种种改革思想和措施，只有得到皇帝的认可才能施行。然而，君臣相知、君臣相得是少见的现象，即使有，也往往为皇帝周围的腐朽势力所破坏，或者由于皇帝心意的转变及易位而不能善始全终。这是历史上的改革往往失败或变质的直接原因。有的改革虽然持续下来，而改革家本人却被抛弃了。

对绝对皇权和忠君观念的最大挑战，来自王朝的改姓易代。与前述的各种矛盾与挑战不同，皇权与忠君观念在这种情况下无法取得胜利。

中国封建专制主义中央集权制度不像某些国家，例如沙俄和日本，它没有一个固定而久远的传统的沙皇或天皇。二千多年中，王朝的更替是常事。而觊觎皇位，争夺皇权者又不知凡几。当改姓易代之际，不论是明目张胆的篡弑，欲盖弥彰的禅代，还是旧朝崩解群雄逐鹿的乱局，原来上下有序的封建秩序动荡混乱，皇权的绝对性、惟一性被否定亵渎，而皇权的尊崇性则大大贬值。不事二君的忠君观念受到最大的挑战。此视为忠者，彼视为逆；此视为顺命，彼视为抗命；此视为君子，彼视为小人。人们从一己之私利或某种原则出发，或事新君，或忠旧主，或隐世避乱，或借言孝亲以待机，或如历事数朝，改姓之际率先奉迎的五代老臣冯道，或为知其不可而为之的文天祥、陆秀夫。动乱的时世，转换不定的皇权，使不同的人做出不同的抉择，而无法有统一的标准。然而，新朝建立，大局底定之后，忠于新朝不许有贰的忠君观念又成了最高的道德准则。这种对忠的双重标准，不仅为人们所实行，而且为人们赤裸裸地道出，如《三国志·魏书·徐宣传》所说："帝王用人，度世授才，争夺之时，以策略为先。分定之后，以忠义为首"。到了中国封建社会的最后一个王朝清朝，随专制主义中央集权制度的强化和僵化，皇权升到极顶的高度，忠君观念的双重标准也被奉行到新的高度。前来投靠的前朝顾命之臣，不久即入了贰臣传，而抗命死节的前朝忠臣，不久又成了楷模。甚至前朝遗民也奉行这种对忠的双重标准，自己拒绝在新朝做官，却不禁子弟入仕，即所谓的"遗民不世袭"，适应了现实，却不免因其矛盾而暴露了这种双重标准的滑稽色彩。

二千多年来，中国古代思想家也不乏对君主专制的批判。道家贵自然，主张顺自然之势而为，即无为。君主也是自然之势的产物，所以老庄虽然也揭示了君主的恣睢，视其为罪恶之源，"圣人不死，大盗不止"，但又不能否认现世君主的存在，也不能否认臣道。"臣之事君，义也。无适而非君也，无所逃于天地之间"①，只是认为君主应施无为之治。然而，既曰无为，又何必有君。先秦道家的自然观与政治观究竟未能契合。魏晋时鲍敬言的无君论，则是老庄贵自然、尚无为的思想在逻辑上的必然结论。但他把理想社会定格在原始公社制度，却是反历史的。这种反历史的思想本身又是历史的，因为当时的社会条件固然是以揭示专制主义与皇权的罪恶，却没有显示出解决的前景，进步的思想家只能从缥缈的远古撷取回忆装点自己的思想。此后的无能子、谭峭，也仍然不出道家的窠臼。而且滔滔天下，这类思想仅如暗夜中一闪而逝的火花，并未激起多少涟漪。明末清初，时世变化，专制主义中央集权制度及皇权尽管越来越僵固强化，但又因其一再受到挑战冲击及其不可克服的内在矛盾而越来越显示了它的虚伪性和反动性。更重要的是，新的生产力、新的生产关系在旧体制内悄然出现，尽管处于萌芽状态，但终究让先进的人们朦胧地感觉到变革的前景。黄宗羲虽然多就儒家传统思想中进步的一面对专制主义和绝对皇权进

---

① 《庄子·人间世》。

行批判，但已经有了以民主制度加以取代的思想，虽不彻底，但已难得。直到清末，外国侵略者的坚船利炮打破了中国的大门，民族生机，不绝于缕。先进的人们把几被湮没的黄宗羲的思想拿来与外国政体与政治思想相比，觉得"句句餍心切理"，形成了批判与推翻几千年来旧体制旧思想的猛烈运动。批判的武器不能代替武器的批判，但批判的武器却能武装人们的思想，促使其进行武器的批判。辛亥革命基本终于推翻了中国历史上最后一个封建王朝。

然而，几千年的传统不可能随清王朝的覆灭一夜之间消失，产生专制皇权的土壤也不可能一夜之间全部更新。几十年间，短命的洪宪新朝，闹剧式的宣统复辟，沐猴而冠的伪满洲国此伏彼起。更严重的是"民国"、"训政"外衣下的半中半西、不中不西的半封建半殖民地政权仍像大山一样压在人民头上。专制皇权以直接的或改换了的形式仍在肆虐，直到1949 年中华人民共和国成立，才算划上一个句号。

（与蒋福亚合作写成，刊载于《历史研究》1994 年第 2 期）

关于文化问题的笔记

第四次浪潮

这些年掀起了一股文化热，上上下下，各行各业，方方面面，几乎到了言必称文化的程度。如果从鸦片战争算起，这已经是第四次浪潮了。这是中国近代以来社会大震荡、社会大变革所掀起的汹涌狂涛的鲜明映象。

第一次文化浪潮始于鸦片战争，特别是太平天国革命以后。

这是外国侵略势力挟带着西方文化进入中国的日子，古老的，落后的，近乎僵化的中国社会受到了前所未有的巨大冲击，救亡图存成了主要任务，而救亡图存又必须走近代化的道路，靠古老落后僵化的老一套是救不了中国的。也就是说，中国要图存，不仅要反帝，还要反封建。起初，人们还很少清楚地认识到这点，他们希望靠保持封建制度来反帝，后来才逐渐意识到反帝必须变革封建制度，而这种变革的取向则是资本主义制度。在文化上，西方文化随侵略势力进入也逐渐为中国的有识之士所注视，并且越来越重视。其进程大体上先技艺而后制度：

强兵（海防）——富国（洋务）——变法改制——革命

随着民族危机的日益严重与西学的引进，中国传统文化与西方思想文化的碰撞十分激烈。在中西思想与体制的关系上，海防派和早期洋务派是"中本西末"，后期洋务派与维新派是"中体西用"（虽然张之洞用"中体西用"来反对维新派，实际上是一回事），再到革命派的进化论和资产阶级民主思想。然而，历史证明，在中国，资本主义的道路走不通。

第二次是五四运动。

这是在日本帝国主义侵略日亟而北洋政府奴颜误国的背景下掀起的一次比较彻底的反帝反封建的群众运动。与之伴随的新文化运动高举反对传统，反对旧礼教，反对旧文学，提倡新文学，提倡白话文的旗帜，尤其是提出民主与科学的口号，而民主与科学，正是中国传统文化中最为薄弱的东西。

五四运动最重要的成果，就是马克思主义、共产主义思潮的传播。这导致了中国共产党的建立与中国共产党领导下的新民主主义革命的开始。中国人民开始找到了摆脱苦难的道路。如果说，哪种西方思潮西方文化对中国影响最大最深远的话，那就是马克思主义、共产主义了。

五四新文化运动也有其缺点，那就是形式主义地对待问题，坏的一切坏，绝对地坏；好的一切好，绝对地好。对于中西文化，当时有所谓"全盘西化"的说法，对待中国传统文化，往往是否定一切。马克思主义虽被先进的人们和共产党人接受作为指导革命的思想，但马克思主义与中国实际相结合的问题并没有解决，教条主义严重甚至占了统治地位，以致革命累遭挫折。

第三次是抗日战争中后期。

这又是一次沉重的民族危难，日寇占领了中国精华地区的半壁河山；全民族投入了抗战。这时国民党在其统治的大后方宣扬以中国传统文化特别是儒家文化作为其复兴中华的思想武器。所谓复兴中华，就是要维护中国半封建半殖民地的地位。其代表作就是陶希圣为蒋介石捉刀写的《中国之命运》。共产党人这时已经初步解决了马克思主义与中国实际相结合的问题，其代表作就是毛泽东的《新民主主义论》。这里提出了文化问题，提出了文化的地位和作用，尤其提出了要建设无产阶级领导的、人民大众的、反帝反封建的文化，即民族的、科学的、大众的文化。毛泽东的诠释：

民族的——反帝、对古今中外文化吸收其精华，排除其糟粕，即今天所说的具有"中国特色"。

科学的——反对封建思想和迷信思想。实事求是，以唯物主义为指导探寻客观真理，理论与实践一致。

大众的——为人民大众服务。没有提到"五四"倡导的民主。

中国终于战胜了日本，中国人民在随后的内战中又战胜了蒋介石，建立了新中国，文化运动在这场斗争中也起了相当的作用。

第四次，1979 年以后。

这次文化浪潮，与过去三次有所不同，这种不同表现在四个方面。

第一，背景不同，任务、目标不同。

如果说，前三个文化浪潮是在帝国主义侵略，反动政权的腐朽统治的大背景下兴起的。那这次浪潮则是在改革开放、市场经济、实现现代化的大背景下兴起的，或者说，是在社会转型时期的大背景下兴起的。

如果说，前三次文化浪潮是以救亡图存为总目标并因救亡图存的要求实现近代化，那么这次浪潮的大目标是提高与改造全民族的文化素质，以适应现代化的需要，或是转型期社会的需要。

反帝反封建是实现现代化的前提，但完成反帝反封建任务并不等于就能够实现现代化。建国后几十年的历史说明了这一点。今天，中国如何走现代化的道路，也只能说是在探索中，这次文化浪潮就是在这样的大背景下兴起的。

第二，涉及的层面相当广阔。

过去几次文化浪潮，涉及的大多是意识形态方面。这次浪潮，涉及到了文化诸多的层面，除了意识形态，诸如物质形态的文化、制度形态的文化、社会群体活动的文化等均有涉及，其中比较突出的是物质形态的文化和社会群体活动的文化，这两者往往是直接与商品市场经济紧密联系着的。或者说，它是为商品市场经济服务的。如利用本地文化资源打知名度，促销，所谓的文化搭台、经济唱戏，什么文化节、名人效应、古迹效应、抢名人、抢古迹等等不一而足。又兴起了各种各样的部门文化，如企业文化、商业文化、民俗文化、饮食文化、茶文化、酒文化、乃至风筝文化、斗鸡文化、蟋蟀文化、金鱼文化，一直到鬼文化、烟文化。文化的经济效益、社会效应因此而凸现，这是好事。但这些文化中有的层次是极低的，文化的内蕴或含量是很少的，甚至等于零或负数。经济效益也许有，社会效应却是消极的，如"鬼文化"。

同时，各种假冒伪劣落后错误的东西，伪文化、假文化、反文化的东西多假文化之名以行。迷信之风大起，命相占卜、风水等等也都打起文化的招牌，周易热中大多是术数之学，宣扬了神秘主义，气功、特异功能的宣传中掺杂了大量神怪迷信的东西，陋风旧俗也大肆流行。这反映了转型期社会的复杂情况，也反映了社会问题。

第三，群众性强。

前几次浪潮，多半涉及知识层，特别是其中的先进人们。今天则具有普及的特点，上至各级领导提倡、讲究，下至各类知识分子、企业家、商人，多讲文化。

第四，近代以来文化问题的症结，是如何对待西方文化与中国传统文化，各次浪潮情况不同。

清朝，基本上是守住传统，或略为改变，即所谓"中学为体，西学为用"，辛亥革命主张建立西方式的资产阶级共和国，对传统文化的批判和冲击不彻底，软弱，而且收效甚微。

五四运动是一次对传统文化的大冲击，宣传民主和科学，批判了传统的封建的东西，直到主张全盘西化。然而有一种形式主义的做法，其最重要的成果是传播了出于西方的马克思主义，然而并没有解决马克思主义与中国实际相结合的问题。

抗日战争时期，蒋介石所提倡的发扬传统文化收效甚微而且具有反效果。中国共产党解决了马克思主义与中国革命实际相结合的问题，即马克思主义的革命理论中国化的问题，这在某种含义上也标示了对待西方文化的一种正确态度。对待文化问题，无论是东西文化，都应批判地继承，吸收其精华，排除其糟粕，建立自己的新文化，即民族的、科学的、大众的文化。这个方向也基本上是正确的。

新中国成立以后，在文化建设方面尽管也有成绩，但教训是极大的。在作为指导思想的文化观上，很突出的两点，一是把一切文化都看成具有阶级性，而剥削阶级的文化当然是坏的。其实，文化的东西并非全是具阶级性的（虽然不能说完全与阶级无关）；而具有阶级性的也并不全都是坏的，其中不少也是进步的、积极的，具有阶级性因素的文化也并非只适用于某个阶级，也有对别的阶级有用乃至对全人类有用的财富。二是只片面强调经济、政治对文化的决定作用，而排除了文化的相对的而且是很大的独立性，排除了文化本身的发展规律及继承的作用。这种文化观打着马克思主义的旗号，实际上并不是马克思主义。发展下去，是把文化作为一种直接从事某种政治斗争的手段，以文化为名行反文化之实，一直到在"以阶级斗争为纲"的极左思想指导下，以"文化大革命"之名去搞所谓的批"封资修"，破"四旧"，批林批孔、批儒评法就是这种政治魔术表演的极致。其结果几乎使中国濒临崩溃，也几乎把中国搞成了没有文化的沙漠。

"文化大革命"以后，被扭曲了的现代化道路开始扭转过来，人们进行了反思，发现很多被视为马克思主义和社会主义的东西，其实是封建的，而所批判的资产阶级的东西，却并非都是坏的。过去的所谓批判资产阶级，实际上往往是拿更落后的封建主义去批资本主义。因此，不少人认为这是因为中国资本主义发展不够，而封建主义又没有反得彻底所致，从而提出更主要的是反封建、要民主补课，要来一次启蒙运动，提倡"五四"时期的民主与科学精神。

这时，随着改革开放，西方的各种东西大量涌入中国，使长期处于封闭排拒下的中国人受到很大震撼。这样，中西文化问题又成了人们的话题，有宣扬"西体中用"者（有的更强调指出这个"西体"就是马克思主义），有主张"中体西用"者，有主张彻底粉碎传统的，也有主张中国不如西方因而要全盘西化乃至殖民地化的。这时占上风的倾向是反传统主义。其中最极端的观点，认为中国还不如当三百年的殖民地要更好一些。

而后，来了个一百八十度的转变，反传统主义转换成了传统主义，从上到下，掀起一股弘扬传统文化之风（这个提法把传统文化一锅煮了，后改为弘扬优秀传统文化）。这样，转了一圈，从清朝的保存传统文化经过批判传统文化又回归到弘扬传统文化的路子上了。

在传统文化的回归中，尤为突出的是回归到儒家思想，或者是经过诠释的儒家思想，这大概是因为作为过去主流思想的儒学可能有助于加强中国人的凝聚力，而且认为儒家的价值观和道德理论可以规范初步发展的市场经济，可作为解决由此而引起的种种社会问题的一剂药方吧。

今天面临的是现代化问题，海外一些华人学者提出传统或新儒学与现代化接轨的问题，也有些国内学者提出来传统文化或儒家学说与马克思主义结合问题，有人提出 20 世纪是革命的、激进的世纪，21 世纪是改良的、保守的、缓进的世纪，因此要与激进主义与革命告别，这里也少不了对中国传统文化的判断。有的学者认为 21 世纪东方文化要占西方文化的上风，这里自然也少不了对中国传统文化的判断。

文化还会热上一阵，也还会有更多的意见、论点，也还会有各种各样的表现。

文化三论

当前的文化浪潮中有几种倾向或观念值得注意，尽管还没有形成系统的理论性的东西。

第一，文化至上观或文化决定观、观念论的文化观。

这种文化观把历史的变革、冲突、激荡全归之于文化，忽视了社会经济、政治与文化的相互作用，使文化完全脱离了社会经济、政治。

文化有其相对的独立性，有其自身的发展规律与传承关系。但是仅就文化本身谈文化，或把它定位到决定一切、包容一切，或者使它与社会经济、政治脱离，都是不适当的。

西方学者亨廷顿有一种看法，冷战之后，有几种文明即西方的基督教文明、中近东的伊斯兰教文明和东亚的儒教文明之间的冲突。我国有的学者认为"三十年河东、三十年河西"，21 世纪是东方文明占上风的世纪。

亚洲、中近东国家地位的提高，是这些国家的民族解放斗争和经济政治发展的结果，而不是文明优越的结果。20 世纪、19 世纪、18 世纪、17 世纪，东西方文明的差别都在，为什么当时西方对伊斯兰文明，儒教文明视而不见，或者视之为野蛮、落后、愚昧，只当成西方文明征服、教化的对象，而不是威胁的力量、冲突的对手呢。这无非是东方民族在近代化—现代化的行程中落后了一步的缘故。现在形势变了，西方论者也就高呼文明的对抗、威胁与冲突了。"三十年河东、三十年河西"之说也是如此。这些论点的形成还有其他因素，但却不免带有文化至上，文化决定的色彩。

还有一种国外流行的观念，在我国一些学者中也有相当影响，即 20世纪是激进主义的、革命的时期，21 世纪应当是改良的、保守主义的、缓进的时期，因此要对 19—20 世纪的革命、激进、暴力等等重新估定，予以否定，不仅今天要否定，当时也应当否定。姑不论这种对 21 世纪的估计是否正确，即就无视具体历史条件的不同，把 21 世纪的估计抽象地强扣到 20 世纪头上去，予以全盘否定而论，就是一种违反历史的观念论做法。这种文化至上、文化决定、文化观念论的观点所表现的一个极端例子是一篇论中国近代史的文章。

文章讲中国传统文化的作用，把中国传统文化定位在儒学，而且定位在儒学的所谓"道统"，以儒学"道统"之是为是，以儒学"道统"之非为非，它的胜负左右着历史。结果得出了这样一幅近代史图景。太平天国反抗清廷的起义是以程朱理学为思想武装的湘军与以基督教为有机内容的太平军之间的斗争。农民反抗清王朝的斗争被定位为两种文化观念的冲突。太平天国的失败不是农民本身的局限与封建意识的毒害，也不是清军的强大与外国侵略势力的介入，而是洪秀全认同了西方基督教，背离了民族利益，而曾国藩则是维护传统文化的近代社会中坚力量的代表，儒学的道统战胜了西方基督教文明。

洋务运动则是在外来文化挑战面前，"开古老文化之病躯、萌近代文明之生机"。换句话说，就是在中国传统文化的基底上，适应形式略作改变，成为中国思想的主流。中国在列强面前苦苦支撑而不亡，并非人民的反抗斗争，而是"洋务派培植的这点军事力量和湘军保持的传统文化精神"。戊戌变法则是把西方因素整合到中国文化结构之中，使传统有了新的生命。洋务运动为何破产，是由于太平天国战争把富饶的江南地区破坏了。戊戌变法以及后来的立宪运动为何难以实现，是由于社会革命——辛亥革命把传统文化扭曲得支离破碎，残缺不全，才造成改良运动的失败。

清朝虽然腐朽，但形式上仍有很大意义，辛亥革命是激进主义思潮促动的结果，想一下子痛快地把清朝搞掉，结果带来的是军阀混战，反而更糟。这时，如果让袁世凯搞下去的话也许会很好。五四运动也被说成是导致传统分裂的政治激进主义。"五四"大破旧文化，但并没有建立一个新文化，结果使文化虚无主义之风在中国差不多刮了七八十年（西方中心论、欧美苏联中心论）。总之是"革命的政治激进主义的话语，应当代之以文化保守主义的话语"。那么，共产党领导的革命当然就是"革命的激进主义"了，蒋介石呢，是"文化保守主义"么？

不那么极端的观点还有一些。这些观点一个共同之处，那就是把文化同经济政治割裂开来，好像文化是一种与社会脱离的抽象的东西。多多少少强调了文化至上，文化决定。

第二，与文化至上、文化决定相呼应的，是文化回归论或文化问题上的传统主义。现在非常流行。

回归就是回归到中国的传统文化，尤其是回归到儒家所谓"原道"，追本溯源，探寻中国几千年一以贯之的"文化之道"，或者说，要解决与民族文化传统的"认同"问题，实际上，是要文化回归到清代以前去。正是这样，论者多忽视或回避近代百多年来的文化思潮中新的因素，或者干脆排拒，只视之为消极的否定的东西。然而，近百多年来的文化也是传统。"五四"所倡导的民主和科学正是传统文化中最薄弱的东西，马克思主义的文化观更是不能排斥在文化传统之外的。

所谓近代以前的传统文化，实际上是一种在农业社会基础上形成的文化，又是一种在阶级社会基础上形成的文化。如果我们承认文化的社会性与历史性，不是超时空的，而社会历史是一个连续不断的发展过程，只能在原有的基础上发展，那么，一个时期的文化对于另一个时期并不都是不好的，不能回避或全部废弃，完全另起炉灶，必须继承。但是，历史是在前进，社会是在变革发展，不仅要看到原来文化已有许多对后来不适应的东西，而且文化还应当发展、创新，这就是在文化问题上常谈的批判地继承，批判其糟粕，吸收其精华。

这种传统文化，要说它完全适用今天现代化的需求，是很难的，传统文化不全同于封建文化，但其中也有不少糟粕，封建文化也不全然是糟粕。即使是精华，也不见得都能对今天起积极作用。例如儒家，这是中国过去占统治地位的思想，在当时有积极作用也有消极作用。今天，过去起过积极作用的东西未见得能再起积极作用，也可能因时过境迁而不再起作用。总之，这是一个需要认真细致地研究的问题，不是简单地拿过来或单纯地舍弃就能解决的。有的学者例如新儒家，很重视儒家思想与现代化接轨的问题，但似乎还没有找到一种办法。我国有的学者主张把儒家思想、马克思主义和西方思想结合起来，具体怎么做现在还看不出来，有些人则认为这样做很危险。我觉得这样的说法可能比较合适，即儒家思想作为一个体系或其根本的核心的东西能拿过来作为实现现代化的一种手段恐怕很难，因为正处在社会转型时期，传统的东西固然可以是基础，但这个基础必须大大改造，甚至是以它作为材料以创造新时期的新文化。儒家思想最重要的是政治伦理道德学说。有些恐怕只能否定，如君君臣臣父父子子。有些观念，具有一种普遍的抽象的意义，但随时代的变化其内涵仍会有所改变，如仁、义、礼等，儒家思想所赋予它们的内涵，界定，未见得就都是永恒的，应当丰富、发展、改造。像孙子兵法，它具有极丰富的辩证法思想，其根据是当时军事与战争所总结出来的若干规律，具有普遍意义，这也正是它今天还有很高价值的原因。然而现代军事和战争究竟已与古代有了极大的变化，光靠一本孙子兵法恐怕也不容易打赢现代战争。既然孙子兵法中的某些辩证法的东西具有普遍意义，也就可施之于其他方面，例如管理，但是当前的管理科学原则恐怕也很难说都来自孙子兵法，或都可在孙子兵法中找到渊源。总之，有时对待传统文化，往往只是利用其形式，而赋予新的内涵。

这种利用其形式而赋予新的内涵的做法也未见得都那么正确，例如周易，有的专谈周易与现代自然科学，弄得似乎现代自然科学的许多理论与方法周易中都有了。这难免会出现牵强附会，既非周易所原有，又未见得真是现代自然科学。再有就是把传统文化神秘主义化，像对气功之类作迷信的、神秘主义的解释。甚至披上科学的外衣，像计算机算命、科学手相之类。其实这类东西，正是传统文化中的糟粕。

　　还有一些学者把传统文化归结为典籍文化，又从典籍文化中抽出若干条来作为中国传统文化的核心或基本特征，如天人合一，重综合，重群体，重和谐，重中庸等等，再把它与西方文化中抽出的几条，如天人相分（人胜自然），重分析，重个人，重斗争，重绝对等等进行比较，然后据以论证中国文化（或东方文化）优于西方文化，认定 21 世纪将是东方文化超过西方文化影响世界的时代。这种方法很值得考虑。第一，从典籍文化中抽出几条，这几条是否就算是文化的核心或基本特征，在文化整体中的地位如何？各家说法也不一致。还得研究。第二，对这几条的理解是否符合它的内涵，例如“天人合一”本意是否仅是反映人和自然的关系，由此引申出环境保护之类的思想，是否就是它原来的内涵？第三，这种文化的特点是否也就是这种文化的优点？如果说，东方文化重综合，重整体，西方文化重分析，重局部这个特点能够成立的话，那么重综合可能会失之笼统、含混，重分析则可能失之偏颇、片面。从思想方法上讲，恐怕还是综合与分析结合才是好的。第四，如果东西文化有优劣的话，那应当是相对的，即各有各的优点，也各有各的缺点；也应当是历史的，那就是来自于生产的发展、社会发展的不平衡，有一个时间差。今天的方向不应当是谁打倒谁，谁战胜谁，而应当是互相学习、吸收、改造、进步。

　　第三，文化救国论或文化立国论。

　　当前有一种所谓的道德主义。认为当前道德败坏，道德毁坏将会带来中国的毁灭，只有拯救道德才能拯救中国，而当今道德败坏的根源在于商品市场经济，或者说，是搞市场经济所付出的代价。一切向钱看，金钱是万恶之源。那么，逻辑的结论应当是借着道德把改革拉回去了。

　　这种说法看似有理，实际经不起推敲。

　　第一，把一切社会问题归之为道德问题，这里有个把道德作用扩大化的问题。把市场经济中出现的问题全归之为道德问题，是扩大化；把全社会道德问题全归之于市场经济，也是扩大化。

　　第二，歌颂怀念过去的道德情况好。这，一是对过去道德的作用未免扩大化；二是过去道德好往往是一种假象，掩盖了许多不道德的东西。建立在信仰基础上道德往往是超前的，以理想的美妙前景作为标准，但它往往会与现实生活有差距，不注意这个差距，必然与现实生活发生矛盾，因而也就不是稳固的。信仰上的道德往往会掩盖这种矛盾，带来虚假的现象，过去的许多道德规范已经连表面的规范作用也达不到了，而新的规范也有待建立。公平与效益本来就有矛盾，公平实际上是一种政治道德规范，效益则是一种经济规范。过去，形式上的公平靠低下的效益维持，既不是真正的公平，也少效益。转型期二者仍不能完全一致，目前的提法是注重效益、兼顾公平。效益不好，更谈不上公平，效益好了，才可能有真正的公平。归根到底是要靠经济的发展，人们的富裕，才能做到效益与公平的逐步一致。衣食足然后知荣辱，这话还是有些道理的。因此把市场与道德看成水火不相容恐怕是不行的。其实，当前最严重的道德问题是寻租现象、权权交易和权钱交易、以权谋私、腐败，对经济的破坏也最严重。这类问题的解决恐怕要靠发展经济，经济的规律的运动最终能形成公平；要靠政治体制改革、民主、法制、监督，来促进与保证这种经济运动的发展前提下公平的实现。

这种文化救国论（道德是文化的一个方面）特别提出了孔子。今天我国尊孔的突出，甚至引起了外国例如日本的惊异。孔子从来就没有能救过中国，今天就能救得了么？

历史是要发展的，社会是要前进的。要前进，就要立足现实，改造现实，向前看，不然就不能前进。为了了解现实，为了前进，也需要不时回顾过去，以便了解路是怎么走过来的，总结经验，接受教训，以便走得更好。顾后是为了瞻前，不能只是顾后，像罗马门神雅努斯那样有前后两张面孔，更不能像封神榜里的申公豹，脸永远朝后。一个社会、一个国家，如果光是怀念过去，想着回归过去，不但不能发达兴旺，反而会衰败没落的。

附记：这是1995年到1996年读书时所写下的一篇笔记，原来还有第三部分，即文化建设，但感到收获不多，未录入。

地理环境和中国文化

人和自然，或者说人类社会和地理环境的关系，是历史研究的一个重要课题。

地理环境，或者说，社会发展的自然环境、自然条件、自然基础，是社会物质生活和社会发展的经常的必要条件之一。地理环境对人类社会的作用，首先表现在生产方面。生产是人类改造自然以为自己所用的活动。在生产力的诸要素中，生产资料即劳动资料和劳动对象，全部是自然物质或经过加工的自然物质，有些自然条件虽然不是直接参与生产过程或直接作为生产过程的必要条件，但通过它对生产资料或劳动者的影响，从外部间接作用于生产力，这种作用有时可以达到相当大的程度，像气候、地理位置、地形等，就是如此。地理环境中还有相当大的一部分因素，是作为生产力发展的潜在因素而存在，并将随生产力的发展而逐步投入到生产过程中去，如尚未开发的荒地、矿藏等。

因此，地理环境影响到生产的类型、发展速度、性质、特色和发展前景。由此影响到人们在生产过程中形成的生产关系的特点，并且经过生产方式间接影响到社会生活、社会关系的其他方面，如政治、文化等。此外，地理环境对这些社会生活的其他方面也常有一些或大或小的影响。例如，就文化方面来说，地理环境中除了经过生产起间接影响外，也还有一些直接的影响，尽管这种直接影响往往与其他因素交织在一起，不大好分开，但还是可以感到的，像建筑、文学、绘画等等就是如此。

地理环境和中国文化有什么关系，中国文化如何受到中国的地理环境的影响，这是一个值得探讨的问题。我们以中国文化的主体——汉族为限，看看地理环境是如何通过生产的类型和特点而间接影响到文化的内蕴的特点的。

古代汉族（及其前身）是一个农业民族，与其他古代农业民族不同的是，汉族的农业是一种大陆集约型农业。这在世界上可说是惟一的。古代汉族文化就是一种在大陆集约型农业基础上形成的文化。

所谓大陆型，首先指的是农业区域面积广阔，而且逐渐连成一片，即包括长城燕山以南，贺兰山，川西山地，云贵高原以东的黄河中下游，长江中下游，珠江及东南沿海诸河流域。这样大的农业区，在古代世界也是独一无二的。此外，也指下边将要说到的这片广袤地区的特有的地理条件。

所谓集约化，即以精耕细作为农业的主要特色。农业的发展更多地是靠投入大量劳动力和技术，而不纯属开垦荒地，扩大耕地面积。这在早期，是由于自然条件使然，而到后来，则还由于人口众多的压力。

汉族古代农业的这种类型和特点的形成，地理环境有相当大的影响。

早在一万年到七八千年前，中国的原始农业就在黄河中下游和长江中下游发展起来。最早进入文明社会的是黄河中下游。当时，黄河流域气候较今温暖湿润，低温和干旱威胁较今为轻。这个地区是黄土高原和黄土冲积平原，土质疏松，大森林榛莽较少，旱作农业技术又较简单，花费劳动较少，开垦较易，使以木、石、骨、蚌为材料制成的工具及原始农业技术较易生产出剩余产品来，从而使奴隶劳动成为可能并得到发展。但是，这带地区在各年度和各季节雨量分布都不均匀，春夏之间盛行干热风，易于出现旱涝特别是旱灾。黄土土质不算肥沃，农业发展要和自然灾害作斗争，不是容易的。

长江流域气候比较稳定，水量较丰，但种植适宜于这种气候的水稻却需要对水量加以控制，平整土地，灌溉排水很重要。土壤性能比黄土地带一般又差些，有大量红壤，而夏秋台风季节短期降水量很大，也易成灾。在早期，气候比今湿热，沼泽林莽多，开发反不如黄河流域容易。因此，进入文明时期反而晚于黄河中下游。

这两个地区，逐步形成了在黄河中下游以防旱保墒为核心，在长江中下游以灌溉为核心的精耕细作的集约化耕作制度，如深耕细耨，施肥选种，平整土地，灌溉排水等。

这种精耕细作的集约化耕作制度，是在春秋战国时随着铁器用于农业生产而形成的，土地也因为适应集约化的需要分成小块，由一家一户分散经营。这就是习惯说的中国的传统农业或个体小生产农业。在此以前，由于生产力的不发达，农业生产是粗放的，经营方式是集体的，是由村社来组织进行的。

然而，精耕细作的耕作方法在春秋战国以前就有了端倪。

据一些学者研究，从甲骨文字看，商代农业已经有了注重农时，土地整治，起垄耕作，播种前深耕，中耕耨草，施肥，治虫等一系列的农业知识和技术。西周文献中继续有这些方面的记载，又加上注意良种。至于水利，商周着重的是开沟排水，灌溉是少量的。这是黄河流域旱作农业的特点。

这时的农业工具大量的仍是木、石、骨、蚌器，青铜农具要有也是少量的。工具的水平决定了农业只能是粗放的。工具虽是农业水平的重要标志，但劳动力和技术也有重要作用。疏松的黄土和气候条件使得精耕细作的出现有了需要并且可能。当时粗放的农业虽然是采取集体的耕作形式，但家庭在农业生产中的作用逐渐重要起来，而纯由家庭经营的园圃则成为精耕细作的技术的一个重要发展来源。正因为这样，当春秋战国时铁器用于农业以后，工具的改进使得精耕细作制度及个体小生产农业很快形成。而村社也就在其内部家庭经营的发展下瓦解了。

在这样的地理环境及由此而形成的农业特点下，自然给予人的并不算丰厚而且不稳定，人与自然的关系是艰难的，不稳定的（尤其是黄河中下游地区），但是经过努力，人又可以减轻乃至消除自然条件所带来的不利因素，使自己的努力得到报偿。

这样形成的中国古代农业社会，具有两方面的特色。

一方面，是经济单位和生活单位的个体化。从商周的集体化的农村公社和大家族向小家族、小家庭转化，到春秋战国以后形成了几口之家为单位的个体小生产、小家庭。这种个体小生产、小家庭独立从事农业生产的全过程。生产的个体的、细小的、分散的特色非常明显。这种个体小生产农业，一个个的小家庭就其本身来说是脆弱的、不稳定的，天灾、战争、租徭、疾病、暴力、生死、债务等等很容易使之破产、消亡。但就全社会而论，它又是稳定的、强固的，因为可以不断地重生再现，从而成为中国社会牢固的、长期不变的基础。

另一方面，这种个体的、分散的、细小的生产单位和生活单位要存在和发展，又需要一些它们无法独自承担的集体的集中的活动，如抗旱、防洪、灌溉，灾荒的救助，生老病死的互助，乃至公共事务，抵御盗匪、外敌等。这些活动需要集体的组织和管理，也需要权威乃至暴力。在春秋战国以前，生产是以农耕公社为单位集体进行的。生产力水平比较低，这种生产与公共事务的组织管理乃至权威和强力一般不需具有更大的范围或规模，在公社之上的国家的权力也是相对松散软弱的，因为公社已经承担了相当大的具体任务和具有相当大的权力。但是到了春秋战国以后，生产的个体性和分散性十分突出，千千万万个体小农就像一盘散沙，而上述的那些作为维持一个社会存在的生产和生活的组织、管理和权威反而需要在更大的范围与规模以及更大的强度上来施行了。这也就是中国封建社会强大的专制主义中央集权制度与家族制度形成的原因。

这也就是说，汉族的农业社会，具有个体的脆弱性和不稳定性与集体的强固性和稳定性的特点。有越来越强的个体性，又有一种越来越强的群体性与协调性，这就使得在人际关系上有一种把个体性与群体性协调起来的要求，以使整个社会在大的方面能够有组织、稳定、和谐与协调。

汉族的这种在大陆集约型农业基础上形成的社会，给中国传统文化带来了如下的特点。

第一，现世性。

个体小农致力生产，守住土地，男耕女织，维持生活，安土重迁，要求的是自然界的风调雨顺和社会秩序安定即所谓国泰民安的生活。一般情况下只要能生活下去，不求改变环境。在他们之上的剥削者，一般所要求的则是稳定的剥削收入和优裕安全闲适的生活。以个体小生产农业为基础的社会不像航海那样具有冒险性质，也不像游牧民族那样迁徙不定，或具有掠夺性。自然灾害不全可料，但可预计提防。农业劳动者的理想是"耕三余一"，"三十亩地一头牛，老婆孩子热炕头"，丰年积谷，歉年防饥；剥削者要求仓廪充实，保证稳定的收入并有所增加。事先防备，自然灾害来时经过努力可以减轻。人们追求的是现世生活的安定、平衡和满足，不过多地寄希望于神秘的命运或偶然的机遇，也不过多地期望于来世或天国。

因此在远古，神话不是很发达的。自然力的代表如雷电、风雨、山川等神原先地位就不是很高，后来越来越低。例如雷神，希腊神话里最高的神宙斯掌雷电，北欧神话里雷神索尔地位、威力都很高。但在中国，司雷的神不过是一头生在雷泽的人首兽身的"雷兽"。黄帝用它的骨击鼓。"声闻五百里，以威天下"（《山海经·大荒东经·海内东经》），纬书里说"黄帝以雷精起"（《河图帝纪通》），"轩辕，主雷雨之神也"（《春秋合成图》），大约是由此铺衍而来，并非原始的说法。以后，雷神的形象，或为击鼓的力士或为兽形。雷公的数目增多，达到 24 或 36 神组成"雷部"，或为行雨的龙王属下的小神，而在后来的传说中人们甚至可以把猴形的雷公击落。其神力和威严已经大大地降低了。又如土地神，原来作为农村公社的象征和保护神，地位是很高的。随着农村公社的瓦解，土地所有权的趋于分散，地位也大大地降低了，以致成为后来的土地公公这样的低级小神，甚至要受到妖鬼的狎侮。最高的神如天、帝等，往往成了一种抽象的概念，不大拟人化，也没有像宙斯、奥丁、耶和华那样多的神迹。与此相反，祖先和传说人物（往往也就是祖先）却受到很大尊敬。这些人物常常被认为是在人和自然的斗争或生产中做出了贡献的。如治水，农业，医疗药物，制作工具器物，制定历法，等等。像黄帝、伏羲、神农、大禹、后稷等就是如此。传说中的另一类人物如尧、舜，则突出了他们在树立人际关系的稳定、和谐及伦常道德方面的贡献。

同样，古代汉族的宗教观念、宗教情绪不甚浓烈。儒家在汉代从董仲舒到白虎观会议，曾经有结合阴阳五行谶纬之学使儒家宗教化的企图，但是失败了。儒家成为最现世化的思想并成为古代中国思想的主流。宣扬出世的佛教在汉代传入中国。经过四百多年的传播演变，到隋唐终于完成了它的中国化的历程。唐代，佛教宣传的死后复生的西天极乐世界，实际上是人间最美好的物质生活的理想图画，而其前提是现世行善积德。佛教虽然鼓励信徒成佛，但这个境界并非人人都能达到，能做到的是通过轮回转世再生成为有福富贵的人。现世化的色彩是浓厚的。关于土生的道教，无论是修身养性还是炼丹求仙，所追求的都是摆脱人生苦难，享受人间一切美好事物的乐趣而且长生不老，永远享受。比佛教更为现世化。在古代汉族，神始终没有超过人，神权始终没有超过政权，宗教信条、规范、戒律没有成为人际关系的最高准则，却要服从或适应三纲五伦之类的世俗伦理道德规范和政治准则，才能存在和发展。

第二，实用性。

随现世性而来的是古代汉族文化的实用性，往往着眼于现世最需要处理和解决的种种实际问题，而不大去设想或构造那些遥远的东西。古代汉族关于宇宙的本体、由来的思考是简单朴素的，对中国以外的世界的了解和记述是实在的。即使是《山海经》，也有相当多的实在依据，而且很快被人们当成了奇谈，没有激起人们去探索、发现的兴趣。对于理想的社会，古代汉族是把文献可稽的三代特别是西周作为模式，很少像西方那样虚构出诸如柏拉图的理想国或文艺复兴时期的太阳城之类的地方以阐发自己的理想社会。尽管这种理想社会有其现实背景，但仍然是虚构的。古代汉族的理想，不过就是现实社会秩序、关系、制度的完善，而非以理想社会来否定、取代现世社会，人们更大的注意力是集中在那些现世的具体问题上。即使是一些中国哲学的基本命题，如道、气、理等，也是很快地由哲学本体论下降到具体的政治、道德、伦理的意义上来，用以解释现世的实际问题。

在科学技术方面，最发展的是那些实用的科学技术，如农艺、水利、医药、工艺、军事技术、历法、建筑技术等。一些不能马上应用或一时看不出实际价值的创造往往被视为"奇技淫巧"，加以鄙视、摒弃。像天文学，古代中国观测记录之精确、丰富，延续时间之长，在古代世界是无与伦比的。然而，天文观测的主要作用是修订历法，也包括星占，而并未在此基础上形成像西方托勒密那样的宇宙体系。古代中国的宇宙论如盖天说、浑天说和宣夜说多少是直观的，推测的，即使有一些观测数据作为依据（宣夜说一点也没有），论证是很不完善的，也是很不严密的，留下许多解释不了的问题和矛盾，远不如托勒密体系那样"完美"。其对天文观测的作用也是有限的。古代汉族对许多事物往往知其然而用之，不甚去探究其所以然，或者以简单的、经验的解释为满足。"大天而思之，不若制天而用之"，似乎是中国人行事思考的习惯。

第三，经验性。

随现世性与实用性而来的，是思维方式的经验性。不像印度、希腊那样重视逻辑思维，也没有中世纪神学那样纯然推理不靠实证的做法。像辩论一个指甲上可以站多少个天使，或者三位一体的圣父、圣灵、圣子是什么关系。虽有名家和墨经这样的逻辑著作，但古代汉族的逻辑学不能算是发达的。佛教虽然成为中国的主要宗教，但因明之学却没有在中国发生多大影响，远不如佛教的传入对音韵之学的发展影响来得大，反而是反逻辑、主顿悟的中国式的禅宗最后大行于世。古代汉族的思维方式更多的是经验的，实证的，是与实践、实际相结合，往往以对现实的有无用处为标准，而不大立一些抽象的标准，也不大运用逻辑的推理去论证一些事物的真伪或是非。在哲学本体论方面，不能说古代汉族的思维是发达的，即使是这个方面的命题、范畴，如阴阳，五行等等，也往往没有脱离实在的事物，而且往往迅速地直接地运用于解释天道人事。数学的发展，侧重在实际计算的方法，因此算术代数发达，像欧几里德几何那样的公理，公设出发用逻辑推演来论证抽象的点、线、面、圆的图形的关系，在中国几乎是见不到的。

第四，重视人事。

由上述几个特点而来的是，古代汉族特别重视人事，人际关系，即人的作用，道德，伦理关系，或者可以说是一种中国式的人文主义（人本主义）。

在探究人和自然（包括物质的和神秘的超自然力量），即"天人"关系上，重视与追求的往往是二者的一致、和谐、协调，而不是二者的对立，即所谓"天人合一"。着重的是人的这个方面，对于自然的或超自然的力量，并不作过深的探求，往往是采取回避的态度，象征性的敬奉，像孔子"不语怪力乱神"，"未知生，焉知死"，"未能事人，焉能事鬼"，"祭神如神在"，还有"天道远""人道迩"等，就是如此。天道有不清楚的地方，但也不是完全没有规律可循。人要知道天命，顺应天命，但也非全受奴役或处于被动的地位。天的规律与意志反映到人事上，人要畏天命，顺天命，法天命，使自己的行事适合规律与一些规范，即所谓"天人交相用"；但也不妨"制天命而用之"，甚至"胜之"。但是胜之、用之也还是要知道天的规律、规范。要使人间的规范、秩序适应"天"的规范、秩序。或是更确切地说，是使人间的规范秩序取得自然的天的规范秩序的地位，以此来肯定现实人际关系的合理性。实际上是把人与"天"的关系纳入人际关系轨道，使"天"为人服务。

在人际关系上，人们追求的是从个人到家庭、宗族、乡里、国家之间的秩序，协调，和谐，而这种秩序，协调，和谐的准则，则是伦理的道德的政治的规范，即所谓正心，诚意，修身，齐家，治国，平天下。从个人修养开始到孝、信、义、忠，而且统一起来，事亲的孝道同样用于事君的"忠"。忠君就是孝亲，而君主则作为大家长，统治"子民"，各级官吏则被称为"父母官"，"爱民如子"是对他们的褒赞。整个社会被看成是一个大家族，这不是没有原因的。如前所述，中国的大陆集约农业需要经济和生产单位的个体化、分散化，但却又需要有一条强固的纽带把人们，把社会维系起来。然而这种群体意识却需要以承认个体的存在为前提。地主和农民的租佃关系往往是用契约的形式固定下来，致使双方有一种类似平等的关系，所谓"贫富相资"即是这种意识的表现。古代中国并不把劳动者当成异类，而是因穷而处在低层，不少地主思想家对劳动者往往有一种同情的思想。个人的地位和作用受到注意，然而却不很强调个性、强调个人意愿和发展，而是把个人作为群体的一分子，在群体中与他人协调，服从群体的利益，必要时要牺牲个体，成全群体。这是因为中国人认为需要有一种强有力的集中的力量来照顾保护一个个分散的个体，而个体也需把自己的权益让出来给集体，由集体行使权力，专制主义中央集权制度是这样形成的。而从个人到家庭、宗族、乡里、国家的一致与协调的意识，也是这样形成的。中国的伦理、政治、道德规范与心理状态往往如此。而"民本"、"生民"、"亲民"思想与专制主义中央集权国家的协调也是由此而来的，这也可以说是中国的人本主义或人文主义的特色。

自然，除远古外中国古代是阶级社会，阶级对立与冲突是客观的历史事实，然而不等于上述的文化特色就不存在了，它往往与阶级的划分与矛盾斗争混在一起。如果说西方封建社会往往以等级划分掩盖了阶级的划分，而劳动者在等级的低层形成一些特殊的人群，那么在中国的封建社会，则是群体的意识掩盖了阶级的区分，使之穿上特殊色彩的外衣。

中国文化自然还有一些其他的特色，这里所说的只是由于地理环境给中国农业社会带来的特色，又在这样的基础上形成的古代汉族文化的内蕴的若干特征。地理环境对中国文化的影响也不止本文所述。它对中国传统文化的外型也有影响。像中国传统文化具有早熟性而又有延续性，具有独立性而又非孤立的，具有多样性而又有向心性等等，都可以从地理环境的特点去探索其形成的部分原因，这里不可能多作说明了。

（以朝鲜文刊载于《中国의历史와文化》，高丽大学出版部，1992 年）

关于区域文化研究

——在 1994 年闽台文化学术讨论会上的发言

参加这样的盛会，学到很多东西，得到不少教益。受到会上发言的启发，借此机会，讲一点关于中华文化和它的区域文化方面的想法。

中国是一个历史悠长的大国，这在世界上几乎是独一无二的。世界历史上曾经出现过很多大国，大体上绵延于西起地中海东部的欧亚非交接地区，东到中东、印度半岛和东亚一带。像古埃及、亚述、波斯、马其顿、罗马、拜占庭、阿拉伯、古印度、奥斯曼等等。这些国家的疆域都很大，但从公元开始，还没有一个能够超过中国的，这些大国的人口都很多，但没有中国的人口多，这些大国的历史有长有短，但都没有中国的历史长；它们中的绝大部分，已经在历史上消失了。至于今天世界上的一些大国，它们的形成多半在近代。历史悠久，疆域广阔，人口茂密而又一直延续下来的大国，几乎就只有中国了。

不仅如此，中国这个历史悠久的大国，至少从秦汉以来的两千多年间就长期处于统一的状态中，尽管这期间也出现过分立的局面，但那是政治上的分立，经济的联系始终不断，而文化上的割裂则从没有过。即使在这样的分立时期，人们的心态可能有正统和异闰之别，但从没有认为是处在中国之外。即使在分立时期，统一的趋势也始终存在着，终于经过一段时间，又重归于统一。不仅如此，周边的少数民族也纷纷先后加入、融汇到中国这个大家庭里来，终于形成了今天陆地国土 960 万平方公里，十二亿多人口，56 个民族的大国。这在世界历史上是仅见的。

中国的这个基本历史特点的形成，是来自种种因素的综合作用。其中很重要的一个因素，就是文化的作用。悠久的历史大国的发展，使中华文化源远流长，根基深厚，风泽广被，乃至超越国境、影响世界，而久远深厚、丰富绚烂的中华文化，则又通过其种种表现形式，形成了中国人民所具有的一种强大的凝聚力、向心力、认同感，成为支撑和发展我们这个历史大国的重要力量。

中国是古人类的发源地之一，在云南元谋、四川巫山、乃至河北原阳，已经发现了 170 万年前到 230 万年前的古人类化石和古人类遗迹。也许就是从中国的西南开始，经过漫长的年代，人类的活动遍及中国各地，形成了许许多多考古学与人类文化学意义上的原始文化。大约在四五千年以前，居住在黄河中下游的人们的发展超过了其他地区，率先出现了铜器、文字、城市、阶级、国家等等。进入了文明时期，这个地区的各区域的各种文化，经过交往、融汇，形成了华夏族后来称之为汉族的高度发达的文化。然后向外主要是向南方扩展，进入长江流域，继而进入长江以南，直抵南海。在扩展过程中，不仅汉族与当地民族融汇，也使汉族文化包容融合了当地各族文化而使汉族文化日益丰富、先进。至于东北、北方、西北、西南方面的许多少数族，他们与中原的汉族关系密切，经济上的交往、互补，政治文化上的向往，形成了一种向心力，吸引了周边各族，使他们陆续加入到中国和中华文化的行列里来，终于形成了今天这样一个由多民族组成的统一大国，也形成了多元一体的中华文化格局。

应当承认，在这样一个历史大国的形成过程中，占今天人口 90%以上的汉族起了带头的、核心的作用；在这样一个多元一体的中华文化格局的形成中，历史上的汉族文化起了带头的、核心的作用。而中华文化的一个重要特点包容性——有容乃大，不仅意味着汉族及其文化在历史的形成与发展过程中融合了许多其他民族及其他文化，而且也包含着它能吸收融汇外来的各种文化因素于自己文化之中，从而丰富发展自己的文化。这正是中华文化之能形成并长久屹立并不断发展的一个重要原因。不能说，我们的国家在历史上是一个封闭自守的国家，也不能说，中华文化在历史上是一种保守排拒的文化。不是说，历史上这种情况没有出现过，也不是说，中华文化中没有这种排拒保守的因素，这可以由当时的社会、政治、经济乃至地理的因素去进行分析，也可以从文化的先进性所带来的某种自满性、或文化积淀深厚所带来的某种惰性与保守性去理解，但从根本上来说，如果不是社会和文化上的那种进取、开放、包容、变革、发展的精神，我们的国家不可能延续到今天，我们的文化也不可能发展到今天。像先秦先民的那样的开拓精神，汉唐那种宏博恢弘的气象，等等，仍在我们的心目中、意识里，成为民族精神、文化精神的表征。近几百年来，我们落后了，现代化的任务犹待完成，传统和现代化的关系引起人们极大的关注。我想，我们的历史文化传统从根本上说绝不是实现现代化的障碍，而应当是实现现代化，建设适应现代化的新文化的基础、材料和动力。继承发扬我国传统中的优秀东西，包括吸收融汇各种外来因素的精神，建设新文化，是会实现现代化的任务的。

中国是一个多民族的大国，内部自然会因民族的、经济的、社会的、政治的某些差异而形成若干区域。中华文化是一种多元一体的文化，其"多元"的一个涵义即来自上述民族的、经济的、社会的、政治的某些差异，而这也使中华文化可以形成若干区域文化，在"一体"的共性下显示了各自的个性、特色。而这种多元一体的格局，又是在长期的历史发展中形成的。因此，对中华文化的研究需要重视区域文化的研究。建设具有中国特色的社会主义，实现现代化，需要充分而深刻地了解中国的国情，这里面也就包括了各个地区的包括文化在内的省情民情。这是我们研究区域文化的现实意义。

以汉族文化而言，这是共同性最明显的一种文化，但我们仍可以看到各个地区呈现有一种共性之下的个性，这既是由于不同地区社会的、经济的、政治的某些差异，也是长期历史进程所形成的。它也是一种一元与多元的复合。

汉族文化最早在先秦形成于黄河中下游。它本来就是当地诸多族属文化的汇合。在其形成时期，我们已经可以看到关陇、河洛（中原）、齐鲁、燕赵、三晋等地文化各有特色。春秋战国秦汉时，汉文化南下，又融汇了长江流域的巴蜀、荆楚、吴越诸区域的原有文化。三国两晋南北朝隋唐及以后，又继续南下，融汇了岭南、福建等地区的原有文化，形成了岭南、

达的局面出现了，人多地少的情况出现了，人口过剩的情况也出现了。明清以来移民的走向在中原是向西北和东北，在南方除向西南外，东南沿海就更向海外拓殖，台湾的福建移民子孙占了人口的绝大多数，形成了闽台文化区。而海外特别是东南亚则是以闽、粤人为主体的移民世界，形成了海外的华人文化。

可以这样说，区域文化从来就是中华文化的一个不可缺少的组成部分，中华文化的形成和发展历史也就是区域文化形成和发展的历史。区域文化是在作为一个整体的中华文化发展之中形成和发展的，区域文化的形成与发展又大大丰富、充实和发展了作为一个整体的中华文化。这正是中华文化多元一体这个特色的一个具体反映。研究中华文化，不可缺少区域文化研究，不可不重视区域文化的研究。

区域文化，是作为整体的中华文化的一个部分，它的基本的、核心的东西，也就是构成中华文化的基本精神、基本特征的东西。它所呈现的特色，则是由于这个地区的种种不同于其他地区的条件、特点等所形成的。是基本精神、基本特征在具体地区的一种具体表现，是文化共性在文化个性中的一种表现。它的基本内容，就是整体性的基本的东西，而它的特色，往往也能够并丰富地反映了中华文化的基本精神、基本特征，反映了中华文化整体精神的诸多凸面。

因此，对区域文化的研究，又应作这样的认识。

第一，要注意整体和局部、共性和个性的关系。我们是作区域文化的研究，自然应当特别注意区域文化的特色。但是，应当在中华文化整体的认识下来注意这种特色的研究。我们的视野，不能仅注视区域，还要看到中华文化的整体，要看到中华文化的整体性的东西怎样在区域文化中得到具体的反映，也应当看到这种区域的特色，如何丰富与发展了整体，是中华文化整体中的一个部分。单纯地就地方论地方，这不符合研究对象的实际，也不易深入下去和扩展开去，可能还会因为脱离了整体而对研究不利。

地区的文化活动或文化现象，有些是在地区形成的，具有地区特色。像《诗经》、《楚辞》的黄河流域和长江流域特色，像中国古代建筑南北风格统一之中又呈现不同，等等。但是，有些地区的文化活动或文化现象，却是全国性的文化活动文化现象落到了这个地方，一如落到了其他地方一样。意识形态性的东西尤其如此。三苏是蜀人，然而活动遍及全国，影响也遍及全国，他们的文学活动及作品，也很难说具备什么四川的地方色彩。宋代理学，开始兴盛在北方，所谓"关学"、"洛学"，其差别在于学说的内容。而这种学说内容，却不是来自关洛的地理环境和人文环境，并不具有地域的特色，所谓"关学"、"洛学"只不过是因学者籍贯不同、活动地区的不同而取一种称呼。朱熹长期在福建讲学、活动，其学说的形成也在福建，他所传的学说因此被称为"闽学"。可能福建建阳一带南宋时的文化环境有利于他的学说的形成与传布，但朱熹的学问不能仅看成是福建的学问，朱熹学说的渊源是全国性的儒学和儒学在宋代的发展——理学，这也是全国性的学问，朱子学的影响广被全国，及于后世，还东传日本，我们也不好说朱熹是福建地区文化的产物或代表，更不好说是福建的朱熹学说传到了日本。研究区域文化，当然要着眼于地方，探究地方文化的特色，但不能把这个地方的一切文化活动与文化现象都归之于地方，归结为地方特色。要注意整体与局部的关系，整体与局部的差别，整体与局部的统一。

区域文化接纳吸收来自其他地区的文化，也放散出去影响其他地区的文化。这种趋向始终在进行，而且随着各地区交往的频繁越来越强烈，今天尤其如此。研究区域文化，要重视这种双向的、多向的交流。这种交流甚至会改变区域文化的基本面貌。这种交流，正是中华文化呈现其整体性的一个重要方面。深层的东西如此，更具普遍性的东西如此，即使是浅层的、极具地方特色的东西也是如此。像京剧，本是地方戏，清末以后却成了全国性的剧种，尽管它还保留了一些地方戏的特色，如唱腔、念白、音乐等。但它已经不是原来的地方戏了，甚至也不能看成是北京的地方戏了。

又如福建的向外移民，带过去的文化具有福建特色，然而带过去的文化不仅是福建的特色文化，而且是整体中华文化。另外，因移民与祖国的联系，外国文化也随之传入。同样，闽粤濒海，外来文化往往从这里登陆，向内地扩散，现在也还是这样，甚至更加突出，像这些问题，都不仅仅是福建的事，而且有全国意义。

有一种意见认为，闽台文化是从中原文化传过来的，因此有一种母文化和子文化的关系。我想，似乎不好这样说，无论中原文化，闽台文化，都是中华文化整体的一部分，是一种具有某些地区特色的中华文化。闽台文化不仅有中原文化的影响，也还有反馈、影响到其他区域文化乃至全国的东西。

第二，要注意区域文化的发展演变。区域文化不是一旦形成就凝固了，而是在不断地发展演变。一定的文化是一定的经济、政治的产物，又反转来作用于经济、政治。文化本身有其独立性，有自身的规律。但是文化的发展演变，既有文化自身的原因，也有政治、经济等因素的作用。因此，在历史上我们常常看到有些地区文化原来的特色淡化了，而又出现新的特色。像中国黄河流域一些区域文化，原来特色鲜明，但在长期的中央集权的统一政权的作用下，在各地区联系交往日益密切的情况下，这些地区文化的特色逐渐淡化而趋同，又因为北方民族的不断南下进入，而又呈现了新的特色。像北方语音缺入声，与古代的中原语音已有很大差别。语汇中也出现新词，像汉子、男子汉这样今天全国流行的语词，就是蒙古人进入中原后创造的。以北京话为基础的普通话今天已成为全国流行的标准语了。反过来，闽粤方言中却保留了若干早期中原语音与词汇，如有入声，食饭、饮茶等，却又成了闽粤地区文化的一个特色。经济、政治等的发展变化，是文化的发展变化的重要的因素，甚至是决定性的因素。吴越、荆楚在早期地方民族特色突出，汉文化仍以中原为正宗，但两晋南北朝唐宋以来，这里经济有很大发展，文化发展最快，古老的中原似乎有点相形见绌。宋元明清以来，这里商品经济发展，城市日渐增多与繁荣，不仅传统的文化更为发达，所谓市民或平民文化更成为这里的特色。到了近代，这里又是西风先被地段，近代工业也从这里兴起，近代中国改良与革命也肇始于此，相形之下，黄河流域似乎显得保守了。直到今天，改革开放似乎也以东南沿海进展最快，当然带来的问题也多些。因此，研究区域文化，一如对待中华文化的整体的研究一样，不应当把它当成是凝固的、一成不变的，要重视它的发展演变，尤其是经济、政治诸因素对文化的发展演变的作用。我们要重视传统，却不能忽视传统本身的发展与变革，我们要重视地区文化的特色，也不能忽视这种特色的淡化、嬗变与更新。

第三，我们要作多方面的研究，又要进行深入的研讨。什么是文化，几乎人言人殊。有人做过调查，据说关于文化的定义有五百余种之多。我想，可否大体上区分为物质形态方面的文化、制度形态方面的文化、意识形态方面的文化、群体心理行为形态方面的文化这样几类。这些，似乎已囊括社会生活的各个方面。如果简单地视这些都是文化，那就成了一切都是文化，文化就是一切，文化成了人们一切社会生活的同义词，那也就无所谓文化了。我想，文化恐怕还应当是精神方面的东西，像文学、艺术、哲学、思想等等，是它的直接表现，而人们的物质生活，如生产、衣食住行等等，经济制度、政治制度等等，则不好说成就是文化，但可以是文化的"载体"，显现出一种文化的内蕴。文化、文化史的研究，恐怕不仅限于描述人们的物质生活、制度等等，而应当发掘其文化的内蕴。即使那些文化的直接表现，也不仅是就事论事，也还要挖掘它们的深层文化意义，研究它们是在何等样的文化背景、基础上形成的，如何体现了中华文化的精神，具有何等的文化意义，对中华文化的基本精神做出了怎样的贡献，等等。

第四，研究文化，研究区域文化，目的是为实现现代化服务。做这项工作，不管意识到没意识到，也不论我们的研究与现代化直接有关还是看不出有什么关系，实际上我们所做的事就是为实现现代化服务。如果对这一点认识明确，相信我们会做得更好一些。传统文化与现代化是一个很大的题目，值得我们认真地考虑、研究。我想，传统文化就是我们的国情的一个重要方面，我国的国情正是我们的现代化的基础和出发点，现代化必须在这个基础上进行。也就是走具有中国特色的社会主义的道路，这是一条必然的道路。丢掉传统，丢掉国情去搞现代化，例如搞什么全盘西化，是走不通的。过去已经碰过不少钉子，发展中国家也有过这方面的深刻教训。但是我们的传统，我们的传统文化又必须发展、改造、创造，才能符合新时期的要求。我们国家的文化深厚悠长，这是一个优点，然而不可避免地也具有保守落后的东西，并非全是精华，有些东西当时是好的，现在就未见得那么好了，看起来不够了。像过去的清官，廉洁清正，执法如山，爱民如子，这是当时难得达到的标准，历史上这样的清官，几如凤毛麟角。今天，我们还是要反腐倡廉，达到这样的标准，也不那么容易。但是今天我们的官，应当是公务员，为人民服务，作人民的公仆。这就比古代的清官标准高多了，而且由人民的统治者转换为人民的公仆，更是根本性质的变化。现时贪官、赃官、昏官数不在少，权权交易、权钱交易的寻租现象相当普遍，骇人听闻的大案要案也可能只是冰山的一角，因此人们还在赞美古代的清官，希望效法古代的清官，希望多一些古代那样的清官。但是，现代民主政治的要求终究不是古代所能企及的。应当从古代的标准进到现代的标准，从古代的要求进到现代的要求。还有些东西，过去是好的，时势变化，已经成了不好的东西、阻碍进步的东西了，亲属关系，乡党族谊，今天只宜淡化，而不应加强。那种家长制、任人唯亲、裙带关系、地方保护主义之类，在在影响大局、全局、国家利益，应当批判、摒弃。还有些东西，在当时就是糟粕，今天更不应美化、提倡，听其泛溢，如封建迷信，邪风陋俗。对于传统，也应加分析，吸取其精华，摒除其糟粕，不应全盘继承，回归到过去。而继承则是为了发展，为了创造现代化的新文化。这应当是我们文化研究工作的最高和最终目标，最终任务。

第五，关于闽台文化的研究，我们还应当特别重视台湾的文化。台湾文化，从历史上看，与福建文化同属一个区域，这点大家看法是一致的。但也应当看到，台湾有 50 年处在日本统治之下，是日本的殖民地，回归祖国后不久又和大陆处于阻隔状态，不仅大陆各地过去了一二百万军民，而且又经历了近 50 年的历程，这期间自然会有变化，也会有发展，我们对这些方面知道的还不算多，资料也不够充分，研究者的交往也不能算是充分。而这些年"台独"的势力有发展，闹得很厉害，台湾当局在统一问题上的态度也和过去有变化。为了祖国的统一大业，我们对台湾的研究，对闽台文化的研究应当有紧迫感，要加强对台湾这些年的变化的了解，深入研究，多与台湾的学者交流。随着改革开放的进展，台湾人员进入大陆的日益增多，尤其像福建这样的地方更是如此。台湾与福建方面的文化交流及其在福建的影响也是一个值得我们注意的方面。

就讲这样一些不成熟的想法，请批评，指教。谢谢。

中国农民战争史上的农民政权问题

"一切革命的根本问题是国家政权问题"①，中国封建社会的大小数百次农民起义，"都是农民的革命战争"②，因此，研究中国历史上的农民战争，政权问题是一个重要的方面。本文拟就这个问题的理论方面提出一些不成熟的意见，供大家讨论。

一

研究农民政权问题，必须先明确三点：第一，什么是政权；第二，如何理解"一切革命的根本问题是国家政权问题"；第三，农民及农民革命的基本特点是什么。

政权是一定阶级进行政治统治的权力，"是一个阶级用以镇压另一个阶级的有组织的暴力"③，是一种"有系统的权力"④。政权问题就是阶级专

---

① 列宁：《论两个政权》，《列宁全集》第 24 卷，人民出版社 1957 年版，第 18 页。着重点是引者加的。

② 毛泽东：《中国革命和中国共产党》，《毛泽东选集》第 2 卷，人民出版社 1952 年版，第 619 页。着重点是引者加的。

③ 马克思、恩格斯：《共产党宣言》，《马克思恩格斯全集》第 4 卷，人民出版社 1958 年版，第 491 页（文中说的是"政治权力"，这和"政权"实际上可以看成是一个概念）。

④ 毛泽东：《湖南农民运动考察报告》，《毛泽东选集》第 1 卷，人民出版社 1952 年版，第 33 页。

政问题，列宁和毛主席都多次指出过这一点。

政权既然是一种"有组织的暴力"或"有系统的权力"，就必须有一定的机关来行使这种权力，因此，"政权"一词也常常指政权机关或国家机器。在政权机关中，军队和政府是不可少的部分，列宁说过："革命军队和革命政府，这是一件事情的两个方面。这是为了起义取得胜利和巩固起义果实的两个同样必要的机构"①，但尤其主要的部分则是军队（常备军或武装的人民）及其他武装力量，正如毛主席所指出的，"军队是国家政权的主要成份"②。此外，政权还有一个虽然次要但不可少的特征，即这种权力是在一定地区行使的。

既然政权最基本的特征是一定阶级的政治统治，那么，判断一个政权的性质，最根本的标准是看它掌握在哪个阶级手里，由哪个阶级来领导；看它的历史任务是保护哪种社会制度和哪些阶级，反对哪种社会制度和哪些阶级。这里绝对不能有例外的情形。再者，既然政权最基本的特征是一定阶级的政治统治，而敌对着的阶级的利益又绝不可能调和，因此，在阶级矛盾是社会主要矛盾的时候，同一政权在同一时期内绝不可能既代表剥削阶级又代表被剥削阶级的利益（民族矛盾上升为社会主要矛盾时可能有例外）。有人认为，农民起义军建立的政权在已经转化为封建政权之后，仍在某种程度上具有"打击地主阶级权威"、和"地主阶级进行残酷斗争"的作用，因此不能用为哪个阶级服务作为判断政权性质的标准。换言之，就是认为可以有一种既打击地主阶级又保护地主阶级的政权，或者说这种新政权有"鲜明的人民性"但又基本上是"封建的、专制的"③。我认为，这种论断实际上是抽去了政权问题的最本质部分——阶级内容，是十分错误的。

政权的阶级本质与基本的历史任务主要反映为这个政权的根本政策（打击谁、保护谁、反映谁的要求与利益等）及其实施，因此根本政策及

---

① 列宁：《革命军队和革命政府》，《列宁全集》第 8 卷，人民出版社 1959 年版，第 533 页。

② 《战争和战略问题》，《毛泽东选集》第 2 卷，人民出版社 1952 年版，第 535 页。

③ 孙祚民：《中国农民战争问题探索》中《关于"农民政权"问题》一节；《关于〈中国农民战争问题探索〉一书答章彬先生》，《光明日报》1958 年 5 月 26 日。

其实施情况是判断政权性质的主要依据。有的同志把政权的形式（政体）或某些次要的、非本质的政策措施当成了判断政权性质的主要依据。他们混淆政体和国体，不理解农民政权完全可能因袭或模仿封建政权的组织形式；只要一见到农民领袖称王称帝，封百官，建年号，错杀一些起义领袖，礼遇任用地主阶级知识分子，就宣称这是封建政权或说农民建立的政权性质转化了，因此得出黄巢在长安、李自成在北京的政权都是封建政权的结论①。这是把非本质的东西当成本质的东西了。

还有些同志有这样一种误解，似乎只有建立了比较完善的政权机关，特别是各级民政机关，才算掌握与建立政权，由于农民很少能在战争中做到这些，他们就怀疑农民能否真正掌握与建立政权。其实，这些并不是掌握与建立政权的必要条件和主要标志，特别是在国内战争中建立起来的农民政权更是如此。列宁指出，在国内战争时期革命政权"绝对不受任何法律或规章拘束而直接凭借暴力"②，"它不是'秩序'的组织，而是战争的组织"③，它的基本任务是进行革命战争，是对敌人进行军事镇压，而行使这种权力的主要工具则是军队或其他武装力量。因此，凭借群众的直接行动来行使政权是农民战争的正常现象，军事、民政合一的组织形式正是国内战争时期政权的正常形式，农民在战争中建立起来的政权机关与制度法令的不完备也是必然的、正常的现象。只要农民在一定地区通过军队及其他组织建立起自己的政治统治，尽管这种统治为期很短，又不巩固，只能是不完整的或萌芽形式的政权，但终究应当承认这是农民政权，而且是国内革命战争条件下"最正常"的政权。

研究农民政权问题，还必须正确理解"一切革命的根本问题是国家政权问题"的全面涵义。据我对经典作家指示的体会，它包括三个互相联系而又有所区别的内容。首先，它指的是革命的阶级必须夺取政权。毛主席

---

① 孙祚民：《中国农民战争问题探索》中《关于"农民政权"问题》一节，《关于〈中国农民战争问题探索〉一书答章彬先生》，《光明日报》1958年5月26日。

② 列宁：《关于专政问题的历史》，《列宁全集》第31卷，人民出版社1958年版，第318页。

③ 列宁：《俄国社会民主工党第三次代表大会》，《列宁全集》第8卷，人民出版社1959年版，第355页。

指示："革命的中心任务和最高形式是武装夺取政权。"① 其次，它指的是革命的阶级不仅要夺取政权，而且要建立本阶级的专政。再次，它还指革命阶级必须保持与巩固政权，否则就无法把革命的胜利保持到底。斯大林指出："'政权问题是任何一个革命的根本问题'（列宁）。这是不是说，事情只限于夺取政权，取得政权呢？不，不是这个意思。取得政权——这仅仅是事情的开始。……全部问题在于保持政权，巩固政权，使它成为不可战胜的。"② 因此，必须从上述三个方面来研究农民革命中的政权问题。有些同志在研究农民战争史上的农民政权问题时，仅仅着眼于农民能不能建立政权一个方面，这是很不够的。

要研究农民政权问题，还必须从单纯农民战争的基本特点出发。

农民革命的基本特点是由农民阶级的基本特点决定的。农民阶级具有两方面的两重性：第一，在阶级地位上，具有劳动者与私有者的两重性；第二，在历史地位上，它一方面是革命阶级，另一方面又不能根本改变封建制度。这两方面的两重性及随之而来的局限性产生农民思想意识上的两重性与局限性。一方面，在个体生产的基础上，作为劳动者与革命者的农民产生了经济上的平均主义思想与政治上的平等思想，企图用平分财产的办法满足农民对土地的要求，用"等贵贱"的办法消灭人身依附关系和封建等级制度，这在封建社会是一种反封建的革命民主主义思想。但是另一方面，由于农民经济不代表新生产力与生产关系及其在封建社会中处于依附地位，由于农民经济的个体的、分散的、小私有制的性质，不仅平均与平等思想及在这种思想指导下制定的农民的革命纲领措施，无法真正、彻底、长久保持与实行（用平均与平等思想来鼓舞农民夺取土地与提高农民社会地位是可能的，但想用它们来消灭封建制度和建立新社会制度却是不能实现的空想），而且，农民在思想上也不易和地主阶级划清界限，易于受地主阶级思想的腐蚀。所以农民的平均平等思想与纲领，到后来往往会逐渐被封建的思想与纲领所取代。农民阶级地位、历史地位和思想意识的

① 《战争和战略问题》，《毛泽东选集》第 2 卷，人民出版社 1952 年版，第 529 页。

② 斯大林：《论列宁主义基础》，《斯大林全集》第 6 卷，人民出版社 1956 年版，第 97 页。

这种两重性与局限性，给农民革命带来了不同于其他阶级革命的特点。革命的历史任务是推翻旧的社会制度，建立新的社会制度。单纯的农民战争是资产阶级或无产阶级出现以前的封建社会阶级斗争的最高形式，它的性质是反封建，历史任务是推翻封建制度，因此农民战争就是革命。但是，由于农民的阶级的与历史的局限性，在封建社会内部没有出现新的生产力和生产关系，没有先进阶级与政党领导的情况下，单纯的农民战争不可能完成推翻封建制度的任务，农民建立新社会的愿望与尝试也终于不免是空想，因此，农民战争终究只能是不完整、不彻底的革命。

农民阶级与农民革命的这些特点，当然会反映到政权问题上。问题是在上述的农民阶级与农民革命的两重性与局限性中，哪一方面是主要方面。农民是封建社会财富的主要创造者，农民与地主的矛盾是封建社会的主要矛盾，农民战争是封建社会历史发展的真正动力。所以，劳动者、被剥削者、革命的平均与平等思想、农民战争的革命性及其对封建制度的打击等等，当然是农民阶级与农民革命的主要方面。这就是说，应当在承认农民阶级与农民战争和其他一切革命阶级与革命战争具有共同性的前提下，来研究农民与农民战争的特殊性，这是我们研究农民战争与农民政权问题的出发点。有的同志夸大农民与农民战争的特殊性，不去强调受着残酷剥削与压迫的劳动者的农民与剥削者的封建地主的不可调和的矛盾，却把由此而产生的农民的强烈的反封建要求仅仅看成是不能实现的"幻想"和"乌托邦"，反而强调私有者的农民与地主的矛盾，认为农民为维护与发展自己的小私有制和小经济以及这种小私有制和小经济与封建制度、封建地主的矛盾是农民革命斗争的实际。① 他们夸大农民的落后方面与农民战争的缺点方面，贬低了农民的革命性与农民战争的革命作用，这是一个原则性的错误。这些同志断言农民不能建立政权，上述的错误论点正是一个重要根源。

---

① 见《光明日报》1960 年 1 月 21 日。

二

从上述的三个基本观点出发，我对中国历史上的农民政权问题的基本看法是：

（甲）农民革命的主要目标是夺取政权，农民能够完成这个任务；

（乙）农民能够建立代表自己利益的农民政权，即建立农民的专政，尽管它是不巩固、不完全的短期专政；

（丙）农民由于阶级与历史的限制，不可能巩固与长久地保持自己的政权，农民政权的消灭或变质是农民革命失败的主要标志。

下面就分别论述问题的这三个方面。

（甲）农民能够夺取政权

首先应当肯定，农民战争和一些规模较大的农民起义的主要目标是夺取政权，而且农民能够完成这个任务。

列宁指出："农民夺取全部土地和全部政权，这是可能的。"[1] 列宁这里指的是资产阶级民主革命运动中的农民，但据我的理解，这一指示对封建社会中的农民战争也是同样适用的。封建政权是地主阶级维护自己统治和镇压起义农民的主要工具，因此，中国历史上的农民战争和一些规模较大的农民起义，即使不是一开始就把斗争的锋芒指向地主政权，特别是中央政权，也往往是随着斗争的扩大与深入发展而提出夺取政权的要求。从中国历史上最早的秦末农民起义的进军关中一直到太平天国的北伐，莫不是这样。由于农民力量的伟大和斗争的坚决，农民完全可以完成夺取政权的历史任务。地方政权自不必说，就是中央政权，也有秦、新、隋、元、明这几个朝代是直接被农民起义推翻的，黄巢和太平天国等起义也曾在广大地区内推翻了地主阶级统治，形成全国范围内两个政权对峙的局面。不仅如此，历史上多数规模较大的农民起义还多半提出了推翻旧政权的纲领

---

[1] 列宁：《论策略书》，《列宁全集》第 24 卷，人民出版社 1957 年版，第 27 页。

口号。这种口号在初期还是比较模糊的,与地主阶级改朝换代的思想界限不清,如陈胜、吴广起义的"王侯将相,宁有种乎!""大楚兴,陈胜王";黄巾起义的"苍天已死,黄天当立"等等。但随着农民斗争的长期发展,农民反对封建政权的目标就逐渐明确,并且也有了比较鲜明的纲领口号。如黄巢起义宣言"宦竖柄朝,垢蠹纪纲,贿遗交构,铨贡失才",他要入关问罪;元末韩山童、刘福通起义指出元朝统治的结果是"贫极江南、富夸塞北",以恢复赵宋政权相号召;明末李自成起义指出"明朝昏主不仁",他要"兴仁义之师,拯民涂炭";最后一直到太平天国起义颁发"涂天诛妖"、"奉天讨胡"、"谕救世人"等文告都是。

(乙) 农民能够建立农民政权

农民推翻了封建政权之后,可以建立起代表自己阶级利益的农民政权,也就是农民的专政。这正是农民革命发展过程中客观的、必然的趋势。

资产阶级革命以取得政权来完成,而取得政权却只是无产阶级革命的开始。农民在革命之前就有自己的小经济,农民革命的任务之一是为了保持与发展自己的经济,这点是与资产阶级革命相似的。但相似处也只有这一点。农民虽有自己的经济,但这种经济从来也没有像资产阶级经济那样在封建社会中占过主导的地位。势力雄厚的地主经济始终在压迫、剥削、吞并着农民经济,矛盾十分尖锐。因此,农民革命在夺取政权之后从客观上讲并没有结束,还有保护自己经济免受地主经济剥削、压迫和吞并的任务。这就和资产阶级革命在夺取政权之后的情况有所不同了。另一方面,资产阶级革命不过是用一个剥削集团去代替另一个剥削集团,资产阶级政权从根本上说并不是对地主专政,而是对工农专政。但是,农民与地主的矛盾是不可调和的对抗性的矛盾,因此,农民革命在夺得政权之后远没有完结,它面临着打击与消灭地主经济、保护农民经济,镇压被推翻的地主阶级的反抗,打退地主阶级的军事进攻等历史任务。那种认为农民革命在推翻封建政权之后就告结束,农民革命过程中建立起来的政权只能是地主政权的说法在理论上是站不住脚的。

　　大量的历史事实也证明了，农民在革命过程中确实建立过农民政权。从中国历史上第一次农民大起义——秦末农民起义开始，一直到伟大的太平天国革命为止，几乎每次规模较大的农民起义都建立过自己的政权。陈胜、吴广起义建立了国号为楚的农民政权。这个政权控制着以陈州为中心的河南一带地区，有一个规模粗具的中央政府，分设了许多官职，有许多支军队执行陈州政府的命令在各方进行战斗，既有军队、政府，又控制着一定地区，根据前述的对政权概念的理解，这无疑是一个政权。这个政权的主要支持者是各地反抗秦的残酷统治的起义农民，政权的领袖是庸耕出身的陈胜和贫农出身的吴广，领导集团中的主要成员是代表农民的葛婴、武臣、召骚、召平、邓宗、宋留、张贺、吕臣、邓说、伍逢等人，他们掌握着革命的领导权。起义队伍中代表六国旧贵族与地主阶级的张耳、陈余、田市、蔡赐等，虽然得到重用，并且逐渐影响这个政权的性质，把它推向为地主阶级利益服务的方向去，但是，在楚政权存在的六个月中，这些贵族地主分子还没有夺得政权的领导，他们的活动还没有能改变政权的根本性质。当时全国出现两大政权对峙的局面，楚政权的主要任务是领导农民革命战争，推翻封建统治的集中代表者秦帝国。因此，楚政权毫无疑问是农民政权。

　　不仅陈胜、吴广起义如此，在中国历史上的农民战争中建立起来的许多政权，如新末农民起义中的更始政权，隋末农民起义中翟让、李密的魏政权，窦建德的夏政权，唐末黄巢起义的大齐政权，宋初王小波、李顺起义的大蜀政权，元末农民起义中韩林儿、刘福通的宋政权，明末农民起义中李自成的大顺政权，张献忠的大西政权等等，都莫不是如此。此外，还有一些起义，如东汉末的汉中张鲁起义，南宋初的钟相、杨么起义等，虽然没有正式建立起国家来，但也都具备了政权的实质与一定的形式。如张鲁奉五斗米道，控制汉中近三十年，实行政教合一制度，自号"师君"，是全地区的政教首领，下设若干祭酒，是每一地区的政教首领。钟相、杨么起义控制了洞庭湖沿岸广大地区，先后奉钟相及其子仪为主，下分数十寨，各寨配合行动，实际上行使着政权的职能并有一定的组织形式。至于中国历史上的农民政权的最后也是最完整的一例，就是太平天国。它有严密的组织、制度，明确的纲领和口号，控制南方广大地区达十几年之久，使中国出现两个性质决然不同的政权长期对峙的局面。《人民日报》纪念太平天国革命一百周年的社论指出："在革命的十五年中，革命的英雄们建立了自己的国家，组织了强大的武装，实行了各种革命政策，发动了广大农民为推翻封建土地制度而斗争。"[①] 这是中国农民革命最光辉的一页，也是中国农民政权最光辉的一页。

由此可见，农民完全可以而且事实上已经建立过代表自己利益、对地主阶级实行专政的农民政权。

但是，前述的农民的阶级地位、历史地位及农民革命的特点，给农民政权带来一些不同于资产阶级政权和无产阶级政权的特殊问题。

第一，农民政权和资产阶级政权有根本的不同，而和无产阶级政权相似，即是群众性的革命专政。它是直接依靠革命行动，直接依靠群众武装力量的政权。尽管农民政权承袭了封建君主制的形式，但是问题的实质不在这里，因为第一，这个政权是广大农民群众从下而上地经过武装斗争建立起来的，是代表多数人的利益的。第二，农民政权的主要支柱是农民军队，它与脱离人民与人民对立的反动军队根本不同；国家的秩序由武装的农民自己来维持。第三，农民政权的皇帝往往是群众推举或是受到起义农民拥护的农民领袖，基本上代表着农民的利益，他们的行动计划与政策也常常由大家讨论决定，带有一定的民主性。因此，封建君主制的政体并不能反映这个政权的基本性质。但是另一方面，农民政权远比无产阶级政权落后，它不是民主集中制的政权。由于农民本身的保守、狭隘与散漫，农民政权就必然有组织散漫、不易统一指挥、统一行动，没有远大理想与长久计划等等缺点；由于农民的私有性及易受地主阶级思想腐蚀，这个政权又有个人专断、专杀，不民主，领袖在一定程度上脱离群众等缺点。只要农民政权较长久地存在下去，农民的散漫与缺乏阶级自觉就会使得后一方面的缺点与日俱增地发展起来，终于成为农民政权失败或变质的一个重要因素。

---

① 《人民日报》1951 年 1 月 11 日。

试）。相反地，农民政权的某些制度法令，如"杀人者死，伤人者偿创"，"不得为盗"之类，对各阶级一视同仁，缺乏鲜明的阶级特点；甚至农民政权有时还对地主阶级实行一些所谓"仁政"，放松了对他们的管制与镇压。另一方面，农民政权是保护农民利益的，可是，这多限于军事行动和一些自发的、零星的行动，它多半不能提出系统的、切实可行的保护农民利益的政策，特别是经济政策和土地政策，以解决农民最迫切的对于土地的要求，甚至有时还受了地主阶级思想和做法的影响，模仿某些地主的办法，如苛敛、拷掠之类，来对待农民。因此，农民政权的专政职能，特别是从经济方面打击地主、保护农民是不充分的。其次，农民政权的阶级成分也是不纯的，政权机构中往往混进了不少地主阶级分子，成为农民政权失败与变质的一个重要因素。再次，农民政权联合与打击的对象有时也不分明，农民政权有时和其他地主力量或政权联合，把他们置于自己领导之下，甚至受他们领导；有时却又自相残杀，削弱本身力量，这一切都说明了农民由于前述的两重性与局限性，分不清敌我，混淆了农民与地主的界限，因而不免造成革命的损失乃至失败。

总之，农民的专政只能是不完整、不彻底、不巩固的专政。我们只要知道就连巴黎公社这样的无产阶级专政，也曾被恩格斯评为把武装人民的权威用得太少[1]；被斯大林称为"不完全不巩固的专政"[2]，那么农民政权只能是不完全、不彻底、不巩固的专政，就完全是可以理解的了。当然，我们也就不能据此来断定农民建立的政权不是农民政权，不是农民的专政了。

有的同志否定农民有建立自己政权的可能性，论据是"根本不存在建立一个'农民政权'的经济基础"，"农民的小私有制不可能构成一个独立的经济结构"，因此，在封建社会中，"农民战争虽然能够推翻统治着的现政权，但却不可能建立一个新的非封建的政权，继之而起的仍然是一个封

---

[1] 参看恩格斯：《论权威》，《马克思恩格斯文选》（两卷集）第 1 卷，人民出版社 1958 年版，第 614 页。

[2] 斯大林：《论列宁主义的几个问题》，《斯大林全集》第 8 卷，人民出版社 1954 年版，第 46 页。

建政权"①。

这种论据如果用来说明不可能出现一个农民占统治地位的历史时期，或者农民政权不可能长久存在，当然是正确的。但是却不足以否定历史上曾出现过短期的农民政权。政权问题是革命总问题的一部分，革命的爆发归根到底是由于经济的原因，夺取政权与建立政权正是革命发展至高潮时的必然趋势，农民政权的任务之一就是为了保护农民的小经济。因此，"根本不存在一个'农民政权'的经济基础"这种说法是不精确的。自然，农民经济不是独立的经济结构，在封建社会中处于依附地位，这说明了农民革命不可能最终胜利，农民政权不可能长久存在，但这不等于说，农民在一个短暂的革命高潮时期在某些地区不可能建立自己的统治即建立农民政权。

有的同志认为，农民由于他们的小私有者地位，他们的起义只能是自发的，他们不理解封建制度，在政治上全然无法理解封建的上层建筑，没有改变国家制度的要求，都是"皇权主义者"，都是要"取而代之"的，因此它们的斗争仅仅局限在维护自己的小私有制和小经济这一点上，他们的斗争只能推翻和改造封建统治，而不能亦不可能建立政权。② 我认为，这种论点也是不正确的。

首先，理解封建制度与否，这是思想意识方面的问题。农民的经济地位决定农民革命的反封建性质，尽管起义的农民群众及其领袖对自己的历史任务认识不清，但是，革命形势的发展必然要推动他们在革命过程中去解决必须解决的问题。既然推翻封建政权之后农民的革命斗争还没有完结，建立农民政权也就成了客观需要与必然趋势，就连组织很涣散、阶级意识较薄弱的赤眉军，也都在革命过程中产生推举一个姓刘的当皇帝的要求，可见建立政权与否不决定于农民对封建制度的理解不理解——即不决定于意识形态方面的因素。

再就意识形态方面而论，思想意识是社会存在的反映，农民的经济地

① 章彬：《对〈中国农民战争问题探索〉一书的几点意见》，《光明日报》1958 年 3 月 17 日。
② 见《光明日报》1960 年 1 月 21 日。

位与阶级斗争的实际必然要反映到农民的意识里来，使农民对封建制度与
自己进行的斗争有一定的理解。农民有推翻封建政权和建立农民政权的要
求就正是这种理解的表现，当然农民对封建制度的理解终归是不彻底的，
农民革命基本上仍是自发的。但是，却不能由此得出结论说农民没有建立
自己的政权的愿望和能力。

同样，也不能说农民全然无法理解封建上层建筑，没有改变国家制度
的要求，斗争仅仅局限在维护自己的小私有制和小经济这一点上。农民向
封建统治的集中表现与主要工具——封建政权的冲击，正说明了农民是从
改变封建国家制度这个角度来进行自己的反封建斗争的，这是不以农民对
封建上层建筑的理解与否为转移的革命发展的必然趋势。不仅如此，在许
多场合下，农民在革命过程中根据平均与平等思想提出了明显的改变封建
国家制度的要求。欧洲中世纪农民运动中有所谓"千年王国"的口号，太
平天国提出"无处不均匀，无人不饱暖"的口号，与清政权对立，都是例
子。在这里，改变封建国家制度的要求正是和维护自己的小私有制和小经
济的斗争紧紧地结合在一起，把它们分割开来是不妥当的。

至于说农民是"皇权主义者"，是要"取而代之"的，这需要作具体
的分析。农民的皇权主义有两个根源。第一，农民的小经济和宗法家长制
是皇权主义产生的基础。第二，比较次要的根源是封建专制主义思想的影
响。在封建社会里，农民既然不能创造出更好的更适合自己需要的政权形
式，在封建思想影响下，专制主义就成了他们建立政权的标本。农民的皇
权主义的内容，一方面是：由于封建皇帝往往以全社会的代表者，以超乎
各阶级利害冲突之上的姿态出现，农民误认皇帝可以保护自己的利益，限
制地主阶级的剥削，幻想在封建皇帝中可以出现"有道明君"，能在他统
治下过比较安定的生活；另一方面是：当这种幻想破灭之后，农民坚决地
依靠自己向封建制度的代表者皇帝进行革命斗争，并且推戴出自己的农民
皇帝来和封建皇帝对抗，他们反对封建坏皇帝，拥护农民的好皇帝，要让
自己的好皇帝取封建坏皇帝的地位而代之。这样，在革命的高潮中皇权主
义不过是形式，反封建才是内容（有时，他们把自己的皇帝假托为某一个
封建皇帝的后人，如韩山童自称宋徽宗八世孙，这并不改变问题的性质）。

等到农民革命高潮过去，封建社会在农民起义打击下有了或多或少的进步，农民也就在新的封建"好皇帝"统治之下安定下来，幻想"真命天子"已经出世，幻想过安定温饱的生活。农民的皇权主义的这两个内容，就是这样错综复杂地在历史发展过程中交迭出现着；并且如前所述，它还和农民的民主主义思想错综复杂地纠结着。由此可见，农民的皇权主义是当时复杂的历史条件与农民的局限性的产物，尽管具有极浓厚的封建色彩与落后性，但绝不能把它和地主阶级的皇权主义混为一谈，更不能把农民的皇权主义当成农民拥护封建制度和不能建立农民政权只能建立封建政权的依据。至于有人用封建统治者谩骂农民的"成者王侯败者贼"的话来证明自己的论点，那实际上已经是对农民阶级和农民革命的诬蔑了。

（丙）农民不能巩固与长久地保持农民政权

"国家政权从一个阶级手里转到另一个阶级手里，都是革命首要的基本的标志。"[1] 农民能够夺取政权并建立自己的政权，是农民革命的伟大作用与农民创造能力的表现，农民不能巩固与长久地保持自己的政权则是农民革命总归陷于失败的基本标志。

农民为什么不能巩固和长久地保持自己的政权呢？毛主席指出，"没有新的生产力和新的生产关系，没有新的阶级力量，没有先进的政党"[2]，是农民革命失败的根本原因，这也就是农民政权不能长久存在的根本原因。具体说来，则有如下各点。

从历史条件方面看，马克思说过："当使资产阶级生产方式必然消灭、从而也使资产阶级的政治统治必然颠覆的物质条件尚未在历史进程中、尚未在历史的'运动'中形成以前，即使无产阶级推翻了资产阶级的政治统治，它的胜利也只能是暂时的，只能是资产阶级革命本身的辅助因素（如1794年时就是这样）……同样，如果资产阶级实行阶级统治的经济条件

---

[1] 列宁：《论策略书》，《列宁全集》第24卷，人民出版社1957年版，第24页。着重点是原有的。

[2] 《中国革命和中国共产党》，《毛泽东选集》第2卷，人民出版社1952年版，第619页。

没有充分成熟，要推翻君主专制也只能是暂时的。"①这个论断对于不代表新生产力与新生产关系的农民来说，当然更加适用。因此，在促使中国封建社会崩溃的物质条件尚未在历史进程中形成以前，农民革命就只能起着打击封建统治，推动中国封建社会发展的作用，而不可能摧毁封建制度，自然，农民推翻封建政权，建立自己的统治也就只能是局部的暂时的现象。

从农民本身来看，如果说在夺取政权、建立政权方面，是农民的劳动者、被剥削者的地位和农民的革命性在起着主要作用的话，那么，在巩固和保持政权方面，则是农民的私有者、小生产者、经济上的依附地位和他们不代表新生产力与新生产关系等因素起着主要作用，农民不能推翻封建制度建立一个新的社会制度，也正是在政权问题的这个最后与最有决定性的方面表现得最明显。

首先，农民并不能在经济上真正解放自己。马克思论述巴黎公社时指出，"生产者们的政治统治决不能与他们的社会奴隶地位的永固状态同时并存"②。列宁也指出巴黎公社政权的一切措施，只有"同变生产资料资本主义私有制为社会公有制的措施联系起来，才会显示出全部意义"③。农民既然不能改变社会制度，在经济上解放自己，则农民政权尽管一时能作为武装斗争的工具，但终究没有长期存在的基础。

其次，农民政权所依赖与保护的对象——农民经济本身是不稳定的，它始终处在不断分化的过程中，这就必然使得农民政权无法稳定与巩固，引起政权领导者之间的矛盾与分化，也促使地主阶级影响在政权内部逐渐加深，这种情况在夺取政权与建立政权之初还不明显，在此之后，就越来越严重了。同时，由于农民本身的落后、保守、狭隘、缺乏组织性与纪律性，农民的领袖们不可能很好地组织与管理国家，使政权真正满足人民的

---

① 马克思：《道德化的批评和批评化的道德》，《马克思恩格斯全集》第4卷，人民出版社1958年版，第331—332页。

② 马克思：《法兰西内战》，《马克思恩格斯文选》（两卷集）第1卷，人民出版社1958年版，第501页。

③ 列宁：《国家与革命》，《列宁全集》第25卷，人民出版社1958年版，第408页。

要求，因而逐渐脱离了自己的基本群众——农民，这也是农民政权不能巩固和长久保持的一个重要方面。

当农民夺取了政权之后，地主阶级认清自己已到了生死关头，往往暂时缓和了他们自身之间的矛盾，联合起来对付起义军，甚至勾引外敌来加紧对起义军的进攻。列宁说过，"在任何深刻的革命中，剥削者照例要进行长期的、顽强的、拼命的反抗，多年内在事实上对被剥削者保有巨大的优势"，特别是具有"大得不可计量的军事技能"①。这种情况，再加上农民起义军本身的弱点与矛盾在夺取了政权之后逐渐发展，就使得阶级力量的对比发生了不利农民军的变化，促使农民政权终归不免失败。

在政权问题上的各种不利条件，在农民夺取与建立政权之后，都逐渐暴露并发展起来。夺取与建立农民政权是农民革命胜利的高峰，但也是农民革命走向失败的起点。一切单纯的农民革命中建立起来的农民政权，或迟或早必然走上下列三条道路之一。

第一，被地主阶级用优势兵力从外部加以消灭，或被某个地主集团吞并，成为该地主集团打天下的工具，如东汉末黄巾军的被镇压与其中的青州军的被曹操收编，就是例子。

第二，由于起义农民与地主阶级界限不清，以致被混入农民起义队伍内部的地主分子篡夺了政权，刘秀在新莽末年农民起义中的活动，就是一例。

第三，由于起义农民本身发生分化，部分起义领袖转化为地主阶级，而使农民政权变质，朱元璋就是一例。

政权性质的变化是农民革命失败的主要标志，那么，什么是农民政权性质变化的主要标志呢？对于那些被地主阶级武装从外部消灭或吞并的农民政权来说，政权性质的变化是非常明显的。但是，那些被地主阶级从内部篡夺或因农民领袖立场转化而变质的农民政权，由于变质往往经历了一个由许多量变到最后质变的较长期的发展过程，问题就比较复杂，对于用什么作为政权性质转化的标志，也就有了不同的意见。例如，有些同志认

---

① 《无产阶级革命和叛徒考茨基》，《列宁全集》第 28 卷，人民出版社 1956 年版，第 235 页。

有关中国历史上农民政权的几个问题

中国封建社会的农民在革命过程中是否建立过农民政权，这种农民政权的具体情况如何，现在正在讨论。根据马克思主义经典作家的指示和中国农民战争的实际，我们认为：农民革命的主要目标是夺取国家政权；在推翻封建政权之后，农民能够建立代表自己利益的短期的农民政权；但是，由于历史的和阶级的限制，农民不可能巩固与长久地保持自己的政权，农民政权的消灭或变质，成为农民革命失败的主要标志。这些意见，作者曾在"中国农民战争史上的农民政权问题"（《新建设》1960 年 10、11 月号合刊）一文中作了说明。本文拟根据作者上述的对农民政权问题的理解，谈几个具体问题，即：中国农民战争在政权问题上的特点、农民战争从前期到后期在政权问题上的发展、不同类型农民政权形成的原因。这些问题，都是中国封建社会和中国农民战争的特点在农民政权问题上的反映。

中国农民战争在政权问题上的特点

中国农民战争在政权问题上的一个突出的特点是：多数农民起义，特别是全国性的农民起义，都是把夺取政权与建立农民政权当成起义的首要任务。

首先，中国历史上几乎所有的全国性农民起义，都是集中力量向封建政权，特别是向封建中央政权进行冲击。从陈胜吴广起义的进军关中一直到太平天国的北伐都是如此。大多数封建王朝，如秦、新、东汉、北魏、隋、唐、元、明等，都是被农民战争直接或间接推翻的。不少地方性的规模较小的起义，也是攻州陷郡，杀戮官吏，把封建政权作为首要的冲击对象。其次，许多起义提出了反对封建政权，特别是反对封建中央政权的口号。从陈胜吴广起义的"大楚兴、陈胜王"起，一直到太平天国的"奉天讨胡"、"奉天诛妖"檄文，可以找到不少例证。不少规模较小的地方性起义也明确地提出反对封建中央政权的斗争目标，他们有的提出要"混一天下"（如方腊起义），更多的是用改元称帝的做法表示其反抗中央政权的意图。再次，许多起义还在斗争中建立了农民政权来与封建政权对抗。全国性的农民战争除去黄巾起义外，都建立过自己的政权机关，在全国范围内或长或短地形成两种性质决然不同的政权互相对峙的局面。新末、明末农民战争还出现过农民政权在短期内成为全国最高政权的局面。许多地方性的规模较小的农民起义也建立过农民政权，东汉末汉中的张鲁政权、北宋初王小波、李顺起义的大蜀政权等就是著名的例子。列宁说过："一切革命的根本问题是国家政权问题"，[①] 中国农民战争紧紧地抓住了这个革命的根本问题，沉重地打击了当时的封建统治，促使封建王朝更替，封建社会发展，充分体现了农民战争对历史发展的推动作用，这是中国农民战争一个鲜明的特点和优点，在世界农民战争史中是相当突出的。这个特点的形成，正如毛主席说的，中华民族是"酷爱自由、富于革命传统的民族"，"中国人民是不能忍受黑暗势力的统治的"，是其根本原因。下述的两方面情况，也值得注意。

一方面，中国在远比西欧为早的时期就建立了专制主义的中央集权的封建国家（西欧的专制主义中央集权封建国家是到中世纪晚期才发展起来的，中国早在秦汉就出现了）。这个国家"用那具有系统和等级分工的国家政权的严密组织系统，来替代经常冲突不已的中世纪列强扰扰攘攘的（五光十色的）无政府状态"[②]，全力保护地主贵族的经济利益和政治特权，

---

① 列宁：《论两个政权》，《列宁全集》第 24 卷，人民出版社 1957 年版，第 18 页。
② 马克思：《公社的性质》，《新建设》1953 年 7 月号。

集中地、明显地体现了地主贵族对农民的残酷统治。同时，它又通过苛重的赋税、徭役、兵役与皇族、官僚、军队的直接勒索，使自己成为农民直接的最大的剥削者。随着封建社会的发展与阶级斗争的发展，这个官僚军事国家机器的权力日益强大，组织日益完备，它的纯粹压迫性质也日益公开显露出来。这就使得农民与地主的矛盾集中地表现为农民与各级政权特别是中央政权的矛盾，使革命的农民日益认识到推翻封建政权的必要性。

另一方面，中国封建社会没有像日本的天皇，俄国的沙皇，西欧的教皇那样的封建统治的固定不变的象征，王朝的更替相当频繁，"天命无常"，"顺天者昌，逆天者亡"的改朝换代思想成为中国民族传统心理。而多数王朝就是在农民战争的浪潮中倾覆的。农民从长期的经验中认识到，包括看起来是至高无上的皇帝在内的封建国家政权是可以动摇和推翻的。这就使得农民敢于起来反抗封建政权，敢于推翻它。

除去上述特点之外，我们还可以看到，中国历史上某些农民政权曾经在包括若干城市在内的广大腹心地区较长期地存在。

总的说来，农民政权不可能长久巩固地存在，但某些偏僻地区的小块农民政权在封建统治包围下支持过一段较长的时间，中外历史上都有过。中世纪挪威的"农民执政"和坚持近三十年的东汉末的汉中张鲁政权都是例子。至于农民政权在封建统治的广大腹心地区比较长期地存在，这是中国突出的情况。中国全国性的农民战争都是在广大的腹心地区进行长期的战斗，其中如秦末、新末、唐末、明末等起义还攻占了封建统治的政治中心——国都。至于农民政权在广大腹心地区比较长期地存在的情况则出现过两次。一次是元末农民战争中刘福通、韩林儿建立的宋政权，这个政权控制了山东、安徽、河北、河南、陕西的大部或一部，其中包括开封、济南等重要城市。从1355年韩林儿在亳州称帝算起到1363年撤至滁州为止，共8年多；到1366年韩林儿被杀，共约12年；如从1351年韩山童、刘福通起义算起，则为16年。另一次是太平天国，这个政权以南京为中心，控制了江苏、浙江、安徽、江西、湖北等省的大部或一部，其中包括南京、苏州、杭州、安庆等重要城市。从1851年永安建国起至1864年天京失陷止，共坚持了13年。这是世界农民战争史上突出的现象。

　　这两个农民政权所以能在腹心地区坚持较长的时间，根本原因是中国阶级斗争十分残酷，农民起义规模巨大，持续时间长，斗争坚决，以及中国是个大国，各地政治经济发展不平衡，各地区各时期地主阶级统治力量有强有弱等等。另外，下述的情况也值得注意。即中国是个多民族的大国，这两次起义都是在少数民族统治时期爆发的，起义既反对阶级压迫也反对民族压迫（太平天国还反对外国侵略者），并以此相号召，因而具有广泛的社会基础，形成以农民为主体，包括社会其他一些阶层的波澜壮阔、声势浩大的运动；另一方面，统治阶级则由于内部矛盾较多而不易更快地集结力量来镇压起义，使得起义较易广泛发展和长期坚持。元末镇压起义的蒙古贵族军队的残暴无能及其与汉族大地主武装力量间的矛盾（后来且出现封建割据混战的局面），大大削弱了元朝对付农民政权的力量。太平天国起义初期满汉地主的矛盾及清政府和外国侵略者间的矛盾（集中表现为第二次鸦片战争），也影响了统治阶级力量的迅速结合与集中。这就是这两次起义中建立的农民政权能在广大腹心地区坚持较久的具体原因。

　　中国农民战争在政权问题上还有一个值得注意的情况是：多数较重要的农民政权都是坚持斗争到底，在战斗中光荣地失败。投降、变质的是少数。

　　在全国性农民起义中建立起来的农民政权里，投降统治者的有新末的赤眉、隋末的李密、杜伏威，变质的有秦末的刘邦、元末的朱元璋等。其他如秦末的陈胜、吴广，隋末的窦建德，唐末的黄巢，元末的刘福通、韩林儿，明末的李自成、张献忠，清末的太平天国等，以及一些较重要的地方性起义，如北魏的葛荣，唐中叶的袁晁，唐末的裘甫、庞勋，北宋初的王小波、李顺，北宋末的方腊，南宋初的钟相、杨么等等，都是一直坚持斗争到最后的。自然，由于农民历史的与阶级的局限性，这些政权及其领袖在斗争中动摇、妥协的情况还是经常出现的，而且这些政权如果不是在地主镇压之下失败，也迟早要投降或变质的。但是历史条件终究较少地使这种可能变成现实，多数农民起义及其政权走上了在斗争中光荣失败的道路。

　　这种情况的形成，主要是由于地主阶级的剥削与压迫十分残酷，以及中国农民的光荣革命斗争传统；同时，中国封建社会从秦汉以来就是地主阶级占着统治地位，封建等级制度不像欧洲那样严格和明显，不曾掩盖阶级的区别与剥削，地主与农民的矛盾暴露得十分清楚，整个民族划分为两个营垒的现象愈益鲜明，这使得阶级斗争采取了十分激烈和公开的形式，而敌对阶级之间妥协的可能也就较少。

中国农民战争从前期到后期在政权问题上的发展

中国农民战争大体以唐末农民战争为界分为前后两期。从前期到后期，农民战争在政权问题上呈现了从低级到高级的发展。

从斗争口号看，农民战争在前期提出的一些反对封建政权的口号多半是比较模糊的，没有揭露封建政权的本质，与地主阶级的改朝换代思想界限不清，有时还带有较多的神秘主义色彩。如陈胜、吴广起义的"王侯将相、宁有种乎！""大楚兴，陈胜王"，黄巾起义的"苍天已死，黄天当立"等等。后期反封建政权的口号就比较鲜明，也接触到了封建政权的某些本质方面，并且明确地提出要推翻这个政权，建立自己的政权。如黄巢北伐时发布檄文宣称"宦竖柄朝，垢蠹纪纲，赂遗交构，铨贡失才"，他要"入关问罪"；方腊起义时揭露北宋政府"赋役繁重、官吏侵渔，……声色、狗马、土木、祷祠、甲兵、花石靡费之外，岁赂西北二虏（辽及西夏）银绢以百万计，皆吾东南赤子膏血"，他要一鼓而下江南列郡，划江而守，十年之内混一中国（《青溪寇轨》）；元末刘福通、韩山童起义时指出元朝统治的结果是"贫极江南，富夸塞北"，他们代表被压迫的汉族人民起义，以恢复赵宋政权相号召；李自成在起义中指出明朝"昏主不仁"，他要"兴仁义之师，拯民涂炭"；最后一直至太平天国起义发布"奉天诛妖"、"奉天讨胡"等檄文，都可以看出，农民战争反对封建政权的口号后期比前期有很大的进步。

从打击对象看，前期的许多农民战争多半是以封建政权的各级官吏如帅、将军、总管，乃至郎、三老等作为领袖的称号，至多也不过称王称公，称皇帝、天子的只是少数，说明许多农民战争尽管在客观上是向封建中央政权冲击，但在主观认识上多少还表现出承认封建中央政权和封建皇帝的最高统治地位，不把它当作打击对象，甚至有时还表示对封建中央政权的尊重与支持（这在隋末农民战争中表现得最为明显）。在斗争中建立起来的农民政权，除去新末的更始及赤眉政权外，也多半不以全国性政权相号召，而自居为地方性政权（这也以隋末农民起义表现得比较明显）。到了后期，上述的情况虽仍存在，但有更多的起义一开始就建元称号，明确地表示了自己和封建中央政权的对立及"取而代之"的决心。并且也出现了更多的以中央政府相号召的农民政权，如唐末、元末、明末、太平天国等都是如此。

从政权的组织与纲领政策上看，前期的农民政权组织多不完备，权力集中的程度不高，也缺乏一套较完整的制度、法令、纲领和设施。后期就不同了，黄巢的政权规模粗具；李自成的大顺政权在襄阳初建时，中央政府文官设上相国、左辅、右弼，并有六政府（六部）侍郎、郎中从事，武官有权将军、制将军等，地方官设提督、防御使、府尹、州牧、县令等，正式建立了一套中央和地方军政制度，并且有均田、免赋等经济纲领。攻占西安后制度更为完备，增设大学士及六政府尚书，复五等爵，大封功臣，铸造货币，开科取士，废八股改试策论，呈现一片开国气象。到了太平天国，政权组织制度更为严密，纲领法令制度也更加完备，达到中外历史上农民政权的高峰。这都是前期所不可能出现的现象。

随着历史的发展，全国性农民战争中建立起来的政权，还出现了从分散到集中的趋势。在前期的各次全国性农民战争中，往往是若干农民政权与封建政权对峙，形成所谓"群雄割据"的局面，各农民政权之间缺少联系，不能统一行动，集中打击目标，甚至互相吞并，削弱自身力量，秦末、新末、隋末都是如此，黄巾起义开头好点，后来也陷入各自为战的境地。到了后期，全国性的农民战争虽然也还有分散等弱点，但显然有一个或两个农民政权作为起义的中心，团结、号召起义农民和封建中央政权对抗，营垒十分鲜明。唐末、明末，特别是太平天国都是如此。元末农民起义不大一样，但刘福通与韩林儿的宋政权却也在斗争中起过中坚的作用。

从政权坚持的时间与前途看，前期全国性农民战争持续的时间多在10年以内（只有隋末农民战争持续了13年），比较正式地建立起来的农民政权坚持的时间都不算长，如陈胜、吴广的楚政权是六个月，新末更始政权两年多，赤眉政权一年，隋末李密的魏政权一年多，窦建德的夏政权四年多，杜伏威政权两年多（地方性的政权中有些较长，如张鲁政权支持了近30年，五胡十六国时期由于民族矛盾尖锐，北方某些农民建立的坞堡也坚持了较长的时间），而且其中有些是投降或变质了。后期全国性农民战争持续的时间都超过了10年，战争中建立起来的农民政权，唐末黄巢的齐政权坚持了三年，明末李自成的大顺政权一年多，张献忠的大西政权三年多，与前期比，区别不大，但是元末刘福通、韩林儿的政权坚持了至少12年，太平天国政权坚持了13年，这却是前期没有的现象。而且除去朱元璋一例外，这些著名的政权都以壮烈失败告终，这和前期是不同的。

中国农民战争从前期到后期在政权问题上呈现从低级向高级发展的情况，和封建社会与农民战争本身的发展是分不开的，这里不能多作论述，只提出一个情况，即：中国封建社会经历了较长的发展时期，在这段时期中，阶级斗争反复发展，出现了多次全国范围的革命高潮。斗争的趋势是规模越来越大，持续的时间越来越长，越来越激烈与深入，敌对营垒的对立越来越鲜明。地主和农民在长期残酷的斗争中分别积累了不少反革命的与革命的经验。在农民起义不断的与越来越沉重的打击下，地主阶级根据其长期积累的反革命统治与斗争的经验，不断加强其专制主义中央集权的封建国家机器，使它在镇压农民起义的斗争中发挥更大和更明显的作用。这就使得农民对封建政权的本质与作用的认识愈益加深，并且使自己的斗争目标愈来愈集中到这个封建统治的集中表现和主要工具上；同时，也使得积累了丰富的斗争经验的、组织性、自觉性越来越强的农民，感到有加强自己的政权组织来对抗这个日益加强的封建政权的必要。但是，农民不能创立真正符合农民利益的新的政权形式，只能以模仿封建政权组织形式的农民政权的加强与集中，来对抗封建政权的加强与集中，这个在当时条件下惟一行之有效的办法，说明了农民的局限性，但是更主要的是说明了中国农民在强大敌人面前的英勇斗争精神与创造能力。

不同类型农民政权形成的原因

中国历史上农民政权的基本类型有两种。一种采取原始的、公社的形式。在地主政权包围下的小块农民政权常常属于这种类型。这类形式往往和宗教组织结合起来，张鲁的政权就是最著名的例子。这个政权在组织形式方面，张鲁是五斗米道的教主，又是当地最高的政治领袖，自号师君，下设祭酒分掌各区政教事宜，一般道徒称为鬼卒；师君和祭酒都是道教内部的称号，说明张鲁的政权是政教合一的政权。在法律方面，规定犯法的人可经过三次宽宥，然后受罚，对一般过错采取忏悔与赎罪的形式，小错罚修路百步，有病则自赎其过。在经济政策方面，在大路上设义仓、置义米义肉，让路人取食备用。在宗教外衣掩盖下，公社的特点是很明显的。有时这种类型的政权不一定与宗教有关而采取山堂水寨聚义结盟的形式，如五胡十六国时期北方某些由农民控制的坞屯壁垒和南宋以后的梁山泊式的替天行道，劫富济贫，大秤分金，大块分肉的绿林山寨。第二种类型是模仿封建国家组织的形式（特别是封建官僚机构），全国性农民战争中建立起来的政权常属这种类型，如黄巢、李自成、朱元璋等人的政权都是。这类政权结构比较完备，力量较强，也能控制较广大的地区。尽管它的根本性质不是封建的，但带有较浓厚的封建色彩。这类政权在组织农民对敌人斗争中发挥了巨大的作用，而且本身也表现出一定的农民的平均主义与民主主义性质。但无可讳言，它归根到底不能适合农民专政的需要。它的形式和实质、任务的不一致，不能不促使农民起义本身弱点的发展与农民起义领袖的向地主阶级立场转化，因此建立这种政权的开始，往往也就成了农民政权的性质及其领袖阶级立场转化的开始。

为什么在农民建立的政权中会出现这样的两种类型呢？最根本的原因是：一方面，革命的需要使农民必须建立自己的政权；另一方面，农民的阶级的与历史的局限性又使农民无法创造出真正适合自己需要的政权形式来，而只能承袭或模仿现成的，多少为自己熟悉的公社的或封建政权的形式。

　　至于在各次农民起义中或在某一次起义的不同发展阶段中，有时出现这种类型的政权形式，有时出现另一种类型的政权形式，则有下述的一些原因。

　　首先也是最主要的，是斗争形势与任务的不同。公社形式的政权是农民比较熟悉的，而且更容易反映农民经济上的平均主义与政治上的平等思想，同时它又是一种朴素的、落后的、原始的形式，反映了自然经济在农村的统治与农村的落后、闭塞、停滞状态，有很大的局限性，不足以应付太大的局面与太多的问题。因此那些在偏僻的、地主统治力量比较弱的地区爆发的规模较小、组织较差、活动地区主要是农村的起义，往往建立公社形式的政权。至于那些在地主阶级统治力量较强的腹心地区爆发的、组织较好、活动地区包括了城市的大规模的或全国性的农民起义，就往往抛弃了公社的政权形式，而建立封建国家形式的政权，以便更好地组织与集中力量来和强大的、组织得较好的地主军队进行武装斗争，并且处理许多复杂的问题。

　　正因为如此，在起义从地方性的发展成为全国性的，从偏僻地区发展到腹心地区，从在农村活动发展到占领城市，从小规模的发展到几十万人乃至上百万人，从与封建地方政权极少数军队周旋发展到与封建中央政权进行决战的过程中，农民政权也就从公社或其他简单的形式发展到比较复杂与集中的封建国家政权的形式。例如，明末农民起义初起时是绿林好汉式的三十六营或十三家七十二营的组织形式，各部之间不相统率，也没有一定的作战计划，因此在明军围攻下不断遭受损失。1635 年荥阳大会之后，起义军制定了共同的战略方针，改变了各自为战的局面，但仍没有统一的组织与共同的最高领袖。后来随着斗争的进一步发展，起义军渐渐形成李自成和张献忠两个中心，李自成在进入河南、湖北等腹心地区后，便从绿林好汉气味浓厚的"闯王"改称为"奉天倡义大元帅"，号罗汝才为"代天抚民威德大将军"，开始有据土立国与明中央政权抗衡之意。1643 年李自成占领襄阳，称"新顺王"，正式建立了仿照封建国家形式的农民政权。1644 年攻占西安后建国，号大顺，建元永昌，制度更形完备，同年入北京，称帝，是这个农民政权发展的顶峰。张献忠大西政权建立的过程也与此仿佛。此外，如刘邦、黄巢、朱元璋等政权的发展也多半经历了相类的过程。而攻占城市则往往是农民政权从公社及其他简单形式转变为封建国家形式的关键，如刘邦之占咸阳、黄巢之入长安、朱元璋之占南京、李自成之占襄阳、张献忠之占武昌等，都是如此(太平天国政权情况比较特殊，公社形式与封建政权形式紧密地结合在一起，需要专门研究)。

也正因为如此，随着农民战争从前期向后期发展，农民政权也出现一些新情况，一方面，后期更多的农民政权一开始就采取了封建政权的形式，许多小规模的地方性农民起义领袖也常称王称帝、建号署官；另一方面，封建国家形式的农民政权的组织制度也日臻完备，这些在前面已经谈过，就不再赘述了。

其次，不同的农民政权类型的出现还与起义群众及其领袖的成分出身有关。如果农民中较富裕的阶层、游民无产者或城市居民掌握了革命的领导权，政权就较易模仿封建政权的形式及向封建政权转化，黄巢起义就是一例；反之，则较易较长期地保留公社的形式，如张鲁和杨么的起义。此外，如果参加起义军的地主分子参与领导或篡夺了领导权，他们当然要在斗争过程中设法改变农民起义和农民政权的性质，这种情况下的农民政权也就常常采取或更快地转变为封建政权形式。朱元璋在地主分子刘基、李善长、宋濂等人帮助之下建立大明政权并向地主政权转化，李自成在地主分子李岩、牛金星等人帮助之下建立大顺政权，都是例子。

再次，是否采用宗教作为斗争手段也和不同类型的农民政权的出现有关。宗教与公社形式，都是农民在宣传与实现自己的平均主义与平等思想时常用的，二者往往在起义中结合在一起。同时，在中国封建社会中，宗教与封建政权的结合不像欧洲中世纪那样紧密，而被农民用作斗争手段的宗教，又往往被封建统治者视为异端。因此，宗教往往支持起义较长久与较牢固地保持公社形式的政权，使之不易向封建国家形式的政权发展，像张鲁、杨么起义的情况都是如此。另一方面，封建形式的农民政权也就较少带有宗教色彩，或在斗争发展过程中宗教的气味逐渐淡薄，如元末起义中朱元璋的政权，原来宗教色彩就不很浓厚，后来在向封建政权转化过程中，又正式宣布与白莲教及红巾军决裂，称之为妖人，可见农民军用作斗争手段的宗教，与封建国家政权形式一般是不易结合的。而在斗争发展过程中，随着斗争形势和任务的变化，农民逐渐采用封建国家形式的政权，这种组织形式逐渐放弃了以宗教作为组织形式。（太平天国的情况也是比较特殊，需要专门研究）

（刊载于《文汇报》1960 年 12 月 27 日）

关于中国封建社会农民战争中的
皇权主义问题

　　中国封建社会的农民有没有皇权主义思想，中国历史上的农民战争是否带有皇权主义性质，是当前中国农民战争史讨论中的一个问题。

　　有一种主张农民是皇权主义者的意见认为，农民经济的分散性与落后性，使他们不理解封建制度及其上层建筑，也完全不理解皇帝是个什么角色，并且需要有至高无上的专制皇帝来代表他们，维护他们；农民的私有观念又使得他们具有强烈的爬进剥削阶级圈子中去的要求。这就是农民产生皇权主义思想及起义领袖滋生当封建皇帝的欲望并且做起皇帝来的原因。

　　这种意见只强调农民分散、落后和私有的一面，没有看到农民还有劳动者、被剥削者、革命者的更重要的一面；把农民的皇权主义思想和地主的皇权主义看成没有本质区别，好像农民的利益必须也只能由封建皇帝来代表；把农民斗争的目标看成是为了爬进剥削阶级圈子，当封建皇帝；把农民的革命战争看成跟地主阶级间争权夺利的混战没有什么不同。这种意见混淆了地主和农民的阶级界限，当然是错误的。

　　与此相反的一种意见认为，皇权主义并不是各国农民战争所共有的，中国农民战争并没有表现出皇权主义性质。中国农民不只反对过地主、贵族和官吏，而且还不断地反对过封建皇帝及封建中央政权，其政治要求与封建皇权不相容，因此不能因为他们在名义上称王称帝，就把他们当成皇权主义者。但是，持这种意见的同志，并没有具体分析何以皇权主义不是各国农民战争所共有的，也没有指出中国农民战争缺乏皇权主义性质的原因何在。而且，这种意见还很难解释中国农民战争史上的一些常见的情况。即：在起义还没有发动起来的时候，受着残酷剥削与压迫的农民常常对封建皇帝存在着幻想，把他看成最高的主宰，希望他能减轻或解脱农民的苦难。"天高皇帝远"，就是他们绝望的哀叹。正因为如此，有些起义或某些起义的初期，起义领袖并不称王称帝，斗争的目标只限于反对地主、官僚、贵族，即所谓的"清君侧"。像明代刘六刘七起义军领袖之一的赵鐩答皇帝招降书云"乞陛下睿谋独断，枭群奸（阉党佞幸焦芳等人）之首以谢天下，即枭臣之首，以谢群奸"① 就是一例。他们仍然承认封建皇帝的最高统治地位，有时还像窦建德那样，对封建皇帝与封建中央政权加以尊礼。另外许多起义或许多起义的发展阶段，起义的目标直接指向了封建皇帝和封建中央政权，但是，起义的农民同时也推举自己的领袖为王为帝，模仿封建王朝设官分职。有的起义还打出过去的封建王朝或前代皇帝的招牌。不仅像元、清农民军借用宋、明招牌那样，用它作为民族斗争形式的标志，而且一些不带民族斗争性质的起义，也曾以此相号召，如秦末陈胜吴广起义国号为楚；新末农民起义军打出西汉的招牌，举刘玄（西汉宗室）、刘盆子（仅仅因为姓刘）为帝；李自成攻下太原，传檄州郡，自称其祖系建文帝的孽子，避难易姓，现在来恢复原就属于他的土地百姓② 都是例子。最后，农民的英勇斗争被地主贵族在革命中与革命后利用了去，当作他们改朝换代的工具，新的封建王朝在农民起义浪潮中建立起来，社会多少有了点进步，紧张的阶级斗争暂时缓和下来，起义群众往往也就暂时承认与接受了这个变化，幻想他们的斗争任务已经完结，"真命天子"已经出世，"太平盛世"将会到来。像上述的这些现象，如果认为中国农民没有皇权主义思想，中国农民战争不带有皇权主义性质，是不容易解释清楚的。

我们认为，应当承认农民有皇权主义思想，中国农民战争带有皇权主义性质。但是，它和地主阶级的皇权主义有本质的区别，并且不是农民思

① 《明史》卷 175《仇钺传》。

② 张怡：《谀闻续笔》卷 1。

想和农民战争性质的主要方面。

农民的皇权主义并不是某些国家的特殊情况，而是普遍现象，因为它是从农民的阶级地位与历史地位产生的。首先，农民分散的、自给自足的小生产者的经济地位使他们很难自觉地意识到自己是一个阶级，而必须有一个权威来代表他们。正是由于这个原因，封建社会的农民受着宗法家长制的束缚，家长和族长就是一家一乡的权威，而在更大的地区乃至全国范围内，也就产生了由一个更高的权威来代表他们的需要。其次，在封建社会中，农民的小经济处于依附地位，政治上受地主阶级的统治，农民的阶级及历史的局限性使他们不能创造出完全符合自己需要的政权形式来。农民尽管反对封建主义，但却不能在认识上完全与地主划清界限。因此，农民就不能不受封建专制主义的影响。在这种影响下，那在全国范围内代表农民的权威，就不能不以封建皇权作为蓝本了。这就是农民的皇权主义思想和农民战争的皇权主义性质产生的根源。

必须指出，农民的皇权主义思想和地主阶级的皇权主义思想是有本质区别的。地主企图运用皇权来维护与加强他自己的统治与剥削，农民拥护皇权却是为了保障自己的生活，减轻乃至免除所受的压迫和剥削，摆脱封建束缚。农民心目中的皇帝实质上不是封建的皇帝，而是农民的皇帝。对农民来说，皇权主义不过是形式，这后面隐藏着农民反对封建制度和对美好生活的愿望与要求。可是，阶级与历史的局限性使农民看不到农民的皇帝与封建的皇帝的本质区别，而且在他们的意识中也没有形成过这样的概念。在现实生活与斗争中，他们只能看到"好皇帝"与"坏皇帝"的区别，只有"好皇帝"与"坏皇帝"的概念。他们拥护能减轻剥削与压迫，给他们带来比较安定的生活的"好皇帝"，反对与打倒那些加重剥削与压迫，不能给他们带来安定生活的"坏皇帝"。他们以为"好皇帝"就是农民的皇帝，殊不知其中的绝大多数都是封建皇帝（只有起义中推举的农民皇帝例外），与"坏皇帝"没有本质的区别。拥护农民皇帝，反对封建皇帝的革命要求，在现实生活与斗争中却以拥护"好皇帝"，反对"坏皇帝"的歪曲形式表现出来，这就使得农民的皇权主义随着社会矛盾与阶级斗争的发展变化呈现出复杂的内容。

当农民革命的风暴还没有起来时，敌对阶级营垒的划分还不鲜明，封建皇帝往往以全社会的代表者，以超乎各阶级利害冲突之上的姿态出现，因此农民往往幻想在封建皇帝中会出现"有道明君"，了解他们的痛苦，倾听他们的呼吁，代表他们的利益，限制地主、贵族、官僚的剥削与压迫，带给他们安定的生活。在有些起义及某些起义的初期，农民把斗争目标仅仅局限为反对地主、官僚、贵族而不及封建皇帝，甚至有时对封建皇帝加以尊礼，也还是受了这种认识的影响。

随着阶级矛盾的日趋激化，阶级斗争的走向高潮，农民从斗争中，从血的教训中认识到原来的封建皇帝是封建统治的集中代表，是农民的头号敌人。农民对旧王朝及其皇帝的幻想彻底破灭了。农民依靠自己的力量向封建王朝及其皇帝展开了英勇坚决的斗争，并且在斗争中推戴出自己的农民皇帝来和封建皇帝相对抗。他们反对封建的"坏皇帝"，拥护农民的"好皇帝"，企图用自己的农民皇帝夺取封建皇帝的地位而代之。裘甫起义铸印曰"天平"，王仙芝称"天补平均大将军"，黄巢称"冲天大将军"，邓茂七称"铲平王"，李自成称"闯王"等等，都比较明显地反映了农民在皇权主义形式掩盖下的强烈反封建要求。有的时候农民打着前朝或本朝曾受到人民同情的蒙难皇帝的招牌，这说明了即使在革命的高潮中，农民也还是不能同封建主义完全划清界限。但是招牌终究是招牌，归根到底，这些皇帝是农民在战争中拥戴起来的，农民把他们看成自己利益的代表者，而他们也必须代表农民向封建王朝进行斗争，否则就会被农民抛弃。因此，这种皇权主义的反封建的革命的性质还是很显明的。

但是，随着革命的发展，新的问题出来了。在斗争中建立的农民政权有的被地主分子篡夺，有的随起义领袖立场的转化而逐渐变质为封建政权。这一过程有时引起起义群众的不满和反抗，但从历史发展的总趋势来看，却是被起义群众承认与接受了。这种变化是单纯农民战争总是陷于失败这一客观规律的反映。农民不能认识这个规律，他们跟随着自己的农民皇帝东征西讨，在自己的农民政权领导之下进行革命战争，却没有发觉这个政权及其皇帝已经逐渐变质。他们主观上还认为是在为自己的利益斗争，却没有发现客观上他们已是在为新的封建皇帝打天下了。这样，等到起义高潮过去，新的封建王朝建立起来，农民不认识自己进行的革命已经失败，却认为革命任务已经完成，并把这个新的封建王朝及其皇帝看成了自己的代表，幻想"真命天子"已经出世，"太平盛世"即将到来，他们可以过剥削和压迫比较轻微的安定生活了。

从幻想封建"好皇帝"解除苦难，到拥护农民的"好皇帝"打倒封建的"坏皇帝"，再到幻想新的封建"好皇帝"解除苦难，然后又是这个幻想的破灭，这就是农民的皇权主义随社会矛盾与阶级斗争的发展变化而呈现出来的复杂内容。

还必须指出，农民的皇权主义思想和农民战争的皇权主义性质只是农民和农民战争落后与局限一面的反映，而且不是农民思想与农民战争性质的主要方面（农民思想和农民战争的主要方面应当是农民的劳动者、被剥削者的阶级地位，及由此而产生的农民的反封建要求与平均、平等思想，农民战争的革命性质及其对封建制度的打击等等）。同时，在农民革命的实际中，皇权主义思想和平均、平等思想，即民主主义思想，又奇特地纠结在一起。农民的皇帝和各级将领往往是起义群众推举的，行动计划与政策常用民主方式讨论决定，农民政权的组织及其纲领也常带有民主主义色彩，这以太平天国革命表现得最明显。皇权主义与民主主义这两个看来不相容的东西在农民革命中纠结在一起，正是农民及农民革命的两重性与局限性的具体表现。也正因为如此，农民尽管从地主阶级那里接受了皇权主义影响，但却对它进行了改造，使得它呈现了封建皇权主义所不曾有过的新的、复杂的、革命的内容。因此，片面夸大农民的皇权主义思想和农民战争的皇权主义性质，或把它看成跟地主阶级的皇权主义一样，都是非常错误的。我们说农民的皇权主义思想和农民起义的皇权主义性质是带普遍性的现象，当然不是说任何一次农民战争都带皇权主义色彩，某些较小规模的起义如杨么起义，尊崇的是另一种权威（乡党族长、宗教首领等），就很少乃至不带皇权主义色彩。也不是说各国农民和农民起义在皇权主义问题上就完全没有自己的特点，例如谈到中国农民的皇权主义及农民起义的皇权主义性质时，以下两点就是值得注意的。

第一，中国专制主义的中央集权的封建国家早在秦汉就已经出现了。

它集中地、明显地体现了地主贵族对农民的残酷统治，同时它又通过苛重的赋税、徭役、兵役与皇族、官僚、军队的直接勒索与压迫，使自己成为农民直接的、最大的剥削者，而且随着封建社会的发展与阶级斗争的发展，这个官僚军事国家机器的权力日益强大，组织日益完备，它的纯粹压迫性质也日益公开地显露出来。这就使得农民与地主的矛盾集中地表现为农民与各级封建政权特别是中央政府的矛盾，也较快与较明显地暴露了这个政权的最高代表——封建皇帝的真面目，使得农民对封建皇帝的幻想较快与较易消失，而坚决地站到他的对立方面去。

第二，由于阶级斗争的剧烈及其他原因，在中国封建社会中，尽管皇帝还是最高权威的化身，但却没有形成为固定不变的封建统治的象征，王朝的更替相当频繁。而且多数王朝就是在农民战争的浪潮中倾覆的。农民从长期的斗争中认识到，包括看起来是至高无上的皇帝在内的封建政权是可以动摇和推翻的。这就使得农民敢于在斗争中提出推翻旧王朝与旧皇帝的目标，也敢于在斗争中推戴出自己的农民皇帝来和封建皇帝对抗，用农民皇帝去取代封建皇帝。

这两点在中国农民战争中表现得似乎突出些，而且随着中国封建社会与中国农民战争的发展日趋普遍与鲜明。因此，中国封建社会农民的皇权主义思想与农民起义的皇权主义性质要淡薄一些，而蕴藏在下面的革命的色彩更明显一些。这恐怕应当算是中国封建社会农民及农民起义的一个特点和优点吧。

（刊载于《光明日报》1960 年 12 月 13 日）

中国农民战争的自发性与觉悟性问题

　　中国农民战争史问题，在最近一个时期的历史学界中引起了热烈的讨论。经过讨论，有些看法已经一致或趋于一致，有些看法还有较大的分歧。封建社会的农民能不能认识自己进行的斗争，认识到什么程度；换句话说，农民战争是自发的斗争还是自觉的斗争，它的自发性或者自觉性的具体表现如何，就是在看法上有分歧的问题之一。

　　封建社会的农民战争是自发的革命而不是自觉的革命。这是多数讨论者都同意的。革命的自觉性指的是，革命阶级认识到自己的阶级利益与历史任务，认识到自己斗争的前途，建立革命的理论和自己阶级的政治组织，积极地为自己阶级的利益及前途而斗争。这种自觉性当然是封建社会的农民所达不到的。把这种自觉性加到农民战争身上，是一种把农民战争现代化的倾向。但是，这不等于说农民自发的斗争中不存在某种程度的觉悟性，也不等于说两千年间农民斗争的觉悟程度没有任何增长。如果为了强调农民战争的自发性，连农民在斗争中表现出来的某种程度的觉悟性及这种觉悟性的逐步增长也一并否定，那就不免走向贬低农民革命性的另一个极端了。

　　农民长期面对着自己悲惨的生活与地主阶级的残酷剥削压迫，必然对封建制度和自己的命运产生一定的认识（尽管是模糊的、表面的甚至是歪曲的认识），产生自己的阶级意识。这一方面表现为对地主阶级与封建制度的憎恨，另一方面表现为对自己的解放与对美好生活的渴望。农民由此而产生强烈的革命要求，并且从他们的阶级地位和历史地位出发形成朴素的平均主义与朴素的平等思想。列宁说过："劳动农民在几百年的过程中养成了一种敌视和仇恨这些压迫者和剥削者的心理"①，"他们极度憎恨旧的秩序，他们非常深切地感受到了现制度的一切重担，他们自发地渴望从这些重担下解放出来并找到美好的生活。"②列宁对俄国沙皇专制统治下的农民的分析，也同样适用于中国封建制度统治下的农民。这种农民的阶级意识是农民革命的思想基础，同时也就是农民的斗争带有一定程度的觉悟性的原因。

农民在斗争中表现出来的觉悟性是逐步增长的。这种增长表现为两方面。一方面，在那些规模较大、时期较长的农民起义中，农民的觉悟程度常常随着斗争的发展而有所增长。像唐末农民战争的"诋宦竖柄朝，垢蠹纪纲，指诸臣与中人赂遗交构，状铨贡失才，禁刺史殖财产，县令犯赃者族"③的露布和推翻唐政权的号召；明末农民战争的"均田""免赋"口号及推翻明王朝的目标；太平天国的《天朝田亩制度》等，都是在斗争过程中提出或者丰富完善的。至于农民在斗争过程中总结经验教训，制定与修改斗争计划，加强队伍的组织和纪律，建立各种制度，提高军事技术和指挥能力的事例，那就更多了。另一方面，封建社会本身的发展使得封建社会的基本阶级关系、基本矛盾日益明显地暴露在人们眼前，而前代的农民战争又给后代留下了丰富的经验。因此，尽管有反复和曲折，一般说来，越是后来的农民战争表现的觉悟水平越高。秦末农民战争还只能喊出"王侯将相，宁有种乎"这种模糊的向地主阶级封建王朝特权地位挑战的口号。他们还只是开始不相信压迫他们的地主王朝是不可动摇的，开始感觉到（还不能说是了解到）不能听凭统治者的摆布，必须共同进行反抗，改善自己的境遇。他们还认识不清自己和地主阶级的区别，认识不清他们的斗争目标和地主阶级起兵目标的区别。宋代农民起义提出"等贵贱、均贫富"的口号，反映农民已经在贫与富、贵与贱之间划出一条界线，要求改

---

① 列宁：《无产阶级专政时代的经济和政治》，《列宁全集》第 30 卷，人民出版社 1957 年版，第 93 页。

② 列宁：《托尔斯泰和无产阶级斗争》，《列宁全集》第 16 卷，人民出版社 1959 年版，第 352 页。

③ 《新唐书》卷 225 下，《黄巢传》。

变封建社会贫富不均、贵贱不等的现象，开始模糊地意识到他们反对的不仅是个别的王朝、官吏、地主，而是一种不合理的制度，意识到穷人应当团结起来与富人对抗，争取他们朴素意识所理解的那种经济上的平均与政治上的平等了。到了明代，在土地兼并激烈的情况下，农民开始意识到贫富贵贱差别的根源在于土地占有情况的不同，从而提出"均田"的口号，这表明农民对封建制度的认识又提高了一步。鸦片战争以后，随着外国资本主义势力的侵入，封建社会开始瓦解，封建社会的各种矛盾彻底暴露与空前尖锐，继承了二千多年来无数次农民起义的光荣传统与丰富经验的太平天国革命，成了旧式农民战争的高峰与总结。在没有先进阶级领导的情况下，农民对封建制度的认识和他们革命的阶级意识在太平天国革命中发展到了顶点。太平天国的英雄们已经在封建社会农民所能达到的觉悟水平上，把封建当作一个制度，把地主当作一个阶级来反对了；他们已经在宗教的外衣下，比较系统地提出了朴素的平均思想与朴素的平等思想，并且用在这种思想指导下的理想的"天国"来和封建制度相对立了。他们利用宗教形式，把一切封建社会不合理的现象概括为"阎罗妖"的罪行，号召人们站到"皇上帝"一边，打倒万恶的"阎罗妖"。在这里，"皇上帝"与"阎罗妖"的斗争直接反映了人间的斗争，反映了太平军与清朝统治者的斗争，反映了地主与农民的斗争。在实际斗争中，太平天国的英雄们又用"遇妖即诛，见民必救"这类口号，力求划出人民和封建统治者的界限。他们在《天朝田亩制度》中提出"天下皆是天父上主皇上帝一大家，天下人人不受私，物物归上帝"，"天下田，天下人同耕"这样废除私有制的理想，从而否定了封建土地所有制；提出了一切人都需要参加劳动，收获产品不得私有，平均分配，共同消费的理想，从而否定了不劳而食的思想，否定了地主阶级剥削的合法性和社会上贫富不均的合理性；他们提出人与人在上帝面前一律平等，反对皇帝的特权，从而对封建等级制度提出了疑问；他们又用基督教的一神教思想来反对传统的封建神权与儒家思想，从而否定了封建意识形态的统治地位。由此可见，太平天国已经在一种朴素的与幻想的形式下，认识到他们的斗争是反对封建制度与地主阶级的，企图建立一个新的、没有阶级、没有剥削的理想的"天国"了。说它是朴素的，因为这是农民阶级对封建制度与自己前途的直观的认识，而非对社会发展规律的真正理解；说它是幻想的，因为它终究没有科学地认清地主阶级的本质，封建制度的本质；而其"天国"的理想，虽然在革命高潮中成为群众反抗封建制度的思想武器与行动纲领，但归根到底又不过是一种企图保持小农经济永世长存地位的落后的、空想的图案。列宁在谈到农民对旧制度的憎恨及对美好生活的渴望时曾指出："同时这些群众在革命中还表明，他们的憎恨不够自觉，他们的斗争不够彻底，他们仅仅在狭小的范围内寻求美好的生活。"①因此，尽管是代表旧式农民战争中农民觉悟性增长的极限的太平天国革命，也仍然不可能越出自发斗争的范围。

蔡美彪同志在《对中国农民战争史讨论中几个问题的商榷》一文中，为了强调农民战争的自发性质，强调农民的没有觉悟，就认为农民没有反抗封建制度的思想武器，他们只是以封建的纲纪、封建的理论来反抗封建统治，往往是借助于地主阶级的王朝的名义、皇帝的名义而不是以自己的阶级的名义，来表达自己的向往和自己的利益。②这种提法是值得商榷的。

在封建社会里长期处于被统治地位和依附地位的农民，在精神生活方面，一般地说，不可能创造出独立的思想体系，而是受着在封建社会精神生活中占统治地位的封建思想的支配。何况农民的小生产者与小私有者的阶级地位及由此而产生的保守、狭隘、散漫、缺乏远见、私有观念等等阶级意识，还与同样根源于私有制的封建思想有某些相通之处。这就使得农民不仅不能避免封建思想的侵袭，而且他们的落后思想还常常和封建思想结合在一起。因此，农民想发家致富，使自己成为地主，或成为大小官员，光宗耀祖。这是很自然的，不看到这点是不对的。但是更重要的，农民又是一个与地主有根本区别的阶级。农民与地主的尖锐矛盾，不可能不使农民产生对地主阶级的仇恨与解放自己的愿望，并且在个体生产的基础上，在企图保护农民劳动者私有制的基础上，产生经济上的朴素的平均主

---

① 列宁：《托尔斯泰和无产阶级斗争》，《列宁全集》第 16 卷，人民出版社 1959 年版，第 352 页。

② 蔡美彪：《对中国农民战争史讨论中几个问题的商榷》，《历史研究》1961 年第 4 期。

义与政治上朴素的平等思想。他们企图用某种平均主义的办法满足农民
对土地的要求，用"有饭同吃，有衣同穿"和"等贵贱"的办法，消灭
人身依附关系和封建压迫。这些就是封建时代的农民的革命思想，也是
封建社会历史条件下最进步最革命的思想。农民革命的思想动力，只能
是来自农民的革命思想，而不是来自农民的落后思想与封建思想。后二
者一般只能起模糊和败坏革命意识的作用。而革命的爆发与发展正是农
民的革命思想战胜了落后思想与封建思想影响的结果。不看到这些，就更
不对了。

农民战争的某些口号纲领，像"等贵贱、均贫富"，"割富济贫"之类，
是很难视之为封建的纲纪与封建的理论的。同样是对待北宋时期社会上的
贫富不均现象，地主阶级保守派如司马光、苏辙等公开宣称贫富的区别在
于人们才性愚智的不同，富民是国之根本，应当"贫富相恃"，坚决反对
"破富民以惠贫民"。地主阶级改良派的王安石，也不过只希望做到用封建
国家的力量施行"青苗法"之类的改良办法来"抑兼并、济贫乏"，依然
没有也不可能去触犯封建所有制。只有王小波、李顺起义才提出"均贫
富"的口号，并且用杀掉贪官污吏、征发富人财粟分给贫民的办法来贯彻
这一主张。明末曲阜举人孔尚钺建议"限田"，办法不过是"令本地有司，
以理劝谕本地乡官（官僚地主——引者），于地之太多者或放其购还。"[1]
奏上之后，崇祯令兵部复议，兵部谓："均富以济贫，人情则不安。"其事
遂寝。而明末农民起义军则在"割富济贫"口号下发动农民夺回被地主强
占的土地，来贯彻自己的主张。不管农民的认识多么模糊，办法多么不彻
底，上述那些口号终归是封建社会历史条件下最革命、最进步的口号，它
们已经超出了任何封建的纲纪与封建的理论的范围，它们的阶级性与革命
性终归不能磨灭，只能视为与封建思想对立的农民革命意识的结晶。同
样，历史上的农民战争也并非总都是借助地主王朝或封建皇帝的名义来
表达自己的向往和利益的。特别是一些带有宗教色彩的农民起义更是如
此。四世纪初到五世纪初约百年之间，东起山东，西到四川、陕西，南到

---

[1] 转引自李文治：《晚明民变》，上海中华书局1948年版，第145页。

安徽，不断发生以宗教领袖兼农民起义领袖李弘的名义相号召的起义。方腊起义，自号"圣公"。明中叶刘六刘七起义套用元末刘福通起义的口号，称"虎贲三千，直抵幽燕之地，龙飞九五，重开混沌之天"①（刘福通起义口号末句为"重开大宋之天"）。明末农民起义领袖常用水浒人物作为自己的名字或绰号。太平天国革命更是借助一个与封建制度对立的理想的"天国"来表达自己的向往，借助一个与"阎罗妖"对立的"皇上帝"来表达自己的利益，借助一个从不见于圣贤经传的政教合一的"天王"来与封建皇帝对抗。这些，都很难说成是借助地主王朝与封建皇帝的名义，而只能视之为农民用自己阶级的名义来表达本阶级利益与向往的一种探索了。

但是，农民的革命斗争具有自发性质，农民的革命意识是模糊与贫乏的，他们不能真正看清自己斗争的意义与前途，不能在实际斗争中真正划清革命思想与落后思想、封建思想的界限，再加上传统的、习惯的因素，这就使农民在斗争中总是受着封建思想的深厚影响，即使是把农民的革命思想发展到极致的太平天国革命，也仍然如此。在太平天国的纲领制度里，革命思想、落后思想、封建思想混杂在一起。可以看到，在基督教和儒家大同思想的外衣下，燃烧着农民对地主阶级仇恨的火焰，反对封建土地所有制，反对封建特权，主张政治平等、严格的纪律与禁欲主义等农民的革命思想在闪烁着光辉；同时，也可以看到家长制，严苛烦琐的刑律，迷信等农民落后思想的表现，以及在礼仪、科举、官制、爵制等许多方面反映出来的封建思想的影响。至于太平天国革命的具体活动中所反映出来的封建思想影响，就更不胜枚举了。这一切，充分显示了农民革命和农民意识中的矛盾与局限。在农民所受的封建思想影响中，那些升官发财、光宗耀祖之类的思想当然只能是革命斗争中的消极因素。但是有三种情况却值得进一步分析。

第一种情况是，农民在斗争中常常借用某些地主阶级的思想、主张作为自己的口号纲领，而其中的一些却对革命起过一定的积极作用。这些对革命起过一定的积极作用的地主阶级的思想主张，在封建社会条件下，对

① 《皇明资治通纪》卷33。

于改变农民的悲惨生活状况是有某些好处的，如惩治贪官污吏、奸臣宦官，减轻赋税徭役，抑制土地兼并之类就是。这些思想主张，在一定程度上符合了农民的利益，反映了农民斗争的要求，与农民的革命思想有某些相通之处，因此可能为革命的农民所接受和利用。

不仅如此，农民还往往根据斗争的需要，在这些借来的地主阶级思想躯壳中贯注了新的革命的内容，使它们获得了在地主阶级那里从来未曾有过的意义。

秦末农民战争中提出的"王侯将相，宁有种乎"的口号，是在战国以来社会变动激烈，统治阶级人物的政治地位升降不常，"布衣卿相"时常出现的历史背景下产生的。这个口号所反映的思想，本来一般只含有鼓励人们顺着封建的阶梯向上爬的意思。但是，对于困在大泽乡、处于死亡边缘的八百失期戍卒来说，摆在面前的道路只有两条，不是俯首帖耳充当秦朝苛法的牺牲品，就是拼死反抗比这支小小队伍强大得不可比拟的秦王朝。所谓"今亡亦死，举大计亦死"，正是他们境遇的最好写照。在这种情势下，英勇的农民选择了"死国"的道路，决心发动起义。这时，"王侯将相，宁有种乎"的号召，尽管还是为了"取而代之"，反映了农民并没有认清自己和地主阶级的区别，没有认清他们的起义目标和地主阶级起兵目标的区别，但是，这个口号已经不再意味着鼓动戍卒们在封建统治者允许的范围内去猎取功名富贵（这在当时情况下是一种毫无现实意义的可笑想法），而只能是意味着用渺茫的希望激起他们死里求生的反抗意志，鼓励他们向地主阶级和封建王朝的特权地位挑战，鼓励他们通过斗争来改变自己的命运。同样，"苍天已死，黄天当立"这个从盛行于汉代的谶纬之学里抄来的、带有浓厚宿命论气息的口号，在黄巾起义军那里，并不像地主阶级其他的类似说法一样意味着"天命"在封建统治者之间的转换，而是鼓励农民戴上黄巾，代表"上天"起来改变封建统治者给他们安排的命运，推翻代表腐朽汉代统治者的"苍天"，建立农民自己的"黄天"。

明末农民战争的"均田"口号，也应如此理解。我们说"均田"的口号来自地主阶级，不仅因为它出自一个参加了农民军的出身地主阶级的李岩的建议，主要的是，从西汉以来，"限田"、"均田"之类的思想常常是一部分地主阶级对待严重的土地问题与尖锐的阶级矛盾的主张。从北魏到唐中叶，还出现过在这种思想指导下的以"均田制"为名的封建国家土地制度。"均田制"破坏之后，"均田"的主张长期以来仍旧为人所艳羡，并且一再企图实行。一直到明末，"限田"、"均田"之议仍然流行。一千多年中，地主阶级尽管对"均田"作了各色各样的理解，提出了各色各样的建议，然而所有的理解和建议都没有超出地主阶级利益的范围，所指的不过是在封建土地所有制范围内适当地限制一下土地的集中（如前述明崇祯时孔尚钺的限田建议），最好的也不过是分点官地荒地给无地少地的农民，甚至只是在"均田"的名义下均平一下赋役负担（像明末朱国桢在湖州一带引起轩然大波的"均田"建议，不过如此）。总之，在地主阶级那里，"均田"仅仅是一个改良的口号。这个同样的口号，在农民革命那里，却获得了不同的意义。李岩提出的"均田"口号的具体内容，现在已不可考，可能根本就没有订出过实行的制度、办法，但这并不等于说农民军没有具体实施过"均田"的主张。据《出劫纪略》所载，李自成的大顺政权官员到达山东诸城之后，"以割富济贫之说，明示通衢，产不分久近，许业主认耕"。于是农民纷起夺回土地，"一邑纷如沸釜，大家（地主）茫无恒业。……巨室膏田一无主人，任侵占而谁何。……不为占据者，惟有焚掠后荒田耳"。当然，不能由此得出结论说，当时农民都曾经分到了土地，甚至把地主消灭了。但是，大顺政权管辖下的诸城，农村的土地占有关系发生相当大的变化却是事实。"均田"的口号既然深入人心，起过"煽诱"大批农民参加革命队伍的作用，而且如前所述，明朝统治者亦曾把"均富济贫"之说与"限田"的建议联系起来，可以推想这是当时流行的看法，因此，把大顺政权这种在土地问题上"割富济贫"的做法，当成革命农民对"均田"口号的理解与实施，应当是可通的。如果这样的理解不错，那就可见"均田"的口号在农民那里已经超出了地主阶级允许的范围，获得了新的革命的意义。

第二种情况是，斗争的发展必然向起义农民提出建立比较系统、严密的组织与制度特别是政权组织的需要。但是，农民的阶级的和历史的局限性使他们不能创造出真正符合自己革命需要的新型的组织制度来，只能从现存的组织制度里汲取灵感。农民朴素的革命的阶级意识可以产生原始的、农村公社类型的组织制度。这种组织制度往往披着宗教的外衣，但有时也与宗教没有什么关系而采取山堂水寨，聚义结盟的形式。这种类型的组织制度较多地反映了农民的革命民主主义精神和朴素的平均主义与朴素的平等思想，如合议制、领袖与群众间一定程度的平等关系、严格的纪律、生活上的平均主义等等。这是农民创造性的光辉表现。但是，它也反映了农民阶级保守、狭隘、分散等等缺点。当革命在较大的规模上与较大的区域里发展起来以后，当革命面临着推翻封建王朝的历史任务时，这种原始的、简陋的农村公社类型的组织制度，就不足以应付复杂的革命形势，也无法和在当时是最系统、最严密的封建王朝的政治体系相抗衡。因此，农民在斗争中部分以至全部模仿封建的组织与制度，就成为不可避免的现象了。在农民战争发展时期，模仿封建的组织与制度这种"即以其人之道，还治其人之身"的做法，曾经加强了起义军的政治影响、组织纪律与作战能力，在一定时期内对农民战争起过积极作用。当然，在起义军模仿封建的组织与制度的同时，也就接受了作为这些组织制度的思想基础的封建政治观点。然而，封建的组织制度的形式和它们的思想基础之间是有些区别的，在革命斗争中起积极作用的是前者而不是后者。在一定时期里农民可以利用封建组织制度的形式来从事反封建斗争，但随之而来的与农民革命利益有根本矛盾的封建政治观点却可能暂时不起决定影响。黄巢进入长安后建立大齐政权，改元金统，号"承天广运启圣睿文宣武皇帝"，尊妻曹氏为皇后，政府中设中书令、侍中、左右仆射、御史中丞、谏议大夫、翰林学士、枢密使、京兆尹、将军、游奕使诸官职，完全模仿唐王朝的政治体制。可是这个新政权仍然建立在与唐王朝及地主阶级尖锐对立的基础上。绝大部分的地主贵族仇视它，不承认它，拒绝在新政府做官，写诗在尚书省门上讽刺它。地主文人韦庄的《秦妇吟》轻蔑地骂它是"柏台多士尽狐精，兰省诸郎皆鼠魅"，"翻持象笏作三公，倒佩金鱼为两史"，可见这个政权的成员多半不是封建统治阶级中人。大齐政权建立之后，一方面领导农民军继续与唐王朝斗争，一方面对它管辖范围内的地主贵族进行镇压。张直方一案，即杀掉唐朝高级官僚贵族百余人。一般衣冠士族，也是"罹难者多"，往往"赤族"，"阖门无噍类"，以致长安城中出现《秦妇吟》中描写的"内库烧为锦绣灰，天街踏尽公卿骨"的景象。未死的地主贵族，大多四散奔逃，"窜伏窟穴以保其生"，至有以卖饼为业的。以门阀相炫的世家大族经过这次打击，从此一蹶不振。李自成 1643 年在襄阳称新顺王，模仿明政权的组织制度正式建立政府，此后这个政府在西安及北京又有两次扩大与加强。在采用了封建政权的组织形式后，起义军原来的政治口号如"均田"、"免赋"等并没有改变，而且有所发展。起义军在西安就曾运用这个政权的力量，镇压最反动的明朝官僚，迫令乡官富绅助饷。进入北京后，大顺政权有计划地分别处决罪大恶极的明朝官僚。又置比饷镇抚司，对明朝大僚，除少数知名之士外，凡素有贪名而致富者，俱发刑官夹打，追索赃银。畿辅、山东、河南的大顺地方官，到任后也是"首称助饷，绅衿受协"。在山东诸城，"闯官""以割富济贫之说，明示通衢，产不分久近，许业主认耕"，号召农民起来夺回田产。规模较小的明代邓茂七起义，称"铲平王"，"设官署"，"封官职"，"置里图甲役"。但是每次破城，"纵火焚烧衙厅"、"官舍"、"司房"、"廨舍"、"纵狱囚"、"取册籍"、没收"县库金钱"，"民兵被杀者不可胜计"，仍然不失农民起义本色。19 世纪中叶与太平天国同时的广西大成国起义，曾经攻克浔州，改称秀京，国号大成，年号洪德，设官分职，委派官吏，征收赋税，铸造钱币。大成国领袖之一隆国公黄鼎凤，在他所颁布的告谕中指出："田地为务农之本，天下旱畲水田，均为我农所辟，田主历代收租，实干天怒！自此以后，仍照旧制，田主不得借故收租。"这种告谕是历史上任何一个封建政权都不可能颁布的。可见农民虽然模仿了这些封建的组织和制度，但是在封建的组织制度的形式下面，活跃着的主要仍是农民的革命思想，而不是封建政治观点。这是一个矛盾的现象，然而却不是一个不可理解的现象。

第三种情况是，某些参加起义军的出身于地主阶级的分子曾对农民革命起过重要的作用。像李密之于瓦岗军，刘基、宋濂、李善长之于朱元璋军，李岩、牛金星、宋献策之于李自成军都是。在他们以自己的政治经验和知识才能服务于起义军时，他们的封建思想的影响也随之在起义军中散布开去。但是，却不能像有的同志那样，把他们的作用仅仅归结为以封建的理论影响乃至指导、支配了起义军的军事行动和政治行动。对他们作用的估计，不单要看他们如何影响农民军，还要看农民军如何接受他们的影响；不单要看他们散布封建思想影响，还要看农民革命思想如何影响了他们；不单要看他们的出身和思想，还要看他们的活动客观上代表了哪个阶级的要求和利益。他们中间的某些人如李岩，原先就同情农民，跟群众有一定程度的联系，并因此受到封建政府的迫害，他的参加起义，标志着对地主阶级的背叛，成为农民革命的领袖。他劝李自成"勿杀人，散所掠财物，收人心以图大事"，都符合农民革命的利益。他所提的"均田"口号，反映了农民对土地的要求。至于另外一些人，虽然参加了起义，但未改变地主阶级立场，像刘基参加朱元璋军，元旦时朱元璋率部下向所设的小明王韩林儿御座行礼朝贺，"基独不拜，曰：'牧竖耳，奉之何为！'"① 就是一例。但是，对他们的作用也要具体分析。他们的某些有关军事行动的建议，如刘基为朱元璋指陈攻取张士诚、陈友谅及北定天下之策等，阶级色彩比较淡薄，客观上符合农民的革命利益。另一些活动，如仿照封建政权形式建立农民军的组织制度等，一方面在客观上符合了农民当时斗争的需要，有助于农民革命的发展，另一方面也使农民领袖接受了封建思想的影响与指导，到一定时期就促成了农民战争的失败或转化。还有一些活动，如制礼作乐，讲经论史，以及像刘基、宋濂等人影响朱元璋对白莲教与韩林儿龙凤政权的态度从支持变为敌视，只强调民族矛盾而不提贫富冲突等，则纯粹起了促使农民军领袖阶级立场转化的作用。因此，笼统地把参加起义的地主出身的分子都视为坚持地主阶级立场，把他们的作用全部归结为用封建理论影响乃至指导农民军的行动，就未免贬低了农民革命意识在斗争中的作用，并且把复杂的历史现象看得太简单了。

正因为农民不可能创造出独立的思想体系，无法真正划清革命思想和落后思想、封建思想的界限，无力抗拒落后思想的发展与封建思想的侵蚀，也由于农民革命思想的贫乏及其空想性质，不可能真正解决农民战争

---

① 《明史》卷128《刘基传》。

面对的各种问题，因此，在农民战争发展过程中，特别是在农民战争取得一定胜利的形势下，农民的革命意识不仅无法发展，反而往往不能保持。农民思想中的落后因素滋长起来。像太平天国初期起过巨大的组织动员作用的上帝教，到太平天国后期却成了妨碍群众创造性和主动精神的凝固僵化的教条，导致了太平天国后期政治方向上的模糊混乱与摇摆不定。更重要的是，农民的斗争受地主阶级思想支配的倾向越来越显著。那些从地主阶级思想武库中借用的灌注了革命内容的口号纲领，往往恢复了它们本来的意义，变成了农民战争中的消极因素。在大泽乡用"王侯将相，宁有种乎"激励群众反抗暴秦的陈涉，当局面打开之后，真的做起王侯将相的美梦来，以致被他旧日的伙伴讥为"涉之为王沉沉者"。而封建的组织制度形式与出身地主阶级的分子的作用越大，农民战争所受的封建思想影响也就越深，农民军领袖向地主阶级的转化也就越快。农民军利用封建组织与制度形式和出身于地主阶级的分子从事反封建斗争，结果不是反掉了封建而是自己被封建制度所俘虏，被地主阶级所改造。这些对起义起过积极作用的封建组织制度与出身于地主阶级的分子终归又成为起义失败或变质的重要因素。这一切，正说明了农民觉悟程度的局限。

总之，旧式农民战争终究是自发的革命。革命农民的觉悟程度无论如何不能超越他们阶级的与时代的限制，越出自发的范围。不看到这点，过分夸大农民战争的觉悟性，把封建社会的农民的觉悟程度看得跟今天的无产阶级差不多，这当然不对，是一种非历史主义观点。但是又必须看到，在当时历史条件下，农民的革命思想及其觉悟程度在斗争中的逐步增长，终究是十分可贵的。这是中国人民的光荣传统，是珍贵的历史遗产。这也正是农民能够在新民主主义革命时期接受无产阶级领导和马克思列宁主义教育，从根本上提高自己的阶级觉悟，取得反封建斗争的彻底胜利，最后解放自己的基础。我们研究封建社会的农民战争，就应当从当时的具体历史条件出发，更注意农民战争的这个方面，肯定这个方面，歌颂这个方面。只有这样，才有助于阐明封建社会阶级斗争的规律，有助于阐明农民革命的伟大历史作用，有助于总结旧式农民战争的经验教训。如果像蔡美彪同志那样，说是反对把农民革命现代化，实际是脱离了当时的具体历史条件，用今天无产阶级的觉悟水平去苛求封建社会的农民，从而片面夸大农民战争的自发性质，甚至否认农民有任何革命思想与阶级觉悟，以致混淆了农民与地主的阶级界限。这就不免走到了另一个极端，表现了另一种非历史主义观点了。

封建社会的农民是一个既具有革命性但又远较无产阶级落后的阶级，旧式农民战争又是爆发在一个还没有新的生产力和新的生产关系、没有新的阶级力量和先进的政党的时代。阶级与时代的限制反映到农民的斗争中来，就使得农民战争的许多方面都带有明显的矛盾性质。农民的斗争具有某种程度的觉悟性，但这种觉悟性的增长却始终越不出自发斗争的范围，就是这类矛盾着的现象之一。如何正确地理解与阐述农民战争的自发性与觉悟性之间的关系，使得一方面不致把农民革命无产阶级化，另一方面又不致贬低农民战争的革命性，混淆农民与地主之间的阶级界限，是一个颇为复杂而困难的问题。本文对这个问题作了一些粗略的，远非成熟的说明，谨供同志们讨论。

（刊载于《红旗》杂志 1962 年第 7 期）

二

直接推翻旧封建王朝，促使新的统一的封建王朝建立，是旧式农民战争所能达到的最高成就。在这种情况下，地主阶级所受的打击最为沉重，战争后生产力的发展、生产关系、阶级关系和上层建筑的变化都比较显著，加上紧接着农民战争后出现一个统一与安定的历史时期，新封建王朝中央集权的程度较高，统治力量较强，它的政策也就比较集中地反映了农民战争后社会生活的变化，并且可能在较大的程度与较广的地区上贯彻实施。

新王朝的政策，大多主要包括分授部分官地荒地给人民，① 部分地承认战后土地占有关系的变化②，招辑流亡，移民垦荒，兴修水利，劝课农桑，鼓励婚嫁，免奴为良，轻徭薄赋，去奢从俭，少事兴作，抑制豪强，惩治贪暴，任用贤良，减省刑法，改革与制定制度法律等等。这些政策措施，一般包含了三个方面的内容，反映了农民战争后社会生活中出现的三个方面的情况。

首先，它们反映了生产力水平的变化。经过长年的、大规模的战争，大量人口死亡流散，土地荒芜，社会财富大量损失，社会生产大大下降，国力大大损耗，地主阶级的剥削对象与剥削收入减少了，封建国家的赋役也乏人应承。在这种情况下，新王朝的统治者从整个地主阶级利益出发，特别是从新兴地主集团及其代表者新王朝的利益出发，不能不实行一些恢复与发展生产及减轻农民负担的措施，造成一个比较安定的社会环境，促使流散的农民重新回到荒废的土地上，以增加劳动人手和社会财富，从而

---

① 如西汉初入关，开放"故秦苑囿园池，令民得田之"，后又规定从军吏卒有向地方官吏领取田宅及应用器物的权利。唐初在"均田制"名义下曾分授一部分土地给所谓"元从禁军"及无地少地农民。明初规定复业人民丁多原来田少的，有司于附近荒田验丁拨付。

② 如明初规定各处人民先因兵燹遗下田土，他人开垦成熟者听为己业。业主已还，有司于附近荒田拨补。

增加地主阶级的剥削对象与封建国家的财政收入。为了达到这个目的，封建国家不能不对官僚、贵族、豪强的恣行兼并土地与残酷剥削农民给予若干限制和打击。像唐太宗，就是对此认识比较清楚的一个。他了解地主阶级必须依靠农民养活、封建统治必须建立在农民劳动生产基础之上的道理，曾说："为君之道，必须先存百姓，若损百姓以奉其身，犹割股以啖腹，腹饱而身毙。"① 又说："人君赋敛不已，百姓既弊，其君亦亡。"②

其次，它们反映了地主与农民阶级力量对比的变化。在农民战争中，地主阶级受到沉重打击，不少地主或死或逃，经济地位、政治地位、社会地位都有所下降，地主阶级及其国家对农民的统治力量削弱了；另一方面，农民则在斗争中争得了若干权益，经济地位、政治地位、社会地位多少有些加强。新封建王朝的一些比较有远见的统治者，他们或者代表新兴的地主阶层或集团，或者出身下层，又大多参加或经历过农民战争，与人民群众有些联系，多少了解一些农民的愿望与要求。他们感到农民力量的可怕，也感到自己力量的不足。为了维护封建统治，防止农民再度起义，他们往往接受前代王朝覆灭的教训，产生对农民让步的思想，不敢对农民过度剥削与压迫，不敢过度奢侈兴作。汉唐君臣经常以秦隋为鉴，警惕自己不要重蹈覆辙。汉初，与民休息的黄老思想占了上风，"萧、曹为相，填以无为。从民之欲而不扰乱，是以衣食滋殖，刑罚用稀。"文帝时"劝趣农桑，减省租赋，而将相皆旧功臣，少文多质，惩恶亡秦之政，论议务在宽厚"③。唐太宗自称"常怀畏惧"，以亡隋为戒，用水能载舟亦能覆舟的比喻来说明人民和君主的关系。这都充分显示了在农民战争打击下统治阶级的心理状态。在这种情况下，新王朝的政策法令就常常在一定程度上承认了农民战争后地主与农民阶级力量对比的变化，包含了对农民让步的内容。由于地主阶级力量在农民战争后有所削弱，封建王朝的这类政策法令的贯彻也就较少遇到阻力，易于在较广的范围与较大的程度上推行。④

① 《贞观政要》卷 1《论君道篇》。
② 《贞观政要》卷 8《辩兴亡篇》。
③ 《汉书》卷 23《刑法志》。
④ 反之，像北宋那样，王朝的建立不是紧随着农民战争之后，尽管统治者也标榜"以恤

与对农民让步同时，新封建王朝又不遗余力地加强地主阶级力量。封建王朝的那些轻徭薄赋休养生息的政策，固然有利于农民的发展生产，同时也给地主的兼并土地与加强剥削创造了条件，实际上更有利于地主阶级特别是新兴的地主阶层或集团的发展。不仅如此，封建王朝还在自己的政策制度中给地主阶级以远比农民优惠的待遇。汉初规定，诸侯子在关中者复十二岁，已还本土的，复六岁。唐李渊初入关中，即宣布隋代公卿及地主尽管"不预义军"，还是"所有田宅，并勿追收"①，不去触动他们的土地所有权。有些后附唐的旧隋官僚，其产业已经分给新贵，也都发还②，使他们能够"代袭箕裘"，"基址不坠"③。

对于参加起兵的贵族、官僚、武将，唐王朝又在"均田制"名义下率先分给他们远较农民为多的土地，让他们享受免除赋役的特权。而"均田制"下的农民，受田却普遍不足法定数额，一般每丁只二三十亩，但依旧要照每丁受田百亩的标准负担租庸调。明初定制，对地主也有许多照顾。如规定官吏、乡绅、生员可免去差役，由地主富户充当粮长，把征粮运粮的权力交给地主，并给粮长若干特权等。至于新封建王朝政策制度中加强地主阶级政治法律特权，提高地主社会地位的规定，就更不胜枚举了。

第三，它们反映了地主阶级内部力量对比的变化。农民战争后，地主阶级内部也发生了若干变化，以旧封建王朝为代表的腐朽的旧地主集团受到的打击最为沉重，新兴地主阶层或集团的代表人物掌握了政权，他们与腐朽的旧地主集团的根本利益虽然一致，但在土地占有与政治权力的分配、对待农民的态度、社会地位的高低等方面，也有一定的矛盾。新兴地主集团往往凭借国家政权的力量，施行一些限制与打击旧贵族、官僚、豪强的政策。像汉初打击地方割据势力，迁六国贵族后裔、豪强等十余万人到关中，打击商人、奴隶主势力；唐初抑低魏晋以来垄断政权的士族地主

民为先务"，君臣经常讲求"轻赋薄敛之制"，却终究无法改变"田制不立，眹亩转易"的局面，只好听任地主大肆兼并土地，残酷剥削农民了。

① 《唐大诏令集》卷114《隋代公卿不预义军者田宅并勿追收诏》。

② 《旧唐书》卷63《肖瑀传》。

③ 《旧唐书》卷78《于志宁传》。

的政治地位和社会地位，打击地主豪强；明初没收蒙古贵族的土地，用普遍丈量土地和调查登记人口的办法削弱大地主对一部分土地和人口的控制，徙苏松杭嘉湖一带的地主富户到凤阳等地，严惩贪污等等都是。这样，一方面用限制与打击最腐朽的地主集团势力的办法来保持阶级矛盾的暂时缓和，另一方面则利用农民战争造成的形势来巩固与加强新兴地主集团与封建国家的地位，加强对人民的统治。

由此可见，新封建王朝的政策是地主阶级的阶级政策。它是地主阶级运用国家权力在农民战争后对封建制度的某些方面所作的调整，是地主阶级对农民进行压迫与斗争的一种缓和手段。尽管它是农民战争的产物，但却是农民战争的历史作用在地主阶级活动中的经过了歪曲的反映。它与起义农民的革命活动终究有实质上的区别。这里有一条不容抹杀的阶级界限。如果简单地说这些政策措施是继承了农民革命运动，或者说实行它的封建政权有什么革命性①，都不免在实际上混淆了这条界限。

由此可见，新封建王朝的政策反映了农民战争后社会生活变化的各个方面。对农民让步是它的重要内容，但不是惟一的内容。把农民战争后新封建王朝的政策笼统地都称之为对农民的让步政策，或者，只谈包含有对农民让步内容的那部分政策，都不见得是十分确切的②。

---

① 革命是敌对阶级之间的殊死斗争。地主阶级在反对奴隶制度时是革命的阶级，但是，说地主阶级在确定了自己的统治之后，它本身或者它的国家，它的政策在对待农民的问题上有革命性，那么，革命的对象难道竟是农民么？可见这种提法至少也是概念上的混乱。持这种意见的同志所说的地主阶级政权或其政策有革命性，其实说的是在封建社会上升与繁荣阶段中地主阶级所具有的进步作用。这些同志是把进步性和革命性这两个不同质的概念混淆了。

② 新封建王朝的某些具体政策制度常常包含了上面所论及的几个方面的内容。如唐初的"均田制"中既有对农民让步的内容，也有加强地主力量的规定。汉初、明初所实行的将经济发展、旧地主集团势力强大地区的地主富户迁移到京师或其他重要地区去的措施，既是为了充实新王朝中央政权的统治力量，也是为了削弱旧地主集团的势力；同时，将这些旧地主富户从原来盘踞的地区迁走，又可使当地人民暂时得到休息的机会，就是例子简单地把它们叫做对农民让步的政策或者不算对农民让步，都是不容易概括这些政策的全部内容的。

由此可见，新封建王朝的政策是地主阶级在农民战争后特殊历史条件下实行的政策。它们能否实行并收到效果，决定的因素不在政策的内容和新王朝统治者的愿望及决心，而在施行的客观历史条件。至于这些历史条件，又多半是农民战争的直接产物。这种新封建王朝在农民战争后的特殊历史条件下实行的阶级政策有它的进步性。农民战争对封建制度和地主阶级落后、黑暗、腐朽、反动的方面进行了狂风暴雨式的扫荡，然而，战争的时间终究是短暂的，胜利的果实落到了新封建王朝手中。这时，社会主要矛盾的表现形式发生了变化，阶级矛盾有了一定程度的缓和，农民最迫切的要求不再是和地主阶级及封建国家进行你死我活的斗争，而是要求保持斗争中已经获得的一些权益，要求地主阶级和封建国家的剥削与压迫比过去减轻一些，要求社会秩序比较安定，以便他们恢复和发展生产，改善生活。封建王朝的政策尽管是从地主阶级的利益出发，但是它肯定了农民斗争的某些直接成果，给农民的发展生产、给社会经济的繁荣创造了有利的客观环境，在一定程度上符合了农民的愿望与要求，顺应了历史发展的趋势。另一方面，地主阶级在比较安定与富强的历史环境里，在农民创造的丰富的物质财富的基础上，进一步发展了封建文化。因此，农民战争后封建王朝的政策，在一定时期里与一定程度上，起了促进历史发展的作用。

但是，正因为这是地主阶级的阶级政策，它们的进步性是有限度的，它们始终越不出地主阶级利益的范围。

第一，如前所述，这些政策首先照顾了地主的利益，是地主而不是农民从这些政策中得到最大的好处。

其次，不仅政策的内容首先对地主阶级有利，而且由于政策的执行者是各级官吏和各地地主，政策中有利于农民的内容在执行过程中就不免变质或打折扣。如明初叶伯巨上书云："今之守令，以户口钱粮狱讼为急务，至于农桑学校，王政之本，乃视为虚文而置之。……以农桑言之：方春，州县下一白帖，里甲回申文状而已，守令未尝亲视种艺次第，旱涝戒备之道也。"① 即是一例。就是封建国家企图改变这种情况的做法，也仍是流弊

---

① 《明史》卷 139《叶伯巨传》。

滋生。如明初为避免元代遗留下来的腐化的吏胥机构对人民的苛扰，曾经选占有大量土地纳粮最多的地主充当粮长，负责督收和运交税粮，本意是想"以良民治良民，必无浸渔之患"①，"免有司苛扰之弊，于民甚便"②。结果，地主当了粮长，凭借国家赋予的权力，剥削农民更甚。他们往往巧立名目，苛敛粮户，入饱私囊，诡计敲剥，弊病百端，就是一例。

第三，由于这些政策在某些方面限制或损害了部分地主的利益，在执行过程中就不免受到他们的阻挠与破坏。如唐初洛州"豪富之室，皆籍外占田"，达 3000 余顷③。泽州前刺史张长贵、赵士达违反制度，并占境内膏腴之田数十顷④。类似的情况未见诸记载的，想必更多。明初地主用诡寄、洒派、包荒、移丘换段等手段极力逃避对国家的赋税和徭役，把负担转嫁给农民，使封建国家收入减少，农民更加贫困。由于地主豪强的玩忽抗拒法令，封建王朝政策的执行程度又不免大打折扣。

第四，由于封建社会的地方割据性，自然经济的闭塞性，封建社会政治经济及阶级矛盾发展的不平衡性，不可能设想封建王朝的政策能够在全国范围内以同等的程度施行。中央政权控制力量较强的地区（如京畿）与控制力量较弱的边远地区，经过农民战争扫荡地主阶级受打击较重的地区，与地主力量特别是腐朽地主力量较强的地区，封建王朝政策施行的情况和程度都可能有所不同。⑤

最后，封建王朝政策的制定和实施，虽然不决定于个别人物的主观愿

---

① 《明太祖实录》卷 68，洪武四年九月丁丑。
② 《明太祖实录》卷 102，洪武八年十二月癸巳。
③ 《旧唐书》卷 185 上《贾敦颐传》。
④ 《旧唐书》卷 58《长孙顺德传》。
⑤ 这些情况是相当复杂的。如唐前期的两京三河地区，是全国的政治中心，赋役特别重。《旧唐书》卷 78《高季辅传》载高季辅于唐太宗时上言："关河之外，徭役全少，帝京三辅，差科非一，江南河北，弥复优闲，须为差等，均其劳逸。"即可说明此点。这带地区贵族官僚武将兼并土地较他处为烈，也有不少材料可以说明。但是另一方面，这带地区蠲复优恤及分田给贫下户耕种的措施见诸记载的也较边远地区为多。由于这一带是封建政权统治力量较强的地方，可以想见，这类政策法令有一部分是曾经在一定程度上执行了的。

望，但因人成事的因素也相当大。当权的统治者对农民让步的思想明确些，态度坚决些，政策执行的成效就比较显著。唐太宗及其群臣的活动就是一例。唐太宗后来逐渐变得骄纵奢侈起来，但受到魏徵、王珪、马周等人的坚决谏阻，不得不有所收敛，说明了统治者的主观愿望在制定与执行政策时起着相当重要的作用。

因此，农民战争后，封建生产关系对生产力的束缚并不可能完全解除，生产的恢复和发展仍是迟缓的，农民的负担仍然不轻，生活上改善不多，甚至不少农民仍然挣扎在死亡线上。汉文帝即位十六年，距汉兴已四十多年，还是"民不益富，盗贼不衰，边境未安"①。农民生活本极贫苦，"复被水旱之灾，急政暴赋，赋敛不时，朝令而暮改，当具有者半贾而卖，亡者取倍称之息，于是有卖田宅鬻子孙以偿责者矣"②。唐太宗时号称"贞观之治"，但因太宗轻用民力，多营不急之务，百姓仍不免怨咨③。明初解缙上言云："夏税一也，而茶椒有粮，果丝有税。既税于所产之地，又税于所过之津。何其夺民之利至于如此之密也。且多贫下之家，不免抛荒之咎。今日之土地，无前日之生植，而今日之征聚，有前日之税粮，或卖产以供税，产去而税存，或赔办以当役，役重而民困。土田之高下不均，起科之轻重无别，膏腴而税反轻，瘠卤而税反重。"④在这样的情况下，阶级矛盾总的说来虽然比较缓和，但部分地区仍然相当尖锐，以致激起小规模的农民起义。如汉文帝在位十六年，"盗贼不衰"；唐太宗末年，四川等地曾发生人民起义；明成祖时山东爆发过唐赛儿起义，都说明了新封建王朝政策进步性的局限。

正因为这些政策是在农民战争后的特定历史条件下制定与施行的，所以随着时间的推移，历史条件逐渐发生变化，这些政策，特别是那些含有对农民让步内容的政策，就不可能长久施行下去。首先，新封建王朝施行那些含有对农民让步的内容的政策，不过是对自己的剥削阶级腐朽本性强

---

① 《汉书》卷 49《晁错传》。

② 《汉书》卷 24 上《食货志》。

③ 参看《资治通鉴》卷 193，唐太宗贞观四年；卷 195，唐太宗贞观十一年。

④ 《明史》卷 147《解缙传》。

行压抑的结果。一旦羽毛丰满，财富及权力有所增加，自认为统治已经巩固，他们就会忘掉农民战争的教训，逐渐暴露本来的面目。汉初与民休息的政策，到汉武帝时开始废弃。"是时征伐四夷，开置边郡，军旅数发，内改制度，朝廷多事"①，这些活动虽有巨大的积极意义，但伴随着的却是对人民的剥削的加重。当时，田 30 亩按百亩征税，口钱 20 改为 23，七岁起算改为三岁起算，贫民生子多半自己杀死。徭役、兵役更为繁重，而地主商人也乘机大肆兼并土地，形成"富者田连阡陌，贫者无立锥之地"的局面。在封建国家与地主富商的双重剥削压迫下，农民大量破产失业，流为"盗贼"，戍卒逃亡亦多，于是刑法亦随之加重，"文书盈于几阁，典者不能遍睹"②。结果是"海内虚耗，人口减半"。汉武帝虽然为他的"劳民"辩解，但也不得不承认："若后世又如朕所为，是袭亡秦之迹也。"③唐太宗可算是封建皇帝中对农民让步思想最明确的了。但他崇尚俭约没有多久，就开始大兴土木，滥用民力，弄得百姓"供官徭役，道路相继，兄去弟还，首尾不绝"④，"怀洛以东，残人不堪其命"⑤，他还为自己的轻用民力编出一条"百姓无事则骄逸，劳役则易使"⑥的荒谬理论来。到他晚年，这类苛政变本加厉。为了进攻高丽，逼四川百姓伐木纳"船庸"，闹到"民至卖田宅、鬻子女不能供，谷价踊贵，剑外骚然"的地步，以致激起了四川部分地区的僚民起义⑦。

其次，在农民战争以后，随着社会经济的发展，土地的再度集中、租赋剥削的加重及地主生活的腐化是历史发展的不可避免的趋势。也就是说，随着地主阶级力量的巩固、加强与发展，地主阶级活动中的落后、黑暗、腐朽、反动的一面又逐渐加强起来，新王朝政策中那些限制地主阶级

① 《汉书》卷 64 上《严助传》。

② 《汉书》卷 23《刑法志》。

③ 《资治通鉴》卷 22，汉武帝征和二年。

④ 《贞观政要》卷 6《论奢纵篇》。

⑤ 《贞观政要》卷 10《论畋猎篇》。

⑥ 《贞观政要》卷 10《论慎终篇》。

⑦ 《资治通鉴》卷 199，唐太宗贞观二十二年。

过分剥削压迫、有利于农民的部分不仅无法阻遏上述趋势的发展，而且不是逐步废弃，就是形同具文，终归无法施行。即使封建王朝还企图作一些努力，也是无济于事。如唐玄宗时，"法令弛坏，兼并之弊，有逾于成、哀之间"①，阶级矛盾以农民逃亡的形式迅速发展。尽管唐中央政府一再采取措施，如大括户口及籍外剩田，分给贫下户欠丁田等，都无补于均田制的崩溃和社会矛盾的加深。这些矛盾最后终于以安史之乱为导火线和中心，来了一个总爆发，唐王朝也就走上了衰落的道路。

总之，既要充分估计农民战争后新封建王朝政策的历史作用，又不能忽视它的阶级实质、实施的历史条件和历史局限，过分夸大它的作用。

三

有些农民战争没有直接推翻旧封建王朝，而是促成了它的崩溃和瓦解，但是历史的进程来了一个顿挫，新的统一王朝和比较安定的社会生活没有立即出现，各个地方割据势力间争夺统治权力的战争代替了农民战争，成为社会最激烈的矛盾。各个地方割据势力的主要精力都放在处理地主阶级内部矛盾上，放在如何在混战中保存与壮大自己，削弱与消灭敌对的地主集团上。这些割据政权的一切政策措施都紧紧环绕着为争夺统治权力的战争服务这一中心目的。在这样的历史条件下，封建政权的政策措施的内容和作用比起紧随着农民战争后建立的新封建王朝来，自然有许多不同。

在战乱频繁，人口大量死亡流散，社会经济遭到严重破坏的情况下，如何保证军队的给养成了各个割据政权最迫切的问题②。许多割据势力采

---

① 《通典》卷 2 《食货典·田制下》。

② 五代十国时后唐庄宗同光三年（925）河南大饥，东都（洛阳）仓廪空竭，无以给军士。租庸使孔谦日于上东门外望诸州漕运，至者随以给军。后汉时，武将出身的史宏肇骂文臣："安朝廷、定祸乱，直须长枪大剑，至如毛锥子，焉足用哉！"同样不喜欢儒臣的管财政的三司使王章却反驳说："虽有长枪大剑，若无毛锥子，赡军财赋自何

取横征暴敛甚至更野蛮的做法。黄巾农民战争之后，地方割据势力一时并起，它们多"无终岁之计，饥则寇略，饱则弃余，瓦解流离，无敌自破者不可胜数"①。黄巢农民战争之后，许多藩镇所部"不耕稼，专以剽掠为资，啗人为粮"②。这种野蛮的做法对社会生产的破坏是十分严重的。这时，有些比较有远见的统治者，用组织人民生产，减轻一些剥削的办法来增加他们统治地区的社会财富，保证军需供给，也就是在设法让人民能活下去、得到一定的休养生息的前提下来从事榨取，在那样的历史条件下，这种做法就显得有重大的积极意义了。如三国时魏、蜀、吴的屯田，唐末五代十国时期成汭、高季昌、高从诲在荆南，韩建在华州，张全义在洛阳，杨行密、徐温、李昇在江淮，王潮、王审知在闽，钱镠在两浙等，都是有名的例子。由于这些政策是在农民战争给腐朽的地主势力以一定程度的打击的历史条件下施行的，政策的制定者与执行者又往往出身下层，经历或参加过农民战争，比较了解农民的生活与愿望，这些政策就在曲折隐晦的形式下反映了农民战争对历史发展的作用。

但是，由于封建制度与地主阶级的落后、黑暗、腐朽、反动的一面在农民战争中所受的打击不算最重，由于农民战争后紧接着出现的不是统一的王朝和安定的社会，这些政策的进步作用比起前节所述的紧随农民战争后出现的新王朝的政策来，局限性就更大一些。

首先，割据政权实行这些发展生产减轻负担的政策的目的，主要是为了支付浩大的军费，割据政权控制的地区一般较小，地区内生产一般没有完全恢复，战争又很频繁，因此，剥削数额的减轻是很有限的。曹魏屯田，持官牛者官得六分，民得四分，持私牛者与官中分，与私人地主地租剥削率相似。吴人张俨说诸葛亮"空劳师旅，无岁不征"，"国内受其荒残，

而集！"（《旧五代史》卷107《史宏肇传》）后周初，士兵有流言云郊赏薄者，郭威召诸将责之云："朕自即位以来，恶衣菲食，专以赡军为念；府库蓄积，四方贡献，赡军之外，鲜有赢余。"（《资治通鉴》卷291，后周太祖显德元年）反映了当时的一般情况和统治者的认识。

① 《三国志》卷1《魏书·武帝纪》注引《魏书》。
② 《资治通鉴》卷257，唐僖宗文德元年。

西土苦其役调"①。诸葛亮自己也在一条教令中说："今民贫国虚，决敌之资惟仰锦耳。"② 五代十国时，即使在那些恢复发展生产、减轻人民负担的政策执行较有成效的国家里，人民的负担仍然相当繁重。例如吴越的赋税重到"下至鸡鱼卵鷇，必家至而日取"③。科敛苛惨，民欠升斗，必至徒刑。南唐使臣至吴越，半夜听到好像麇麚号叫之声，天明询问，才知道是县司催税拷打百姓所发出的惨叫。苛敛结果，民多裸行，或以篾竹系腰④。由于剥削减轻有限，人民发展生产的积极性与实际成效就受到很大的限制。

其次，在封建割据混战的局势下，这些政策往往只能行于一时一地，一旦统治者更换，政权转移，新的战争一起，这些政策就被废弃。像五代时，后唐庄宗同光三年，河南大饥，伊、汝间饥尤甚，庄宗出猎，卫兵所过，责其供饷，不得，则坏其什器，撤其室屋以为薪，甚于寇盗，县吏皆窜伏山谷。次年三月，以军食不足，敕河南尹豫借夏秋税，民不聊生。四月，唐庄宗被杀，诸军大掠都城，张全义在洛阳几十年的经营，至此荡然。南唐初年，"中外寝兵，耕织岁滋"，李璟即位不久，到处用兵，"南生楚隙，西结越衅，晚举全国之力而顿兵于瓯闽坚壁之下。飞輓刍粟，征发徭戍，四境之内，为之骚然"，"未及十年，国用耗半"⑤，就是例子。

第三，由于战乱、社会生活的不安定、政局的动荡、旧地主势力未受到严重的打击及中央集权制度的削弱，封建政权那些积极的政策就更难彻底贯彻。像五代十国时，吴国统治者尽管注意人民生计，有些地方官却贪暴之极。徐知训在宣州聚敛苛暴，到扬州入觐吴王，伶人演戏自称宣州土地神，因知训入觐，和地皮掘来，故得到此⑥。张崇在庐江苛敛，及其入

① 《三国志》卷35《蜀书·诸葛亮传》注引张俨《默记》。

② 《太平御览》卷815《布帛部二·锦》。

③ 《新五代史》卷67《吴越世家》。

④ 《江南余载》卷上。

⑤ 《钓矶立谈》。

⑥ 《江南余载》卷上。

觐，境内人以为他不会回任，欣喜相告："渠伊必不复来矣。"崇回任后即计口征"渠伊钱"。后又入觐，庐人不敢交语，路遇时以目相视，捋须为庆，以为不再回任，张崇再次回来，竟向人民征取"捋须钱"①。而吴国统治者对于这类无法无天的地方官，几乎没有采取任何措施。

至于地主阶级内部关系的调整，则是通过比较复杂的途径来实现的。由于农民战争未能直接摧毁旧地主势力的总代表——旧封建王朝，对地主的打击就不如那些直接摧毁旧王朝的农民战争来得重。虽然，有些旧地主势力在割据战争中削弱或消灭了（如唐末五代时的宦官、河北藩镇及士族地主），新封建政权也和旧地主势力做过一些斗争（如曹魏之对士族地主的斗争，朱温之打击宦官、河北旧藩镇势力与士族地主），但是，无论是战争的打击或新封建王朝的斗争，比起直接推翻旧王朝的农民战争及其后建立的新王朝来都更不彻底。特别是那些拥有一定武力，在战乱中乘时而起的地方豪强，它们一般就是地方割据势力的主要阶级基础，更是不但未受多少限制与打击，反而取得不少特权，得到发展。而农民则并没有因地主阶级内部关系的变化而得到多少好处。

至于像西晋和北宋这样新的统一的封建王朝，不是直承农民战争之后，而是直承割据混战之后，它们政策中的主要部分是如何调整地主内部关系，如加强中央集权或分封诸王，限制武将兵权，重文轻武，优待地主贵族，制定及发展取士任官制度等等。发展生产的措施虽然也受到一定的重视，但是由于没有伴随打击豪强与减轻剥削的措施，收效并不大。如果说在这些王朝建立之后社会经济有所发展的话，更重要的原因应该是直接来自社会的统一和安定，而不能过高估计封建王朝政策的作用。

由此可见，在割据混战局面下的封建政权所施行的某些政策，虽然在当时历史条件下也有其积极进步的一面，但比起农民战争后建立的统一的新王朝来，对农民让步的因素就更少一些，而其进步性与历史作用也就不免有更大的限制。

---

① 《江南余载》卷上。

四

历史上还有不少农民起义，爆发于部分地区，规模不算很大，时间也不很长，起义既没有推翻也没有瓦解原来的封建王朝。这类起义对历史发展的作用，是一个需要仔细探讨的问题。这些起义对封建政府政策的影响，起义后封建王朝政策的变化及其作用，也比较复杂。大体说来，以下三类情况是比较常见的。

第一类情况是爆发在一些新封建王朝建立初期的农民起义，如北宋初年四川王小波李顺起义，明初山东唐赛儿起义就是。这些统一新王朝的建立，不论是紧随在农民战争之后还是紧随在割据战争之后，总是反映了历史发展的趋势的。尽管局部地区阶级矛盾很尖锐，以致爆发了农民起义，但是从全国范围来说，地主阶级的统治是稳定巩固的，社会经济也正在向上发展，还没有出现全国性的社会危机和全国农民起义的形势。因此，这些爆发在局部地区的起义之没有也不可能决定历史发展的总进程是必然的。一般说来，在这些起义爆发之前，封建王朝已经制定与施行了一系列的制度和政策，如宋初的中央集权、重文轻武、奖励耕作、不立田制、优待地主等等政策，宋太祖时已经制定并且执行；明初的开垦荒田、减轻徭赋、中央集权、惩治贪污等等政策，明太祖时即已制定并且执行。从现有记载看，王小波李顺起义及唐赛儿起义之后，这些从开国之初即已制定并实施的基本政策，并未发生什么重大的变化，也没有添加什么新的内容。说这些农民起义并没有引起封建王朝政策的重大变化或发展，应当是合乎历史实际的。[1]

第二类情况是爆发在一些封建王朝中期的农民起义，如唐代宗时期的

---

[1] 王小波李顺起义后，北宋政府曾下令蠲免过川峡一带的赋役，但这不过是在起义地区实行的一种措施，谈不上封建王朝基本政策的变化，也没有在全国范围内发生过什么影响。有的同志根据这种材料再加上一些与农民起义无关的材料，断言北宋在王小波李顺起义后接受教训，在全国范围内采取对农民让步的政策，是缺乏充分的根据的。这个问题，下节还有说明。

江南农民起义，明中期的叶宗留邓茂七起义、荆襄流民起义、刘六刘七起义等。这些起义是在封建王朝的社会危机已经相当严重的基础上爆发的。因此起义给了地主阶级和封建王朝一定的打击，也促使封建王朝的政策作了一些改变。例如唐玄宗时，"均田制"逐渐破坏，土地兼并、人民流亡、剥削苛重、政治黑暗、统治阶级奢侈腐化等现象日益严重，边境形势紧张，出现了外重内轻的局面，唐王朝产生了严重的危机。这次危机的爆发以安史之乱为导火线及中心，同时，全国各地此起彼伏的农民起义，特别是爆发在江南的袁晁、方清陈庄两支起义，更加深了这次危机的深度与广度。由于江南农民起义爆发在唐朝财赋所出的主要地区，给唐王朝的打击并不很轻，与安史之乱一起促成了唐王朝某些政策制度的改变，如租庸调法之最后废弃，及在部分地区采取恢复发展生产、均平赋役负担的措施等。这些政策措施对于缓和江南地区的阶级矛盾，恢复与发展江南地区的经济，起了一定的积极作用。明朝中叶，皇帝、宦官、贵族带头掠夺土地，皇庄大量增加，官僚豪强占夺土地更形剧烈，不仅夺民田而且侵及军卫屯田。随着土地兼并的发展及豪强的隐瞒，弘治间税田总额比洪武时减少一半而税粮总额基本未减，田赋大量转嫁到农民头上。加上银米准折率从正统时的银一两当米四石变为成化时的一两当米一石，折银缴粮的农民的实际负担无形中增加到四倍。役法也日益繁重败坏。这样，就引起了人民大量流亡，弘治元年（1488）全国在籍人口竟比洪武时减少了一千万。与此同时，从英宗正统年间起，宦官专政的局面开始出现。统治阶级日益腐朽，政治日益败坏，外患日益深重。在明中叶严重社会危机的基础上，爆发了正统年间的浙江福建江西一带的叶宗留邓茂七起义，成化年间的荆襄流民起义，正德年间转战全国多数省份的刘六刘七起义。这几次起义都引起了封建王朝政策的部分改变。以矿徒及破产农民为主力的叶宗留邓茂七起义，曾经迫使明政府暂时减免浙江福建等处的赋税和矿课，惩办贪官污吏，对这带地区的地主恶霸稍加限制，起义后十多年间，政府对矿业的统治政策不敢严格执行，取消"盗矿"的死刑处分。起因于明政府禁山政策的荆襄流民起义，迫使明政府开放了部分的山禁，部分地承认人民屯垦及占有土地的权利。刘六刘七起义给明王朝的打击更大一些，曾经迫使新即位的嘉靖帝较严格地管理宦官，"故内臣之势，惟嘉靖朝稍杀"①。又革锦衣卫冒滥军校三万余人。派人查核皇庄及勋戚田土，退断侵占民地二万余顷。取消皇店，废去皇庄名称。对政治多少做了一些改革，对农民多少做了一些让步。因此尖锐的阶级矛盾暂时有所缓和，明王朝的统治又稳定了一段时期。

然而，封建王朝和地主阶级并没有在这些起义中受到沉重的打击，因此起义后政策的变化并不很大，施行程度也不彻底，其作用也就不能与农民战争后新封建王朝的政策相比了。唐朝在安史之乱和江南农民起义以后就进入了衰落时期，一直走下坡路。嘉靖"新政所厘正，多不便于奸豪贵幸之家"②。在反动的大地主集团的攻击抗拒下，嘉靖初年的一些微弱的改良措施不能彻底施行，不久即弊端丛生，社会危机仍然持续发展下去。

第三类情况，在封建王朝的晚期，社会危机已经发展到了极端严重的地步。封建统治者不能再照旧统治下去，农民也无法再照旧生活下去了。全国性的农民革命正在酝酿之中。在这种情况下，常常有一些地方性的，规模较小的农民起义作为全国性的农民战争的前奏而出现。如唐末的浙东裘甫起义、徐州庞勋起义，北宋末的北方宋江起义，浙江方腊起义等都是。这些起义因为阶级力量对比悬殊和起义军本身的缺点而遭到失败，但引起起义的原因没有也不可能消失。封建王朝已经腐朽到了无力自救的地步，不可能做出什么认真的努力来挽救自己的命运。即便有些措施，也由于统治机构的腐朽和地主豪强的抗拒而不可能真正贯彻施行。另一方面，农民也不再把希望寄托在统治者的点滴改良上，而是热切地要求通过革命斗争来改善自己的命运。因此，在这些农民起义之后，我们看不出封建王朝的政策有什么重大的变化，看不出地主阶级还有什么带进步性的作为。改造社会，涤荡积垢，推动历史前进的任务就直接由伟大的全国性的农民战争承担起来了③。

---

① 《明史》卷304《宦官传》。

② 《明世宗实录》卷1，正德十六年四月己酉。

③ 北宋方腊、宋江起义之后没有继之以全国性的农民战争，是因为社会主要矛盾随着女真的进攻发生了变化。历史进行的方向改变了。

由此可见，对这些规模较小的，没有推翻或瓦解旧封建王朝的农民起义后封建王朝政策的变化，及这种变化对历史发展的作用，是不能和那些在农民战争后建立的新封建王朝的政策及作用相提并论的。

五

有些同志对农民战争后封建王朝的政策往往做了不完全适当的估计。他们把封建王朝的政策的内容简单地归结为对农民让步，同时又常常过分扩大这种所谓对农民让步政策的适用范围，过高地估计了它对历史发展的作用。

在前几年的中国农民战争史研究中，有些同志不论对哪一次农民起义或农民战争，都常用一种固定的方式来表述，即：土地集中和地主阶级残酷的剥削压迫激起了农民革命；革命打击了地主阶级，教训了封建统治者，迫使他们实行对农民让步的政策，阶级矛盾缓和了，社会经济恢复并发展起来；然后，又是土地集中和地主阶级残酷地剥削压迫农民，于是再度激起农民革命。

这样的表述方式并不是很妥当的，仅从农民革命的历史作用方面来看，就有以下一些问题。首先，这样的表述容易导致把复杂的历史过程简单化，容易使人把两千年来中国历史上的几百次农民起义和农民战争，不管是大是小，是全国性的还是地方性的，是推翻了原来的封建王朝还是没有推翻原来的封建王朝，是与民族斗争有联系还是没有联系，都看成一样，而忽视了各次农民革命的特点，和在不同历史条件下各种类型的农民革命对历史发展的具体作用。另一方面，这样的表述又容易给人一种两千年来的几百次农民起义和农民战争只是周而复始地循环的印象，而忽视了农民革命本身从低级到高级的发展，和中国封建社会如何在农民革命的推动下前进。

其次，这样的表述容易使人把农民革命的历史作用仅仅归结为封建王朝被迫让步这一点。封建王朝的政策是农民革命的历史作用在封建上层建筑方面的体现，往往间接地集中地反映了农民革命后社会变化的某些方面，并且又对社会的变化起着很大的作用，应当重视并细致研究，但却不能把农民革命对历史发展的作用仅仅归结为这一个方面。这样的表述不仅不全面，还容易使人产生错误的印象，好像农民革命的作用只能间接地通过统治阶级的活动来实现，而起义后社会的发展进步则完全是封建王朝实行对农民让步政策的结果。这就容易导致低估人民群众及阶级斗争对历史发展的直接推动作用。

第三，由于谈到农民革命的历史作用时，只强调封建王朝对农民让步这一点，有些同志就把这种表述方式当成了"套语"，他们不管研究哪一次农民起义和农民战争，总要设法论证封建政权实行过让步政策。这样，常常不免把一些没有什么关系的材料生拉硬扯地算做封建政权的让步措施，或者片面渲染统治阶级几条欺骗性的和未曾认真实行过的诏令文告，或者随便抽出几条个别的、偶然的、孤立的材料，不适当地把它们当成全国性的政策，而无视大量的反面材料，从而使得他们的研究带了不少主观臆断的成分。

由于上述表述方式的影响，在有些同志那里，对农民让步政策的适用范围被不适当地扩大了。他们不仅把农民战争后封建王朝保护与发展地主力量，调整地主阶级内部关系的一些措施都当成了对农民让步，而且把地主阶级在农民革命高潮中作为镇压辅助手段而颁布实行的一些缓和剥削与压迫的措施，也看成是对农民让步，而忽视了决定这些措施的性质与作用的历史环境。这是不妥当的。

封建政权在镇压农民革命过程中颁布与实行的这类缓和剥削与压迫的措施，大体上有以下几种情况。

一种情况是，为了欺骗人民，麻痹起义，封建皇帝常在镇压起义过程中，下一些空洞的"罪己诏"。这种东西是当不得真的。

宋太宗淳化五年(994)，宋军在击败李顺起义军主力、夺回成都之后，继续对起义军余部和四川人民进行残酷的镇压和屠杀。"俘斩甚众"，"斩首二万级"之类的记载，不绝于书。而四川宋军军纪之坏，也到了令人发指的地步。在起义临近最后失败的这年九月，两手血污的宋太宗一面遣使督促四川宋军加紧"讨捕余寇",一面又以"蜀寇渐平"为名,下诏罪己,说什么"念兹失德,是务责躬,改而更张,永鉴前弊,虽既往不咎,乃前典之格言,而罪在朕躬,亦先哲之垂训,而今而后,庶或警余"①。只要看一看当时阶级斗争的实际和四川宋军的作为,这个空洞诏书的欺骗性是十分明显的。把这类诏书当作对农民让步,是没有什么根据的。另一种情况是,在镇压起义过程中,封建政府常常大量颁布减免赋税之类的"恤民"诏令,这多半也是当不得真的。当时,革命与反革命正在进行决死的战斗,统治阶级的主要力量都放到了镇压起义的战争上去,社会秩序又极混乱。这类措施多半不会也不能执行。有时,措施中的规定还是农民在斗争中已经到手的胜利果实,实际上不起什么作用。

例如,唐僖宗乾符元年(874)正月,翰林学士卢携因关东去年大旱,建议"敕州县,应所欠残税,并一切停征,以俟蚕麦,仍发所在义仓,亟加赈给"。虽然"敕从其言,而有司竟不能行,徒为空文而已"②。乾符二年(875)的南郊赦文,更是洋洋洒洒,近七千字,列举准备施行的各类"仁政"四五十条。③类似的诏令,僖宗时还发布过好几道。但当时的社会情况,却是"自懿宗以来,奢侈日甚,用兵不息,赋敛愈急。关东连年水旱,州县不能以实闻,上下相蒙,百姓流殍,无所控诉,相聚为盗,所在蜂起"④。就在赦文发布的前后,王仙芝自山东起兵,"檄诸道,言吏贪沓,赋重,赏罚不平"⑤,自称"天补平均大将军"。乾符二年夏,黄巢起兵响应,二军会合,众至数万,"民之困于聚敛者争归之"。这一年,除王仙芝、黄巢转战于山东河南之外,王郢起兵于浙西,中原"群盗浸淫,剽掠十余州,至于淮南,多者千余人,少者数百人"⑥,全国性的农民战争高潮正在形成中。唐政府一面派大军镇压,一面"敕福建、江西、湖南诸道

① 《宋大诏令集》卷 187《蜀盗平罪己诏》。
② 《资治通鉴》卷 252 唐僖宗乾符元年。
③ 《唐大诏令集》卷 72《乾符二年南郊赦》。
④ 《资治通鉴》卷 252 唐僖宗乾符元年。
⑤ 《新唐书》卷 225 下《黄巢传》。
⑥ 《资治通鉴》卷 252 唐僖宗乾符二年。

小波李顺起义没什么关系（人们很难理解，北宋政府免河南、安徽一带受灾人民的逋赋及不许江浙福建人将负债者家口没为奴婢，与爆发在四川的农民起义有什么联系），剩下的那些，在起义高潮中颁布的免除逋负的诏令不过是军事镇压的辅助手段，起义后颁布的，顶多不过能暂时减轻农民一点负担。其实，翻开《宋史》本纪，这类减免赋税的诏令不绝于书，宋太祖时即有40条左右，太宗时王小波李顺起义前后各十余条。《宋史·食货志》云："宋克平诸国，每以'恤民'为先务。……一遇水旱徭役，则蠲除倚格殆无虚岁。倚格者后或凶歉，亦辄蠲之。"①可见这是北宋开国以来一贯施行的"国策"，即使其中有些是因王小波李顺起义而采取的，但凭几条充其量只能减掉农民小量负担的诏令，把它们从类似的诏令中孤立出来，断言这是北宋政府受到农民起义的深刻教训后实行的对农民让步政策，是难免有断章取义之嫌的。

不仅如此，我们固然要注意封建王朝制定了什么样的政策，但同时也要看这些政策是在什么样的历史条件下施行的，在当时社会生活中究竟起什么作用。

还以北宋为例，尽管北宋统治者是把经常蠲除赋税作为"国策"了，但这种国策施行的效果是大大值得怀疑的。北宋一开国，就是"田制不立，甽亩转易"②，放任地主官僚兼并土地，以致到11世纪初的仁宗时，已是"势官富姓，占田无限，兼并冒伪，习以成俗"③，土地集中的情况相当严重。赋役负担虽比五代轻点，也还是相当苛重。太宗时，畿甸之民已苦税重，至于差徭，京畿周环二十三州，虽由于"诏书屡下，许民复业，蠲其租调，宽以岁时。然乡县扰之，每一户归业，则刺报所由。朝耕尺寸之田，暮入差徭之籍，追胥责问，继踵而来，虽蒙蠲其常租，实无补于捐瘠"④。京畿一带尚且如此，其他地方可想而知。类似的材料，史不绝书。

---

① 《宋史》卷174《食货志·赋税》。

② 《宋史》卷174《食货志·赋税》。

③ 《宋史》卷173《食货志·农田》。

④ 《宋史》卷173《食货志·农田》。

可见，太宗的日与群臣进求"轻赋薄敛之制"①，不过是官样文章，即使"蠲除倚格殆无虚岁"，农民也得不到多少真正的好处。当然，在这样的历史条件下，社会经济还是由于种种原因（如统一和安定等）在曲折地发展着。简单地断言北宋政府蠲除逋赋之类的措施就是对农民让步，又把这些所谓的对农民让步的措施当成促进社会经济繁荣的主要的甚至惟一的原因，这样既不对大量材料进行具体分析，又不从历史全局出发一再推论，是很难不带有主观臆断的成分的。

总之，研究农民战争后封建王朝的政策及其作用，决不能只局限在对农民让步这样一个框子里面。谈到对农民让步，又不能只根据封建王朝的几道诏书，几通言论，几件"善行"就下断语。只有从历史的全局出发，掌握大量经过分析的材料，掌握了封建王朝的政策的阶级实质，把它和封建社会主要矛盾的发展变化与历史发展的主要趋势联系起来考察，并且根据当时的历史条件，具体分析这些政策措施实际施行的情况，对历史的发展起了什么作用，才能避免简单片面的缺点，有助于真正阐明历史的规律，有助于阐明农民革命的历史作用。

（刊载于《新建设》1963 年 3 月号）

---

① 《宋史》卷 173 《食货志·序》。

述 "社邑"

社邑（社）是中国古代的一种基层社会组织。其性质、类型、组织形式、活动内容、所反映的阶级关系以及在社会生活中的作用，随历史的发展而不断演变。①

---

① 本文写作时，主要参考了以下论著，并吸收了其中有关的研究成果。

瞿宣颖：《中国社会史料丛钞》甲集九《传说·社》及该书其他部分有关记载，又《述社》（《东方杂志》第 28 卷第 5 号，1931 年署名兑之）。

张雪影：《中国社团之史的考察》（《文化建设月刊》第 3 卷第 5 期）。

守屋美都雄：《社的研究》（《史学杂志》59 卷 7 期，1950 年。

杨宽：《试论中国古代的井田制度和村社组织》，《古史新探》，中华书局 1965 年版。

李亚农：《中国的封建领主制和地主制》第一章 "中国古代的村社制度"，上海人民出版社 1961 年版。

劳榦：《汉代社祀的源流》，《历史语言研究所集刊》第 11 本，1947 年。

山崎宏：《关于隋唐时代的义邑及法社》（《史潮》3 卷 2 期），又《中国中世纪佛教的扩展》（东京：清水书店 1942 年版）第 3 部有关章节。

那波利贞：《关于唐代的社邑》，《史林》23 卷 2—4 期 1938 年，《关于按佛教信仰组织的中晚唐五代时代的社邑》，《史林》24 卷 3、4 期 1939 年，又《唐代社会文化史研究》东京：创文社 1974 年版。

竺沙雅章：《敦煌出土 "社" 文书的研究》，《东方学报》（京都）第 35 册 1964 年，又《中国佛教社会史研究》，京都：同朋舍 1982 年版。

谢和耐：《中国五—十世纪的寺院经济》，耿昇译，甘肃人民出版社 1987 年 5 月版。

卢向前：《马社研究——伯三八九九号背面马社文书介绍》，北京大学中国古代史研究中心编《敦煌吐鲁番文献研究论集》第 2 辑，中华书局 1983 年版。

铃木中正：《宋代佛教结社的研究》，《史学杂志》第 52 卷 1—3 期。

长部和雄：《关于宋代的弓箭社》，《史林》第 24 卷 3 期。

杨讷：《元代农村村社研究》，《历史研究》1965 年第 4 期。

宁可：《汉代的社》，《文史》第 9 辑，中华书局 1980 年版；《关于汉侍廷里父老僤买春秋以前的社是农村公社的组织。当时，村社通称邑、里，其所奉祀的社神（土神），即村社的保护神。奉祀社神的地方称为“社”。于是这种村社组织也有径称“社”的。社神是邑、里中最重要的神祇，其标识一般是一株大树或丛木；有的则进一步封土为坛，坛上或为树，或奉木或石的“社主”；还有修筑围墙或祠屋的。每年春、秋及岁终举行隆重的社祭，邑、里全体居民参加，用以祈年报功，祭后宴饮行乐。除去定期祭祀外，遇有大事，或求雨止雨、禳救日食、大水、火灾等，也要祭社。社祭是邑、里居民最重要的社会性的祭祀和娱乐活动，而社下也就成了邑、里公众集会的当然场所。

西周奴隶主贵族利用邑、里这种现成的村社组织形式来统治本族和被征服的他族人民，邑、里成了被奴役被榨取的单位，带有奴隶制国家基层政权的性质，邑、里首领里宰、父老等，原是村社首领，这时更主要地是奴隶主贵族在村社中的代理人。在邑、里之上的各级政权，从诸侯到周王，也都各各置社，作为奴隶主占有土地的象征。

春秋战国时期，作为农村公社基础的村社土地占有制——井田制崩溃了，村社从而解体。尽管组织生产和生活互助的职能还在某种程度上保留着，但随着分配份地这一主要的经济职能的消失，邑、里基本上失掉了村社组织的性质，而村社原来的政治职能则由于形成中的专制主义中央集权国家的需要而突出出来，终于到战国时使邑、里变成了基层行政机构。但村社的某些职能特别是社会职能，如祭社、集体宴乐等，仍然保留在里的活动中。作为基层政权的里与作为农村公社残留的社是结合在一起的，可以称之为里、社合一的制度。不过这时的社神，已逐渐不再具有建立在村社土地所有

田约束石券》，《文物》1982 年第 12 期)，《记晋〈当利里社碑〉》，《文物》1979 年第 12 期；
《唐宋时期的社》（未刊稿）。

本文的先秦部分大体根据杨宽、李亚农的意见。汉代部分基本上是我自己的意见。两晋南北朝隋唐五代两宋的佛教结社及宋代弓箭社，大体上参考了日人研究成果，其他部分基本上是我自己的意见。元代部分主要根据杨讷的意见。

本文所据史料，凡上述已发表的论著（特别是国内的论著）引用过的，少注或不注，未引用过的，选择一部分简注出处，少数略作说明。

制基础上的农村公社保护神的重要身份，而下降为与土地所有制无关的一般意义上的本里的田土之神了。此后迭经演变，就成了后世的土地神。

恩格斯说过，古希腊的氏族公社到国家建立以后，就"下降为私人性质的团体和宗教会社"①。中国古代农村公社的瓦解是在国家建立以后，但其演变趋势也相类似，只是由于中国社会的特点及专制主义中央集权国家的利用和干预，社的演变过程更加复杂一些。

汉代仍然继续了战国以来的里、社合一的制度。中央、郡国、县、乡、里各级行政机构都立有社。乡以上的社由政府设置，官府致祭。里社则由居民自己组织祭祀，即以里名为社名，称某某里社，里的全体居民不论贫富都参加。每年春二月秋八月上旬的戊日举行社祭，祭后在社下宴饮行乐，费用由全里居民分摊，有时也采取捐献的办法。除去集体的祭祀外，个人也常向社神祈福、立誓、禳病。领导社事的是里正、父老，里、社在组织上是合一的，社的活动即为基层行政机构——里的职司的一部分，并得到封建国家的认可与支持。社祭时的具体执事者称社宰、社祝、祭尊，是宗教巫术者的称谓。社的活动的参加者并没有专门的称呼，反映了当时里、社尚未分离的情况。不过，与先秦相比，汉代里虽普遍立社，但已出现与里有别的"里社"一辞；社神和社祭的地位有所降低；里中居民对社的活动的态度随贫富分化而不一，已开始带有自由参加的色彩。这些都说明了汉代里与社的关系开始出现了分离的迹象，社的活动开始出现了私人化、自愿化的趋向。

但汉代里、社分离和社的活动的私人化、自愿化的趋向的最重要的表征还不在于里社内部的变化，而是在传统的里社之外，出现了其他类型的社。其中有的是按阶级和职业结合，例如居延地区即有边郡部吏敛钱社会的记载；更多的则是里中部分居民自己建立的私社。这些社中，有些是为了某种特定目的而结合的，社的职能往往在社名上反映出来。像东汉缑氏县侍廷里居民 25 人组成的"父老僤"（僤即单、弹，当是社的别称），其

---

① 恩格斯：《家庭、私有制和国家的起源》，《马克思恩格斯选集》第 4 卷，人民出版社
   1972 年版，第 114 页。

职能即为共同敛钱买田,以其收获供僎的成员轮次充当里父老的费用。东汉有的地方官为百姓组成的"正弹",其职能则是均摊更役,并募钱雇人充役。此外,尚有"酒单"、"宗单"、"同志单"、"孝子单"等。东汉末年的张鲁农民起义,亦曾利用社作为组织形式。①

由上可知,汉代的里社已经如恩格斯所说的那样,下降为主要从事祭祀活动的宗教会社,但仍受到封建政府的控制。而里社之外的私社,私人团体的色彩则比较鲜明,有的且曾遭到地方政府的禁断。

汉末三国两晋南北朝,战乱频仍,人口流散,再加上门阀世族占有大量户口,封建国家的户籍制度隳坏,汉代严整的里制已无法维持,里、社合一、全里居民参加的里社制度不免瓦解。从洛阳出土的西晋《当利里社碑》,可以看到当时这种里社虽然仍是地域即同里居民的结合,但已在三个方面与两汉的里社有别,一是社与里分离,单独组织单独活动,主持社事者不再是里正、父老,而是有专门称谓的社老、社正、社掾、社史;二是非里中全体居民参加而系部分居民的结合,参加者已有"社民"这样的专门称呼;三是除传统的社祭外,可能还有其他职能。这种改变了的里社,其性质和活动内容已与私社没有多大区别了。

这时,私社大为发展。有适应门阀世族制度和战乱中举族迁徙或聚保的需要,以宗族地望关系为纽带而结成的"宗社";② 有按阶级和职业结

① 此问题当另为文论述,此处仅略作说明。《后汉书》的《刘焉传》、《张鲁传》及注引《典略》、《华阳国志·汉中志》等均云,张鲁在汉中建立的农民政权不置长吏,以祭酒为理,祭酒正好是"单"(即社)的主事者的称谓(汉印有"益寿单祭酒",见陈直《汉书新证》,第403页)。受其道者,"其供通限出五斗米",但亦"输米肉布绢器物纸笔荐席五采"(《广弘明集》卷8《二教论·服法非老九》)。诸祭酒备立义舍于路,置义米、义肉其中,行者取之,量腹而已,不得过多。这种带有生活互助性质的组织活动,正好是社的特点。又《广弘明集》卷8《二教论·服法非老九》云"三张之鬼法"是:"左道余气,墓门解除。春秋二分祭灶祠社,冬夏两至祀祠同俗,先受治录,兵符社契,皆言军将吏兵,都无教诫之义。"(《广弘明集》卷9《笑道论·事邪求道二十》文字略同)则五斗米道利用了传统的社的形式作为宣传宗教,组织群众的手段甚明。

② 汉印有"宗单",似即宗社的滥觞。《全唐文》卷3《高祖立社诏》:"吉日惟戊,亲祀太社。……州县致祀,宜尽祇肃。四方之人,咸勤殖艺,别其姓类,命为宗社,京邑

成的社；最盛行的则是东晋末南北朝时随佛教流行由信徒组成的"邑义"。邑义主要流行于黄河流域，一般按村邑或宗族组成，在僧人参加或指导下，结集人众，聚敛财物，从事造象、修寺、建塔、营斋、诵经等活动。其主事者名目繁多，主要有邑主、邑长、邑维那、邑师等，参加者称"邑子"、"邑人"。规模一般为十余人到数十人，有的达数百人甚至千人以上。邑义实际上是寺院地主和世俗地主借助佛教统治、剥削群众的组织。这种邑义一直流行到隋唐五代。

尽管里、社已经分离，但封建政府出于自己的政治需要，总想借行政力量把社纳入官府控制之下，里中全体居民参加，使它成为封建地方基层行政机构的辅助组织。梁制民 25 家为一社，陈因梁旧，隋令百姓亦各立社，① 并于文帝开皇五年（585）令各州百姓及军人输纳粮食于当社，建立社仓（亦称义仓），由社司掌管，以备饥年赈给 ②。但社仓不久即移归州县管理，③ 所纳粮食变为按户等征取的定额税。④ 到唐太宗时，改为

庶士，台省群官，里闬相从，共遵社法，以时供祀。"《唐会要》卷 22 高宗咸亨五年三月十二日诏："春秋二社，本以祈农，比闻除此之外，别立当宗及邑义诸色等社。……"则前此当有"宗社"一称。这种"宗社"既与里闬相从的祈农的社不同，也与佛教信仰或朋友之间结合的邑义有别。又称"别其姓类，命为宗社"，推知当为门阀世族制度下以族姓地望为主体（即所谓"邑族"）而组成的社。《隋书》卷 77《李士谦传》："李氏宗党豪盛，每至春秋二社，必高会极欢，无不沉醉喧乱。"也可能就是这类宗社。敦煌遗书伯三九八九社约（894 年立社），结社人自称"敦煌义族后代儿郎"，既称"义族"，则非同一宗族，但又自称"义族"，似乎也反映了这种宗社传统的遗迹。

① 《隋书》卷 7《礼仪志》。

② 《隋书》卷 24《食货志》：（开皇）"五年五月，工部尚书襄阳县公长孙平奏曰：令诸州百姓及军人，劝课当社，共立义仓。收获之日，随其所得，劝课出粟及麦，于当社造仓窖贮之，即委社司执账检校，每年收积，勿使损败。若时或不熟，当社有饥馑者，即以此谷赈给。自是诸州储峙委积。"

③ 《隋书》卷 24《食货志》开皇十五年二月诏，十六年正月诏。令将西北各州"义仓杂种，并纳本州"，"社仓并于当县安置"。《旧唐书》卷 49《食货志》载贞观二年四月戴胄言："及大业中年，国用不足，并贷社仓之物，以充官费。"可知当时全国社仓均已移归州县管理。

④ 《隋书》卷 24《食货志》：（开皇）"十六年二月，又诏：社仓准上中下三等税。上户不

义仓据地收税，每亩二升，成为正式的国税即地税，① 完全与社脱离了关系。

唐一建国，就下诏强调社祭，令民间普遍立社。② 春秋二次社日仍是民间的盛大节日。③ 里(村)社的职能除去社祭外，还起着基层政权机构的辅助组织的作用，如与村正等一起督趣耕作④、团保防盗⑤、应官差遣⑥等。里社的首领称社正⑦、社官⑧、社长⑨、录事⑩，社众则因避唐太宗李世民讳由"社民"改称"社人"。⑪ 但在唐代文献中，里社的记载不多。

过一石，中户不过七斗，下户不过四斗。"

① 《旧唐书》卷49《食货志》，记武德元年九月四日，诏置社仓。贞观二年四月戴胄上言："今请自王公已下，爰及众庶，计所垦田稼穑顷亩，至秋熟，准其见在苗以理劝课，尽令出粟，稻麦之乡，亦同此税。各纳所在，为立义仓。"户部尚书韩仲良奏："王公已下垦田，亩纳二升。其粟麦粳稻之属，各依土地。贮之州县，以备凶年。""可之。自是天下州县，始置义仓，每有饥馑，则开仓赈给。"

② 《全唐文》卷3高祖立社诏。此诏颁行时间，《唐大诏令集》卷73作武德元年，《唐会要》卷22《社稷》作武德九年。

③ 《贞观公私画史》(《王氏画苑》卷1)载有"田家社会图"(史道硕画，隋朝官本)、"村社集会图"(王廙画，隋朝官本)。唐诗中如杜甫《社前遭田父泥饮诗》、王维《凉州郊外望游诗》、韩愈《赛神诗》等，均描写了农村社日景象。敦煌遗书中的历书如五代宋初时的《大唐同光四年具历》(伯三二四七)，《雍熙三年丙午岁具注历》(伯三四〇三)均为当地政府官颁，其中社日均以红字注出，足见其为官定的祭日。此后两宋迄于明清，社日的盛况仍然不衰。

④ 《大谷文书》二八三八，武则天时期敦煌县官文书(《敦煌吐鲁番社会经济资料》第29—30页，又图版)。《旧唐书》卷105《宇文融传》：(玄宗)"乃下制曰：……宜委使司与州县商量，劝作农社，贫富相恤，耕耘以时。"

⑤ 敦煌遗书伯三三七九《后周显德五年阴保山等牒》。

⑥ 《大谷文书》二八三八。又顾况《田家》："带水摘禾穗，夜捣具晨炊。县帖取社长，嗔怪见官迟。"(《全唐诗》卷267)

⑦ 《通典》卷121《礼》81《诸里祭社稷》。

⑧ 《大谷文书》二八三八。

⑨ 《大谷文书》二八三八。

⑩ 《通典》卷121《礼》81《诸里祭社稷》。

⑪ 《通典》卷121《礼》81《诸里祭社稷》。

唐五代私社大盛，通称"社"、"社邑"①、"义社"②、"邑义"③、"义邑"④等。许多私社随自己的主要活动或社人成分而有专名，如亲情社⑤、官品社⑥、女人社⑦、坊巷社⑧、法社⑨、香火社⑩、燃灯社⑪等等。这些私社大体有两种类型，一类主要从事佛教活动，如营窟⑫、造像⑬、修寺⑭、斋会⑮、写经⑯、刻经⑰、诵经⑱、

① 如敦煌遗书伯二七六七背，伯三二二〇背等。

② 如敦煌遗书伯二九九一，伯三二二〇背，伯三五四四等。

③ 如敦煌遗书伯二九四〇，伯三一二八背，伯三七三〇背，伯二二二六背，伯三七二二背，斯五五七三3，斯六五三七6，斯六五三七11，北图地字六十二号等。

④ 如敦煌遗书斯四八六〇背等。

⑤ 如敦煌遗书三一六四，斯五五六三二2。

⑥ 敦煌遗书伯二九九一背。

⑦ 敦煌遗书伯三四八九，斯〇五二七。又有"夫人大社"、"夫人小社"，见伯五五二九12。

⑧ 如敦煌遗书伯三四八九，斯四八六〇2。

⑨ 《旧唐书》卷166《白居易传》。

⑩ 《白居易集》卷41《唐江州兴果寺律大德凑公塔碣铭》有"菩提香火社"。中华书局1979年版，顾学颉点校。

⑪ 敦煌遗书伯二〇四九背，斯五八二八。

⑫ 如敦煌遗书斯三五四〇，伯二九三一背。

⑬ 如《全唐文》卷988《结金刚经邑会碑□□石弥勒像赞序》。

⑭ 如《代宗朝赠司空大辩正广智三藏上表制集》卷3，《酉阳杂俎》续集卷5《寺塔记》上《(长安)大同坊云花寺观音堂》，敦煌遗书斯四八六〇。

⑮ 敦煌遗书"社条"中常有"三长邑义"、"三长不阙"、"月六无亏"、"常年建福一日"、"建福三斋本分"等语。"三长建福"即每年正月、五月、九月禁屠月在寺院设的大斋会，"月六"即每月六次在社人家设的小斋会。

⑯ 如敦煌遗书北图果字六十七号妙法莲华经后署"社经王瀚写"，北图珍字八十四号金刚般若波罗蜜经后署"未年正月社人张庭休写一心供养"，《太平广记》卷116《僧义孚》："或有人窃社户所造经出货，义孚以廉价赎之。"

⑰ 见房山石经及其题记。

⑱ 如《续高僧传》卷38《益州寺僧宝琼传》、卷17《苏州武丘山智琰传》等。其中还因所奉诵的经不同而称"为华严社"（见《白居易集》卷68《华严经社石记》）、"金刚经邑会"（见注⑩）等。

念佛①、燃灯②、印沙佛③、行像④等，与寺院和僧人有密切关系，多数就是
寺院和僧团的外围组织，僧人参加或领导的也不在少数。⑤ 一类主要从事
经济和生活的互助，其中最主要的是营办丧葬，也有的还兼营社人婚嫁、
立庄造舍的操办襄助⑥，以及困难的周济、疾病的慰问、宴集娱乐、远行、回
归的慰劳等。⑦ 有些社则兼具上述两类社的职能。⑧ 而传统的社祭，往往仍是
这些私社的重要活动内容。⑨ 此外，还有农民组织的集资买牛的牛社，⑩ 士

① 《旧唐书》卷 171、《新唐书》卷 177 《高元裕传》，《宋高僧传》卷 21 《法照传》、《李
知遥传》。

② 敦煌遗书斯五八二八，伯二〇四九背，伯三二三四，敦煌石窟腊八燃灯分配窟龛名数。

③ 如敦煌遗书"社条"中常规定"逐年正月印沙佛一日"（伯三七三〇，伯五五二九 12，
斯六五三七 10，斯〇五二七），又有《义社印沙佛文》（斯〇六六三 2，斯六四一七 3）。

④ "行像"为佛诞日抬佛像巡行，见敦煌遗书伯三二三四背，伯二〇四九背，斯
四八一二。

⑤ 如贞观时润州栖霞寺僧智聪"乃合扬州三百僧俗，以为米社。人别一石，年一送之。
由此心粮供给，道俗乃至禽兽，通皆济给。"（《续高僧传》卷 20 《智聪传》）杭州龙兴
寺僧南操立华严社，"摄之以社，齐之以斋。……又于众中募财置良田十顷，岁取其利，
永给斋用。"（《白居易集》卷 68 《华严经社石记》）敦煌遗书内这类材料尤为丰富。社
文书中有僧人参加或领导社的记载的在十余件以上。寺院文书中亦有相当多的社与寺
院关系的材料。

⑥ 王梵志诗："遥看世间人，村坊安社邑。一家有死生，合村相就泣。"（《王梵志诗校辑》
卷 1）、韦挺《论风俗失礼表》（《全唐文》卷 154）。《唐会要》卷 38 《葬》。敦煌遗书中
有大量关于营办丧葬即"逐吉追凶"的材料。社条中几乎全有这方面的规定。有大量的
"兄弟社转帖"、"亲情社转帖"之类的，为死去的社人或社人家属营办丧葬的转帖，此
外还有营办丧葬时社人助物的清单"社司纳赠历"及社长代表全社致祭的"社祭文"。

⑦ 见敦煌遗书斯六五三七 6，伯三四四一，斯一四七五 3，斯五七五九。

⑧ 见敦煌遗书社条中的有关规定（斯六五三七 6，斯六五三七 10）。

⑨ 《唐会要》卷 22 《社稷》："天宝元年十月九日敕，社为九土之尊，稷乃五谷之长，春
祈秋报，祀典自尊。……其百姓私社，亦宜与官社同日致祭。"敦煌遗书社条中常
把"春秋二社旧规"作为社的主要活动之一，并有较具体的规定（伯三七三〇背，斯
五六二九，斯六五三七 6，斯六五三七 10，斯六五三七 11）。斯一七二五《祭社文》，
即系当时民间流行的私社祭社用的应用文范。

⑩ 《新唐书》卷 197 《韦丹传》载其兄韦宙宣宗时"为永州刺史，……民贫无牛，以力耕。
宙为置社二十，家月会钱若干，探名得者，先市牛，以是为准。久之，牛不乏。"

的营办丧葬，事先由主家按期缴纳一定的财物，及请酒办席，临事社众出财物、出车舆、出人力操办。投社、退社要申请，由社众决定。不遵社条要处罚，直到驱逐出社。可见，这种私社当时被认为是朋友之间从事共同事业、进行互助和教育的组织，已经摆脱了全体村里居民参加，共同活动的农村公社组织形式以及宗法血缘关系的束缚。社邑的这种变化，一方面反映了其自身在历史演进中逐渐成熟，另一方面也是唐五代时期土地买卖和租佃契约关系盛行，商品经济发展，农民对地主的封建人身依附关系削弱，门阀世族制度衰落等社会变化的反映。

这些私社尽管具有自由组织和自愿参加的性质，并具有经济与生活互助的职能，但实际上常在不同形式与不同程度上受到官府①、寺院②、官

---

① 像由官府兴办或直接控制的牛社、马社、渠社等即如此，不执行任务的还要受到官府的责罚（如敦煌遗书伯五〇三二渠人转帖中的"全不来，官中处分"，伯五〇三二渠人转帖中的"全不来，官有重责"等）。就是普遍流行的私社，也不免受到官府的控制，承受变相的赋敛和力役。敦煌遗书斯三九七八《丙子年七月一日司空迁化纳赠历》，是社人为某司空死葬纳物账单。竺沙雅章考证此丙子年为公元976年，此司空可能是当时敦煌地区的最高统治者曹延恭。但竺沙雅章因此纳赠历中有社官而无社长，从而推测这个社的社长可能即曹延恭，却缺乏根据。敦煌社文书中有社官而无社长的颇多（如伯二七〇八，伯三九七八，伯三七〇七，斯〇二七四2，斯一四七五3，斯一八四五，斯五六三二，斯六〇六六），纳赠历上无社长并不足以说明此社社长就是曹延恭。如果此社社长是曹延恭，则参加者必当主要为高级官僚武将及其家属，而不可能为一般平民，所纳赠之物也必然丰盛精致。但此社参加者中有官衔的不过是都知、都头、押衙等中低级武官，而且人数不多，社人中有一批只能是平民而非官员的名字，如索阿朵、张不子、张丑儿、张丑子、杨丑奴、念小头、李憨子等，所纳赠之物，也仅是普通的饼粟，且无具体数字。因此，这个社更可能就是一般的私社，所以纳赠并非本社成员死亡，实际是敦煌地区最高统治者死亡后由官府通令一般的社营办斋会或祭奠仪式的一种摊派。

② 社，尤其是从事佛教活动、作为寺院或僧团外围与基层组织的私社，受寺院控制的材料极多，这里不能列举。它们是寺院经济和劳力的重要来源。营窟、造像、修寺、斋供、讲经、燃灯、行像等宗教活动的费用、物资、土地、劳力等，相当一部分即由佛社贡纳，有些已成为定期的苛敛。寺院在定例之外对社的临时性的差敛也不少，如"忽然临时放帖，集点社人，敛索修理兰若及佛堂"，以致遭到社司的反对（敦煌遗书斯五八二八《不承修功德状》），社为僧人办丧事（伯二八五六背《营葬榜》）等。

僚、军将、地主、富户①的控制，为他们提供变相的赋敛和力役，成为封建统治者在经济上、思想上、政治上、组织上控制、奴役人民的一种辅助手段，其中尤以从事佛教活动的社邑为最。

唐时，私社对封建统治秩序的影响尚不显著，封建政府对之基本上采取放任的态度，只是从营办丧葬奢侈逾制的角度企图加以限制，②并曾一度禁断，③另外，则从佛教信仰的角度一度禁断私社杀生宴集，④但条法均不甚严格，也未收到多少实效。

宋代的社极为普遍，以致北方有些村庄径以某某社为村名。⑤由于历

---

① 由于许多社系各阶级、阶层居民混合结成，入社的官僚、军将、地主、富户自然在社内占有优势的地位。有些社的社长、社官、录事即此类人担任（如伯三一九二背，伯五五二九24，斯三五四〇）甚至即以这些人的名字为社名，如孔库官社、阎都衙社、都官社、夫人大社、夫人小社（均见伯五五二九12《庚寅年九月至辛卯年七月某寺支出历残卷》）、安押牙社（伯三四三四背《净土寺应庆于愿达手上交库日已后所收麦历》）。有的社的领导虽不是官僚、军将、富户，但社的活动仍对他们最有利，这尤以营办丧葬为然。唐俗重厚葬，居民"或结社相资，或息利自办，生业以之皆空，习以为常，不敢自废。人户贫破，抑此之由"（《唐会要》卷38《葬》载长庆三年浙西观察使李德裕奏）。从敦煌遗书看，结社营葬有种种具体详细的规定，大体先须交纳"三䭾"、"三件"之类的粮食财物，并"请上䭾局席"，即所谓"请赠"已了才有可能由社及其成员赠物出力帮助操办葬事。所出财物亦有等级，而营葬规格即据等级办理（斯六五三七6，斯六五三七10，斯六五三七11，斯二四〇一，斯六〇〇五，伯三七三〇背），这种规定只能对地主富户有利，他们交纳三䭾已了，请了上䭾局席，有丧事时，"众共助成"，"要车出车"，"要舆出舆"，还要享受社人的赠纳，而贫苦社人则因事先交纳不足而难于享受这种待遇，甚至因为无力交纳而被迫退社。（斯五六九八《罗神奴退社状》）。卢纶诗《村南逢病叟》："卧驱鸟雀惜禾黍，犹恐诸孙无社钱。"（《全唐诗》卷277）正是入社贫苦农民为缴纳社钱而苦恼的写照。

② 《全唐文》卷154韦挺《论风俗失礼表》，《唐会要》卷38《葬》载长庆三年十二月李德裕奏。

③ 《唐会要》卷22《社稷》载咸亨五年三月十日诏。

④ 《唐会要》卷41《禁屠钓》载天宝五载七月二十三日河南道采访使张倚奏。《唐大诏令集》卷9《天宝七载册尊号敕》）。

⑤ 《宋史》卷67《五行志》天禧五年九月丙寅条，卷89《地理志》天水军条，卷95《河渠志》熙宁七年十一月条。

史条件的变化，许多社的组织和活动呈现了新的内容。其中最重要的是具有了地方武装组织的职能。由于应付唐末五代的战乱环境，农村中的地方武装如土团，乡兵土兵等大量涌现。这些地方武装很自然地利用了社邑这样现成的组织形式。① 到了宋代，乡社武装遍处皆是，结社置办兵器，演习武艺，成为农村的普遍现象，② 这是唐代所未曾有过的。乡社的武装，往往在社祭及其他的迎神赛会活动中作为仪仗进行校阅，不时引起械斗及其它骚乱；③ 有些社众也不免凭借武装维护自己的权利；一些豪黠亡命之徒甚至组织"没命社"④、"霸王社"⑤，盗劫纵火，横行乡里。不过，由于乡社武装多半掌握在地主土豪手里，尽管有时破坏封建社会秩序，但其主要作用乃是巡警守隘，防盗缉贼，维持封建统治。特别是在南宋初期和中期，在官府的支持与组织下，不少乡社武装在镇压农民起义过程中起了恶劣的作用，其中尤以福建的"忠义巡社"⑥ 为最。

在西、北沿边地区，乡社武装除去防缉盗贼，主要执行着备边保境的职能，其中最著名的是澶渊之盟后在河北兴起的"弓箭社"，以及金兵南下时遍及大河南北的"忠义巡社"。⑦ 这类乡社特别是北方的忠义巡社，在抗击民族敌人的斗争中起了相当大的作用。此外，从唐朝军队中承袭下

① 《资治通鉴》卷284后晋开运元年"夏四月丁未，缘河巡检使梁进以乡社兵复取德州。" 胡注："乡社兵。民兵也。时契丹寇掠，缘河之民，自备兵械，各随其乡，团结为社以自保卫。"

② 见《宋史》卷1《太祖纪》开宝三年，《续资治通鉴长编》卷12开宝四年正月己未。《宋会要》166册《刑法》二，177册《兵》十一。《庆元条法事类》卷80《杂犯·杂敕》等。

③ 如《宋会要》166册《刑法》二，淳熙二年十月十七日中书门下省言。

④ 《续资治通鉴长编》卷117仁宗景祐二年七月壬寅诏。《宋史》卷348《石公弼传》。

⑤ 曾巩《元丰类稿》卷51《曾舍人（巩）行状》。

⑥ 《宋史》卷192《兵志·乡兵三》，卷193《兵志·召募之制》，《建炎以来朝野杂记》甲集卷18。《宋会要》172册《兵》2《忠义巡社》，《建炎以来系年要录》卷88绍兴五年四月戊午条，叶梦得《石林奏议》卷14《奏乞团结汀、漳、泉、建、剑五州民兵仍令长吏衔内带总管民兵措置盗贼状》、《申枢密院五州民兵乞约束守将仍委提点刑狱官每岁躬行点检状》。《宋史翼》卷30《潘中传》，卷31《邱祈传》。

⑦ 《宋会要》172册《兵》2，178册《兵》13《捕贼下》，179册《兵》14《兵捷》、《归正》、《兵》15《归正》，180册《兵》18《军赏》。

来的"马社",北宋时也有发展,地域从河东逐步推广到陕西、河北乃至广西;原来只在少数禁军部队中组织,后来逐渐推及更多的禁军,乃至厢军、乡兵部队之中。①

有些乡社还建有社仓以备荒,② 实际上社仓多由地主富户掌握,成为经济上控制与剥削农民的一种手段。宋代理学盛行,讲学之风大盛,科举制度发展,农村中读书的人多了起来,利用乡社进行封建教化受到了地主阶级的重视。其做法一是在社约乡规中具体规定修养道德的要求,定期说教检查;③ 二是举办与控制社学,传习孔孟之道,摒弃非圣之书;④ 从而加强了乡社的教育与灌输封建道德伦理的职能。

宋代商品经济发达,城市繁荣,城市依行业、职业组成的社大为发展。但市民还没有形成重要的政治力量,而封建政府对城市的控制又较农村严密,因此城市的社除去迎神赛会和职业性的活动外,⑤ 还少见有乡社那样的武装组织和活动。

佛教结社这时也有变化。唐后期以来,修持简易、以念佛为主的净土宗在平民中大为流行,佛教结社的规模有大到千人万人的,⑥ 净土宗主能见佛相,各种佛越来越多,其中逐渐渗入了许多道教与土俗之神,如上帝、司命、南斗、北斗、山神、水神、城隍、土地等。⑦ 净土宗及受其影响的一些佛教宗派念佛不仅为往生,也修现世。许多佛教结社从事越来越多的世俗性活动,如修桥补路、赈济贫乏、操办丧葬婚嫁等等。到了

---

① 《宋史》卷 187《兵志·禁军一》,卷 198《兵志·马政》,《宋会要》173 册《兵》4,183 册《兵》22,《东斋记事》。

② 四部丛刊初编据明刊本《朱文公集》卷 99《社仓事目》、《劝立社仓榜》。

③ 《宋史》卷 427《程颢传》,《说郛》卷 80 引吕大防《兰田乡约》(淳熙九年)。

④ 《宋史》卷 344《孙觉传》,《宋会要》166 册《刑法》。

⑤ 参看《梦粱录》、《西湖老人繁盛录》、《武林旧事》等有关记载。

⑥ 五代末宋初吴越名僧延寿"结一万人弥陀社会,亲手印弥陀塔十四万本"(转引自张秀民:《五代吴越国的印刷》,《文物》1978 年第 12 期)。《四明教行录、结念佛会疏头》(嘉泰二年)云:明州延庆院念佛净社,当社普结僧俗男女一万人,毕生称念阿弥陀佛,发菩提心,求生净土。结社千人的则如有名的辽的"千人邑"。

⑦ 《大宋僧史略》下《结社法集》。

宋代，好些这样的佛教结社成了各种信仰和迷信的杂烩，被目为"邪教"组织；这些宗教结社的世俗性活动又扩大到规避赋役，参与词讼和进行械斗，因此常被官府禁断。像一些被目为"邪教"的非正宗的佛教教派如白云宗、白莲宗和被禁的摩尼教，就是利用当时宗教结社的这些特点，团聚信徒，宣传教义，传授"秘法"，组织武装，不遵法禁，形成了与官府对立的秘密宗教结社。①

乡社多有武装，又有固定的组织、条规及集体活动包括互助活动，利于组织，团结与发动群众，特别是有些社还是所谓的"邪教"组织，因此农民反抗地主的斗争往往利用社的组织形式，其中最著名的就是北宋末南宋初的方腊起义②和钟相杨么起义③。

厉行专制主义中央集权而又相当虚弱的两宋政府，极力防止人民拥有武装和地方势力膨胀。因此宋太祖时曾下诏禁止民间结社，④但效果不大。此后则着重禁断社有武装与传习"妖教"，其条法远较唐代严苛。⑤但出于维护封建统治的需要，除"邪教"结社始终严禁外，也曾在有的时候有些地区多少松弛对乡社武装及民间习武的禁令，并企图将乡社武装纳入官办或由官府控制的轨道。其较著的有三次，第一次是王安石变法及以后，曾把河北弓箭社纳入保甲系统之内，⑥并把军队马社的办法加以改易，作

---

① 如《佛祖统纪》卷48嘉泰二年条，《宋会要》165册《刑法二》淳熙五年条。陆游《渭南文集》（四部丛刊初编据江南图书馆藏明华氏活字印本）卷5《条对状》："乌衣白帽，所在成社。"

② 见前注，又叶梦得《石林奏议》卷1《奏严州淳安县管孙众等结集凶徒状》。

③ 《宋会要》176册《兵》4《讨叛》4《杨么》。《建炎以来系年要录》卷85绍兴五年三月条。

④ 《续资治通鉴长编》卷12宋太祖开宝四年十一月"禁军民男女结义社"，卷13开宝五年九月"禁西川民敛钱结社及竞渡"，又见《宋刑统》卷18。

⑤ 《宋大诏令集》卷199英宗治平三年《禁结集社会诏》，《庆元条法事类》卷80《杂犯·杂敕》，卷51《道释门·杂令·杂敕》，卷16《敕降》，《宋会要》178册《兵》十三绍兴五年三月十日刑部言等。

⑥ 《续资治通鉴长编》卷248熙宁六年十二月乙未条，卷249熙宁七年正月丁巳条（《宋史》卷190《兵志》略同），《宋会要》177册《兵》12《捕贼》2（《续资治通鉴长编》卷309元丰三年十月庚辰条同），《宋会要》172册《兵》1政和二年十二月七日条（《宋

为保马法中的社马制度推行于北方民间。① 第二次是南宋初组织与支持北方的忠义巡社抗击金兵。② 第三次是南宋时利用南方乡社武装镇压农民起义。③

金的统治稳定后，北方乡社一般不再拥有武装，但从金把农村基层行政单位定名为"村社"看，北方乡社影响依然强大。元初，为了恢复发展农业，控制基层，制定了里社制度，于乡都设里正，以富户充任，催办税粮，诸村设主首以佐里正，而在各村疃依户口多少及村落分布立社，由众推举社长，作为职役，使专"劝农"。社长以督课农桑、兴修水利、管理义仓、生产互助等为主，兼行维持风纪、防奸察非、调息争讼、举办社学等事。一般社众的生产、生活与言行，均受社长的督察与干预。遇有不务本业、游手好闲、凶恶之人，社长可以教训，不改者征充夫役。勤务农桑、增置家业、孝友之人，由社长保举，领受政府的褒奖。有犯禁的如习学枪棒、印造伪钞、军驱在逃、祈赛神社等，社长失察或知情不告，都要连坐治罪。至于城市，亦同农村一样在坊下立社，一般自无"劝农"任务，主要是防范与压制人民的反抗。

随着农业的恢复与元朝政权的腐朽与法禁的严密，社的"劝农"作用越来越小，义仓"名实相诬"、社学"废弃不举"，社长还需参与赋役的征调，往往因"别有差占"，不堪职役负担而逃亡。社已失去传统的自治与互助的特点，与一般地方基层行政机构无其差别了。明初仍元里社建里甲

史》卷 190《兵志·河北诸路弓箭社》略同)，《宋史》卷 191《兵志·保甲》。

① 《续资治通鉴长编》卷 246，熙宁六年八月二十七日。

② 《宋会要》172 册《兵》二，178 册《兵》十三《捕贼下》，179 册《兵》十四《兵捷》、《归正》，《兵》十五《归正》，180 册《兵》十八《军赏》。

③ 《宋史》卷 192《兵志·乡兵三》，193《兵志·召募之制》，《建炎以来朝野杂记》甲集卷 18。《宋会要》172 册《兵》二《忠义巡社》，《建炎以来系年要录》卷 88 绍兴五年四月戊午条，叶梦得《石林奏议》卷 14《奏乞团结汀、漳、泉、建、剑五州民兵仍令长吏衔内带总管民兵措置盗贼状》、《申枢密院五州民兵乞约束守将仍委提点刑狱官每岁躬行点检状》。《宋史翼》卷 30《潘中传》，卷 31《邱祈传》。又《中兴小记》卷 75 绍兴四年四月丁亥条，周必大《周益国文忠公集》《省斋文稿》卷 20《金谿乡丁说》，《宋史》卷 439《陆九龄传》。

为"社"（后又称"书社"）的。社神的标识一般是一株大树或丛木，称为"社树"、"社木"或"社丛"；也有进一步封土为坛的，称为"社坛"，其上或为树，或奉木或石的"社主"；还有在社坛外修筑围墙或建立祠屋的。社神是邑、里中最重要的神祇，每年春、秋及岁终（腊）举行隆重的祀典，用以祈年报功。祀时或屠牛或杀羊或宰猪，配以酒粮果蔬，甚至有用人为牺的，是邑、里中最重要的祭祀。祭后宴饮行乐，是民间最盛大的节日。除去定期祭祀外，遇有大事，或求雨止雨，禳救日食、大水、火灾等，也要祭社。这些都反映了以村社土地所有制为基础的农村公社的权威。先秦祠祭多有阶级或等级的区别。除去家门内的祭祀如祖、灶、户等以外，许多公共的祭祀只限于政府和贵族，一般人民不能参与。但社神是农村公社的保护神，农村公社的传统使得社祭表面上泯没了阶级或等级的区分，成为邑、里全体居民都能参加也必须参加的最重要的社会性的祭祀和娱乐活动，而社坛也就成了村社公众集会的当然场所。

西周奴隶主贵族利用邑、里这种现成的农村公社组织来统治奴役本族和被征服的他族人民，邑、里也就成了被奴役被榨取的单位，带有奴隶制国家基层政权的性质。邑、里首领里宰、父老等，原是农村公社的首领，这时更主要地是奴隶主贵族在村社中的代理人。他们所掌握的分配份地，监督生产，检查户口、财产、兵器，征收财赋，分派力役，乃至主持祭祀、教育、娱乐，排解纠纷等原属农村公社的权力，这时大多数已经成了奴隶主贵族统治和奴役村社成员的手段了。在邑、里之上的各级政权，从诸侯到周王，也都各各置社，作为奴隶主占有土地的象征。但邑、里之上的各级社的作用主要是祭祀，只有神权的意义，统治和剥削属下人民，则另有各级政权组织和大小官属。

春秋战国时期，作为农村公社基础的村社土地所有制井田制崩溃了，农村公社从而解体。随着分配份地这一组织经济生活的主要职能的消失，邑、里基本上失掉了村社组织的性质，而村社原来的政治职能由于中央集权封建专制主义国家的需要而突出出来，终于到战国时使得邑、里变成了基层行政机构，里宰、父老等也成了所谓的"乡官"。但农村公社的某些职能，特别是社会职能，如祭社、集体宴乐等，仍然保留在里的活动中。

作为基层政权的里与作为农村公社残留的社是结合在一起的，可以称之为里、社合一的制度。不过这时的社神已逐渐不再具有建立在土地村社所有制基础上的农村公社保护神的特殊身份，而变为与土地所有制无关的一般意义上的本里田土之神了。

二

汉代仍然继续了战国以来的里、社合一的制度。但是，社开始趋于私人化、自愿化，从而作为基层行政机构的里与作为农村公社残留的社之间，开始出现了分离的趋向。

汉代中央、郡国、县、乡、里等各级行政机构都立有社，分别称为帝社、郡社、国社、县社、乡社、里社等。县和县以上的社由政府设置，官府致祭，作为封建国家政权管辖土地的象征，与人民生活关系不大。县以下的乡社、里社，则由居民自己组织祭祀。《史记》卷28《封禅书》云："高祖十年春，有司请令县常以春二月及腊祠社稷以羊豕，民里社各自财以祠。制曰：'可。'"可证。这些乡里之社尤其是里社，在人民社会生活中仍起相当大的作用。

汉时，里普遍立社，穷乡僻壤①乃至边远地区②都有里社，即以里名为社名，称某某里社。③里的全体居民不论贫富都参加。④主要活动是祭

① 《淮南子》卷7《精神训》："今夫穷鄙之社也，叩盆拊瓴，相和而歌，自以为乐矣。"
② 如《太平御览》卷532《社稷》引《邴原别传》及《三国志》卷8《公孙度传》所记的辽东之社。
③ 如《水经注》卷26记临淄有梧台里社碑，蔡邕《蔡中郎集》卷5有《陈留东昏库上里社铭》，《三国志》卷8《公孙度传》："时襄平延里社生大石。"至于偶见的"社里"一辞，当是与"乡里"相当的通称，与里社无涉。
④ 《礼记·祭法》："大夫以下成群立社曰置社"。郑注："大夫不得特立社，与民族居百家以上则共立一社，今时里社是也。"可知汉代里社仍维持了先秦不论贫富按地区立社的办法。

祝"①、"祭尊"②。至于两晋以后对一般社的成员的专称——"社民"或"社人"，此时尚未出现。③ 这也从一个角度反映了当时里、社尚未分离的情况。凡此种种，都说明了两汉里社与战国时期大致相同。

然而，汉代的里社也发生了若干与战国时期不同的变化。

第一，先秦的里是农村公社，社神是村社的保护神，二者同一性质，因此对村社组织或称里或称社，二者用法一样，未曾见有"里社"的称谓。汉代里是基层行政单位，社是农村公社残留，二者虽然合一，但性质已有差别，因而出现了与里有别的"里社"一词，专指里所置的社，以示与具有其他行政等职能的里有别，开始显示了里与社分离的迹象。

对于这一用辞上的细微变化，当时人也有所意识。《礼记·祭法》"大夫成群立社曰置社"。郑注："大夫不得特立社，与民族居百家以上则共立一社，今时里社是也。"就说明了这一点。

第二，社神的地位降低且趋于人格化。它不仅从尊贵的神祇化为亲昵的人格化的"社公"④，甚至更低级的"社鬼"⑤；而且还成了巫术之士驱使的对象。《后汉书》卷 82 下《方术列传·费长房传》云费长房学仙术，"遂能医疗众病，鞭笞百鬼及驱使社公"。《初学记》卷 13《社稷》条引《录异传》云贺瑀病中上天得剑，可驱使社公，病愈果有鬼来称社公，受其驱使。《后汉书·费长房传》又云有狸化为人形，盗社公马骑，则社公不仅受人驱使，而且受妖魅狎侮。这和当初作为农村公社保护神的气势已不可同日而语了。

---

① 《春秋繁露》卷 16《止雨》。又《汉书》卷 66《刘屈氂传》。

② 《十钟山房印举·举二》有"安民里祭尊印"。

③ 《玉函山房辑佚书》58 册《论语比考谶》："子夏与子贡过郑神社，社树有鸟，子路搏鸟，神社人牵李子路，子贡说之，乃止。"曾出现"社人"字样但此段文字有错舛。《玉烛宝典》卷 2、《太平御览》卷 532《社稷》引《博物志》，"社人"均作"社神"。《古微书》所引同。《玉函山房辑佚书》所云不足为两汉已出现"社人"称谓的根据。

④ 《后汉书》卷 82 下《方术列传·费长房传》；《初学记》卷 13《社稷》引《录异传》。

⑤ 《汉书》卷 99《王莽传下》；《初学记》卷 13《社稷》引《录异传》。

不仅如此，社所奉祀的除过去抽象的土神或远古有功业的名人如句龙、后土、大禹等之外，还逐渐增加或改为近时的当地的名人，即进一步趋于地方化与人格化。如燕齐之间，为当时人栾布立社，号"栾公社"。[1] 陈平在家乡"少为社下宰，今民祀其社"。[2] 这些都说明了社神地位的降低与变化。

第三，社祭的重要性也降低了。农村公社时期，社祭是村社全体居民最重要的祭祀，但随着村里贫富的分化，汉时富人已另有更重视的祭祀和娱乐。《盐铁论》卷6《散不足》云："今富者祈名岳，望山川，椎牛击鼓，戏倡舞像；中者南居当路，水上云台，屠羊杀狗，鼓瑟吹笙；贫者鸡豕五芳，卫保散腊，倾盖社场。"可知富者的祭祀娱乐，主要已不在社祭，只是贫者还守着社祭作为主要的祭祀和娱乐罢了。

第四，社钱除了分摊外，也出现了捐献的情况，这也说明社的私人化、自愿化的趋势。

从以上几个方面可以看出，两汉时里社的变化趋向是社神和社祭的地位有所降低，里中居民对社祭活动的态度随贫富分化而不一，已开始带有自由参加的性质，里与社的关系开始出现了分离的迹象。社的活动开始带有私人化、自愿化的趋向。

三

但是，汉代里、社分离和私人化、自愿化的趋向的最重要的表征还不在于里社内部的变化，而是在于里社之外，出现了私社。《汉书》卷27《五行志中之下》载：

> 建昭五年，兖州刺史浩赏禁民私所自立社。（注：张晏曰：民间三

---

[1] 《汉书》卷37《栾布传》。

[2] 《太平御览》卷532《社稷》引《陈留风俗传》。

获。在奴隶主和封建主的统治下，这种公共的耕地收入被掠夺，原有的祭祀、救助、备荒等集体事业的开支，例如李悝所说的"社间尝新春秋之祠，用钱三百"，就改由个体农民自己负担了。

两汉的里，是否还保留了这种村社原有的生活互助的职能，因无材料，难以确言。但照理说，这种生活互助活动是应当逐渐被排除在作为封建政权基层机构的里的职能范围之外的。也许汉代私社的兴起，正是由于私人之间组织起来进行生活互助的需要。

东汉末，张鲁在汉中地区行五斗米道，入道者每人交米五斗，道众之间生活互助，又设义舍，置米、肉等于其中，行路者量腹取足，从其宗教色彩和生活互助的情况看，很可能就是在农村公社传统影响下结成的私社。这种宗教性的生活互助的私社，很容易发展为反抗封建奴役的组织形式。五斗米道被称为"米贼"，后来又被称为"米巫社"①、"米贼之社"②，不是没有原因的。恩格斯讲过欧洲农村公社在封建时代曾使得"农民甚至在中世纪农奴制的最残酷条件下，也能有地方性的团结和抵抗的手段"③。中国封建时代，农村公社虽已瓦解，但其残留及传统影响仍然存在，这种组织形式及某些活动内容曾被农民利用来作为团结和反抗手段，是很自然的。从隋唐以后的"义社"活动中的生活互助内容及农民利用宗教性的或非宗教性的结社组织反抗的情况看，古老的农村公社的生活互助和反抗奴役的传统一直未断，则两汉时的私社还具有某些生活互助的职能，并曾经作为农民团结和反抗的手段，是完全可能的。

四

恩格斯说过，古希腊的氏族公社到国家建立以后，就"下降为私人性

---

① 《隶续》卷 3《米巫祭酒张普题字》跋。

② 《后汉书集解》卷 75《刘焉传》校补。

③ 恩格斯：《家庭、私有制和国家的起源》，《马克思恩格斯选集》第 4 卷，人民出版社 1972 年版，第 153 页。

质的团体和宗教会社"①。中国农村公社的演变也相类似。中国农村公社瓦解虽然在国家建立以后，但汉代的社已经如恩格斯所说的那样，下降为主要从事祭祀活动的宗教会社了。由于历史的传统和中央集权的封建专制主义制度，作为农村公社组织的邑、里演变为封建政权基层机构的里，农村公社的祭祀职能也就保留在里的职司之中，形成了里、社合一的制度，里社的私人团体的色彩还不突出。但里社之外，还有私社及按职业与阶级划分的由官吏等组成的社，这样的社，尤其是私社，私人团体的色彩就比较鲜明了。

到了两晋南北朝，私社更加发达，而传统的里社则更进一步呈现了里、社分离的趋势。总之，社是在向私人团体的方向发展，即愈益私人化、自愿化，愈益摆脱官府的控制。虽然官府在维持传统的里社及禁断私社方面做过一些努力，却无法遏止这一趋势。但这已不属于本文论述的范围了。

（刊载于《文史》第 9 辑，中华书局 1980 年版）

---

① 　恩格斯：《家庭、私有制和国家的起源》，《马克思恩格斯选集》第 4 卷，人民出版社 1972 年版，第 114 页。

关于《汉侍廷里父老僤买田约束石券》

《汉侍廷里父老僤买田约束石券》（以下简称《石券》），1973年出土于河南偃师县缑氏公社郑瑶大队南村。石券全文为：

> 建初二年正月十五日，侍廷里父老僤祭尊（1）
>
> 于季主疏，左巨等廿五人，共为约束石券里冶中（2）
>
> 迺以永平十五年六月中造起僤，敛钱共有六万（3）
>
> 一千五百，买田八十二亩。僤中其有訾次（4）
>
> 当给为里父老者，共以客田借与，得收田（5）
>
> 上毛物谷实自给。即訾下不中，还田（6）
>
> 转与当为父老者，传后子孙以为常（7）
>
> 其有物故，得传后代户者一人。即僤（8）
>
> 中皆訾下不中父老，季、巨等共假赁（9）
>
> 田，它如约束。单侯、单子阳、尹伯通、锜中都、周平、周兰（10）
>
> 〔父?〕〔老?〕周伟、于中山、于中程、于季、于孝卿、于程、于伯先、于孝（11）
>
> 左巨、单力、于稚、锜初卿、左中、〔文〕□、王思、锜季卿、尹太孙、于伯和、尹明功（12）

石券文意甚明，大意是侍廷里的居民25人，在东汉明帝永平十五年（72年）六月组织了一个名为"父老僤"的团体，敛钱61500，买田82亩。僤的成员中如有按家产数量当轮次充任里父老的，即借与此田，以其收获供充任里父老的用度。如果家产不够充任里父老的规定，即将此田退还，转给僤中继充里父老的成员。如果僤中所有成员家产数量都不够充任里父老的规定，此田即假赁给僤中成员经营。僤中成员的这些权利，死后可由其后代继承。建僤五年后的章帝建初二年（77 年），立此石券，以为约束。

汉代有把一些规定券约刻石铭记以作凭证的习惯。如过去已著录的买地券、买山刻石，以及解放后四川郫县犀浦出土的东汉残碑①等均属此类。其中《汉永元十年石刻》记东□（曲?）里民户保役修道排水的规定及罚则②，文中有"约束"字样。明言"约束石券"，则此券为第一次发现。

《石券》提供了一些新的汉代社会史料。特别是其中有关土地所有制及"僤"的情况，更具有很大的价值。现就券文中涉及的某些问题略作说明。

一、訾次当给为里父老

汉代最基层的行政组织是里。里有里正、里父老（或称里老、父老、三老）等职。③里父老过去一般认为系从年高有德的居民中推选，④自此石券出土始知，上述做法主要是先秦的情况，汉代则可由具有一定数量以

---

① 谢鸿翔：《四川郫县犀浦出土东汉残碑》，《文物》1974 年第 4 期；蒙默：《犀浦出土东汉残碑是渤石"资簿"说》，《文物》1980 年第 4 期；孙勋燎、刘磬石：《四川郫县东汉残碑的性质和年代》，《文物》1980 年第 4 期。

② 罗振玉：《石交录》卷 1 有录文。其中的"保"，即"保役"，指邻里居民共同负责承当一定数量的徭役。《后汉书·桓谭传》："今富商大贾多放田货，中家子弟为之保役。"《盐铁论·未通》："大抵逋赋皆在大家，吏正畏惮，不敢笃责；刻急细民，细民不堪，流亡远去，中家为之包出，后亡者为先亡者服事。"《睡虎地秦墓竹简》第 177 页"其所包当诣迁所"。注云"包，据简文指罪人被流放时其家属应随往流放的地点。包疑读为保。"《汉书·元帝纪》："除光禄大夫以下至郎中保父母同产之令。"注引应劭云："旧时相保，一人有过，皆当坐之。"

③ 关于里父老，见作者《汉代的社》注⑰（《文史》第 9 辑，中华书局 1980 年版）。下文论断中有转述《汉代的社》一文者，不再一一注明。

④ 如《公羊传》宣十五年何休注："（里）选其耆老有高德者名曰父老。"

上家产的人户轮次充任。

汉代有计家訾（即赀）以征税的规定。家长向政府申报自己家产折合的货币的数量，称为"自占"。政府按家訾数量、等第征税，称为"訾算"。有些征发亦以家訾多少为标准。如汉代迁徙富豪实关中的措施，常以赀产为标准，有时是赀 300 万以上，有时是 500 万以上，有时甚至赀 10 万也被徙。① 不够标准的，称为"不中訾"②。选官亦尝以訾算多少为标准，称为"訾选"。《汉书·景帝纪》后元二年诏："今訾算十以上乃得宦，廉士算不必众。有市籍不得宦，无訾又不得宦，朕甚愍之。訾算四得宦，亡令廉士久失职，贪夫长利。"自此石券出土始知，汉代像里父老这样并无俸禄的所谓乡官，也需一定数量以上财产的人方能轮次充当，即券文所说的"訾次当给"。如果家訾不够标准，便不再充任，即券文所说的"訾下不中"（即"不中訾"），改由他人轮次充当。汉代每年八月案户比民，随即编造户口簿籍，其中也包括了民户家訾情况，九月上报。封建国家凭此编制什伍乡里，征敛税赋，征发戍役③。则原里父老"因訾下不中"改由他人轮次充任亦当在此时。

至于规定里父老以訾次充任的原因，一方面可能是以里中家訾较多的人充任以显示里父老地位的尊崇；但更可能是由于充当里父老需一定的使费，如来往吏卒的供应，损耗官物的补充赔偿等。则此职一如宋代的衙前、里正，明代的粮长，需由家产较多的人担任。《石券》中所规定的僤中以訾次当给为里父老者，即以僤所买的田借与经营，得收田上毛物谷实以自给，当即指以此田上的收获供充当里父老的使费而言。

西周时的邑、里是农村公社组织，里父老即农村公社长老的地位是很受尊崇的。春秋以来，随着农村公社的解体和封建国家统治的需要，里逐渐丧失了村社的主要职能而嬗变为基层行政机构。里父老的职能、选任办法及对里父老的观念也随之发生了变化，《石券》中的里父老往往不再像

---

① 《汉书》卷 6《武帝纪》、卷 10《成帝纪》；《后汉书》卷 34《梁统传》。

② 《史记》卷 124《郭解传》。

③ 见王毓铨：《"民数"与汉代封建政权》，《中国史研究》1979 年第 3 期。

先秦村社那样由年高有德的人担任，而改为訾选。不论是从年高有德改变为以富为尊，或是里父老从一种尊崇的职务转变为一种类似差役的职务，都从一个侧面反映了先秦到汉的社会变化。

二、《石券》中反映的土地集体所有

《石券》所云父老僤购置的 82 亩土地，当为僤的财产，换言之，即为僤的 25 名成员所共有。僤的成员充当里父老者共借与之，田上收获归其所有，不当里父老时退回，转交充当下任里父老的僤的成员。即充当里父老的僤的成员有使用权，所有权则属僤。如僤中无人充里父老，此田即假赁与僤中成员经营。前云"借与"，当系无偿，此云"假赁"，应需交租。券文仅云"季、巨等共假赁田"，究竟是由 25 人共同假赁还是僤中一部分人共同假赁；假赁之田是集体经营还是分散经营；假赁租额多少，交与僤作为基金和用度，还是另有安排（如分给各人）等，都不清楚。尽管如此，但这 82 亩土地属僤所有，这一点是明确的。僤的成员对这些土地的使用权与租赁权死后又由其子孙继承，可见这种僤的土地所有权也应是相当巩固的。如是，可知东汉的土地所有制除已为人们熟知的国有、私人地主所有和农民所有三种形式外，还有第四种形式，即土地的集体所有。

古代的农村公社本来有生产和生活上互助的职能。村社组织互助，除了出劳力外，也需要有一些公共的财产和积累。最早，这是靠集体耕作公田的收获。在奴隶主和封建主的统治下，这种公共耕地的收入被掠夺，原有的祭祀、救助、备荒等集体事业的开支，如《汉书·食货志》载李悝所说的"社闾尝新春秋之祠，用钱三百"，就改由个体农民自己负担了。但仍有一些活动开支需由集体组织起来互助。父老僤就是为此目的而建立起来的。这种组织，显然有农村公社传统的影响，但它与传统的农村公社的性质是不同的。第一，它是由 25 户居民自己随需要新组织的，是一种私人性质的团体，与过去的组织特别是农村公社的组织无关。第二，它的土地并非来自传统的村社土地，而是僤的成员集资购买的。第三，它的经营方式，除了无偿借与充当里父老的成员外，则是采用当时流行的"假赁"方式。因此，其与传统的村社公共土地性质的不同是很明显的。这种土地的集体所有，实为后世义庄、学田等的滥觞，当然，性质上也还有所不同。

值得注意的是券文"共以客田借与"的"客田"。汉代有关客田的记载过去仅一见，即居延汉简中出土于大湾（汉肩水都尉治所）的五〇五·三七A简。简文云：

> 建平五年八月戊□□□□广明乡啬夫客、假佐玄敢言之：善居里男子丘张，自言与家买客田居延都亭部，欲取□□。案张等更赋皆给，当得取检调移居延。如律令。敢言之。

陈直先生释"客田"为丘张购自乡啬夫客之田。[1] 从简文文意看，此简为过所性质，系乡啬夫客、假佐玄同意丘张自广明乡移家去居延耕种所买的田，简背有"放行"二字亦可证。如此，简中的客田不可能为乡啬夫客之田，而系指丘张在本乡以外所有的田或一种特殊性质的田。

《石券》中所云的客田并无指侍廷里以外之田之意。但究竟系指与一般私有土地不同的一种特殊性质的田，还是指此田因非僤的成员所私有，只是借与当为里父老者暂时使用，与其私人所有的土地相对而被称"客田"，还不清楚。也许，在汉代，"客田"并没有形成一个有确定含义的辞，亦未可知。

三、关于"僤"

《石券》所反映的"父老僤"的情况，对我们了解"僤"这种团体的性质、组织、成员和作用，有很大的帮助。

僤与单、墠、禅、坛、弹，先秦、秦汉时音义俱通。指一定的田土，亦作为地名。还指聚会或聚会的场所。[2] 聚会或祭祀的组织亦被称为"单"

---

[1] 《两汉经济史料论丛》，陕西人民出版社1958年版，第59页。

[2] 单、僤：甲骨文中有"东单"（存下·九一七）、"西单"（存下·一六六）、"南单"

或"僤"、"弹"。汉印中时有"××单"、"××僤"、"或××弹"印。前者更多见，肯定是一种组织。《石券》的发现，更确定了这一点。

汉印中的单，多作嘉名。如"千秋乐平单"、"常乐单"、"千岁单"、"万岁单"、"生长单"、"安民千岁单"、"长生安乐单"、"益寿单"、"长寿单"、"顺德单"等。亦有以地名或方位为名者，如"东僤"、"工里弹"。有的单

（乙·三七八七、粹·七三），为郊外一定的田土，亦作地名。此后有的地方亦以"单"为名，如单父、单县，有以地著的姓如单豹。《汉印文字征》八·三有"东僤祭尊"。僤亦作地名，《公羊传》哀八年"齐人取讙及僤"，僤在今山东宁武。但汉印更多见的是"□□单"，"僤"与"单"通，当系"单"的繁文。

墠：亦为"单"的繁文。原义为郊外的田土。《说文》："墠，野土也，从土单声。"犹存古义。因为耕作需要除草，故除地亦曰墠。《公羊传》宣十八年"墠帷"，何休注："埽地曰墠。"在郊野聚会或祭祀需除地，墠又可指聚会或祭祀的场所。《逸周书·王会解》："成周之会，墠上张赤帟阴羽。"注："王城既成，大会诸侯及四夷也除地曰墠。"《左传》昭元年："郑人请墠听命。楚人曰：'若野赐之，是委君，况于草莽也。'"《诗·郑风·东门之墠》："东门之墠，茹藘在阪。"笺：城东门之外有墠，墠边有阪，茅蒐生焉。茹藘，茅蒐，即茜草。《说文》："茜，人血所生。"则郑风所云的墠是用人以祭祀的场所（见吴世昌：《〈红楼梦〉原稿后半部若干情节的推测》（上、中、下），分别载于中国社会科学院文学研究所红楼梦研究集刊编委会编：《红楼梦研究集刊》第3、4、5辑，上海古籍出版社1980年版）。

禅：《荀子·正论》"尧舜擅让"注："擅与禅同、墠亦同义，谓除地为墠，告天而传位也，后因谓之禅位。"《后汉书·光武纪》下"禅于梁父"注："改墠为禅，神之也。"又单亦通禅。《诗·大雅·公刘》："其军三单，度其隰原，彻田为粮。"传："三单，相袭也。"王夫之《诗经稗疏》云单意为轮番更代，胡承珙、陈奂、魏源亦取此说，如是单亦禅代之意。

坛：除地，同墠。《周礼·夏官·大司马》："暴内陵外，则坛之。"《礼纪·祭法》："设庙祧，坛墠而祭之。""王立七庙，一坛一墠。"注："封土为坛，除地为墠。"实际二词多通用。

弹：通僤。《说文》："僤，《周礼》曰：'句兵欲无僤。'"段注："《考工记·庐人》文，今本作'欲无弹'。注曰：'故书，弹或作僤'。……按经文弹字疑本作僤，弹乃先郑所易字。"汉《都乡正街弹碑》文内但云"单"而无"弹"字。此碑之"单"与汉《酸枣令刘熊碑》所云的"正弹"，是同样的组织。与"僤"相类。《逸周书·大聚解》"兴弹相庸"之"弹"即"单"。

名当与其作用或成员组成有关，如"酒单"、"宗单"、"同志单"、"孝子单"①。父老僤石券的出土，使我们知道了这个以"父老"为名的僤的具体任务就是集体购买土地，以供充当里父老的僤内成员的用费。由此可以推知汉印中以酒为名的"酒单"，以宗为名的"宗单"等可能亦由其从事某项特定任务而得名。例如"酒单"即可能是一个与酒类的酿造或宴饮有关的团体。

汉代"单"的组织是相当复杂的。从汉印及《石券》可知，其主事者有"三老"②、"祭尊"③、"祭酒"④、"单尉"⑤、"厨护"⑥、"集"⑦等。这些主事者的职责，可由其名称推知其大概。但更确切的情况，如每单不见得都有如此多的执事人员，其中必有或常有的是哪些，分工与统属关系如何，如何推选，等等，就不得而知了。

汉代从事某项特定任务的"单"，除《石券》所说的"父老僤"外，还有一种以均平更役及敛钱雇役为任务的"正弹"或"正街弹"。人们熟知的汉灵帝中平二年（185 年）汝州故昆阳城《都乡正街弹碑》和具体年代不明的东汉《酸枣令刘熊碑》，即记述了这种"正弹"或"正街弹"的情况。《周礼·地官·司徒下》贾公彦疏认为"街弹"之意为检弹一里之民，与此二碑所记相较，恐系望文生义或后起之义。

《隶释》卷十五所载《都乡正街弹碑》云□脩（失姓）到官后：

---

① 上引单名，除"益寿单"转引自陈直《汉书新证》，天津人民出版社 1959 年版，第 403 页外，均见《十钟山房印举》举二及《汉印文字征》。汉代里亦常用嘉名，如居延汉简七七·七的"万岁里"，七七·三〇九的"万年里"等。则上述某些单亦可能以里为名。

② 《十钟山房印举》举二有"万岁单三老"印。

③ 《十钟山房印举》举二有"千秋乐平单祭尊印"、"千岁单祭尊思（?）极印"、"安民千岁单祭尊之印"、"万岁单祭尊印"、"孝子单祭尊"、"长生单祭尊印"、"宗单祭尊"。《汉印文字征》有"酒单祭尊"（二·八）、"东祭尊"（八·三）。

④ 陈直：《汉书新证》云西安汉城遗址出土有"益寿单祭酒"印（天津人民出版社 1979 年版，第 403 页）。

⑤ 《十钟山房印举》举二有"趹者单尉"、"万岁单尉"、"白（?）□□单尉"等印。

⑥ 《十钟山房印举》举二有"长寿单右厨护"印。

⑦ 《十钟山房印举》举二有"新成顺德单右集之印"。

"愍夫徭役之不□，……于是乎轻赋□毃（敛），调□□富，结单言府，斑董科例，收其□□□□之目，临时慕（募）顾，不烦居民。时太守东郡丞瓛□，丞济阴华林，优恤民隐，钦若是由，□□□□□□，郡校刘□，为民约□，□□乎无穷。自是之后，黎民用宁。吏无荷（苛）扰之烦，野无愁痛之□，□因民所利，斯所谓惠康之荣□，景均之□□□也。政之□□于是乎成，役之艰苦于是□（乎？）□。颂曰：

……底□轻赋，帅约孔均，繇役吕□，□士不□，……掌领□书，□□单钱，复不□吏（更？）①。……

《隶释》卷五所载《酸枣令刘熊碑》云：

君讳熊，字孟□，……来臻我邦，……□□为正，以卒为更。愍念烝民，劳苦不均，为作正僤，造设门更。富者不独逸乐，贫者□顺四时。积和感畅，岁为丰穰。赋税不烦，实我刘父。……

西汉更戍制度规定，每个成年男子每年在本郡或本县服役一个月，称为更卒或卒更。每人按一定次序轮流到京师服役一年，称为正卒。雇贫民代本人服役，每月出钱二千，称为践更。每人每年戍边三日，称为繇戍，不去的人出钱三百，称为过更。东汉时更戍制度败坏②，以致仅靠政府的制度与力量无法组织正常的更戍，因此□脩、刘熊为百姓建立起"僤"的组织，制定条例，以均平更役，包括敛钱雇人充役。"正僤"的"正"，当即"已复为正"的"正卒"之义。"街僤"一如"里僤"，系通称，其前可冠以地名。《刘熊碑》中的"正僤"，一如《石券》的"父老僤"，系以从事的特殊任务为名。如此，都乡正街僤，应理解为都乡的正街僤，即以处理正（役）为任务的街僤。但它们与父老僤亦有不同。一是它们系官办或官助民办，而父老僤则是居民自办。二是都乡正街僤是都乡范围的正街僤（刘熊所

---

① 汉人写"更"字亦作"叓"（见前引居延汉简五〇五·三七A），则此处"吏"字亦可能为"更"字。

② 见贺昌群：《东汉更役戍役制度的废止》（载《汉唐间封建土地所有制形式研究》，上海人民出版社1964年版），但贺文认为东汉时更役戍役制度完全废止，从这两个碑记载的情况来看，恐怕提的绝对了些。

建的正弹范围多大和数量多少不详），而父老僤系里中之僤，范围较小。

先秦的里，本是农村公社的组织，有组织生产的职能。《周礼·地官·司徒下》云：

> 里宰，掌比其邑之众寡，与其六畜兵器，治其政令。以岁时合耦于锄，以治稼穑，趋其耕耨，行其秩叙，以待有司之政令，而征敛其财赋。玄谓："锄者，里宰治处也，若今街弹之室。于此合耦，使相佐助，因放而为名。季冬之月令，命农师计耦耕事，修末耜，具田器，是其岁时与合人耦，则牛耦亦可知也。秩叙，受耦相佐助之次第。"

这种里的组织生产的职能，有时亦为"弹"所有。《逸周书·大聚解》云：

> 五户为伍，以首为长；十夫为什，以年为长；合同立教，以威为长；合族同亲，以敬为长。饮食相约，兴（一本作与）弹相庸，耦耕□耘，男女有婚，坟墓相连，民乃有亲；六畜有群，室屋既完，民乃归之。

"兴弹相庸"赵曦明注云："功作则互相劝，是兴；游堕则互相纠，是弹。"同《周礼》贾疏一样，不是望文生义就是用后起之义。这里的"弹"，应如前述的"单"或"弹"，是一种组织。"庸"者庸力之谓。"兴弹相庸"即建"弹"以互相交换劳动，从事农业生产，故下文云"耦耕□耘"。春秋战国以后，农村公社解体，里也基本上丧失了村社组织的性质，成为封建政权的基层行政机构，但村社组织生产的职能看来还部分地残存着。汉代农业生产是在以一家一户为单位的个体小生产基础上进行的，贫富分化也极明显，照理说，组织生产应当逐步被排除在作为基层行政机构的里的职能范围之外了。至于汉代的"单"或"弹"是否有些仍具有组织生产的职能，因材料缺乏，不能确言。但汉代有的农民仍有生产互助的习惯。汉代牛耕常系二牛合犋，这往往非一户农民的人力物力所及。汉武帝时赵过行代田法，用耦犁，二牛三人，协作耕作，又尝行故平都令光之法，教民相与庸挽犁，那也需多人协作，这些当系袭取了农民原有的习惯做法。《九章算术》卷七《盈不足》有127家合买牛的算题，似也可推想这样买来的牛系用于合犋耕种。至于这种生产的互助是否由像"僤"这类的团体来组织，前引《周礼·地官·司徒》郑注值得注意。郑玄在这里是用汉代的情况来注《周礼》，又提到了到汉代才大为流行的牛耕，似乎也暗示了汉代有的街弹有组织生产互助的职能。

这样就很自然地提出了一个问题，"单"和里，还有社，是什么关系。

有些单和里有关系自无待言。《石券》名为"侍廷里父老僤"，和"工里弹"一样，均为里中之单。父老僤25人"共为约束石券里治中"，里治为其聚会议事之所；《周礼》郑注亦云："欘者，里宰治处也，若今街弹之室。"单和里的执事人员的称谓亦多相同，单有三老、祭尊、单尉，里亦有"父老"、"里老"或"三老"①、"祭尊"②、"里尉"③等。那么，单和里究竟是什么关系，汉代的单是否就是里的别称，或者每里之中均设有一单呢？看来并非如此。

第一，单一般在里中，但有自己的专名。侍廷里父老僤、工里弹等既以里为名，已说明其与里有别。汉印中另一些具有嘉名的单和具有专名的单如酒单，则难于看出它们与里的关系，也难于确言它们的成员是否仅限于一里，或包括了一里的全体居民。

第二，从侍廷里父老僤看，则此僤肯定没有包括全里的居民。先秦、秦汉一里户数有25家④、50家⑤、80家⑥、100家⑦等数说，一般认为汉代一里百家，但实际无此严整。《石券》的父老僤恰为25人，却并非侍廷里的全部人户。因为此僤的参加者仅限于家产水平有资格充当里父老者，即里中较富裕的人家。25人集钱61500买田，每人平均出钱2460。汉代家訾10万以下者称"小家"。《汉书·贡禹传》中禹自称有田130亩，家訾不满万钱，像这样的"小家"以及家产更少的户当不在少数，这些人一般

---

① 见宁可：《汉代的社》，《文史》第9辑，中华书局1980年版。
② 《十钟山房印举》举二有"安民里祭尊印"。《汉印文字征》一·三有"外里祭尊"印。
③ 《管子·立政·首完》。
④ 《周礼·地官·司徒下》。
⑤ 《管子·小匡》。
⑥ 《公羊传》宣十五年何休注。
⑦ 《续汉书·百官志》里本注。

是无力出钱2460买田的。可见，父老不是全里居民都参加的组织。

第三，汉代的里是基层行政组织，而父老僤这样的僤则是专司某一特定事务的私人团体。正弹虽是官办或官助民办，但与里的性质和作用也是不同的。

因此，除正弹之类的弹外，汉代的单未见得同里有什么直接的关系。

至于单和社的关系，材料更少，只能作一些推测。

单一音阐（chǎn）、禅（shàn），社音shè，古音可通。西周时社与里、邑均属农村公社的称呼。所祀者为社神即土神。单亦与田土及祭祀有关。由此看来，单与社最早恐怕是一个。单、社、里、邑等最早可能都是农村公社的称呼。也正因为如此，后来性质变了的里、社、单等的执事人员也常继承了农村公社的旧有称呼。如三老或父老、祭尊等。农村公社本有共同集会议事的场所，此后的里治就是这种场所的沿袭。正因为如此，僤的聚会、议事也就可以在里治中，而里治也可以被称为"街弹之室"了。

战国以后，邑、里已经演变成基层行政机构，但农村公社的某些职能，特别是祭祀、集体宴乐等社会职能仍然保留在里的活动中，作为基层政权的里与作为农村公社残留的社是结合在一起的，可以称之为里、社合一的制度。汉代仍然继承了这种制度，但社的组织开始自愿化、私人化，从而作为基层行政机构的里与作为农村公社残留的社之间，开始出现了分离的趋向。这种趋向的一个表现就是汉代的里虽然普遍立社，但已出现与里有别的"里社"一词，专指里所置的社。但汉代里、社分离和社的自愿化、私人化趋向，最重要的表征是在里社之外，出现了私社。《汉书·五行志》载：

> 建昭五年，兖州刺史浩赏禁民私所自立社。（注：张晏曰：民间三月九月又社，号曰私社。臣瓒曰：旧制二十五家为一社，而民或十家五家共为田社，是私社。）

这种私社，私人团体的色彩比较鲜明。由于生产和生活互助的职能已逐渐被排除在作为基层政权的里的职能之外，汉代私社的兴起，也许正是出于私人之间组织起来进行生产和生活互助的需要。侍廷里父老僤应当就是这样的私社。由于共有土地，甚或就是上引《汉书》臣瓒注中所说的田社的一种。这种私社之所以名为单，很可能是为了显示同里社有别，遂采取了传统的"单"的称呼，表现了农村公社传统的影响。但如前所述，它们是新组织起来的，与过去的农村公社已有性质上的不同了。

魏晋以后，里、社分离，私社更加发展，社的经济职能亦有所发展，隋唐时期的义社即说明了这点。这些问题已不在本文论述范围之内了。需要提出的是，汉代以后，"单"、"僤"、"弹"这样的称呼，已逐渐泯灭。北朝造像石刻记从事佛教活动的"邑义"（私社的一种）的许多执事人员中，有"弹官"①或"但官"②，其具体职掌可能为司纠弹、执纪律，与汉代的"单"、"僤"、"弹"作为一种组织的名称已经不同。到了隋唐以后，"单"、"僤"、"弹"这种称呼，也就从有关社的各种记载中消失了。

（草此文时，曾得到张政烺师，及齐治平、徐仲华、俞伟超、吴荣曾等同志的指点，谨此致谢。）

（刊载于《文物》1982 年第 12 期）

附记：此文发表后，读到俞伟超先生 1988 年出版的《中国古代公社组织的考察——论先秦两汉的单—僤—弹》一书。此书探源溯流，考索全面精详。其中批评我这类文章"没有对单这种组织作过历史的考察"，甚是。像将《石券》中的"容田"强释作"客田"，就是明显的一例。由于感到文中可能还提供了一点材料和一点可供讨论的东西，未加改动，仍收录于此。

---

① 陕西耀县药王山文物保管所藏西魏大统元年（535 年）诸邑子等造像碑。
② 陕西耀县药王山文物保管所藏北魏建明元年（530 年）锜氏合邑廿人等造像碑。

记晋《当利里社碑》

晋当利里社残碑，拓本石印见近人周进《居贞草堂汉晋石影》(1929年印行)。据载出于洛阳，出土情况不明；碑额及下部残缺，余存部分高建初尺二尺九寸，广二尺六寸五分；碑文中有"祚与晋隆"、"当利里社"等语，故定名如上。碑文为：

□昔勾龙能平后土祀以为社列仙氏（?）能□（下缺）

焉春祈秋荐业隆于万叶声垂兮雅篇且□（下缺）

宇于是社正朱阐祇（?）奉神祇训咨三老圀（下缺）

百灵靡□□□□□咸履信思顺□凭□（下缺）

芒芒大古悠悠□民树以俦哲经□彝（下缺）

灵□匼（?）幽求（?）□□人颙颙庶□翼翼四（下缺）

峩峩基仰仰□□□□烟□□宇弘（下缺）

阳雀轩翼阴□□□□龙（?）若（?）□□虎菟（?）（下缺）

圌圌（?）祠主万□□□□□□薾（?）□□（下缺）

祚与晋隆神其永（?）□

当利里社者（?）□□旧□处深涧之□（下缺）

天下之至灵□年（?）合德日月齐明□（下缺）

女风靡草倾心同断金志合意并□（下缺）

郁流水净净凤皇来仪朱鸟嘤嘤（下缺）

洽永安且宁

碑阴为题名，存二列。第一列为冠帻坐像八人，上下各四人。其题名上为：

社□□□□遗字子□ ①

社 老代郡赵秋字承伯

社老京兆唐昊字巨伯

社掾河内王钧字孝叙

下为：

社正涪凌朱阐字玄方

社掾矩鹿李忠字信伯

社史陈郡陈脩字文烈

社史赵国范肇字弘基

第二列为社民题名，共二十四人：

社民千人督都乡侯 (?)（下缺）

社民殿中校尉关中（下缺）

社民骑部曲将关内（下缺）

社民骑部曲将关中（下缺）

社民偏将军勃海孙（下缺）

社民偏将军河间庞季 (?)（下缺）

社民大医校尉广平冯（下缺）

社民大医校尉京兆刘（下缺）

社民归义侯大原王洪（下缺）

社民大中大夫川郑（下缺）

社民大中大夫弘农涓□（下缺）

社民大中大夫勃海王彪（下缺）

社民骑部曲将河南褚劭（下缺）

社民骑部曲将大原玄兰（下缺）

社民骑部曲将高阳齐干字（下缺）

社民骑部曲将常山张龙字（下缺）

---

① 碑文有"社正朱阐，祗奉神祇，训咨三老"之语，此朱姓之人之后为社老二人，则此人当也是社老。

社民骑部曲将矩鹿韩囶字（下缺）

社民骑部曲将勃海徐遵字圉（?）（下缺）

社民武猛校尉长乐马休字元（下缺）

社民骑都尉常山高舊字长南

社民散将代郡菜生字玄茂

社民散将广平裴恭字元茂

社民陈郡陈莃字文威

社民河内毛寄字仲伯

（碑文罗振玉《石交录》卷二有录文，此处所录与罗录略有不同）

当利里当是西晋都城洛阳的一个里，即最基层的行政区划。从当利里社碑残存的碑文看，这个碑大约是该里居民兴建社祠时所立。从中可以了解西晋里社的性质、组织、成员和活动的一些情况。

社在春秋以前是农村公社的组织形式，所奉祀的社神（土神），即是按地域结合的农村公社的保护神。在这之上的各级政权，从诸侯到周王，则以社作为其占有土地的象征。春秋战国以来，农村公社衰落，到了秦汉时期，社已失去农村公社的基本职能，降为主要是祈年报获的祀典与组织。在中央和郡县，社作为国家和土地的象征，由官府致祭；县以下的乡、里，则由居民组成乡社和里社。县以上的社这时已流为单纯的祀典；但最基层的里社，在居民生活中仍起相当重要的作用。秦汉时期，里普遍立社，里名即为社名。里的全体居民不论贫富都参加，社的标帜一般是一株大树或丛木，称社树或社丛，有的也有祠屋。社的主要活动是祭社神，以祈年报获。每年春二月秋八月上旬的戊日祭祀，祭日称"社日"，全里居民参加，祭后在社下宴饮行乐，成为民间重大的集体的节日。祭祀宴饮费用由全里居民分摊，有时也采用捐敛的办法。社祭之外，求雨止雨也在社下。除去集体的祭祀活动外，个人也常向社神祈福、立誓、祈求被除疾病。领导社事的是里正、里父老，里、社在组织上是合一的，社的活动即为基层行政组织——里的职司的一部分，并得到封建国家的认可与支持。社祭时的具体执事者称社宰、社祝，是宗教巫术者的称谓。社的活动的参加者并没有专门的称呼，这也反映了当时里、社尚未分离的情况。不过，与先秦相比，汉代社神和社祭的地位有所降低，里中居民对社祭活动的态度随贫富分化而不一，已开始带有自由参加的性质，里与社的关系开始出现了分离的迹象。社的活动开始带有私人化、自愿化的趋向。①

从当利里社碑的记载看，西晋的里社在按地域结合即同里居民的结合这个基本点上，仍是两汉传统的里社的继续。

从题名所载的社民官职身份看，属于武职的有千人督都乡侯一人，殿中校尉一人，骑部曲将八人，武猛校尉一人，偏将军二人，骑都尉一人，散将二人；属于文职的有太中大夫三人，太医校尉二人；另归义侯（这是两汉魏晋时授予所谓"归义蛮夷"即少数民族首领的称号）一人，无官爵的平民二人。此外，社的主事者八人均未载其官爵，情况不明。

官爵大体属中下级。其中千人督六品；殿中校尉魏七品，晋当相同；部曲将八品；武猛校尉、散部曲将（散将当为散部曲将之省）九品；郡中都尉八品，则骑都尉可能为八品或九品；太中大夫魏七品，晋当相同；太医令汉六百石，太医校尉当为其属官，应为八品或以下；都乡侯四品，归义侯当在四品以下；杂号宣威将军以下八品，则偏将军当在其中或以下。②

可见，当利里社主要是由中下级文武官吏和平民混合结成的。

由于三国以来的世兵制度，三国两晋武人身份低贱。人们一旦当兵，成为军府和州郡管领的部曲，即对国家有强烈的人身依附关系。他们父子相承，世代为兵，称为"士家"、"兵家"或"军户"，本人及家属另入军籍，与民籍相别，有专门机构管领。他们及其子弟不许任文官，娶妻常由官府配嫁，士兵如果逃亡，其妻子家属便没为官奴婢。他们还不时连家属一起被赐给功臣，成为私家的部曲。他们不能随意脱籍，只有封侯或战死酬功，他们及其家属才能放免，改入民籍。他们的身份不仅远较文官低贱，而且也比平民和吏为低（所谓"吏属君子，士为小人"③）。题名中的

---

① 关于两汉里社情况，见近人有关论著及宁可《汉代的社》一文。

② 《通典》卷36《魏官品》，卷37《晋官品》，又卷37《梁官品》云梁制将军125位，偏将军为一班，地位最低。

③ 《三国志》卷3《魏书·明帝纪》注引《魏略》。

武职如骑部曲将、散将等，即属于士家或身份近似①。但在当利里，他们却与文官和平民混合立社。

题名中的官员分属不同的政府机构。其中殿中校尉属左右二卫即宫殿宿卫军，皇帝出行时，最近乘舆，前后卫护，甚为晋武帝所重，"军校多选朝廷清望之士居之"②。武猛校尉是郡守的武属佐③。太中大夫属光禄勋。④ 太医校尉则属宗正。⑤

社民的籍贯，北到代郡，南到涪陵，东到渤海，西到关中，属于本地（河南郡）的只一人。

这样一些官品有高下、官署不相同、职事有清浊、身份有差等、籍贯乃至民族也不一的人混合立社，惟一的共同点必然只能是都同住在洛阳当利里。社称为当利里社，正说明了这一点。

但是，当利里社与两汉里社并不完全相同，最大的区别是改变了里、社合一的组织形式，社与作为行政基层单位的里分开了。

首先，汉代里、社合一，领导社事的就是里正、里父老。而当利里社碑记主持者称社老、社正、社史、社掾，已有专门的称谓。可知社已是独立于里之外的组织。

其次，主持社事者的职称非对应于里的职称。晋制里置里吏（大约也沿习惯称里正），户千以上置校官掾一人，并无史之一职，置掾也是极个别的情况，县、乡、里也不再如汉制置三老或父老。而晋制又规定"乡，户不满千以下置治书史一人，千以上置史、佐各一人，正一人，五千五百

---

① 曹魏常以士家家属留邺或洛阳作为质任（人质）。《晋书》卷3《武帝纪》："罢部曲将吏长以下质任。""除部曲督以下质任"《文馆词林》卷662《晋武帝伐吴诏》："今调诸士家，有二丁三丁取一人，四丁取二人，六丁以上三人。限年十七以上，至五十以还。先取有妻息者。其武勇散将家，亦取如此。比随才署武勇掾史，乐市马为骑者，署都尉司马。"则部曲将与散将当亦属士家，或身份近似。

② 《晋书》卷24《职官志》，卷25《舆服志》。

③ 《晋南乡太守司马整碑》。

④ 《通典》卷25《职官七·光禄卿》。

⑤ 《通典》卷25《职官七·太常卿》。

以上置史一人，佐二人"①，则史乃乡吏而非里吏。当利里社有正，有史，有掾，混用了乡、里乃至县（掾一般为县属佐）的官吏称呼，而社老则是沿袭汉代里父老的称谓。可知晋时里社的职称与里的职称非严格的对应。

再次，汉代里社的参加者即是里人，并没有专门的称呼，从碑阴题名则可知西晋入社者已专称"社民"。

这些，都可证明晋时里、社已经分开了。

除此以外，还有两个情况似乎也暗示了西晋里社与西汉里社的不同。

第一，汉代里社全里居民参加。当利里社碑因为残缺，不清楚参加者究竟多少人。从碑的形制及碑文残缺情况看，此碑可能残缺了一半左右。此外，主持社事者达8人之多，此社亦当不止32人。可以推测题名残缺了两列左右，则入社者当在50至100人左右。晋制百户一里，但有伸缩性，少者不减50户，多者可达千户以上。京城人口稠密，一里人数大约平均超过百户。北魏迁都洛阳，内城因魏晋之旧。当时全城（包括内城及新扩展的外城）有户十万九千（一作十万六千），有里二百二十②或三百二十余③，则每里平均为五百户或三百户，其多者或七八百家④、一千家，其中魏晋旧城人口当更稠密一些。西晋情况，想来相去不远。从碑的形制推测，此碑题名不可能达150人以上。则当利里社很可能没有包括全里居民，而仅系该里一部分居民的结合。

第二，汉代里社具体执事者为社宰、社祝，是宗教巫术者的称谓。当利里社主持社事的8人为社老、社正、社史、社掾，多是模仿当时乡官的称呼，而无宗教的称谓。这一方面是保留了汉代里、社合一，社事属里正、父老等乡官的职司的一部分的遗迹，另一方面似乎也暗示了社除祭祀外，还可能有一些其他的世俗性的活动。

---

① 《晋书》卷24《职官志》。

② 《洛阳伽蓝记》卷5。

③ 《魏书》卷8《宣武帝纪》景明二年。又，《魏书》卷18《大武五王传·广阳王建子嘉传》。

④ 《魏书》卷18《大武五王传》载临淮王谭曾孙孝友语。又，《魏书》卷68《甄琛传》："京邑诸坊，大者或千户、五百户。"

恩格斯说过，古希腊的氏族公社到国家建立以后，就"下降为私人性质的团体和宗教会社"①。中国农村公社的演变也相类似。秦汉时期，社已下降为主要从事祭祀活动的宗教会社，但由于历史传统和中央集权专制主义制度，普遍大量存在的里社还是基层行政组织的里与社不分，社祭属于里的职司的一部分，"私人性质的团体"的色彩尚不明显。但在官府认可与支持的里社之外，汉代还有为官府禁断的私社②，以及由官吏戍卒等结成的社③。特别是私社，已是明显的"私人性质的团体"了。

汉末三国以迄两晋南北朝，战乱频仍，人口流散，再加上门阀世族占有大量户口，封建国家的户籍制度堕坏，两汉严整的里制已无法维持，里、社合一，全里居民参加的里社制度不免瓦解。社的性质、组织、活动内容等也随社会发展变化而演变。总的趋势是越来越显示了私人团体的性质。这一方面表现为私社大为盛行，其中有作为佛寺和僧团外围，从事造像、建窟、讲经、斋请、修行等佛教活动的"邑义"、"法社"；有随门阀世族制度的兴盛和适应战乱中举族迁徙或聚保的需要，以宗教关系为基础而结成的"宗社"；以及按阶级和职业（主要是官吏）结成的社。这些私社已多少打破了两汉单纯按地域结合的做法，而主要成为佛教信仰、宗族或阶级与职业的结合。这些私社的活动内容如佛社，已不再是传统的社祭；有些则在社祭之外，还进行经济剥削或经济与生活的互助，如放债、立社仓、营办丧葬等。

另一方面则是传统的里社逐渐私社化。即虽然仍是地域即同里居民的结合，但已在三个方面与传统里社有别。一是社与里分开，单独组织单独

---

① 恩格斯：《家庭、私有制和国家的起源》，《马克思恩格斯全集》第 21 卷，人民出版社 1965 年版，第 134 页。

② 《汉书》卷 27《五行志中之下》："建昭五年，兖州刺史浩赏禁民私所自立社。（注：张晏曰：民间三月九月又社，号曰私社。臣瓒曰：旧制二十五家为一社，而民或十家五家共为田社，是私社。）"

③ 《居延汉简甲编》一二九七：
其二千四百受楼上六百部吏社钱
入钱六千一百五十
二千八百五十受吏三月小畜计

活动，不再受封建政府的直接控制；二是非全里居民参加而系一部分居民的自愿结合；三是除传统的社祭外，还有佛教活动及经济剥削或经济与生活的互助活动。这是汉代里、社分离和社的活动私人化、自愿化的趋势发展的必然结果。这样的改变了的里社，其性质与活动内容实际上与前述的私社已经没有多大区别了。

封建政府出于自己的政治需要，总想借行政力量维持或恢复传统的里社，使它成为封建地方基层行政机构的辅助组织。梁制民 25 家为一社，陈因梁旧，隋令百姓亦各为社，唐一建国，就下诏颁行社制，又禁断私社，禁断不成，则企图把它们纳入官社轨道。但这些努力都收效不大，到了唐中晚期，里社已湮没不彰，完全与私社合流了。①

晋当利里社碑所反映的，就是两汉传统的里社向私社演变中的里社的一些情况。

（刊载于《文物》1979 年第 12 期）

---

① 对于社的这种演变过程，另文论述，此处不再赘述。

五斗米道、张鲁政权和"社"

    中国古代的社，源远流长，从先秦迄于近代。在社会生活中长久起着重要的作用。春秋以前，社是农村公社的组织，通称邑、里。春秋以后，随着村社土地占有制——井田制的崩溃，农村公社瓦解，邑、里逐渐变成地方基层行政单位，但村社的残留及传统影响仍然存在。在漫长的封建社会中，社的组织形式及某些活动内容（如宗教巫术活动及生活互助），曾被农民利用来作为团结和反抗的手段。在许多利用宗教结社组织的起义中，东汉末年的农民起义占有特殊重要的地位。这不仅因为它是最早见诸记载的这种类型的起义，而且也是由于它所凭借的早期道教——太平道和五斗米道，其重要的渊源之一就是传统的社的巫术活动。张角领导的太平道起义，虽然也有"方"①的组织，以"渠帅"主之，但详情难明。本文着重介绍张鲁在汉中地区组织和领导的五斗米道（又称天师道②）起义与汉代普遍流行的社的关系。

一

    形成于东汉的早期道教，其渊源上承老子的遗教，近受当代阴阳五行

---

① 《后汉记》卷 24 作"坊"。

② 我们这里把张陵、张衡、张鲁组织和传布的早期道教称为五斗米道，把两晋南北朝时承袭五斗米道的道教流派称为天师道。

之说、图谶、神仙方术及巫术的影响，其肇建与传布者则多为方士和巫觋。方士尚神仙，巫觋交鬼魅。方士主要游结上层，巫觋更多面向平民。据《后汉书·刘焉传》、《三国志·张鲁传》及注引《典略》、《华阳国志·汉中志》等记载，五斗米道的祖师张陵，顺帝时客于蜀，学道鹤（一作鹄）鸣山中，造作符（一作道）书，向百姓传道，学道者出米五斗，因此后来被称为"米民"、"米贼"。子张衡、孙张鲁继之，被称为"鬼道"。初学道的称"鬼卒"，后号"祭酒"，各领部众，多的称"治头大祭酒"，祭酒为"鬼吏"，主为病者请祷。做法是书病者姓名，说服罪之意，作三通，一上于天，著山上，一埋于地，一沉于水，称为"三官手书"。诸祭酒各起义舍于路，以止行人，悬置酒肉其中，行路者量腹取足，若过多，鬼（一作鬼道）能使其致病。另外，《晋书》卷120《李特载记》云"汉末，张鲁居汉中，以鬼道教百姓，賨人敬信巫觋，多往奉之"。《后汉书》卷8《灵帝纪》中平元年秋七月及注引刘艾记称五斗米道在巴郡的首领张修为"妖巫"、"巫人"。汉末石刻中五斗米道的首领亦被称为"米巫"①。凡此种种，都说明五斗米道巫术色彩的浓厚。

汉代巫术盛行，巫觋淫祠，所在多有，而普遍建立于各级政权机构中的社，则是巫术活动的渊薮。尤其是建立于基层行政单位——里中的里社，由于是全体居民特别是贫苦居民都参加活动，更是巫术活动最普遍和最具群众性的场所。

社的一个重要职能和活动是祭祀。社所奉祀的社神（土神），其标帜一般是一株大树或丛木，称为"社树"、"社木"或"社丛"，有的则进一步封土为坛，坛上或为树，或奉木或石的"社主"，还有修筑围墙或祠屋的。汉代中央、郡国、县、乡、里等各级行政机构都立有社，分别称为帝社、郡社、国社、县社、乡社、里社。每年春二月秋八月上旬的戊日举行社祭，用以祈年报功，遇有大事或自然灾变，也要祭社。不过随着农村公社的瓦解，这时的社，已不再具有往昔建立在村社土地所有制基础上的农

---

① 《隶释》卷11《巴郡太守樊敏碑》（建安十年立），《隶续》卷3《米巫祭酒张鲁题字》（熹平三年立）。

村公社保护神的身份，早已降为与土地所有制无关的一般意义上的本地田土之神，社祭在各种祭祀中的地位亦随之而降低。各级社中，乡和乡以上的社由政府设置，官府致祭，与人民关系不大。

至于里，汉代仍然继续了战国以来的里、社合一的制度，里中之社由居民自己组织祭祀，即以里名为社名，称某某里社，在居民生活中占有重要地位。社祭全体居民参加，是里中最重要的祭祀活动，祭后宴饮行乐，是里中居民盛大的节日，而社下也就成了公众集会的当然场所。除去集体的祭祀外，个人也常向社神祈福、立誓、禳病。① 祭祀时的具体执事者称社宰、社祝、社巫、祭尊、祭酒，② 大体多为巫觋或巫术活动执事者的

---

① 如《太平御览》卷532《社稷》引《应璩与阴夏书》："从田来，南野之中有徒步之士。怪而问之，乃知郎君顿有微疴，告祠社神，将以祈福。闻之怅然以增叹息。灵社高树，能有灵应哉！"《汉书》卷99《王莽传下》："莽遣使者，分赦城中诸狱囚徒，皆授兵，杀豨，饮其血与誓曰：'有不为新室者，社鬼记之。'"

② 社宰：《汉书》卷40《陈平传》："里中社，平为宰，分肉甚均。"《蔡中郎集》卷5《陈留东昏库上里社铭》："汉兴，陈平由此社宰，遂佐高帝，克定天下。"《太平御览》卷532《社稷》引《陈留风俗传》："东昏县者，卫地故阳武之户聚乡也。汉相陈平家焉，少为社下宰，今民祀其社。"《周礼·小司徒》有里宰，但汉代已不见里宰的称谓，而称里正。宰一般亦指宗教巫术职司（《后汉书·百官志》卷18《盖延传》等），有关上述陈平任宰的记载均明言"里中社，平为宰"、"社宰"、"社下宰"等，即专司祭社活动的宗教巫术职司，而与上述的里宰无涉。

社祝：《汉书》卷66《刘屈氂传》："时治巫蛊狱急，内者令郭穰告丞相夫人吕丞相权有谴，使巫祠社祝诅上有恶言。"《春秋繁露》卷16《止雨》："雨太多，……令县乡里皆扫社下。县邑若丞令吏啬夫三人以上，祝一人；乡啬夫若吏三人以上，祝一人；里正父老三人以上，祝一人。皆斋三日，各衣时衣，具豚一黍盐美酒财足祭社，击鼓三日而祝。"《春秋繁露》卷16《求雨》亦云"择巫之清洁辩言利辞者以祝。"

社巫：《汉书》卷25上《郊祀志上》："长安置祠祀官女巫。……晋巫祠五帝东君云中君巫社巫祠族人炊之属。"

祭尊：如《十钟山房印举》举二有"安民里祭尊印"。《汉印文字征》一·三有"外里祭尊"、"孝子单祭尊"、二·八有"酒单祭尊"、八·二有"东僤祭尊"（单、僤均为私社的别称）等。

祭酒：《汉印文字征》一·三有"新成左祭酒"、"步昌祭酒"，"新成"、"步昌"当系里或社（单）名。

称谓，这些祭祀往往就是一种巫术活动，如求雨①、止雨②、禳救日食③等。
这里只详举求雨一例。《春秋繁露》卷16《求雨第七十四》：

春旱求雨：

令县邑以水日令民祷社。家祀户，无伐名木，无斩山林，暴巫聚
蛇八日。

于邑东门之外为四通之坛，方八尺，植苍缯八，其神共工，祭
之以生鱼八元酒，具清酒膊脯。祝，斋三日，服苍衣，先再拜，乃
跪陈，陈已复再拜，乃起。祝曰："昊天生五谷以养人，今五谷病旱，
恐不成敬。进清酒膊脯。再拜请雨。雨幸大澍。"即奉牲祷。

以甲乙日为大苍龙一，长八丈，居中央；为小龙七，各长四丈，
于东方，皆东乡，其间相去八尺。小童八人，皆斋三日，服青衣而舞
之；田啬夫亦斋三日，服青衣而立之。

诸里社通之于间外之沟，取五虾蟆错置社中，池方八尺，深二
尺，置水虾蟆焉。具清酒膊脯，祝斋三日，服苍衣，拜跪陈祝如初。
取三岁鸡，三岁猪，皆燔之于四通神宇。

令闾邑里南门，置水其外，开北门。具老豭猪一，置之于里北门
之外，市中亦置一豭猪。闻鼓声，皆烧猪尾。取死人骨埋之。

开山渊，积薪而燔之，决通道，桥之壅塞不行者，决渎之。

幸而得雨，以猪一酒盐黍财足，以茅为席，毋断。

（以下夏、秋、冬求雨法与此相类而略异。同卷《止雨第七十五》法
亦似此。④）

---

① 《后汉书》卷95《礼仪志中》："自立春至立夏尽立秋，郡国上雨泽者少，郡县各扫除社稷。"
② 《后汉书》卷95《礼仪志中》注引《汉旧仪》："成帝二年六月，始命诸官止雨，朱绳反萦社，
击鼓攻之，是后水旱常不和。"
③ 《后汉书》卷94《礼仪志上》："日有变，割羊以祠社，用救日。"
④ 董仲舒尚阴阳五行灾变怪异之说，著述中据之自行编造之处当不少，此段记载亦然。
但先秦以来求雨即有舞雩、曝巫、徙市之法，董仲舒不过是加以夸饰铺排，而这种夸
饰铺排亦应有汉代流行的做法为基础。《太平御览》卷526《礼仪》引《汉旧仪》："五
仪（有误）元年，儒术奏施行董仲舒请雨事，始令丞相以下求雨雪曝城南，舞童女祷
天神五帝。"则董仲舒的这套求雨的繁复夸诞的做法，还曾一度实地施行过。

人们既向社神有所祈求，社神及其代表社树乃至依附于社祠的精灵妖鬼当然也就会显示"灵应"。这种"灵应"有些只是表现社神的法力，取得人们的崇敬，例如《汉书》卷27中之下《五行志中之下》："山阳橐茅乡社有大槐树，吏伐断之，其夜树复立其故处。"①更多地则涉及人事。其中有些干系到国家大事与显贵的命运，似乎还反映了往昔农村公社保护神的权威与气势。陈胜吴广策划起义，吴广夜伏于丛祠中，为篝火狐鸣，曰"大楚兴，陈胜王"，人们相信社丛妖魅竟能发出改朝换代的号召。汉昭帝时昌邑王国社有枯树复生叶，被认为是昌邑王嗣立为帝（宣帝）的兆应②。汉末襄平延里社生大石，下有三小石为之足，说者谓是公孙度将有土地并有三公为辅之兆。③《春秋潜潭巴》云："里社鸣，此里有圣人生，其昀，百姓归之。"④《后汉书》卷48《应劭传》："中兴初有应妪者，生四子而寡。见神光照社，试探之，乃得黄金。自是诸子宦学，并有才名，至瑒七世通显。"

不过总的说来，这时的社神特别是里中社神，已从尊贵的农村公社保护神下降为亲昵的人格化的"社公"⑤，乃至更为低级的"社鬼"⑥，而且地方上的社所奉祀的除去抽象的土地神或远古有功业的名人如句龙、后土、大禹等以外，还增加或改为近时的当地的名人。如燕齐之间，为当地人栾布立社，号"栾公社"。⑦陈平"少时为社下宰，令民祀其社"⑧。东汉时，

---

① 《三国志》卷11《魏书·邴原传》注引《邴原别传》："原尝行道而得遗钱，拾以系树枝。此钱既不见取，而系钱者愈多。问其故，答者谓之神树。原恶其由己而成淫祀，乃辩之。于是里中遂敛其钱以为社供。"则社树的"灵应"不仅出于人造，而且因其被揭穿而成为喜剧了。

② 《汉书》卷27中之下《五行志中之下》，《汉书》卷75《睦弘传》。

③ 《后汉书》卷74下《袁绍刘表传》，《三国志》卷8《魏书·公孙度传》。

④ 《太平御览》卷873《休征部·社》。又卷532《礼仪部》11《社稷》。

⑤ 《礼记》卷25《郊特牲》疏引许慎《五经异义》："今人谓社神为社公。"《后汉书》卷82下《方术列传·费长房传》，《初学记》卷13《社稷》引《录异传》。

⑥ 《汉书》卷99《王莽传下》，《初学记》卷13《社稷》引《录异传》。

⑦ 《汉书》卷37《栾布传》。

⑧ 《太平御览》卷532《社稷》引《陈留风俗传》。

还有些地方名人配享于地方的社。①

随着村里贫富的分化，汉时富人已另有更重视的祭祀和娱乐。《盐铁论》卷6《散不足》云："今富者祈名岳，望山川，椎牛击鼓，戏倡儛像；中者南居当路，水上云台，屠羊杀狗，鼓瑟吹笙；贫者鸡豕五芳，卫保散腊，倾盖社场。"可知富者的祭祀娱乐，主要已不在社祭，只是贫者还守着社祭作为主要的祭祀和娱乐。随着社神和社祭地位的降低及社神的趋于人格化与地方化，社神所显示的"灵应"，也就不免多系涉及闾里小事或个人遭际了。《论语比考谶》云："子路与子贡过社，社树有鸟，子路搏鸟，社神牵子路，子贡说之乃止。"②这个汉代人格化的小神和一般平民的性格作为并无二致。《后汉书》卷82上《方术列传上·杨由传》：(由)"尝从人饮，敕御者曰：'酒若三行，便宜严驾。'既而趣去。后主人舍有斗相杀者，人请问何以知之。由曰：'向社中木上有鸠斗，此兵贼之象也。'"兵贼之象不过应在小民的斗杀上，社神只能坐视，术士也无禳救之方。不仅如此，《后汉书》卷82下《方术列传下·费长房传》云有狸化为人形，盗社公马骑。则原先凭借社神作怪的精灵妖魅此时竟可反而狎侮社公，则汉时社公比诸往昔村社保护神的威势已不可同日而语了。

地位这样低下的社公自然也就成了巫术之士驱使的对象。《后汉书·费长房传》云费长房学仙术，"遂能医疗众病，鞭笞百鬼及驱使社公"。《初学记》卷13《社稷》引《录异传》："会稽贺瑀曾得疾，不知人。死三日，苏云：吏将上天见官府，使人将瑀入曲房中，有层架，其上有印，其中有剑，使瑀唯意取之。瑀短不及上层，取剑以出。门下问何得，云得剑。曰：'惟使社公耳。'疾愈，果有鬼来称社公。"则驱使社公，不过是道术中的下乘。

社下是村里居民集会的公共场所，也是来往行人停宿之处③，又是巫

---

① 《后汉书》卷70《孔融传》："郡人甄子然、临孝存知名早卒，融恨不及之，乃命配食县社。"《后汉书》卷79《儒林传·宋登传》："卒于家，汝阴人配社祠之。"

② 《古微书》卷25，《玉函山房辑佚书》58册，又《太平御览》卷532《礼仪部》11《社稷》引《博物志》，《玉烛宝典》卷2，不言所出，各书文字略异。

③ 《列仙传》下《文宾》："(文)宾谢曰：'不宜至正月朝，傥能会乡亭西社中耶？'妪

觋行术的地方，"灵应"甚多。方术之士自然也就选择这样的地方作为居停行术传道之所。① 早期道教以符水为人治病以传道，而社树的灵应亦往往在于治病②，社下也是巫医行术的场所，病人也往往居于社中。③《墨子·备蛾傅篇》："举巫医有所长具药官之善为舍，巫必近公社，（着重号是引者加的）必敬神之。"则此种传统由来已久。不仅如此，方术之士的道法往往也是在社中得诸神授。《太平御览》卷 532《社稷》引《列异传》："大司马河内陵蕤，字圣聊。少时病虐（疟），逃社中。有人呼：'社邸！社邸！'圣卿应曰：'诺。'起至户中，人曰：'取此书去。'得素书一卷，遣劾百鬼法，所劾极效。"五斗米道的祖师张陵的得道，据说也是如此。《广弘明集》卷 8 释道安《二教论·服法非老第九》云："李膺《蜀记》曰：张陵避疟于丘社之中，得咒鬼之术书，为是遂解使鬼法。后为大蛇所噏，弟子妄述升天。"（同书卷 9 甄鸾《笑道论·观音侍老七》引《蜀记》略同。）五斗米道传教靠治病，治病常在社下，五斗米道道首得道亦在社，可见社与早期道教关系的密切。

由上可见，道教的来源尽管非常庞杂，但传统的社及其巫术活动是一个重要的方面。

二

正因为社及其巫术活动是道教的重要来源，在早期道教中，社神与社

老，夜从儿孙行十余里，坐社中往（待）之。须臾，宾到。……教令服菊花地肤桑上寄生松子，取以益气。"稍后的材料如《晋书》卷 94《隐逸传·董京》："董京字威辇，不知何许人，初与陇西计吏俱至洛阳，被发而行，逍遥吟咏，常宿白社中。……孙楚时为著作郎，数就社中与语，遂载与俱归。"（又见《太平御览》卷 532《礼仪部》11《社稷》引习凿齿《逸民高士传》、戴延之《西征记》）。

① 《抱朴子内篇》卷 15："洛阳有道士董威辇（即前注之董京），常止白社中，了不食，陈子叙共守事之，从学道，积久，乃得其方。"
② 《太平御览》卷 532《社稷》引《应璩与阴夏书》。
③ 见后文所引陵蕤张陵事。

祭占有相当的地位。自然，由于道教来源的庞杂与道教的夸诞风习，也由于汉代社神与社祭地位的低下，在道教中，社神与社祭只能居于次要的较低的地位。

作为早期道教经典的《太平经》（即于吉所得的《太平青领书》），《后汉书》卷60下《襄楷传》称之"为其言以阴阳五行为家，而多巫觋杂语。"其卷71《真道九首得失文诀第一百七》云，"道有九度，分别异字"，其上三者可以度世，其中三者可使真神吏，其下三者"其道多焉，其神精不可常使也，令人惚惚恍恍，其中时有不精之人，多失妄语，若失气者也"。"七（即下三者之首——引者注）为社谋者，天地四时，社稷山川，祭祀神（《太平经钞》神上有"之"字——引者注）下人也，使人恍惚，欲妄言其神，暴仇狂邪，不可妄为也。""得其上道者，能并使下，得其下道者，不能使其上也"。"守本者得上，好身神出入游得中也，愚人乃损其本守末，他游神者得下。守本者能尽见之，守中者半见之，守末者不能还自镜见之道也"。"比若夫人居大贤之里，则使人大贤；居中贤之里，则使人中贤；居不肖之里，则使人不肖，常不及，此之谓也"。① 所谓"祭祀（之）神下人也，使人恍惚，欲妄言其神"，当即下神附体之类，其为巫术甚明。下神附体之术，汉代甚为流行。如《汉书》卷63《广陵厉王胥传》："胥迎女巫李须，使下神祝诅。女须泣曰：'孝武帝下我'。左右皆伏，言'必令胥为天子'。"卷53《江都易王非传》：（王）"与其后成光共使越婢下神祝诅上（景帝）。"然而这种巫术在道术中只能列为下等。

关于五斗米道（天师道）与巫术的关系，两晋南北朝的论者尽管其说不一，但都从正面或反面乃至侧面肯定三张（张陵、张衡、张鲁）之法与社的关系。

刘宋三天弟子(即天师道徒)徐氏的《三天内解经》卷上说，张陵之前：

> 下古潜薄，妖恶转兴，酌祭巫鬼，真伪不分。……反至汉世，群邪滋盛；……疠气纵横，医巫滋彰，皆弃真从伪，弦歌鼓舞，烹杀六畜，酌祭邪鬼，天民夭折，暴死狼籍。

---

① 此处用王明《太平经合校》本。

刘宋天师道徒陆修静《陆先生道门科略》所叙与此相类。据说，这一情况到张陵时才彻底改变。《三天内解经》卷上云：

> （张陵）共约永用三天正法。不得禁固天民，民不妄淫祀他鬼神，使鬼不饮食，师不受钱，不得淫盗，治病疗疾，不得饮酒食肉。民人惟听五腊吉日祠家亲宗祖父母，二月八月祠祀社灶，自非三天正法诸天真道，皆为故气，气指道法、鬼神之类。

《陆先生道门科略》亦曰张陵之道：

> 惟天子祭天，三公祭五岳，诸侯祭山川，民人五腊吉日祠先人，二月八月祭社灶，自此之外，不得有所祭。若非五腊吉日而祠先人，非春秋社而祭灶，皆犯淫祠。

即排除了淫祠故气，而社祭则在保留之列，这是天师道徒的记载。

与张陵、张鲁的民间道教相对立的另一个道教流派——贵族道教或神仙道教的葛洪，在他的《抱朴子》卷9《道意》中痛斥张角等宣扬的民间道教为"妖道"，说他们是"假托小术，坐在立亡，变形易貌，诳眩黎庶"。而他"亲见所识者数人，了不奉神明，一生不祈祭，身享遐年，名位巍巍，子孙蕃昌，且富且贵"。他自己则是"惟四时祀先人而已"。"曾所游历水陆万里，道侧房庙，固以百许，而往返经游，一无所过，而车马无颠覆之变，涉水无风波之异，屡值疫疠，当得药物之力，频冒矢石，幸无伤刺之患，益知鬼神之无能为也"。卷4《金丹》亦云"长生之道，不在祭祀鬼神也"。似乎他是只讲金丹与修炼，并不把祭祀鬼神放在眼里。但实际上他对鬼神包括社神仍然给予相当的重视与尊敬。《抱朴子》卷4《金丹》说炼丹成后可作黄金："金成，取百斤先设大祭：礼天二十斤，日月五斤，北斗八斤，太乙八斤，井五斤，灶五斤，河伯十二斤，社五斤，门户闾鬼神清君各五斤，凡八十八斤。……不先以金祀神，必被殃咎。"而且他的道法与丹符也能役使社神及慑服庇托社神的鬼魅。《抱朴子》卷16《黄白·务成子法》云所炼之金有种种灵异，其中有"以白犬血涂一丸，投社庙舍中，其鬼神即见，可以役使"。卷17《登涉》云"上士入山，持《三皇内文》及《五岳真形图》，所在召山神，及按鬼录，召州社及山卿宅尉向之，则木石之怪，山川之精，不敢来试人"。卷19《遐览》云持《三皇内文》中的《人皇文》，"先结斋百日，乃可召天神司命及太岁，日游五岳四渎，社庙之神，皆见形如人，可以问以吉凶安危，及病者之祸祟所由也"。《登涉》云道人入山所佩黄神越章之印，不但辟虎狼，"若有山川社庙血食恶神能作祸福者，以印封泥，断其道路，则不复能神矣"。又云道人在山中亦可禁制凭假社神的妖魅，"山中……巳日称寡人者，社中蛇也；……子日称社君者，鼠也。……但知其物名，则不能为害也"。标榜反对张鲁之术亦即巫术的葛洪，在其著作中仍对巫术包括社神给予足够的重视与相当的地位，正可反证早期道教中巫术色彩之浓厚及社神与社祭在其中的重要作用。

《广弘明集》卷8北周释道安《二教论·服法非老第九》引三张（张陵、张衡、张鲁）妄说数条中第八条云：

> 或解除墓门①一左道余气，墓门解除，春秋二分，祭灶祠社，冬夏两至，祀祠同俗。先受治箓，兵符社契，皆言军将吏兵，都无教诫之义。

《广弘明集》卷9北周甄鸾《笑道论·事邪求道二十》略同。这是反对道教者的言论。可见，不论是道教自身还是其反对者，都认为五斗米道是重社神和社祭的。

上引文中提到的"兵符社契"，当与治箓属于一类。道经中治箓符契往往并提，系天师道各级祭酒授予各级道民佩带的显示级别和法力的标志。治箓符契皆有神灵，受治箓符契者可以召请其中的吏兵精鬼，消灾灭祸。

至于"社契"（《太上正一盟威法箓》收《太上二十四治气箓》）曰：

> 系天师（张衡）阳平等治太上中气，东西南北四部将行督察二十四治领二十四气监天都功。统九州里社。

《三洞珠囊》卷7《二十四职》引《兵都职治律》第九诸道职中有：

> 领功职主天下五方，四海八极，十二州，百二十郡国，一千二百县，万二千乡亭市邑，屯沙聚石，五岳四渎，山川神祇之功赏直符，

---

① 《弘明集》卷8释玄光《辩惑论》作"解厨纂门"，"纂"高丽藏本作"墓"，是。

伐杀万鬼，尽当了之。

则天下里社鬼神均在天师道统制之下，而"社契"即当为拘制社庙鬼神之契。唐杜光庭《太上正一阅箓仪》随品出箓中吏兵有：

> 谨出"太二正一九州社令箓"：箓中诸部大将军功曹玉童玉女直符使者等，为臣于九州十二国分野之内，制伏邪精，行神布气，所向之地，随逐司迎，拥护臣身，克登仙品。
>
> ……
>
> 谨出"太上正一九天兵符箓"，箓中功曹将军吏兵使者甲卒等，为臣固守所居，呼召立到。

又《抱朴子·遐览》所列诸符中有"九天发兵符"，均属"兵符社契"之类。故此《二教论》、《笑道论》中说治箓兵符社契，"皆言军将吏兵，都无教诫之文"[①]。上述材料多属两晋南北朝时所作，但多标榜为三张旧法，不会没有一点三张旧法的传统在内。由此亦可推知早期道教与社的关系。

三

五斗米道的组织形式所受到的传统的社的影响也是明显的。这可以从设治、署职、命籍、厨会几个方面看出来。

（一）设治

五斗米道的组织称"治"，集会地点亦为"治"。曹魏时天师后嗣撰《正一法文天师教诫科经》云：

> 道以汉安元年五月一日于蜀郡临邛县渠停赤石城造出正一盟威之

---

① 马伯乐《道教》认为社契是购买坟地的契约，一如罗振玉在《地券征存》中发表的那些契约；谢和耐认为社契可能是属于集体范畴中的公约，其中包括请土地神为证的誓言（见谢和耐：《中国5—10世纪的寺院经济》，耿昇译，甘肃人民出版社1987年版），均非是。

道与天地券，要立二十四治，分布玄元始气治民。……道使末嗣分气治民汉中四十余年。

《三天内解经》卷上云张陵立天师道：

> 立二十四治，置男女官祭酒，统领三天正法，化民受户，以五斗米为信，化户百日万户，人来如云。（《陆先生道门科略》亦有此类记载）

治的设置缘起，据《广弘明集》卷12释明概《决对傅奕废寺僧事》第三条云：

> 李老事周之日，未有玄坛，张陵谋汉之晨，方兴观舍。故后汉顺帝中有沛人张陵，客游蜀土，闻古老相传云：昔汉高祖应二十四气，祭二十四山，遂王有天下。陵不度德，遂构此谋，杀牛祭祀二十四所，置以土坛，戴以草屋，称二十四治，治馆之兴，始乎此也。二十三所在于蜀地，尹喜一所，在于咸阳，于是诳诱愚民，招合凶党，敛租税米，谋为乱阶。时被蛇吞，逆衅弗作。至孙张鲁，祸乱方兴，起于汉中，为曹操诛灭，自尔迄今，群蘖相系，依托治馆，恒作妖邪。（《法苑珠林》卷69《破邪篇第六十二之余》略同）

据道教经典，张陵立二十四治后，嗣师张衡又立别治、配治、游治等，共四十余处，均有具体地点，大体都在山上。《水经注》卷27沔水，"水西山上有张天师堂，即张鲁治，于今民事之"。卷33巴郡平都县，"县有天师治"。《太平御览》卷674《道部》16《理所》引《名山记》："青城山……张天师所治处。"史云张鲁五斗米道领众多者称治头大祭酒。"治"本是王都或地方官署所在地的通称，但五斗米道的治似应有更直接具体的渊源。

杀牛祭祀24所，置以土坛，戴以草屋，明其为祭坛，其形制与社坛相类，而又称治，这也是社下的称呼。《汉侍廷里父老买田约束石券》云"侍廷里父老祭尊于季……等25人，共为约束石券里治中"。《周礼·地官·司徒下·里宰》"以岁时合耦于锄"。郑注："锄者，里宰治处也，若今街弹之室。"则里治既是里宰、里正办公之处，也是里内公众集会的场所，因此侍廷里中的于季等25人也可以在里治聚议结僤，成立私社。而里治则往往就在社坛。张鲁的五斗米道为政教合一的组织，其基层单位集宗教祭坛、集会场所和组织名称为一而称"治"，正好显示它是承袭了汉代里、社合一的传统，显示了它与社的关系。

（二）署职

史云张鲁在汉中传道时，领众者为祭酒，众多者为治头大祭酒。此后魏晋南北朝时道职仍多称祭酒。

祭酒原意为酹酒祭神。古时飨宴酹酒祭神必由尊者或老者一人举酒祭地，遂谓位尊者或年长者为祭酒。汉代，祭酒为政府官职，村里之中，祭酒（亦称祭尊）则为乡官之称。贾谊《新书·时变》："骄耻偏而为祭尊，黥鼻者攘臂而为祭政。"祭酒或祭尊亦作为里社或私社的职衔之一而多与祭祀有关（见第一节），但它却不是巫觋的称谓。政教合一的五斗米道以祭酒作为道职的名称，由此亦可见五斗米道与汉代流行的社尤其是里社的渊源。

旧史载张鲁的五斗米道的职称为祭酒、治头大祭酒二级，《三国志·张鲁传》注引《典略》："又使为奸令祭酒，祭酒主以《老子》五千文，使都习，号奸令。"曹魏时的《正一法文天师教诫科经》云：

> 诸职男女官，昔所拜署，今在无几。自从（魏明帝）太和五年以来，诸职各自置置。……
>
> 或一治重官，或职治空缺。……
>
> 诸祭酒主者中，颇有旧人以不（否）？建安黄初元年以来，诸职自今以后，不得妄自署为职也。
>
> 诸主者祭酒人人称教，各作一治，不复按旧道法，为得尔不（否）？令汝辈按吾阳平、鹿堂、鹤鸣教行之，汝辈所行举旧事相应不（否）？……

看来，张鲁时五斗米道组织颇为繁复严密，应不止祭酒、治头大祭酒两级，张鲁降操后，科律废弛，组织混乱。曹魏时天师后嗣曾企图进行整顿。两晋南北朝时的道教经典中天师道的职称名称与等级相当复杂而混乱，已非旧观。则张鲁时这方面的具体情况究竟如何，已经不得而知了。

（三）命籍

西周时，邑、里这种现成的农村公社组织被奴隶主贵族利用来统治奴役人民，带有奴隶主国家基层政权的性质。随着生产力的提高，村社中生产的个体和私有性质逐渐发展，国家对人民的剥削和奴役也逐渐从以整个村社为对象转向以村社中的家庭和个人为对象。因此检核人口以备征发财赋和兵役力役就成为春秋战国时国家的要事。周宣王开始"料民于太原"。《周礼·秋官·小司寇》"及大比，登民数，自生齿以上，登于天府"。在基层，执行这一职能的就是村社。《周礼·地官·司徒下》记里宰的职司中有"掌比其邑之众寡与其六畜兵器，……以待有司之政令，而征其财赋"。春秋时村社又称"书社"。《荀子·仲尼》齐桓公与管仲书社三百，杨倞注："书社，谓以社之户口书于版图。"随着农村公社的瓦解及中央集权专制主义封建国家的形成，战国时的邑、里已经变成了基层行政机构，而检核人口则仍是邑、里的重要任务。汉代极重"民数"，每年八月要"案比"（户口调查），十月上报。案比时民赴县集中，由主吏检阅，一如后世的"貌阅"。民皆"著籍"，迁徙外出要申报批准，脱籍隐匿有罪。人户编制的最基层单位就是里及以下的什、伍。秦律规定，舍匿人口，里典（即里正）伍老俱受罚，户口年纪敢作伪者，里典伍老不告发，各受罚有差。汉承秦制。《后汉书·百官志》："里有里魁，民有什伍，善恶以告。"本注云："里魁一里百家，什主十家，伍举五家，以相检察。民有善事恶事，以告监官。"脱漏户口，自占年纪不实，于律有罪，自然属于奸恶。汉代里伍编制是相当严密的。

汉代农民起义的组织形式无疑受到汉代乡里之制的影响。王莽末年，赤眉起义，"无文书、旌旗、部曲、号令，其中最尊者号三老、次从事、次卒史"。东汉末张角起义置36方（坊），都是乡里之称或乡官下吏的称号。五斗米道亦然。组织称治，署职号祭酒，命籍之法也是如此。

五斗米道既是"化民受户，以五斗米为信"，并从事包括生活互助在内的各种活动，则道众的编制自然很重要。《要修科仪戒律钞》卷10引《太真科》云五斗米道：

家家立靖（修行静室），崇仰信米五斗，以立造化和五性之气。家口命籍，系之于米。年年依会，十月一日，同集天师治，付天仓，及五十里亭中，以防凶年饥民往来之乏，行来之人不装粮也。

这种命籍之法，《陆先生道门科略》有详细的记载：

天师立治置职，犹阳官郡县城府，治理民物。奉道者皆编户著籍，各有所属。令以正月七日、七月七日、十月五日，一年三会。民各集投本治。师当改治录籍，落死上生，隐实口数，正定名簿。三宣五令，令民知法。其日天官地神咸会师治，对校文书。师民皆当清静肃然，不得饮酒食肉，喧哗言笑。今人奉道，多不赴会，或以道远为辞，或以此门不往。舍背本师，越诣他治。惟高尚酒食，更相炫诱，明科正教，度不复宣。法典旧章，于是沦坠。元纲既弛，则万目乱溃。不知科宪，惟信诡是亲。道民不识逆顺，但肴馔是闻，上下俱失，无复依承。……

道科宅录，此是民之副籍，男女口数，悉应注上。守宅之官，以之为正。人口动止，皆当营卫。三时迁言，事有常典。若口数增减，皆应改籍。若生男满月，……生女满月，……娶妇……，籍主皆赍宅录诣本治，更相承录，以注正命籍。三会之日，三官万神更相栋当。若增口不上，天曹无名。减口不除，则名簿不实。今人奉道，或初化一人，至子孙不改。三会之日，又不投状。既无本末，本师不能得知，为依先上年，或死骨烂，籍犹载存。或生皓首，未被记录。或纳妻不上。或出嫁不除。乃有百岁童男，期颐处女。如此存亡混谬，有无不实。至于疾病之日，不归本师，而去请他官。不寻所由，便为作章。疾痛之身，录籍先无，今章忽有。非守宅所部，三师不领，三天阙籍，司命无名，徒碎首于地，文案纷纷，既不如法，道所不济。如此之理，可不思乎。奉道之科，师以命籍为本，道民以信为主。师为到上三天，请守宅之官，依籍口保护，禳兴却祸。虽一年三会，大限以十月五日赍信一到治。……若命信不到，则命籍不上，虽复别有重赃厨福，不解时信之阙，故数云千金虽贵，末若本赍之信命。奉道之家，不赍命信，动积年岁。如此三天削落名籍，守宅之官还天曹，道气不复覆盖，鬼贼所伤害，致丧疾夭横。……

陆修静是刘宋时人，距汉末已二百余年，文中所说的命籍之法，未见得全是张鲁时所行。但文中云"今人奉道，多不赴会"，"明科正教，废不复宣，法典旧章，于是沦坠"。说明陆修静时，天师道命籍之法已乱，而据前段所引《正一法文天师教诫科经》，张鲁降曹操后，五斗米道科律已渐废弛。则陆修静所云命籍的"法典旧章"，特别是其基本部分，即"一年三会，民各投集本治，师当改治录籍，落死上生，隐实口数，正定名簿"，应当是三张旧法，而这套做法也正与汉代民数之制相类。可见张鲁政教合一的农民政权的组织形式所受汉代乡里之制的影响。亦可由此相见张鲁的政教合一的农民政权与传统的社的渊源。

（四）厨会

南北朝道教道众活动集会时设"厨会"宴饮，这也是一种互相联系交往的组织形式。道官受署职治符录，可设厨会（又称饭贤），道民设厨会求愿收福立誓，生病的设厨会救度，犯科法设厨会解散，为亡人设厨会解罪过，生男、生女、娶妇，亦设厨会。参加厨会的少者五人十人，多的三五十人，最多的可达千人。这种厨会，如前所引，是三张旧法。也正是承袭了汉代民间尤其是社流行的集会宴饮风习。

里社于二月八月社日集体祭社，祭后宴饮行乐，自不待言，平时有祭祀或事务集会，也要宴饮，甚至有的私社的组织，就是为了宴饮。

汉印中有"酒单祭尊"、"薪中酒单"、"祀厨"、"长寿单右厨护"等印，前二者应为集体酒宴而组成的单（社），后二者当为社（单）中司厨宴者的印信。由此可见汉代无论里社或私社，也无论祭祀或俗务，集会宴饮之风都很盛。五斗米道的厨会，即是承袭了这种风习。

《弘明集》卷8释玄光《辩惑论·解厨纂门不仁之极三》云三张之法：

左道余气，乃纂门解厨，矜身与食，怀咙班之态。曩昔张子鲁汉中解福，大集祭酒及诸鬼卒，……酣进过常，遂致嚣逸，丑声迤布，远达岷方。……

亦可说明："解厨"在五斗米道中的重要地位。《广弘明集》卷8《二教论·服法非老九》引张氏妄说数条中"解除墓门"云"左道余气，墓门解除，春秋二分，祭灶祠社，冬夏两至，祀祠同俗。"则五斗米道中的"解厨"是包括祠社在内的。由此亦可见五斗米道的厨会与传统的社祀宴饮间的渊源。

汉代集会宴饮之风并不仅限于祭社。前引《盐铁论》卷6《散不足》云："今富者祈名岳，望山川，椎牛击鼓，戏倡儛象；中者南居当路，水上云台，屠羊杀狗，鼓瑟吹笙；贫者鸡豕五芳，卫保散腊，倾盖社场。"前引汉印亦说明可能有专以宴饮为事的私社，则宗教祭祀活动及社会活动几乎都要伴之以宴饮，而其耗费之巨大，也可想见。

按南北朝天师道的说法，张陵之前，是"六天古气"占着统治地位，其恶行之一，就是"求人飨祠，扰乱人民，宰杀三牲，费用万计，倾财竭产，不蒙其祐，反受其患"。"烹杀六畜，酌祭邪鬼"，当即指汉代淫祠祀鬼、奢靡宴饮之风。张陵创五斗米道，承袭了厨会风习，但进行了整顿，"清约治民"，"民不妄淫祀他鬼神，使鬼不饮食，师不受钱"。即一方面禁止淫祠古气祭礼的耗费，另一方面本身祭祀也崇尚俭约，不向鬼神献牲，道众进行厨集，也注意俭约。前引《辩惑论·解厨纂门不仁之极三》讲到张鲁"汉中解福，大集祭酒及诸鬼卒，酺进过常，遂致嚣逸，丑声遐布，远达岷方"，之后续云："刘璋教曰：'天灵仙养命，犹节松霞，而厚身嗜味，奚能尚道。'子鲁闻之，愤耻意深，罚其扫路。世传道士后会，举标以防斯难，兼制厨会，酒限三升。汉末以来，谓为制酒。"则五斗米道厨会注意节制酒食，由来有自。两晋南北朝道教经典中，对于厨会酒食多有具体规定，当即所谓厨令。自然在实际上常常超逾规定，以致引起反对道教者的批评与讥嘲。则汉代民间集会祭祀酖于酒食之风，并未由于早期五斗米道的限制而改易。由此亦可见五斗米道所受汉代社祀之类的群众集会宴饮风习的影响之深。

四

农村公社的另外的重要职能是生产和生活的互助，以及教育和维持公共秩序。

早期农村公社的土地为村社共有，集体耕作，产品平均分配。随着生产力的发展，村社内部私有制因素逐渐增长，土地开始由村社共有转为家族、家庭占有再转为个人私有，集体耕作逐渐转为个体生产，但公有经济和生产上的互助还保留了一段时间。前引《周礼》所云的"合耦于锄"，即是由里宰所组织的生产互助事宜。汉代距井田制的崩溃已久，村里中土地私有制占了统治地位。作为地方行政机构的里仍有监督生产之责，但过去村社组织生产互助的传统究竟保留了多少却难以确言。汉代北方流行的二牛三人的耕作方法，恐非多数个体小农家庭所能单独实行。赵过所行的代田法，"率十二夫为田一井一屋，故亩五顷，用耦犁，二牛三人"。"二千石遣令长、三老、力田及里父老善田者受田器，学耕种养苗状"。故平都令光则"教民相与庸挽犁"。颜师古注曰："庸，功也，言（挽）〔换〕功其作也。"①则汉代农民仍有从事生产互助之举，而这些活动可能是由里父老之类的乡官来组织的。

村社的生活上的互助职能保留的成分可能比生产互助更多些，时间也更长些。《周礼·大司徒》：

> 令五家为比，使之相保；五保为闾，使之相受；四闾为族，使之相葬；五族为党，使之相救；五党为州，使之相赒；五州为乡，使之相宾。

《孟子·滕文公上》云：

> 乡里同井，出入相友，守望相助，疾病相扶持。

就是讲的这种村社成员间生活上的互助。村社组织互助，除去出劳力外，也需要有一些公共的财产和积累。最早，这是靠集体耕作的公田的收

---

① 《汉书》卷24上《食货志上》。

获。在奴隶主和封建主的统治下，这种公共的耕地收入被掠夺，原有的祭祀、救助、备荒、宴乐等集体事业的开支，例如《汉书·食货志》载李悝所言的"社闾尝新春秋之祠用钱三百"，就改由个体农民自己负担了。两汉的里是否保留了多少生活互助的职能，因无直接记载，也难以确言。但照理说，这种生活互助的职能也同生产互助的职能一样，是应当逐步排除在作为封建政权基层机构的里的职能之外的。而由传统村社演变而来的里的组织，也不适应汉代以一家一户为单位的个体小农业经济的生产与生活互助的要求。汉代里社之外的私社的兴起，也许正是由于私人之间组织起来从事社祭之外的祭祀及进行生产和生活互助的需要。《汉书》卷27《五行志中之下》：

> 建昭五年，兖州刺史浩赏禁民私所自立社。（注：张晏曰：民间三月九月又社，号曰私社。臣瓒曰：旧制二十五家为一社，而民或十家五家共为田社，是私社。）

臣瓒是西晋时人，张晏更在臣瓒之前，他们的说明当与两汉的情况相去不远。

张晏注私社的着眼点是祭社集会的时间，看来很可能是传统社祭之外的祭祀组织。前引燕齐之间为当时人栾布所立的"栾公社"，祭祀时多半与栾布生卒或事迹有关，可能多半是在二月八月传统社日之外。浩赏所禁私社地在兖州，这一带正是天师道发源的地方，也是曹操禁淫祠之处。魏晋南北朝天师道有三会日、五腊日等集会的规定，则道众集会多在社日之外。自然我们难于断定浩赏所禁的私社及曹操所禁淫祠是否同早期道教有关，但推测张晏所说的私社与宗教祭祀活动有关似也不算牵强。

臣瓒注私社的着眼点则在户数与作用。既云"十家五家"，又云"共为田社"，当与农业生产有关。汉代农业是个体小生产，当不会出现村社全体成员一齐出动集体劳动的场面，则十家五家组织田社进行互助也许正是汉代的特色，也同前述赵过代田法的十二夫组织起来用二牛三人的耦犁的耕作方式相近。则所谓"田社"，很可能就是当时的生产互助组织，汉代还有集资购买牲畜的习惯。《九章算术》中有一批合资买畜的算题，其中包括马、牛，当系用于生产。《后汉书》卷87《西羌传》云任尚屯三辅备羌，虞诩说尚"罢诸郡兵，各令出钱数千,二十人共市一马"。当系以平民习俗施之于军旅。唐宋的"马社"、"牛社"，当即渊源于此。至于汉代居民合资买畜是否也有社的组织，则尚未见记载。

此外，东汉还有以均平更役为职能的"街弹"（单），有集资买田以供轮次充当里父老的"父老僤"（单）。汉印中有"宗单"、"孝子单"、"同志单"、"酒单"等。这些单应是里社以外的具有专门职能包括生活互助职能的私社（单）①。则五斗米道继承与仿效了汉代的社特别是某些私社的生活互助职能就是自然的事了。

张鲁的五斗米道是否组织生产互助不清楚，至于生活互助职能则主要表现为两方面。

第一方面是道民每人纳米五斗，以充公费。大约最初是道首为人治病，病愈出米五斗。《后汉书》卷8《孝灵帝纪》：（中平元年）"秋七月，巴郡妖巫张修反。"注引刘艾纪曰："时巴郡巫人张修，疗病，愈者雇以米五斗，号曰五斗米师。"《三国志·张鲁传》注引《典略》亦云张修"使病者家出米五斗以为常"。后来则变为从道者每年出米五斗。《要修科仪戒律钞》卷10引《太真科》言天师道："家家立靖，崇仰信米五斗，以立造化和五性之气。家口命籍，系之于米。年年依会，十月一日，同集天师治，付天仓，及五十里亭中，以防凶年饥民往来之乏，行来之人不装粮也。"这个转变应在张鲁时。《三国志·张鲁传》注引《典略》云："及鲁在汉中，因其民信行修业，遂增饰之。教使作义舍，……"张鲁增饰张修之法，除立义舍外，看来也包括了把病愈者输米五斗改为道众每年输米五斗，因只有这样才能有大量的固定收入，才有可能建立义舍之类的公益设施，也才有可能聚积大量物资，致使张鲁对汉中地区的统治延续了四十余年。较上述两个注所引的刘艾纪及《典略》后出的《三国志·张鲁传》本文云从张陵受道者"出五斗米，故世号米贼"，看来是对这一变化不甚了然，以后概前的笼统叙述。

---

① "宗单"可能为同宗人户组成的单，"孝子单"可能为营办丧葬而组成，"酒单"可能为承办集体宴饮而组成的单。

道民每年十月一日即秋收之后出米五斗以为信，是最重要的输纳。"家口命籍，系之于米"。"奉道之科，师以命籍为本，道民以信为主"。"若命信不到，则命籍不上"。也就是说，只有输纳了五斗米，才被承认是有了道籍。

三张之法，虽然标榜"清约治民，神不饮食，师不受钱"。但张鲁增饰旧法，五斗米之外，仍有别的输纳。《广弘明集》卷8释道安《二教论·服法非老九》引李膺《蜀记》云张鲁在汉中，"受其道者，输米、肉、布绢、器物、纸笔、荐席、五綵，后生邪浊，增立米民"。张鲁为曹操所破，奔逃时，有人劝其焚府库财物宝货，则张鲁所积绝非仅止是米。张鲁政权虽然消灭，但后世道民的输纳却日益繁苛。而这种输纳也同过去治病愈者出米五斗的性质不同，变成了维持政教合一的组织的租税。《陆先生道门科略》注曰当时道首"但希望财利，念在酒食。永不以科禁示民，惟课责重，询求好食"。其具体项目，两晋南北朝道经中多有记载。一直达到北魏寇谦之《老君者诵诫经》所说的"取人人金银财帛，而治民户，恐动威迫，教人跪愿，匹帛牛犊，奴婢衣裳，或有岁输全绢一匹，功簿输丝一两，众杂病说，不可胜数"的地步。以致南北朝攻击道教者咸以"租税钱米"和"男女合气之术"为三张之法的两大弊端。而刘宋的陆修静与北魏的寇谦之都重申清约治民，减轻道民负担，以此作为清整道教的一项重大措施。

道民所输赀信，除供祭祀、厨集、天师治用度及义舍等公益事业外，据《赤松子章历》卷2云"赀信当须散于道民"。《三洞珠囊》卷7《二十四职》引《玄都职治律》第9各种道职中有：

> 都功职，主功劳、录吏、散民、赀、义钱谷、金、银、玉、帛、六畜、米物、受取出入；管籥、仓、库、府、鬼神之物、礼信及治殿、作舍、桥、道、楼、阁、神室，尽主之也。
>
> 都气职，主三会吏民，请乞救治，分别年纪、郡县乡邑、所受官号。
>
> 廉平职，主监察廉邪、均平饮食。

看来，所受赀信中，有一部分用于公益事业及生活救助。但具体办法已不清楚。这些都是南北朝时的后出材料，但亦可推测尚含三张旧法的成分。

第二方面是立义舍。史载张鲁在汉中时，诸祭酒皆作义舍，一如亭传，又置义米义肉于其中，以止行人，行道者量腹取足。这是照顾与招徕流民之法。汉末流民的重要流向之一是从河南、三秦趋于巴蜀荆襄，汉中地区为其经行及留驻之处。张鲁部众既多流民，又多招徕流民留驻汉中，即前引的"化民受户"，"增立米民"。既曰义舍，又云"以止行人"，则除供应行道者饮食外，亦可休止。汉代驿传一般30里一驿。前引《太真科》云50里一亭，大约即相当流民扶老携幼一天的行程。这种做法，似乎有更早的渊源。《太平经抄》辛部卷120—136云："天设官舍邮亭，得而居之，……欲得人力者行人。"则早期道教已有此法，而且视为招徕道民的一种手段。

《华阳国志·汉中志》载张鲁治汉中，"市肆贾平"。秦汉的市设有市令、长及属吏，其职责之一即为均贾平市，但汉末逐渐废弛，张鲁却行之于汉中，但具体做法已不得而知了。

农村公社的另一类职能是维持公共秩序和对村社成员进行教育，而维持公共秩序亦多采说服教育方式，少施刑罚。村社教育之所称为庠序，常与公众集会的社下或里治合而为一。这个传统，也为张鲁的五斗米道所继承。《三国志·张鲁传》云鲁教道民"诚信不欺诈"《华阳国志·汉中志》则云鲁"行宽惠"。前引《陆先生道门科略》即言每年三会日道民须赴师治，校正命籍，祭酒宣示科戒，会毕道民还家，务共奉行，当仍系三张旧律。至于有小过则教使自隐，向天谢过，或自首其过。有小过的罚治道百步，则罪除。凡犯法者三原然后行刑。前引《广弘明集》卷8释玄光《辩惑论》云张鲁聚会纵饮，受到刘璋的斥责，即引以为耻，治道百步。可见，这种处罚形式执行起来是很严格的，道首也不例外。

可见，从五斗米道的这些科律措施中，是可以见到传统的社的影响的。

五

恩格斯指出，古希腊的氏族公社在国家建立以后，就"下降为私人性质的团体和宗教会社"。中国的农村公社的瓦解虽然是在国家出现以后，演变的途径也与希腊的氏族公社相似。两汉时的里社，以祭祀活动为主要内容，即具有宗教会社的色彩。里社以外的私社，则是私人性质的团体。张鲁的五斗米道，明显地继承了传统的社特别是汉代里社的宗教巫术活动内容和组织形式，并保留了若干传统的社的生活互助职能，已是纯粹的宗教会社了。张鲁的政教合一的政权在汉中地区维持了 40 年，宗教结社所具有的严密的组织与凝聚力无疑是一个重要的因素。而后人把张鲁的五斗米道称为"米社"或"米巫之社"，也就是自然的事了。过去论中国的宗教结社，常从东晋南北朝时佛教的"邑义"、"法社"开始，现在看来，属于道教的宗教结社形成在佛教结社之前，而其肇始者则是张鲁的五斗米道。

魏晋南北朝时，与宗教有关或被称为"妖人"、"妖贼"的起事约 70 次左右，其中明显地与道教特别是天师道有关的近 20 次，著名的如李特李雄起义与孙恩卢循起义均是。[①] 则宗教结社与农民起义的渊源自来已长。这一传统宋以后尤盛，一直到清代的天理教、白莲教、义和团。其中有一些宗教结社则为反动性质或受反动统治者所利用。这是一个值得深入研究的问题。

（刊载于汤一介主编：《中国文化与中国哲学 1987》，

生活·读书·新知三联书店 1988 年版。）

附记：本文写作时，论及先秦的社的地方，主要参考了杨宽：《试论中国古代的井田制度和村社组织》（《古史新探》），李亚农：《中国的封建领主制和地主制》第一章《中国古代的村社制度》，徐喜辰：《井田制度研究》。论及两汉的社的地方，参考了瞿宣颖：《中国社会史料丛钞》甲集 9《传说·社》及该书其他部分有关记载。作者对道教史非所素习，本文涉及五斗米道之处，得陈国符《道藏源流考》特别是其中的《南北朝天师道考长编》之赐甚多，谨志。又，本文论述中有转述作者的《汉代的社》《关于〈汉侍廷里父老僤买田约束石券〉》二文之处，不再一一注明。

---

① 见张泽咸、朱大渭编：《魏晋南北朝农民战争史料汇编》，中华书局 1980 年版。

汉代农业生产漫谈

汉代是我国封建社会的第一个鼎盛时期。作为封建社会农业特征的个体小生产农业得到很大发展。我国此后两千年封建社会的传统农业的发展道路就是在汉代形成的。汉代农业达到了什么样的水平？从汉代情况看，我国传统农业走的是什么道路，具有哪些特点、成就和局限？这些问题需要专门研究，本文只就其中一些问题谈点粗浅的看法。

从三个数字谈起

"超过劳动者个人需要的农业劳动生产率，是一切社会的基础。"[1] 马克思这段话启发我们，谈汉代农业生产发展水平，要先看三个数字。

第一个数字：农业劳动生产率有多高？这是农业生产力水平的主要标志。可以拿每个农业劳动力生产的主要产品——粮食的年产量作为代表。

第二个数字：劳动者的个人需要有多大？由此可以看出当时农业劳动能提供多少剩余产品，这是封建社会存在和发展的基础。可以拿每个农业人口一年的口粮数作为主要标志。

还有第三个数字：当时全国每人平均占有多少粮食？

---

[1] 马克思：《资本论》第 3 卷，《马克思恩格斯全集》第 25 卷，人民出版社 1974 年版，第 885 页。

西汉人口的增长是惊人的。汉初承战乱之后，全国人口约 600 万或稍多一些。到约二百年后的平帝元始二年（公元 2 年），即猛增到 1200 余万户，5959 万余口。经过王莽末年的战乱，从东汉中期以迄东汉末，人口大体稳定在 900 多万户，5000 万口左右，比汉初增加到 8 倍左右。没有从奴隶制下解放出来的农业生产力的发展，维持这样高的人口增长速度是不可能的，而人口的增长在当时则加速了农业的进一步发展。

与人口的迅速增长相适应，汉代农业生产循着量的增长和质的提高这两个途径发展。

量的增长指荒地的开垦。汉初耕地数字不详，如以全国农业人口 500 万人，照李悝、晁错所说一家五口，耕地 100 小亩[①] 计，则全国耕地总面积在一亿小亩左右，合大亩四千一百多万亩左右。到汉平帝元始二年，全国耕地增到八亿二千七百余万大亩，东汉则长期稳定在近七亿大亩左右，约合今四亿八千万市亩，比汉初增长约十五六倍，这个数字有夸大的成分，但耕地面积增长的速度超过了人口增长的速度是可以肯定的。

从前引李悝、晁错等议论来看，西汉初每家农户占有耕地 100 小亩，每个农业人口占有耕地 20 小亩，分别合今 29 市亩弱和 5.76 市亩。《汉书·赵充国传》言西汉屯田卒每人治田 20 大亩，合 48 小亩，与李悝、晁错所说的耕地数字相近。加上非农业人口，全国每户及每口平均占有的耕地面积比这还要少些。西汉平帝元始二年及东汉共十一二个全国户口数及六个垦田数通计，平均全国每户占有耕地大亩 70 亩上下，每口大亩 14 亩上下，即每户占田 48.6 市亩，每人 9.7 市亩。这个数字比西汉初多了约一倍，不好解释，也许是由于荒地大量开垦的原故，更可能是垦田数字被夸大了（例如《后汉书·刘般传》就提到了这种情况）。

然而，汉代人口与耕地分布及农业发展是很不均衡的。据《汉书·地理志》和《后汉书·郡国志》的记载，全国州部中，司隶校尉部和豫、冀、

---

① 汉初，故秦地行大亩（240 步一亩，当今 0.6916 市亩），故六国地行小亩（100 步一亩，当清亩 0.31 亩强，合 0.2882 市亩），一大亩等于 2.4 小亩。到汉武帝后期全国才统一用大亩。

衮、青、徐五州，即今天陕西中部迄黄河下游地区，面积仅约占全国八分之一，而人口则占 68% 以上。尽管这里耕地开垦较多，在土地总面积中所占比例远较其他各州为大，非农业人口所占比重也较大，又不断向外移民，但人多地少是肯定的。崔寔《政论》就说："今青、徐、衮、冀，人稠土狭，不足相供。"因此这一带作为全国经济、政治、文化中心地区农业的发展必然靠质的提高，即走精耕细作的道路，以大量劳动投入集约化经营以提高单位面积产量。并且随人口的迁徙而向边缘地区扩展。因此，在汉代农业生产发展的两个途径中，精耕细作占着主导地位，并且是农业生产发展的主要趋向。

在汉代农业精耕细作的技术水平下，粮食单位面积产量有多高呢？由于田有美恶，岁有丰歉，耕作技术有精粗，水田旱田有差别，种植作物有不同，所以记载中亩产相差很多。但从前引《汉书·食货志》及《管子·治国篇》可知，"中田""平年"一小亩产粟、麦在 1 石到 2 石之间。此外，《淮南子·主术训》言中田亩产 4 石，《后汉书·仲长统传》言北方地区通肥硗之田计亩产 3 石，那都是指的大亩，折成小亩，年产分别为 1.66 石和 1.25 石，仍在 1 石到 2 石的范围之内。

因此，汉代正常年景一般田地一市亩产粟 94—188 市斤，平均约为 140 市斤。小麦 100—200 市斤，平均约为 150 市斤。

至于行"代田法"的旱地，每大亩年产可达 6 石，合一市亩产粟 233 市斤，小麦 250 市斤。水利田亩产可达小亩 2.7 石以上，合一市亩产粟 253 市斤，小麦 272 市斤以上。这是少数高产田的产量。至于以耕作园艺化为特征的"区种法"，据说中田每大亩可达 13 石，美田可达 19 石，分别合一市亩产粟 505 市斤和 739 市斤。麦 542 市斤和 793 市斤。即使属实，那也是并未推广的小面积丰产试验的特例。

汉代农业生产发展的两个途径及其主要趋向，也是我国两千年封建社会农业发展的一个缩影。

两千年来，我国的耕地面积从汉代的 4 亿 8 千万市亩左右增长到解放前的 14 亿余市亩，即增长到约 3 倍；单产从每亩约 140 斤增长到近 300 斤，约为 2.2 倍，二者相乘，总增约六七倍；而人口则从汉代的六千万人增长到解放前的五亿多，约达十倍；每人占有的耕地面积则从汉代的 4.8 市亩或 9.7 市亩降低到约 2.8 市亩，即仅为汉代的 60% 或 29%。从宋以后，总的趋势是人口增长的速度超过了农业生产增长的速度，耕地面积和单产虽有增长，每人占有耕地面积却大大减少，人口增长已从加速农业生产发展的因素转而为阻碍农业生产发展的因素了。除去封建生产关系对农业生产发展的束缚越来越严重这个主要原因外，这就是我国农业劳动生产率和口粮数长期在汉代已达到的水平线上徘徊的一个重要原因。

解放前，我国农业生产已经处于停滞状态。国内虽然还有大片宜农荒地，但多处边疆，开垦条件艰苦，已非个体小生产的传统的农业经营方式与生产技术所能大量开垦。从 1873 年到 1933 年的 60 年间，全国耕地面积除东北外仅增加 1%。在这前后，单产也基本未增，而人口则从四亿多增到五亿多，每人占有的耕地面积逐渐缩小，农民艰苦的生产条件和低下的生活水平丝毫未得改善。可以这样说，不仅封建生产关系成了农业发展的严重桎梏，我国传统的个体小生产农业本身在解放前也基本上走到了它的尽头。

传统农业生产的局限

在个体小生产基础上发展起来的，以精耕细作为主要特征的我国传统农业，其成就是巨大的，但也从一开始就呈现了它的局限。

关于自给自足的自然经济与人力的巨量耗费这些局限，已为人们熟知，我们就不去谈它了，这里谈谈我国传统农业的另外两个局限。

其一，是单纯地发展种植业特别是粮食生产，忽视了畜牧业。

从包括人工生产与直接获取自然物的最广义的农业（包括采集、渔猎、种植、畜牧、林业等等），转变为专事人工生产特别是种植业的农业，是农业生产发展的一般规律，它能大大提高生产专门化的程度，有利于工具和技术的改进，使农业生产得到迅速的发展和相对的稳定，因而在历史上是进步的现象。我国大体上是在西周春秋期间实现了这一转变的。但在转变过程中畜牧业的发展却落后于农业。而欧洲中世纪走的却是农牧并重、种植业与畜牧业互相结合的道路。这样，我国农业失掉了畜牧业的支持和补充，形成了所谓的"跛足农业"。这种情况，在汉代已经开始出现了。

我国的传统农业并非完全排斥畜牧业。战国秦汉时的所谓"重农派"，虽然把粮食生产看得高于一切，但并没有走到片面强调粮食生产、抹杀其他一切的地步。战国秦汉时有关农业的著述中，还是在强调粮食生产为主的同时，把桑麻、六畜、园艺等放到了一定的辅助地位上。

然而，作为农业辅助的家畜饲养，与农牧并重、互相结合的意义是不一样的，前者畜牧是处于很次要的地位。"重农派"这种对畜牧业和农牧关系的认识，是当时农业和畜牧业的现实情况的反映。汉代除去边疆草原地带外，内地的畜牧业实际上多属于副业性的小规模的家庭圈养，像《孟子》所说的"二母彘、五母鸡"之类，猪、羊等的大规模的饲养、放牧虽也见诸记载，实际上并没有发展起来。至于大牲畜如马、牛的饲养，则是为了役使、军需而非食用。即使是役使，数量也不足，以致汉代许多地方还不能推广牛耕，只能"蹠（zhí，音直，意为踩、踏）耒（lěi，音垒，代表翻土农具）而耕"（即用人力翻土耕种）或用人力挽犁。这从汉代马、牛价格昂贵，盗牛盗马要重罚乃至处死，及禁止民间屠牛祷神等也可得到证明。总之，从汉代开始，除去饲养军马及西北与游牧民族接壤的草原地带外，在农业地区中与农业结合的大规模的畜牧业就没有得到发展。像《史记·货殖列传》所说的有五十四马或百多头牛或二百多头猪、羊的牧主，当时已是少见的与占有良田千亩的地主或千户侯相当的富人。至于像宣曲任氏、卜式那样的大牧主，就更少见了。汉以后，畜牧业落后于农业的现象越来越严重，惟一的例外是东晋南北朝时期北方畜牧业一度有所发展，但那是少数民族带来的游牧生产形式，它是以原有农业的破坏为代价而不是与农业相结合而发展起来的，并且只是历史上的短暂现象。

我国农业走上忽视畜牧业的片面发展的道路，有它的客观原因。那就是，畜牧业特别是大牲畜的饲养，生产周期比较长，一般超过一年，并且宜于大规模的经营，为个体小生产力所不及；人多地少，精耕细作，使土地利用率高（汉代农田基本不休闲，连续耕作，有些地区已经实行复种），无法普遍开辟牧场；农业劳动生产率不算高，口粮标准低，吃饭问题未解决，种植饲料受到很大限制；我国地主经济又多半采用把土地分散给小农户耕种的方式，很少进行大规模的经营。这些都是我国个体小生产的传统农业条件下畜牧业不易发展的原因。

畜牧业不发达给我国农业的发展带来不好的后果。它限制了食物品种的多样化及质量的改善，影响了生活水平的提高。汉代农民往往每年只有几个节日才能吃上肉，粮食成了惟一的主食，粮食不足的问题就更为突出。在长期的封建社会里，我国的传统农业就不得不在努力发展粮食生产但粮食不足的问题越来越严重的圈子里打转。

另一个局限是忽视林业和水土保持。我国传统农业的一个发展途径是大量垦荒开田。在封建社会个体小生产的条件下，垦荒不可能有科学的计划，也不可能辅以必要的水土保持工作，这就必然要毁坏森林、草原和湖泊水系，引起气候变化，水土流失，破坏生态平衡，从而使土地肥力下降，自然灾害频仍，给农业生产和人民生活带来灾难性的后果。

这个问题在汉代已经出现了。以自然灾害为例，据《史记·货殖列传》和《盐铁论·水旱篇》的说法，先秦大约 12 年中有 2 个灾年，灾年占 16.6%。据《中国历代天灾人祸表》的统计，从秦始皇元年（公元前 246 年）至汉吕后元年（公元前 187 年）的 60 年中，有重灾 9 次，占统计年度的 15%，其中大水、大旱 8 次。可见《史记》、《盐铁论》所说的先秦自然灾害率大体上是符合实际的。但是，从吕后二年（公元前 186 年）至新莽末年（公元 24 年）的 210 年中，即有 52 个年度有重灾，占统计年数的 24.8%，其中大水、大旱即有 42 次，比先秦自然灾害率要高。东汉自然灾害更严重，从光武建武元年（公元 25 年）到灵帝光和七年（公元 184 年）的 160 年间，有 46 年有重灾，占统计年数的 28.8%，其中大水、大旱有 39 次。此后情况也未见好转，从公元 185 年至 1913 年的 1729 年间，我国有水灾 2673 次，旱灾 2526 次。灾情以黄河中下游最为严重，这同黄河流域的森林草原破坏最烈、水土流失最严重无疑是有关的。

上述这些传统农业的局限性，在封建时期是无法克服的，在今天也仍然作为一种巨大的保守的习惯势力存留在农业经营中和人们的思想中。我们要发展现代农业，决不能再受它们的束缚了。

革命就是解放生产力。社会制度的大变革必然带来生产的大发展。战国秦汉时期，随着封建制战胜奴隶制并得到初步发展，作为封建社会特征的个体小生产农业代替了奴隶制下的集体性生产，使得铁器和役畜这样的进步的工具和动力得以普遍使用，使得先进耕作制度和农业技术的创造、使用、推广有了可能，这就使得我国农业得到迅速发展，从而在此基础上出现了我国封建社会的第一个鼎盛时期——汉代。今天，社会主义制度在中国 960 多万平方公里的广袤土地上胜利了，这就为农业生产的大发展创造了有利条件。如何充分发挥社会主义制度的优越性，充分利用最先进的工具和技术，批判地继承我国传统农业这份珍贵的历史遗产，摆脱它的局限，并吸收国外的先进技术和经验，形成适合我国具体条件的新的农业发展的道路，用最快的步伐把农业搞上去，这就是当前农业战线的根本任务。

（刊载于《光明日报》1979 年 4 月 10 日）

有关汉代农业生产的几个数字

我在 1979 年写的《汉代农业生产漫谈》一文，由于篇幅所限，有些地方未能多作论析。本文拟就有关汉代农业生产的几个数字的估计作一些具体说明，作为上篇文章的一个补充。由于史料有阙，诠释多歧，这里所估计的是否大体符合汉代历史实际，谨提出来供讨论。

所要讨论的几个数字是：

（1）汉代一个农业劳动力的垦田亩数；

（2）汉代粮食单位面积产量；

（3）汉代农业人口平均口粮数；

（4）这些数字所反映的汉代农业劳动生产率和农业所能提供的剩余产品数量及其分配状况。

封建时代的农业主要是个体小生产农业，而最能反映个体小生产农业特点的是小自耕农经济。所以我们就以小自耕农的生产水平和生活水平作为主要讨论对象。

最完整地从数量上讲到当时小自耕农的生产和生活水平的，是《汉书·食货志》所载的据说是战国时李悝的一段话①：

> 今一夫挟五口，治田百晦，岁收晦一石半，为粟百五十石。除

---

① 有些同志认为这段话反映的是汉代的情况（陈直先生即主此说，见《两汉经济史料论丛》，陕西人民出版社 1958 年版，第 277—278 页），这是有道理的。但其中提到十一而税，却不是汉代情况。不过，战国农业生产与汉代颇多相似之处，与其他材料参看，《汉书·食货志》的这段话应当说也反映了西汉的情况。准此，我们在下边的讨论中也参用了一些战国和秦的史料。

十一之税十五石，余百三十五石。食，人月一石半，五人终岁为粟
九十石，余有四十五石。石三十，为钱千三百五十。除社闾尝新春秋
之祠，用钱三百，余千五十。衣，人率用钱三百，五人终岁用千五百，
不足四百五十。不幸疾病死丧之费，及上赋敛，又未与此。此农夫所
以常困，有不劝耕之心。

下面，我们就结合其他史料来分析一下这段话所提供的一些数字，看
看它们是否大体符合汉代一般小自耕农的生产和生活的实际情况。

一、一夫挟五口

战国中期，一户农民大约平均是八口左右[①]，这是小农经济初起时的
现象。随着农业生产和小农经济的发展，再加上政府法令的作用（如商鞅
变法令民有二男不分异者倍其赋），农民的家庭人口有逐步减少的趋势。
到了汉代，一般是一家五口。《汉书·食货志》载晁错在文帝时言："今农
夫五口之家，其服役者不下二人。"

一家五口，一般是两个劳动力。所谓"一夫"，当时常指一个小经济
单位，即一家。"一夫"就是户主、家长的代称。《周礼·小司徒》："上地
家七人，可任也者家三人；中地家六人，可任也者二家五人；下地家五人，
可任也者家二人。"晁错也说："今农夫五口之家，其服役者不下二人。"
都可说明汉代五口之家一般是两个劳动力。

二、治田百亩

《汉书·食货志》这段话说的是小亩，即 100 步为一亩，原是战国时

---

① 《孟子·梁惠王上》又《孟子·尽心上》。

山东诸国的亩制①。秦则行 240 步为一亩的大亩。汉初二者并行，故山东诸国地行小亩（楚地可能在外，说见后），故秦地行大亩，到汉武帝后期全国才统一行大亩②。

这样，照《汉书·食货志》这段话的说法，汉代一个劳动力平均大约种地 50 小亩，或 20.83 大亩，合今 14.4 市亩；每户有田 100 小亩，或 41.66 大亩，合今 28.8 市亩；每口占田 20 小亩，或 8.332 大亩，合今 5.76 市亩。

我们再看汉代其他有关农民垦田数的记载。这些记载可以分成三组。

第一组，与《汉书·食货志》这段话所说的一家治田百亩相同或相近。

（1）《汉书·食货志》载文帝时晁错言："今农夫五口之家，其服役者不下二人，其能耕者不过百畮，百畮之收不过百石。"

（2）《管子·治国篇》（据研究是汉人著作）："常山之东，河汝之间，……中年亩二石，一夫为粟二百石。"则一家垦田也是百田。

（3）《管子·巨乘马》（据研究是汉人著作）："一农之量，壤百亩也。"③

（4）《管子·山权数》（据研究是汉人著作）："地量百亩，一夫之力也。"

（5）《管子·揆度》（据研究是汉人著作）："百乘之国，东西南北度五十里。……百乘为耕田万顷，为户万户，为开口十万人。"（以下千乘之国、万乘之国，户数与垦田数的比例与此同）万户耕田万顷，则一户耕一

---

① 银雀山汉墓《孙子兵法》残简《吴问》载晋末六卿统治区亩制不一，范、中行氏以 160 步为亩，韩、魏以 200 步为亩，赵以 240 步为亩。这种亩制改革的演变情况不明。此处暂不涉及。

② 《盐铁论·未通》。战国、秦汉六尺为步。汉尺约合今 23.2 厘米。则汉代一大亩为 $(6 \times 0.232)^2 \times 240 = 465.0393$ 平方米。今一市亩为 666.67 平方米。折算起来，汉代 1 大亩 = 2.4 小亩 = 0.6915 市亩。1 小亩 = 0.4166 大亩 = 0.2881 市亩。1 市亩 = 3.47 小亩 = 1.44 大亩。

③ 这里的一农，应与一家相当。但《巨乘马》下文有"起一人之繇，百亩不举；起十人之繇，千亩不举；起百人之繇，万亩不举；起千人之繇，十万亩不举"等语。与晁错说的一家服役者不下二人不同，似乎说的是一个农业劳动力耕田百亩。但看来只是对一家服役人数计算方法的不同，并不绝对说明一家百亩之田只有一个农业劳动力耕种。

顷即百亩。①

（6）《管子·轻重甲》（据研究是汉人著作）："一农之事，终岁耕百亩，百亩之收，不过二十锺。"

以上各条都是通概言之，也有井田制下一夫百亩的传统说法的影响。但这种说法在汉代仍然广为流行，特别是还用作估产的依据，说明汉代农民的实际垦田数字与此相去不远。

（7）《汉书·食货志》载武帝时赵过用耦犁，"率十二夫为田一井一屋，故晦五顷"。这里的五顷是大亩，大亩五顷合小亩 1200 亩，正好是一井一屋即 12 夫之数，也是按一夫百亩来计算的。

（8）《汉书·赵充国传》记载武帝时屯田卒每人平均耕地 20 亩。居延汉简及敦煌汉简中记载有一名戍卒或弛刑徒垦田 15 亩弱②、24 亩③，或私人有田 30 亩④、35 亩⑤、41 亩⑥、50 亩⑦（均是大亩），这种有田的私人，可能带有家属。这些数字，大都距一人 50 小亩或 21 大亩弱、一家 100 小亩或 41 大亩多的数字不远。

以上八条材料，大致说明了汉代一户农民耕种的土地为 100 小亩或 41 大亩左右。⑧

---

① 方百里、方五十里之地究竟有多大，估计境内可耕之田有多少，户口有多少，据《管子·揆度》、《八观》、《汉书·刑法志》、《食货志》的记载来估算各有出入，各家解释也不相同，此处略而不论。仅取《揆度》比较明确的万户万顷之说。

② 《流沙坠简》释二，三十一。

③ 《流沙坠简》释二，三十一。

④ 《敦煌汉简校文》，第 80 页。

⑤ 《居延汉简释文》卷 1，第 81 页。

⑥ 《汉晋西陲木简汇编》2 编，第 56 页。简文云："□玉门屯田吏高禀，放田七顷，给予弛刑十七人。"既云"放田"，可能系交弛刑徒私人经营。

⑦ 《居延汉简释文》卷 3，第 52 页。

⑧ 1966 年四川郫县犀浦出土的东汉残碑，记有一些人户的田地、奴婢、房舍等赀产数。其中记有田地数的共 11 户（八亩一户，三十亩一户，三十余亩一户，八十亩二户，一顷到二顷六十亩的六户），共有土地 1160 亩左右。平均一户在 100 大亩即 240 小亩以上。这些人户中有一些肯定是地主，因此并不能说明当地每户农民的平均占有土地数。但撇开土地所有关系，单就一个农业劳动力垦种的土地数量看，碑中记载有些人

第二组，比一家百亩的数字小。

（9）《淮南子·主术训》："一人蹠耒而耕，不过十亩。十亩之收，不过四十石。"这里的亩，应是大亩，如系小亩，一小亩年产四石，未免过高（见后）。参照下述江陵凤凰山十号汉墓郑里廪簿竹简的记载，我们怀疑淮南、江陵等故楚地在汉武帝之前与秦故地一样行大亩制。这样，一人10大亩，即24小亩，相当前述一人50小亩的一半。蹠耒而耕在汉代是比较落后的耕作方法，江淮一带农业生产技术比北方低，主要种稻，劳力耗费较多，因此一个农业劳动力种地较少，这也许只是当地情况而不代表汉代一般情况。

（10）1973年江陵凤凰山十号汉墓出土的时代当文帝晚年到景帝初年的郑里廪簿竹简，完整地记载了郑里中的25户的人口数、能田人数、各户土地亩数及所贷种食数。这25户共有人口105人上下，其中能田者69人，共有田地617亩。平均每户24.7亩，每个能田者9亩弱，每口合6亩弱。这比一家百亩的数字要少很多。但是，有几点需要注意。

第一，江陵附近，当时属于地少人多的地区，郑里又处江陵城郊，地少人多的情况恐怕更形突出。每家农户占有土地数量恐比一般情况下为低。

第二，郑里廪簿是政府贷种食的登记本。贷种食的当时多属贫民。这25户当为贫民，其中仅二人为二十等爵中最低的"公士"，其他人未注，多半是无爵级，这也说明了他们社会地位的低下。则他们占有土地比一般农户要少，是很自然的。

第三，这里的亩制，看来恐怕是与秦地一样的大亩。因为所贷种食都是每亩一斗。云梦秦简中的仓律记载："种：稻、麻亩用二斗大半斗，禾、

户家有奴婢，有些是五人（其中一户有田二顷六十亩，其他三户田数不明），最多的是七人（该户有田三十余亩，有奴三婢四）。此外，地主是否将土地出租，碑文记载不明。假定百亩以下的田耕种者平均为三人，百亩以上耕种者平均为六人，则此1160亩田的农业劳动者为51人，一个农业劳动者种田23大亩左右，合55小亩左右。当然，这个碑文残蚀过甚，上述估算并不可靠，但至少不像有的同志所认为的那样，它是不能作为汉代农民耕种土地远少于一家100小亩的依据的。

麦亩一斗。"即规定禾、麦用种一斗，与郑里廪簿所载的每亩一斗相合。江陵一带当时虽然种稻，但也种禾、麦（这从凤凰山汉墓出土的有小米、麦以及陪葬品记录中有禾、麦可知）。如果行小亩而又所贷为稻种，折算起来应为每小亩一斗一升多，与郑里廪簿所载的每亩一斗不合。由此可推测当时官方贷种食的标准系按禾、麦计算，为每亩一斗，与秦律中的规定一样。由此可进一步推测这种每亩贷一斗的亩制应当是与秦一样的大亩制。与前述的《淮南子·主术训》的记载参看，武帝前故楚地如淮南、江陵一带，行的可能是大亩制。这样，郑里廪簿中每户土地折成小亩即为：

每户 24.7 大亩 = 59.28 小亩

每个能田者 9 大亩 = 21.6 小亩

每人 6 大亩 = 14.4 小亩

即大体分别相当前述的一夫百亩状况下的 60%、40% 和 70% 左右。鉴于受贷种食者是城郊贫民，占有土地数字较一般农户为少是很自然的。由此，似乎也可说明前述一般农户一家百亩的状况是可信的。

（11）《汉书·陈平传》载陈平少时有田 30 亩（小亩），但陈平当时家贫，则其占有土地比一般中等水平的自耕农要少，是可以理解的。

（12）仲长统《昌言·损益篇》说东汉后期"诸夏有十亩（大亩）共桑之迫，远州有旷野不发之田"。说明当时黄河中下游地区人多地少的情况相当严重。但《昌言·损益篇》又云"今者土广民稀，中地未垦"，则全国相衡，农户土地占有情况大约不至如此迫促。

这四条材料所说的农民占有土地的数量都比一家百亩为少，但似乎都可做出相应的解释，而不一定就是推翻一家百亩的估计的根据。

第三组：比一家百亩的数字为多。

（13）《汉书·地理志》《后汉书·郡国志》等载有西汉末到东汉末全国十一二个户口数字及六个垦田亩数。概算起来，大约人口 900 多万户，5000 多万口，即一户平均 5 口；垦田数则为 700 万顷，即 7 亿大亩左右。平均每户占有耕地约 70 大亩，合 168 小亩；每口 14 大亩，合 33.6 小亩。但这是通计全国人口而非仅算农业人口，如农业人口以 800 万户计，则农业人口每户占田 87.5 大亩（210 小亩），每口占田 17.5 大亩（42 小亩），合每户 60.5 市亩，每口 12.1 市亩。这个数字比一户百亩约大一倍，不太好解释。看来有两种可能。一是武帝以后垦田数字，尤其是边缘地区的垦田数字有所增长。二是官书记载不实。地方官吏常为了多收田租和争取褒奖而浮报垦田数。《后汉书·刘般传》："郡国以牛疫、水旱，垦田多减，……而吏举度田，欲令多前，至于不种之处，亦通为租。"就是一例。这就形成了官书垦田数大于实际垦田数的现象。汉代官方户口数字比垦田数要翔实，由于豪强的隐庇，往往还较实数为少。这样，按官书算出的每户占有田地数就溢出了实际占有田数。看来，后一种可能性更大。《汉书·赵充国传》云屯田卒一人垦田 20 大亩，屯田卒是要榨取其最大限度的劳动能力的，可见 20 大亩大约已接近当时条件下一个劳动力所能垦种土地的最大限度。则官书中所载的垦田数恐怕是被夸大了。

（14）《管子·禁藏》（据研究是汉武帝时的著作），曾以一个人为单位计算生产各种农产品的理想标准："富民有要，食民有率，率三十亩而足于卒岁，岁兼美恶，则人有三十石。"再加上果蔬和畜产品以及其他副业的收入，就能做到"国有余藏，人有余食"。从产量上看，亩产一石，当是小亩，一家五人，一人 30 亩，则共需垦田 150 小亩。这是一个理想的标准，当比实际情况为高。如果照《管子》书中其他地方的估算法，妇女与儿童比成年男子消费为低的话，则一户垦田亩数也就接近 100 小亩了。

（15）《汉书·贡禹传》载贡禹于汉元帝时上书云自己年老贫穷，家訾不满万钱，有田 130 亩（大亩，合 312 小亩）。汉代家訾万钱以下属"小家"即一般农户。看来，贡禹属于"小家"中的上等即较富裕的自耕农，有田 130 亩，比一般农户为高，正同他的地位相称。

这三条材料所说的一户垦田亩数，为一家百亩的 150%—300% 左右。据上面的分析，这些材料所举的每户垦田数字有的恐怕是被夸大了，有的则可做出相应的解释，而并非当时的普遍情况。

比较上述三组数字，看来第一组即一家 100 小亩可能更接近于秦汉时每户垦田的实际平均数字。即：

每户两个劳动力垦田 100 小亩 = 41.66 大亩 = 28.8 市亩。

每个农业劳动力垦田 50 小亩 = 20.83 大亩 = 14.4 市亩。

每个农业人口垦田 20 小亩 = 8.332 大亩 = 5.76 市亩。

三、岁收粟一石半

这是平年一般土地的亩产量。讨论之前，先需说明三点：

第一，汉代量制有大石小石两种，一小石当大石六斗，一大石当 1.66 小石。从有关文献及考古材料看，当时通行的是大石。

第二，粟在汉代通指原粮，但有时也与去壳的小米不分。需要根据材料所说的情况具体分析。例如《汉书·食货志》载李悝所言的粟，应当指原粮，因为这里除提到口粮外，还提到交十一之税及其他开支，因而有保管和运输的问题，不可能指不易长久贮存的米。

第三，粟、米折合比例，居延汉简明言一石粟出米六斗。云梦秦简、《说文》、《九章算术》等均谈到一石粟与加工后所出的粗精不同的各级米的比例。其中最粗的是粝米，一石粟出米六斗。从秦律看，这是下层士卒及一般劳动人民吃的。我们即照一石粟折六斗粝米计算。

关于汉代粮食单位面积产量的材料，也可以分成三组。

第一组，普通旱田或某些水浇地，平年每小亩产粮在大石一石到两石之间。

（1）前引晁错在汉文帝时言"百晦之收不过百石"，即一小亩年产粟一石。

（2）前引《管子·禁藏》，人三十亩，亩收一石。再具体些说是一人30 亩，年产：

粮	30 石
果蔬素食当粮	10 石
糠秕六畜当粮	10 石

（布帛麻丝旁入奇利未在其中）

共当粮 50 石，即折一小亩 1.666 石。

（3）前引《管子·轻重甲》："一农之事，终岁耕百亩，百亩之收不过二十锺。"这里一锺旧注一般认为是六石四斗。但《管子》书中亦常用齐

国田氏加大量积后的锺，一锺为十石。① 一锺如为六石四斗，则一亩之收

---

① 《管子·海王》："盐百升而釜。"即釜为一石，十釜为锺，则锺为十石。

但这个问题还需讨论一下。齐国旧量制基本上是四进制，即四升为豆，四豆为区，四区为釜，十釜为锺，一锺合六石四斗。到田氏代齐时，"陈氏三量，皆登一焉，锺乃大矣"。但究竟如何改法，不甚清楚。有说是四升为豆，五豆为区，五区为釜，十釜为锺，一釜合一百升即一石，一锺一千升即十石（朱活：《谈山东海阳出土的齐国刀化——兼论齐刀的购买力》，《文物》1980 年第 1 期；马元材（编者补注：即马非百）：《管子轻重篇新诠》，中华书局 1979 年版，第 195—196 页）。在釜以下，五区为釜即一区为二十升，见于《管子·轻重丁》，可以确定；至于区以下究竟是四升为豆，五豆为区，还是五升为豆，四豆为区，则不大清楚了。另一说是五升为豆，五豆为区，五区为釜，十釜为锺，则一釜合一二五升即一石二斗五升，一锺一千二百五十升即十二石五斗（吴承洛：《中国度量衡史》，商务印书馆 1937 年版；梁方仲：《中国历代度量衡之变迁及其时代特征》，《中山大学学报》1980 年第 2 期）。从"陈氏三量，皆登焉"的文字上看，豆、区、釜三级量制皆"登一"，即每锺十二石五斗的说法比较合理，但却与《管子》一釜百升的说法不合。再从传世的十件齐制量器看，情况如下（据《中国古代度量衡图录（文字说明)》修改稿油印本）：

器物名称	实测（毫升）	最值（毫升）	出土时间地点
1	子禾子釜	（容水）20460	205/ 升	1857 年山东胶县灵山卫
2	陈纯铜釜	（容水）20580	206/ 升	同上
3	左关铜铺（半区）	（容水）2070	207/ 升	同上
4	公区陶量	（容小米）1300	1300/ 豆（？）	传山东临淄
5	公区陶量	（容小米）4870	4870/ 区（？）	同上
6	市陶量（区？）	（容小米）4220	211/ 升	1972 年济南天桥区
7	右里陶量（升）	（容水）206	206/ 升	传山东临淄
8	右里铜量（五千？）	（容水）1025	205/ 升	同上
9	禀陶量*（釜）	（容小米）20000	200/ 升	1951 年山东邹县纪王城
10	禀陶量*（釜）	（容小米）20200	202/ 升	解放前齐鲁大学收集

（＊此二器出土的邹县，战国时曾先后属邹、鲁、莒等国，故难以确定此二器国名，但邹、鲁、莒等与齐国是近邻，此二器容量与齐一釜相等，应也是齐制量器。）
战国时各国度量衡制渐趋于统一。商鞅所定的秦量制与田齐的相近，甚至有可能即采用田齐的基本量值。商鞅升铭："十八年齐遣卿大夫众来聘，冬十二月乙酉大良造鞅爰积十六尊五分尊一为升。"似可作为秦用齐制的证明（陈梦家：《战国度量衡略说》，《考古》1960 年第 6 期）。秦制一升大体在 200 毫升上下，田齐量值当也如此。上表中第 7 器右里陶量容水 206 毫升，当系田齐一升之值。其 1、2、3、6、8、9、10 七器，按百升一釜之说，其升值均在 200—211 毫升之间，正好证明百升一釜之说的有据。特别是第 1、2、3 器，即子禾子釜、陈纯铜釜、左关铜铺，即所谓"陈氏三量"，铭文

为 1.28 石，如为十石，则一亩之收为二石。

（4）前引《淮南子·主术训》，"十亩之收，不过四十石"，则亩产四石，这数未免太高，因此，这里的亩应是大亩。一大亩收四石，折成小亩，合一亩收 1.666 石。

（5）《史记·河渠书》云汉武帝时引河水溉汾阴，溉田 5000 顷，预计可得谷 200 万石以上，即一大亩收四石多，折成小亩，合一亩收 1.7 石。

（6）前引《管子·治国篇》："常山之东，河、汝之间，蚤生而晚杀，五谷之所蕃熟也，四种而五获，中年亩二石，一夫为粟二百石。"这带地方无霜期长，四年可以收获五次，一小亩可收二石。这是较高的年产量。

（7）仲长统《昌言·损益篇》："今通肥饶（按应为硗）之率，计稼穑之入，令亩收三斛，斛取一斗，未为甚多。"则东汉时一大亩平均年产三石，折成小亩，每亩 1.25 石。

（8）《管子·山权数》（据研究是汉人著作）："高田十石，间田五石，庸田三石，其余皆属诸荒田。地量百亩，一夫之力也。"这段话不好理解，一夫百亩，当系小亩，以间田即中田为准，每小亩产五石，太高了。如系每大亩五石，合小亩 2.08 石，但又与一夫百亩之说不合。郭沫若《管子集校》（1057 页）云："此产量与岁收之数不合，与十一之税亦不合，意者齐地产量不高，即高田亦仅岁收亩一石，其十一之税为十石耶，间田、庸田可类推。"这样，中等的间田一小亩收五斗，但又与前引《管子·轻重甲》所说不合。或者，作者云产量时是以汉代当时通行的大亩计，而云垦田数

中记明了计量单位，又是经过校量的比较准确的官量，是田齐量制为一釜百升的最好证据。第 8 器右里铜量，容五升，似乎可以作为一豆五升的佐证。但田齐量制是从四进制、五进制向"升——斗——石"的十进制演变，左关铜钫为半区，十钫一釜，一钫相当一斗，则右里铜量可能系半斗量而非一豆之量。至于 4、5 两器，一豆一区，照一釜百升之说，其升值分别当 325（四升一豆）、260（五升一豆）和 243.5 毫升，过大，不大好解释。但这类有戳印铭文的陶器，一般是战国后期随着私营手工业的出现而大批生产的，可能是属于私量一类，则其与经过校定的官量有出入，似乎也是可以理解的。或者，齐国量制在从四进制到十进制的演变过程中有过一个短暂的一釜 125 升的阶段（如一区为 25 升，则公区陶量的升值为 195 毫升），也未可知。总的看来，传世齐制量器的情况对一釜百升之说是有利的。

时却沿袭传统的一夫百亩之说，并未注意到这二者间的抵牾。总之，这段材料的解释只好存疑。

（9）荀悦《汉纪》记文帝时晁错言，与《汉书·食货志》略同，但云"百亩之收，不过三百石"，即亩收三石，与汉志不合。可能三石的"三"字衍，也可能是荀悦照后汉大亩年产量改一石为三石（参见前引《昌言·损益篇》）。总之，也只好存疑。

（10）《齐民要术》序引仲长统："惰者釜之，勤者锺之。"即产量低者每大亩 6.4 斗或 1 石，合小亩 266 斗或 4.17 斗，高者一大亩 6.4 石或 10 石，合小亩 2.66 石或 4.17 石。这是土地经营的好坏所带来的产量的不同，录此以备参考。

以上十条材料，除最后三条，其余七条每小亩年产粮在一到二石之间。汉一石约合今 0.2 市石，即合今一市亩产粟 94—188 斤，小麦 100—200 斤（粟一市石合 135 斤，麦一市石合 145 斤），平均大约亩产粟一石半，合粟 140 斤，小麦 150 斤。

由此看来，汉志所载李悝言平年亩产粟一石半，恐怕可以看作是当时中田的年产量。

第二组，水利田。

（11）战国末，郑国渠溉田四万顷，亩收一锺，这是秦地，所行为大亩，一锺如为六斛四斗，合小亩产 2.666 石，一锺如为 10 石，合小亩产 4.17 石。

（12）《管子·轻重乙》（据研究是汉人著作）："河淤诸侯，亩锺之国。"与上同。

（13）《汉书·沟洫志》云龙首渠成，引水灌临晋地，试得水，可合亩 10 石，即一小亩 4.17 石。这是估计。

（14）《史记·货殖列传》云"带郭千亩亩锺之田"，即近郭的好地每亩可收到一锺。

看来，汉代水利田一小亩大约年产 2.7 石，即合一市亩产粟 253 斤，麦 272 斤。汉人认为水利田最高产量是每大亩 10 石，合一市亩四百斤左右。水利田有不少是种稻。从汉代农业生产技术看，在好地上水稻亩产达四百斤左右也不是不可能的。

第三组，特殊耕作法。

（15）赵过代田法"常过缦田亩一斛以上，善者倍之"。缦田即"不为甽者也"，也就是不用代田法经营的一般土地。如以《淮南子·主术训》大亩年产 4 石相较，则代田法可到 5 石或 6 石，合小亩 2 石或 2.5 石。如以李悝所云小亩年产 1 石半相较，则代田法可至大亩 4.5 或 5.6 石，合小亩 1.9 石或 2.3 石。最高一大亩 6 石，合今一市亩产粟 233 斤或小麦 250 斤。

（16）区种法的产量，《氾胜之书》中有两个数字，第一个数字是美田大亩年 19 石，中田 13 石，薄田 10 石，即：

美田一亩产粟 739 斤，产麦 793 斤；

中田一亩产粟 505 斤，产麦 542 斤；

薄田一亩产粟 389 斤，产麦 417 斤。

其中薄田可达前述水利田的最高产量。这是并未推广的小面积丰产试验的特例。从当时农业生产技术条件看，这样的产量是有可能达到的，但无法推广。

（17）区种法产量的第二个数字据说是亩产 100 石，即合一市亩产 28.875 市石，合粟 3898 斤，麦 4187 斤，这是不可信的。这恐怕不是出自实地试验，而是纸上计算的结果。后来历代都有人试验，但从未达到这样高的产量。今天的作物科学实验，小面积栽培产量能到多少不清楚，但只要是栽种面积扩大，即使在今天的科学技术条件下，这样高的产量也是不可能达到的。因此所谓亩产百石的说法是不可信的。

上述 17 条材料，我们取前 7 条作为汉代一般田地平年亩产水平。即每小亩 1 到 2 石，平均 1 石半。第 11 条到 14 条是水利田的亩产量，按一锺六斛四斗算，则水利田一般产量为一小亩 2.7 石。特殊的耕作方法，代田法一小亩 2 到 2.5 石，区种法中田一小亩 5.4 石。这些大约就是汉代粮食单位面积产量的一般状况。则李悝所云每小亩一般田地平年亩产一石半，可以说是代表了汉代通常的单产水平。

现在出土的秦代量器有斗量、半斗量、三分之一斗量、四分之一斗量、升量等，这与当时的口粮分配制度有关，可见《墨子》的记载是可信的。从秦量器看，《墨子》所云应是大石制（一石二万毫升，一升二百毫升，当今 0.2 升）而非小石制。至于是粟还是米，从下条云梦秦简的记载以禾计可知是粟。

（4）云梦秦简仓律载：

从事徒役的隶臣，每月禾二石；

从事徒役的隶妾，每月禾一石半；

从事徒役的小城且小隶臣，每月禾一石半，不事作役的减为一石；

春米的小隶妾，每月禾一石二斗半，不事春米的减为一石；

隶臣从事农业生产的，从二月到九月，每月米二石半，十月到来年一月减为二石；

隶臣从事春米的，每月禾一石半。

此处言禾，则非米而是粟，与《墨子·杂守篇》士卒食量可参看。

（5）云梦秦简传食律，规定各级官吏及其从者的日食标准：

御史、卒人使者日食稗米（较粝米细一级，一石粟出稗米五斗四升）半斗，当粟 9.26 升。

其有爵者，自官士大夫以上爵食之。

使者之从者，食粝米半斗，当粟 8.3 升。

仆，食粝米少半斗，即 3.33 升。当粟 5.5 升。

一月分别合粟 2.8 石、2.5 石、1.65 石。与前述二条廪给标准大体相当。

（6）前引《管子·禁藏》："食民有率，率三十亩而足于卒岁，岁兼美恶，则人有三十石。"这是一个理想的标准，合每月 2.5 大石。

（7）《氾胜之书》云"丁男长女年食三十六石"。月食共 3 石，丁男当为月 1.8 石，长女 1.2 石，因记述中与产量连计，故应是粟而非米。

（8）《敦煌汉简校文》第 94 页徒月食 2.3 石，与戍卒一样，也是大石。

（9）《汉书·赵充国传》云拟发屯卒，"合凡万二百八十一人，用谷月二万七千六百三十斛"。则每人月用谷 2.661 斛，日 8.7 升。这是较高的标准，与云梦秦简的使者之从者及耕作时的隶臣的口粮标准相近。（《赵充国传》还有另两条有关口粮的材料，因有疑问，未引。）

（10）《后汉书·南蛮传》云发兵时"军行三十里为程，计人禀五升"。此五升如为粟，则人月一石五斗，但既云行军，无发粟之理，恐怕是米，则合粟 8.3 升，月为 2.5 石。

（11）《三国志·魏志》卷 11《管宁传》注引《魏略》："亶累熹平（灵帝）中，县官以其年老，日给廪五升。"不够吃。这五升大约是粟，如果是米，合一天有八升多粟，老年人就够吃了。

此外，还有魏晋的几条材料。

（12）《流沙坠简》廪给类多处有出粮若干斛，廪卒兵若干人的记载，标准为日禾五升、六斤或八升。举第 46 号残纸为例：

"（出）厌（即禾）五十斛四斗，廪兵贾秋、伍口、钱卒等廿八人，人日五"（下缺）。（从本纸计算及其他简文看，"五"下为"升"字）

"出厌四斛四斗，廪兵孙定、吴仁二人，起九月一日尽十日，日食六升，（中缺，以意补之，当为"起十一日"）尽月卅日，人日八升，行书入郡。"（廪给类二八："李卑芙等五人日食八斗"，斗据简文照片及沙畹释应为"升"）

"口（出）厌五斛四斗，禀高昌士兵梁秋等三人，日食六升，起九月一日，尽卅日。"

（13）《晋书·宣帝纪》记诸葛亮食少事烦，日三四升（一曰或不至数升，即一升多），这是极小的食量，可知魏晋时成年人日食应在粟五升以上。

第二组，小石制。一小石当大石六斗，一大石当小石 1.666 石，这在居延汉简中有明白的记载。

（14）《盐铁论·散不足》："十五斗粟，当丁男半月之食。"一日一斗，一月三石，这应是小石制，合大石二石，与前述成年人食量大体相当。

（15）《论衡·祀义篇》："中人之体七、八尺，身大四、五围，食斗食，饮斗酒。"则月食三石，也应是小石。

（16）居延汉简中有多处记载屯田卒及其家属的口粮数，明显地是大石小石两种量制，有些地方且明记大石或小石若干。其口粮标准为：

600 到 1000 文折粟最少 6 石，最多 50 石以上。如果粮价低落，农民就需拿出更多的粮食交税。再加上每丁每年要服一个月力役，一生要服两年兵役、力役，还有其他赋税，负担就更重了。

七、余四十五石，石三十钱，为钱千三百五十

这是《汉书·食货志》载李悝所估计的农户除去口粮田租之后的剩余数。其分配为：

社闾尝新春秋之祠三百钱。这大约是固定的支出。

衣服人年三百钱，共一千五百钱。这个估计不大符合实际。战国秦汉商品经济虽有相当发展，但还是农业与家庭手工业相结合的自给自足的自然经济占统治地位。衣料恐怕还是靠自己栽植桑麻、养蚕织布来解决，而非用钱去购买。

这样，我们可以大致估算一下每户农民产品中的必要产品与剩余产品的比例及其分配情况（粮以粟计，粮价以一石三十钱计）。

总产量	150 石	4050 斤	100%
口粮	90 石	2430 斤	60%
祠祭（300 钱）	10 石	270 斤	6.6%
田租	5 石	135 斤	3.3%
赋钱（600—1000 钱）	20—33 石	540—891 斤	13.3%—22%
种子、少量饲料	10 石	270 斤	6.6%
其他	2—15 石	54—405 斤	1.3%—10%

其中口粮、祠祭等主要消费支出占总产量的三分之二，换言之，即必要产品占 66.6% 以上，剩余产品不足 33.3%。剩余产品中，封建国家的租赋剥削占总产量的 16.6%—25.3% 以上，能用于进行再生产的最多不过 8%—16.6%，这是一个很低的数字，往往还需用压缩口粮的办法才能勉强维持简单再生产，进行扩大再生产的能力微乎其微。当时农业生产

资料作为商品，其价格比农产品要高很多，如当时一具大铁耜约值百文以上①。牛一头一千文以上到三千多文②，甚至到一万五千文③。因此，农业生产水平不算高，农民生活也很困苦，平时勉强可以维持生产与生活，一遇水旱、疾病、丧葬或其他意外，或国家赋役加重，农民就有破产、饿死、流亡的危险。《汉书·食货志》载李悝所云"此农夫所以常困，而有不劝耕之心"，是符合当时实际情况的。④

上面讲的是一般自耕小农的情况。至于佃农或依附农，即"或耕豪民之田，见税十五"的农民，其生产条件恐怕比自耕农还要差些，即使一家五口两个劳动力平均年产粮 4000 斤，一半作地租，剩下 2000 斤，还不够一家五口的平均口粮（一人 486 斤，五人 2430 斤），那就只有侵夺必要劳动，降低生活水平，衣牛马之衣，食犬彘之食，长期挣扎在饥饿与死亡线上了。

据以上的材料，对本文一开始提出的几个数字的估算是：

（1）汉代一个农业劳动力垦田亩数是 14 市亩多，一家农户占有耕地数字为 29 市亩弱。

（2）汉代粮食单产约在每市亩 140 斤左右。

（3）汉代农业人口平均口粮数每人每年 430 斤左右。

（4）汉代农业劳动生产率约为每个农业劳动力平均年产粮（以粟计）2000 斤左右，一家约在 4000 斤左右。剩余产品约占三分之一，除去封建国家的租赋剥削，只有很少的部分能用于进行再生产，进行扩大再生产的能力更是微乎其微。至于佃农或依附农，总产品的 50%左右被地主剥削，进行再生产的能力就更为薄弱了。

---

① 据《中国农学史》（初稿）上册（科学出版社 1959 年版）第 118 页的材料推算。

② 《九章算术》卷 7、卷 8。

③ 四川郫县犀浦出土东汉残碑。

④ 上表是按粮价一石 30 钱计算的。粮价如果超过 30 钱，剩余产品的分配比例会发生变化，赋税的比例要小些，用于再生产的部分比例会大些。但必要产品与剩余产品之间的比例是不会有大变化的。剩余产品的分配比例虽有变化，但能用于再生产的产品数很少这个状况也是不会变的。

隋炀帝是隋朝第二个皇帝，同秦二世不一样，他以其个人的活动在历史上打下了深深的印记。秦始皇可以说是系秦朝的成败于一身，隋却成于文帝而败于炀帝，隋炀帝也是隋朝的一个代表。不仅如此，隋炀帝除去暴虐荒淫之外，他的许多举措是上述历史大势下的产物，是符合这一历史大势、是有助于这一历史大势的形成与发展的。诸如：

营建东都，有震慑关东、威逼江南之效，也是将政治军事重心从关中移近东南财富之区的举措，有利于统一帝国的巩固。

开通运河，打通南北水道交通，有利于加强在政治、军事上对新近归入统一隋朝版图的江南地区的控制，也有利于南北的经济联系。

四方巡游，是一种宣扬封建帝国威势，加强统一、包括建立多民族统一国家的举措。

所进行的几次战争，含有建立多民族统一国家的意愿。

西巡张掖时举行的国际性大会，东都洛阳集会招揽胡人，起了加强与西域及中亚等地的联系交流的作用。日本遣隋使的派遣与大化革新，反映了隋帝国的世界性作用。

对一些制度的创设和改革，如科举制的施行，适应了社会与政治制度变革的需要。

这些活动的作用是不一样的，有些只具有一时一地的意义，有些则具有更长远的效应。但它们都呈现了或大或小、或暂或久的历史的积极意义。

这里，我们可以对隋炀帝的开通运河作些更具体的说明。

先秦以迄秦汉，中国历史的中心在黄河流域，黄河下游与以关中为核心的黄土高原形成了东西相对的格局，风土、经济、人文多少有些不同，关东经济文化比较发达，关西则政治军事占优。秦汉帝国正是以关中为基地统御全国的。而关东关西经济文化的交往联系，包括物资尤其是供军事之需的粮食的西运，就成了维系统一帝国的重要条件。

与陆道相比，水运载重量大，成本低，途中损耗小；在古代体积和重量大的物资，尤其是粮食的长途转输，只有倚靠水运。中国水系多属东西流向，东部平原区河道之间通连不难，由济入河，由河入渭，乃至由淮入河，由江入淮，只要对原有河道稍加整治，或开通一截不长的人工运河，都不是难事。尽管黄河三门峡给漕粮由河入渭、进入关中带来困难，西汉政府仍然大力维持这条运输线。而东汉之转都洛阳，未必没有避开三门峡、以期方便地接受关东漕粮的意图在内。

春秋以后，长江流域在历史上的地位和作用逐渐增强，中国历史的主轴由东西方向逐渐向南北方向转移，从三国起，以淮河秦岭为界线的南北相对应的格局逐渐取代了黄河流域的关东关西相对的老态势。这样，纵贯南北的交通线就越来越显示了它的重要性，也是维持统一帝国的重要条件。纵贯南北、连通东西向各水系的人工运河的开凿就比秦汉时期更为需要了。从春秋后期开始，分段连接南北的运河如邗沟、鸿沟，以及江南运河等就都先后开通过。然而三国两晋南北朝的战乱与南北政权的分隔使纵贯南北的大运河的开凿无此可能，而这个时期长江流域特别是江南的经济有了很大发展，全国经济重心开始南移，位于西北的政治军事重心与位于东南的经济发达地区的交往成了历史的需要。结束汉末以来四百年动乱分割局面的统一的隋朝时期，这种需要更形迫切，而且在隋朝统一的局面下，这种需要也有了实现的可能，大运河在隋朝第一次全线开通，并非偶然。

隋代运河共有五段，分别在不同年代开通。

隋文帝开皇四年（584 年）开广通渠，自大兴（今西安）至潼关，沟通河、渭，以通漕运。

开皇七年（587 年），沿春秋邗沟故道，开山阳渎，自山阳（今淮安）至江都（今扬州），沟通江、淮，目的在为平陈提供运兵运粮通道。

这两段运河是在隋文帝统一全国之前开通的。

隋炀帝一即位，即于大业元年（605 年）发河南淮北男女百余万，开通济渠，自洛阳引榖、洛水至于河，再自板渚引河通于淮。再发淮南民十余万修邗沟，达于江。供隋炀帝巡游江南，兼通漕运。

大业四年（609 年）发河北男女百余万，开永济渠，引沁水南达于河，北通涿郡（今北京一带），沟通黄河、海河，是为进军高丽而开。炀帝曾于大业七年（612 年）自扬州乘龙舟由通济渠经河，入永济渠，巡幸涿郡。

帝亲征至辽水，失败，退还东都。

大业九年（613）再度征兵攻高丽，亲征渡辽水，不克，杨玄感起兵、败死。

大业十年（614）三征高丽，兵多失期不至。班师返东都。

大业十一年（615）第三次北巡，在雁门被突厥所围，脱身返东都。

大业十二年（616）三下江都。修毗陵宫苑。

大业十三年（617）农民起义及地方势力起兵已遍及全国，成燎原之势。炀帝困居江都。

大业十四年（618）部众叛乱，隋炀帝在江都被杀，隋亡，李渊建唐朝。

短短 12 年里，兴筑长堑、东都、运河、长城、驰道，以及不计其数的宫苑，三下江都，三度北巡，一次西巡，几乎无年不大兴土木，无年不大肆巡游，再加上连续发动三次征辽战争，百姓无年不承受苛重的徭役兵役，无年不被掠走巨额的财富。隋炀帝就这样无休止地耗费着从隋文帝以来形成的隋朝的雄厚的人力物力，并且把自己推向了与人民尖锐对立的境地。

作为封建社会基础、以一家一户为经济单位的农民是相当脆弱的，一遇天灾人祸，横征暴敛，或者地主的租额增加，他们就会破产，失去生计。但他们又是相当强韧的，这不仅表现在他们能承受十分沉重的劳动与十分低下的生活，还表现为具有强大的再生能力。因此，作为整体，他们又是相当稳定的。然而，这种个体小生产农业无论如何也承受不了连年累月、重重叠加的全国性的剥夺，个体的脆弱积累成了整体的不稳定，终于形成了大量农民无法生存下去，社会生产无法继续下去，整个社会的基础趋于崩溃的局势。统治者不管有多大的权势，用多少苛暴手段，也无法阻止这一趋势的形成。大业七年，从王薄开始，农民起义爆发了。一手造成这种不可收拾的局面的隋炀帝，仍然没有醒悟，仍然继续他的巡游与征辽战争。大业九年，贵族杨玄感起兵失败后，隋炀帝居然说出这样的话："玄感一呼而从者十万，益知天下人不欲多，多则相聚为盗耳。不尽加诛，则后无以劝！"[1]仇视人民之心溢于言表。根本认识不到，民之所以反，正

---

[1] 《隋书》卷 67《裴蕴传》。

是由于他的暴政。这样，农民起义成为燎原的大火，而统治阶级内部也分崩离析，纷纷起兵。隋炀帝也终于被部下所杀，直到临死，才说了一句"我实负百姓"。①

正因为隋炀帝的那些具有积极意义、有利于历史发展的措施带上了如此残暴而奢侈的个人色彩，极大地破坏了当时的经济与人民的生计，造成了巨大的战乱和社会崩溃，导致了隋朝的速亡。因此，那些措施的积极作用或者被中断，或者被冲淡，或者还来不及显现，从而往往被人忽视。隋炀帝也就以纯粹暴君的形象记录在中国历史上。他的很多具有积极意义的措施，到农民起义以后建立起来的唐朝才又继续下去，并且显示其效应。其中有些措施的深层意义，甚至要到很晚才被人们认识到。像修筑运河，唐人往往是谴责炀帝的残民与奢侈，直至晚唐的皮日休才说："夫垂后以德者，当时逸而后时美；垂后以功者，当时劳而后时利。……则隋之疏淇、汴，凿太行，在隋之民，不胜其害也，在唐之民，不胜其利也。今自九河外，复有淇、汴，北通涿郡之渔商，南运江都之转输，其为利也博哉！……得非天假暴隋，成我大利哉！"②

不能把短期效应与长期效应绝对分割开来，不能淡化隋炀帝开凿运河这样的个人暴虐行为——因为它导致了人民深重的苦难和隋的速亡，这是它直接的历史后果；也不能因此而全盘否定隋炀帝开凿运河这类举措的积极意义，因为这是它的长期的历史效应。

强盛富足的隋朝败于炀帝，毁于炀帝的暴政及由此而激起的农民起义。这给后人留下了不可磨灭的印象，尤其是给继起的唐朝统治者以深刻的教训。

一如西汉初年的统治者重视秦朝灭亡的教训一样，唐初统治者很重视隋朝灭亡的教训，他们反复地告诫与约束自己，不能滥用民力与肆行奢侈，这样会激起人民的反抗，危及自己的统治。唐太宗君臣经常讲："为君之道，必须先存百姓，若损百姓以奉其身，犹割股以啖腹，腹饱而身

---

① 《资治通鉴》卷185，唐高祖武德元年三月乙卯。

② 《皮子文薮》卷4《汴河铭》。

毙。"①"君，舟也，民，水也，水所以载舟，亦所以覆舟"②。关于把君民关系比喻为舟与水的关系，最早见于《荀子》和《吕氏春秋》，虽然不是唐初君臣首次发明，但他们之一再强调，正是有隋末农民起义的历史背景的存在。因此具有更为深切的现实意义。虽然这种把君与民的关系看成是舟与水的关系，立足点还是在于统治者的利益，在于统治者如何更好地统治人民，与统治者与人民的关系的深刻正确的认识仍去一间，比起孟子的"民为贵，社稷次之，君为轻"的思想差了一大截。但是，孟子的思想在当时不过是一种不能实现的空论，而唐初君臣的这种认识却是更现实而且被他们努力实践着。这在当时历史条件下，已经是难能可贵了。

正因为基于这样的认识并且努力实践，唐初君臣接下的被隋炀帝搞得一塌糊涂的烂摊子，没有多久，就出现了史称"贞观之治"的辉煌局面。

物极必反，反而能正。从这个意义上说，没有隋炀帝这个反面教员，唐朝的繁荣兴盛也许要打个折扣，这也许可以算作隋炀帝对历史的一个贡献吧。虽然是从反面意义上来理解的，而且也使人民、社会付出了太大的代价。

（刊载于李文斌主编：《〈隋炀帝〉电影创作与隋炀帝研究》，中国电影出版社 1997 年版）

---

① 《贞观政要》卷 1《君道篇》。

② 《贞观政要》卷 3《君臣鉴戒篇》。

唐前期农民赋役负担与户等的关系

 唐前期均田制下的农民的租调负担，是按丁征取而不计户等高低，这已为许多人所论证。但岑仲勉先生和韩国磐先生提出了不同的看法。岑仲勉先生在《租庸调与均田有无关系》①一文中，认为"租二石、绢二丈只是授田百亩应纳之底额，然授必不足，故须参合各户享有动产多少而高下之"。文中举《通典》卷6《赋税》（下）天宝中年天下计帐数额中江南折布条原注为证：

> 大约八等以下户计之，八等折租，每丁三端一丈，九等则二端二丈，今通以三端为率。

 韩国磐先生除用这条材料外，又举敦煌唐户籍残卷为证，他在《隋唐的均田制度》一书中认为："虽规定一丁租二石，绢二丈等，但这只是一般的标准，实际上可按户等高下而有增减的。且今所见敦煌户籍残卷，在户下不但注明课户不课户，且注明下中户或下下户。如平康乡先天二年籍'户主王行智'下，注明为'下中户，课户见输'。又如天宝六载户籍'户主曹思礼'下，注明'下中户空，课户见不输'。这正是为了受田有多寡，动产有多少，因而按户等高低可以升降所负担的赋役。"②

 但是，这两条材料，却不足以证明岑韩两先生的论点。

 关于折布代租的规定，首先从《通典》上下文看：

> 其庸调租等，约出丝绵郡县计三百七十余万丁，庸调输绢约

---

① 岑仲勉：《租庸调与均田有无关生活费》，《历史研究》1955年第5期。

② 韩国磐：《隋唐的均田制度》，上海人民出版社1957年版，第72页。

七百四十余万匹（每丁计两匹），绵则百八十五万余屯（每丁三两，六两为屯，则两丁合为一屯），租粟则七百四十余万石（每丁两石）。约出布郡县计四百五十余万丁，庸调输布约千三十五万余端（每丁两端一丈五尺，十丁则二十三端也），其租约百九十余万丁江南郡县折纳布约五百七十余万端（大约八等以下户计之，八等折租，每丁三端一丈，九等则二端二丈，今通以三端为率）。二百六十余万丁，江北郡县纳粟约五百二十余万石。

可知除江南郡县依户等纳布折租外，全国其他大部分郡县的租庸调，仍按每丁租粟二石，调绢二丈，力役二十日折绢六丈计算（连调绢每丁共八丈，唐制四丈为匹，八丈即两匹），布依比例增加①，并非依户等高下而有所变通。至于江南郡县，也只有纳布代租是参考了户等，庸调负担则仍是不按户等，按丁统一计算。由此可见，这种依户等纳布代租，只是适应江南地区特殊情况的一种规定，并没有在全国普遍施行。

其次，这种江南郡县折布代租的规定亦非实行于整个唐前期。吐鲁番曾发现过唐代武则天时期江南所纳的代租之布。② 但唐政府正式公布江南纳布代租的命令，却是玄宗开元二十五年的事。《通典》卷6《赋税》下云：

（开元）二十五年定令：……其江南诸州租并回造纳布。

在这以前，江南郡县纳租并非全是折布，恐怕还是以米居多。陈子昂《陈伯玉文集》卷8"上军国机要事"云：

即自江南、淮南诸州租船数千艘已至巩洛，计有百余万斛。

《旧唐书》卷8《玄宗纪》上云：

（开元十五年）秋，……河北饥，转江淮之南租米百万石以赈给之。

《通典》卷10《漕运》载开元二十一年裴耀卿奏云：

---

① 每丁调布二丈五尺，力役二十日，每日折布三尺七寸五分，二十日共为七丈五尺，连调布每丁共应输布十丈，即两端（每端五丈）。但《通典》此处作"每丁两端一丈五尺"，当别有故，但非据户等高下征取，则可肯定。

② 斯坦因：《中亚腹地考古》，卷2，第1044页，附录一。卷3，插图127，"阿斯塔那墓葬中裹尸布上的中国字"。

请于河口置一仓，纳江南租米。

都是证明。又从《旧唐书》卷 48《食货志》"（天宝初）韦坚……请于江淮转运租米"的记载看来，即在开元二十五年定令之后，江南地区可能仍有纳米之事。由此可见，这种纳布代租的规定，充其量只是在玄宗中期以后才普遍行于江南地区的一种特殊规定。其折租时何以考虑到户等，需要另行研究。但不管怎样，这种规定绝非均田制度下普遍、长期的规定，不能用来证明唐前期农民的租调负担普遍可按户等高下而有所变通。

至于韩先生所引敦煌唐代户籍残卷的材料，细分析一下，也可知并不能证明按户等高低升降受田农民所纳租赋。我所见的唐代户籍残卷中，有"课户见输"及"课户见不输"记载的一共有 22 户[1]，这 22 户情况列表如表一、表二（见 503—505 页表）。

从表一、表二里可以看到，"课户见不输"与"课户见输"两类人户，各方面条件是差不多的，输与不输和户等的高低并无关系。

第一，从户等高低来看，"课户见不输"各户可知户等的四户中，下中户及下下户各二，"课户见输"各户可知户等的十四户中，下中户四，下下户十，下下户占的比重反而更大。照韩先生的说法，户等低的应当有更多的机会减免所应负担的赋税，可是这里的情形却恰恰相反。可见韩先生的假说不易成立。

第二，从各户劳动力与占有土地情况来看，"课户见输"与"课户见不输"各户之间的差别也是细微的，看不出与赋税之输与不输有什么关系。现将已知人口确数与土地确数的"课户见输"与"课户见不输"各户（前者五户，后者十一户）的情况列表比较（见 505 页表三）。

另外依常情，既然规定纳课，如依户等高下变动，只有少输的情况而绝无不输之理，因此，课户不输的原因，恐怕不会是因为户等有高下而变

---

[1] 除大历四年籍（斯·514）系摘自伦敦博物馆敦煌卷子显微胶片外，其他材料均系从仁井田陞《唐宋法律文书之研究》，东方文化学院东京研究所，1937 年，玉井是博《敦煌户籍残卷简考》，万斯同辑译《唐代文献丛考》，商务印书馆 1957 年版，《敦煌户籍残卷再考》，《食货》第 4 卷第 5 期《唐户籍簿丛辑》，池田温《关于敦煌发见的大历四年户籍残卷》（《东洋学报》第 40 卷第 2、3 号，1957 年）等书刊论文中转引。

通缴纳数量的结果。从下列的"课户见不输"与"课户见输"各户的情况表看来，课户输与不输的区别似乎是在二者身份之不同，见输各户中大部分均为白丁，而见不输各户中，绝大部分均有勋荫及军职，仅有一户白丁，亦可能因其从征而免去课役。这个问题还须要进一步探讨，但唐代户籍残卷中"课户见不输"与"课户见输"的区分，不能用来证明韩先生的论点，却是可以肯定的。

与岑韩二先生的见解相反，我们却能从唐代文献中找到许多不计户等而以丁为单位征取租调的记载，前引《通典》卷 6 天宝中天下计账数，就是一例。至于最重要的证据，还是唐代户籍残卷中开元九年后王万寿的户籍：

户主　王万寿　年伍拾壹岁　白丁

神龙元年全家没落，开元九年账后奉其年九月九日格行上浅落放之。

下中户　　　课户见输

女　尚　品　　年贰拾壹岁　中女

　　　　　　　计租二石

　　　　　　　一拾亩永（业）

　　　　　　壹拾亩已受

王万寿是下中户，即八等户，只有 40 亩，在敦煌是属于占有土地较少的人家，又曾于神龙元年全家没落，照岑韩二先生的说法，其租赋负担应当依户等而降低了。但实际上他却仍需按规定数额纳租，这就足以说明唐代农民缴纳的租赋数量是不因户等高低而变通的。

然而，户等的高低确与人民负担轻重有关，这表现在以下各方面：

第一，作为征取户税的标准。这点史文很清楚，不必多谈。

第二，曾一度作为地税即义仓粟米征取的标准。《隋书》卷24《食货志》载：

（开皇）十六年又诏社仓准上中下三等税，上户不过一石，中户不过七斗，下户不过四斗。

这一规定到贞观初年改为垦田亩纳二升①，到高宗时又有变动，《通

---

① 《唐会要》卷88《仓及常平仓》。

典》卷12《食货》12《轻重》：

> 高宗永徽二年九月颁新格：义仓据地取税，实是劳烦，宜令户出粟。上上户五石，余各有差。

开元时又变了，《通典》同卷载：

> 开元二十五年定式：王公以下，每年户别据所种田亩别税粟二升，以为义仓。其商贾户若无田及不足者，上上户税五石，上中以下递减各有差。

第三，作为授田先后的标准。《唐律疏议》卷13《户婚律·里正授田课农桑》条疏议云：

> 依田令：……授田先课役后不课役，先多后少，先贫后富。

即贫下之户可优先授田。从下面这些唐政府将职田、官田及检括来的豪强占田优先分配给贫下户的记载看来，可知这一规定是曾经在某种程度上实际执行过的。

《旧唐书》卷58《长孙顺德传》载：

> （贞观中顺德）拜泽州刺史。……前刺史张长贵、赵士达并占境内膏腴之田数十顷，顺德并劾而追夺，分给贫户。

《唐大诏令集》卷110睿宗《诫励风俗敕》：

> 寺观广占田地及水碾硙，侵损百姓，宜令本州长官检括依令式以外，及官人百姓将庄田宅舍布施者，在京并令司农即收，外州给贫下课户。

《旧唐书》卷8《玄宗纪》上：

> （开元）十年正月戊申，内外官职田除公廨田园外，并官收给还逃户及贫下户欠丁田。

《册府元龟》卷105《帝王部·惠民》：

> （开元）二十六年正月丁丑制：……京兆府界内应杂开稻田，并宜散给贫者及逃还百姓，以为永业。

第四，作为正役与杂徭负担先后的标准。《唐律疏议》卷13《户婚律·差科赋役违法》条疏议云：

> 依令：凡差科先富强后贫弱，先多丁后少丁。

这一规定，从下面各条记载看来，当时也是实际执行了的。如《册府元龟》卷486《邦计部·户籍》云：

> 万岁通天元年七月二十二日敕：天下百姓父母另外断别籍者，所折之户等第并须与本户同，不得降下。其应入役者，共计本户丁中，用为等级，不得以折生蠲免。其差科各从折户只承，勿容递相影护。

> （天宝）四载三月敕：……比来未全定户，今已经数载，产业或成，适可因兹平于赋税。……复定之后，明立簿书，每有差科，先从高等。

此外，高户还往往有特殊任务，如替官府放债①、管驿②、充当租庸脚士③等。

第五，作为蠲免赋役的标准。这类记载很多，举几条为例。《册府元龟》卷490《邦计部·蠲复》云：

> （高宗）永隆元年正月己亥，诏雍岐华同四州六等以下户，宜免两年地税。

> （开元）十一年，……诏太原府境内百姓宜给复一年，九等户给复三年，元从家给复五年。

> 开元二十二年诏：……其今年租八等已下，特宜放免。

第六，作为赈贷标准。如《册府元龟》卷105《帝王部·惠民》载：

> （开元）二十年二月辛卯制曰：……如闻贫下之人，农桑之际，多阙粮种，……自今已后，天下诸州，每置农桑令，诸县审责贫户应粮及种子，据其口粮贷义仓，至秋熟后，照数征纳。

---

① 《旧唐书》卷8《玄宗纪》上："（开元二十八年）九月，先是高户捉官本钱，乙卯，御史大夫李朝隐奏请薄税百姓一年租钱充，依旧高户及典正等捉，随月收利供官人税钱。"《新唐书》卷55《食货志》亦有记载。

② 《新唐书》卷50《兵志》："（开元）九年又诏天下之有马者，州县皆先以邮递军旅之役，定户复缘以升之，百姓畏苦，乃多不蓄马，故骑射之士灭曩时。自今诸州民勿限有无荫，能家蓄十马已下，免帖驿邮递征行。定户无以马为赀。"《新唐书》卷123《李峤传》："又重赂贵近，补府若史，移没籍产，以州县甲等，更为下户，当道城镇，至无捉驿者。"

③ 《新唐书》卷134《王鉷传》："又取诸郡高户为租庸脚士。"

三月诏曰：……河南数州，致滋水损，……令户部侍郎张敬舆宣慰简复。如寔有损贫下不支济百姓，量事赈给。

第七，户等高低还与服兵役有关。府兵固无待言，𫓧骑亦然。《新唐书》卷50《兵志》云：

（𫓧骑）其制皆择下户白丁宗了品子，强壮五尺七寸以上，不足则兼以户八等，五尺以上，皆免征镇赋役。

总起来看，户等的高低与租调负担数量多少无关，但租调征纳的先后与徭役负担的轻重先后却依户等而有所不同。另外，由于户税、地税、授田、蠲免、赈贷、兵役等亦多据户等高下办理。所以户等高低对当时人民负担轻重还是有影响的。

表一　课户见不输各户

户主姓名	身份	户等	人口			实有土地数（亩）	年代	资料来源
			共计	应授田人数	丁数			
常𫟎才	卫士	？	2	2	1	18	大足元年	伯3669
张玄均	上柱国子	？	3	3	2	75	大足元年	伯3669
张楚琛	果毅（代父承）	？	2人以上（？）	2人以上（？）	1人以上（？）	？	大足元年	伯3669
曹思礼	队副	下中户空	12	4	3	62	天宝六载	伯3354
曹怀瑀	老男翊卫	下下户空	8	1	×	47	天宝六载	伯3354
程什住	老男翊卫	下中户空	13	2	1	64	天宝六载	伯3354
康文册	白丁，本郡天山军镇空	下下户	1人以上（？）	1人以上（？）	1人以上（？）	？	天空间	普鲁士科学院ТⅡT301
共计			38	12	7	266	人口或土地数不明者未计入	

《隋唐制度渊源略论稿》中唐代中央财政制度"江南地方化"问题

陈寅恪先生在《隋唐制度渊源略论稿》"财政"一章中，用全部篇幅论证了唐代中央财政制度之渐次"江南地方化"与"河西地方化"。因为"此二者皆系统渊源之范围"，正好是写书的主旨所在。然而，这二者还有可以讨论的地方。关于唐代中央财政制度的"河西地方化"，已有同志提出，这里只谈谈所谓唐代中央财政制度之渐次"江南地方化"问题。

首先碰到的问题是，唐代中央财政制度"江南地方化"这个命题无法成立。

照陈寅恪先生的说法，唐代中央财政制度"江南地方化"就是"南朝化"，指的是武则天玄宗时，"承继北朝系统之中央政府取用此旧日南朝旧制之保存于江南地者而施行之"。可是，陈寅恪先生对他认为是十分重大的这次变革，却仅仅举了一个例证，即南朝曾行纳布折租之制，而武则天时江淮亦行此制，玄宗开元二十五年时更将"其江南诸州并回造纳布"的规定载入国家令典。只凭这样一个并未涉及赋税制度根本变化的事实，就来断言中央财政制度的地方化，不能算是充分的。何况，就连这件事也很难谈得上是中央财政制度的变革，既然唐政府所做的事不过是让原来实行于江南的南朝旧制继续下去，充其量也不过是在法令中加以肯定，施行范围仍是东南一地，并未推广到全国（这从《通典》卷6《食货典》赋税下所载天宝中全国财政收支数字中可以得到证明），因而这还是一种地方性的财政措施，又怎么谈得上是中央财政制度的"江南地方化"呢？如果一定要给这种措施加个"地方化"一类的名称，只好说是"江南财政制度江南地方化",或是"江南财政制度南朝化",前者之无意义自不待言,至于后者,陈寅恪先生又指出:"南朝虽并于北朝,此纳布代租之制仍遗存于江南诸州,殆为地方一隅之惯例,至武则天时此制乃渐推广施行。"既然纳布代租之制从南朝一直到唐相沿未废,也即是说一直都是"南朝化"了,那么,武则天玄宗时期怎么又来了一个"南朝化"呢?

既然唐代中央财政制度"江南地方化"的说法无法成立,陈寅恪先生就这个题目所作的考据和所发的议论也就都不免有落空之嫌了。

不仅如此,这些考据和议论本身也存在着矛盾。

首先,纳布代租之制虽然被陈寅恪先生视为唐代中央财政制度"南朝化"的惟一重要证据,但它并不符合陈寅恪先生的"南朝化"的概念。

照陈寅恪先生的说法,与北朝及其继承者隋唐不同的南朝财政制度的主要特点,是"无均田之制,其国用注重于关市之税"。证据是《魏书》卷68《甄琛传》载琛上表云:"今伪弊相承(指南朝——引者),仍崇关廛之税,大魏恢博,惟受谷帛之输。"及《隋书》卷24《食货志》有关东晋南朝的散估、关市之税等的记载。换言之,陈寅恪先生认为北朝南朝财政制度根本不同之处,在于北朝财政收入主要靠农业税,南朝则注重商税,前者在农村中征取,后者在城市、市集或关津征取。

可是,纳布折租之制并不是什么关市之税,而是农业税。在魏晋南北朝隋唐这段时期里,农村中与农业密切结合的家庭手工业产品(主要是绢布)与农产品同时成为封建国家赋税剥削的对象,即所谓户调(或调)。这种家庭手工业不是商品生产,即令有少量产品投入商品流通领域,国家所征取的也还是处于自然经济形态上的那一部分产品而非投入商品流通领域的那一部分,因此,这种调或户调无疑是以农民为剥削对象的农业税。至于南朝的折租布和唐的回造纳布,明白规定是代替田租输纳,是田租的变相,更无论如何也不会是关市之税了。

把关市之税作为"南朝化"主要内容的陈寅恪先生,又用绝非关市之税的回造纳布制度去证明唐代中央财政制度的"南朝化",实在不免令人困惑。

那么,除去回造纳布之外,是不是还有其他的材料可以证明武则天玄宗时期的中央财政制度是"南朝化"或者注重关市之税呢？可惜得很，一点痕迹也找不到。安史之乱以前，商税在唐代国家财政收入中不占重要地位，这是公认的事实。《通典》卷6《食货典》赋税下所载天宝中天下计账数云："每岁所入端屯匹贯石都五千七百余万，计税钱（户税——引者）、地税、庸、调、折租得五千三百四十余万端匹屯，其资课及勾剥等当合得四百七十余万。"农业税的租庸调与地税等，仍然占了国家财政收入的最大比重。至于回造纳布，只不过是将江南一地租庸调收入之中的租米换成了布而已，北朝、隋及唐前期国家赋税制度的性质和根本特点并没有改变。换言之，一直到玄宗末期的天宝年间，唐代中央财政制度仍是属于陈寅恪先生所谓的"惟受谷帛之输"的北朝系统，并没有"南朝化"。

纳布代租并不是一种独立的或孤立的赋税制度，它不过是许多折纳（折征或折变）办法中的一种。折纳是封建国家为了更方便地剥削人民而经常采取的一种措施，其施行的原因，可能是由于某些地区产品的品种和数量与封建国家规定征纳的不尽相同，也可能是在不同时期或不同地区封建国家对各类产品的需要有了改变，同时封建国家又往往借折变为名以加重对人民的剥削。至于其实施的条件，又往往决定于生产发展的水平与特点、土地占有情况、生产关系、交换关系等等。因此要谈纳布折租是否南朝旧制，就至少必须与其他的折纳措施一起来考察。南朝各地区生产的地方性很强，产品种类比较多，很难一一符合法定的品种规格，而交换关系也比较发达，因此折纳之制较为盛行，除纳布代租外，以米折布、收杂物当租，以钱折租的事也很多，这是事实。至于北朝，也有折纳之例，《魏书》卷11前废帝纪载其僭位后，诏"天下调绢，四百一匹"。《隋书》卷24载北齐河清三年定令："人欲输钱者，准上绢收钱。"这是以钱折绢之例。《魏书》卷60《韩麒麟传》载麒麟在齐州上表拟"减绢布，增益谷租"，这是折绢为谷之例。因此，折纳之制并非南朝所独有。

唐代折纳之事也很多。折绢代役，即所谓输庸，就是最重要的一例，而这种做法却是承袭自北朝系统的隋的百姓年五十输庸停防的规定，与"南朝化"不相干。此外，如《旧唐书》卷48《食货志》所载开元十六年诏有"庸调折租"之语。《通典》卷6《食货典》赋税下载："诸课役……

若需折受余物，亦先支料同时处分"。"其杂折皆随土毛准当乡时价"。"诸郡贡献皆取当土所出，准绢为价，不得过五十匹。……其有加于此，亦折租赋，不别征科。"《唐六典》卷3云："其调麻每年支料有余，折一斤纳粟一斗。"（《唐六典》卷6多"与租同受"一句）"金银宝货绫罗之属，皆折庸调以造。"《新唐书》卷51《食货志》云："先是扬州租调以钱，岭南以米，安南以丝，益州以罗绸绫绢供春彩，因诏江南亦以布代租。"就是开元二十五年折租之制，也并非只行于江南一地。《唐大诏令集》卷111载开元二十五年二月关内庸调折变粟米敕云："关辅庸调，所税非少，既寡蚕桑，皆资菽粟，常贱籴贵买，损费逾深。又江淮苦变造之劳，河路增转运之弊，每计其运脚，数倍加钱。……自今以后，关内诸州庸调资课，并准时价变粟取米，送至京逐要支用。……其河南北有不通水利，宜折租造绢以代关中调课。"即关内以米粟折绢，河南河北以绢折米，在广大地区内对租调征纳的品种来了一次大调整（这次调整实施结果如何，史无明文，从天宝中天下计账数看来，似乎并未全面或长久执行，但《颜鲁公文集》卷14附载殷亮所撰行状，言肃宗时清河郡尚贮有"河北租调绢七十余万"，则河北地区折租造绢之制似乎又确曾实施过）。总之，唐代折纳之事十分普遍，地区绝不限于江南，品种亦不止布与米，实行期间也不限于武则天玄宗以后。因此，无视上述事实，把回造纳布之制看成当时"国家财政制度上之一大变革"，视之为唐朝中央财政制度由所谓北朝系统转变为"南朝化"的重要证据，其实并没有充分的根据。倒不如就把它看成是当时适应各地经济发展特点与封建国家财政需要的各种折纳措施影响较大的一种，可能更为平实妥善，也更近于历史的真相些。

这样，陈寅恪先生关于唐代中央财政制度"江南地方化"之说，无论从哪一方面看，都有架空之嫌了。

此外，陈寅恪先生对唐代中央财政制度"江南地方化"的原因，也提出了前后矛盾的解释。

陈寅恪先生先解释说，南朝经济财政较北朝进步，唐代财政制度本为北朝系统，等到唐代社会经济发展超越北朝旧日之限度，达到南朝当日之历程时，其国家财政制度也就随之演进而"江南地方化"或"南朝化"了。

　　可是，陈寅恪先生并未对此作进一步说明，也没有举出任何具体材料。随后却又提出来另外一个解释，即唐朝腹心的关中地区本来军需民食不足，开元二十四年牛仙客等行和籴之法，就关中地区收买农产品，关中经济可以自给，则过去转运江淮变造农产品的政策成为不必要，但江淮之农产品虽不需，而其代替农产品可作财货以供和籴收购之麻布，则仍须输入京师，借之充实关中财富力量，所以遂改输米为回造纳布之制。

　　唐朝社会经济的发展与施行和籴二者之间有什么关系，陈寅恪先生并未提到，于是我们也就无法弄清楚，到底什么是陈寅恪先生所认为的唐代中央财政制度"江南地方化"的原因了。

　　然而，陈寅恪先生说明上述问题，反而提出了令人困惑的新的问题。陈寅恪先生谈到中亚尝发现武则天光宅元年租布，武则天时清河郡贮江淮租布以备北军。由此可证回造纳布之制武则天时"已渐推广施行"。既然武则天时已渐推广施行此制，租布之贮于清河者数量已如此巨大，转输地区又已远届中亚，那么，又何待和籴施行之后才成为"一代之制度"呢？

　　所以，对唐代回造纳布施行的原因，陈寅恪先生也没有做出肯定的、圆满的解释。

　　陈寅恪先生的论证之所以造成这么些的疑窦，恐怕是他没有注意到财政归根到底是要由经济来决定的。没有注意到决定财政制度的各种经济条件，甚至也不从各种财政措施的相互关系方面去研究赋税制度的变革。他把回造纳布之制从当时的许多折纳措施中孤立出来，想方设法地替它找出制度渊源方面依据——同样是从许多折纳措施中孤立出来的南朝折租布之制，用类比的方法证明二者之间的继承性，然后又用这个唐代中央财政制度"江南地方化"之说，去充实他的文化——制度渊源决定论。这就难免出现好些与历史事实抵牾、不易说得圆满的地方了。

　　　　　　　　　　　　　（刊载于《光明日报》1959 年 1 月 22 日，

　　　　　　　　　　收入时作了少量文字上的删改）

唐代宗初年的江南农民起义

一

从唐玄宗天宝末年经肃宗到代宗大历改元，也就是从公元 755 年到 766 年，唐王朝经历了一次巨大的变化。以带有民族斗争色彩的统治阶级内部斗争性质的安史之乱为导火线及中心，唐王朝内外蕴蓄已久的各种矛盾来了一个总爆发。统治阶级内部矛盾（主要表现为武将叛乱和兵变）、民族矛盾（主要表现为少数族的反压迫斗争及向内地扩展）、阶级矛盾（主要表现为农民的逃亡和起义）互相交织，使得原来一片升平景象的唐王朝骤然间成了血和火的世界。这段时期，唐王朝内部到处是叛乱和兵变，安史部众与唐军及回纥骑兵共数十万人驰逐于河北、河东、河南、关中、淮北，使得唐朝广大腹心地区出现"井邑榛棘，豺狼所嗥"，"人烟断绝，千里萧条"①的惨象；段子璋、徐知道、崔旰等先后叛于剑南；康楚元、张嘉延、张维瑾等先后叛于荆襄；永王璘、刘展等先后叛于江南；吕太一叛于广州；仆固怀恩叛于河朔。北至幽燕，南迄广州，东达大海，西到关陇，几乎无处不是战场。由于安史之乱削弱了唐朝的边防力量，吐蕃乘机进入河陇数十州，并一度攻入长安；南诏的势力扩展到了四川西南部，该地少数族也纷纷起兵反抗唐的统治；南方的少数族如"山獠"、"西原蛮"等攻占了道、桂、容等十余州。唐朝边疆形势由过去的扩展、维守一变而为此时的退却。从玄宗后期起逐渐激化的阶级矛盾，随着战乱尖锐起来。处在

① 《旧唐书》卷 120《郭子仪传》。

像杜甫"三吏"、"三别"诸诗所描写的那种悲惨景况下的农民，不甘任人剥削奴役，纷纷起来反抗。在安史军队统治地区，他们支持唐政府抗拒野蛮落后的安史军队。如河朔之民"所至屯结，多至二万人，少者万人，各为营以拒贼；及郭（子仪）、李（光弼）军至，争出自效"①。安史军队占领长安之后，"京畿豪杰往往杀贼官吏，遥应官军"，甚至长安"西门之外率为敌垒"②。在唐王朝还统治着的地区，农民则纷纷起兵反抗直接剥削与压迫他们的唐朝统治者。如关中地区，代宗广德（763—764 年）中，"'群盗'遍南山五谷间，东拒虢，西抵岐"③。梁、汉间"自安史后，'山贼'剽掠，户口流散"④。上元宝应（761—762 年）间，四川"'山贼'塞路"⑤。梁、汉间"'群盗'连聚，或至二千余众，攻陷城邑"⑥。东都洛阳至淮、泗，缘汴河州县，"多有'盗贼'"⑦。鲁南苏北，尝有苍山"贼"帅李浩等 5000 多人活动⑧。江南地区，则有袁晁和方清、陈庄领导的两支大的起义军和许多支较小的起义军。当时全国的情况，正如元结所说："今河北陇阴奸逆尚余，今山谷江湖稍多亡命，今所在'盗贼'屡犯州县，今天下百姓咸转流亡。"⑨原先看起来烜赫一时的唐王朝，就在这一连串的来自各方面的打击下迅速衰颓下去。而农民起义则在当时各种矛盾中占着不容忽视的地位。

在许多农民起义中，爆发于代宗初年，即从宝应元年到大历元年（762—766 年）的江南农民起义是特别值得重视的。这不仅是由于起义的人数达数 10 万人，地区遍及今天的浙江全部、江苏、安徽南部和江西东北部，而且还由于起义地区正是唐朝财赋主要来源的江南两道，对唐王朝的影响重大深远。正因为如此，当时人对这次起义是相当重视的。刘晏的

---

① 《资治通鉴》卷 217，唐肃宗至德元载四月。

② 《资治通鉴》卷 218，唐肃宗至德元载八月。

③ 《新唐书》卷 138《李抱玉传》。

④ 《新唐书》卷 158《严震传》。

⑤ 《资治通鉴》卷 224，唐代宗永泰元年闰十月。

⑥ 《册府元龟》卷 139《帝王部·旌表三》。

⑦ 《全唐文》卷 46，唐代宗《缘汴可置防援诏》。

⑧ 《白氏长庆集》卷 25《郑公（云逵）墓志铭》。

⑨ 《元次山文集》卷 8《时议》上篇。

故吏陈谏在评论刘晏的贡献时，就把刘晏的设施和这次起义联系起来①。元载记杜鸿渐的功绩亦云：

> 公之在镇，河西无盗边之警，洞庭息三苗之祸，海寇不动，甄（应作瓯）、闽顺轨，得公之效也如彼；公之罢守，袁晁陷山越，康元烧夷陵，犬戎夺酒泉，匈奴舒右臂，失公之患也如此。②

虽系溢美之辞，但却可看出，当时人是把这次起义和吐蕃的进攻、叛将康楚元的夺取租赋转输枢纽的荆襄及回纥的强大看成是同样重大的政治事件的。

但是，在许多历史著作中，这次起义却没有像后来爆发的规模相类的徐州庞勋起义和规模较小的浙东裘甫起义那样，得到应有的重视。这就使得有些人研究唐朝从盛转衰的这段历史时往往只着眼于统治阶级内部斗争及民族斗争，而忽视了农民群众的活动及其对历史发展的作用。造成这种情况的原因，恐怕一方面是同时爆发的规模和影响更大的战争——安史之乱，在各种记载中占了压倒的篇幅，使得这次农民起义相形之下不那么突出；另一方面，也是由于有关起义史料的缺乏与零散。胡三省在《资治通鉴》裘甫起义后注云：

> 自至德以来，浙东盗起者再，袁晁、裘甫是也。裘甫之祸不烈于袁晁。袁晁之难，张伯仪平之（按：镇压袁晁起义的主将是袁傪而非张伯仪，见后文），《通鉴》所书，数语而已。今王式之平裘甫，《通鉴》书之，视张伯仪平袁晁事为详。盖唐中世之后，家有私史。王式，儒家子也，成功之后，纪事者不无张大。《通鉴》因其文而序之，弗觉其烦耳。③

可见，史料不足的这个缺陷，在修两《唐书》和《资治通鉴》时就已存在了。

现在，仅就所见到的材料，对这次起义作一个简略的记述。

---

① 《新唐书》卷 149《刘晏传》。
② 《文苑英华》卷 885，元载《故相国杜鸿渐神道碑》。
③ 《资治通鉴》卷 250，唐懿宗咸通元年七月。

二

从唐初到玄宗末年，江南地区的经济有很大发展。隋时，长江下游各郡人口通常是一两万户，远不能与北方各大郡动辄一二十万户相比 ①。到 140 年后的玄宗天宝年间，全国人口和隋全盛时相差不多，但江南十五州的人口却从隋时的 159585 户增到 1169626 户，即增长到 7.3 倍。一些大州都有七八万户乃至十万户以上，与黄河流域的一些大州差不多了（见581 页表）。在这段时期里，江南的水利事业也有发展，仅据《新唐书·地理志》中的记载，即有十余处，且有如杨德裔在会稽引陵水灌田数千顷这样巨大的工程 ②。人口的增长与水利的兴修标志着农业生产的发展，江南在全国经济中的地位日益重要。

江南十五州隋及唐天宝、元和时户数

隋 ③		天宝 ④		元和 ⑤	
丹阳	24125	润州	102033	润州	55400
毗陵	17599	常州	102631	常州	54767
吴	18377	苏州	76421	苏州	100808
		湖州	73306	湖州	43467
余杭	15380	杭州	86258	杭州	51276
会稽	20271	越州	90279	越州	20685
		明州	42027	明州	4083
		台州	83868	台州	—
东阳	19805	婺州	144086	婺州	48036
		衢州	68472	衢州	17426

---

① 参看《隋书·地理志》。

② 《文苑英华》卷 950，杨炯《常州刺史杨公（德裔）墓志铭》。

③ 据《隋书·地理表》。

④ 据《旧唐书·地理志》。

⑤ 据《元和郡县图表》。

续表

隋		天宝		元和	
遂安	7343	睦州	54961	睦州	9054
新安	6164	歙州	38336	歙州	16754
		处州	42936	处州	19726
永嘉	40542	温州	42814	温州	8484
宣城	19979	宣州	121204	宣州	57350
				池州	17591
	159585		1169626		524907

　　高宗以后，唐朝官僚机构扩大，府兵逐渐改为募兵，皇室生活日益奢侈，关中地区每年需要外地主要是江淮供应大量粮食物资（其中粮食一般每年一二百万石，最多达四百万石），除去关中外，江淮的粮食物资还不时供应河北[①]，并曾远输边庭[②]。如何漕运江南粮食到关中成了当时理财家们最重要的课题。随着唐政府对江南物资需要的增加，江南人民的负担日益繁重。特别是常赋之外，还需负担长途转输的徭役和脚钱，甚至还要赔偿运输途中的损耗。唐政府自己也承认："江淮之间，此事（指负担运途中的损耗）尤甚，……户口艰辛，莫不由此。"[③] 此外，人民还不时受到无妄的迫害，如天宝五载（746年），原转运使韦坚被黜，李林甫"讽所司，发使于江淮东京缘河转运使，恣求坚之罪以闻。彻之纲典舡夫溢于牢狱，郡县征剥不止，邻伍尽成裸形，死于公府。林甫死乃停"[④]。在残酷的剥削与压迫下，江南百姓不仅逃亡[⑤]，并且举行过小规模的起义。如开元

① 如陈子昂：《陈伯玉文集》卷8《上军国机要事》，《旧唐书》卷8《玄宗纪》开元十五年条，《唐大诏令集》卷104《处分朝集使敕》（开元十六年十二月二十七日），《颜鲁公文集》附殷亮所撰行状等，都有这方面的记载。

② 吐鲁番曾发现武则天中宗时的江南租布、庸调布。见斯坦因：《中亚腹地考古》卷2，第1044页，附录1；卷3，插图127，"阿斯塔那墓葬中裹尸布上的中国字"。

③ 《册府元龟》卷487《邦计部·赋税一》引开元九年十月敕。

④ 《旧唐书》卷105《韦坚传》。

⑤ 《太平寰宇记》卷103《宣州·太平县》："本泾县之地，唐天宝十一年，以地居东南僻远，游民多结聚为'盗'。"同书卷100《南剑州·尤溪县》："山洞幽深、溪滩崄峻，向有千里，其诸境逃人多投此洞。开元二十八年经略使唐修忠以书招谕其人，高伏等

二十六年(738年)，洪贞起义于歙州①，天宝三载(744年)，吴令光在台、明一带活动②，天宝十一载(752年)，宣州一带游民多结聚为"盗"③。这些起义，都被唐政府迅速镇压下去。

安史之乱中，江南地区虽因张巡等人死守睢阳，没有被安史军队侵入，但仍遭到兵革之祸。肃宗至德元载（756年）末，镇守江陵的永王璘乘安史军队攻入洛阳、长安，玄宗仓皇西奔的时机，领兵顺江而下，企图割据江东。在当涂、丹阳一带与唐江淮军队冲突。永王璘的起兵虽然很快失败，但对"更无征防"④的江南，却是一次不小的震动。不久，上元元年（760年），唐中央政府企图剪除淮西节度副使刘展，江南又一次爆发战争，刘展兵陷扬、润、昇等州，唐政府调田神功部赴战。田神功部军纪极坏，曾大掠扬、楚二州，渡江击败刘展后，又大掠十余日。《资治通鉴》云："安史之乱，乱兵不及江淮，至是，其民始罹荼毒矣。"⑤

安史乱起，北方大部分沦为战场，唐统治下的州县又"多为藩镇所据，贡赋不入"⑥，江淮各地特别是江南成了唐中央政府收入的最重要来源。至德元载第五琦在蜀中进谒玄宗时说："财赋所产，江淮居多。"⑦萧颖士更说："兵食所资，独江南两道耳。"⑧江南地区一跃而为唐政府的经济命脉。

肃宗一即位，就加强对江淮地区的剥削。至德元载八月，用最善敛财的第五琦充江淮租庸使，以江淮租庸市轻货运到扶风助军。还在常赋之外，另事搜刮。⑨又行榷盐（盐利主要在江淮蜀汉）、榷酤之法。并用郑

一千余户请书版籍，因为县。"

① 《元和郡县图志》卷28《歙州·婺源县》。《太平寰宇记》卷104《歙州·婺源县》作开元二十四年。

② 《资治通鉴》卷215，唐玄宗天宝三载正月。

③ 《太平寰宇记》卷103《宣州·太平县》。

④ 《旧唐书》卷49《食货志》下载裴耀卿开元十八年疏。

⑤ 《资治通鉴》卷222，唐肃宗上元二年正月。

⑥ 《资治通鉴》卷226，唐德宗建中元年七月。

⑦ 《资治通鉴》卷218，唐肃宗至德元载八月。

⑧ 《文苑英华》卷668，萧颖士《与崔中书圆书》（此书上于至德元载下半年）。

⑨ 《唐大诏令集》卷115，"遣郑叔清往江淮宣慰制"（至德二年七月十二日）云："军用

叔清为御史出江淮，陶锐出蜀汉，榨取财货。"豪商富户，皆籍其家资，所有财货畜产，或五分纳一，谓之'率贷'，所收巨万计。"① 此外还卖官鬻爵及度僧尼道士，"人不愿者，科令就之"②。尽管人民已经陷入"杼柚其空于征赋，离乡去邑，弃业亡家，契阔冻馁，飘飖是逼"③ 的悲惨境地，但唐政府仍在"从权救弊，盖非获已"④ 的借口下，新立各种苛敛名目，继续搜刮。

在兵乱及唐政府的剥削下，江南人民又连续几年遭到特大的灾荒。肃宗乾元元年（758 年）岁饥；二年（759 年）久旱，人民大量流亡；三年（760 年）岁饥，米斗至一千五百文，自四月至闰四月末，大雨大雾月余，米价翔贵，人相食，饿死者委骸于路；上元二年（761 年）江淮大旱，大饥，人相食；宝应元年（762 年），浙江东西于去年大旱大饥之后，复于秋后遭水，继以大疫，"死者十七八，城郭邑居为之空虚"，"道路积骨相支撑枕藉者弥二千里。春秋已来不书"⑤。

唐政府不管这样空前的灾荒，反而空前地加重了对人民的剥削。乾元二年，元载充江淮五道租庸使，继续施行"率贷"之法，不过改换名目，"高户定数征钱，谓之'白著'、榷酤"⑥。就在江淮大饥、人相食的上元二年，元载借追收逋负为名，把这种"率贷"之法从征发豪商富户发展为普遍征取。《资治通鉴》云："租庸使元载以江淮虽经兵荒，其民比诸道犹有赀产，乃按籍举八年租调之违负及逋逃者，计其大数而征之；择豪吏为县令而督之，不问负之有无，赀之高下，察民有粟帛者发徒围之，藉其所

匮竭，常赋莫充，所以税亩于荆吴，校练于淮海。从权救弊，盖非获已。"有人据此谓当时已行税亩之法。

① 《通典》卷 11《食货典·杂税》。

② 《旧唐书》卷 113《裴冕传》。

③ 《唐大诏令集》卷 115《遣使安抚制》（至德二年二月八日）。

④ 《唐大诏令集》卷 115《遣郑叔清往江淮宣慰制》（至德二年七月十二日）云："军用匮竭，常赋莫充，所以税亩于荆吴，校练于淮海。从权救弊，盖非获已。"有人据此谓当时已行税亩之法。

⑤ 《毗陵集》卷 19《吊道殣文》。

⑥ 《大唐传载》。

有而中分之，甚者什取八九，谓之'白著'。有不服者，严刑以威之。民有蓄谷十斛者，则重足以待命。"因此有歌曰："上元官吏务剥削，江淮之人多白著。"① 除去唐中央政府这些直接的剥削外，诸道节度使也往往"不承正敕，妄有征科，州县望风，便行文牒，务为逼迫"②。人民又多受一重榨取。

战乱、灾荒与残酷的剥削使得人民大量死亡与流散。但是唐政府不顾人民的死活，本户逃死，其原来应负担的赋役即勒令邻里分摊，于是迫使更多的农民死亡流散③。

走投无路的农民，不得不起来反抗了。早在至德元载，长江下游的人民即屯聚于洲岛之上，抗拒官军④。余姚一带，有"草贼"龚厉活动。⑤ 睦州人民在乾元中负山洞之阻，起兵抗唐⑥。刘展之乱平定后，当时的江南是"山洞海岛，往往结聚，睦州草窃，为蠹尤深。"⑦ 宣州广德一带，也有陈庄、陈五奢率众保据山洞，进行反抗。⑧ 到了宝应元年，大饥大疫之后，再加上唐政府空前的苛政，"人不堪命，皆去为'盗贼'"⑨，起义像燎原之火一样地爆发了。仅见诸记载的义军，即有十余支，人数达数十万。其中规模最大的是浙东一带被称为"海寇"的袁晁起义和宣歙一带被称为"山贼"、"洞寇"的方清、陈庄起义。

---

① 《资治通鉴》卷 222，唐代宗宝应元年正月。

② 《册府元龟》卷 147《帝王部·恤下二》引宝应元年十月乙卯敕。

③ 《册府元龟》卷 147《帝王部·恤下二》引宝应元年十月乙卯敕。文云："又闻杭越间疾疫颇甚。户有死绝，未削版图。至于税赋，或无旧业田宅，延及亲邻。言念疲人，岂堪兼役，致令逃散，诚有哀矜。"又《新唐书》卷 146《李栖筠传》："苏州豪士方清，因岁凶诱流殍为'盗'，积数万。"均可见当时江南人民逃亡情况的严重。

④ 《文苑英华》卷 668，萧颖士《与崔中书圆书》。

⑤ 《毗陵集》卷 5《为江淮节度奏破余姚草贼龚厉捷书表》。据表中所叙，龚厉的起兵当在至德、乾元之间（756—759 年）。

⑥ 《权载之文集》卷 20《韩公（洄）行状》。

⑦ 《毗陵集》卷 5《为杭州李使君论李藏用守杭州功表》。

⑧ 《权载之文集》卷 25《邵州长史李公（绍）墓志铭》。

⑨ 《新唐书》卷 149《刘晏传》。

三

袁晁原是司鞭背之刑的小吏，为"乡县豪黠"，在地方上有相当威望，是个宋江、晁盖式的人物。唐政府令他"禽贼"，在起义时机成熟的情况下，他不去完成唐政府交下的这个罪恶任务，反而置酒剽牛，在明州翁山县①（今舟山岛）"聚其类以反"②。宝应元年八月，袁晁攻下台州，赶走刺史史叙③，建立农民政权，改元"宝胜"，与代宗的"宝应"年号针锋相对，表示要胜过"宝应"④，以建丑为正月⑤，并署公卿数十人，都是农民出身⑥。起义得到广大农民的热烈响应，"民疲于赋敛者多归之"⑦。义军迅速向北、西、南几方面发展，先下越州⑧，

---

① 《唐会要》卷71，"州县改置"下，"江南道"："明州、开元二十六年七月三十日析越州鄞县置。……仍置奉化、慈谿、翁山等县。……翁山，……广德元年三月四日因袁晁贼废。"《太平寰宇记》卷98，明州："废翁山县，唐开元时与州同置，大历六年因袁晁反于此县，遂废之。"

② 袁晁出身及起义过程，均见《新唐书》卷126，《韩滉传》。起义爆发的具体年月已不可详考。前引元载杜鸿渐碑云杜鸿渐罢守之后，袁晁陷山越，而杜鸿渐之罢守浙东，约在上元二年二月左右。则袁晁起义当在上元二年二月之后。

③ 《册府元龟》卷122《帝王部》"征讨"二。

④ 《资治通鉴》卷222，唐代宗宝应元年八月。

⑤ 《新唐书》卷136《李光弼传》。据《资治通鉴》卷222记载，起义的前一年（上元二年）九月，肃宗玩了一套"去尊号，但称皇帝，去年号，但称元年，以建子月为岁首，月皆以所建为数"的把戏，直到次年四月代宗改元宝应时才取消。起义军以建丑为正月，一方面是模仿唐朝的制度，另一方面也是表示与唐历法不同，含有与唐对抗之意。

⑥ 《唐国史补》卷上《袁傪破"贼"事》。

⑦ 《资治通鉴》卷222，唐代宗宝应元年八月。

⑧ 《毗陵集》卷8《唐故洪州刺史张公（镐）遗爱碑颂》有"临海贼帅袁晁，狃于会稽之役，侵我东鄙，……公命左军屯上饶隘……"等语，可知起义军在攻信州之前，曾攻越州。《宋高僧传》卷15《唐越州称心寺大义传》："海贼袁晁窃据剡邑、至于丹丘。"可知袁晁军已进入越州境内。又刘长卿《刘随州诗集》卷1，"送朱山人放越州贼退后归山阴别业"即叙此次起义事。从诗题及诗中的"越州（一作中）初罢战"，"空城垂故柳"等句看来，起义军应是攻下了越州的。

劫商旅，其"支党"则四出活动①，连陷县邑②。永泰元年（765 年），起义发展到了高潮。他们以丘陵地带中的大批山洞为基地，四向扩展。方清屯于石埭城③，于永泰元年正月攻陷歙州，杀刺史庞濬④，在形势险要的古闾门县址置闾门县"据险作固，以为守备"⑤。陈庄则连克江西诸州县⑥，并渡江北下舒州⑦。在北起舒州，东达浙西⑧，西抵洪饶⑨的七州⑩广大地区上，起义军攻城夺池，处决地主⑪、官吏⑫，"'盗'帅家兵遍山，吏不敢问"⑬。

这带地区的起义，有较好的根据地，又有长期的斗争传统和经验，因此能坚持较长时期的斗争。但是，由于地形与粮食的限制，各支起义军人数不可能很多，从"家兵"这样的记载看来，斗争有时可能是以一姓一族为单位进行的，力量比较分散，不容易集中起来给唐军以重大打击，并且易于为优势的唐军各个击破。

江南地区，除去袁晁和方清、陈庄这两起大规模的起义外，在肃宗末年到代宗大历改元（762—766 年）数年间起兵可考的还有以下各支。

宣歙方面：

杨昭，舒城人，宝应元年杀刺史刘秋子，渡江南下入江西，为江西观察使张镐所败，杨昭被杀⑭。

---

① 《新唐书》卷 147《李岘传》。

② 《文苑英华》卷 830，陈简甫，《宜州开元以来良吏记》。

③ 《太平寰宇记》卷 104《歙州·祁门县》。

④ 《新唐书》卷 6《代宗纪》，永泰元年正月；卷 41《地理志》，歙州休宁县。

⑤ 《元和郡县图志》卷 28《歙州·祁门县》。《太平寰宇记》卷 104《歙州·祁门县》。

⑥ 《旧唐书》卷 131《李勉传》。

⑦ 《旧唐书》卷 152《张万福传》。

⑧ 《毗陵集》卷 4《贺袁破"贼"表》有方清等"荐食勾吴"之句。

⑨ 《新唐书》卷 147《李岘传》称起义军为"宣、饶剧'贼'"。

⑩ 《毗陵集》卷 4《贺袁破"贼"表》有方清等"荐食勾吴"之句。

⑪ 《宣州开元以来良吏记》有"广德初，群'盗'蜂轶。连陷县邑，人士罹难者比肩"等语。

⑫ 《文苑英华》卷 775，李华《平原公（张镐）遗德颂》。

⑬ 《文苑英华》卷 775，李华《平原公（张镐）遗德颂》。

⑭ 《毗陵集》卷 8。

沈千载，新安(现在安徽休宁一带）大豪，宝应时起兵，郡国不能禁，后被张镐遣将镇压，沈千载被杀，部众全数牺牲。①

王万敌，宝应元年在宣州太平县上泾乡后如洞起兵。后如洞山径险恶，其中平坦可居。后被袁傪镇压。唐政府因此分置旌德县以镇压这一地区的起义②。

太平县信州贵溪一带，永泰元年以前，有"群盗潜藏"，永泰元年就贵溪口置贵溪县③。

浙西方面：

朱覃、姚廷，在湖州德清起义，为李光弼偏将辛孜镇压④。

朱泚、沈皓，广德元年在湖州武康起义响应袁晁，分守两洞，攻陷武康县城。广德二年（764 年）湖州刺史孤独问俗派将军辛敬顺于金鹅山筑城守其通路。沈皓叛变，杀洞中同党投降⑤。

浙东方面：

越州永泰末"妖贼"杀郡将以叛，后为李所镇压⑥。

苏常方面：

张度，保常州阳羡西山，被常州刺史李栖筠发卒捕斩⑦。

苏常一带宝应中有"草贼"活动，代宗遣宦官马日新与李光弼部下率军镇压，张建封自请前往诱降，一日降者数千人，起义遂瓦解⑧。

---

① 《毗陵集》卷 8；《文苑英华》卷 775 同文，沈千载作沈千乘。

② 《元和郡县图志》卷 28《宣州·旌德县》。今本王万敌作王方，按：《舆地纪胜》卷 19 引《元和郡县志》作王万敌，今本恐误。又后如洞见《嘉庆宁国府志》卷 15 引《嘉定宣城志》。

③ 《太平寰宇记》卷 107《信州·贵溪县》。

④ 《吴兴志》(严启丰随分读书斋抄本) 第 1 册，"山"，"德清县吴憾山"；第 3 册，"古迹"，"德清县将军城"。

⑤ 《吴兴志》第 1 册，"城池"，"武康县"。

⑥ 《文苑英华》卷 956，梁肃，《越州长史李公墓志铭》。

⑦ 《新唐书》卷 146《李栖筠传》。

⑧ 《旧唐书》卷 140《张建封传》。

军在台州以北地区与唐军大战①，战斗十分激烈，连日交锋达十余次②。组织涣散、缺乏训练、装备低劣的起义军终于失败，袁晁为唐将王栖曜所擒③。其弟袁瑛率余部500人退入宁海县北40里的险要的紫溪洞。追击的唐军封锁了洞口，断绝了义军的粮道。袁瑛及其部下坚持不屈，最后一齐饿死。一直到宋朝，洞中还可找到义军遗留的鼎铛刀剑，让后人凭吊这次壮烈的起义的遗迹④。四月，起义完全失败，浙江州县又重新落入唐朝控制之下。广德二年十一月，袁晁被送到长安处死⑤。处死后，唐政府假仁假义地以"讨平'贼'帅袁晁，疮夷初复"为名，对浙东诸州进行"赈恤"⑥，"免越州今岁田租之半，给复温、台、明三州一年"⑦。

镇压了袁晁起义之后，袁傪以判官陆渭将前军，自将后军，西向镇压方清、陈庄起义。对待这些组织较好、有根据地，但力量较分散的起义军，唐政府除直接用兵外，还采取了如下的一些措施：

组织与鼓励地主武装参加对起义军的作战。如宣州归德"乡人"自割据八乡之地，保山据险，抗拒义军⑧。吴仁欢率地主武装数千人击方清于闾门县，后唐政府改闾门为祁门，即任吴仁欢为县令⑨。

在起义中及起义后新设一批州县，加强对起义地区的控制。如根据李岘的建议，针对乌石山起义军根据地，复置池州、徙宣、饶、歙三郡

---

① 《嘉定赤城志》卷39，"石垒寨，在天台县北五十里，……盖唐广德元年王师讨袁晁处。"

② 《旧唐书》卷152《王栖曜传》。

③ 《旧唐书》卷152《王栖曜传》。

④ 《嘉定赤城志》卷22。

⑤ 《新唐书》卷6《代宗纪》。

⑥ 《册府元龟》卷106《帝王部·惠民二》。

⑦ 《新唐书》卷6《代宗纪》。

⑧ 《太平寰宇记》卷104《歙州·休宁县（废归德县）》。

⑨ 《淳熙新安志》卷4《贤宰》。

户以实之，切断方清与陈庄的联系①。新设石埭②、祁门③、归德④、绩溪⑤、旌德⑥、贵溪⑦等县。

派著名的战将张万福守舒州，"督淮南岸盗贼"，控制长江北岸⑧。一些地方官如李勉、长孙全绪等也纷纷参加镇压。在唐政府各种手段的威逼下，永泰二年五月方清在石埭城被陆渭战败，壮烈牺牲。陈庄则率 25500 人在乌石山投降。⑨

在击败起义军的主力后，从北方调来的刽子手们大都留了下来，继续对农民特别是苏常地区的起义进行镇压。如被唐朝统治者称为"功居第一"的张伯仪先后被任为睦州和杭州刺史⑩，王栖曜为常州别驾、浙西都知兵马使⑪，柏良器后为苏州别驾⑫，马日新率汴滑兵 5000 镇常州⑬。有些地方官也采用严刑酷法来重建封建秩序⑭。

英勇的农民并没有屈服，小股起义军仍在江南广大地区活动着。从大历初到德宗贞元的三四十年间，浙东方面，贞元十四年（798 年）明州"'山贼'栗锽，诱山越为'乱'，陷浙东郡县"⑮。浙西江西方面，大历

---

① 《新唐书》卷 147《李芃传》。《太平寰宇记》卷 105《池州》。

② 《太平寰宇记》卷 105《池州·石埭县》。

③ 《元和郡县图志》卷 28《歙州·祁门县》。

④ 《太平寰宇记》卷 104《歙州休宁县（废归德县）》。

⑤ 《太平寰宇记》卷 104《歙州·绩溪县》。

⑥ 《太平寰宇记》卷 103《宣州·旌德县》。

⑦ 《太平寰宇记》卷 107《信州·贵溪县》。

⑧ 《旧唐书》卷 152《张万福传》。

⑨ 《贺袁傪破"贼"表》。但《毗陵集》卷 4，将上表时间置于宝应二年，与其他记载如《元和郡县图志》等多不相合，当有误。

⑩ 《册府元龟》卷 359《将帅部·立功十二》。

⑪ 《旧唐书》卷 152《王栖曜传》。

⑫ 《李公文集》卷 13。

⑬ 《旧唐书》卷 152《王栖曜传》。

⑭ 《柳先生集》卷 8《柳公（浑）行状》；《新唐书》卷 126《韩滉传》。

⑮ 《旧唐书》卷 177《裴休传》。

南农民起义是起过一定的推动作用的。

第二，在战乱及农民起义的打击下，再加上财政危机的压力，唐政府不得不颁布一些减轻剥削与恢复生产的法令。从安史之乱到大历初的十余年间，唐政府所下的这类诏敕赦文见诸记载的将近三十道。在安史之乱期间（江南农民起义也在这段时期内），诏敕的内容主要是减免赋役、均平负担之类；此后，招辑逃亡、增加户口、恢复生产等内容就占了更重要的地位，并且规定以此作为考核官吏政绩的标准。然而，对这些诏敕的实施情况，却需要作具体的分析。

这类诏敕中的许多措施，特别是减免赋役，均平负担之类，如果真正施行起来，就会影响唐政府已经极为困窘的财政收入和地主豪族的既得利益，所以实际上多是一纸空文，安史之乱期间颁发的那些诏敕，尤其是如此。这是有大量的材料可以证明的。[①]但是，在安史之乱与农民起义之后，某些有远见的官吏，如多年执掌财政大权、分领江淮租赋的刘晏，却曾尽力设法在不过分加重对人民的剥削的前提下来解决唐政府的财政危机。刘晏曾免去某些太烦苛的赋役，注意及时减免水旱之乡人民的负担，尽力从盐利等方面开辟财源，以免增加人民直接的赋税，又用常平之法来调剂物价，掌握物资。刘晏的故吏陈谏评述其功绩云：

> 开元天宝间，天下户千万，至德后，残于大兵，饥疫相仍，十耗其九。至晏充使，户不二百万。晏通计天下经费，谨察州县灾害，蠲除赈救，不使流离死亡。初州县取富人督漕輓，谓之船头，主邮递，谓之捉驿，税外横取，谓之白著。人不堪命，皆去为"盗贼"。上元宝应间，如袁晁、陈庄、方清、许钦等乱江淮，十余年乃定。晏始以官船漕，而吏主驿事。罢无名之敛，正盐官法，以禅用度。起广德二年，尽建中元年，黜陟使实天下户收三百余万。[②]

陆贽认为大历中"法虽久刓而人未甚瘁"[③]。《资治通鉴》也指出刘晏

---

① 如前引的独孤及《答杨贲处士书》，元结广德二年及永泰二年的《奏免科率状》，就是例子。

② 《新唐书》卷149《刘晏传》。

③ 《陆宣公集》卷22《均节赋税恤百姓六条》之一。

的措施使"民得安其居业，户口蕃息。晏始为转运使，时天下见户不过二百万，其季年乃三百余万；在晏所统则增，非晏所统则不增也。"① 这些对社会经济的恢复起过一定作用的财政措施，不能不说部分地是江南农民起义的后果。

至于诏敕中招辑逃户、增加户口、发展生产等为了扩大剥削对象的措施，由于是统治阶级迫切利益所在，是由更多的官员在更大的程度上实施过的。就在唐军继续打击江南农民起义余波的同时，江南地区的某些官吏，如常州刺史李栖筠②，萧复③，杭州刺史卢幼平④，明州刺史李长⑤，裴儆⑥，睦、润等州刺史萧定⑦，乌程令李清⑧，东阳令戴叔伦⑨，德清、武康二县令庆澄⑩，余姚令王恕⑪ 等，在招辑流亡、劝课农桑、兴修水利等方面做了一些工作，对社会秩序的安定和农业生产的恢复起过一定的作用。

由于社会秩序的安定及唐政府减轻剥削恢复生产的政策在某种程度上的执行，不少农民又重新回到荒废的土地上，辛勤地为社会创造财富。江南地区经济逐渐恢复并且进一步发展起来，成了当时中国最重要的经济地区。唐中央政权也更进一步依赖江淮经济的支持。常年漕运关中的数十万到百余万石粮食中，来自两浙的占了大部分⑫。当时人称"赋出于天下，

---

① 《资治通鉴》卷 226，唐德宗建中元年七月。

② 《新唐书》卷 146《李栖筠传》。

③ 《册府元龟》卷 684《牧守部》"课最"。

④ 《文苑英华》卷 800，李华《杭州刺史厅壁记》。

⑤ 《文苑英华》卷 951，梁肃《明州刺史李公墓志铭》。

⑥ 《全唐文》卷 791，王密《明州刺史河东裴公记德碣铭》。

⑦ 《册府元龟》卷 684《牧守部》"课最"。

⑧ 《颜鲁公集》卷 5《梁吴兴太守柳恽西亭记》。

⑨ 《全唐文》卷 510，陆长源《唐东阳令戴公去思颂》。

⑩ 《吴兴志》第 4 册"县令"，"武康县"，"庆澄"。

⑪ 《白氏长庆集》卷 25《唐扬州仓曹参军王府君志铭》。

⑫ 唐后期转运东南之粟每年百余万石，《新唐书》卷 53《食货志》载贞元时两浙运米达 75 万石。又当时，曾以两税易米，两浙用此法增运 100 万石，江西、湖南、鄂岳、福建、岭南则运米 120 万石。可知漕运粮食中两浙占的比重最大。

战的记载是失实的。最重要的理由是：早在乾符三年九月起义军攻占汝州后，王仙芝和黄巢即已分道活动，王仙芝攻占蕲州时，黄巢并不在场。他们之间自然无从发生应否投降的争论并由此而分兵的事了。

吴、袁二同志引《旧唐书·僖宗纪》，说明起义军攻占汝州前后军事形势的变化。但是，《僖宗纪》只说起义军攻占汝州后，"遂南攻唐、邓、安、黄等州"。并未提到王、黄分道的事。

吴、袁二同志又据《通鉴》说明乾符三年十二月王仙芝攻占蕲州时，尚让在嵖岈山，不在蕲州。接着，又引了《旧唐书·黄巢传》中的一段材料：

〔（乾符）五年八月，（唐军）收复亳州，斩仙芝首献于阙下。先是（尚）君长弟〕让〔以兄奉使见诛〕率部众入嵖岈山。黄巢黄揆昆仲八人，率盗数千依让。月余，众至数万。陷汝州，虏刺史王镣。又掠关东。官军加讨，屡为所败。〔其众十余万。尚让乃与群盗推巢为王，号冲天大将军。……巢徒党既盛，与仙芝为形援。及仙芝败，……仙芝余党悉附焉。〕

（方括弧内文字为吴、袁文所未引者）

但这两段材料也没有提到起义军攻占汝州后王、黄分道及攻蕲州时黄巢不在场的问题。而吴、袁二同志根据这两段材料作了如下的推论：

（一）尚让据嵖岈山及黄巢依让在攻克汝州之前；

（二）尚让与黄巢一同在王仙芝率领下引兵攻克汝州；

（三）攻克汝州后，王仙芝与黄巢尚让即分道，王仙芝攻占蕲州时，黄巢与尚让均在蔡、颍、嵖岈山一带，并未和王仙芝一同南攻蕲州。

这种推论是缺乏根据的。

首先，《旧唐书·黄巢传》将王仙芝和黄巢的活动完全分开叙述，根本未提他们合兵攻汝州的事，既未提合兵攻汝州，又如何能根据这段材料断言攻克汝州后二人开始分道作战呢？

其次，《旧唐书·黄巢传》的叙述颠倒错乱之极：既说黄巢入嵖岈山在尚君长奉使被杀（乾符四年冬）之后，又置于攻占汝州（乾符三年九月）之前。本身既相矛盾，又与其他记载不合（《通鉴》将黄巢入嵖岈山事置于乾符四年四月，《旧唐书·僖宗纪》置于乾符四年七月，《新唐书·黄巢传》置于乾符四年攻占郓州之后）。吴、袁二同志否定了旧传黄巢入嵖岈山在尚君长被杀之后的说法，但又不加添任何新的论证或说明，接受了旧传中与前者价值相类的黄巢入嵖岈山在攻克汝州之前的说法。这种论证方法是自相矛盾的。

尚让之据嵖岈山既然更可能在攻克汝州之后，而黄巢与尚让合兵也在此以后，且攻克汝州距攻克蕲州只有三个月，那么，黄巢就不一定在攻克汝州后与王仙芝分道，而更有可能是在攻克蕲州之后才分道北上的。因此，即使攻克蕲州时尚让不在，也不能由此推断黄巢也必然不在。

吴、袁二同志又引郑畋乾符三年十二月上言中所谈的唐军部署。郑畋只说宋威逗留亳州，曾元裕拥兵蕲黄。吴、袁文却加以引申，说唐军的部署针对起义军的分道活动也分两路。宋威在亳州一带对付黄巢、尚让，曾元裕在蕲黄一带对付王仙芝。但是，只有先证实黄巢确在北方活动之后，才可能成为宋威在北方对付的对象。如前所述，这一点并没有得到证明，则所谓宋威对付黄巢云云，也就不免流于揣测了。

吴、袁二同志又说，王仙芝盛时众达 30 万，而《通鉴》载攻蕲州时才 5000 人，可见《通鉴》所载起义军攻克蕲州过程之不可信。不管《通鉴》对起义军攻蕲州的人数的解释如何颠错不伦，至多只能说《通鉴》的记载在这一点上不可信，却仍然不能证明起义军攻蕲州时黄巢不在场。

在吴、袁二同志的这段论述中，直接的证据既然没有，根据仅有的两条间接的材料所作的推论又属架空，大部分的叙述且与论证的主题无关。说是论而无据，也许过分。但是，至少可以说是论而少据。

僖宗《讨草贼诏》发布的时间

吴、袁二同志为了说明蕲州招降起义军一事，并非王仙芝妥协动摇，而是唐政府积极施展招降阴谋的结果，举《通鉴》尝载乾符三年九月乙酉（也就是起义军攻下汝州后的第九天）"敕赦王仙芝、尚君长罪，除官，以招谕之"为证。接着就视为当然地把僖宗的《讨草贼诏》当成了这个乾符三年九月乙酉发布的敕令而加以引述。

《讨草贼诏》见于《唐大诏令集》卷120及《旧唐书·僖宗纪》（文字较前者有删节及出入）。这个诏书里提到赦王仙芝罪而未提尚君长，也没有提到拟实除王仙芝何官，跟乾符三年九月乙酉敕令内容并不完全吻合。《唐大诏令集》和《旧唐书·僖宗纪》均言此诏发布于乾符四年三月，《新唐书·僖宗纪》乾符三年三月有"募能捕贼三百人者，官以将军"之语，亦见于此诏之中。总之，没有一个记载是把《讨草贼诏》的发布时间放在乾符三年九月乙酉的。

如果细看《讨草贼诏》的内容，更可以断定它绝非发布于乾符三年九月乙酉。诏书最后有"宿麦将实，秋苗正滋，渐及蒸焕之时"等语，可知发布的时令是春末夏初，绝非九月。我以为《唐大诏令集》和《旧唐书·僖宗纪》说此诏发布于乾符四年三月，是可信的。

其实，用《通鉴》所载的乾符三年九月乙酉敕来论证唐政府的企图招降起义军，也很可以了。而把发布在乾符四年三月的《讨草贼诏》错当成乾符三年九月乙酉的敕令，用来说明乾符三年十二月蕲州招降义军是唐政府既定招降阴谋的实施，反而不免添加了麻烦。

王仙芝进军蕲州的时间

徐德嶙同志是恪信起义军攻占蕲州时黄巢不在场的。他也感到吴、袁二同志的说明不够圆满。于是从另一个角度来辨析。他在《关于王仙芝受敌"诱降"问题》中举了三条材料，证明起义军进军蕲州是在乾符四年秋，而据其他的材料，此时黄巢不在蕲州。这三条材料是：

（一）《通鉴》等书所载的乾符三年冬在蕲州招降王仙芝的刺史裴偓，《旧唐书·僖宗纪》却载他乾符四年三月方出任蕲州刺史。

（二）乾符四年三月发布的《讨草贼诏》中所提到的起义军活动地区不及蕲黄。显然乾符四年三月以前王仙芝未进军到蕲州。

（三）《唐大诏令集》卷117载乾符四年九月《遣使宣慰蕲黄等州

敕》必然是在王仙芝义军经过后随即颁发的，而不是事过境迁很久后才颁发的。

徐德嶙同志因此认为，王仙芝进军蕲州的时间是在乾符四年秋，距九月不远。《通鉴》《平巢事迹考》虚造王仙芝在乾符三年冬在蕲州受敌"诱降"，是混乱了年代。

二、三两条理由是不充分的。

乾符四年三月的《讨草贼诏》所提的起义军活动地区不及蕲州，这是所谓"默证"。其实，乾符四年三月以前起义军到过的地区不限于诏书中提到的江西、淮南、宋、亳、曹、颍等处，如起义军于三年九月下汝州、然后南攻唐、邓、郢、复，四年二月王仙芝破鄂州等等，就都不见于诏书中。因此，只凭这一条证据是难以断言起义军在乾符四年三月以前必然未到过蕲州的。

乾符四年九月的《遣使宣慰蕲黄等州敕》必然是在王仙芝过后随即颁发，这是揣度或所谓"理证"。但敕文所言"宣慰"地区有汝、随、申、安、蕲、黄等州①，起义军攻占汝州在乾符三年九月，（《通鉴》及《新唐书·僖宗纪》、《旧唐书·僖宗纪》作七月。）距敕令的发布已有一年，攻申州在乾符三年十二月②，距敕令的发布也有九个月，与《通鉴》所载的攻克蕲州的时间相同。敕令既然不是在王仙芝过汝、申等州后随即颁发，自然也就不见得一定要在王仙芝过蕲州后随即颁发。可见敕令本身已经否定了徐德嶙同志的揣度。

三条材料中的两条站不住，剩下《旧唐书·僖宗纪》的一条成了孤证。用它来否定《通鉴》及《平巢事迹考》说的王仙芝在乾符三年冬进兵蕲州，就显得无力了。何况，如从徐德嶙同志的说法，还会发生排比王仙芝从乾符三年九月攻克汝州到乾符四年秋这段时间的活动过程的困难呢。

---

① 徐德嶙同志引此敕令作"应、汝、随、申、安、蕲、黄等州，凡经王仙芝、尚君长所攻劫处，悉加抚辑"，似将"应"也作为州名了。但唐无应州。参详敕令上下文意，"应"在此处亦非专门名词。

② 《通鉴》《新唐书·僖宗纪》。义军之攻随、安、黄等州可能在此时，见岑仲勉：《隋唐史》，高等教育出版社1957年版，第468页。

起义军攻克汝州后刺史王镣的下落

徐德嶙同志还认为《通鉴》所载的起义军攻蕲州时，被起义军俘虏的汝州刺史王镣曾为王仙芝致书裴渥约降，并作为王仙芝投降的牵线人一事，是不可信的。因为王镣当时是否在起义军中，大有问题。

起义军攻克汝州后王镣的下落，向有三说。新、旧《唐书》《僖宗纪》《通鉴》《唐大诏令集》卷117"宣抚东都官吏敕"均云被俘。《旧唐书·王铎传》云被杀，《新唐书·黄巢传》云在逃。《新唐书·王铎传》详载汝州攻克情况，却未明言王镣是被杀、被俘还是逃跑，接着说"镣贬韶州司马，终太子宾客"。

徐德嶙同志是主在逃说的。而且特别提出《新唐书·王铎传》来，大概是认定传文既称被贬，可见起义军攻克汝州后，王镣是逃出来了的。徐德嶙同志指出，《旧唐书》及欧阳修所撰的《新唐书》本纪部分都比较草率，宋祁修《新唐书》列传部分花了十几年工夫，他对王镣的下落，说得明确肯定，是可以置信的。

新、旧《唐书》和《通鉴》唐代部分的高下，向来是治史者谈论的问题，但作为史料来看，编撰水平高的未必事事可信，水平较低的也未必事事不可信。评断史事真伪，过信史书编撰水平高低而不具体分析，探本溯源，不能保其必无错误。何况，如果说宋祁修的《新唐书》列传下了功夫，对王镣简历用不着隐晦歪曲，可以据晚出的比较可靠的史料加以考订，因而可信，则同样的评语也可适用于司马光的《通鉴》。然则徐德嶙同志的厚《新唐书》列传而薄《通鉴》，就不得其解了。

其实，《新唐书·王铎传》所记起义军攻克汝州事系出自唐末五代初人皇甫枚《三水小牍》卷上"董汉勋谏阵没同僚"条。此条中明言起义军攻克汝州"后执太守王镣"。《新唐书·王铎传》加上王镣贬官事，可能另有所本，其未据《三水小牍》云王镣被俘，或系因镣终于回任唐官，"晚节有终"，故尔"为贤者讳"。《通鉴》载唐朝招降失败，起义军攻克蕲州后，王镣复为义军所拘。则王镣也可能系在此后逃回而被贬者。皇甫枚尝于懿宗咸通末为汝州鲁山县令，《三水小牍》所述为其亲历、亲见、亲闻。很难说其中所记起义军攻克汝州事，比据它修撰的《新唐书·王铎传》更不可信。

总之，《新唐书·王铎传》并不是在逃说的最有力的佐证。

另外，徐德嶙同志还以当时局势紧张军情混乱为由，怀疑"宣抚东都官吏敕"中王镣被俘的记载是根据了错误的军报。其实，敕令的发布是在"寻闻寇盗，不敢侵逾，吹燎火以南旋，却洪波于北注，今则官兵渐集，王室顿安"之时，起义军已经南下，洛阳开始稳定。徐德嶙同志的怀疑，是缺乏充足的根据的。

因此，被俘说既有当时的敕令及《三水小牍》为证，又见于新、旧《唐书》《僖宗纪》与不次于《新唐书》列传编撰水平的《通鉴》。而在逃说只有《新唐书·黄巢传》一处，再加上不很明确的《新唐书·王铎传》，要据之以推翻被俘说，是不容易的。

黄巢在淮北遗书张裼请降问题

吴泽、袁英光二同志在《黄巢"乞降"问题考辨》一文中，认为《通鉴》所载乾符五年二月黄巢遗书天平节度使张裼请降一事为不实。最重要的根据是《旧唐书·张裼传》载裼已于乾符四年卒于镇。

其实，史籍中关于这个问题记载的错乱复杂大大超过了吴、袁二同志文中所说的情况。光是张裼卒年，就有乾符四年、五年、六年三月三说。现将史籍中有关此事的记载征引如下：

《通鉴》：乾符二年六月王仙芝败天平节度使薛崇。

《旧纪》：乾符二年七月张裼任天平节度使。

《旧唐书·张裼传》：乾符三年冬（张裼）为天平节度使。

乾符四年（张裼）卒于镇。

《通鉴》：乾符四年二月黄巢陷郓州，杀薛崇。（新旧纪置于三月，旧纪作逐。《旧唐书》及新、旧《五代史》《朱宣传》将此事置于中和初年后，太晚，不可从。）

乾符五年二月，黄巢遗天平节度使张裼书请降。

《新纪》：乾符五年，是岁张裼卒。衙将崔君裕自知州事。

《通鉴》：乾符六年三月张裼死。牙将崔君裕自知州事，淄州刺史曹全晸讨诛之。

乾符六年五月，黄巢求为天平节度使，唐廷未许。

广明元年五月，黄巢向高骈乞降，骈许为求节钺。

广明元年，黄巢将渡淮，豆卢瑑请以天平节钺授巢，唐廷未许。

广明元年七月，以淄州刺史曹全晸为天平节度使。

由此看来，乾符间天平节度使人事的变化，至少有两种可能性：

（一）乾符二年七月或三年冬到四年为张裼，其后为薛崇。钱大昕主此说①。

（二）乾符二年到四年二月或三月为薛崇，其后至四年、五年或六年三月为张裼。岑仲勉主此说②。

哪一种可能性符合历史实际，还可以讨论。但吴、袁二同志仅据《通鉴》的一条记载与旧传的一条记载相抵牾，即下断语，似难令人信服。

吴、袁二同志为了论证乾符五年二月黄巢遗书张裼请降一事的不可信，曾引《通鉴》卷254③："初、黄巢将渡淮，豆卢瑑请以天平节钺授巢，俟其到镇讨之。"说明正因当时张裼已死，才有以天平节钺授巢之请。若张裼未死，又曾受黄巢遗书而为其上表乞降，豆卢瑑怎能请以张裼天平节度使授予黄巢呢？

黄巢渡淮，在乾符五年的那次是南下，另一次北上，则在两年后的广明元年九月。吴、袁二同志仅因《通鉴》有"黄巢将渡淮"一语，就把二者视为同时，并用前者证后者之不可信，未免疏略。其实，《通鉴》既云"初，黄巢将渡淮"，当系追叙其年九月以前的事。

---

① 《廿二史考异》卷55《唐书·朱宣传》，《旧唐书·张裼传》，《五代史·朱宣传》。

② 《隋唐史》，第493—495页。

③ 吴、袁文误为卷253。

结束语

旧史家们从地主阶级立场出发，对农民战争的史实加以删削、歪曲、篡改乃至捏造，这是不成问题的。但是，也还有另外一面，即这些旧史家为了使自己的著作更好地为地主阶级服务，从"辩兴亡、垂鉴戒"，总结地主阶级统治的经验教训的角度出发，又不能不对错综繁杂的史料进行一番整理，力求其可通读，能反映出一定的历史真相。这正是中国史家"秉笔直书"传统产生的一个根源。在一些重要的旧史书中，上述的两个方面常常同时存在，互相纠结，越是精心撰述的著作（如《通鉴》），这两方面的色彩越浓厚，关系也更复杂。再加上依据资料、认识水平、研究方法的限制，这些史书中真伪相糅、精粗错杂的情况就更为复杂。过分相信它们的可靠性，或者只是片面强调旧史家对农民的阶级仇恨，把一切失实或不好通解的记载全归之于旧史家的有意罗织、歪曲与诬构，都未见得是平允的。

要揭穿统治阶级对农民革命和农民领袖的污蔑，显示出历史的真相，必须运用科学的方法，掌握丰富的材料，加以排比分析，从中选出可信的部分，并对其内容进行认真细致的研究，庶几方可达到目的。如果先立一个翻案辩诬的框子，以主观的好恶去取舍材料，率意论断，那就只好借用恩格斯的话说："无论道德上的义愤是如何的入情入理，经济科学总不能把它看作是证据，而只能看作是象征。"[1]吴、袁、徐三位同志的考辨文章，尽管旗帜鲜明，颇富新意，但其中的一些论断，读后仍不免有不足之感，其原因可能就在这里。

（刊载于《光明日报》1962 年 7 月 18 日）

---

[1] 恩格斯：《反杜林论》，人民出版社 1961 年版，第 153 页。

尚让的结局

尚让是唐末农民战争中的重要人物，黄巢的主要助手。唐僖宗乾符元年（874年），尚让和他的哥哥尚君长随王仙芝起义。乾符五年（878年），王仙芝在黄梅失败牺牲，起义遭受严重挫折。这时，活动于河南嵖岈山的尚让会集王仙芝余众北上投奔转战在亳州一带的黄巢，推黄巢为冲天大将军，重整旗鼓，南征江、浙、闽、广，然后挥戈北上，攻入长安，建立大齐政权。黄巢为帝，尚让任太尉兼中书令，成为政府中地位最高的官员。此后，起义军在唐军围攻下退出长安，尚让与黄巢一起率军转战河南。但是，当起义军在中和四年（884年）夏最后失败时，尚让却叛变投降了。

关于尚让的叛降，《旧唐书·僖宗纪》、新、旧《唐书》、《黄巢传》、《时溥传》、《资治通鉴》（以下简称《通鉴》）及《通鉴考异》所引《续宝运录》，乃至《平巢事迹考》的记载大体一致，都是说中和四年五月李克用攻击包围陈州的起义军，起义军解围北撤，途中遭到沙陀骑兵的突袭，部众溃散，尚让即在这个危急关头率众（新、旧《唐书》、《黄巢传》、《新唐书·时溥传》作万人，《旧唐书·时溥传》作数千人，从当时义军实力来看，这是个不小的数目，其他各书未载人数）投降了徐州节度使时溥，并会同时溥部将共同追击黄巢余众，经兖州（《通鉴》、《平巢事迹考》作瑕丘，即兖州治）一直穷追到泰山东南莱芜界内的狼虎谷（新、旧《唐书》、《黄巢传》），促成了起义军的最后失败和黄巢的牺牲。

尚让最后投降，好像是不成问题了，可是解放以后，有些论者却认为上述的记载并不可信，主张尚让并没有投降，而是坚持到最后，壮烈牺牲。他们举出两条材料证明自己的论点。

一、崔致远《桂苑笔耕集》卷一《贺杀黄巢表》云："得武宁节度使时溥状报：逆贼黄巢、尚让分队并在东北界。于六月十五日行营都将李师悦、陈景瑜等于莱芜县北大灭群凶。至十七日遂被贼将伪仆射林言枭斩黄巢首级，并将徒伴降部下都将李惟政、田球等讫。其黄巢函首，已送行在者。"可见尚让是在随同黄巢到莱芜县后于六月间作战牺牲的，而非如新、旧《唐书》及《通鉴》等所说的在五月间即已投降时溥，并且充当追击黄巢的先锋。

二、《旧五代史·敬翔传》载尚让妻刘氏被时溥强占为妾。可证尚让并未投敌，如他真个投敌并有功可表，他的妻子当不会被时溥强占。

两条材料中，《旧五代史·敬翔传》原文是："巢败，让携刘降于时溥。及让诛，时溥纳刘于妓室。"明言尚让降于时溥，然后被杀，自然不能作为尚让未降奋战牺牲的根据。

崔致远中和年间在淮南节度使高骈幕中执掌文书奏牍，《贺杀黄巢表》系代高骈所作，其首明言消息得自时溥状。以当时人记当时事，消息非得之传闻而系来自正式文书，又是写在上皇帝表这样严肃的官方文书上，则对这条材料自然不能忽视或轻易怀疑其可靠性。

但是这则材料仍有其含混之处。开头明言尚让、黄巢同系"逆贼"，可以释为尚让并未投降。但说二者"分队"，即并不在一起。此后即含混地提"出大灭群凶"，并未明言是否包括尚让在内。下边又讲黄巢被杀，部下由林言带领投降，黄巢首级则送西川。对黄巢及其余部的结局讲得很清楚。可是与黄巢"分队"的尚让的下落究竟如何，是投降，还是被杀，却并没有明白交代，仍使人对尚让的结局留下了疑问。

有关尚让下落的记载，除去上述各条外，还有一则：《中和四年十一月一日肃州防戍都营田康清□县丞张胜君等状》（敦煌遗书斯二五八九）。这是康清□等关于派向东面的人在陇东一带活动情况的报告，其中提到："其草贼黄巢被尚让共黄巢弟二人煞（杀）却，于西川进头。"这个消息当系来自当时所见的官方文书或西北一带的传闻。可见，尚让参与追杀黄巢的事，在当时广为流传，并非出自后人误记或杜撰。

《桂苑笔耕集》卷八（致）《徐州时溥司空三首》之三，大约就是在接到前引《贺杀黄巢表》中提到的时溥状以后，崔致远代高骈写的致时溥贺杀黄巢的信。中云："特辱长戕，俯传大捷，诱贼将而暗除枭师（帅）①，划群凶而遍戢豺声。"指明时溥是通过诱降起义军将领去杀害黄巢的。这里，如果时溥不是夸饰功绩而虚构事实的话，所诱的"贼将"当系林言。如何去诱呢，跟随唐军穷追到底的叛徒尚让应当是最合适的人选了。这样看来，康清□等状中说："黄巢被尚让共黄巢弟二人煞却"，应当不是毫无根据的。如果是这样，则尚让不仅投降，而且直接参与了杀害黄巢的罪恶活动。

因此，《贺杀黄巢表》中有关尚让下落的记载，即使解释为尚让抵抗到底而牺牲，也是孤证。何况其中还有含混不清之处。尚让的最后投降，应当是没有问题的。

值得注意的是，上述提及尚让投降的 10 条记载中，除《旧五代史·敬翔传》外，没有一条提到尚让投降后的下落。《贺杀黄巢表》也只含混地说"大灭群凶"，只言黄巢牺牲而未提尚让下落。可是，尚让于降后被杀，却可肯定。《旧五代史·敬翔传》明言其降后被杀，其妻刘氏被时溥强占为妾。而刘氏在讥诮敬翔时说："以成败言之，尚让巢之宰辅，时溥国之忠臣。"（《新五代史·敬翔传》略同）并没有把尚让看成降将，则尚让之被杀，应当是在投降后的不久。

据上所述，对于唐末农民战争失败时尚让的结局，可试作如下的推测。

起义军于中和四年五月遭到李克用的袭击而溃败时，大批将领投降了朱全忠。尚让之未投朱全忠，而降于时溥，可能由于两个原因。一是尚让在起义军中地位原高于朱全忠，而朱全忠过去叛变起义的借口又是起义军中央政府不给发援兵，因此尚让恐降朱全忠后不为其所容。二是当黄巢围攻陈州时，尚让一军屯于陈州东面的太康，正当徐州节度使时溥堵击义军的方向。起义军解陈州之围北撤时，尚让一军为时溥军尾追（《新唐书·时溥传》云溥"合许兖郓兵，逐尚让于太康，斩首数万，让以所部万人降溥"，可证），因此就近降了时溥。尚让的这一背叛行为不仅大大削弱了起义军

---

① "师"为"帅"之误。《徐州时溥司空三首》之二亦为贺杀黄巢之作，中云"静划群凶，暗枭戎首"，可证。

力量，而且使起义军内部互相猜忌，互相残杀。《新唐书·黄巢传》云黄巢被李克用击败后，"贼将李谠、杨能、霍存、葛从周、张归霸、张归厚往降全忠，而尚让以万人归时溥。巢愈猜忿，屡杀大将，引众奔兖州"，从而促成了起义军的全面瓦解。而且尚让还可能直接参与了杀害黄巢的罪恶活动。虽说中和四年夏间起义军的最后失败已无可避免，但尚让的背叛行为却加速了失败的进程。

可耻的叛变并不能使背叛者逃脱可耻的下场。尚让在起义军中的地位仅次于黄巢，不比其他一般将领。他是唐朝统治者必欲杀之而后快的"罪魁"之一。即使时溥真心纳降，时溥的这一举动也未必为唐朝中央政府及其他藩镇所容。因此，接受尚让投降不过是一个阴谋骗局，只是企图以此来瓦解起义军，促使起义军自相残杀。同时，由于尚让投降时手头还有一支军队，在追击黄巢时又系独立活动，①这就加深了时溥等人对他的猜忌和防范，因而尽管利用他去追击黄巢，却又不肯公开直接承认其降将地位。《贺杀黄巢表》所云："逆贼黄巢尚让分队并在东北界"一语，明言黄巢和尚让是两支不在一起的队伍，又同称"逆贼"，如作上述的理解，似亦可通。正因为如此，黄巢牺牲，起义失败后，唐朝统治者利用尚让的目的既已达到，就很快把他也杀了。从各种记载推测，尚让被杀，是时溥所为。很可能不是"明诛"而是暗杀。尚让的投降既已世所共知，杀降之事又不光彩，则唐朝统治者自然不会去大事宣扬尚让的被杀。这也就是史书中对尚让降后的结局多数失载，只有《旧五代史·敬翔传》透露出一点消息的原故。

（曾以武慰营的笔名刊载于《江海学刊》1962年10月号，增补后刊载于《北京师范学院学报》1979年第1期）

附记：原来曾以《全唐文》卷793《大赦庵记》作为说明尚让投降的一条依据，方积六先生《大赦庵记真伪考》已明指其为伪作。删去。

---

① 《旧唐书》卷200下《黄巢传》云："黄巢入泰山，徐帅时溥遣将张友与尚让之众掩捕之。"

唐末五代的山西

　　山西在中国古代历史上，曾经有三个时期最为重要，对黄河流域的中原地区，以至全国的政治、军事局势，居于举足轻重的地位。这三个时期是：春秋中晚期的晋楚争霸时期、十六国北朝时期、唐末五代时期。

　　从907年朱全忠称帝建立梁朝到960年后周灭亡的54年中，中原地区先后建立了五个小朝廷，伴随着走马灯式的改朝换代，军阀间的混战不断发生，各地割据势力倏起倏灭。五个小朝廷除后唐建都于洛阳外，其余都建都于开封，其中有三个是以太原为根据地的沙陀人南下建立的，即李存勖建立的后唐、石敬瑭建立的后晋、刘知远建立的后汉。在唐末和梁朝时，山西境内存在着以李克用、李存勖父子为首的割据政权晋国。在五代末的后周时，山西境内存在着刘崇建立的割据政权北汉。所以，中国北方五代的历史，实际可以当作建都于开封（或洛阳）的中央政权同以太原为根据地的割据势力激烈斗争的历史来看。这种一次又一次的激烈斗争，在相当长的时期内，都是以太原割据势力的胜利而告终的。只有到了五代的后期，太原割据势力才衰弱下去。这时，离宋朝统一的日子已经不远了。

　　分别以开封和太原为中心的两大势力是在镇压黄巢起义的战争中逐渐形成和壮大起来的。黄巢占领长安之后，唐廷动员了它的全部军事力量对付起义军。唐军虽然包围了长安并使起义军屡遭挫折，但由于起义军的英勇战斗，唐军仍然无法改变相持的局面。在此情况下，唐廷不得不下诏赦免沙陀酋长李国昌、李克用父子杀害云中防御使段文楚的罪行，令其率军从山西北部南下助战。李克用的沙陀骑兵"皆衣黑，故谓之鸦军"①，是当

---

① 《资治通鉴》卷255，唐僖宗中和二年十二月。

时最强悍的部队。起义军缺乏对付沙陀骑兵的有效办法，几次战斗，都吃了大亏。883 年 5 月，李克用首先率部攻入长安，为唐廷立了大功，被任命为河东节度使（治太原），李国昌做了代北节度使（治代州），后来，李克用又南取昭义（治潞州），北取大同（治云州），占领了山西境内的大部分地区，形成了以太原为中心的割据势力，这就是唐末和五代初的晋国。

当长安被围，起义军处境艰难紧迫的时候，负责长安东面防务的起义军大将朱温叛变，把同州献给唐军，他因此被唐廷赐名为朱全忠。从此，这个可耻的叛徒成为起义军凶恶的敌人。883 年，朱全忠被任命为宣武军节度使（治汴州，即开封），开始以开封为根据地，依靠一批起义军的叛徒如李唐宾、王虔裕、李谠、霍存、葛从周、张归霸、张归厚等为骨干力量，经营自己的割据势力。在长期的混战中，朱全忠从弱小变得强大起来，逐渐消灭、吞并或压服了河南、河北、山东的旧藩镇以及以唐代禁军残余势力为基础的陕西新藩镇，初步统一了黄河流域，灭掉唐朝，建立了五代的第一个小朝廷——梁。

在唐末和梁朝，能够和开封势力抗衡的，主要是李克用、李存勖父子的太原势力。884 年，李克用应朱全忠等的招请，率军到河南镇压黄巢起义。李克用至汴州馆于上源驿，朱全忠用突然袭击的办法企图杀死李克用，没有成功。从此，这两大势力之间进行了长达 40 年的战争。战争大致可分为三个阶段：第一阶段从 884 年到 908 年，朱全忠处于优势，战场主要在山西境内。901 年、902 年汴军两次兵临晋阳城下，李克用被压制在河东一隅，不敢与汴军争锋，朱全忠的胜利达到顶点。908 年，新即晋王位的李存勖大破梁军围困潞州的夹寨，解潞州之围，初步扭转了晋军的劣势。李存勖的胜利，使朱全忠"既惧而叹曰：生子当如是，李氏不亡矣，吾家诸子，乃豚犬尔"①。战争进入第二阶段，战场转移至河北，梁晋两军为争夺河北三镇展开了拉锯式的战斗，河北逐渐落入李存勖手中。917 年，李存勖以魏州为据点向山东、河南进攻，战争转入第三阶段，梁晋两军夹河而战，势均力敌，互有胜负。923 年，李存勖率轻骑兵奇袭开封，灭掉

———————————
① 《旧五代史》卷 27《庄宗纪一》。

阳，这本是一条好计，但因遭遇阴雨，"山路险阻，崖谷泥滑，缘萝引葛，方得少进。颠坠岩坂，陷于泥淖而死者十二三"①，只好无功而还。

云州（大同军节度使治所）是山西高原北部的军事重镇。以云州及长城为第一线，恒山山脉及雁门关（西陉关）、东陉关、飞狐口等关隘为第二线，以及两线之间的大同盆地，共同构成了太原北面纵深很大的防御屏障，它对于保卫华北平原及山西腹地，防御和反击北方少数民族入侵，曾具有重要的战略意义。当石敬瑭把燕云十六州拱手让给契丹后，华北平原无险可守，山西腹地便暴露在外了。契丹铁骑只要突破雁门关，就可以长驱南下，直取晋阳。

不难看出，太原位于山西腹地，为河东之根本。它通过云州可以控制阴山、幽燕，通过河中，可以控制关中、长安，越过太行山，可以俯瞰大河，凌逼汴洛，在古代用刀枪弓箭为主要武器的战争中，是很占有优势的。这是太原势力取得胜利的重要原因。相反，朱全忠所在的开封，虽然靠近运河，交通便利，但它处于四战之地，除黄河而外，无险可守。李存勖趁梁晋两军夹河而战时袭取开封，就是听了李嗣源"此去大梁至近，前无山险，方阵横行，昼夜兼程，信宿可至"②的劝告，一举成功的，同刘郇奔袭晋阳相比，河南在地理形势上的弱点就很明显了。

山西的另一个特点，是它地处中原王朝的北部边陲，历来是汉民族和北方少数民族如匈奴、鲜卑、羯、突厥、契胡、沙陀、契丹等交往频繁的地方。一方面，山西是用武之地，是中原王朝与北方少数民族之间进行战争的重要战场。北方少数民族侵入中原王朝，常常先要占领山西，以山西为基地再继续南下。因此，中原王朝历来很重视对山西的经营，在那里构筑关隘，储备军粮，屯驻精兵。另一方面，中原王朝不时地、有组织地让一批又一批的少数民族定居山西境内，从而使他们和原有的汉民族相互影响，逐渐融合。长期战争环境的锻炼以及北方少数民族尚武精神的影响，

① 《旧五代史》卷28《庄宗纪二》。
② 《资治通鉴》卷272，后唐庄宗同光元年十月。

使山西"人性劲悍，习于戎马"，"故自古言勇侠者，皆推幽并"①。唐末五代太原势力的核心力量是少数民族沙陀人，他们原来是西突厥的一支，唐中期才内徙至太原和雁门关南北定襄、朔县、山阴一带，艰苦的游牧生活和不断的迁徙，使沙陀人刚强剽悍，娴于骑射。山西北部和西北部的五台山、管涔山、恒山一带，草场丰茂，宜于畜牧，盛产良马。太原北面的娄烦监牧就是一个规模很大的养马场。所谓"北收代马之用，南资盐池之利"，给沙陀骑兵提供了良好而充足的战马。李存勖重视对军队的训练，特点是骑兵，因此，他的军队数量虽少，但军事素养好，兵强马壮，士卒精整，战斗力强。这是太原势力取得胜利的又一个重要原因。

山西的上述两个特点，也是石敬瑭得以建立后晋、刘知远得以建立后汉的重要原因。

936年，唐废帝疑忌北京留守、河东节度使石敬瑭，下令调他为天平节度使。刘知远劝石敬瑭起兵夺取帝位，说："明公久将兵，得士卒心。今据形胜之地，士马精强，若称兵传檄，帝业可成，奈何以一纸制书自投虎口乎！"② 于是，石敬瑭拒绝调动，从晋阳起兵向洛阳，灭唐建晋。

944年，晋出帝疑忌北京留守、河东节度使刘知远，刘知远感到忧虑，郭威对他说："河东山川险固，风俗尚武，士多战马，静则勤稼穑，动则有军旅，此霸王之资也，何忧乎?"③ 后来，刘知远从晋阳起兵进攻洛阳、开封，建立了后汉。

951年，郭威在开封建立了五代最后一个小朝廷后周。从后周建立开始，黄河流域的政治局面逐渐澄清。能够与后周抗衡的，主要是刘崇在太原建立的割据政权北汉。954年，新即位的周世宗柴荣在高平大破北汉兵，乘胜兵临晋阳城下，刘崇被压制在河东一隅，不敢与周军争锋，历史似乎重现了唐末开封与太原两大势力战争的格局。然而，沙陀人刘崇建立的北汉再也没有能像他的先辈李克用的晋国那样由劣势转化为优势。因为政

---

① 《隋书》卷30《地理志》。

② 《资治通鉴》卷280，后晋高祖天福元年五月。

③ 《资治通鉴》卷284，后晋齐王开运元年八月。

治、军事、经济等方面的历史条件以及社会状况已经发生了深刻的变化。

一个是藩镇军队的内部结构和性质发生了变化。黄巢起义失败之后，唐王朝的统治秩序土崩瓦解，藩镇割据遍于全国。不仅有安史之乱以来的旧藩镇，如河北三镇；还出现了许多新藩镇。北方的新藩镇大致可分为三种类型，一种是唐朝禁军将领形成的，如陕西的李茂贞、韩建；一种是农民起义的叛徒形成的，如河南的朱全忠；再一种是由少数民族将领形成的，如山西的李克用。这些新藩镇的军队和旧藩镇的军队有不同之处。

其一，旧藩镇一般历史悠久，有固定的地盘，藩镇主帅控制着辖区内的政权、军权、财权，有较固定的财政收入来维系军队，这样的军队也就比较稳定。新藩镇由于控制的地方小，或者常被调换驻扎地点，或者在频繁的战争中很快被打散、被吞并，因此，他们没有足够的固定的财政收入来维系军队，他们的军队主要靠赏赐和允许军人得胜之日大抢大掠来维系。李克用的亲军纪律极坏，老百姓非常反感，有人劝他整饬军纪，他说："今四方诸侯，皆悬重赏以募勇士，吾若束之以法，急则弃吾，吾安能独保此乎。"①显然，靠赏赐或纵其掠夺来维系的军队是不稳定的，军士常因赏薄或受财货利诱而哗变。

其二，旧藩镇军队的核心是由一些世代为兵、互为婚姻的军人组成的，他们形成一种内聚力很强的军人集团，控制着地方藩镇的实权。新藩镇的军队里没有那些族姻盘结、结合牢固的军人集团。新藩镇往往采用从部下选拔亲兵，或收养义儿（亦称假子）的办法建立自己的腹心武装，并通过他们去控制军队。带兵的义儿（假子）之间没有横的紧密的联系，相反，他们之间常常会有这样或那样的矛盾。他们都直接受命于主将，主将利用宗法关系或他们之间的矛盾来对他们加以控制。这样的军队内聚力弱，军人互相之间的联系比较松散，藩镇的实权掌握在主将手中。

其三，旧藩镇的军队是一些"骄兵悍将"，在地方上有势力，有地位。所谓"长安天子，魏博牙兵"，就是极言他们的气势烜赫、骄横难制。因此，他们把当兵作为一种自愿的、世袭的职业。新藩镇的士兵主要靠强迫

---

① 《旧五代史》卷26《武皇纪下》。

征发，由于战争残酷，待遇恶劣，军法严苛，士兵往往大量逃亡。为了便于防止士兵逃亡和缉捕逃亡士兵，有的藩镇主将在士兵脸上刺上军号，以与一般平民相区别。士兵刺字，标志着他们的社会地位降低到和犯人差不多。士兵地位降低使兵将之间的距离拉大，也使将领的社会地位相应降低。

旧藩镇军队的稳定性、内聚力和较高的社会地位，都深深地植根于他们控制的地盘，因此，他们愿意在自己的辖区内称王称霸，不愿接受调遣出境作战。这种军队是封建割据性很强的力量。在开封与太原两大势力的拉锯战中，河北三镇军队的核心次第被消灭，有名的魏博牙兵遭到两次大规模的集体屠杀，士兵、将领及其家属死亡殆尽。作为割据力量的旧藩镇军队就这样被血腥地铲除了。和旧藩镇军队相反，新藩镇的军队比较容易控制，容易调遣，他们割据性弱，已逐渐转化为实现社会统一的力量。

再一个是中央禁军和地方藩镇在军事力量的对比上发生了变化。唐末各地藩镇之间的混战是一种弱肉强食的军事力量的角逐。在混战中，旧藩镇的军队被消灭，新藩镇的军队也逐渐衰弱。每一次胜利的藩镇入主中原建立新的小朝廷，它的军队就成为中央禁军。因此，中央禁军具有新藩镇军队的特点。到五代末，中央禁军已成为国内最强大的力量。后周初建时，北汉勾结契丹攻晋州，南唐出兵攻徐州，慕容彦超反于兖州，他们都以为初建的后周易于动摇。结果，他们的进攻和反叛很快被打退、平定，说明后周在军事上已经取得了对地方割据势力的优势。这时，新的皇帝已经不靠地方割据势力之间的战争产生了，而是由中央禁军来拥立，郭威建立后周，柴荣当上皇帝，赵匡胤陈桥兵变都是如此。中央禁军的拥立皇帝和旧藩镇军人集团的置帅逐将形式上有相似之处，实质则判然有别。军人集团的置帅逐将是把将帅玩弄于股掌之上，中央禁军拥立皇帝则是掌握禁军的将领利用禁军去夺取皇位，因此，利用禁军取得皇位的郭威、柴荣、赵匡胤都十分注意对禁军的控制、整顿和训练。当皇帝能够控制中央禁军，中央禁军的力量强大到能够取得对地方割据势力的优势时，全国的统一就成为不可抗拒的历史必然了。

还有一个是全国的政治、经济情况发生了很大变化。唐末由于阶级矛盾、社会矛盾极其尖锐而爆发的农民起义虽然失败了，但却给腐朽黑暗的唐王朝致命的打击，使它很快土崩瓦解，出现了军阀混战、天下大乱的局面。在农民起义的打击下以及此后割据军阀的混战中，唐王朝最腐朽、最黑暗的封建集团如李唐皇族、宦官集团，旧士族的大官僚集团被消灭，一般地主阶级和富商也受到强烈冲击，土地高度集中的状况多少有所缓和，这是有助于社会进一步发展的。唐末五代混乱局面的出现有它的必然性。但是，割据势力的连年混战，使社会经济遭到严重的破坏，给人民带来深重的苦难。随着混乱局面的延续，人民要求安定统一、发展生产，反对割据混战、苛赋暴敛的愿望与日俱增，愈来愈迫切。942年，张遇贤领导了南汉循州人民起义，自号"中天八国王"，表达了农民反对众多割据政权，要求统一的愿望，周世宗柴荣顺应了人民的愿望，进行了一系列改革，如招垦荒田，减轻租税，修治河道，奖励农桑，提倡节俭，整顿吏治等，从而使黄河流域的社会经济得到迅速的恢复和发展，为实现统一事业奠定了物质基础。当北方开封、太原两大势力激烈斗争的时候，南方虽然也有割据势力之间的战争，但相对地比北方安定。南方各地经济的发展，特别是商品经济的发展较北方更为迅速，大大加强了唐中叶以来经济重心南移的趋势，到五代末，已经可以清楚地看出南方经济的发展超过了北方。这种状况，使各地区之间，尤其是南北之间的经济交往日趋密切，分裂割据的政治格局和不断的战争，已经成为社会经济发展的严重障碍，结束这种混乱，已经成为历史发展的迫切要求了。另外，自后晋以来，契丹对中原王朝的威胁越来越严重，也使得有必要联合成为一个统一集权的国家，以便集中力量进行抵御。

五代末年，开封、太原两大势力的对峙，表面上看似乎是唐末历史的重演，实质上却并非如此。当年使太原势力得以最终取得胜利的历史条件、社会情况都已随着时间的推移发生了变化，全国统一的趋势已经形成，作为割据政权的北汉再也无法改变其失败的命运了。

然而，河东山川险固、风俗尚武的特点并没有随着时间的推移而变化多少，河东物力雄厚，兵马精壮的特点也还在一定程度上保持着，更何况北汉背后还有契丹的支持，所以，要从军事上战胜北汉，消灭这个割据政权，并非易事。周世宗柴荣进攻北汉时，满以为"以山压卵"，可以马到成功，结果失败了。宋太祖赵匡胤、宋太宗赵光义兄弟二人三下河东，其中有两次是御驾亲征，直到北宋开国 19 年之后，才把河东征服。赵光义把他在高大的晋阳城下遭受挫折的满腔愤怒发泄在坚固的晋阳城上，下令焚毁晋阳城，并引汾水、晋水灌了晋阳城的废墟，使这座千年古城荡然无存。宋代以后，长时期、大规模的封建割据的局面不复存在，中国愈来愈趋向统一，中华民族愈来愈成为一个牢固的整体，在这个过程中，山西在全国的地位和作用则发生了巨大的变化。不过，这已不属于本文探讨的范围了。

（与阎守诚合作写成，刊载于《晋阳学刊》1984 年第 5 期）

了抵御朱温的进攻，强征境内 15 岁以上、76 岁以下的男子当兵，在脸上刺字，文曰"定霸都"，士人则在手腕或手臂上刺上"一心事主"的字样，共得十万人，弄得境内骚然，连士人也纷纷逃跑去当和尚。从此，士兵刺字不再是自愿而纯属强迫，也不再是为了装饰或夸功示勇，而是成为屈辱地位的标记了。

大概在五代时，除去中原和四川之外，士兵刺字还没有形成严格的制度。后汉时的河中节度使赵匡赞的牙兵，就不曾文面。南唐的士卒直到南唐灭亡时也没有黥面。从后梁太祖朱温经过后周太祖郭威再至北宋，在士兵脸上刺字才逐渐形成一套普遍推行的严格制度，成为募兵的必经手续，不过后来大约不再剪短头发了。《宋史》卷 193《兵志·召募之制》说："召募之制起于府卫之废。唐末士卒疲于征役，多亡命者。梁祖令诸军悉黥面为字，以识军号，是为长征之兵。方其募时，先度人材，次阅走跃，试瞻视，然后黥面，赐以绢钱衣履而隶诸籍。"北宋建国后继承了这一制度，并把南方各国归附的降军中凡未刺字的都刺上军号。此后，"招刺"、"刺充"、"点刺"等等就成了募兵的别称。刺字成了士兵的特殊标识，当兵成了一种特殊的职业，一旦当上兵，刺了字，就得终生隶属军籍，不能再从事其他职业了。这样，士兵就成了社会上的一个特殊阶层。

由于士兵刺字的影响，刑法里又正式恢复了黥刑。从五代后晋天福年间开始，凡是流配的犯人，脸上都要刺字，称为"刺配"。而这些犯人又多半发到军中服役，称为"配军"。这样，士兵的地位也就跟犯人相差无几了。

宋朝的兵分为禁军、厢军、乡兵、蕃兵四种。禁军是天子的卫兵，用以守京师、备征伐，是军队的主力。厢军系各州的镇兵，多供役使。募兵时，壮勇的选充禁军，较弱的留在本城充厢军。禁军和厢军脸上都要刺上军号，如"骁骑"、"龙猛"、"雄威"、"步捷"、"效勇"等等。刺配的犯人，多半分拨到厢军的剩员直、牢城等营役使，颊上即刺"选配×州（府）牢城"等字样。也有分至其他厢军营内服役或到禁军中当兵的，所刺的字也因之各有区别。乡兵从当地居民中征募，一般不脱离生产，也不刺字。宋仁宗以后，为了备御契丹西夏，北宋政府在河北、河东、陕西大力组织乡兵。其中"义勇"、"弓箭手"、"砦户"、"护塞"等都要刺字，除"护塞"

刺背外，其他都刺手背，河北"义勇"中少壮艺精的更在手背上添刺"上等"二字。南宋初年在北方招募的"义勇"则改在右臂上刺字。蕃兵系籍西北少数民族为兵，其中有的在左耳前刺"蕃兵"字样，有的和乡兵一样刺手背，宋仁宗时大将种世衡募蕃兵五千，则在右手虎口刺"忠勇"二字。

宋代士兵虽然来自招募，但募兵时对百姓骚扰仍然很大。各军为了补足缺额，常常乱抓百姓刺充士兵，弄得道路汹汹，卖菜的不敢进城，旅客不敢上路，奴仆纷纷藏匿。至于乡兵要刺手背，更为百姓所反对。王安石谈到人民对充当"义勇"有三不乐，除教阅、运粮之外，强迫涅手背是第一条。另一方面，当兵就得刺字，却也成了军队和民间的一种传统习俗。南宋初王彦在太行山抗金，士兵们自动在脸上刺上"赤心护国，誓杀金贼"八个字，号八字军。岳飞被捕受审，裂裳以背示审问者，上刺"尽忠报国"四字。两宋一些农民起义军也采取了刺字的做法。王小波李顺起义军战士脸上都刺有"应运雄军"字样，宋仁宗贝州王则起义，"立军号，尽黥州民而授以军兵守城"。金人进入中原，也学会这种办法，命一些地方军队刺字，这种习俗一直沿袭到元末，明太祖朱元璋起兵时曾令佃户脸上刺"田"字。而当时反对义军的地主武装也有在背上刺上"赤心护国，誓杀红巾"字样的。

在士兵面上刺字终究是一种侮辱人格的做法，必然要遭到人民的反对。南宋时，有时募兵就只在手背上刺字，不再刺面了。元朝统一中国后，这种制度无形废弛，明太祖建国后，更是厉禁不许黥刺。而犯罪刺字，南宋后期已渐轻减，元朝以后，则改为刺手臂而较少刺面。明朝以后犯法刺字范围越来越缩小，终于消歇了。

唐宋之际社会经济的变化引起了兵制的变化，也造成了武人身份地位的低落。募兵制度大备于宋，重文轻武的习俗也以宋朝为重，士兵刺字的制度反映了随社会变化而来的兵制和武人身份地位的变化，而刺字制度本身又加速了这种变化，使得士兵成为社会的特殊的低贱阶层，使得重文轻武的习俗思想更加流行起来。

（曾以武慰萱的笔名发表于《人民日报》1964 年 5 月 18 日，
增补修改后刊载于《北京师范学院学报》1979 年第 1 期）

的统治秩序，藩镇割据遍于全国，战乱连绵，掌权的统治者都是，而且也只能是行伍出身，战争起家。皇帝不用说了，朝臣中，由武将担任的枢密使，权势超过原来官僚中地位最高的宰相。当时的宰相，则是"枢密得操其行止，藩镇直视为衙官"①。其他文职，就更无足论了。原来的贵族官僚和地主阶级知识分子，特别是其中出身高门旧族的文臣，在唐末农民战争中受到沉重的打击，"天街踏尽公卿骨"，"甲第朱门无一半"，经济地位和社会地位大大下降。在此后的割据混战中，他们的政治地位也日渐低落，在政府中不断受到冷遇、排斥和打击。唐末昭宣帝时朱温掌权，朝臣中凡属高门华胄或科第自进，任官较高，声名较著的，多被贬逐，朝中所谓缙绅之士为之一空。其中宰相裴枢以次的三十多名重要文臣，贬斥以后复遭集体屠杀，投尸黄河。这时州县官吏，多由武人充任，各地藩镇幕僚，也动辄遭受凌辱乃至屠戮。② 一时重武轻文的风气大盛。后晋禁军大将李彦韬常对人说："吾不知朝廷设文官何所用，且欲澄汰，徐当尽去之。"后汉政府中的三个掌权人物——禁军统帅史弘肇、管财政的三司使王章和管军政的枢密使杨邠，都极端鄙视文官。史弘肇常说："此（属文士）轻人难耐，每谓吾辈为卒！"他在筵宴间讽刺宰相文臣苏逢吉："安朝廷、定祸乱，直须长枪大剑，至如毛锥子，安足用焉！"王章不全同意史弘肇的说法，认为搞财政供军赋还是用得着某些文化知识的，但这却不是只知讲求礼法词章的文臣所能。"此辈与一把算子，未知颠倒，何益于用！"出身小吏的杨邠不喜书生，常说："为国家者但得帑藏丰盈，甲兵强盛，至于礼乐文章，并是虚事，何足介意！"在他兼任宰相之后，有意排斥文臣，罢免许多文官，留下的也多年不得升拜。这样，唐末五代时期，中央和地方的实权都掌握在武将手里，文臣不得参预机密，决计大事，不过用来起草诏令，奉行文书，兴办典礼，成为军阀政权的点缀，并无实权。他们之中有些也不免发发牢骚，或对跋扈的武人加以讥嘲，但更多的是故示凝重，韬光养晦，安于这种备员伴食的地位，以求自全。其中最能作为代表的，

---

① 王夫之：《读通鉴论》卷 28《五代上》。

② 参看赵翼《廿二史札记》卷 22《五代藩郡皆用武人》。

就是那位历事五朝八姓，自称"长乐老"的空头宰相冯道。

但是，就在这种极度的重武轻文的政治风气之下，唐中叶以来所发生的武人出身和社会地位的变化却仍在悄悄地继续着。

一个变化是，长期的战争和割据的局面，使得士兵的补充不能仅靠招募，更主要地是强迫征发。残酷的战争，恶劣的待遇和严苛的军法，迫使士兵大量逃亡。为了防止逃亡，便于缉捕逃兵，军阀们在士兵脸上刺上军号，以与一般平民相区别。这样，士兵完全成了社会上的特殊阶层，一入军籍，终生服役，难于改业，而地位也降低到同犯人差不多了。

另一个变化是，唐中叶以后形成的那些结合牢固的武人集团，经过农民战争的打击和以后的长期军阀混战，逐渐瓦解消灭了。

原来把持北方的地方藩镇实权的武人集团，例如唐中叶以后有名的河北三镇军队的核心，在唐末五代的战争中次第消灭了。烜赫一时的魏博牙兵，在汴梁和太原两大势力长期拉锯混战中间，遭到两次大规模的集体屠杀，兵将及其家属死亡殆尽。其他旧藩镇的军队，一有变故，亦常被屠戮，甚至族诛。在镇压农民战争和以后的割据混战中兴起的新藩镇主将，凭借的不再是旧藩镇那样的族姻盘结，长期结合的武人集团，而是从部下选拔亲兵、或用收养义儿的办法建立自己的腹心武装，以此来控制军队。军队驻扎的地点，也由于战争的频繁和各支割据势力之间的聚散无定，倏起倏灭而时常变换，一般难以长期有固定的地盘和固定的财政收入。将领维系军队主要靠赏赐和允许他们得胜之日大抢大掠。比起唐中叶以后的那些旧藩镇来，这些割据武装的内部联系比较松散，军士常因赏薄或受财货引诱而哗变投敌，割据性也削弱了。

在中央，原来控制唐代中央军队的宦官集团，被以朱温为代表的新藩镇武装消灭了。从朱温开始，五代前半期的皇帝大多是凭借地方割据势力起兵入京的。事成之后，他们带来的武装就成了中央禁军。因此，中央禁军也就具备了前述藩镇武装的特点：军权不再由结合牢固的武人集团掌握，主将控制军队主要靠义儿和亲兵；维系军队的主要办法是赏赐和纵其抢掠。

又一个变化是，控制中央的五代中央政权在长期割据混战中逐渐取得了对它版图内的地方割据势力的优势。唐末和五代前半期，河北、山东、河南的旧藩镇以及以唐代禁军残余势力为基础的陕西割据势力都次第消灭。能同建都在汴梁或洛阳的中央政权相抗衡的，只剩一个太原的割据势力，新的王朝、新的皇帝，往往在汴梁太原两大势力的战争中产生。五代后期，太原的势力也衰弱了，中央禁军成了国内最强大的力量，新的皇帝不再靠地方割据势力，而是由中央禁军来拥立了。郭威建立后周，柴荣当上皇帝，赵匡胤陈桥兵变，都是如此。

从后周建立开始，黄河流域的政治局面逐渐澄清，全国统一的趋势和与统一趋势相适应的中央集权的趋势增强了。在这样的历史形势下，后周太祖郭威和周世宗柴荣开始采取一系列集中权力和安定封建秩序，巩固自己统治，促使全国统一的措施，其中重要的一项，就是限制武将权力，重用文臣。

鉴于禁军（当时称为侍卫亲军）的骄悍，郭威即位后，即设法使主要的禁军将领出就外藩，以减少其对自己统治的威胁。同时，又从侍卫亲军中选拔精锐，组成殿直军，或称殿前军，由亲信充任。柴荣即位不久，即借口对北汉的高平战役中某些将领违令败逃，斩禁军大将樊爱能、何徽等七十余人，给予素号难治的骄兵悍将一次沉重的打击。此后，又从禁军中选拔精锐，招募所谓天下豪杰，以为殿前诸班，作为自己的嫡系武装。这样，地方藩镇武力相对削弱，中央禁军强大了，而皇帝对禁军的控制也相对地加强了。

另一方面，则奖用文臣。郭威即位，即亲近文臣，求文武上章言事，甚至不顾属下反对在祀孔时亲自跪拜，以示对儒者的崇敬。柴荣即位，选举人才，文武兼用，一时文臣如范质、王溥、王朴等，纷纷受到重用。柴荣闲暇时常召儒者读讲前代史事，商榷大义。武将不再是朝中惟一的最有权势和最尊贵者了。

北宋开国皇帝赵匡胤原是后周殿前军统帅，又是利用所谓"兵变"夺取的政权。这位从小军官做到殿前都点检，又从殿前都点检登上皇帝宝座的赵匡胤，对于分裂割据时期军事力量支配政治的关系，是深有体会的。如何运用军队来维护和巩固自己的统治，又如何设法使军队不致危及自己的统治，是摆在结束分裂割据局面，加强中央集权的北宋统治者面前的一个重要课题。

对此，赵匡胤的措施是：

一方面，极力把兵权集中到中央，消灭藩镇割据的局面。全国真正有战斗力的禁军全归中央直接掌握：禁军主力集中于汴京；武将不得实任地方官吏；节度使不得兼领支郡，后来节度使干脆不令归镇，成为遥领的虚衔。

二方面，分割中央禁军的权力，使禁军不再成为能够觊觎皇帝宝座的特殊武装集团。发兵之权与握兵之权由枢密使、禁军将领分掌，使之互相牵制；禁军不再设总的统帅，而由殿前都指挥使、马军都指挥使、步军都指挥使分别统领；禁军的驻扎，京城与外地、京城内外、屯兵约略相等，以收内外相维之效；此外，还实行兵将分离的"更戍法"，使将领不能有固定的士卒，无从建立自己的腹心武装，而前此流行的将领选拔亲兵的做法，也一律撤裁。

三方面，把募兵养兵制度确立下来，用每当灾年大量招募饥民为兵的办法来缓和阶级矛盾，麻痹农民群众的反抗意识。同时又把刺字和其他一些折辱士兵的办法，定为制度，使士兵群众处于极端屈辱的地位，受到社会上的轻视，以此来贬低武人的社会地位。

有名的"杯酒释兵权"的故事，就是在上述一系列的政策措施的背景下发生的一段插曲。宋太祖仅凭筵宴间一席话就迫使禁军大将交出兵权，而且不生后患，这在唐后期和五代是无法想象的事。这是后周以来封建统治者一贯采取限制武将权力的政策措施的自然结果，也是唐中叶以来，武将出身逐渐变化，武人社会地位逐渐低落，武人集团结合日益松弛的自然结果。

与上述限制、贬低武人的措施相对应，北宋统治者极力尊用文臣，其中最主要的办法是抬高科举的地位和扩大取士的名额，使科举成为官僚进用的主要正途。在这样的政策制度之下，掌握国运的重臣都是这批从科举进用的文官。就连领兵打仗，也都是文臣担任方面统帅。枢密使更是一反五代习惯，几乎全由文臣充任。北宋一代，只有少数武将做到枢密使、枢密副使，但终不免被疑忌去位。宋仁宗时蔡襄说："国家既定四方，追鉴前失，凡封边议，论兵要，内宥密而外方镇，多以文臣任之。武臣剗去爪牙，磨冶壮厉，妥处行伍之间，不敢亢然自较轻重。然则天下安危大计，其倚重文臣乎！"①

在这样的制度政策和社会风气之下，武人的政治地位和社会地位低到了中国封建社会的极点。"应募者大抵皆偷惰不能自振之人"②，这是统治阶级对自己军队的看法；"做了军时，别无活路头也"③，这是民间流行的对当兵的论调。名将狄青出身行伍，在北宋武功最著，他在定州任总管时，有次向上司韩琦为犯法的旧部焦用求情，恳求说："焦用有军功，是好儿。"韩琦当场驳斥："东华门外，以状元唱出的，才是好儿，焦用这样出身，算得什么好儿！"当着狄青的面，立刻把焦用杀了。狄青低头受斥，战灼不已，深恐触犯上司，一并被杀。直到旁边有人说，大帅已走了好久了，狄青才敢退下。后来狄青同韩琦同样做到枢密副使，但仍不时遭到嘲讽挫辱，常跟人发牢骚说："韩枢密功业官职同我一般，就是我少一个进士及第！"宋真宗有一次需要在臣僚中找一个善弓矢而又美仪采的人陪契丹使臣射箭，这在当时是有关国体的大事，惟一符合这两个条件的只有陈尧叟。这时陈尧叟正任文臣中的清要之职——学士，真宗托近臣对陈尧叟说，如果愿从文官改换武职参加这次外事活动，当给以节度使的高衔。陈尧叟请示母亲，母亲拿起拐杖就打，骂道："你在朝对策得了第一，父子都以文章立朝为名臣，今天竟然贪图厚禄，想给我家丢人！"这事只好作罢。这种浓厚的重文轻武的风气，弄得连皇帝说话也不灵了。

从宋开始，中国封建社会有了进一步的发展，中央集权制度比以前更为巩固和加强，适应这一发展变化的重文轻武，成了制度，也成了一代的社会风气。宋太祖以后，由士兵拥戴夺取政权的事，在中国封建社会历史上就再也没有发生过。可见，重文轻武的制度和风气，在巩固中央集权和

---

① 《送马通判序》，《宋文鉴》卷 87。

② 《宋史》卷 192《兵志六》。

③ 《五代史汉平话》。

加强皇权方面，确实起了一定的作用。但是这种制度和风气，却又不免带来兵疲将惰，积贫积弱的局面，最后终于促成了两宋政权的灭亡。

宋代之后，这种重文轻武的风气，还一直继续着，成为明清两代封建社会的一个特点，并在一定程度上影响了这两个朝代的历史发展。

（刊载于《学林漫录》第 3 集，中华书局 1981 年版）

有关岳飞评价的几个问题

几年以前，关于岳飞是否应当算做民族英雄，曾经有过一场争论。这个问题自然早已解决了。但是，从近来发表的文章及教学中看，有几个关于岳飞评价的具体问题也还值得进一步加以讨论。这就是：镇压湖湘地区的农民起义问题，岳飞在抗金斗争中的地位和作用，对绍兴十年（1140年）反攻开封之役后撤兵及岳飞被害的分析。

（一）镇压湖湘地区的农民起义问题

过去曾有人片面夸大岳飞镇压以杨么为首的湖湘地区农民起义这件事，从而基本上否定岳飞，这是不对的。目前，有些人又好像怕损害岳飞的民族英雄地位，在这个问题上替岳飞隐讳和辩解，因而违反了历史真实，也违反了历史唯物主义的基本原则。赵俪生先生的《南宋初的钟相、杨么起义》一文（收入《中国农民战争史论文集》中），就有这种倾向。

赵俪生先生在他的文章中，一方面对岳飞的屠杀、分化、瓦解农民起义的过程和手段一字不提，另一方面，却忽视岳飞的地主阶级立场，而特别强调他爱护人民，尊重起义人民的爱国立场，并因此坚持对起义人民执行妥协让步的政策，采取了好些让步措施。

赵先生又进一步指出，岳飞的贡献还不止此，他收编了绝大部分起义军，使之转化为抗金力量，甚至设想这一措施影响了太行义军首领梁兴的来投与日后的所谓"朱仙镇大捷"①。

赵先生最后认为，由于历史的多样性与复杂性，对于岳飞与杨么的评价，绝不能采取"二者必居其一"的简单办法去处理。杨么应当肯定，岳飞对待起义军的行动，在总体上看尚不是一个刽子手，而且对历史的发展起了良好的作用，因此也是可以肯定的。

然而，赵先生所据以论证的材料是不全面的，甚至某些材料是与岳飞无关或与镇压起义这件事无关的，赵先生的观点也还大有可商榷的余地。

应当肯定，岳飞对待湖湘起义人民的手段，和他的前任程昌寓、王璪等人比起来，确是要和缓的多。其所以能如此，岳飞本人的出身、品质、认识和愿望自然起不小的作用，但却不能像赵先生那样只片面强调这一方面，否则，就无法解释，何以同是一个岳飞，在绍兴三年（1133年）镇压江西的农民起义时，虽然反对屠城，注意诱降，但主要手段是进攻和屠杀，而到绍兴五年（1135年），却采取了主要是分化、瓦解的手段。实际上，采取什么手段来对付农民起义，不仅决定于岳飞本人的出身、品质、认识和愿望，而且还被其他一些更重要的因素所决定。

这些因素中最重要的是南宋政府的政策。南宋当时的情况是：在高度的中央集权制度下，决策之权，属于中央，重要的法令措施，都由中央颁布；任何一个地方长官，都没有总揽全局的权力，从中央到同僚，到处掣肘，物议极多，要独立执行一套与众议不同的政策，十分困难；武将的地位又比文官为低。因此，作为地主阶级一员，又是武将的岳飞，还没有这种甘冒统治阶级大不韪的识见和魄力。他的地位也不容许他有独立措置湖湘农民起义这样大事件的权力。②何况，在他上面，还有代表中央来监临军事的大臣张浚。因此，岳飞在措置湖湘农民起义事件时，主要是，而且只能是执行南宋政府的既定政策。

①　邓广铭先生指出，"朱仙镇大捷"实无其事，见邓广铭：《岳飞传》，生活·读书·新知三联书店1955年版，第282—283页。

②　岳飞镇压湖湘农民起义时所担任的职务，是荆湖南北襄阳府路制置使。"制置使"一职，从建炎三年（1129年）八月开始，就规定只负责处理地方军事，而不能干预地方的其他政务（见《宋史》卷167《职官志》，《建炎以来系年要录》卷27、29）。

另外一个重要因素是农民起义的声势、特点和弱点。对它们的认识，不仅影响南宋政府的政策，也影响岳飞在执行南宋政府政策时所采用的手段。活跃在湖湘地区的这支义军，共有数十万人。他们以宗教作为鼓动和组织手段，在洞庭湖沿岸建立了大批便于防守的营寨，水攻陆战，都很主动。屡败宋军之后，他们建造了大批新锐的战具——车船。滨湖一带，物产颇为丰饶，他们又是"且耕且战"，不愁给养。因此声势浩大，战斗力强，根据地巩固，单纯的军事进攻是很难把他们镇压下去的。但是，从另一方面看，起义人民虽奉钟相之子钟仪为领袖，实际上各寨不相统率，起义群众又多是不脱离生产的农民，组织颇为涣散，也没有明确的政治目标与长远的作战计划，长期固守在一块比较狭小的根据地内。这就易于被包围封锁和各个击破，也容易被宋军利用起义队伍中的动摇分子和起义群众的弱点来施展瓦解分化的阴谋。

对于这支义军的特点和弱点，南宋政府最初缺乏认识，也采取和绍兴初年以来对付境内其他武装力量（包括叛兵、汉奸武装、起义农民等）一样的手段，极力主"剿"（建炎时，对于这些武装力量，曾一度以"招安"为主）。绍兴三年六月，王𤫉奉命去镇压起义，行前请招安金字牌，受到宋高宗一顿斥责。高宗凶相毕露地说："么'跳梁'江湖，'恶贯'满盈，何招安为！"指示王𤫉，起义首领"自么以及黄诚、刘衡、周纶、皮真，并上知名首领"，一概不赦，只有"胁从"，才可不问。在王𤫉吃了大败仗后，绍兴四年（1134 年）二月，张浚从四川被召回临安，路过潭州，决定"招安"义军。当他回临安后向高宗报告时，高宗还倖倖然地说："皆朕赤子，何事于杀？然自军兴，盗起率招来之，而奸人乘衅，所在啸聚。今幸衰息，勿复效尤可也。"

可是，"招安"活动在臭名昭著的剑子手程昌寓、王𤫉诸人主持下，基本上失败了。除去少数叛徒和动摇分子外，起义群众是"屡杀持黄榜使臣"，"未有降意"，杨么表现得尤其坚决。剑子手们认为"'贼'不可招"，故意挑衅，于是战争再起，结果又是官军大败，"死者不可胜数，'贼'愈增气"。

碰了这么多钉子之后，南宋政府才认识到这支起义军不是单纯的军事进攻所能击败的，于是定下以分化诱降为主，军事进攻为辅的"且招且捕"

的方针。在绍兴五年二月派力主"招安"的张浚"以右揆出使湖外平杨么"，并同时令岳飞率领所部，充当镇压起义军的主力。①

张浚清楚地认识到起义军不能单凭武力解决。他特别设法不令诸将"逞兵杀戮"，以免"失胜算，伤国体"。甚至连自己去到军中，也借犒设为名，惟恐进而不胜，为人所笑。他的办法是，一方面令诸军包围封锁，并破坏起义群众的生产，以便逼迫他们投降。另一方面，宣布投降的起义首领可以得到官职，群众可以分得闲田，免去几年租赋；他又释放俘虏数百人，令他们回去劝诱各寨起义群众投降，并且令荆、潭、鼎、澧、岳等州地方官和义军首领商洽投降的事。

岳飞是这种缓和手段的主要的积极的执行者。他的一些措施，虽被参政席益视为"玩寇"，但却得到张浚的谅解和支持。而从前不允许王璞请招安金字牌和赦免主要义军首领的宋高宗，这时也改变了态度，听从岳飞的请求"诏黄诚杨太等如率众出首，当议与湖南、北路知州差遣"，并"赐岳飞金字牌旗榜十副，充招安使用"。

作为忠实于南宋政权的将领和这种"且招且捕"政策的主要执行者，岳飞是充分掌握了起义武装的特点与弱点而对之采用了分化、瓦解和屠杀等手段的。他自称对付起义军的办法是："以水'寇'攻水'寇'"，"因敌人之将，用敌人之兵，夺其手足之助，离其腹心之援，使'桀黠'孤立，而后以王师乘之。"因此，他采取了颇为阴险毒辣的手段。如：以交易引诱起义群众，俘虏数百人，却故意释放，且贱价卖给他们货物，让他们回去宣传外间的丰足，动摇起义军的斗志。但第二次处理在交战中俘得的数百人时，却听从幕僚黄纵的献计，"戮其凶恶者数人，余皆释之"，以达到使起义群众"感恩而畏威"的目的。他又派叛徒黄佐、杨华去劝降与进攻

---

① 赵先生认为张浚和岳飞奉令处理湖湘起义事件是分别在绍兴四年的二月和八月。但张浚当时是从四川被召回临安，路过潭州，临时处理了一下，回临安不久，即被罢黜，绍兴四年十月才再度起用。岳飞在绍兴四年八月被任为湖北路荆襄潭州制置使（赵先生文中作荆湖南北两路制置使，疑误），负责镇压，可是未及动手，即被调去应援淮西，镇压起义的事就搁了下来（见《建炎以来系年要录》卷73、74、81）所以，张浚和岳飞正式处理湖湘农民起义的时间，实际上是从绍兴五年二月开始。

顺无常的军阀孔彦舟的骚扰，而且也从它后来坚决抗拒伪齐的招降可以证明。因此，岳飞把这支起义军镇压下去，不仅是对农民起义的打击，而且也是对人民抗金力量的摧残。

第二，说岳飞对起义军的爱国立场有所认识，是缺乏证据的。相反，岳飞对起义军的看法，恐怕还是受了当时流行于统治阶级中的议论的影响，认为起义军阻塞漕运道路，影响南宋岁入，甚至影响抗金斗争；及起义军打算和伪齐合兵攻宋①。至于岳飞收编义军的目的，也不见得就是为了加强抗金力量。他的幕僚黄纵在最后处置起义人民时献策说："此曹惯于为'盗'久矣。每放一人，必再三相视，果不堪为军，乃放之，不然大军去后，复聚为'盗'矣。"② 这个意见得到岳飞的首肯。可见收编的主要目的还是为了"弭盗"。这也是两宋用扩大兵额来防止农民起义的一贯手法。

第三，将大批起义群众补充到军队中去，不管岳飞等人的主观动机如何，不管这种通过分化屠杀手段来扩大军队的做法是如何地难以令人首肯，也不管这是以更强大的抗金武装力量的消灭作为代价，客观上总是有利于岳家军这支抗金力量的增长的。但是，应当注意这个事实，即南宋大将所领兵额是很少的。绍兴二年（1132 年）时岳飞的兵额是 23000 人，到他死时，大概也只有三四万人，至多十万人。③ 但这几年中，岳飞收编的军队何止十万，湖湘义军不过是其中的一支，这么多人的下落不很清楚，也许是拨给别的将领，也许是随时拣选遣散。④ 因此这次收编的起义军，除水军外，恐怕不致在岳家军中占太大的比重。至于绍兴十年反攻开封之役（即所谓朱仙镇大捷），出动的是步兵和骑兵，主力怕也不是这

① 邓广铭：《岳飞传》，生活·读书·新知三联书店 1955 年版，第 128—130 页。

② 《金佗续编》卷 27。

③ 岳飞军队数目其说不一，李幼武《四朝名臣言行录别集》卷 8 载岳飞镇压杨么时"主兵八万"，死前"提重兵十余万"。曾敏行《独醒杂志》卷 7 云："飞身死之日，武昌之屯至十万九百人。"但南宋初年全国禁军不过二三十万，大将如刘光世、韩世忠、张俊等兵数各不过三五万，岳飞也不会比他们更多。李幼武、曾敏行所记，或是包括拨归岳飞指挥的各军而言。

④ 参阅《宋史》卷 147《兵志·拣选之制》。

的方针。在绍兴五年二月派力主"招安"的张浚"以右揆出使湖外平杨么"，并同时令岳飞率领所部，充当镇压起义军的主力。①

张浚清楚地认识到起义军不能单凭武力解决。他特别设法不令诸将"逞兵杀戮"，以免"失胜算，伤国体"。甚至连自己去到军中，也借犒设为名，惟恐进而不胜，为人所笑。他的办法是，一方面令诸军包围封锁，并破坏起义群众的生产，以便逼迫他们投降。另一方面，宣布投降的起义首领可以得到官职，群众可以分得闲田，免去几年租赋；他又释放俘虏数百人，令他们回去劝诱各寨起义群众投降，并且令荆、潭、鼎、澧、岳等州地方官和义军首领商洽投降的事。

岳飞是这种缓和手段的主要的积极的执行者。他的一些措施，虽被参政席益视为"玩寇"，但却得到张浚的谅解和支持。而从前不允许王璞请招安金字牌和赦免主要义军首领的宋高宗，这时也改变了态度，听从岳飞的请求"诏黄诚杨太等如率众出首，当议与湖南、北路知州差遣"，并"赐岳飞金字牌旗榜十副，充招安使用"。

作为忠实于南宋政权的将领和这种"且招且捕"政策的主要执行者，岳飞是充分掌握了起义武装的特点与弱点而对之采用了分化、瓦解和屠杀等手段的。他自称对付起义军的办法是："以水'寇'攻水'寇'"，"因敌人之将，用敌人之兵，夺其手足之助，离其腹心之援，使'桀黠'孤立，而后以王师乘之。"因此，他采取了颇为阴险毒辣的手段。如：以交易引诱起义群众，俘虏数百人，却故意释放，且贱价卖给他们货物，让他们回去宣传外间的丰足，动摇起义军的斗志。但第二次处理在交战中俘得的数百人时，却听从幕僚黄纵的献计，"戮其凶恶者数人，余皆释之"，以达到使起义群众"感恩而畏威"的目的。他又派叛徒黄佐、杨华去劝降与进攻

---

① 赵先生认为张浚和岳飞奉令处理湖湘起义事件是分别在绍兴四年的二月和八月。但张浚当时是从四川被召回临安，路过潭州，临时处理了一下，回临安不久，即被罢黜，绍兴四年十月才再度起用。岳飞在绍兴四年八月被任为湖北路荆襄潭州制置使（赵先生文中作荆湖南北两路制置使，疑误），负责镇压，可是未及动手，即被调去应援淮西，镇压起义的事就搁了下来（见《建炎以来系年要录》卷73、74、81）所以，张浚和岳飞正式处理湖湘农民起义的时间，实际上是从绍兴五年二月开始。

其他各寨，并由杨华派人去刺杀杨么。有的记载上还说，义军首领杨钦投降并引诱其他一些首领来降之后，岳飞以湖内义军还未尽降为借口，杖杨钦一百，遣回水寨，乘其不备，连夜派兵掩杀，消灭了杨钦的队伍，连他本人也一并俘了回来。在阴谋分化，利诱收买，以"寇"攻"寇"的同时，岳飞也展开了残酷的军事进攻。"杀死及掩入湖者甚众"，"杀获不可胜计"，"杀获略尽"，"杀'贼'众殆尽"之类的记载，不绝于书。因此，只提出岳飞在事后不许牛皋等乱杀，而忽视在战斗中大量屠杀起义群众的事实，是不够全面的。①

赵先生文中提到岳飞对农民让步的几个具体措施，除去给二万七千余户米粮令归田一条外，其他各条的实际情况是这样的。

"起义人民自愿归农者，于鼎澧二州支拨闲田，授田给种，并豁免税役五年""自愿充当军人者，当议优予转官，各授名目"二条，系综合《建炎以来系年要录》卷85、86的两条记载。可是，卷85那条是高宗的诏书，是对义军首领周伦以状抵岳州乞保奏的答复。卷86那条是张浚所采的措施。"蠲免湖南路上供三年"一条，查《建炎以来系年要录》，是高宗下的诏书，未明言据何人奏请，但从附注"日历无此，今于七月二十五日本路运司状修入"来看，可能是从本路运司所请。②"再蠲荆南府及归峡二州……上供二年"③则系从镇抚使解潜之请，其所以称再，是因分镇指挥例免上供三年，当时已过二年，解潜又再请免的缘故④。而且，这两个措施恐怕不能减去农民多少负担，因为在南宋财政收入中，上供钱（正赋）还不到岁入的二十分之一，其他收入也大半要由农民负担。⑤而且这两条，是否真与镇压这次起义有关，也还大可怀疑。"发钱六万缗，米二十六万

---

① 上述的这次起义及南宋政府处理经过的史实和引文，均见《建炎以来系年要录》、《三朝北盟会编》、《金佗粹编》、《金佗续编》等书，不再一一注明出处。

② 《建炎以来系年要录》卷85，绍兴五年二月癸卯。

③ 编者补注：此条引文当据出自《宋史》卷28《高宗纪五》。《建炎以来系年要录》有同义表述。

④ 《建炎以来系年要录》卷86，绍兴五年闰二辛未。

⑤ 参阅《建炎以来朝野杂记》甲集，卷14、15。

斛赈济湖湘农民"，则《宋史》明载是漕臣薛弼奏行①。因此，上述那些措施，不得谓与岳飞必无关系，但也绝不可笼统一概算到岳飞账上，当作他对农民让步的证据。对于这些措施，如果不把它们孤立起来看，而当作是南宋政府对待这次起义的整个政策的一个方面，恐怕是更合于实际情况一些的（是不是把这些措施看成是向农民让步，也还大可研究）。

至于赵先生文中把岳飞募民营田一事当作是对湖湘地区起义人民让步的措施，似乎也证据不足。赵先生所引文中明言"京西湖北平，（飞）即募民营田"，证诸其他材料，地区是在湖北及河南南部，不见得与这次起义有关。而且，营田并非岳飞所创始，也非湖湘地区起义被镇压后才施行。当绍兴初年，即已普遍行于两淮、湖北、四川等广大地区。其主要对象是兵士及江北流徙之人，其次才是江南无业愿迁之人②。从文献记载上看，还找不到它和这次农民起义有什么明确直接的关系。

由此可见，岳飞尽管在认识和愿望上与南宋政府及宋高宗等人有所不同，但由于他的地主阶级立场，他基本上仍是南宋政府"且招且捕"政策的坚决执行者，而且由于当时的历史条件，他的活动也只能限制在南宋政府所允许的范围之内。由于充分掌握了起义军的特点和弱点，他对待起义群众的手段，有缓和的一面，但也有毒辣残酷的一面。他在镇压农民起义之后，也采取了一些措施来安置这个地区群众的生产，但有些措施却不一定跟他有关或跟这件事有关。如果不考虑这些事实，一味强调岳飞的良善愿望及他的采取缓和手段与对农民让步，就不仅是溢美，而且是夸大岳飞个人作用，忽视岳飞活动的历史条件，更重要的是忽视了岳飞的阶级局限性，忽视了岳飞在对待农民起义问题上，基本上是代表地主阶级利益，与农民对立这样一个根本事实了。

至于认为岳飞收编义军是加强了抗金力量问题，也有待进一步分析。

第一，从这次起义的性质来看，它不但反宋，而且也抗金。这不仅从起义的直接原因——反抗建炎四年（1130年）南侵金兵及在宋金之间叛

---

① 《宋史》卷 380《薛弼传》。
② 《宋史》卷 176《食货志》，屯田；《建炎以来朝野杂记》甲集卷 16《营田》。

顺无常的军阀孔彦舟的骚扰，而且也从它后来坚决抗拒伪齐的招降可以证明。因此，岳飞把这支起义军镇压下去，不仅是对农民起义的打击，而且也是对人民抗金力量的摧残。

第二，说岳飞对起义军的爱国立场有所认识，是缺乏证据的。相反，岳飞对起义军的看法，恐怕还是受了当时流行于统治阶级中的议论的影响，认为起义军阻塞漕运道路，影响南宋岁入，甚至影响抗金斗争；及起义军打算和伪齐合兵攻宋[1]。至于岳飞收编义军的目的，也不见得就是为了加强抗金力量。他的幕僚黄纵在最后处置起义人民时献策说："此曹惯于为'盗'久矣。每放一人，必再三相视，果不堪为军，乃放之，不然大军去后，复聚为'盗'矣。"[2] 这个意见得到岳飞的首肯。可见收编的主要目的还是为了"弭盗"。这也是两宋用扩大兵额来防止农民起义的一贯手法。

第三，将大批起义群众补充到军队中去，不管岳飞等人的主观动机如何，不管这种通过分化屠杀手段来扩大军队的做法是如何地难以令人首肯，也不管这是以更强大的抗金武装力量的消灭作为代价，客观上总是有利于岳家军这支抗金力量的增长的。但是，应当注意这个事实，即南宋大将所领兵额是很少的。绍兴二年（1132 年）时岳飞的兵额是 23000 人，到他死时，大概也只有三四万人，至多十万人。[3] 但这几年中，岳飞收编的军队何止十万，湖湘义军不过是其中的一支，这么多人的下落不很清楚，也许是拨给别的将领，也许是随时拣选遣散了。[4] 因此这次收编的起义军，除水军外，恐怕不致在岳家军中占太大的比重。至于绍兴十年反攻开封之役（即所谓朱仙镇大捷），出动的是步兵和骑兵，主力怕也不是这

---

[1]　邓广铭：《岳飞传》，生活·读书·新知三联书店 1955 年版，第 128—130 页。

[2]　《金佗续编》卷 27。

[3]　岳飞军队数目其说不一，李幼武《四朝名臣言行录别集》卷 8 载岳飞镇压杨么时"主兵八万"，死前"提重兵十余万"。曾敏行《独醒杂志》卷 7 云："飞身死之日，武昌之屯至十万九百人。"但南宋初年全国禁军不过二三十万，大将如刘光世、韩世忠、张俊等兵数各不过三五万，岳飞也不会比他们更多。李幼武、曾敏行所记，或是包括拨归岳飞指挥的各军而言。

[4]　参阅《宋史》卷 147《兵志·拣选之制》。

次收编的起义军。

第四，认为忠义人民的来投，是受了岳飞对湖湘人民让步及收编他们的舟船人械的影响，也未免近于穿凿。例如梁兴等人，虽与湖湘义军同是人民武装，但一个抗金，一个主要反宋，一处于民族斗争漩涡中心，一处于阶级斗争漩涡中心，地理上相隔也颇遥远。认为梁兴的来投是把岳飞当成抗金的旗帜而非受其处置湖湘义军的影响，难道不是更近情理一些吗？

所以，对收编起义武装问题，是不宜像赵先生那样，把它当成岳飞的重要贡献并大加渲染的。

总起来说，应当怎样估计岳飞处置湖湘农民起义这件事情呢？我们说，岳飞处理这件事，是镇压，是罪，而不是贡献，不是功。

诚然，历史发展有其多样性与复杂性，但是，在阶级社会里，贯串在这多样性与复杂性之中的，却有一条基本线索，这就是阶级斗争，而分析历史人物、事件的基本方法，则是阶级分析的方法。当民族矛盾上升为社会主要矛盾时，历史现象就更其纷纭错杂，然而民族矛盾不过是阶级矛盾的特殊表现形式，而且它并不排斥也不能融化阶级斗争。因此，分析这种时期的历史事件与历史人物，也还是要用阶级斗争的观点与阶级分析的方法。

岳飞尽管出身农民，但他后来参加了地主阶级营垒，成为南宋抗战派的主要代表人物。在民族斗争的高潮中，这一派和以秦桧为首的投降派不同的是：他们有爱国主义思想，在民族敌人面前坚持斗争，并且在不同程度上依靠人民来坚持斗争。在对抗外敌这一点上，他们和当时人民的利益与要求基本上是一致的（但也有颇大的阶级局限性，如当南宋政府的决定与人民利益发生矛盾时，他们往往服从了南宋政府的决定等）。可是，在对待国内阶级矛盾问题上，他们就不能也不可能和人民利益一致，而明确地站在地主阶级立场上，维护地主阶级利益，与农民直接对立，用各种手段把农民起义镇压下去。韩世忠的镇压范汝为起义，李纲、岳飞的镇压湖湘农民起义，就都是例子。

自然，在对待农民起义问题上，因为他们多少接近人民，照顾一些人民利益，采取的手段多少缓和一些，比较注意善后，给人民带来的痛苦也少一些。和地主阶级中的腐朽力量比起来，终究有所不同。但这仅是问题的次要方面，并不能抹去他们的镇压农民起义这个基本事实。不能就因此忽视他们的地主阶级立场，过分强调他们对劳动人民的尊重与爱护，而肯定他们的这一行动，更不能把他们和起义军领袖相提并论，模糊阶级界限，混淆是非。

在镇压农民起义这个问题上，尽管手段比较缓和，并且主要责任应由南宋政府和宋高宗来负，但岳飞仍然有责任。然而，在民族斗争的高潮中，与岳飞的抗金功绩相较，这就退居到次要地位，而无损于岳飞是个民族英雄的基本结论。

（二）岳飞在抗金斗争中的地位和作用

关于岳飞在抗金斗争中的地位和作用，几年来在教学中及某些文章中，曾出现过两种不同的看法。一种是脱离南北军民的整个抗金斗争来孤立地叙述岳飞的抗金事迹，甚至根据一些被夸大了的记载来过分渲染，忽视广大军民和其他抗金将领的地位和作用，把岳飞及其军队当成了抗金斗争惟一的或决定的力量，甚至认为东南半壁河山的保全都是岳飞的贡献，南宋无法摆脱偏安的命运也全是由于岳飞的被害，因而夸大了岳飞个人的作用。这自然是不妥当的。另一种看法认为，岳飞的军队不过三四万人，防守地区只是宋金前线上的一个地段，和其他将领的地位和作用差不多，甚至资历或贡献还比不上某些将领。因此怀疑或不承认岳飞是抗金斗争的中心支柱这种提法。这种看法又不免贬低了岳飞的地位和作用。

必须把岳飞一生的事业放到南宋军民整个抗金斗争中去考察，这是没有问题的。但是，同时又必须注意岳飞在抗金斗争中独特的地位和作用。那就是：他不仅是当时抗金将领中最卓越的一个，而且从绍兴四年收复襄阳六郡，驻兵长江中游时起，他就渐渐成为抗金斗争的中心支柱（这不等于说他是抗金斗争的惟一的或决定的力量），成为广大军民心目中的一面抗金斗争的旗帜。他的事业和作用，在绍兴十年反攻开封之役时达到了顶点。

为什么这样说呢？

首先，在南宋政府中，岳飞是主张抗金最坚决的人，而且始终尽一切力量来为这一主张奋斗，从来没有怀疑或动摇过。因此，他成为抗战派的主要代表人物。

其次，岳家军的抗金意志及战斗力之强，在南宋各军中是首屈一指的。岳飞的军队不仅几乎没有打过败仗（这在南宋，就连名将韩世忠、刘锜也不能免），而且经常主动向敌人发动攻势。至于其他各军却往往是敌人入侵时才被动地应战，并且经常需要岳家军的援助。南宋政府还经常把岳家军当作一张王牌，调去援救最吃紧的战区。金人最怕的也是岳家军，甚至说出"撼山易，撼岳家军难"这样的话。因此，这支军队的确与南宋其他各军不同，它的作用是不能用人数和防区来估计的。

再次，岳飞的防区——以武昌为中心的长江中游与汉水流域——虽然只是宋金从淮河下游到陕西西部的漫长战线上的一个地段，但却是最重要的一个战略地段。在防御金人进攻方面，它不仅保护了丰饶的两湖区域及川峡与江淮的通路，还是全部宋金战线的枢纽，能够左右支应，而且经常威胁着金人主要进攻路线——从淮西向建康的侧翼。更重要的是，从反攻中原河朔方面看，它是最近最好的基地，离黄河北岸的太行山最近，最易和那里的义军联络呼应，能够给金人最大的打击和威胁。其他的几个战区，四川易守，但难出击，给养馈运困难，离中原河朔远；两淮也是偏东，都不如岳飞的防区形势优越。在南宋初年的巡幸、定都、战守之议中，荆襄地区是时时被提起的。南宋建国之初，李纲就劝高宗巡幸襄邓，说那里是"西邻关陕，可以召兵，北近京畿，可以遣援，南通巴蜀，可取货财，东达江淮，可运谷粟"[①]。东南远不能比，如果不去，则"中原非复我有"[②]。马扩认为从这里可以"密约河南诸路豪杰"[③]。刘嵘认为"欲强进取之资，而无形势之失，惟荆襄为胜"[④]。王庶则认为："欲保江南，无所复事。如曰绍复大业，都荆为可。荆州左吴右蜀，尽利南海，前临江汉，

---

① 《三朝北盟会编·炎兴下帙》卷 112，建炎元年七月十七日乙巳。

② 《宋史》卷 358《李纲传》。

③ 《三朝北盟会编·炎兴下帙》卷 123，建炎三年三月二日庚辰。

④ 《三朝北盟会编·炎兴下帙》卷 152，绍兴二年十月六日癸巳。

可出三川，涉大河，以图中原，曹操所以畏关羽者也"①。类似这样的看法，在南宋诸臣的奏疏议论中常常可以见到，足见南宋的许多人对荆襄地区形势的重要也是有所认识的。

最后，也是最根本的，就是岳飞能有意识地把自己的事业和人民抗金斗争结合起来。这表现为他很注意人民的利益，爱护士兵和人民，其军队军纪之严明，不仅为南宋诸将之冠，就是在中国历史上也是少有的。这就使他能得到广大人民的支持和拥护。不仅如此，他又继承南宋政府抗战派领袖李纲、宗泽等人的传统，一贯重视倚靠人民的抗金武装，联络两河义军始终是他重要的战略方针之一。而两河义军也都把他当作抗金的中心人物，或远道来投，或在沦陷区揭出"岳"字旗帜。因此，他所进行的战役，特别是绍兴十年反攻开封之役，都因为得到义军的配合，就不只是正面战场取得胜利，而且是侧翼后方一齐发动，其给予金人的威胁和打击，是远远不能用兵数多少及正面战场上的战争规模来衡量的。岳飞和抗金主要力量——广大军民间的关系，应当是我们估计岳飞在抗金斗争中的地位和作用的基本出发点。

正因为岳飞及其军队具有上述的一些特点，特别是他能与广大人民的抗金斗争相结合，这就使他不仅成为南宋政府中抗战派的代表人物，而且也成为南北军民心目中的一面抗金斗争旗帜。也正因为如此，他就最遭金人及以宋高宗和秦桧为首的投降派的忌惮，终于成为他们阴谋暗害的主要目标。

（三）对绍兴十年反攻开封之役后撤兵及岳飞被害的分析

对绍兴十年反攻开封之役后撤兵的问题，几年来的教学及论述中有一种看法。认为：当时的形势既然空前有利，岳飞就应援"将在外，君命有所不受"的古训，抗命出击，甚至联络两河义军，取南宋小朝廷而代之，以取得抗金斗争的最终胜利。岳飞没有这样做，丧失了有利的时机，是

---

① 《中兴两朝圣政》卷19。

他封建奴才思想的具体表现。与此相类的另一个看法是：岳飞假若幸而不死，或对加在他身上的迫害采取坚决反抗的态度，则他也许不致牺牲，而抗金斗争也许因此不致最后失败。

由于反攻开封之役是抗金斗争的最高潮，岳飞的被害标志着南宋初年抗金斗争的最后失败，因此，对这两个问题的看法，实际上牵涉到一个更根本的问题，那就是：在当时历史条件下，抗金斗争的失败是由于偶然性，是由于某些历史人物如岳飞、宋高宗、秦桧等人的品质愿望命运等所决定的呢，还是由历史发展的趋向所决定。我们说，这是由后者所决定的，偶然的因素在这里只起着次要的作用。

绍兴十年反攻开封之役时的形势是：正面战场上各路宋军都取得空前胜利，士气高涨，敌后义军十分活跃，与正面战场互相呼应，沦陷区人民纷纷响应或准备响应，而金人则士气低落，打算逃跑。在这样有利的形势下，继续进攻，是完全有可能取得抗金斗争的胜利的。但是，这只是军事方面的情况，而在这里决定事件发展进程的，主要的却是政治因素。要从这一方面看，情势就大不相同。这时南宋政府内部投降派当权，他们代表了从北宋初年以来一贯掌握政权的腐朽的地主集团利益，不愿意抗金斗争胜利，想尽一切办法来阻挠抗金斗争。在当时的历史条件下，既然人民的愿望和斗争还不足以直接决定事件发展的主要进程，抗金斗争的结局主要决定于南宋政府的政策与措施，而政府内部抗战派又居劣势，因此，南宋政府内部降战两条路线斗争的结果也就决定抗金斗争不可能得到胜利。

在这种情况下，能不能设想岳飞可以"抗命"，而且在"抗命"之后，还能继续取得胜利呢？这是不可能的。

先不说岳飞是否有这样的胆略和识见，即使他敢于"抗命"，这样一来，前此有利于岳飞的诸因素就立刻发生了变化。南宋政府既然坚持投降政策，则岳飞的"抗命"，就必然被其视为叛逆，加以"讨伐"，这又正好给金人以反攻之机，而使岳飞腹背受敌。岳飞的基地——长江中游及汉水流域必然失去，军队的给养也就成了问题。两河豪杰及岳家军本是在赵宋旗帜之下团结起来抗金的，岳飞不再打着这面旗帜，他们的士气及战斗力必然大受影响，而他们是否还能依旧响应岳飞，团结在他周围，也都大成

中大塘为义田"①。刘宋时，谢灵运求会稽东郭回踵湖，决以为田，未果，又求始宁岠嵑湖为田②。孔灵符尝表徙山阴县"无赀之家于余姚、鄞、鄮三县界垦起湖田"，"并成良业"③。这是"湖田"一名之最早见于史籍者。唐时，丹阳的练湖曾被大族豪家筑堤横截 14 里，开渎口泄水，取湖下地作田④。杭州的钱塘湖中有无税田十余顷，田户多与所由计会盗泄湖水，以利私田⑤。裴瑾为金州（今陕西安康县）刺史时，决高施隄，去人水祸，诸荟原茅，辟成稻粱⑥。唐人诗中亦有"二顷湖田一半荒"之句⑦，可见唐时治湖为田已是颇为普遍的现象。但圩田的称呼却未见于唐人记载。宋代圩田最早见于记载的，是《宋会要辑稿》食货七之六所载真宗天禧二年（1018 年）宣州化城圩的记事。仁宗以后，有关圩田的记载议论渐盛，南宋时更多，此后的元明清，材料都很不少。一直到现在，在江淮地区，圩田仍是一种重要的水利工程。

二

圩田的形成，多数是围裹积水洼地和湖泊草荡。江东圩田中，万春圩原是"积水之地"，是"治湖为田之验"⑧，永丰圩系政和五年（1115 年）

---

① 《越绝书》卷 8。此外，《越绝书》中如下的一些记载，亦可能与治湖为田有关：卷 2："（吴）地门外塘波洋、中世子塘者，故曰王世子造以为田塘，长县二十五里。""吴西野鹿陂者，吴王田也，今分为耦渎。"卷 8："（山阴）富阳里者，外越赐义也，处里门，美，以练塘田。""苦竹城者，句践伐吴还封范蠡子也，其僻居径六十步，因为民治田塘，长千五百三十三步。"

② 《宋书》卷 67《谢灵运传》。

③ 《宋书》卷 54《孔季恭传附弟灵符传》。

④ 《全唐文》卷 314，李华《润州丹阳县复练湖颂》；同书卷 370，刘晏《奏禁隔断练湖状》。

⑤ 《白氏长庆集》卷 59《钱塘湖石记》。

⑥ 《柳宗元文集》卷 9《唐故万年令裴府君墓碣》。

⑦ 《唐诗类苑》卷 165《许浑题崔处士山居》。

⑧ 《三吴水利录》卷 1《录郏侨书》。《吴郡志》卷 19《录侨书》少"此治湖为田之验也"一句。

围湖成田，政和圩系废路西湖而成，童圩本是童家湖，因此杨万里在咏江东圩田时说："圩田本是一平湖，凭伏儿郎筑作圩。"① 浙东则绍兴府内原有湖 72 处，岁久皆被人占以为田，其中最大的鉴湖，周回 358 里，被垦占为田的达一千余顷，孝宗乾道时甚至湖面一度只剩下贺知章放生池旧界 18 顷；此外如明州的广德湖、东钱湖等等，也都纷纷被占垦为田，其中如广德湖即达 575 顷。浙西的陈满塘，北宋时也成了"治湖为田之验"。神宗时，人们认为平江（苏州）税收从宋初的十七八万石增到当时的三十四五万石，是"障陂湖为田之过"②。当时人郏亶曾治其居所附近的积水田大泗瀼为圩田③，徽宗时地方官赵霖尝奉诏围裹常熟县的常湖与秀州的华亭泖④。到南宋时，湖州"修筑堤岸，变草荡为新田者，凡十万亩"。太湖则"濒湖之地，多为军下兵卒侵据为田，长堤弥望，曰坝田"。崑山华亭之间的淀山湖，周回几 200 里，南宋初年四旁筑堤为田者已达 2 万亩，元时湖面已大半为田，垦地达 500 顷⑤。丹阳附近的练湖，亦被强家"耕以为田"，以致"夏秋乏雨之际，视湖如掌"。孝宗乾道元年平江知府沈度被旨开掘的围田 14 处，其名称均冠有某某湖、荡、潭、瀼、塘、浦、江等字样。南宋人卫泾在宁宗嘉定时尝慨叹说："三十年间，昔之曰江、曰湖、曰草荡者，今皆田也。"⑥此外，浙西更有侵占河道，浙西、江东、淮南则有侵占江涨沙地，以围裹成田的。

两宋圩田数量很多，如宣城县有圩田 179 所，当涂县广济圩即与私圩五十余所并在一处，建康、宁国、太平、池州所管圩田，共有 79 万余亩。南宋时，浙西乡落，"围田相望"，计有 1489 所，元时浙西二县四州共有 8829 围⑦。江东圩田规模较大，范仲淹说，"每一圩方数十里，如大城"。

① 《诚斋集》卷 32《圩丁词十解》。

② 《吴郡志》卷 19《录郏亶书》一。

③ 《中吴纪闻》卷 3《郏正夫》。

④ 《吴郡志》卷 19《水利下》。

⑤ 《元史·文宗本纪》，至顺三年三月条。

⑥ 《后乐集》卷 13《论圈田札子》二。

⑦ 《姑苏志》卷 15《田地条》。

有名的建康永丰圩，四至相去皆五六十里，有田 950 余顷；宣州化城圩有田 880 顷；芜湖诸县圩岸周回总约 290 余里；当涂圩岸连接共达 480 余里。浙西的围田较小，或三百亩或五百亩为一圩①，大的如张子盖围田亦达 9000 亩②，小的也有一二十亩和两亩的。

圩田四周，环有堤岸。江东圩田堤岸，并皆"高阔壮实"，堤上有道路，供行人和纤夫行走③。濒水一面，往往种植榆柳，以捍风涛，形成"夹路绿杨一千里"④的壮观，望之如画。"在其欹斜坡陁之处，可种植蔬茹麻麦粟豆，两旁亦可放牧牛羊"⑤。堤下则种植芦苇，以围岸脚。浙西围田堤岸高五尺到两丈，这样，虽然外水多高于田地，涨水时甚至出高五七尺，而堤内田地却可保无虞⑥。为了调节田地水量，又沿堤修造木制或砖石砌的斗门，旱时可以开放斗门引江湖之水溉田，涝时则可闭斗门防止外水浸入，圩田内又设有水车，用以灌溉与排水，故能防免水旱之灾。江东一带，大圩之内往往还包有小圩小埂，圩内沟渠纵横，灌溉排水十分方便。

圩田除部分种植茆茭菱荷外，都种粮食。由于土地肥沃，灌溉方便，又不怕水旱，所以产量很高，一般每亩可收谷三石，好的每亩可收谷六七石。黄庭坚诗云："耙耱巴丰圩户"⑦；杨万里诗云："周遭圩岸缭金城，一眼圩田翠不分，行到秋苗初熟处，翠茸锦上织黄云"；"圩田岁岁镇逢秋，圩户家家不识愁"；"六七月头无点雨，试登高处望圩田"⑧；充分道出了圩田的富足。

---

① 《东坡奏议》卷9，附单锷《吴中水利书》。

② 《东坡奏议》卷9，附单锷《吴中水利书》，《续文献通考》田赋三与此同。《宋会要辑稿》食货八之八作九十亩，但会要所载张子盖围田，占籍两县，湮塞水势，一处周迥约二十里，一处周迥约四十里，这么大的规模，绝不可能只九十亩，则九十亩当为九千亩之误。

③ 《诚斋集》卷32《圩丁词十解》有"圩上人牵水上航"之句。

④ 《诚斋集》卷34《过广济圩》诗。

⑤ 《陈旉农书》卷上《地势之宜篇二》。

⑥ 《吴郡志》卷19《录郏侨书》二。

⑦ 《豫章黄先生集》卷9《送舅氏野夫之宣城二首》之二。

⑧ 《诚斋集》卷32《圩田》；卷34《过广济圩》；卷32《圩丁词十解》。

三

两宋圩田有属官属私之别。湖荡大抵属官者多，往往修为官圩，由政府直接经管，作为营田、职田、学田等等，招募客户耕种，分别由州县、常平转运司、提举茶盐司、及南宋时设置的总领所、安边所等管理。系官圩田中有一部分曾赐给大臣武将，如永丰圩先赐蔡京，后赐韩世忠，又后赐秦桧；高宗绍兴时鉴湖湖田三十余顷曾赐李显忠；孝宗乾道年间大同军节度使浦察久安曾请拨赐秀州华亭下沙场芦草荡一围 500 亩。系官圩田湖荡在南宋初年又多被驻军自行占据围裹，如绍兴时张琪尝据芜湖圩田，兵食遂足；太湖瀕湖之地多为军下兵卒侵据为坝田。此外，政府又常招人租种承佃系官圩田湖荡，办法是打量拟出租田地湖荡的四至步亩，每围以千字文为号，置簿拘籍，按比邻近田地现纳租课略低的数额出榜，招标承佃，限一百日内由人实封投状，添租请佃，限满折封，给出租最多的人，如系湖荡，即由承佃人去围裹。租额通常固定，大约是每亩年纳三斗上下，如永丰圩有田 950 顷，每年租米以三万石为额；宣州化城圩有田 880 顷，岁纳租米 24000 余石；明州广德湖田每亩原纳租米三斗二升，后分为上中下三等，上等田增为每亩四斗，中等田不动，下等田减为二斗四升。但租额亦随时代和地区的不同而有颇大的变化。承租者纳租之后，一般即不纳二税及和买，但也有一部分系官圩田，特别是籍没入官的田产，耕者往往既需纳租，又要缴税，负担特别重。官圩收入或归州县，或入户部，或作军储，或属御前，在政府各项收入中占相当比重，南宋宁宗嘉定时置安边所，凡籍没官田及围田湖田之在官者属之，岁输米 722700 余斛，钱 1315000 缗有奇，鉴湖租曾积至 30 万，都是例子。

系官圩田土地肥沃，收入多，而租佃限制颇多（如必须亩纳一石，方始给据，退佃也要勒索之类），所以往往为豪强形势之家及寺观等，结纳官府，影射承佃而去。官府则往往只着眼于增加租税收入，或受请托贿赂，而随便给据与豪强形势之家，听其大肆围裹，甚至超过原佃顷亩，或乘机侵夺民田，也都不管。虽然有的南宋官吏曾提议定出占田限额，不许多占，但仅成具文，豪强形势之家或置之不理，或假托姓名，广行影射。豪强形势之家把这些影射侵占来的圩田，转租与农民耕种，收取高额地租。广德湖田过去官收租 19000 余石，南宋初年守臣令现种之人不输田主，径纳官租，官收租额增为 45000 余石，可见豪强形势之家中间剥削之重。有时，地方官吏又常把一些无利圩田强迫民户依等第承佃，或者令承佃人倍纳租赋，也增加了农民的痛苦。此外，两宋又尝多次将系官圩田湖荡与其他官田一例出卖，购买者，又多是豪强形势之家。

两宋私圩往往以主人名或村名为名，如张子盖围田、焦村私圩等，数量也很不少，如前引当涂广济圩附近即有私圩 50 余所，宁国府两圩腹内包裹私圩 15 所，至于两浙，私圩更多，这些私圩，有的原来就是私人田产，如北宋时崐山富户陈、顾、辛、晏、陶、沈等家田舍①，有的是围裹私人草荡或卖出的系官圩田湖荡，但更多的是势家巨室，假借权势，私植埂圻，将系官湖荡，不论有无簿籍拘管，贿赂官府，围裹成田，据为己产。有时地方豪强富室还将霸占的圩田，假造文契，献给官僚武将，从中渔利，乾道年间萧山豪民汪彦将能溉九乡民田的湘湖为田千余亩，献与总管李显忠，就是一例。这种豪强形势之家包占的圩田，常常不纳或只纳很少的租税。由此可见，新开的圩田多数成了两宋政府及官僚豪强剥削农民的新的手段。

圩田，特别是江东圩田的维修，是两宋政府十分重视的一项工作。从仁宗开始，两宋政府曾多次下令兴修各地圩田。在有圩田的地方，官员衔内往往添上"兼提举圩田"、"兼主管圩田"、"专切管干圩岸"等字样。对某些圩田，还设有专门的圩官，永丰圩甚至多达四人。圩田兴治的好坏，常常成为官员考绩升黜的标准。兴修的办法，从仁宗及神宗时开始，即规定为在地方官吏监督之下，由圩内承租系官圩田的人或私人田主依田亩多少，户等高低，量出工料钱米修筑，佃户则出劳力，如遇钱米不敷，可在常平仓项下借支，依借青苗钱例分期归还。如工程过大，民户无力修筑，则由官支钱米，和雇人夫修筑，有一次用工 90 余万，支米数万石，钱数

---

① 《吴郡志》卷 19《录郏亶书》二。

万贯的，为了维修圩田，江东一带圩田内还设有圩长，推有心力田亩最多的人担任，依圩田大小，设一人或二人，每逢秋后，岁晏水落之时，集本圩人夫逐圩增修，其下又有圩丁，或出力筑圩，或看守斗门水闸，组织颇为严密。修圩工程浩大，形成"万杵一鸣千畚土"，"不是修圩是筑城"①的壮观景象，每年培土多高多宽多厚，都有规定，如圩内人力不足或阙工食，政府量力添助，修圩完毕后，又常订防护圩岸约束，刻成石碑，分立在圩上，禁止行人及放牧牛羊造成损坏，当地官吏定期检视。州县官每年秋后检查一次圩田，成为定例。

四

圩田的出现及兴盛，主要是江淮地区水利工程进一步发展的结果。由于水利工程的发展，才出现了向湖荡夺取土地的壮举，使圩田的兴修及精耕细作成为可能，圩田的兴盛，反映了劳动人民向自然斗争的毅力与智慧；而另一方面两宋政府和地主阶级则随着圩田的发展，对土地的贪欲也有了增加。两宋政府和地主阶级，凭借着他们优越的政治地位，能够强制役使劳动人民兴修大规模的圩田，因此随着圩田数目的增加，两宋政府国有土地和大地主占有的土地就更多了。

北宋政府和南宋政府初年的政策，客观上对圩田的发展起了促进作用。为了增加生产及税收，从仁宗时起，北宋政府就在全国范围内发布了几次兴修水利工程（包括圩田在内）的诏令，王安石变法时更把兴修农田水利当作大事，从熙宁元年（1068年）开始，曾为此多次下诏，当时规定：由诸路常平官专领农田水利，吏民有知土地所宜，种植之法及陂塘圩埠堤堰沟洫利害的，可以报向官府，经过审查，即可组织民力动工，如需数县或数州合作，也可联合施工。如果工程浩大，则可由政府借钱处理。在这样积极提倡之下，全国兴修的水利工程有一万多处，可以断言，其中

① 《诚斋集》卷32《圩丁词十解》。

必有不少圩田。宋徽宗时，卢宗原和王仲嶷等又先后建议大修圩田，这些建议实施的结果，浙东湖面多被围裹成田，浙西平江府兴筑围田两千顷，江东一带的永丰圩等也在这时修成。南宋初年，江南受到入侵金兵的破坏，许多圩田荒废了，大批北方农民流亡到江南来。为了恢复生产，安置流民，南宋政府又在浙西江东兴修圩田，租给流亡农民耕种，应募开垦江东淮南圩田的农民还可以得到官府贷与的庄屋粮种与耕牛。此外，江南的军队也多兴筑圩田坝田，经过两宋政府的这几次提倡，圩田大大发展起来。

然而，圩田既是废湖或河道等而成，其大大发展就会引起原来水道的变化，而使长江下游与钱塘江流域的农业经济出现一系列问题。这种后果，也随地区和时代而有所不同。

江东地区圩田多系在沿河地势低洼之处修筑，规模较大，确实能捍御水旱，对农业生产起了良好的作用。只有少数废湖而成的圩田，如政和圩、永丰圩、童圩等，梗塞水道，涨水时常使河道泄水不畅，使圩外民田被灾，并使其他圩田有被冲决的危险，所以地方官几次建议，把这些圩田废决为湖，然而政和圩和永丰圩终因面积较大，或为权臣占有，始终没有废决成功。总起来说，江东圩田还是利多害少。

但是，两浙的圩田却不是这样。

浙东的地势，是湖高于田，田又高于江海，所以旱则放湖水溉田，涝则决田水入江海，湖泊对于防御水旱，有极大的作用，灌溉民田的面积也十分广大，如鉴湖溉田 9000 余顷，东钱湖溉田 50 万亩等。这种废湖为田的做法，"使水无所归，而溪港浸为涨沙堙塞"，严重影响了湖外田地的灌溉，使其"久雨则有垫溺之患，久晴则有旱暵之忧"、"岁岁受害"。

浙西的情况更为复杂。这带地方以太湖为中心，地势一向低洼，再加上其他种种原因（如河道的淤塞，吴江石堤的阻遏水势等等），湖水入海的通道不畅，以致北宋中期时，大量肥沃的低田都被水淹没，仅平江五县，积水之地即达 40000 顷。对于这个地方水患的治理，北宋时的水利学家郏亶郏侨父子、单锷、赵霖等人虽然看法各有不同，但都主张"治湖为田"，即兴筑圩岸，排除积水，防护田地，并在圩岸间开掘塘浦以决水。

由于他们的倡议，北宋政府推行了增广围田的政策，因此从北宋中叶以后，浙西围田大盛①。但是，政府的推行，只限于一时一地，没有全面计划，往往只求近功，不计长远后果；围裹目的，又往往多在得田而不在治水；治水的其他措施，如开掘塘浦，修浚河道之类，也都未能贯彻施行；再加上豪强形势之家在政府鼓励或默许之下乱肆围裹，这就引起了浙西水道系统的紊乱，南宋时问题更加严重，豪右之家，"并吞包占，创置围田，其初止及陂塘，陂塘多浅水，犹可也，已而侵至江湖"。至宁宗时，"江湖所存亦无几矣"②，"陂塘淹渎，皆变为田"，"曩日潴水之地，百不一存"。结果，围田多半堵截水势，"稍觉旱干，则占据上流，独擅灌溉之利，民田坐视，无从取水；逮至水溢，则顺流疏决，复以民田为壑"③，使更广大的田地蒙受水旱之灾。以致南宋时龚明之说："往时所在多积水，故所治之法如此（即筑围田——引者），今所以有水旱之患者，其弊在于围田。"④

这样，两浙地区的大量兴修湖田围田，就使得一般田地大量减产，例如明州广德湖未废之时，受灌溉之利的七乡民田 2000 顷，每亩可收谷六七石，废湖后所收不及前日之半，七乡失谷无虑五六十万石，而湖田的收入不过数万石，损失大大超过了收入。此外，豪强形势之家，又往往借围裹为名，强占民田，或纵容奴仆恶佃欺凌人民。使得"民力重困"，"失业不可胜计"，"多致流徙"，也引起不少纷争和词讼，因而激化了这些地区的阶级矛盾。

另一方面，由于一般田地的减产，也就使得政府的赋税收入随之减少。如钦宗时，因兴修圩田，漕司暗亏常赋，多至数百万斛。南宋初年，余姚上虞两县，废湖以来，所得租课，不过数千斛，而所失民田常赋，动以万计。圩田收入，又常被州县移用，或用以补折其他民田减收之税，中央所得不多。而豪强形势之家围裹的田地又都不纳或少纳租税。这就损害

---

① 关于浙西水患及其治理意见，参阅《吴郡志》、《中吴纪闻》、《东坡奏议》、《后乐集》等有关部分。

② 《后乐集》卷 13《论围田札子》。

③ 《后乐集》卷 13《论围田札子》二。

④ 《中吴纪闻》卷 1《赵霖水利》。

了封建国家的利益，也引起了封建国家与豪强形势之家间一定的矛盾。

因此，从北宋中期以后，就有许多人主张废掘浙东湖田，北宋末年更有人主张"尽罢东南废湖为田者，复以为湖"，南宋初年以后，更是一反北宋政府的兴修政策，除去几次例外，一再下令，或是严禁围裹，在湖边立下标记，不许增展，违者许人首告，给首告者以奖励；或是废掘现有围田，复以为湖，前后所下诏令不下数十次。这种禁令也尝在一时一地执行，如浙西曾开决张子盖围田 9000 亩，平江知府沈度于乾道元年被旨开掘围田 14 处 10434 亩，浙东开凿绍兴湖田用工 68 万余等等。但是，由于南宋政府的腐朽，在这个实质上是和大地主大官僚进行斗争的问题上表现得十分无力。现存文献记载中，既很少见到南宋政府在限制官僚武将广事围裹方面采取过什么坚决具体的措施，也很少见到南宋政府给那些违令围裹的人以任何处罚。相反地，豪强形势之家及寺观等倒是与地方官吏并缘为奸，竞相侵占，甚至"毁撤向来禁约石碑，公然围禁"，对于阻挡者，"辄持刃相向"①。以致围田不但没有减少，反而有增无已。例如绍兴末年，浙西"潴水之地尚多"，隆兴乾道之后，"三十年间，昔之曰江、曰湖、曰草荡者，今皆田也"。又如秀州淀山湖，南宋初年侵占为田者达 20000 亩，其中山门溜一带的 5000 亩，两度开决，但均又被侵占②，到元时，淀山湖已大部为田，达 93 围，500 顷，先为大地主曹氏所占，后归蒙古贵族③。南宋时浙西有围田 1489 所，元时浙西二县四州围田即达 8000 余围。腐朽而软弱的南宋政府根本无力阻遏这一趋势的发展。

五

恩格斯说过："以往所存在的一切生产方式，都只注意到劳动的最近

---

① 《后乐集》卷 15 《郑堤举札》。
② 《后乐集》卷 15 《郑堤举札》。
③ 《农田余话》上；《元史·文宗本纪》，至顺三年三月条。

的最直接的有益效果。至于较远的只是以后才出现的，并由于逐渐的重复和积累而发生效用的后果，则完全不受重视。"因此，在以往的一切生产方式下，"我们决不要过分夸耀我们对自然界的胜利。为了这样的每一次胜利，自然界都是要对我们进行报复的。诚然，每一次这样的胜利首先第一着是有我们所预期到的后果的，但是，第二着和第三着却有完全别样的意想不到的后果，它们往往把第一种后果的意义消灭下去。"①圩田的出现及其后果，正生动地印证了恩格斯的这个论点。

由上可知，圩田这种水利田，其兴起是出于农业生产发展的需要，是劳动人民对自然环境的改造，但终于成为地主阶级为自己谋取利益的手段。其对农业生产的自然和社会的后果，则为人们始料所未及。在自然后果方面，圩田的兴筑本是为了扩大耕地面积、防御水旱及便于灌溉，但结果却使更多的农田蒙受水旱之灾，失去灌溉之利，降低了产量。在社会后果方面，圩田的兴修本是为了容纳更多的劳动力，扩大封建国家和地主阶级对农民的剥削，增加政府的赋税收入，但结果却使更多的农民失业流亡，减少了地主阶级及其国家的剥削收入，引起了阶级矛盾及统治阶级内部矛盾的发展。其所以产生这些后果，一方面固然是由于在封建社会生产力发展水平下，人们对自然规律的认识能力有很大的限制，不能对自然界作全面、长远的改造，也无法预计随改造而来的一切重要后果；但另一方面更重要的却是由于地主阶级的狭隘阶级利益的限制，使他们不仅不能而且也不愿对自然界进行全面、长远的改造，甚至对于本来可以防止和补救的不良后果与灾害，也不易或无力加以防止和补救。

但是，对不同的地区、时代和阶级，兴筑圩田所引起的这种自然的及社会的后果也有所不同。在江东，是害少利多，在两浙，是害多利少；在北宋，害处还不太明显，到南宋，就成了农业经济上的严重问题；兴筑圩田的，是广大的农民群众，坐享其成的，则是地主阶级；从圩田中得利

---

① 恩格斯：《劳动在从猿到人转变过程中的作用》，《马克思恩格斯文选》（两卷集），第2卷，人民出版社1958年版，第89—91页。

者，首先是官僚地主及封建国家，受害者却首先是广大农民，这是我们在研究这个问题时不能不注意到的。

（刊载于《史学月刊》1958 年第 12 期）

读《宋明间统治阶级的内部矛盾》

吴晗先生的《宋明间统治阶级的内部矛盾》一文 ①，提出了这段时期历史发展的一个重要问题，很有启发性。但是，吴先生在文中提出，这700 年间统治阶级内部斗争的主要方面是北方地主阶级和南方地主阶级代表人物间的斗争，斗争的原因是两个地区地主阶级经济利益的不同，南北地主阶级间的矛盾形成改良派与保守派的斗争，反映到政治上是新旧党争，这些基本论点，不免使人产生一些疑问。

疑问有两个：第一，北方地主阶级和南方地主阶级代表人物、南北地主阶级的不同的经济利益、改良派与保守派、新旧党争这几对矛盾之间的关系究竟如何？第二，这段时期统治阶级内部斗争的主要方面，是不是北方地主阶级和南方地主阶级代表人物间的斗争？

北方地主阶级与南方地主阶级的代表人物，南北地主阶级间不同的经济利益、改良派与保守派、新旧党争这几对矛盾之间，有密切的联系，这是肯定的，但是，也要看到它们之间的区别，如果把它们等同或混淆起来，就不免把复杂的历史现象简单化的危险。

首先，不能把宋明间南北地主代表人物间的斗争一律简单地归因于双方经济利益的不同，也不能把它们和基于经济利益不同的改良派与保守派之间的斗争等同起来。南北地主阶级代表人物之间的斗争不过是一种历史现象，其产生的原因是比较复杂的。经济利益的不同当然是最重要和最根本的原因，但绝不是惟一决定的原因，政治、民族、乃至传统等上层建筑

---

① 《新建设》1959 年 3 月号。

的因素也不容忽视，特别在某些场合，这些因素还往往对斗争的形式起着直接的、决定的作用。

例如，宋初南北地主阶级代表人物间的斗争归根到底是双方政治地位与双方经济力量不相称的结果。可是，这仅是就最一般的意义而言，实际上，经济在这里只是间接又间接的原因。恩格斯曾认为不能把历史上的每一个德意志小国的存在都给予经济的解释，我们也很难找出以争夺政治权力为主要斗争形式的宋初统治阶级内部的斗争双方，在经济上有什么直接的利害冲突。也不易根据这种设想出来的"冲突"，在政见上区别谁是改良派和谁是保守派（如果一定要评断的话，在当时引起争议的抗击契丹、天书封祀等几件大事中，站在正确一面的倒是王旦、寇准这些北方地主阶级的代表，这就很难照吴晗先生的说法把他们当成保守派了）。事实上，这场斗争恐怕主要还是由当时的政治形势以及由此而形成的传统的心理状态所直接决定的。安史之乱以后，由于藩镇割据及随后的五代十国纷争，南方和北方在政治与社会生活上长期处于敌对或近于隔绝的状态，南北地主阶级之间也因而形成一种互相轻蔑、不信任乃至敌视的心理状态。建国于北方的北宋最后统一了南方，北方地主阶级代表人物在北宋初年的政府中势力最大，他们对新加入北宋政权的南方被征服各国(特别是疆域最广、文化发达而原来又对五代各朝不大恭顺的南唐)的地主官吏抱着轻蔑、敌视与排斥的态度是很自然的事。真宗时，宰相北方人王旦反对南方人王钦若为相，说祖宗朝(指太祖、太宗两朝)时从来没有让南方人管过大事，说明了北方地主阶级当权派对新附的南方地主阶级代表人物政治上的长期不信任。北方人寇准反对江西新喻人萧贯当状元，更明白指出萧贯是"南方下国"之人，也就是过去南唐地方的人，不能放在第一，给以过高的荣誉和政治地位。寇准说这话是在真宗大中祥符八年（1015 年），距南唐投降（975 年）已经 40 年了，可是以他为代表的许多北方地主阶级代表人物的心理状态还没有改变过来。然而随着统一帝国的巩固和发展，南方在全国政治生活与经济生活中的地位越来越重要，当时统治阶级中也就有些人改变了对南北地主阶级关系的看法。真宗景德二年（1005 年），真宗要赐 14 岁少年江西抚州人晏殊进士出身，寇准以晏殊为江左人而反对，主张提拔另一名应举的少年大名人姜盖。真宗不同意说："朝廷取士，惟才是求，四海一家，岂限遐迩？如前代张九龄辈，何尝以僻陋而弃置焉？"①张九龄是南方人，唐玄宗开元全盛时的宰相，真宗的意思是说现在国家已经统一，还分什么南北。不久之后，王钦若就在真宗天禧元年（1017年）当上了宰相，此后南方人竞相进用，当宰相的也越来越多，可见寇准等人的意见由于形势变化，已经无法决定事件的进程了。

北宋中期以后，宋初以来的由于政治与传统心理状态而形成的南北地主阶级的矛盾，才进一步与改良派和保守派的斗争在某种程度上结合起来，而有了新的意义。保守派首领北方人司马光就曾对宋神宗说："臣与（王）安石南北异乡，取舍异道。"②明白地把他和王安石之间的冲突跟双方的籍贯联系在一起了。这种错综复杂的斗争一直延续到北宋末年，才因金人入侵而发生变化。

因此，从历史事实看，南北地主阶级代表人物间的斗争的直接的、决定的原因，并不总是经济利益的冲突，也并非总是跟改良派和保守派的斗争联系在一起的。

其次，历史上南北地主阶级间的有些斗争，确实是跟改良派和保守派的斗争联系着的，北宋中期环绕着变法运动而展开的党争与明朝后期的东林党与阉党之争都是如此。但是，还需要进一步分析，这是一种什么样的联系？它是怎样产生的？

在封建社会里，并不是经济利益不同的地主阶级各集团的一切矛盾，都能产生改良派与保守派的斗争。一般说来，只有生产资料占有情况与剥削方式不同的统治阶级各阶层的矛盾，才是改良派和保守派斗争的基础。例如，下面这几种情况就往往是改良派和保守派斗争的根源：

（一）生产资料占有份额及剥削量大小不同的地主阶级各集团间的矛盾，如大地主与中小地主的矛盾。大商人和中小商人的矛盾，也可以归入这一类。

---

① 《续资治通鉴长编》卷60，景德二年五月。
② 《邵氏闻见前录》卷11。

（二）生产资料占有种类与剥削方式不同的地主阶级各集团间的矛盾，如经营商品性作物的地主与一般地主的矛盾。商人、高利贷者与一般地主的矛盾也可以归入这一类。但基于这种矛盾的统治阶级间的斗争，不一定都是改良派与保守派的斗争。

（三）封建社会内部孕育着的新生产关系的代表——市民阶层的上层分子（包括一部分带市民色彩的地主阶级分子），与旧生产关系的代表者——大地主大贵族之间的矛盾。这种矛盾在某种情况下，可能发展成为革命派与保守派的斗争。

由于中国封建社会各地经济发展的不平衡性及一些其他的因素，宋明之间的南方比起北方来，经济（特别是商品经济）比较发达，城市较多也较繁荣，对外贸易比较兴盛，因此生产资料占有情况与剥削方式不同的统治阶级各阶层力量的分布，在南方和北方也就有所不同（如经营商品性作物的地主，南方比北方多些；商人的势力，南方比北方大些），改良派和保守派的斗争也就因此往往和南北地主阶级代表人物间的斗争联系起来。很明显，这种南北统治阶级代表人物之间的斗争，主要是在生产资料占有情况与剥削方式不同的统治阶级各阶层间的矛盾的基础上产生的，并且是从属于后者的。而改良派与保守派、南方地主阶级和北方地主阶级代表人物这两对矛盾之间的联系，也主要是通过生产资料占有情况与剥削方式不同的统治阶级各阶层的矛盾来实现的。由于改良派与保守派的矛盾更直接、更充分地反映了生产资料占有情况与剥削方式不同的统治阶级各阶层间的矛盾的实质，因此在改良派与保守派、南方地主阶级与北方地主阶级代表人物这两对矛盾的关系上，前者起着主导的、决定的作用。

王安石变法及因此而引起的新旧党争，是改良派与保守派的斗争，同时也带上了南北地主阶级代表人物斗争的色彩。但是，如果把这两类斗争等同起来，势必要得出这样的结论：改革的要求与实践必然出自南方地主阶级的代表人物，而北方地主阶级必然要加以反对。可是事实并非全然如此。王安石的新法大部分都是渊源于过去有些人在全国各地施行过并且取得成效的一些改革措施，这些改革措施中有不少是北方籍的官吏所建议和施行的，也有不少是首先在北方施行并取得成绩的。如青苗法首先由郓州人李参施行于陕西①；募役法先由徐州人李复圭行于浙江②，常州人钱公辅行于明州③，建州人张诜行于越州④，后来被陕西人司马光加以综合总结⑤；方田均税法由赵州人郭谘行于河北洺州肥乡⑥；保甲法由建安人吴育行于蔡州⑦，青州人燕肃行于陈留⑧，河南人尹洙也作过建议⑨；保马法由真定人曹玮行于泰州⑩；市易法由江州人王韶行于河湟⑪。可见变法的要求和实践并非都出自南方地主阶级的代表人物。另一方面，在一次关于青苗法的辩论中，宋神宗说青苗法陕西行之已久，民不为病。司马光反驳说：臣是陕西人，只见其病，不见其利⑫。神宗所说的"民"，实际包括地主阶级在内。可见并不是所有的北方地主阶级都反对新法，反对的只是司马光这样的北方大地主的代表人物。事实上，变法首先反映了全国中小地主、富裕农民、中小商人和独立手工业者的要求，而不是反映了南方全体地主阶级的要求；同样，反对变法的首先是全国的大地主、大商人，而不是北方的全体地主阶级。这是十分清楚的事。

东林党和阉党的斗争也是如此，这场改良派与保守派的斗争也带上了南北地主阶级代表人物斗争的色彩。但是，籍贯可考的 284 个东林党人中，南方人 186 人，北方人 98 人，南方人与北方人约为二与一之比（见李桢《东林党籍考》）。明代进士科取士之额，仁宗洪熙时规定北人占十分

---

① 《宋史》卷 330《李参传》。

② 《宋史》卷 291《李复圭传》。

③ 《宋史》卷 321《钱公辅传》。

④ 《宋史》卷 331《张诜传》。

⑤ 《温国文正司马公文集》卷 23《论财利疏》，可是后来司马光连这个被自己肯定过的募役法也加以反对了。

⑥ 《宋史》卷 326《郭谘传》。

⑦ 《欧阳文忠公集》卷 32《吴育墓志》。

⑧ 《宋史》卷 298《燕肃传》。

⑨ 《河南先生文集》卷 2《息戍》。

⑩ 《宋史》卷 258《曹玮传》。

⑪ 《宋史》卷 328《王韶传》。

⑫ 《宋史纪事本末》卷 37《王安石变法》。

之四，南人占十分之六，宣德正统间又分南北中卷，百名之中，北取 35 名，南及中（指四川、广西、云南、贵州及凤阳、庐州二府，滁、徐、和三州，其实也是南方）共取 65 名。① 东林党人中南人北人比例与明代一般官僚中的南人北人比例大体相当，南方地主阶级代表人物的分量并不见得特别重。而籍贯可考的 42 名阉党中，南人 22 人，北人 20 人，② 北方地主阶级代表人物的比重也不见得特别大。

因此，如果过分夸大变法之争与东林党阉党之争中的南北地主阶级代表人物的矛盾，把它跟改良派与保守派的矛盾等量齐观，或者把二者当成一回事，那就有很多问题难于理解了。

第三，改良派和保守派的斗争与新旧党争也不能完全等同起来，最明显的就是北宋末年的所谓新旧党争，当时的蔡京这批人虽然还打着变法的旗帜，但新法到他们手里实际上已经变了质，不再带有改良的性质而成为加强对人民剥削的新手段，因此这时的所谓新旧党争，实际上就是腐朽的大地主大官僚集团内部争夺权势的斗争，不再具有改良派与保守派斗争的意义了。

由此看来，在宋明间统治阶级的内部矛盾中间，南方地主阶级与北方地主阶级代表人物、南北地主阶级不同的经济利益、保守派与改良派、新旧党争这几对矛盾之间，是存在着互相联系而又有所区别的错综复杂的关系的，把它们混淆起来，是不适当的。另外，像吴晗先生那样，把性质不同、产生原因不同的一些统治阶级内部矛盾，如北宋初年的王旦、寇准与王钦若、丁渭之争，中期的韩琦、富弼、司马光与王安石、吕惠卿之争，后期的北方豪族代表与蔡京之争，都一律视为改良派与保守派的斗争或新旧党争，恐怕也是不大妥当的。

从前面谈到的意见看来，南北地主阶级代表人物的斗争，并不是统治阶级内部矛盾的主要方面。这种斗争仅是表面的历史现象，它产生的原因是多种多样的，它并不规定其他统治阶级内部矛盾的存在和发展，相反

---

① 《明史》卷 70《选举志》。
② 《明史》卷 306《阉党传》。

地，它倒是被统治阶级内部的某些其他矛盾所制约和决定，因此，它不是统治阶级内部矛盾的最本质的部分。正因为如此，统治阶级集团常常不可以依据籍贯来划分，前述的东林党与阉党是一个例子，就连南北地主阶级矛盾色彩最鲜明的北宋初期的统治阶级内部斗争也是如此。寇准先尝与丁谓相善，并曾多次向宰相李沆推荐，后来才因细故与丁谓反目。① 真宗晚年多病，寇准打算让太子监国，与寇准一起策划的五个人中，杨亿是建州浦城人，盛度是余杭人，而和丁谓一起破坏这个计划的则有赵州人曹利用。② 我以为，统治阶级内部矛盾的主要方面，应当从生产资料占有情况与剥削方式不同的统治阶级各阶层的矛盾方面去探求。至于宋明间南北地主阶级代表人物间的矛盾，则不过是上述矛盾的一个侧面或者一种表现形式而已。

（刊载于《新建设》1959 年第 8 期）

---

① 《东轩笔录》卷 2。
② 《东轩笔录》卷 3。

谈戚继光斩子的传说

明朝抗倭名将戚继光治军之严，在历史上是有名的。相传他曾因恪守军法，斩了违令的亲生儿子。戚继光死于 1587 年。比戚继光晚生 50 年的沈德符（1578—1642 年），在他的《万历野获编》卷 28 "戮子"条曾记载："本朝大将戚继光之斩其子，则以败绩，此军法所不贷，不得已也。"可见至迟在戚继光死后不久，这个传说就流传开来了。

戚继光不徇私情、执法如山的作风尽管并非虚妄，然而，这个脍炙人口的斩子传说的真实性却是大大值得怀疑的。

首先，这事不见于有关戚继光事迹的正式著述。汪道昆的《孟诸戚公墓志铭》、董承诏的《戚大将军孟诸公小传》和《明史》、《罪惟录》、《明书》、《闽书》中的《戚继光传》，对此事均无记载。戚继光的儿子祚国等在戚继光死后编纂的《戚少保年谱耆编》，对戚继光的事迹几乎有闻必录，也没有关于此事的痕迹。这个传说除了在某些笔记野史和福建《仙游县志》、《莆田县志》里有点记载以外，就是在闽浙一带民间中流传了。

这些关于斩子的传说和记载是十分混乱的，主要有以下四种。第一说谓小戚将军一次奉命出征，途中获知敌人数量太多，决定暂退，回营即以违令被斩。第二说谓小戚将军奉令诈败诱敌，非到仙居县不准反攻，但小戚将军杀敌心切，未等退到仙居，就开始反攻，虽然打了胜仗，却因违令被斩。第三说谓戚继光曾下令战斗中不许回顾，但在一次战斗中，戚继光因马中流矢而落马，小戚将军在阵前不仅回顾，而且回马探视，乱了行列，几乎使全军失利，收兵后即被斩。《四库全书总目提要》的编者好像是相信这个传说的。《提要》中所录戚继光的重要军事著作《纪效新书》

条说："第四篇中一条云：若犯军令，便是我的亲子侄，也要依法施行。厥后竟以临阵回顾，斩其长子。可谓不愧所言矣。"第四说出自福建《仙游县志》(《莆田县志》略同)，云："戚公至莆田，将出师，烟雾四塞，其子印为前锋，勒马回，且求驻师。公怒其犯令，杀之。"这里不但记载了斩子的事，还明言所斩之子名戚印。

四说中，前三种都说斩子之事发生于戚继光在浙江台州（今临海）御倭（1561 年）时，后一说则谓发生于援闽之役（1562 年以后）时。有的同志曾经有过一种推测说，根据《年谱》，戚继光于 1545 年结婚，如次年得子，到援闽之役时他的儿子已十七八岁，从父出征，事有可能；台州之役，他的儿子至多 16 岁，未免过于年轻了；大约斩子是在福建，后来又流传到了浙江，变出了种种花样。

这个推测是难于成立的。因为在 1567 年，也就是戚继光 40 岁以前，他根本没有儿子，而御倭战争却基本上结束于 1566 年，即戚继光 39 岁的时候。

根据《年谱》、《墓志铭》和戚继光在 1587 年家庙落成时自撰的祝文所载，戚继光一共有五个儿子，都是庶出，其中长子祚国生于 1567 年，即戚继光 40 岁的时候。

在祚国之前，戚继光是否有过儿子呢？《墓志铭》提到，戚继光的元配王氏"鸷而张，先后有子皆不禄"。祚国之前，戚继光只有过一个女儿，但在闽浙军中夭折了。戚继光在《祭殇女文》中说："宦游万里，壮岁并跻，顾未有一息，所借破颜者惟汝耳。"1563 年戚继光跑到福建兴化九鲤湖向所谓九鲤仙祈梦，所请四事之一即"续嗣之忧"①。《止止堂集·愚愚稿》上载他巡边时，有客人安慰他说："无虑不弄璋也。"《年谱》又载 1563 年明政府升戚继光署都督同知，荫一子原卫正千户，可是戚继光却把这一荫职让给他弟弟继美去袭（《墓志铭》则说让给了他的侄子寿国）。这也可以作为旁证，说明当时戚继光还没有儿子，所以把这一荫职让给了他的弟弟（或侄子）。

---

① 见《止止堂集·横槊稿》下。

凡此种种都足以说明，戚继光在抗倭之役时，并没有一个随军从征的儿子。

至于有的同志推测戚印也许是戚继光初年的义子，这也是难于成立的，较可信的记载中毫无此事的影子，就连《年谱》也不录，岂不已经说明了此事的乌有吗？何况传说中的"斩子"，指的是斩亲生儿子。

因此，我认为戚继光斩子的传说是不可信的。

这个传说又是怎样形成和流传开来的呢？过程可能是这样的。

戚继光治军之严，纪律之明，给了他部下的士兵和闽浙一带的人民以极深刻的印象。他所著的《纪效新书》是一部用于实际训练士卒的书，《四库全书总目提要》说这书"其辞率如口语，不复润饰，盖宣谕军众，非如是则不晓耳"。该书第四篇中"便是我的亲子侄，也要依法施行，决不干预恩仇"这段话，一定是在士兵中反复"宣谕"的。而他早年在山东备倭时，确实有过毫不徇情地处罚违抗军令的舅舅的事（见《年谱》）。由于戚继光治军确实令出如山，不稍宽贷，又反复"宣谕""便是我的亲子侄也要依法施行"，再加上有处罚舅舅的事作影子，这样，在士兵和人民中间，就逐渐形成了一种传说，仿佛戚继光真的由于恪守军令而杀过自己的亲生儿子了。《万历野获编》的作者沈德符，从小跟随祖父、父亲任官居住在北京，中年以后，又回到南方，朝野掌故，都很熟悉。他记载了这个传说，足见当时许多人相信它是真的。传说流传越来越广，各地的斩子故事也就面目各异，闽浙一带有关的遗迹和祠庙也随之出现。遗迹祠庙的出现，反过来又使得这一不可信的传说更快地传播开去，终于使"戚继光斩子"成了脍炙人口的故事。

流传在民间的传说或"口碑"，是研究历史的重要依据，然而也不能轻信，需要经过审查考订，特别要同比较可靠的文献资料参照对勘，判明其可信程度。戚继光斩子的传说尽管由来已久，流传很广，却并不可信，正好为此提供了一个例证。

（刊载于《人民日报》1965 年 7 月 27 日）

《藏书绝句》非杨守敬作

《杨守敬集》第八册《藏书绝句》前言

　　清末民初，出版了几部有关我国古代藏书、版本的总括性著作。叶昌炽的《藏书纪事诗》七卷，记述了我国藏书家的故实，兼及版本、目录、校勘、印刷诸方面。叶德辉的《书林清话》，则以笔记体裁说明雕版书籍刻印源流，兼及藏书、校勘的诸多掌故。署名为杨守敬或王葆心的《藏书绝句》，虽然内容、分量上不能同前二书相比，但专叙版本，一诗咏一种版本，并将所据各家藏记著目注于诗后，条分缕析，或亦可在这类书中占一席之地。

　　《藏书绝句》32 首，上海蟫隐庐本世纪 20 年代铅印本。其序末署"时光绪二十有七年（1901 年）岁次辛丑夏四月，宜都杨守敬序于两湖书院"。序后有丁卯年（1927 年）默庵识语。云此诗是赵森甫于光绪季年自杨守敬手稿迻录，默庵偶于赵处见及，因已刊杨守敬遗书中未见，遂予刊布。但此诗中的 19 首及序，已于 1913 年分别刊于武昌出版的《文史杂志》第二、三、五期，惟序末无年月及署名。第二期之诗署名晦堂，三、五两期署名王葆心。这样，就产生了此诗究为何人所作的问题。

　　1934 年 6 月《浙江图书馆馆刊》第三卷第三期《〈藏书绝句〉著者之疑问》首先提出这个问题，怀疑晦堂、王葆心都是杨守敬的化名。1957 年上海古典文学出版社出版《藏书绝句》，出版说明中仍定为杨守敬著，从《浙江图书馆馆刊》文说，晦堂或王葆心疑是杨氏化名。

1974 年台湾艺文印书馆出版的吴天任《杨惺吾先生年谱》认为《浙江图书馆馆刊》及上海古典文学出版社说明皆未深考。王葆心实有其人。据徐佛观撰《王季芗先生事略》，王葆心字季芗，别字晦堂，杨守敬任教两湖书院时的弟子。"当民国二年，《文史杂志》发刊时，先生尚存，王君既与有师弟之谊，恐无盗用其师著述于生前而据为己有以发表之理，意者谓先生视此手稿为游戏之作，乃转授王君，假其名以发表，王遂刊于《文史杂志》耶？而赵森甫既先从先生录得副本，藏之箧衍，其后默庵得之，以为未刊之稿，乃为印行，盖未知王君已在《文史杂志》发表 19 首，因而有此误会，亦未可定。另据《罗田王先生著述叙目》，有论《藏书绝句》一卷，注称'此卷乃先生为秀才时，应王学使观风之作，壬子岁刊载武昌《文史杂志》，其书坊翻刻，乃嫁名杨守敬氏，竟有一二家书目，遂缘以著录，此所当亟为辨正者'云云"。但吴天任对此仍有怀疑。"惟观此卷所咏及其引注资料，于各种版本源流，了解详明，恐非见多识广，熟精版本目录之学如先生者未易率尔操觚，又屡引日本《经籍访古志》及日本版本，亦先生平日所详悉者。此乃云王君为秀才时作，据上引《王季芗事略》谓生于同治六年，癸卯岁举于乡，癸卯即光绪二十九年，当为 37 岁，计其为秀才时，亦不过 30 上下，如许少年，虽称博洽，而所知见书籍版本，谅亦无多，徐撰《事略》，亦无提及王氏精熟版本学问，能否为此征实之作，殊足置疑。又据古典文学社出版说明，《文史杂志》既创刊于 1913 年 3 月 20 日，即民国二年癸丑，而此注谓王君《藏书绝句》，壬子岁刊于《文史杂志》，则属民国元年，亦与事实不符，凡此皆足悬疑，兹仍归入先生之作，以俟考定云。"

《图书情报工作》1985 年第 5 期姚海泉《〈藏书绝句〉著者问题新线索》一文，据舒可卷《粪心室诗草》中光绪二十七年所作《江作甫茂才所作〈藏书绝句〉见示口占赠》注云：光绪二十七年学使王同愈命题观风，有《藏书绝句》32 首，江作甫时为秀才，曾作此诗。姚文认为就江氏《藏书绝句》的形式与内容来看都与今本《藏书绝句》相合，而且江氏既工目录版本又工于诗的特长，似非杨、王二氏所共有。《藏书绝句》的真正作者，似乎只有江人度（作甫）。

《图书情报工作》1987 年第 4 期谈瀛《〈藏书绝句〉确为王葆心先生所作》，比较详细地介绍了王葆心的经历，指出光绪二十七年湖北学政王同愈命题观风，对象是全省生员，作者当不止一人。姚文所提新线索，只能说明江人度亦作有《藏书绝句》，但舒可卷的赠江诗注并没有提供江作的具体内容，姚海泉也没有发现江诗原文。姚文所提新线索，只能说明王、江二人同时应学使观风各有所作，决不能由此推断《文史杂志》上发表的王葆心《藏书绝句》竟出于江人度的手笔。王葆心撰有《青垞书目》15 卷，即其先后收藏的钞本、孤本、善本书籍的校记。经他校勘、编刊的诸家著作，不下十种。可见他在这方面用力之勤，对目录版本之学有深刻的素养，决非如姚文所说"于目录版本亦非其所长"。至于蟫隐庐本序末杨守敬署名及默庵识语，则断言为盗印此书的书商或其雇佣文人编造出来的。

认为今本《藏书绝句》是江人度作确实属于猜测。湖北学使观风命题，对象是全省生员，杨守敬自不在其列。但也不能排除精通版本目录之学而同时又在湖北的杨守敬因此起意作诗，一如《年谱》作者所谓视为游戏之作而转授其学生王葆心的可能。因此《年谱》作者从诗的本身内容所提出的怀疑作者是杨守敬的两点，即一、光绪二十七年时 34 岁的王葆心，能否如诗中所咏及其引注资料，于各种版本源流，了解详明，恐非见多识广，精熟版本目录之学如杨守敬者未易率尔操觚；二、诗中屡引日本《经籍访古志》及日本版本，亦杨守敬平日所详悉者；尚有从诗的内容作进一步探析的必要。

《藏书绝句》诗注所言版本出处，除一处属作者自按或为自见者外，其他 54 处均系征引或节述他人著录，计目录版本之书 25 种 110 余处，某些书中提到版本者 17 种 21 处，序跋例言中提及版本者 12 种 12 处。可说作者对各种版本的源流出处的了解，全属间接来自他书。而这些征引的书文，有些是晚清时普遍流传的。如《四库全书总目提要》，阮元《十三经注疏校勘记》，陆心源《仪顾堂题跋》、《续跋》等；有些原属难见，但已收入嘉、道以来特别是光绪间编印的各种丛书，总之，都属易得易见之本。而惟一属于作者自按的《清汉合璧本》（诗题疑在民国发表时由《满汉合璧本》改）注称光绪四年及二十五年重刊江苏书局《钦定辽金元三史国语解》及武昌书局刻的《御制劝善要言》，又称见于《湖北官书处书目》。这样的自按，当然不足以反映作者自身的版本目录素养。

诗注对他人著述几乎全属节录或节述。甚多疏漏错讹，或有失原意。兹举例如下。

第一，节引失误。《经厂本》诗注节引《书目答问》：经厂本。……《春秋》兼用左、公、谷、胡安国、张洽五《传》。……永乐《五经大全》成书后，即专用此本。但《书目答问·明监本宋元人注五经》所列各经注："《春秋》旧用宋胡安国《传》，乾隆间废，改用《左传》杜注三十卷。"其后又云："明洪武定制试士，经义用注疏及此数本，《春秋》兼用左、公、谷、胡、张洽五《传》。永乐《五经大全》成书后，即专用此本。"则《五经大全》成书后已将洪武取士时《春秋》兼用五《传》改为专用胡《传》，乾隆时再改为《左传》，何得谓《五经大全》成书后，专用包括《春秋》五《传》的"此本"。诗注节引时弄错了。

第二，概括过当。《钞本》诗注引《汲古阁珍藏秘本书目》："钞宋本，用绵纸、朱砂格、墨格、精钞。"此言不见于原书，为概括语。实则《汲古阁珍藏秘本书目》中列钞宋本 73 种，其中提及用绵纸者 4 种，精钞者 21 种，无此类语者 48 种，至于朱砂格、墨格钞本，均非钞宋。诗注用语，使人认为《汲古阁珍藏秘本书目》中所列钞宋本，全属"绵纸，硃格，墨格，精钞"了。

第三，有失原意。《家塾本》诗注节述《仪顾堂续跋》："宋蔡氏家塾刊陆状元《通鉴》，后有'新又新'、'桂室'二印。宋刊《孙尚书内简尺牍》，目后有'蔡氏家塾校正'六字款，此书亦行父刊也。麻沙刻《通鉴》亦与之同。蔡著有《袁氏通鉴纪事撮要》，见《百宋一廛赋注》。"这是综合节述《仪顾堂续跋》中的两跋文字而成。《续跋·宋蔡氏家塾椠〈陆状元通鉴〉跋》云："《陆状元集百家注资治通鉴详节》120 卷，……序后有'新又新'三字阳文香炉形印，'桂室'二字阳文爵形印。次撰序叙注姓氏，姓氏后有'蔡氏家塾校正'六字木记，每叶 26 行，每行 22 字。……盖宁宗时刊本也。……此蔡氏不署名。考宋刊《孙尚书内简尺牍》，目后有'蔡氏家塾校正'六字，前有庆元三祀梅山蔡建侯行父序，见《百宋一廛赋注》。庆元为宁宗年号，则此书亦行父所刊欤?"《续跋》原意以《陆状元通鉴》不具刊者之名，因"蔡氏家塾校正"木记及为宁宗时刊本与同具此二者又有署名"梅山蔡建侯行父"序之《孙尚书内简尺牍》相较，遂疑《陆状元通鉴》亦为蔡建侯行父所刊。诗注略去《续跋》《陆状元通鉴》未署刊者名及《孙尚书内简尺牍》具有蔡建侯行父之名二事，紧接《孙尚书内简尺牍》目后有"蔡氏家塾校正"款下云"此书亦行父刊也"，改"欤"为"也"，作肯定语。致使读者径直误认"此书"所指为《孙尚书尺牍》，"行父"之姓亦无着落。不仅叙述混乱，亦违《续跋》本意。又，《续跋·宋麻沙刻陆状元通鉴跋》云："《陆状元集百家注通鉴详节》120卷。……三行题建安蔡子文校正。卷16以前，每页24行，每行19字。卷17以后，每页26行，每行22字，小字双行，余皆与宋刊蔡氏家塾本同。字多破体，间有删削，不及家塾本之善。惟举要历末家塾本'宋兴亿万斯年'，此本则'云圣宋亿万斯年'，《周世宗纪》下语及宋太祖皆提行，宋讳有缺有不缺。麻沙坊刻多如此。盖宋季麻沙坊刻，非元刊也。蔡文子字行之，著有《袁氏通鉴纪事本末撮最》，见《百宋一廛赋注》。"而诗注紧接"此书亦行父刊也"迳云"麻沙刻《通鉴》亦与之同"。此"同"究系何指? 若指同为蔡行父刊，则麻沙本明言"建安蔡子文校正"，籍贯与名均不同? 若指版本行款及内容相同，则《续跋》已明志其与蔡氏家塾本不同之处，仅在指出行、字有异之处后云"余皆与宋刊蔡氏家塾本同"，即专指每页行数及每行字数。诗注略去"余"字，扩而大之，遂与《续跋》相悖。麻沙翻刻，又有不同，已非原蔡氏家塾本，诗注仍置于《家塾本》注中，不仅多余，且增混乱。

第四，书名、作者记述的疏略。《校本》诗注引《皕宋楼藏书志》，"何义门校《王荆公唐百家诗选》"误"为何校百家《文选》"。引《拜经楼藏书题跋记》"六臣注《文选》"误为"五臣注《文选》"。《家塾本》诗注引《九经三传沿革例》，"无比《九经》"，误为"《五经》"。《校本》诗注引《爱日精庐藏书志》"冯已仓手校《水经注》"，误为"己苍"。引《孙氏祠堂书目》"孙潏若手校本"，落"若"字。等等。

第五，版本卷帙、行款记述的疏略。《百衲本》诗注引《艺芸书舍宋元本书目》零配覆本岳版《春秋左传集解》，落"覆本"二字。《钞本》诗注引《述古堂宋版目》，"钞本"误为"宋钞本"。《道藏本》诗注引《孙氏祠堂书目》唐庐重元注《列子》八卷，误为"十八卷"。《家塾本》诗注引《十三经注疏校勘记》引据各本目录《孝经》"行十七字"误为"二十七字"。《榷场本》诗注引《皕宋楼藏书志》宋刊《集注杜诗》残本每行 16 字，误为"二十六字"，等等。

第六，引书节略不当，以致意义难明，或生矛盾。《纂图互注本》节引《经籍跋文·宋本毛诗跋》，作："宋本《毛诗》，首题'监本纂图重言重意互注点校《毛诗》'。俱用规识，与家藏《尚书》婺本同，即岳氏《沿革例》云监中现行本也。"而《经籍跋文》原文为："……首题监本纂图重言重意互注点校毛诗卷第一，……凡重言、重意、互注，俱用规识，凡释之与传笺相连，不加识别，与家藏宋本《尚书》体例略同，《尚书》乃婺本小字，此则监本中等字，当即岳氏《沿革例》之监中现行本也。"如此节引，不仅使"俱用规识"意义难明，亦难明与婺本《尚书》所略同者仅为体例，且易招致将小字婺本与监本混同之误解。又，《残本》诗注节引《百宋一廛赋注》："残本《后汉书》，仅存八志三列传十五卷而已。乃北宋间翻雕景祐本也。又残本二，一缺损已甚，南宋精雕也。此书三刊，而残本共五。"引文仅得二刊残本三，何来三刊残本五。实则节引略去《赋注》翻雕景祐本之下的"又：残本二，皆缺损已甚，嘉定戊辰，蔡琪纯父所刻也"。以致节引不符三刊残本五之数。又，诗注引文"仅存"下刊落"纪"字，致无法读通。

第七，掺入他文。《麻沙本》诗注引《经籍访古志》元刊麻沙本《书集传》条后掺入非属此条之"方岳题刊字"等一段文字。《藩府本》诗注引《孙氏祠堂书目》等亦有此类问题。

至于诗序，提及藏书家和藏书处所四十余，有关版本目录校勘的掌故五十余。但亦有错失。如言"连江子孙散落，赵谷林之所悲"，出于鲍廷博《世善堂书目跋》："明万历间连江陈第手自编定，子孙时时增益，藏弆二百余年，后嗣不复能守。乾隆初年，钱塘赵谷林赍多金往购，则已散佚无遗矣。目录一册，余从赵氏得之，断种秘册约三百余。余按其目求之，积四十年，一无所得。则当时散落，诚可惜也。"则所悲者为鲍廷博而非赵谷林。

通观全诗并序，就版本而论，识广容可称之，见各种版本多则未必，精熟恐难以当，疏略则有可言。

可见，《年谱》的作者恐非见多识广，精熟版本目录之学如杨守敬者未易率尔操觚的怀疑未见得就能成立，34岁的王葆心也未见得就不能做出这样的诗。

至于诗中屡引日本《经籍访古志》及日本版本，亦杨守敬平日所详悉者，似乎是此诗疑为杨守敬作的一条更重要的理由。然而正是这一条使人更难相信诗为杨作。

《藏书绝句》诗注中，共从五种书中征引过日本版本。

第一，《家塾本》诗注引《仪顾堂续跋》："元菊山书院刊《广韵》，后来刊本，均不如此本之善。以《古逸丛书》新覆圆沙书院本校之，无一不同，而此本微有夺落。"诗注作者只照录了陆心源的话，与自己是否见到或直接引据《古逸丛书》本无涉。

第二，《家塾本》诗注引陈家麟《东槎闻见录》。此书收入《小方壶斋舆地丛钞》第十帙，上海著易堂排印本，全书光绪二十三年（1897年）出齐，为当时易见之书。《中西石印本》诗注引据的《英招日记》，《使西日记》、《欧游随笔》、《欧游杂录》均收入该《丛钞》第十一帙，恐怕也是诗注作者自此征引者。

诗注作者摘述了《东槎闻见录·书籍》条，但却出现疏失。《闻见录》作者记述了在米泽上杉家所见宋本《史记》、《汉书》、《后汉书》的情况，末云"余与《经籍访古志》所载同"。即其所记述者在《经籍访古志》所著录者之外或与之不同。但诗注引时把"余"字丢了，成了"与《经籍访古志》所载同"。事实上诗注对《闻见录》的摘述所云宋本《汉书》"有建安刘元起刊于家塾之敬室木记"，正是《经籍访古志》所失载者。而《闻见录》的一个错误，是把《经籍访古志》所载的另一求古楼藏元刊本《史记》的"安成郡彭寅翁刊于崇道精舍"误植于米泽上杉的宋本《史记》之上了。而这部宋本《史记》，序后有"建安黄善夫刊于家塾之敬室"木记，即有名的黄善夫本，为明代多家刊刻《史记》的底本，治版本目录者所熟知，亦为《经籍访古志》所著录，正是《家塾本》的最好注脚。诗注作者摘述《闻见录》所述宋刊《史记》时，仅因"安成郡彭寅翁刊于崇道精舍"与家塾本无关而将其删略，没有发现其将元本误植为宋本的错误，不知道这就是一部著名的家塾本。可见作者不但对《东槎闻见录》引述粗疏，而且也没有将其与多次引述的《经籍访古志》作过查对。

第三，《足利本》诗注引阮元《十三经注疏校勘记》各经校勘记序所列引据各本目录中日本山井鼎《七经孟子考文》所列的足利本、古本。阮元《校勘记》刊刻于嘉庆年间，序后所引据的《孟子七经考文》早由中国商人伊孚九（一说为汪鹏）运入国内，并被收入《四库全书》，阮元又在嘉庆二年（1797年）覆刻印行。这都是杨守敬光绪六年（1880年）赴日以前的事，《足利本》诗："秘书流播海大东，访古遗文岛国通，读罢七经开宝笈，传来足利阐儒宗。"参照诗注，实指阮元用《七经孟子考文》中所载足利本校经事，与杨守敬赴日访书无涉。其实，阮元《校勘记》各序中所列的只是《七经孟子考文》中所引据的日本足利本、古本，与实在的足利本仍隔一间。可知所谓"读罢七经开宝笈，传来足利阐儒宗"的足利本，其实只是诗作者从阮著中辗转得知。杨守敬在日本时，曾以四年之力，搜齐了在当时日本亦甚难得的足利本七经全部，列入其《日本访书志》第一卷的第一部。如果《足利本》诗为杨守敬作，断无不直接引据而转引阮元的道理。

第四，《经籍访古志》诗注中征引者达八处。此书六卷，补遗一卷，日本涩江全善、森立之同著。光绪六年杨守敬赴日，与森立之有交往，并重金购得《经籍访古志》偷钞本，"遂按录索之"[1]。当时可谓为中国人所独见。但杨守敬返国后一年，即光绪十一年（1884年），此书即由中国驻日使臣徐承祖着姚子梁在日本铅印刊行[2]。已非杨氏独见之秘，光绪十三

---

[1] 《经籍访古志》铅印本森立之跋、《日本访书志自序》。

[2] 《经籍访古志》铅印本森立之跋、《东槎闻见录·逸书》，《日本访书志》卷6《太平寰

年（1885 年）陈家麟赴日即见此书①，叶德辉《书林清话》成书于 1911 年，初刊于 1913 年，其序云 30 年成书；其中即多处征引森志。则此书在晚清已非难见，自不应因杨氏详悉此书而怀疑《藏书绝句》为杨作。

据《日本访书志·缘起》，杨守敬在日购书达三万余卷，经眼者亦不在少。《经籍访古志》"所载今颇有不可踪迹者，然余之所得，为此志之所遗，正复不少"。而《藏书绝句》中绝不见此类《访古志》之外的杨氏搜见之书，因此也显示不出杨氏为此诗作者的痕迹。相反，却有杨氏不是此诗作者的迹象。《足利本》诗注引《经籍访古志》："庆长丁未活字本《文选六臣注》，与足利学藏宋本同，盖依足利活字印刷者。"仅因其"依足利活字印刷"即将之视为足利本，却忽略了《访古志》该条下文："此本庆长丁未岁直江兼续用铜雕活字印行，世因称直江版。"因而不能称之为足利本。实则《访古志》中另有足利本在，即庆长五年足利学元佶奉神祖命用活字印行的《黄石公三略》。诗注作者翻检疏略，随手引录，致有此失。据《日本访书志》卷十二《李善注文选六十卷》条："余在日本时，见枫山官库藏宋赣州刊本，又见足利所藏宋本，又得日本庆长活字重刊绍兴本（即直江本——引者）及朝鲜活字本，皆六臣本。余以诸本校胡氏本，彼此互节善注，即四明赣上所由出。"很难认为，按《访古志》索访过书，又见过《文选六臣注》多种版本，并购到庆长活字本，而且对诸本作过校勘的杨守敬，会出现诗注的这种疏失。

第五，自朱纪荣《行素堂目睹书录》转引《古逸丛书》。《古逸丛书》是杨守敬为驻日公使黎庶昌主持刻印的。所收为日本所藏中国古书。如诗为杨作，实无由自《行素堂目睹书录》中转引。这也说明《藏书绝句》的作者恐怕并未见过《古逸丛书》。

不仅如此。从《行素堂目睹书录》转引《古逸丛书》中的书，有的是违反杨守敬的意愿和择取标准而列入的。

《蜀大字本》诗注引《行素堂目睹书录》："《古逸丛书》影宋蜀大字本《尚

字记》则作姚子良。

① 《东槎闻见录·书籍》。

书释音》、《尔雅》。"杨守敬《日本访书志》卷一："《尚书释音》二卷，影宋本刻入《古逸丛书》。余在日本校刻《古逸丛书》。黎星使女婿张君沆得影写此本，议欲刻之。余谓此书非得之日本，似不必汇入。且此书非陆氏之旧，乃宋人之书。星使骇然。余乃检《崇文总目》及《玉海》证之，知为宋开宝中太子中舍陈鄂奉诏刊定。以德明所释乃《古文尚书》，与明皇所定今文驳异，令鄂删定其文，改从隶书。故段若膺、卢绍弓于《释文》中此二卷深致不满。今不能得开宝以前古本，则此不足惊人也。张君意存见好，必欲刻之，余亦未便深拒。"以下列举该书谬讹，且云"陈鄂不学至此，而以删定通儒之书，岂非千古恨事"。并定此书为南宋刊本。

蜀大字本诸家多有著录，且有传本，如杜预《春秋经传集解》30 卷、《淮海先生闲居集》。即杨氏在日访书时除《尔雅》外，尚得有日本覆宋蜀大字本《山谷内集注》20 卷（《日本访书志补》）。如诗是杨守敬作，应无取此既非得之日本而又已所深致不满的《尚书释音》入注之理。

可见，《经籍访古志》及日本版本固为杨守敬平日所详悉。但《藏书绝句》的作者，却仅具粗识，引据颇有疏失，甚至没有见过杨守敬校编及主持刻印的《古逸丛书》，可能连杨守敬在光绪二十七年（即诗作之年）刻成的《日本访书志》及《留真谱》都不知道。因详悉《经籍访古志》及日本版本而怀疑《藏书绝句》为杨守敬作，实在没有根据。

总之，无论是从诗作源流或诗作本身来看，《藏书绝句》应该不是杨守敬所作。但全诗 32 首是一个整体，诗与注互相对应，应为同人一时之作。而由王葆心署名发表于《文史杂志》上的仅诗序和诗 19 首，其他 13 首从何而来，包括默庵题识所述得全诗 32 首的经过尚难稽考，且又有蟫隐庐本序后署名杨守敬的一点渊源，故仍附列于此。

上海古典文学出版社以蟫隐庐足本重印，并以《文史杂志》本勘过，又校正若干处明显错脱的地方。今即采用此本，由郗志群同志重新标点，并对古典文学出版社本尚存的若干明显误漏之处，参照诗注原引书籍作了改补。如：

《监本》诗注引《南雍志》，"经"字前落"制书"二字。

《公库本》诗注引《经眼附录》，"公"下应增"使"字。"既见于吴门管氏《释文》"改为"既于吴门见管氏《释文》"。

《藩府本》诗注引《孙氏祠堂书目·内编》，"晋藩府刻本"前应删去"嘉靖"二字。"又"下应增"明嘉靖晋藩刻本"七字。

《书院本》诗注引《爱日精庐藏书志》，"体"字前落一"字"字。《仪顾堂续跋》，"南山书院"误为"菊山书院"，《广韵》误为《广均》。《经籍跋文》，"何如"倒置为"如何"，"字大"倒置为"大字"，"吴中"下应增"似系国初繙刻者"一句。

《家塾本》诗注引《孝经注疏校勘记》引据各本目录，"行二十七字"应"为行十七字"。《九经三传沿革例》，"《五经》"应为"《九经》"。《仪顾堂续跋》，《袁氏通鉴纪事撮最》误为《撮要》。"顾氏《爱日精庐藏书志》、《序》"应为"《爱日精庐藏书志》"，《通鉴》"节详"应为"详节"，"鲁公"前落"颜"字。《经眼录》"后有"前落"序"字。

《榷场本》诗注引《藏书纪要》，"盐茶"倒置为"茶盐"。《经籍跋文》"《周易集解》"误作"《周易注疏》"。《皕宋楼藏书志》"行十六字"误作"行二十六字"。

《书棚本》诗注引《百宋一廛赋注》，"临安府"下落"棚北"二字。

《道藏本》诗注引《孙氏祠堂书目》，"《列子》八卷"误为"十八卷"。"《孙子十家注》"误为"十三家注"。

《蜀大字本》诗注引《经籍跋文》，"《孝经》"下落"音义"二字。

《五色本》诗注引《藏书纪要》，"《本草图经》"误作"《本草内经》"。

《百衲本》诗注引《艺芸书舍宋元本书目》，"书"误为"精"。"零配"下落"覆本"二字。

《活字本》诗注引《四库全书总目提要》，"十之一、二"误为"十之三"。

《密行小字本》诗注引《春秋左传校勘记》，"此宋坊刻"误为"北宋坊刻"。

《纂图互注本》诗注引《经籍跋文》，"胜今本处"上应"加孔传"二字。《经籍跋文》，"宋刻巾箱本纂图互注《周礼》"应为"《周礼》纂图互注"。

《校本》诗注引"《拜经楼藏书题跋》"，"跋"下应"增记"字。"六臣注《文选》"误为"五臣"。《皕宋楼藏书志》"何校百家《文选》"，乃"何校《王荆公百家诗选》"之误。《爱日精庐藏书志》"冯己苍"应为"已仓"。《孙氏祠堂书目》"孙澹"下落"若"字。

《钞本》诗注引《述古堂宋版书目》，"宋钞本"衍"宋"字。

《艺芸精舍宋元本书目》，"精舍"为"书舍"之误。《拜经楼藏书题跋》，"初白先生"上宜增"查"字。

《孤本》诗注引《皕宋楼藏书志》，"乾隆"应作"乾嘉"。《爱日精庐藏书志》《册府元龟》残本"十九卷"应为"九卷"。

《残本》诗注引《百宋一廛赋注》，"仅存"下落"纪"字。"《爱日精庐藏书志》"应作"《爱日精庐藏书续志》"。"通志堂"下应加"本"字。

如此种种，即迳改过，不再一一注明。至于较复杂的疏漏错失，及不洽引书作者原意等处，则一仍其旧。亦不再注出。

（刊载于谢承仁主编《杨守敬集》第 8 册，湖北人民出版社、湖北教育出版社 1997 年版）

河西怀古

  1981 年 7 月 20 日，丝绸之路考察队从兰州出发，循河西走廊西行，8 月 16 日由敦煌的柳园乘车去新疆，在河西历时 27 天，行程两千余公里，参观了四十多处古迹遗址。汉塞唐城，放眼皆是，晋墓魏窟，异彩纷呈，就像一个个快速放映的电影镜头，令人目不暇接，心撼神摇。这种走马观花式的考察尽管十分粗略，却也有一个好处，那就是无数见闻重叠交织，融汇成一个鲜明难忘的总印象：河西，的确是一条壮伟瑰丽的历史走廊，是一个对我国历史发展做出了重要贡献的地区，是一个值得史学工作者倾注心力深入探究的领域。

祁连山下的历史走廊

  一进入河西，最触目的景物就是南侧远远西延到天边的祁连山。从兰州、武威之间的乌鞘岭到古玉门关的一千多公里的路上，它始终变换着各种姿态伴随我们，时而陡峭挺拔，时而雄伟浑厚，成为河西走廊的无处不在的标记。

  祁连山是河西走廊与青海柴达木盆地之间许多平行高山的总称。我们所见的仅是它的北缘。好些海拔四五千公尺以上的高峰，都隐藏在层层山峦之后。然而就这样，它也给人以难忘的印象。当公元前 2 世纪初，从广袤的蒙古高原南下的匈奴人占据河西走廊，来到林木茂实、水草丰饶的祁连山下时，他们怀着惊喜崇敬的心情，把这座高山命名为天山。匈奴称天为"撑犁"，"祁连"即"撑犁"的另一音译。这就是祁连山得名的由来了。

祁连山的另一个名称叫南山，这是为了同走廊北侧一组与之平行，统称为北山的山脉相照应。北山山脉，从东到西是龙首山、合黎山和马鬃山。由于饱经剥蚀，山势远较祁连山低平，但却组成一条长长的屏障，减弱了蒙古高原风沙的威势，也遏止了山北巴丹吉林沙漠的南侵。只是在它们的缺口处，像武威北面的民勤一带，张掖、酒泉北面的弱水（额济纳河）河谷，强劲的朔风才得以把大量飞沙带进走廊，形成大片风成沙丘。敦煌南面包括有名的鸣沙山在内的大沙山群，就是这股突进走廊的风沙威力的见证。

这样，夹在南北两山之间，长一千多公里，宽几公里到百余公里的狭长地带，就名副其实地成了一条地理上的走廊。它从乌鞘岭开始，经过武威、张掖、酒泉、敦煌，越过玉门关和阳关，一直远出到新疆白龙堆的茫茫沙海。

这里干旱少雨，年平均降水量从武威的一百七十多毫米递减至安西、敦煌的二三十毫米。然而，祁连山的雪水却神奇地点化了这片干渴的荒漠，使它遍布生机。

同干旱的走廊相比，祁连山地的降水量是丰富的。西北—东南走向的群山正利于东南季风穿堂入室，高峻复杂的地形使遭到阻碍的水汽凝为雨雪沛然而降。山区东段年降水量有 500 毫米，西段也在 100 毫米左右。纷飞的雨雪给高峰一一戴上了白冠。从酒泉南望，皑皑的雪峰在八月的晴空下傲然矗立，不禁令人忆起刘禹锡"雪里高山头白早"的诗句。在张掖远眺，横山顶部与迷濛的天边溶为一色，分不清那是暗雪还是长云。然而这都不过是雪峰群的前哨。在山区的深处，高出雪线 500—1500 米的山峰比比皆是。万年冰雪在重力的作用下从山巅缓缓移向山谷，形成总面积 1972.5 平方公里、贮水量 954 亿立方米的 2859 条冰川。这些冰川也就是祁连山区里许许多多的凝固水库。冰雪融水汇成四十多条大小河流奔流出山，首先滋润了前山的坡地，使它们遍生林木，长满青草，成为放牧的畜群的天堂。当我们从山丹东南的大黄山（即有名的焉支山或燕支山）和张掖东南的扁都口前经过时，展现在眼前的是这样一幅炫目的图画：湛蓝的晴空下是紫黑色的山峰，峰前的缓坡绿草如茵，这里那里大片大片盛开着蓝色的苜蓿花，与另一些地块上金黄色的菜花交相辉映。各种色调鲜明、和谐而又层次分明，就像是河西地区绚烂多彩，变化繁复的历史；也使我们仿佛体会到了当年匈奴人在失去河西后唱出"亡我祁连山，使我六畜不蕃息；失我燕支山，使我嫁妇无颜色"的哀歌时的悲憾心情。山水继续流向山前的戈壁滩，一部分潜入地下，形成了静贮量4500亿立方米，动贮量56亿立方米（包括居延海盆地）的巨大地下水蕴藏。在戈壁滩前缘的泉水区，一部分地下水又重新露头，涌出大大小小的泉源，与流经戈壁滩的河水汇合到一起，灌溉着大片大片的绿洲，帮助人们在河西历史上除畜牧之外又添上农业的篇章。武威、张掖、酒泉、敦煌这些历史名城，就分别建立在石羊河流域、黑河（弱水）流域、疏勒河流域的绿洲之上。绿洲的农业，支持了这些城市的存在和发展，使之迄今不衰。再向前去，这些河流就远远迷失在茫茫戈壁和沙海之中，或者潴积为像古居延海那样的内陆湖泊。汉武帝时，有名的天马曾在居延泽畔徜徉。今天，改道后的额济纳河所注入的索果诺尔和嘎顺诺尔，仍是湖畔芦苇丛生，湖心天光静谧，成为野驴、黄羊、大雁、天鹅、野鸭、鹳鸟和鱼类的乐园。

正是祁连山的雪水，哺育了河西走廊的草场和绿洲，大大改变了它的荒漠景观，把它变成了一个宜农宜牧，适于人们生养蕃息的丰饶之乡，从而使它从一条地理意义上的走廊变成了一条历史的走廊。剽悍的胡骑，抗戈的汉卒，扬鞭的牧民，垦荒的农夫，虔诚的僧侣，远行的商队，都在这里留下了脚印，洒下了血汗。清脆的驼铃，悠远的梵钟，时不时被刀剑的铿鸣、武士的呐喊打断，昭示着河西的历史又揭开了新的一页。而亲手布置了这座历史舞台的祁连山，则又是演出中始终不变的雄伟背景，一幕幕史剧的沉默见证。无怪乎汉武帝要把霍去病的坟墓修成祁连山的形状，作为这位抗匈名将在河西走廊上建立的丰功伟绩的象征了。

没有祁连山，没有祁连山的雪水，也就没有河西的繁荣，没有河西的历史。把祁连山作为河西走廊的标记，再恰切也没有了。第一个看到了这点的汉武帝，不愧是一个很有眼光的历史人物。

中原王朝的一支手臂

汉武帝不仅眼光敏锐，而且很有作为。在他统治的时期，秦始皇初创的、作为统一多民族祖国的历史基础和核心的中原王朝得到了巩固和发展。正是顺应了统一的历史趋势，也是凭借着统一集权的中原封建王朝雄厚的人力物力，河西走廊在汉武帝时第一次归入中原王朝的版图，从此与中原王朝的命运紧紧联系起来。

长城，就是中原王朝威力和决心的凝聚。

一个炎热的八月正午，我们登上了玉门关附近的一座汉代烽台。碧空如洗，大野无荫，天空不见飞鸟，戈壁了无生意，远处的海市蜃楼凝结不动，四外一片死寂，宛如太古的洪荒世界。然而脚下的古长城，却让人忆起两千多年前这里烽烟四起，刁斗相闻，蹄痕遍野，矢刃交攉的人类火炽生活。

烽台为土坯筑成，土坯厚约 1 尺，土坯与土坯之间夹有一层厚厚的芦苇，现在还残存 13 层，高 7 米左右。站在烽台上远望，长城向东西两方蜿蜒伸展，不见尽头，其间烽燧遗址历历可数。长城也是一层沙石夹一层芦苇，残高约 3 米，多年盐碱浸渍，已经近乎石化。对于轻装的匈奴骑兵，它确实是一道不易逾越的障碍。

汉武帝元狩二年（前 121 年），霍去病率领的大军经过激烈战斗，打败了匈奴浑邪王和休屠王的部众。河西之地，乃为汉有。汉朝在这里陆续设置了武威、酒泉、张掖、敦煌四郡（后又加上金城，称河西五郡），遣派了几十万的戍卒、移民，屯田殖谷，守塞开边。河西从此成为一个以汉人为主的地区。为了阻遏匈奴南下，保卫这片新辟的疆土，长城也逐步展筑到了玉门。塞障亭燧更是西出玉门数千里，直到盐泽（罗布泊）以西。在河西走廊的最大缺口，即自张掖和酒泉北流的弱水两岸，烽堠障塞，棋布星罗，一直北延到千里之外的居延这个走廊的突出前哨。从居延东到内蒙古阴山，西到新疆伊吾，至今仍有不少汉家残垒，依稀可以辨认出这条长城以北的外围防线。在长城主干线之内，也有不少防御工事。张掖东南的永固城东有霍城，相传即霍去病的屯兵处。玉门关到阳关和阳关到敦煌之间，塞墙遗迹赫然在目，说明这里当年是走廊西端的一个坚固设防的筑垒地带。修筑长城和开发河西耗费的人力物力实在惊人。张掖附近的"黑水国"、"骆驼城"、永固城遗址周围和敦煌阳关大道旁上万或几万的简陋汉墓，在在令人想起当时的士卒和农民付出了多么沉重的代价。

然而，代价尽管沉重，却是历史发展的必要支出，也得到了历史的丰厚报偿。

在我国古代，建立在黄河中下游和长江中下游的一些重要的中原王朝特别是汉族王朝，像汉、唐、宋、明等，都面临着一个重大的甚至是生死攸关的问题，那就是与北方或东北方的游牧民族的关系。因此，它们一般是坐南面北，紧紧地凝视着北方。如果说，中原王朝的胸口面对的是燕山、河套一线，那处于侧翼的辽河中下游和河西就是它们在东北和西北方向上的两支手臂了。当兴起于蒙古高原的北方民族如匈奴、鲜卑、柔然、突厥、回纥、契丹、女真、蒙古等强大起来以后，他们就要南下与中原王朝争夺阴山河套地区。如果这时中原王朝处于相对软弱的状态，阴山河套就落入北方民族手里，中原王朝只好退过鄂尔多斯草原，在燕山、雁门、陕北一线布置自己的防线。北方民族再进一步进逼，这条防线失守，那就要出现胡骑入主中原的形势了。反过来，如果中原王朝力量强大，它的军队就要从鄂尔多斯以南和雁门、燕山一线出击，占领河套和蒙古高原南缘。这时，中原王朝的身躯挺直起来，两支手臂也就伸出来了。河西四郡之一名为张掖，张掖者，张国臂掖（即腋）之意也。手臂伸出，腋下自然显露出来。可见汉武帝时，人们确已清楚地认识到河西走廊同中原王朝的命运的关系了。

中原王朝朝向西北的这支手臂伸出来，从防守方面说，就保障了秦陇一带中原王朝腹心地区，并切断了北方游牧民族同青藏高原上的民族如羌、吐蕃、藏等族的联系，即所谓"防羌胡交关之路"，中原王朝侧翼的安全就有了保证。从进取方面说，自居延向北，是深入蒙古高原最捷近的路线，离匈奴、突厥等族发源的阿尔泰—杭爱山的森林草原地带不远。汉军犁庭扫穴，远征漠北，这是重要的进军路线之一。从玉门关、阳关向西，就进入了西域。北方民族丧失阴山河套以后，在中原王朝军队或更北方新兴民族的威迫之下，他们的活动重心往往向西移到包括准噶尔盆地在内的阿尔泰山两麓。中原王朝的军队跟踪西出玉门关，就进到了哈密、吐鲁番一线，切断了北方民族南下塔里木盆地的道路，从而可以控制天山南路，并进而与北方民族争夺天山北路。如果说河西走廊是中原王朝的左臂，那这时拳头就放到了哈密、吐鲁番，五指伸开，天山南路和天山北路乃至中亚就尽在中原王朝势力笼盖之下了。到了这时，北方民族的命运或是入款塞下，或是再西迁去中亚草原，乃至像潜流一样在东欧中欧涌出，使得当时的欧洲人大惊失色。历史上的匈奴、突厥、回纥、契丹，大都如此。反之，当中原王朝衰落时，河西往往易手，手臂被斫，中原王朝只有佝偻着身子，承受来自北方和西方的打击了。唐中叶以后河西陷于吐蕃，北宋时河西归于西夏，战火就蔓延到了秦陇，甚至关中地区也处于威胁之下。唐后期吐蕃一度攻入长安，几次进入关中，就是例子。前人言："欲保秦陇，必固河西；欲固河西，必斥西域。"这话的后半截略有夸大，但河西对中原王朝军事上的重要性，河西与中原王朝命运的紧密相连，则是毋庸置疑的。

西北的经济政治重心

中原王朝这支向西北伸出的手臂必须是强劲有力的，除了给它输送血液和营养外，它本身还应当具有健壮的骨骼和筋肉。河西地区优越的自然环境和人民的辛勤努力，使它具备了这样的条件。

军事需要促进了河西的开发。祁连山的雪水使移民带来的中原农业技术大有用武之地，农业迅速发展起来。当然，一开始代价是巨大的。汉武帝时，屯田卒不必说了，初来的移民，也是"衣食皆仰给县官"，生产和生活资料都由政府供给，而所需物资却要从数千里外的内郡转输，运费往往超过物资本身价格好多倍。

西汉政府又在这里投入大量人工修筑了许多灌溉工程。这场巨大的努力很快得到了报偿。没有几年，这里的仓廪就开始积贮了余粮。汉宣帝以后，河西地区已是"人民炽盛，牛马布野"，不仅在人力物资上支援了对西域的经营，居延出土的一支汉元帝永光二年（前42年）木简上，甚至出现了中央的大司农把这里的余谷钱物调运内地济民困乏的记载。东汉中后期，河西一度衰落。但汉末魏晋以后，随着避乱的中原居民大量迁入，再加上像前秦苻坚那样把许多江汉、中州的人徙来，河西人口大有增加，农业也再度兴盛起来。我们所见的和未及见到的酒泉、嘉峪关魏晋十六国时期墓葬中的壁画和画砖上，有大量农业生活的图画，形象地描绘了当时河西地区田庄林立，农、牧、桑、林兴旺，五谷丰登的情景，单套犁耕，条播，以及迄今最早发现的耙、耱图像，则显示了这个地区农业技术的先进性。到了唐朝，武则天圣历时陈子昂言，"凉州岁食六万斛，而甘州所积四十万斛"，"瓜，肃以西，皆仰其饷"。河西的粮食，又一次支持了中原王朝向西域的发展。唐前期河西地方政府推行和籴之法，向农民征购粮食以补充军食，仓库盈满。如果河西农业不发达，农民手中没有余粮，这一措施是不可能长久施行的。唐玄宗时，"自（长安）安远门西尽唐境一万二千里，闾阎相望，桑麻翳野，天下称富庶者无如陇右"。应该说，这是河西历史上最辉煌的时期了。此后，河西又有些衰落，然而还是"屯修于甘，四郡半给；屯修于甘、凉，四郡粗给；屯修于四郡，则内地称甦矣"。可惜，这次考察时未及见到汉唐农田水利遗迹，但居延黑城子一带西夏及元的田塍、渠道痕迹依稀可睹，再加上魏晋墓葬壁画和居延汉简中大量有关屯田的记载，也使我们能对当年河西农业的繁荣景象勾画出一个模糊的轮廓了。

畜牧业并未因农业的发展而衰竭。魏晋壁画墓中不少畜牧图像显示了绿洲上农牧结合的定居生活，而少数民族的牧民则仍扬鞭策马，赶着畜群游徙在水草丰饶的祁连山前或居延一带的荒漠草原之上。汉时，"凉州之畜，为天下饶"。北魏拓跋焘平统万及秦、凉，以河西水草丰美，用为牧地，畜甚蕃息，马至二百余万匹，橐驼半之，牛羊无数。唐在凉州置八监，牧官马30万匹。"凉州大马，横行天下"，谅非虚言。今天，山丹大黄山即古焉支山南侧仍建有我国最大的军马场。我们虽然未及去参观，但沿途亦屡见牧人驱赶数十匹上百匹的马群在旷野上奔驰，对于第一次来河西的人，也差可随之驰骋一下幻想了。

发达的农业和畜牧业，再加上随"丝绸之路"开通而来的繁荣的商业，使河西成了西北地区的经济重心。它的经济力量加强了它的军事地位，不仅支持了当地的守备，也支援了从这里出发的中原王朝的远征军。西汉时，河西戍卒多达几十万人。汉武帝后期李广利第一次远征大宛失利退回，在敦煌屯休一年多，重新组成了一支有六万士卒，三万多匹战马，十万头牛，一万多头驴骡橐驼，私负从行者尚未计在内的粮食充足、器械精利的大军再度出征。这支大军的人力物资的补充主要来自内郡，但河西地区无疑也贡献了很大的力量。王莽末年，仅张掖属国一地即可发精骑万人。东汉明帝、和帝时几次远击北匈奴，最后把它赶出漠北，迫使其西迁，主力军都是从河西出发，并基本上由河西当地人马组成。前秦苻坚令吕光总兵七万，铁骑五千以征西域，也是以河西为后方基地。唐玄宗天宝年间，河西节度使统兵共达 73000 人。河西地区汉唐时人口为几十万，以几十万的人口要供养大批军队并支持其大规模的军事行动，固然说明了当地人民负担的繁重，但也从另一方面说明了这个地区经济力量的相对雄厚。

相对雄厚的经济力量和军事力量使河西成了西北地区的政治中心。

西汉时，河西开发伊始，还不能摆脱对中原王朝的依赖。它只是中原王朝的西北屏障和经略漠北、西域的基地。西汉王朝着意经营的是居延防塞和玉门以西。这样，位于它们紧后方的走廊西端的酒泉特别是"华戎所支——大都会"的敦煌，成了当时河西最重要的城市。随着河西自身经济力量和军事力量的成长，它的骨骼和筋肉壮实起来了。加上南阻祁连，北临大漠，东固黄河，西接流沙的特殊地形，河西地区逐渐在政治地理上自成格局，不再仅是中原王朝在西北的基地，而且对中原王朝本身也具有相对的独立性了。当中原王朝衰落或发生战乱时，这里的汉族或少数民族的豪杰往往乘时而起，凭借河西的军事力量和经济力量以及特殊的地形据守一方，对中原王朝采取独立或半独立的态势。东汉初年窦融就曾带河为固，保有河西五郡，并协助汉光武帝夹击割据陇右的隗嚣，孤立了割据四川的公孙述。河西的力量对东汉的统一事业做出了贡献。十六国动乱时期，从 4 世纪初到 5 世纪中叶的一百多年里，河西地区先后建立了前凉、后凉、北凉、西凉、南凉几个地方割据政权。它们之间虽然也有战争，但比起中原地区大规模的民族战争和屠杀来，这里可算是战乱漩涡边缘的一片相对安定的福地了。前凉曾两次击退了前赵主刘曜和后赵主石虎大军的进攻，正说明了河西本身力量的相对雄厚。由于凭借本身力量和特殊地形而形成的独立性的加强，从东汉开始，河西的政治中心城市从敦煌、酒泉逐渐东移到走廊上最大的绿洲地带，又面对中原及东南方羌人的张掖特别是武威来了。东汉时凉州刺史即驻武威，前凉、后凉、北凉、南凉的都城也都在此或一度建在这里。唐朝前期，河西陇右 23 州，凉州最大，是河西节度使的驻所，共有七城，周长 20 里（一说 45 里），繁华程度可想而知。

安史之乱以后，河西再一次脱离了中原王朝。吐蕃经过十几年的战争全部占据河西，统治了近 70 年。848 年，汉人张议潮起兵驱逐吐蕃，重新奉唐正朔，但实际上是割据一方的藩镇。50 年后的 9 世纪末，甘州回鹘把自己的统治扩展到河西的大部分地区，张氏家族及其后继者曹氏家族的势力退缩到了敦煌一带。1028 年，甘州回鹘政权为党项族建立的西夏所灭。1036 年，敦煌的曹氏政权亦为西夏所并。河西作为西夏的后院和粮仓，支持西夏立国达 190 年之久。由于这里长期为青藏高原上来的吐蕃、蒙古高原上来的回鹘和宁夏一带来的党项等族所控制，走廊北、西、南面的各民族交往甚多，又长期与中原王朝处于隔绝、半隔绝乃至交战的状态，交往比过去减少，出入蒙古和青藏高原的居延—扁都口通路的地位突出起来，因此位于走廊中部，又是横穿走廊的丝绸之路与居延—扁都口一线的交点的甘州（张掖），遂继武威之后成了河西走廊的中心城市。当时，甘州回鹘可汗即建牙于此。10 世纪初，大食人伊本·摩哈默尔的来华游记曾误认山丹（可能即甘州）为中国王城。据说此城需一日之程始能横越，城门处墙高、厚各 90 臂，城内有 60 街，每街各延达于官署，每条街有两道渠，一引城外清水供饮用，一载城内污秽流向城外。这些描写当有夸诞之处，却也反映了这位远来游客面对这座宏伟城市时惊愕赞叹，不能自已的心情。蒙古灭西夏后，继之又灭金、灭南宋，河西重新归入中原王朝版图。元于河西设甘肃路（后改为甘州路），置行中书省于甘州。明于甘州置甘肃镇，陕西行都指挥使司驻此，甘州仍是河西的中心城市。经过元、明、清三朝，随着统一多民族国家的发展和巩固，再加上这时中西交通多由海路，陆上的"丝绸之路"的作用已大不如前，河西在历史上所形成的相对独立性以及它作为西北地区的经济政治重心的地位逐渐消失了。清时甘肃省会移到了兰州，但仍流传着"金张掖"、"银武威"的称呼。今天，河西仍是甘肃省最富庶的地区，也仍然起着辖毂中原与新疆的走廊的作用。随着大西北的进一步开发，河西走廊将在今后的历史中起着愈来愈重要的作用。

各民族轮番演出的历史舞台

河西历史的创造者不仅是汉族，少数民族也扮演了重要的角色。先秦不必说了，秦汉以来的两千年间，大约有三分之一的时间是他们在河西的历史舞台上担任主角。

张掖和酒泉城中心的钟楼四门，都分别挂着这样的匾额：

东迎华岳

南望祁连

西达伊吾

北通沙漠

它们贴切地反映了河西作为西北地理上的十字路口的地位。地理上的十字路口使河西也成了古代各族交往的十字路口。东方来的汉族、党项族、满族，北方来的匈奴、鲜卑、突厥、回纥、蒙古等族，南方和东南方来的羌族、氐族、吐谷浑、藏族，西方来的新疆、中亚、波斯、阿拉伯各族和后来的回族，以及从这里西去的塞种、月氏和乌孙，都曾经在这个十字路口上或同台、或轮番地演出过一场场服色不同、语言各异、有长有短的活剧，把河西的历史装点得五彩缤纷，奇瑰绚丽。

目前河西发现的最早人类遗址，属于新石器时期仰韶文化系统的马家窑、半山、马厂类型的文化。古籍中记载先秦和秦汉之际在这里活动的有戎、狄、羌、月氏、乌孙等族。时间相当于夏代的玉门火烧沟类型的青铜文化，属于奴隶制社会早期，据说可能是古代羌族的一支的文化。而沙井文化和骟马类型的青铜文化以及嘉峪关北的黑山岩画，是否是月氏人和乌孙人的遗留，目前尚难于确定。

秦汉之际，匈奴南下河西，月氏被迫西迁。不到一百年，匈奴又被汉武帝的大军打败，汉族成了河西的主人，但这里仍活动着不少少数民族。留下的月氏人居于祁连山地，被称为小月支。聚居在张掖附近的卢水胡，曾经是东汉进击北匈奴大军的骑兵主干。河西四郡中的氐池县，可能是氐人聚居的地方。更有意思的是四郡中还有昭武、骊靬两县。昭武九姓是中亚居民，骊靬则是汉朝人对叙利亚的称呼。这两县"解者皆谓因西域归化之人之名以为名"。东汉时，羌人在这里有颇多的活动，鲜卑于2世纪中叶檀石槐成为部落联盟首领时，亦曾把自己的势力一直西伸到了敦煌。在这带活动的鲜卑人从此得到了"河西鲜卑"的称呼。

十六国时的民族动乱也波及到了这里。当时割据河西的五凉政权中就有三个少数民族政权，即氐族吕光建立的后凉，卢水胡沮渠蒙逊建立的北凉和原居河西的鲜卑秃发氏建立的南凉。鲜卑慕容氏的一支吐谷浑，4世纪初从遥远的辽东辗转迁移到了青海，其势力也伸展到了河西。当663年吐蕃攻取其青海地时，吐谷浑的一部分逃到了凉州。这次考察所见的武威青嘴喇嘛湾慕容氏墓葬群，就是这支吐谷浑余部的贵族身后埋骨之所。

民族的动乱和战争，固然给各族人民带来了极大的破坏和痛苦，但它却也在客观上促进了民族之间的接触和融合。当少数民族与汉族杂居一地，从迁徙走向定居，从游牧转为农耕，接受了封建制度之后，经济生活与经济地位相同的两族劳动人民逐渐凝结为一个被剥削阶级，两族统治者也逐渐凝结为一个剥削阶级。民族的语言逐渐改变，民族所独有的风俗习惯与心理状态逐渐消失。这时，民族融合的过程就基本上完成了。我们这次所见的魏晋十六国时期墓葬壁画中，有大量汉族地主田庄生活的图像，其中不少身着民族服装，且有民族发式的少数民族劳动者，从事着与汉族农民一样的耕地、耙地、扬场等农业生产劳动。高台县西的"骆驼城"，城分皇城、宫城、外廓等几层，规模宏大，相传是通晓汉文，"博涉群史"，汉化程度颇深的北凉主沮渠蒙逊兴业之地。这些，都向我们显示了当时河西地区民族融合的过程。

除上述各族外，随丝绸之路的繁荣而东来的昭武九姓，在河西历史上也扮演过重要的角色。十六国北朝时，像凉州的安氏、曹氏、何氏、张掖的石氏、酒泉的康氏等，都已取得了当地的籍贯，不再被视为外来的客民了。其中酒泉康氏尤为大族。他们唐朝的后人在墓志上曾自诩其祖先的功绩说："东晋失国，康国跨全凉之地，控弦飞镝，屯万骑于金城，月尘汉惊，辟千壁于大漠。"历史并没有记下康氏曾有过这样的彪炳武功，但安史之乱时，武威九姓胡起事，武威大城中七小城胡据其五，则也可想见其在河西的势力了。此后，在北朝、隋和唐前期，河西历史又添上了新来的突厥与铁勒诸部如回纥、契苾、思结、浑等活动的印记。

十六国时期河西第一次脱离中原王朝的割据历史为一百四十多年。五凉政权中少数民族虽占其三，但统治年代加起来仅占 50 年，只能说与汉族平分秋色。但从安史乱后吐蕃攻占河西开始的第二次河西脱离中原王朝时期的情况就不同了。在长达四百多年的时间里，除去张议潮家族的汉族政权统治河西全境的 50 年外，这里几乎全是少数民族的天下。而后来将河西归于一统的中原王朝又是蒙古族建立的元朝，则少数民族对河西的第二次统治长达 600 年。这个时期的少数民族吐蕃、回鹘、西夏、蒙古在这里留下了大量的遗址遗物。1420 年沙哈鲁使臣所记的甘州西夏所立的大卧佛，现存的虽非原物，但仍是张掖的重要古迹。《马可波罗行纪》中提到的西夏和蒙古的亦集乃城，即今额济纳旗黑城子遗址。断垣颓壁间，废砖、磁片、石磨、铜钱、丝绸残片、麻鞋布袜，乃至木梳、小玉佛、西夏文佛经印本残片等俯拾皆是，仍能让我们忆起这座在甘州通往蒙古早期都城和林的要道上的城市当年的盛况。至于敦煌石窟和遗书中的吐蕃、回鹘、西夏文物，那就更其丰富了。

在这个历史的十字路口上，我国古代各个民族像潮水一样一浪一浪涌来。有的由此远逝，有的留驻下来，有的与汉族融合，有的仍长久保持着自己的特色，直到今天，河西仍是多民族聚居地区，除汉族外，还有回、藏、土、裕固、蒙、满、哈萨克等族。他们和汉族一起，继续着祖先开创的事业，正在这块丰饶美丽的土地上为河西历史创作新的章节。

文化交流的枢纽站

作为历史上西北的军事、经济和政治重心的河西，自然也成了西北的文化中心。然而，这个文化中心却自有其独特之处。由于河西对中原王朝具有相对的独立性，又处在贯通中西的丝绸之路主干线上，并且是古代各族文化交往的十字路口，它就不仅仅是一条文化交流的河道，而且也是一座文化交流的枢纽站。古代各族的文化在交流过程中往往在这里停驻，一方面互相融汇，一方面又从当地的土壤中吸取营养，然后以多少带有河西地方特色的改变了的或发展了的形式，再从这里流向中土或西方、蒙古和青藏。这种情况，在魏晋南北朝隋唐时期尤为明显。

河西所以能起这种文化交流枢纽站的作用，端赖于本身所具有的相对雄厚的文化基础，这个基础是在汉代打下的。

汉代对河西的大力开发，使这个地区的文化迅速发展起来，达到了同中原基本相同的水平。武威磨嘴子汉墓群出土的《礼记》简和医简，说明中原学术在这里的流传。磨嘴子汉墓群出土的六百石官吏所乘的木轺车明器及其他精美的木器，武威雷台汉墓出土的二千石大官出行仪仗的铜车马俑等文物，不仅说明这里完全实行着中原地区的礼仪制度，而器物的工艺技术也与中原相侔。

魏晋十六国时期，中原板荡，河西文化的鲜花却正盛开。五凉君主中，张轨、李暠都是汉族世家，本人又以经学文艺著称，他们重视儒学，自不待言。吕氏、秃发氏、沮渠氏虽非汉族，但也欣赏汉化，奖掖士人。所以河西旧有的以儒学为主体的汉族传统文化不仅未曾沦替，反由于中原人士的迁入而有所发扬。等到北魏建立，河西重新归入中原王朝版图，保存在这里并得到发展的汉族传统文化又回流中原，成为北魏立国的指导思想和各种制度建立的凭借，不仅促进了鲜卑族的汉化，而且成为隋唐制度的一个渊源。西凉主李暠的曾孙李冲入仕北魏，是有名的三长制和均田制的创制者，而且都城洛阳的建设规划亦出其手。这种与《周礼》所载面朝背市旧制不同的市南宫北的都城规划，即来自对十六国时凉州城的模仿。这种模仿不仅见于北魏旧都平城、新都洛阳，也施之于东魏的邺都，并为隋唐长安城的营建所继承，形成了中国古代都市建设的新格局。这次考察中，武威的同志曾提出古凉州城址的探查问题，如能有所发现，那将是很有意义的。

河西又是西方宗教尤其是佛教东传的必由之路。由于魏晋十六国时期河西与中原的相对隔绝，也由于当地统治者的崇奉提倡，佛教在这里留驻兴发，并开始了它的中国化的进程。流寓敦煌，先世为月氏人的竺法护，能"口敷晋言"，自译梵书，被称为"敦煌菩萨"，说明了外来的佛教已在河西生根，而河西则自视为佛教的胜境，并推戴出了自己的大师。苻坚命吕光西征龟兹迎回的鸠摩罗什，因前秦败亡而滞留凉州十余年。这一顿挫却使他精习了汉语，以致后来去长安译经时，译文"文美义足"，适合汉人诵习研讨，大大扩大了佛教在中土的影响，促进了它的广泛流传，从而为佛教的中国化做出了很大贡献。敦煌等处佛教石窟艺术在西土与中原之间的承接作用，更是为人熟知。研究者认为，河西的魏晋十六国墓葬壁画，画法与造型来自中原，敦煌早期石窟壁画中，有的采取了墓葬壁画中的这种中国的传统画法，有的则是传统画风与西域画风并存。有趣的是，画佛像是西域画风，而背景、世俗题材及供养人像却是汉晋以来的传统风格。发展到北朝晚期，石窟壁画中的西域画风逐渐融入传统画风之中，那种互不协调而生硬结合的现象逐渐消失，终于在唐代形成了圆熟的中国特有的佛教艺术风格。至于历来认为是来自印度绘画的"凹凸法"，其实中国自有其渊源。东汉晚期的武威雷台汉墓墓顶的莲藻图中，莲瓣着色已采用渲染之法以显示立体感，其后与印度的凹凸法结合，到隋唐时遂形成了以尉迟乙僧、吴道子为代表的具有中国特色的一大流派。我们这次参观河西的东汉魏晋十六国壁画墓及敦煌、榆林等窟的壁画，感到这些意见确是很有道理的。

乐舞也是河西在文化上起着枢纽站作用的一个例证。西域、中亚和印度的乐舞，往往在这里停留、生根、改造、发展，然后再输入中原。隋代国家乐队九部伎（唐时增为十部伎）中的天竺乐，即源自天竺送给前凉主张重华的一部音乐。吕光把龟兹乐带到了凉州，后凉北凉时变龟兹乐，号为"秦汉伎"，输入北朝，后称凉州乐，亦列为隋九部伎唐十部伎之一。唐玄宗时有名的霓裳羽衣舞及曲，也是因西凉州所进的西域曲调改制而成。南北朝以降，凉州歌舞，誉满全国，正是在这文化交流枢纽站内生长起来，至今令人神往的艺苑奇葩。则西域、中亚和印度的乐舞经河西改制而传入中原的，到隋唐时都成了中国的"国伎"了。

吐蕃、回鹘、西夏统治河西的时期，河西文化的枢纽站作用对中原王朝来说似乎不大显著，但新疆、青藏、蒙古各族的文化交流在这里仍很频繁。就这方面的问题进行深入探究，应当说是很有意义的一件事。

一个值得高度重视的问题

考察途中，我们一再领会到水在河西的重要作用。流水所至，生趣盎然，水所不及，则荒漠无际。河西的水是丰饶的，丰饶到远至额济纳一带的戈壁滩上，地下水位仅距地表二三公尺。然而河西的水又是贫乏的，贫乏到河西的七百五十多万亩水地仅占其总面积 111000 平方公里（不包括额济纳旗）的不到 5％。人与自然的交互作用，在河西就是通过水为中介来进行的。行经密树成荫，麦棉似锦的绿洲，我们总是赞叹先辈利用祁连雪水改造河西面貌的卓绝功绩。面对因缺水而废弃的流沙半掩的古城，我们又不禁为祖先在强大的自然力量面前败退而感叹咨嗟。这种缺水的趋势又似乎在随河西的开发而逐步扩大。解放之初，张掖城内外还是清泉处处，湖沼四布，可是近年来多已干涸，使我们无缘再睹这座可与"家家流水，户户垂杨"的泉城济南相比美的古城原貌，也使我们为缺水的阴影笼罩着河西而担心。这种心情，在我们站在枯缩的古居延海边上时，达到了它的最高度。

远处四合的群山形成的盆地，显示了这座方圆数百里的古代巨泽的轮廓。但眼前所见，却只是过去湖底中间一片周围才几百米的小小水洼。几只野鸟涉足其中，悠闲地寻觅食物，告诉人们水深只有几寸。岸边一圈死鱼，说明近年来水面仍在下降。古居延海的枯缩，弱水改道固然是直接的原因，但水源的衰减应是根本。今天，改道的额济纳河所注入的索果诺尔和嘎顺诺尔，不仅面积比居延海小了许多，而且据当地同志讲，水草的丰盛也大不如前些年。额济纳河两岸五百多万亩的胡杨、红柳、梭梭林带，目前正以每年 5—7 万亩的速度减少，这与过度放牧与樵采有关，但根本的问题是缺水。据说额济纳旗每年需水 7 亿立方米，而目前只能流入 3 亿立方米。如果水源充足，过度放牧与樵采的问题也就较易解决了。

古居延海的枯缩以及白羊河流域尾闾的休屠泽，疏勒河流域的哈拉诺尔等古代巨泽的消失，可能与河西历史上农业用水量的加大有关，但也要看到不合理的土地利用，即在不宜于农耕的地方开垦以及过度的采伐与放牧对生态平衡的破坏作用。自然对人类劳动的报偿是丰厚的，但不合理的利用却也会遭到它的惩罚。往者已矣，祁连山的九百多亿立方米冰川贮水和走廊的四千五百多亿立方米的地下水始终是河西的一笔巨大财富。我们的祖先在这笔财富的基础上生发出一片从汉唐时几十万人口发展到今天的三百多万人口的农、牧、工、矿各业兴盛的繁荣地区。如何发扬先人的功业，避免他们的失误，在四个现代化的进程中有效地、谨慎地利用水这一巨大财富，使河西的发展建立在稳固的基础之上，应当是一个值得我们高度重视的问题。

（刊载于《丝路访古》，甘肃人民出版社 1983 年版）

后 记

从 1946 年发表第一篇学术文章起，已有 52 年了。现从已刊和未刊的论文中选出 46 篇，结为一集。其中有两篇是分别与蒋福亚同志和阎守诚同志合作写成的。

有些论文带有写作时的时代烙印，一般不再改动。像历史主义和阶级观点问题和农民战争问题的文章，反映了当时的一类观点，参加了讨论，受到过批评，更是不好再改，俾存原貌。不少文章，颇为粗浅，但考虑到总算是提出过问题和力图回答过问题，也还是不惴于学力与识见的不足，收了进来。

我开始从事史学工作，就一直在首都师范大学历史系（原北京师范学院历史系），迄今已有 45 年。我要感谢首都师范大学历史系对我的培养和扶持，也感谢它支持了这部文集的出版。

宁 可

1998 年 7 月 10 日

责任编辑：刘松弢　彭代琪格

图书在版编目（CIP）数据

宁可文集 . 第一卷 / 宁可 著；郝春文，宁欣 主编 . — 北京：
人民出版社，2022.8
ISBN 978 - 7 - 01 - 024621 - 5

I. ①宁…　II. ①宁…②郝…③宁…　III. ①中国历史 - 文集　IV. ① K207-53

中国版本图书馆 CIP 数据核字（2022）第 043721 号

宁 可 文 集
NINGKE WENJI

（第一卷）

宁 可 著

郝春文　宁 欣　主编

人民出版社 出版发行

（100706　北京市东城区隆福寺街 99 号）

北京新华印刷有限公司印刷　新华书店经销

2022 年 8 月第 1 版　2022 年 8 月北京第 1 次印刷
开本：710 毫米 ×1000 毫米 1/16　印张：40.5
字数：590 千字

ISBN 978 - 7 - 01 - 024621 - 5　定价：150.00 元

邮购地址 100706　北京市东城区隆福寺街 99 号
人民东方图书销售中心　电话（010）65250042　65289539